KB238233

이중 언어와 다언어의 교육

캐나다·미국·일본의 연구와 실천

나카지마 카즈코 편저

세계 속으로

한글파크

목차

들어가며

1. 이 책의 집필배경

국민, 국가라는 틀을 넘어 세계화가 가속화되는 가운데, 학교 교육과 기타 다른 교육적인 시도를 통하여 어린 시절에 제1 언어 외에 제2, 제3 언어를 같이 습득할 수 있도록 하는 일은 21세기 교육 과제의 하나라고 할 수 있을 것이다.

지금까지 일본은 '일본의 언어는 일본어' 라는 단순한 생각으로, 일본어만을 학교 언어(LE=Language of Education)이자 수업 언어(LI=Language of Instruction)로 사용해 왔다. 이것은 일본이 국내 어린이뿐만 아니라 일본 학교에 다니는 타 민족 아동들의 교육과 해외에 있는 일본인 자녀, 과거 식민지 지배 하의 교육에서도 일관되게 실시해 온 정책 중의 하나이다. 이는 의도적인 선택이라기보다는 그 외는 상상하지 못한 일이고 그 자체에 아무런 의문조차 제기하지 못할 정도로 극히 당연한 선택이었다고 여겨진다.

앞으로 일본은 어떨까? 일본어를 구사하는 일본인 자녀만을 대상으로 한 종래의 일본어를 학교 언어·수업 언어로 사용하는 체제를 앞으로도 계속 유지할 수 있을것인가? 세계화가 진행되면서 일본에 거주하는 외국인의 수는 점점 증가하고 있다. 게다가 일본인과 결혼하는 국제결혼도 계속 증가하고 있다. 고령화와 저출산이 진행됨에 따라 노동 인구가 줄고, 외국인 노동자의 증가 및 정착이 불가피해지면서 교육 현장의 다언어화 경향이 늘고 있다. 또한 일본 국내뿐 아니라 값싼 노동력을 찾아 해외로 진출한 일본 기업이 많아지면서 언어가 다른 환경에서 유아기·학령기를 보내는 일본인 자녀의 수도 결코 줄지 않을 것이다. 따라서 교실에서 일본어를 거의 모르는 아동들과 함께 공부하는 상황은, 일본은 물론 해외에서도 드문 일이 아니며, 이와 같은 아동들의 존재를 무시한 교육은 비현실적인 것으로 인식되어 가고 있다. 즉, 교육 정책과 교육 현장에서 '1국가, 1언어', '1인, 1언어'라는 공식에서 '1국가, 다언어', '1인, 다언어'라는 공식으로 체계를 바꾸어야 할 상황에 놓여 있는 것이다. 이른바, 단일 언어(monolingual)의 시점에서 이중 언어(bilingual), 다언어(multilingual)의 시점으로 교육이 전환되어야 하는 것이야말로 현재 일본이 가야 할 방향이라 할 수 있다.

그렇다면 이중 언어, 다언어의 시점에서 보는 교육이란 어떠한 것일까? 한마디로 말하면, 이는 다언어 구사자의 육성을 목표의 하나로 세우는 것이다. 이것은 교육의 기본인 아동들의 전인적 발달과 학습 능력을 희생시키지 않고, 제1 언어와 더불어 제2, 제3 언어의 구사 능력을 키우려는 교육적인 방법일 것이다. 이를 위해서는 학교 언어·수업 언어에 대한 배려와 함께 아동들이 일상생활에서 접하는 가정 언어, 지역 언어, 방송 언어, 그 밖에 멀티미디어를 통해 접하는 일반 사회의 언어 등 아동들을 둘러싼 종합적 언어 환경을 범주에 넣을 필요가 있다. 특히, 언어접촉을 통하여 자연스럽게 습득하는 능력을 가지고 있는 이른바, 언어 형성기(영·유아기부터 약 15년간)에 집중적으로 이와 같은 교육적인 노력이 필요할 것이다. 언어 형성기에 여러 언어를 접하는 아동은 이중, 삼중 언어 구사자로 자랄 가능성을 가지고 있기 때문이다. 이와 같은 시도는 국가 전체로 보면 '다언어 교육'(다양한 언어를 구사하는 인재 육성)으로 일본이 필요한 언어 자원을 양성하는 방법의 하나일 것이다. 동시에 개개인의 아동의 입장에서 보면, 일본어를 기반으로 다양한 외국어를 구사할 수 있는 '이중 언어 교육', '다언어 교육'이 된다. 이 책의 제목에 나오는 '다언어 교육'은 이러한 두 가지 시점 즉, 국가적인 차원의 거시적 시점과 개인적 차원에서 본 미시적 시점을 망라하여 장래에 바람직한 일본 학교 교육의 참 모습을 그려본 것이다.

일본 아동들은 '일본어' 하나만 배우기도 쉽지 않은데 '다언어 교육' 즉, 제2, 제3 언어 습득은 말도 안 되는 황당한 이야기라고 생각할지도 모른다. 실제로 많은 사람들이 다언어 교육은 일본과는 아무런 상관이 없는 것이고, 일본이 아직 경험한 적도 없는 교육이라고 여기고 있다. 그러나 의외로 가까운 곳에 이러한 사례가 있으며, 이미 일본에도 이에 대한 지식이 축적되어 있다는 점을 알면 놀랄 것이다. 그 한 예가 바로 '해외 귀국 자녀 교육'이다. 1970년대 고도 성장기에 일본 기업이 해외로 진출했던 시기부터 해외에서 언어 형성기를 보낸 연소자가 증가하면서 일본은 세계 각지의 주요 도시에 '보충 학습 학교(補習授業校)'를 세웠다. 즉, 해외에서 학령기를 보내는 일본 연소자들은 월요일에서 금요일까지는 현지의 학교에서 제2 언어(현지어)로 공부를 하고, 주말과 방과 후에는 보충 학습 학교에서 일본어로 학습하도록 했던 것이다. 이것이야말로 제1 언어(일본어)와 제2 언어(현지어)를 병용(竝用)하여 교육하는 실제 사례이며, 일본은 이 분야에서 이미 40년 이상의 경험과 지식이 축적되어 있는 것이다. 이외에 많지는 않지만, 일본어와 영어를 수업 언어로 하여 인위적으로 일본어와 영어 능력을 동시에 기르는 이머전(immersion) 방식의 영어 교육을 실시한 예도 있다. 초등학교에 본격적으로 영어가 도입됨에 따라 고도의 영어 능력 배양을 목표로 하는 공·사립학교에서 이 방식을 도입하는 곳이 늘고 있다. 또한, 일본에 정착한 올드커머, 한민족계와 중국계 자녀를 대상으로 한 '민족 문화·민족어 교육'도 있다. 이미 3~6세대가 자라고 있는 데에도 불구하고, 민족 정체성과 더불어 일본어와 민족어, 두 언어를 유창하게 구사하는 인재를 길러내고 있다는 사실은 매우 놀랄 만하다. 언어는 두 세대를 거치면 잊혀진다고 보는 시대 상황에서 몇 세대에 걸쳐 민족어를 유지하고 있는 예는 세계적으로도 중요한 사례라 할 수 있다. 이외에 국제결혼 가정이 증가하면서 서구어를 비롯한 다양한 언어를 학교 언어·수업 언어로 사용하는 국제 학교나 인터내셔널 스쿨이 많아지고 있고, 자녀에게 고도의 어학 능력을 키워 주고 싶어 하는 일본인 학부모들도 늘고 있다.

앞으로 일본의 교육이 이와 같은 경험에서 얻은 지식을 바탕으로 노력해야 할 것은 공교육에서 어린이들의 다언어 능력을 육성하는 일이다. 저출산 및 고령화에 따른 노동력 부족으로 일본에서 일하는 외국인들이 일본에 정착하면서 이들의 모어에 추가로 일본어 학습이 필요한 '외국인 아동'의 존재를 무시할 수 없게 되었다. '외국인 아동'이라는 새로 대두된 분야는 공립 초·중학교에서 제2 언어로서의 일본어 능력을 어떻게 길러줄 것인지, 이들에게 익숙하지 않은 일본의 학교에서 최상의 학습 능력을 어떻게 배양할 수 있을 것인지, 나아가 이들의 모어유지와 신장을 도모하여 정체성(identity) 형성에 어떻게 도움을 줄 것인지 등 큰 과제를 안고 있다. 한편으로, 외국인 아동과 함께 공부하는 일본인 아동에게 다른 문화·다른 언어에 대한 이해와 흥미를 어떻게 북돋아 줄 것인가 하는 과제도 고민해야 할 것이다.

2. 이 책의 집필목적

이 책은 두 가지의 목적이 있다. 하나는 앞서 이야기한 일본 국내외에서 축적해 온 이중 언어 육성에 관한 실천과 지식 및 경험을 정리하고, 구미(歐美)를 중심으로 발달해 온 이중 언어 교육 이론과 실증적 연구 사례를 바탕으로, 앞으로 일본의 아동들의 다언어 육성과 바람직한 국제 이해 교육 방안을 모색함과 동시에 일본이 현재 안고 있는 과제 해결에 일조하려는 것이다.

두 번째 목적은 국제 사회의 관점에서 일본이 지속 가능한 언어 자원을 적극적으로 생산하는 노력을 해야 하는 것이다. 언어는 살아 있는 것이고, 약육강식의 세계에 놓여 있다. 영어가 위력을 떨치고 영어를 중심으로 세계화가 되어 가고 있는 요즘, 시급하게 특별한 조치를 취하지 않으면 수많은 언어가 계속해서 자연적으로 소멸할 것이다. 세계에는 현재 6천여 개의 언어가 존재한다고 하는데, 이 가운데 90%는 21세기 말에 소멸된다고 한다. 현재 제1 언어로 사용되고 있는 언어의 수와 사용 인구를 〈표 1〉에 제시하였다. 콜롬비아대학의 교수 가르시아(Garcia) 교수 등에 의하면 언어의 종류는 아시아가 세계 전체의 32%, 아프리카가 30.3%로 쌍벽을 이루고 있으나, 사용인구로는 아시아가 현저하게 많아 61%를 차지한다고 한다. 아시아 동쪽 끝에 있는 나라, 사용인구가 점점 줄고 있는 일본의 언어, 일본어가 주변의 사용 인구가 많은 우세한 언어에 잠식될 가능성이 없다고 단언할 수 없다. 21세기는 언어 자원도 천연자원과 마찬가지로 적극적으로 보전하고 동시에 스스로 생산해 내는 노력이 기대되는 시대이다. 유럽 연합(EU)이 복수언어주의(plurilingualism)를 표방하고, 모어를 비롯하여 인접 국가의 언어도 같이 배우며 국가를 넘어선 협력 태세를 취하고 있듯이, 일본도 인접 국가의 언어인 중국어와 한국어를 비롯하여 아시아의 언어 환경을 고려한 언어 정책을 중심으로, 일본어와 동시에 여러 언어를 구사하는 인재를 인위적으로 육성하는 정책이 필요하다.

〈표 1〉 제1 언어로 사용되고 있는 세계의 언어 수

지역	언어		사용 인구	
	수	%	수	%
아프리카	2,092	30.3	675,887,158	11.8
미국	1,002	14.5	47,559,381	0.8
아시아	2,269	32.8	3,489,897,147	61.0
유럽	239	3.5	1,504,393,183	26.3
오세아니아	1,310	19.0	6,124,341	0.1
계	6,912	100.0	5,723,861,210	100.0

(Garcia et al., 2006:45에 의거하여 작성, 출처:www.ethnologue.com)

소멸 위기에 처한 언어의 구제 대책으로 가장 강력하면서도 효과적인 것은 언어형성기의 아이들을 대상으로 한, 학교 교육에서 이루어지는 다중 언어 구사자의 육성이다. 바꾸어 말하면, 인류는 아이들의 언어에 대한 자연 습득 능력을 활용하는 것 외에는 언어 자원의 쇠퇴를 막을 방법이 없을지도 모른다. 이런 관점에서 볼 때, 일본의 학교 교육 전체가 단일 언어의 시각에서 다언어의 시각으로 체계를 전환하는 것이 급선무이다. 학교라는 매개체를 온전히 활용하는 것이 바로 언어 자원이 보다 풍요로운 나라로 만드는 길이다.

일본은 다행히 오랫동안 일본어만으로 모든 학교 교육을 해 올 수 있었다. 이는 세계적으로 매우 드문 예로 축복받은 상황이었다고 할 수 있다. 카네기메론대학의 터커(Tucker)교수는 지구상에서 제1 언어로 교육을 받을 수 있는 어린이는 소수이며, 전 세계적으로 두 개 이상의 언어를 사용하는 이중 언어 또는 다언어가 일반적인 상황이고, 학교 교육을 통해 복수 언어 능력을 신장시키는 것이 가능할 뿐 아니라, 많은 나라에서 이것을 긍정적으로 인식하고 있다며 다음과 같이 말하고 있다.

> 지구상에서 사용되고 있는 언어 수는 6천여 개로 추측된다. 세계의 주축이 되고 있는 언어, 혹은 (국가의 경계를 넘어) 광범위하게 의사소통에 사용되는 언어는 아랍어, 벵골어, 영어, 불어, 힌두어, 말레이시아어, 중국어, 포르투갈어, 러시아어, 스페인어 등 소수이긴 하지만 이들 언어는 제2 언어, 제3 언어, 제4 언어 혹은 그 이후에 학습된 언어이다. 세계의 약 200여 국가 중 25% 가까이가 두 개 언어를 공용어로 사용하고 있지만, 두 개 이상의 복수 언어를 인정하고 있는 나라는 극히 드물다(그 예로, 인도, 룩셈부르크, 나이지리아를 들 수 있다). 이와 같이 국가 정치의 측면에서 나타나는 언어 정책은 보수적이지만, 지금까지의 통계에 의하면, 전 세계적으로 단일 언어보다 두 개 이상의 언어를 구사하는 아동이 많다는 것은 확실하다. 또한, 제1 언어로 일관된 교육을 받을 수 있는 아동들보다 제2 언어 혹은 그 후에 학습한 언어로 일시적으로 교육을 받거나 또는 계속적으로 교육을 받는 아동들의 수가 훨씬 많다. 즉, 세계 각지에서 2개 혹은 그 이상의 언어 사용 현상을 말하는 이중, 다언어의 교육이 극히 자연스럽게 일상적으로 이루어지고 있다는 것이다. 지금까지 다양한 상황에서 이루어져 온 세계 각지의 포괄적이고 실증적인 연구에 의하면, 언어 형성기에 복수 언어능력을 기르는 일은 충분히 가능하고, 많은 나라에서 교육자, 정책 입안자, 부모·보호자들이 이러한 교육을 긍정적으로 인식하고 있다는 점도 사실이다.

(Tucker, 1999:1)

21세기의 일본은 아이들이 학교 교육을 통하여 외국어 능력을 배양함과 동시에 귀국자녀, 외국인 아동의 '모어 박탈, 모문화 박탈'이 되지 않도록 또한 학교가 '외국어의 무덤'이 되지 않도록 다언어 구사자의 육성을 목표로 할 필요가 있다. 이중 언어 교육의 아버지라 일컬어지는 맥길대학의 랑베르(Lambert) 교수가 말했듯이, 물이 위에서 아래로 흐르는 것처럼 강한 언어에 흡수되어 가는 약한 언어에 대해 어떠한 교육 정책으로 이 흐름을 막을 수 있는가 하는 것이 21세기의 과제이다. 아울러 어떻게 하면 소수 언어를 사용하는 아이들을 이중 언어 구사자로 길러낼 수 있는가 하는 것도 큰 과제이다. 이 책이 적절한 교육적 조치를 강구하는 데에 다소라도 길잡이가 되었으면 한다.

3. 이 책의 구성

이 책의 구성은 크게 5부로 되어 있다.

제1부는 기초편으로, 제1장에서는 이중 언어 교육에 관한 기초 지식을 정리하고 있다. 먼저 이중 언어 교육과 외국어 교육과의 차이, 연령과 두 개의 언어·두 개의 문화의 발달, 이중 언어 구사자 육성의 4원칙, 이중 언어의 네 가지 유형, 그리고 두 개의 언어를 육성하는 방침을 다룬다.

제2부는 외국의 이중 언어 교육 실태를 소개한다. 제2장에서는 이중 언어 교육의 원조인 캐나다, 제3장에서는 이주민·외국인에 대한 교육 중심으로 한 미국의 실태를 다룬다.

제3부는 일본의 이중 언어 교육 실태이다. 제4장에서는 일본의 영어 교육, 일본 거주 한민족계의 민족어·민족문화 교육과 인터내셔널 스쿨을 다루고, 제5장에서는 새로 이주한 외국인 아동의 교육 실태를 다룬다.

제4부는 이론편으로, 제6장에서는 캘리포니아대학 버클리 캠퍼스의 웡 필모어(Wong Fillmore) 교수, 토론토대학의 짐 커민스(Jim Cummins) 교수의 이중 언어 구사자의 육성 모델을 소개하고, 이어 제7장과 제8장에서는 두 언어 간의 전이 문제를 다룬다. 회화 능력, 독해 능력, 어휘 능력, 작문 능력으로 나누어 지금까지의 실증적인 연구 사례를 소개한다. 나아가 제9장에서는 이중 언어 구사자의 육성과 관련된 심리적·사회적·문화적 요인에 관한 연구 모델을 제시함과 동시에 정체성 형성의 관점에서 소수 언어를 사용하는 아동들의 교육 연구 사례를 제시한다.

제5부는 다언어 교육의 방법이라는 제목으로, 제10장에서는 앞으로 일본의 교육 현장에서 교사가 필요한 삼중 언어 교육의 실제, 유아기의 이중 언어 구사와 교수방법, 바람직한 이중 언어 문해력(biliteracy, 두 언어를 읽고 쓰는 능력) 교육, 학습 언어 능력 측정법, 언어 정책 나아가 교사 양성에 관련된 문제를 다룬다.

4. 이 책의 집필 계기

이 책의 집필 계기는 2006년 뉴욕 콜롬비아대학에서 열린 일본어 교육 국제학술대회(8월 5·6일)였다. 주최 측의 초빙을 받아 「이중 언어 구사자의 육성과 L1/L2 양방향 전이-계승어 교육·해외 귀

국 자녀 및 외국인 아동 교육의 경험을 바탕으로」라는 제목으로 계승어 교육에 관한 공개 토론에 참여한 바 있다. 계승어(繼承語)란 좁은 의미에서 부모에게서 이어받은 언어이다. 이 토론회에서는 두 언어 간의 전이에 초점을 맞추어, 회화 능력, 독해 능력, 어휘 능력, 작문 능력 그리고 전이를 유발하는 심리적·사회적·문화적 요인을 다루었다. 당시, 작문 능력은 이 책의 공동 집필자의 한 사람인 주부대학(中部大学)의 이쿠타 유코(生田裕子)가 담당했고, 심리적·사회적·문화적 요인에 관해서는 역시 공동 집필자인 이스턴 미시간대학의 오케타니 히토미(桶谷仁美)가 담당했으며, 나머지는 책임 집필자인 나카지마 카즈코(中島和子)가 담당했다. 그 후, 토론회의 결과를 모아 우선 제4부를 중심으로 책 출판을 기획하기 시작했고, 히쓰지쇼보(ひつじ書房) 출판사의 요청에 따라 나카지마가 제1부, 제2부, 제3부, 제5부를 추가한 것이다.

이 책은 소수 언어를 모어로 하는 어린이들의 언어 교육에 중점을 두었다. 물론 일본어를 모어로 하는 아이들의 영어 교육, 외국어 교육, 이문화 이해 교육이 일본의 언어 자원을 풍부하게 하여 국력을 신장한다는 점에서 그 중요성은 두말할 필요도 없다. 그러나 특별히 유치원, 초·중학교에 다니는 외국인 아동이나 청각 장애아의 이중 언어 교육에 초점을 맞춘 것은, 현재 일본은 이에 대한 전문적 지식의 축적이 부족하여 교육 현장에서 교사가 시행착오를 거듭하는 상황이기 때문이다. 또한 외국인 아동의 모어(母語)·모문화(母文化)도 일본어와 동시에 발달시켜야 하는 것이 그들의 인격 형성에 꼭 필요하다는 인식에 공감하고 있기 때문이다. 이와 같은 어린이를 받아들일 때, 학교 측은 어떠한 배려가 필요한지, 담임교사는 어떻게 대처하는 것이 좋은지, 보호자와 지역 공동체는 무엇을 할 수 있는지 등에 대해 구체적인 예와 참고가 되는 사례를 소개했다. 외국인 아동뿐만 아니라 다양한 소수 언어를 모어로 하는 아동들의 교육 현장에서 매일 노심초사하는 교사와 자원 봉사자들에게 도움이 되었으면 한다.

나아가 이중 언어 교육 분야에서 지금까지 일본어를 제1 언어로 하는 연구가 매우 적은 점, 특히 언어 간 전이에 관한 연구 사례가 적다는 점에서 제4부 이론편에 지금까지의 연구 성과를 정리·분석하여 덧붙였다. 이를 바탕으로, 앞으로 이중 언어와 다언어 교육 연구에 흥미를 갖는 대학원생들의 연구 과제로 이어질 수 있었으면 한다.

끝으로, 이 책에서 다룬 이중 언어 교육 이론과 실천은 대부분 캐나다와 미국에서 나온 것이지만, 시대적 요구에 따라 이론의 수정은 불가피하고, 또한 각각 처한 상황에 맞는 새로운 시도가 필요하다. 일본의 다언어 교육을 생각하는 데에 있어서도 단순히 북미형 이론과 실천을 재현하기를 기대하는 것이 아니라, 일본이라는 토양에 뿌리를 내린 일본 특유의 다언어 교육을 모색하는 것 자체가 이 책이 지향하는 궁극적인 목표라는 점을 밝히고자 한다.

이중 언어 교육에 관한 기초 지식

제1장 이중 언어 교육에 관한 기초 지식

일본에 거주하는 외국인의 수와 국제결혼 가정이 늘고, 주변에서 자신의 모어는 물론 일본어를 잘하는 이중 언어 구사자를 만나는 기회가 늘고 있다. 이중 언어를 듣고 말하는 것뿐만 아니라 읽기와 쓰기까지 가능하며, 일본에서 명망 높은 문학상을 받는 외국인 작가까지 출현하는 시대이다. 어떻게 하면 이 같은 고도의 이중 언어 구사자를 양성할 수 있는 것일까? 외국어를 계속 배우면 누구나 이중 언어 구사자가 될 수 있는 것일까? 이 장에서는 이중 언어 교육에 관한 기초 지식으로 1. 이중 언어 교육이란?-외국어 교육과 다른 점, 2. 연령과 두 개의 언어·두 개의 문화의 발달, 3. 이중 언어의 발달 체제-커민스의 4원칙, 4. 이중 언어의 네 가지 유형, 5. 이중 언어 교육 방법-두 개의 언어를 인위적으로 기르기 위한 방법에 대하여 생각해 보고자 한다.

세계화가 진행됨에 따라 두 개의 언어, 세 개의 언어와 같이 복수 언어의 습득을 요구하는 시대가 되고 있지만, 복수 언어를 동시에 교육하는 것에 대한 연구는 제자리걸음 상태이다. 따라서 이 책에서는 구미를 중심으로 1960년대부터 이루어져 온 두 개의 언어·세 개의 언어 교육의 실태와 연구를 통하여 그동안 축적되어 온 기초 지식에 초점을 맞추기로 한다.

1. 이중 언어 교육이란?-외국어 교육과 다른 점

먼저 용어에 대해 간단히 언급한다. 이중 언어 교육은 실제 전혀 다른 두 가지 의미로 사용되기도 한다. 넓은 의미로는 '두 개의 언어를 능숙하게 구사하는 인재를 육성하는 교육'이지만, 좁은 의미로는 '두 개의 언어를 사용하여 가르치는 교육'을 말한다. 전자는 도달 목표에, 후자는 수업 방법에 초점을 맞춘 것이다. 넓은 의미의 이중 언어는 캐나다를 포함하여 전 세계적으로 널리 사용되는 일반적인 정의이다[1]. 이 책에서 다루는 전반적인 이중 언어 교육은 전자를 의미한다.

다음은 이중 언어(bilingual)인데, 일반적으로 이중 언어라 하면 '이중(bi-)'이니까 두 가지의 언어를 자유자재로 구사하거나 그와 같은 상황이라는 의미로도 해석되지만, 실제로는 하나 이상의 언어 능력을 가진 사람을 지칭하는 일이 많다. 언어의 수에 초점이 맞추어질 경우에는 1언어/단일 언어(monolingual), 2언어/이중 언어(bilingual), 3언어/삼중 언어(trilingual) 또는 다언어(multilingual) 등으로 구분하여 사용하기도 한다. 한편, 이중 언어는 두 가지의 언어로 말할 수 있다고 하는 구어체에 한정하여 좁게 해석하는 일도 있지만, 구어체뿐만 아니라, 듣기, 말하기, 읽기, 쓰기와 생각하고 느끼고 판단하는 능력 등의 언어·인지·문화적인 면을 종합한 능력을 지칭하는 일도 많다. 이러한 능력을 구분할 필요가 있을 때에 이중 언어 문해력(biliteracy, 두 개의 언어를 읽고 쓰는 능력), 이중 문화 이해력(bicultural, 두 개의 언어로 생각하고 느끼고 판단하는 능력)이라는 용어를 사용한다.

이 책에서 말하는 이중 언어 구사자란, 두 가지의 언어에 대해 구어체뿐 아니라 읽기와 쓰기까지 할 수 있고 양 언어를 사용하는 사람과도 위화감이 없이 교류할 수 있는 문화 이해력이 있으며 자존

---

1) 전자는 '적극적(strong form) 이중 언어 교육', 후자는 '소극적(weak form) 이중 언어 교육'이라고 불리기도 한다.

감에 뿌리를 내린 자기 정체성이 확실한 사람을 가리킨다. 즉, '생각은 하나, 도구(언어)는 두 개'인 이중 문해력 그리고 문화 이해력을 가진 사람이다. 이 경우, 두 언어를 모어와 같이 구사 가능한 이상적인 이중 언어 구사자를 떠올리기 쉽지만, 실제로는 불완전한 이중 언어 구사자가 많고, 오히려 이러한 현상이 일반적이라 말할 수 있다. 서로 다른 환경에서 접한 언어를 익히게 되므로 두 언어의 구사 능력이 같은 수준이 된다는 것은 불가능에 가깝다. 예를 들어, 헝가리에서 캐나다로 이주한 동료의 경우, 집에서는 헝가리어, 학교에서는 영어를 사용하는데 두 언어의 역할과 기능은 전혀 다르다. 영어는 학습 언어이자 일상생활에서 빼놓을 수 없는 언어지만, 헝가리어는 가족이나 같은 공동체 사람들에게만 사용한다. 이른바 '가정에서 사용하는 언어'인 것이다. 그래서 어떤 주제에 대한 전문적인 이야기는 전혀 하지 못한다. 이와 같은 두 언어의 상황은 이주민과 외국인 아동이 매우 일반적으로 경험하는 것이다.

위 동료의 경우, 헝가리어가 제1 언어(L1)이고, 영어가 제2 언어(L2)이다. 제2 언어라는 용어는 넓은 의미로 외국어와 동의어로 사용되는 일이 많은데, 위의 경우는 일상생활에서 사용되는 제2 언어라고 하는 좁은 의미이다. 두 개의 언어를 육성하는 데에는 한 언어가 이른바 '외국어'인지 아니면 생활의 일부를 담당하는 '제2 언어'인지에 따라 요구되는 언어 능력이 전혀 다르기 때문에 이 책에서는 좁은 의미의 정의에 따라 외국어 교육과 제2 언어 교육을 구별하여 사용한다.

외국어로서의 영어 교육에서는 고도의 영어 능력 함양을 궁극적인 목적으로 하고 있으며, 그 배후에는 영어 능력을 지탱하는 모어 능력도 동시에 갖추게 하는 것을 전제로 하고 있다. 이러한 점에서 이중 언어 교육과 외국어 교육의 궁극적인 목적은 같다고 할 수 있으나 실제 교육 현장에서는 여러 가지 다른 점이 있다. 이 차이점을 (1) 모어와의 관계 (2) 목표 설정과 시간 (3) 언어 습득의 장 (4) 두 언어의 사회적 격차 (5) 외국어를 가르칠 것인가, 외국어로 가르칠 것인가-교과 학습과의 관계 (6) 이문화(異文化) 습득과 정체성으로 나누어 생각해 본다.

(1) 모어와의 관계

이중 언어 교육과 외국어 교육의 가장 큰 차이점은 모어[2]와의 관계이다. 이중 언어 교육에서는 모어와 외국어 모두 교육 대상 언어인데, 외국어 교육에서는 문자 그대로 외국어만이 교육 대상이다. 종래 일본의 영어 교육에서는 모어와의 관계를 중시하지 않았다. 이미 모어가 형성된 중고생과 대학생이 주 대상이었던 것이 하나의 원인일 것이다. 그러나 영어 교육 연령이 낮아지면서 유아기와 초등학교 때에 시작하면 모어 발달과의 관계가 매우 중요해진다. 모어 발달에 좋은 환경이라면 모어와 더불어 외국어도 향상되는데, 그렇지 않은 환경에서는 모어와 영어가 경쟁 관계를 이루어 영어는 향상되어도 모어가 희생되어 급기야 상실하는 일도 있기 때문이다. 따라서 모어의 계속적인 발달을 저해하지 않는 형태로 외국어를 도입할 필요가 있다. 두 개의 언어 능력을 갖추게 하고 싶은 경우에는 모어가 향상되기 쉬운 환경이라면 이른 시기부터 외국어를 도입해도 모어 발달에 방해가 되지 않는다.

---

2) 일본인에게는 일본어가 모어인 동시에 자신의 나라말(모국어)이기도 하므로 '모국어'라는 용어를 자주 사용하는데, 다른 나라 사람의 경우 국가의 언어와 모어가 일치하는 경우가 드물기 때문에 이 책에서는 '모어'를 사용한다.

오히려 상승 효과로 모어가 향상되는 경향이 있지만, 모어 발달에 불리한 환경이라면 먼저 모어를 확실하게 익히게 하고 나서 외국어를 도입하는 것이 이중 언어 교육의 정석이다.

모어란 과연 무엇일까? 모어에 대해 자세히 분석한 북유럽의 스쿠트납 캉가스(Skutnabb-Kangas) 교수에 의하면, 모어는 습득 시기 · 습득 순서, 숙달도, 사용 빈도, 내적 · 외적 정체성[3] 등 네 가지 측면에서 정의할 수 있다고 한다(Skutnabb-Kangas, 2008: 60-66). 이 정의에 의하면 모어란 가장 처음에 익힌 언어(습득 시기)로, 현재 가장 잘 이해(숙달도)하면서 빈번하게 사용하는 언어(사용 빈도)를 말한다. 또한, 모어는 자기 자신이 일체감을 가질 수 있는 언어(내적 정체성)이며, 타인도 그렇게 인정하는 언어(외적 정체성)가 된다. 즉, 습득 시기 · 습득 순서로 보아 가장 처음에 익힌 언어이고 다른 어떤 언어보다도 평상시 가장 자주 사용하며 숙달 정도가 높아 아주 편하게 사용하는 언어이기도 하다. 그래서 모어는 자존감이나 정체성에 직결되는 언어인 것이다. 이 정의는 자신의 언어가 사회의 주요 언어인 경우에 걸맞는 것으로, 일본에 사는 일본인이라면 위의 모든 조건을 갖추고 있으므로 모어가 뭐냐고 물으면 주저 없이 '일본어'라고 답할 것이다.

그러나 현실적으로 위의 네 가지 조건이 들어맞지 않는 예가 많다. 국제결혼 가정의 아동들은 어떻게 답할까? 아버지의 언어와 어머니의 언어, 즉 서로 다른 두 개의 언어를 사용하며 자란 경우, 아버지와 어머니의 언어가 모어가 된다. 이와 같이 두 가지의 언어를 접하며 자라는 어린이는 각각의 언어를 접하는 규모와 수준에 따라 숙달 정도와 사용 빈도에 차이가 생기고 이로 인해 내적 · 외적 정체성도 바뀐다. 앞에서 예로 든 헝가리계 캐나다인의 경우, 캐나다에서 태어난 두 남동생은 부모가 쓰는 헝가리어는 듣고 이해하는 정도이고, 대답은 모두 영어로 한다고 한다.

'가장 자신 있게 쓰는 언어가 무엇인가'라는 질문에는 바로 '영어'라고 대답하지만, '어떤 언어가 '모어'인가'라는 질문에는 대답하기 곤란할 것이다. 그러나 정체성 면에 있어서는 자신들은 '헝가리계 캐나다인'이라고 분명히 의식하고 있다고 한다. 즉, 사용 언어와 정체성이 일치하지 않는다. 일본에 사는 많은 외국인 아동들도 이와 같은 환경에 있다. 태어나서 처음으로 익힌 언어는 부모의 언어이지만, 일본 학교에서 공부하기 시작하면 모어보다 일본어가 점점 강해진다. 모어 구사 능력이 제대로 발달된 상태에서 일본에 오면 모어의 기초적 언어 능력을 바탕으로 일본어가 추가되지만, 모어가 미처 발달되지 않은 유아기나 초등학교 저학년 때에 일본에 온 경우는 일본어가 강해지면서 모어 능력이 급속히 약해져 부모와의 의사소통에 지장을 초래하게 된다. 이와 같은 환경에 있는 아동들의 언어 생활은 '모어'와 '외국어'라는 용어로 설명하기 어렵고 '제1 언어'(태어나서 처음 배운 언어)와 '제2 언어'(나중에 추가된 언어), 혹은 '계승어'(부모에게 계승받은 언어)와 '현지어'(생활하는 데에 필요한 언어)로 대조적인 관점에서 생각할 필요가 있다.

한편으로 더 복잡한 상황에 처한 경우가 청각 장애아이다. 이 아동들은 90~95%가 정상인 부모에게서 태어나고 부모가 아닌 다른 사람에게 수화를 배우게 된다. 즉, 모어인 수화는 태생과는 관계없는 것이다. 스쿠트납 캉가스 교수는 태생과 관계가 없는 언어를 모어로 인정하고 정체성을 갖는 것

---

3) '내적'이란 본인의 의식을 가리키고 '외적'이란 본인의 의식과는 상관없이 다른 사람이 생각하는 정체성을 말한다.

이 가능하다고 말한다. 그리고 청각 장애아와 선주민의 자녀가 '모어로 교육 받을 권리'와 '모어로 학습할 권리'를 지키기 위해서는 이와 같은 모어의 정의를 법적으로 인정할 필요가 있다고 주장한다 (Skutnabb-Kangas, 2008:60-66).

이중 언어 교육은 복수 언어를 교육하는 것이므로 기초가 되는 모어, 제1 언어가 어떠한 상태에 있는지를 파악하고 나서 교육 내용을 구상할 필요가 있다.

(2) 목표 설정과 시간 수

이중 언어 교육은 일반 외국어 교육에 비해 목표 설정이 훨씬 높고 목표 달성에 이르기까지 오랜 기간이 소요되므로 학습자를 비롯한 주위의 보호자와 지도자의 장기적 마음가짐이 필요하다. 무엇보다 필요한 것은 도중에 절대 단념하지 않는 일관된 태도와 책임감일 것이다.

두 개의 언어로 읽기와 쓰기까지도 가능하고 서로 다른 두 언어 집단과도 위화감 없이 지낼 수 있는 문화 이해력과 확고한 정체성을 갖게 하기 위해서는 과연 어느 정도의 시간이 걸리는 것일까? 학령기 아동들의 이중 언어 교육 분야에서 선구적 국가인 캐나다의 영어·불어 이머전 교육(자세한 것은 2장 참조)을 보면, 가정에서 영어를 사용하는 아이가 유치원에서 불어를 접하기 시작하여 영어(L1)와 불어(L2) 두 개의 언어를 수업 언어로 초등 교육을 받게 되면, 보통 5,6학년 때에는 불어 능력이 원어민 수준에 가깝다고 한다. 즉, 최저 7년 정도가 필요하다는 것이다. 단지, 불어 능력이 수용 영역(듣기·읽기)에서는 모어 화자의 수준에 가깝지만, 산출 영역(말하기·쓰기) 등은 조금 뒤떨어진다고 한다. 아동들이 불어(L2)로 수업을 받는 시간은 총 5,000시간 이상이고, 이것을 햇수로 따지면 6~7년이라는 것이다(Cummins & Swain, 1986).

영어와 불어와는 다르게, 문화나 언어 차이가 큰 일본어와 영어의 경우는 어떨까? 히라가나와 가타카나, 한자를 쓰는 일본어의 경우, 일본 아이들조차 읽기와 쓰기를 제대로 배우는 데에 9년이나 걸린다. 하물며 외국인 아동이 행동 양식, 사고 방식, 가치 판단이 다른 일본 고유의 문화를 이해하는 능력까지 갖추는 일은 결코 쉽지 않다. 일본어 모어 화자를 대상으로 하는 일본 국내의 영어·일본어 이머전 방식의 영어 교육에서는 캐나다와 유사한 결과가 나왔지만, 모어 배경이 다른 외국인 자녀들이 다니는 국제 학교의 경우, 영어와 일본어 능력이 연령에 상응하는 정도가 되기까지는 10년이 걸린다고 한다.

이에 반해, 이주민과 외국인 자녀와 같이 계승어와 현지어로 짝을 이루는 경우는 사정이 전혀 다르다. 일반적으로 현지어의 일상 회화는 짧은 시간에 유창하게 구사할 수 있게 되지만, 교과 학습과 관련된 교실 담화와 독해 능력, 추상적인 어휘의 습득은 제1 언어가 제대로 발달된 경우는 5~7년, 그렇지 않은 경우는 10년이 걸린다고 한다. 즉, 회화와 학습 언어 면에서는 커다란 차이가 있는 것이다. 또한 제1 언어의 유지 및 신장은 입국 연령에 따라 크게 달라져 만 9세 이후는 모어 유지가 가능하지만, 그 이전은 모어의 쇠퇴를 막기가 어렵다. 이러한 상태를 개선하기 위해서는 가정과 학교, 지역이 연계된 교육적 지원이 절대적으로 필요하다.

위와 같이 이중 언어 구사자의 육성을 위해서는 해외 유학 등도 고려하면서 전 학령기에 걸친 즉,

유아기부터 20대 초까지 긴 안목으로 준비하는 자세가 필요하다. 특히 모어가 사회의 소수 언어인 경우는 장기간에 걸친 교육적 개입이 불가피하다.

(3) 언어 습득의 장

어떤 언어든 습득에는 다양한 요인이 관여하는데, 크게 개인적 요인(예: 연령, 성격, 기억력)과 환경적 요인(예: 가정, 학교, 사회 환경)으로 나뉜다. 외국어 교육과 이중 언어 교육을 비교하면 먼저 환경적 요인이 관여하는 방식이 크게 다르다. 영어 수업에서는 어떤 교사가 어떤 교재를 사용하여 어떻게 가르치는가 즉, 교사, 교재, 교수법 등이 중심적 역할을 하지만 이중 언어 교육에서는 학습자를 둘러싼 모든 언어 환경이 이에 관여한다. 예를 들면, 현지 사회와 지역에서 자주 사용하는 언어는 무엇인가, 동일한 언어를 사용하는 사람들이 어느 정도 있는가, 가정에서 쓰는 언어는 무엇인가, 학교에서 사용하는 학교 언어 · 수업 언어는 무엇인가, 학습자의 제1 언어에 대한 일반 사회의 견해는 어떠한가, 나아가 이주민의 출신 국가 그리고 이주한 국가의 언어 정책까지 이중 언어 구사자의 육성에 영향을 미친다.

언어 교육이 이루어지는 현장도 다르다. 영어 교육에서는 하나의 교과목으로 영어를 가르치고 습득 장면의 중심이 학교와 교실인데 반해, 이중 언어 교육의 최대 관심사는 어떻게 하면 언어의 자연 습득을 촉진하는 환경을 조성하는가에 있다. 학교라는 공간을 언어 습득의 장으로 보고 학교 생활 전체를 통해 언어를 자연스럽게 접하게 하는 방법으로 두 언어가 습득되는 것을 목표로 한다. 즉, 제1 언어와 같이 제2 언어도 자연스럽게 익힐 수 있다고 보는 것이다. 이러한 접근 방법을 취하게 되면 당연히 처해 있는 환경에 따라 자연스럽게 익히기 쉬운 언어와 그렇지 않은 언어가 있기 마련이다. 후자처럼 자연스럽게 익히기 어려운 언어에 대하여 이중 언어 능력이 조화롭게 발달할 수 있도록 교육적으로 개입하는 것이 바로 이중 언어 교육이다.

(4) 두 언어의 사회적 격차

언어가 두 가지 이상이 되면 사회적 격차가 생기고 사회적으로 보다 더 유용한 언어와 그렇지 않은 언어가 나오게 된다. 언어를 자연적으로 익히는 경우, 학습자가 사회적으로 유용하다고 인식하는 언어는 발달에 유리하지만 그렇지 않은 쪽의 언어는 불리하다. 외국어 교육의 경우, 당사자 혹은 보호자가 선택한 언어의 학습이므로 해당 외국어의 사회적 지위와는 그다지 관계가 없다. 반대로 희소 가치가 있어 학습 의욕을 북돋우는 효과를 거둘 수도 있다. 일본 국내의 일본인 학습자를 위한 영어 · 일본어 이중 언어 교육에서는 두 언어 모두 사회적 유용도가 높아 두 언어의 능력을 동시에 향상시키는 데에 유리하다. 다시 말하면, 일본어는 일본에서 정치적, 경제적, 문화적으로 가장 우세한 언어이고 가장 빈번하게 사용되는 언어이며, 영어는 국제어로서 중요시되어 많은 사람들이 배우려고 노력하는 사회적 가치가 높은 외국어이기 때문이다. 이와 같은 경우는 두 언어에 대한 학습자의 태도가 적극적이기 때문에 두 언어 모두 균형 있게 발달할 가능성이 높다. 즉, 학교 밖에서도 일본어를 접하는 기회가 충분하여 학교에서 영어를 사용하여 지내는 시간이 길어도 일본어가 희생되지 않은 채 목표로 하는 영어 능력을 갖출 수가 있는 것이다.

한편, 공립학교에 다니는 외국인 아동과 같이 사회적 가치가 높은 일본어가 학교 언어이고 사회적 가치가 낮은 편의 언어가 가정 언어(예: 포르투갈어나 베트남어, 타갈로그어)인 경우는 어떨까? 이들은 학급의 한 구성원으로 받아 주기를 바라는 마음이 강해 학교에서 선생님과 친구들이 쓰는 일본어를 하루가 다르게 익혀 나간다. 그러나 부모의 모어인 계승어는 좀처럼 쓰려고 하지 않고 최악의 경우는 스스로 포기하기도 한다. 언어의 사회적 격차 등의 문제는 아이들에게 무관해야 할 텐데, 실제로 이 어린이들은 어떤 언어로 말해야 선생님과 친구들에게 인정받는가 하는 점에 대해서 매우 민감하다. 따라서 가정에서만 사용하는 언어, 모어는 연령이 낮으면 낮을수록 현지어로 바뀌는 경향이 높아 결과적으로 현지어만 쓰는 단일 언어 구사자(monolingual)로 자라는 경우가 대부분이다.

모어의 사회적 가치가 낮은 상황에서 현지어와 균형을 맞추어 발달시키기 위해서는 모어의 가치를 인위적으로 높일 필요가 있다. 예를 들어 학교 생활 중 일부 모어를 사용하여 학습하는 시간을 갖는다든지, 수업 중에 모어를 사용하는 기회를 만들거나 지역 사회에서 모어 유지 학습반을 만들어 또래 친구들과 계승어를 쓸 수 있는 환경을 조성해 주는 일 등이다. 사회의 소수 언어를 모어로 하는 아동들은 본인의 의지와는 상관없이 이러한 이중 언어 환경에 처하게 된다. 그래서 학교에서 요구하는 행동 양식이나 가치 판단 등이 가정에서 요구하는 것과 당연히 차이가 생겨 이 때문에 존재감을 잃고 정체성 혼란을 겪는 예가 많다. 이중 언어 교육의 아버지라 불리는 캐나다 맥길대학의 랑베르(Lambert) 교수는 이 점에 주목하여 사회의 다수 언어를 모어로 하는 아동의 경우는 모어 외에 다른 유용한 언어를 하나 추가하는 '가산적 이중 언어(additive bilingualism)'가 가능하지만, 반대로 사회의 소수 언어를 모어로 하는 아동의 경우는 중요한 모어를 상실하고 현지어만 쓰는 '감산적 이중 언어(subtractive bilingualism)'가 될 경향이 있음을 지적하고 있다(Lambert, 1977; 9장 참조).

여기에서 랑베르가 말하는 'bilingualism(이중 언어)'이라는 용어는 'bilingual(이중 언어적)'이라는 말과 어떻게 다른지를 보기로 한다. 실제로는 의미가 겹치는 부분이 많은데, 'bilingual(이중 언어적)'이 개인의 언어 심리적, 사회 심리적 상황을 가리키는 반면, 'bilingualism(이중 언어)'은 사회 언어학적 개념으로, 복수 언어를 사용하는 언어 집단의 상황과 다언어 정책(多言語 政策)의 토대가 되는 주의와 주장을 의미한다. 한 가지 덧붙이자면 해머즈와 블랑(Hamers & Blac, 2000)은 개인의 언어 심리적, 사회 심리적 상황을 'bilinguality(이중 언어성)', 언어 집단의 사회 언어학적 상황을 'bilingualism(이중 언어)'로 구분하여 사용하고 있다. 이 책의 중심 과제는 개인을 대상으로 한 'bilinguality(이중 언어성)'인데, 사회적 위치가 낮은 소수 언어를 모어로 하는 아동의 경우는 심리적 상황과 더불어 사회 언어학적인 면을 추가할 필요가 있다.

여기에서 소수 언어란 무엇인가 하는 문제가 대두된다. 스쿠트납 캉가스(Skutnabb-Kangas, 2004; 181)는 '소수 언어'란 '한 나라 안에서 다른 집단보다 구성원의 수가 적고 그 구성원이 민족적, 종교적, 언어적 특징을 가지고 있으며, 그 집단의 문화, 전통, 종교, 언어를 암묵적으로나마 지키고자 하는 뜻을 가진 집단의 언어'라 정의하고 있다. 한편 9장에서 자세히 소개할 랜드리와 앨러드(Landry & Allard, 1991)는 다수, 소수로 크게 나누는 것이 아니라 언어문화 집단의 활력이라는 개념에서 다루려고 한다. 집단의 규모, 즉, 언어 사용 인구가 어느 정도 있는가(인적 자원, demographic capital), 어느 정도의 정치적인 영향력이 있는가(정치적 자원, politic capital), 어느 정도로 경제적인 힘이 있는가(경제적 자원, economic capital), 어느 정도 문화적으로 우세한가(문화적 자원, cultural capital) 등의 네 가지로 나누어 민족 언어적 활력(ethnolinguistic vitality=EV)을 분석하고 있다. EV라는 개념은 언어를 사용하는 인구 수에 치우치지 않고 여러 요인을 총괄적으로 다루고 있다는 점에서 소수 언어의 실태 분석에 적합하다고 생각된다. 이 책에서는 '소수 언어 아동'을 EV가 낮은 민족 언어를 사용하는 아동이라는 의미로 사용하고 있다.

(5) 외국어를 가르칠 것인가, 외국어로 가르칠 것인가-교과 학습과의 관계

외국어 교육은 '외국어를 가르치는 교육'이지만, 이중 언어 교육은 '교과목을 외국어로 가르치는 교육'이다. 일반 상식으로 외국어 능력이 어느 정도의 수준에 도달되지 않은 단계에서 외국어를 사용하여 수학, 과학, 사회 과목 등을 배운다는 것은 상상하기 힘들다. 외국어 능력을 갖춘 후가 아니면 무리라고 생각하는 것이 일반적이다. 그러나 이중 언어 교육에서는 강의 수업 언어로 외국어를 사용하여 교과 학습과 동시에 외국어 습득도 가능하다고 본다. 수업의 매개어로 계획적으로 두 언어를 사용함으로써 접촉 양을 늘리고 그 질도 높이는 것이다. 또한 교사와 학습자 간에 의사소통의 도구로 사용되어 자연스러운 형태로 내용 전달이 이루어지며 교과 내용과도 관련되기 때문에 언어의 심층면, 즉 학습 언어가 월등히 향상된다. 이 경우 어느 언어든 자유롭게 사용해도 좋다는 것은 아니다. 두 언어의 사용 구분을 중요시하여 영어 또는 일본어만으로 이해할 수 있는 능력을 기르기 위해 수학은 영어, 과학은 일본어로 공부하도록 교과목을 나누기도 한다. 또한 교실이나 요일, 시간에 따라 사용 언어를 바꾸거나(오전과 오후, 격일, 격주), 일정한 규칙에 의해 두 언어를 나누어 사용하는 방법이 주를 이루고 있다. 이중 언어 교육 자체는 그리스·로마 시대로 거슬러 올라가는 오랜 역사가 있는데, 이머전 방식이라 불리는 이중 언어 교육은 1960년대 캐나다에서 시작되었다. 개설 당시 이 방식으로 두 언어를 충분히 습득할 수 있다는 낙관적인 견해가 있었을 것이다. 그러나 최근에는 수업의 매개어로 사용하는 것만으로는 문법 습득이 제대로 이루어지지 않는다는 반성에서 언어 그 자체에 초점을 맞춘 수업이 추가되었다. 한편, 영어 교육 쪽에서는 의사소통을 중요시하는 교육의 하나로 언어 형식 중심의 전통적인 수업에서 벗어나 어떤 주제나 과제를 정하여 공부하는 '내용 중시의 언어 교육'(자세한 것은 10장 참조)을 시도하고 있다. 흥미롭게도 이중 언어 교육과 외국어 교육의 접근 방법에서 공통점을 찾을 수 있게 된 것이다. 다시 말하면, 어떻게 하면 자연스러운 형태로 제2 언어(L2)의 입력(input)이 이루어지고, 또한 학습자에게 어떻게 하면 의미 있는 형태로 출력(output)이 가능하도록 많은 기회를 얻게 할 수 있을까 하는 점 등이 공통된 과제인 것이다.

원래 외국어 교육에서 모어는 2언어 간 간섭의 원인이 되는 언어, 제2 언어(L2) 습득에 도움이 되지 않는 언어로 취급되어 왔는데, 이중 언어 교육에서는 제1 언어가 제2 언어 습득에 긍정적으로 작용한다고 본다. 이중 언어 교육의 핵심은 한 언어로 배운 것은 또 다른 언어로 전이(轉移)된다고 보는 일종의 일석이조(一石二鳥)의 효과를 거두는 것에 있다. 예를 들어, 제1 언어(L1)로 책을 읽을 줄 아는 어린이는 독서 능력도 동시에 익힌다. 이 어린이가 제2 언어(L2)로 읽기를 배울 때, 물론 제2 언어 특유의 문자나 표기법을 배워야 하지만, 제1 언어를 통하여 이미 독서 능력을 갖추었기 때문에 제2 언어의 읽기 학습이 당연히 수월해진다는 말이다. 이중 언어 교육에서는 2언어 간의 전이를 얼마나 효율적으로 촉진시키는가 하는 것이 중심 과제이다.

민족 언어적 활력(ethnolinguistic vitality=EV)이 낮은 사회의 소수 언어가 모어·제1 언어인 아동의 경우는 제1 언어의 계속적인 발달이 더디기 때문에 제1 언어(L1)로부터 전이가 이루어지지 않은 채 제2 언어를 학습해야 하는 상황에 처한다. 다시 말하면, 이러한 아동은 언어의 장벽을 가진 채 어느 날 갑자기 다수를 위한 학교 안에 던져져 그야말로 '죽기 아니면 살기'라고 표현해도 될 만큼 심각한 상황에 놓이는 것이다. 학교 언어의 습득이나 학력 면에서도 모어 화자를 따라갈 것으로 주변 사람들이 암암리에 기대하고 있기 때문에 성격이 강한 아동이나 모어의 숙달 정도가 높은 고학년 아동들은 어떻게든 악전고투하여 극복하는데, 그렇지 않은 아동들은 극복하지 못한다. 그야말로 랑베르(Lambert)가 말하는 '감산적 이중 언어'의 예인 셈이다. 다양한 교육적인 배려 하에 제2 언어(L2)에 투입되는 '이머전(immersion)'에 반해 아무런 교육적인 배려 없이 제2 언어(L2)환경에 투입되는 상황을 '서브머전(submersion)'이라고 한다. 일본의 공교육에서는 많은 외국인 아동들이 서브머전(submersion) 환경에 처해 있다. 이머전(immersion)에서 긍정적으로 작용하는 '가정 언어와 학교 언어를 구분하여 사용하는 방법'이 서브머전(submersion)에서는 부정적으로 받아들여져 정체성 형성에 중요한 역할을 하는 가정 언어의 발달이 더디어지고 그 때문에 학습 언어 능력도 제대로 향상되지 않는다는 악순환을 초래하고 있다.

(6) 이문화(異文化) 습득과 정체성

일본에서 실시하고 있는 외국어 교육은 학습자의 대상 언어에 대한 운용 능력을 기르고 그 능력을 활용하여 국제 사회의 이해력을 향상시키는 것이 일반적인 목표이다. 그 나라의 음식, 문화 행사, 관습과 같은 3F(Food, Festival, Fashion)를 학습에 도입하는 것만으로도 이문화(異文化) 이해로 이어진다. 자기의 문화(自文化)는 타문화를 접하고 비로소 인식되는 것이므로 일본 문화를 의식하도록 장려하는 것이 중요하다. 그러나 교실에서 배우는 경우, 외국 문화의 이해는 가능하더라도 행동 면에서는 한정된 장면의 습득에 머무르고 학습자의 생각이나 느끼는 방식까지 영향을 끼치기는 어렵다.

그러면 이중 언어 교육의 경우는 어떠한가? 원어민과 직접 접하는 생활을 통해 언어를 익히기 때문에 그 언어 특유의 사고 방식, 가치관, 사물을 느끼는 방식과 행동 규범도 익히게 된다. 즉, 이해하는 차원에 머무르지 않고 행동이나 정서적인 면에서도 제2 언어(L2) 문화의 습득이 기대되는 것이다. 랑베르(Lambert)는 영어·불어 이머전 방식으로 자란 영국계 캐나다인 자녀를 관찰한 후, 다음과 같이 기술하고 있다.

아이들은 불어 환경에서도 주눅 들지 않는다. 어떤 의미에서 이 아이들은 프랑스계 캐나다인임과 동시에 영국계 캐나다인이기도 하다. 그러나 프랑스계 캐나다인이라고 해서 더 이상 영국계 캐나다인이 아니라는 뜻은 아니다. 그들은 행동 면에서 두 개 문화의 자질을 갖추고 있다. 예를 들면, 유럽 출신의 불어 교사 수업에서는 누군가 손님이 교실에 들어오면 학생들 모두 일어서는데, 캐나다인 교사의 경우는 영국계이건 프랑스계이건 그럴 필요가 없기 때문에 일어서지 않는다. (중략) 이 아이들에게 불어는 마치 여벌로 코트 한 벌을 더 갖고 있는 것으로 비유할 수 있다. 옷이 두 벌 있으면 멋도 부릴 수 있고 한 벌의 코트로 싫증이 날 일도 없다.

(Lambert, 1977: 22-23)

그리고 랑베르에 의하면 어릴 때부터 불어를 배우기 시작한 영국계 캐나다인 자녀는 만 9, 10세 정도가 되면 문화 습득 면에서 변화가 일어난다고 한다. 처음에는 사소한 행동의 흉내로 시작되는데, 점차 정서적으로도 위화감이 없어지고 제2 문화의 일부를 자신의 문화로 소화한다. 한 가지 언어밖에 모르는 단일 언어 사용자는 언어와 문화와의 관계가 절대적인 것으로 생각하기 쉽지만, 이중 언어 구사자는 언어와 문화의 관계는 상대적인 것이고 언어에 따라 약속이나 규칙이 다르며, 똑같은 감정이나 생각을 나타내는 데에도 표현 방법이 여러 가지가 있다는 다각적인 시각을 갖는다고 한다.

그런데 이머전 교육을 받은 아동들처럼 학교에서 어릴 때부터 불어를 사용하여 학교 생활을 하면 영국계 캐나다인이라는 동족 의식은 어떻게 달라지는 것일까? 이 점에 대해 랑베르는 제네시(Genesee) 등과 더불어 민족 인형을 가지고 동족 의식과 언어 습득과의 관계를 조사한 바 있다(Genesee et al., 1978). 그 결과 초등학교 저학년에서는 프랑스계 캐나다인 인형이 자신과 닮았다고 하는 아동이 많았는데, 연령과 더불어 그 경향은 없어지고 만 10세 정도가 되면 영국계 캐나다인이라는 동족 의식이 확고하게 정립되었다고 한다. 게다가 이 결과를 바탕으로 모문화(母文化) 형성에 있어 중요한 것은 가정이며, 학교에서 외국어를 사용하여 학습하는 경우에도 가정의 언어가 근본적으로 큰 영향을 끼치고 학교 교육은 그 다음이라고 말하고 있다.

동족 의식이라는 것은 하나의 언어·문화 집단에 대한 정체성이다. 한마디로 정체성이라 해도 언어 문화 집단에 대한 정체성과 더불어, 개인의 정체성, 민족 집단의 정체성, 사회적 정체성 등 여러 가지가 있다. 언어 문화적 정체성은 스스로 의식하기는 어렵고 다른 문화를 접할 때 비로소 윤곽이 드러난다. 민족적 정체성은 같은 조상의 집단에 속하고 그 집단 특유의 가치관이나 생활 양식, 감정을 공유하는 것을 말한다. 스스로 선택하는 경우도 있지만 타인으로부터 분류되는 경우도 있다. 예를 들어 미국에서 자란 일본계 아동의 경우, 자신은 미국 사람으로 의식하고 있어도 피부색이 동양계이므로 주위로부터 '아시아인', '일본계 미국인'으로 분류된다. 사회적 정체성이란 사회적 역할이나 직업과 관련된 것인데, 소수 언어를 사용하는 아동의 경우는 언어·문화적 정체성과 민족적 정체성이 동시에 작용을 하고, 만약에 이 아동이 속한 공동체의 사회적 지위가 낮은 경우는 사회적 정체성도 여기에 부가되어 작용한다(자세한 것은 9장 참조).

이상과 같은 내용으로 볼 때, 모어가 소수 언어인 이주자나 외국인 아동의 경우는 정체성 때문에 괴로워하는 경우가 많다는 것을 쉽게 상상할 수 있다. 모어·모문화가 이미 형성되어 있는 1세대의 경우는 자신의 세계와 주변 환경과의 균열로 고민하지만, 2세대의 경우는 자신의 세계 그 자체가 서로 다른 두 문화 사이에서 흔들리고 어느 집단에도 소속감을 갖지 못하는 상황으로 몰리게 된다. 아이들은 사회적으로 우위에 있는 언어를 사용하는 집단의 일원이 되는 것과 그렇지 않은 언어 집단의 일원이 되는 것이 양립할 수 없는 경우, 사회적 지위가 낮은 소수 언어 집단에 속하지 않고 필사적으로 우위 언어 집단의 일원이 되려고 한다. 즉, 현지 문화를 자신의 문화로 받아들임과 동시에 모문화를 버리고 결국 현지 문화 하나만을 소화하는 것이다. 이렇게 되면 민족 정체성과 언어문화 정체성, 사회적 정체성까지도 흔들리게 되어 이른바 정체성 위기라는 심적 상황에 빠진다. 그리고 남들과 다른 부모의 문화적 배경에 대한 반발, 거부, 수치심을 갖게 되기 때문에 정서가 불안해지고 학습 활동도 저해되는 결과를 가져온다.

두 개의 언어를 구사하고 두 개의 문화를 이해하는 사람이 되는 것은 두 개의 차바퀴와 같이 분리하기 어렵지만, 정체성은 언어와는 직접적으로 관계가 없어 말을 못해도 그 언어 집단에 소속감을 가질 수는 있다. 또한 일단 두 개의 문화를 이해하는 능력을 갖게 되면 이 능력은 그렇게 간단히 바뀌지 않지만, 정체성은 연령과 처해진 상황에 따라 변한다. 특히 민족 정체성과 사회적 정체성은 사춘기를 기점으로 사회 활동을 하게 될 때까지 큰 변화를 가져오는 것이 일반적이다.

세계화가 진행되고 문화 간 이동이 잦아지는 21세기에는 하나의 문화, 하나의 집단에만 자신의 근거지로 정하려고 하는 것 자체에 문제가 있다. 지금은 '초문화적 정체성'(transcultural identity). '다문화적 정체성'(multicuntural identity), '복수 정체성'(multiple identity) 등 다언어 시대에 어울리는 삶을 영위하는 이중 언어, 삼중 언어 구사자가 늘어나는 시대이다(예: 箕浦, 1995; Hornberger, 2003).

2. 연령과 두 개의 언어 · 두 개의 문화의 발달

이중 언어 교육에서는 하나의 언어 · 문화가 형성되는 과정에 있는 언어 형성기(만 2~15세)의 연소자가 대상이 된다. 물론 고등학교나 대학에서 일본어를 배워 모어 화자가 무색할 정도로 유창한 회화 능력을 갖거나 섬세하고 세련된 문장을 쓰는 사람들도 있지만, 이는 극히 예외적이다. 어학적 재능을 타고난 일부 학생에게는 가능한 일이겠지만, 일반 학생들에게는 불가능에 가깝다. 그러나 언어 형성기의 아동은 환경만 주어지면 거의 누구나 이중 언어 구사자로 자란다. 따라서 이중 언어 구사자의 육성은 언어 형성기에 이루어져야 한다. 다만, 자연스럽게 몸에 익힌 언어 능력은 쓰지 않으면 도태되므로 어릴 적에 획득한 언어 능력을 어떻게 하면 계속적으로 유지하고 발달시키느냐가 커다란 과제이다. 이런 의미에서 이중 언어 구사자의 육성에는 고등학교와 대학의 어학 프로그램과 해외 유학 등을 포함한 장기적인 안목의 준비가 필요하다.

서로 다른 두 개의 언어는 어떻게 습득되는 것일까? 우선 언어 형성기를 전반과 후반으로 나누어 생각해 보자. 언어나 문화의 형성에 있어 만 9~10세 정도에 어려운 고비가 있다는 것이 지금까지의 이머전 교육과 일본의 해외 자녀 교육에서 지적되어 왔다. 따라서 만 9~10세 이전을 언어 형성기 전반, 그 이후를 언어 형성기 후반으로 나눈다.

일상생활에서 자연스럽게 두 언어를 동시에 접하여 익히는 경우와 한 언어를 먼저 익히고 그 다음에 다른 한 언어가 추가되는 경우가 있다. 전자는 국제결혼 가정 등에서 아버지의 언어와 어머니의 언어를 모두 자연스럽게 익히는 경우이다. 후자는 일본에서 일본어만 쓰다가 아버지의 해외 부임지를 따라 영어권 사회에서 자라면서 영어도 말할 수 있게 되는 일본인 자녀와 같은 경우이다. 이중 언어 교육에서는 동시에 두 개의 언어를 습득하는 경우를 '동시형 이중 언어 습득'(simultaneous bilingual acquisition), 먼저 익힌 제1 언어(모어, L1)에 제2 언어(L2)가 추가되어 이 두 언어가 발달하는 경우를 '순차형 이중 언어 습득'(successive bilingual acquisition)이라 부른다. 하지만, 현실적으로는 다양한 상황에서 '동시형'인지 '순차형'인지를 구분하기 힘든 예도 많다. 다만 양자는 중심 과제가 다르다. '동시형'은 두 개의 언어를 접하는 규모와 수준의 균형이 문제가 되는데, '순차형'은 제1 언어의 기초 위에 제2 언어가 발달하게 되므로 언어 능력의 토대가 되는 제1 언어의 성숙도가 문제가 된다.

두 개의 언어 · 두 개의 문화의 습득에서 문제가 되는 언어 영역은 여러 가지가 있는데, 습득 순서로 살펴보면, '모문화', '구어체', '읽기 · 쓰기의 기초', '독해 능력 · 작문 능력', '추상적 개념과 추상적 어휘' 순이다. 이를 언어 형성기의 관점에서 도식화한 것이 〈그림 1〉이다. 화살표로 나타낸 것은 그 언어 영역의 핵심이 되는 부분이 발달하는 시기이고, 그 이후에도 계속해서 발달한다는 것을 의미한다.

〈그림 1〉 연령과 제1 언어 · 문화의 습득

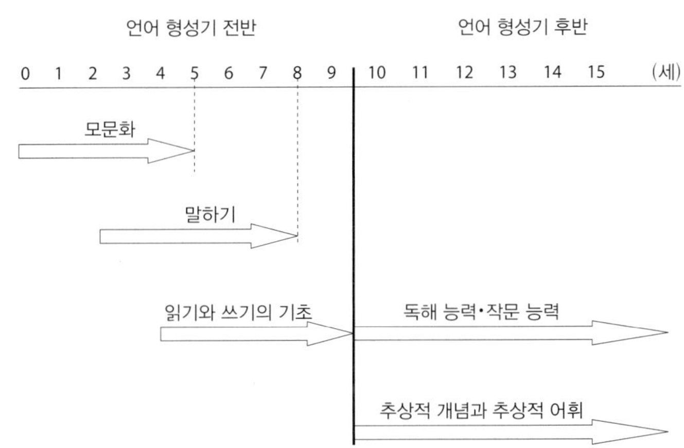

(1) 언어 형성기 전반(柴田, 1956; 中島, 2001)

어린아이가 간단한 단어 정도의 말을 하기 시작하는 것은 만 2세(생후 24개월) 전후이고, 이에 앞서 모문화를 먼저 익힌다. 문화를 익혀 나가는 과정을 행동 면과 심정(心情)적인 면, 인지적인 면으로 나누어 생각해 보면 유아가 가장 먼저 익히는 것은 행동 면과 심정적인 면이다. 한 가족의 일원으로서 아이는 만 5세 정도까지 해도 되는 것과 해서는 안 되는 것 등을 구분하는 행동 규범을 배우고 칭찬이나 꾸지람을 듣기도 하면서 각 문화 특유의 희로애락의 감정 표현 방식과 가치 판단을 가족과 공유하게 된다.

모문화에 이어 다음으로 만 2~8세경까지 형성되는 것이 말하기이다. 만 0~2세를 '엄마 품에 있는 시기'라고 한다면 만 2~4세는 '혼자 자는 시기', 만 4~6세가 '또래와 노는 시기', 그리고 만 6~8세는 '초등학교 전반기'가 된다. '혼자 자는 시기'는 매일 어휘가 늘고 말로 기분을 표현하거나 '왜?'를 연발하며 말을 통해서 생각하는 것을 배우는 시기이다. 아이의 언어를 유아기부터 초등학교에 들어갈 때까지 연속적으로 연구한 웰스(Wells)는 이 시기에 부모가 가정에서 아이에게 어떻게 대응하고 어떠한 방법으로 '대화'를 하느냐에 따라 학령기 이후 아이의 학업 성적에 크게 영향을 끼친다고 말한다(Wells, 1981, 1985).

또한, 처음으로 익히는 제1 언어에는 특별한 의미가 있다. 말을 통하여 다른 사람과 의사소통하는 일, 말로 기분과 의사를 전달하는 일, 다른 사람의 기분을 살피는 일, 사물의 이름 등을 기억하고 주변의 세계를 정리하며 자신의 통제 하에 두는 일 등 많은 것을 아이가 태어나서 처음으로 익히는 언어로 배우기 때문이다. 이러한 의미에서 모어·제1 언어는 자아 형성에 빼놓을 수 없는 생명의 줄이라 할 수 있다.

오늘날 어린 시절에 여러 언어를 접해도 언어의 발달이 늦어지는 일은 없지만, 국경을 넘는 이동으로 어린아이에게 급격한 언어 환경의 변화는 이제 겨우 발달하기 시작한 언어의 싹을 잘라 버리고 혼란을 초래하기 쉬우므로 각별히 주의할 필요가 있다.

'또래와 노는 시기'는 사회성이 발달해서 '소꿉놀이'와 어린이집과 유치원 등의 단체 활동이 가능하게 된다. 그리고 문자에 대한 흥미도 생기므로 '질문'이나 '말하기'와 더불어 '책 읽어 주기'를 하면 아이가 스스로 책 읽기에 흥미를 가지게 된다. '책 읽어 주기'는 단일 언어만 쓰는 사회에서 아동의 모어 발달에도 중요한 일인데, 이중 언어 또는 다언어 구사자의 육성에는 필수 불가결한 활동이다. 회화 중심의 언어 능력에서 읽고 쓰는 단계로 들어가는 것은 모어가 가장 효율적이기 때문이다. 이 시기에 충분히 두 언어를 접하면 자연스럽게 양 언어를 익히지만, '혼자 자는 시기'와 마찬가지로 아이들은 급격한 언어 환경의 변화에 약하므로 현지의 보육 시설 등에 아이를 장시간 맡겨 놓을 경우, 아이는 익숙하지 않은 현지어 환경에서만 지내게 되어 정서가 불안정하여 그때까지 익힌 모어의 발달이 정체되기도 한다.

'초등학교 전반기'는 학교 생활을 통해 말하기 능력이 충분히 발달하여 읽기와 쓰기의 기초 능력을 다지는 중요한 시기이다. 이때부터는 아이들은 부모보다 같은 또래와 어울려 노는 것을 선호하는데, 부모와 자녀와의 대화나 교류가 계속해서 이루어지도록 노력하는 일이 매우 중요하다. 특히 국경을 넘어 이동하는 경우, 모어를 통한 의사소통으로 부모 자식 간의 유대 관계를 돈독히 해 두지 않으면 아이가 현지어를 습득해 나가면서 모어가 도태되어 상실할 위험성이 커진다. 이 시기의 회화 능력은 일상생활의 기본적인 대화가 중심이고, 경어를 쓰는 정중한 표현이나 복잡한 내용에 대해 말하는 능력은 '언어 형성기 후반', 즉, 사회성이 발달되어야 가능해진다. 특히 초등학교 초기의 회화 능력은 기본적으로 일대일의 의사소통 능력이다. 교사가 반 전체 학생에게 말을 하고 나면 바로 교사한테 달려와 같은 말을 한 번 더 물어보는 아동들을 자주 보는데, 교사가 아동들에게 말을 거는 수업 형태는 〈일 대 다수〉의 대화이기 때문에 이러한 방식에 익숙해지기까지 시간이 걸리는 아이도 있다.

읽기와 쓰기의 습득은 초등학교 1학년부터라고 생각하기 쉬운데, 실은 만 4세 정도부터 읽기 능력이 싹트기 시작한다. 책 읽어 주기를 통하여 활자에 의미가 있다는 것을 몸으로 터득하는 것이 중요하며, 이 체험이 없으면 초등학교 들어가서 이루어지는 문자 학습의 의미를 모르고, 초반에 좌절하는 일이 많다. '말하기'와 '읽기', '쓰기'의 기본적인 능력을 갖추는 이 중요한 시기에 두 언어의 읽기와 쓰기를 동시에 배우는 것은 충분히 가능하다. 반대로 이 시기를 놓치면 읽기와 쓰기의 기본을 배우는 것이 매우 어려워진다고 말할 수 있다.

또 한 가지 강조하고 싶은 것은, 이 시기의 아동들은 언어를 접함으로써 문법적 규칙을 스스로 깨달아 간다는 점이다. 그러므로 같은 또래와 어울려 놀듯이 자연스럽게 언어를 접할 기회가 주어지면 필요에 의해 아주 수월하게 현지어를 익힌다. 그러나 교실에서 어린아이와 초등학교 저학년 학생들에게 문형 연습을 시키는 인위적인 상황에서는 좋은 발음으로 반복해서 말하기는 가능해도 응용 면에서는 좋은 성과를 거둘 수가 없다. 문법적인 규칙은 언어 형성기 후반이 되지 않으면 이해하기 어렵고 어린아이들에게 문형을 주입시켜도 그것을 어떻게 활용해야 할지 모른다. 따라서 어린아이들에게 잠재되어 있는, 언어를 자연스럽게 익히는 힘을 활용하여 목표로 하는 언어를 어린아이들이 자연스럽게 접할 수 있도록 수업 방식을 구축할 필요가 있다.

또한 이 시기에 두 언어 환경에서 자라는 어린이의 경우, 이 두 언어를 접하는 양의 균형이 문제가 된다. 아동들은 다른 사람들과 교류를 하면서 언어를 익히기 때문에 접하는 양이 많은 언어, 질적으로 접하는 언어의 능력이 당연히 더 발달하게 된다. 언어를 접하는 것에는 적극적으로 대화에 참여하는 형태가 있고, 말을 흘려듣는 것과 같이 수동적으로 접하는 형태가 있다. 아동들에게는 일대일의 의사소통, 즉 상대방과 서로 마음을 주고받을 수 있는 그러한 대화가 절대적으로 필요하다. 아동들은 의식적으로 노력하는 일이 불가능하므로 어떤 언어를 꼭 써야 할 상황에 처해 있지 않으면 언어 능력이 잘 발달하지 않고, 아동에게 자신이 없는 말은 안 쓰려고 한다. 그러므로 이와 같은 특징을 고려하여 아동의 언어 환경을 조절할 필요가 있다.

국제결혼 가정의 경우도 두 언어를 접하는 양의 균형이 중요하다. 어머니와 아버지의 언어 능력이나 사용 빈도 등 개개인의 조건에 따라 다르지만, 일반적으로 어머니와의 접촉이 아버지보다 많은 것이 보통이다. 이러한 상황에서는 당연히 어머니가 쓰는 언어 능력이 더 발달하므로 두 언어의 균형을 맞추기 위해서는 아버지와 언어적인 접촉의 질을 높이도록 노력할 필요가 있다. 예를 들어, 아이는 어머니와 항상 같이 있으므로 가끔은 아버지가 일찍 들어와 아이와 함께 게임을 하며 놀아 준다든가 산책을 데리고 간다든가, 아이가 하고 싶어하고 재미있어 하는 일을 함께 해 주면 이것으로 충분히 질적인 접촉이 된다.

두 언어를 접하는 양 외에 또 하나 중요한 것은 앞의 25-27쪽에서 다룬 두 언어의 사회적 격차이다. 사회적 지위가 높은 언어 쪽이 강해지는 경향이 있기 때문이다. 나중에 이 언어로 학교 교육을 받을 것을 염두에 두고 집에서는 의도적으로 사회적 가치가 낮은 쪽의 언어를 가정 언어로 선택하는 것도 고려할 수 있다.

국제결혼 가정이 아닌 경우는 아이가 현지 학교 생활에 익숙해지면서 사회적 가치가 높은 학교 언어를 '자신의 언어'로 받아들여 가정에서도 쓰려고 한다. 부모가 모어로 말을 걸어도 대답은 모두 현지어로 하는 일이 자주 일어난다. 아이에게 가장 편하게 쓸 수 있는 언어가 현지어가 되어 부모의 모어는 어쩔 수 없이 써야 하는 언어, 즉 부모에게 계승된 언어로 아이가 자신의 언어로 받아들이기 힘들어지기도 한다. 이와 같은 현상이므로 어떻게든 두 언어의 균형을 맞출 필요가 있다. 가정에서는 부모가 철저히 계승어를 사용하고, 학교에서는 교사가 솔선해서 계승어의 가치를 인정하여 해당 어린이가 가정에서도 계속적으로 학습할 수 있도록 장려해야 한다.

언어가 복수가 되면 두 개의 언어를 섞어 사용하는 현상(code mixing)과 말하는 도중에 A언어를 B언어로 전환하는 현상(code shifting)이 쉽게 나타난다. 종래 이와 같은 현상은 두 언어의 숙달도가 낮기 때문에 나타나는 것으로 여겨왔는데, 최근에는 아동이 접하는 주위 사람들의 언어 행동에 따른 반영이라는 견해로 바뀌고 있다. 아동들은 어른들이 두 개의 언어를 섞어 쓰는지, 말을 하면서 다른 언어로 전환하는지 등을 무의식적으로 파악하여 어른들과 똑같은 언어 행동을 취한다는 것이다(Comeau, Genesee & Lapaquette, 2003). 이러한 현상은 아이들뿐만이 아니라 부모도 언어가 다른 환경에서 생활하는 기간이 길어지면 현지어가 일상생활에 들어와 무의식 중에 자신의 언어에 현지어를 섞어 쓰는 일이 흔하기 때문이다.

또 한 가지, 언어 간의 간섭이 일어난다. 예를 들어, 영어 · 일본어 이중 언어 구사자의 경우, 'アイスクリームが冷たい(아이스크림이 차가워)'를 'アイスクリームが寒い(아이스크림이 추워)'로, '今行くよ(지금 갈게)'를 '今来るよ(지금 올게)'로, 현관문을 열고 'ただいま(다녀왔습니다)'라 하지 않고 'お帰りなさい(어서 오세요)'하고 말하면서 들어오기도 하고, 친구에게 생일 선물을 보여 주면서 'これ、おばあちゃんがくれた(이거 할머니가 (나한테) 주셨어)'로 표현해야 할 것을, 'これ、おばあちゃんがあげた(이거 할머니가 (내가 아닌 다른 사람한테) 주셨어)'하고 말하기도 한다. 이와 같은 간섭은 언어 능력이 약한 쪽에서 흔히 나타난다. 또한 언어 형성기 전반과 후반을 비교하면 전반기의 어린이들에게 압도적으로 많이 일어난다. 아이치현(愛知県)의 브라질 출신 초등학교 1, 2학년의 회화 능력 조사(32명)에서도 일본어 회화에 포르투갈어의 혼용은 없었지만, 포르투갈어 회화에서는 반 이상이 일본어 단어를 섞어 쓰거나 문장 전체를 일본어로 전환하여 말하는 예가 보였다고 한다(吉川 · 本杉, 2006, 자세한 것은 10장 참조). 언어 형성기 후반기에는 이러한 현상이 개선되므로 주변에서 일일이 이를 지적하면서 정정하려고 애를 쓰기보다는 각각의 언어가 보다 쾌적한 환경에서 발달할 수 있도록 아이들에게 좋은 언어 환경을 제공하려는 노력이 더 중요하다.

(2) 언어 형성기 후반

초등학교 3학년 정도가 되면 자립심이 왕성해지고 자아에 눈을 뜨기도 하며 공부에도 자기 나름의 방식이 생긴다. 책을 낭독하는 것보다 묵독이 빨라지는 것도 이 무렵이다. 또한 일본의 경우, 국어, 사회, 과학 등의 교과 학습을 통하여 한자 능력, 어휘력, 작문 능력이 급속도로 향상되는 것도 초등학교 후반에서 중학교에 걸쳐서이다. 한자어 숙어가 증가하고 독해 능력도 좋아져 추상적인 내용을 이해하고 복잡한 문장도 읽을 수 있게 된다. 그래서 이때부터는 책을 비판적인 관점에서도 읽을 수 있고, 감상적으로도 읽을 수 있는 능력이 생긴다. 한편으로 '외국', '외국인'에 대한 지적(知的) 호기심도 생겨 이 시기에 해외여행을 하거나 해외에서 열리는 캠프에 참가하는 일 등은 나름대로 의미가 있다.

이중 언어를 쓰는 아동에게서 나타나는 이 시기의 문제는 위에서 언급한 단일 언어 사용자의 언어 발달 정도에 못 미친다는 점이다. 가장 현저하게 나타나는 것이 어휘이다. 캐나다의 제2 언어로서의 영어(English as a Second Language) 어휘 연구에 의하면 영어만 쓰는 초등학교 4, 5학년생의 영어 교과 학습 어휘는 12,000~15,000개이고 6학년이 되면 25,000개로 늘어나는데, 외국인 아동이 이 정도 수준의 어휘력을 길러 모어(영어) 사용 학습자를 따라가기 위해서는 1년에 적어도 3,000개, 날짜로 따지면 하루에 8개씩 새로운 어휘를 익혀야 한다고 한다(Sales & Graves, 2007).

그러나 다행히도 이 연령의 아이들은 현지어 습득이나 모어를 유지하기 위해 자신의 의지에 따라 노력할 수 있는 능력이 생긴다. 예를 들어, 단어와 한자를 추출하여 외우거나 문법 규칙을 정리한다든가 모어 유지를 위해 독서를 하거나 조부모나 친한 친구와 메일이나 비디오 교환을 하는 일 등, 다양한 방법으로 모어 구사 능력을 강화해 나갈 수 있다. 또한 같은 또래로부터 받는 영향이 부모나 보호자보다 커지므로 학교와 공동체에 좋은 친구가 생기면 계승어 학습에도 스스로 의욕적으로 참여하는 경향이 있다. 중고생이 되면 장래의 진로와 연관지어 계승어의 가치도 이해할 수 있게 되고, 자신이 소속된 언어적 소수 집단의 입장을 비판적이고 분석적으로도 볼 수 있게 되므로 언어 문화 집단의 일원으로서 책임감도 생긴다. 이런 면에서 볼 때, 소수 언어를 모어로 하는 청소년에게는 계승어를 재인식함으로써 스스로 모어를 강화하는 노력을 하는 것이 자신을 잃지 않고 현명하게 사춘기를 극복하는 하나의 방법일지도 모른다.

그러나 언어와 문화의 벽은 두텁다. 말이 통하지 않아도 책상을 마주하고 같이 공부하거나 노는 것만으로도 친구가 되는 언어 형성기 전반의 어린아이와는 다르게 이 시기의 외국인 아동들은 반 친구들에게 언어로 적확하게 대응하지 못하면 쉽게 소외당한다. 언어 습득에 대한 심리적인 압박감과 더불어 자신의 감정은 마음속에 숨기고 주변 친구들에게 맞추다 보니 행동과 심정적인 면의 불일치로 힘들어 하고, 또한 부모의 가치관과 학교에서 지향하는 가치관과의 균열 등으로 두 문화의 틈새에 끼여 고민하는 일도 많다.

이와 같은 점에서 언어 형성기 후반은 언어 습득과 학력 면에서 유리한 점이 많음에도 불구하고 심리적, 사회적, 문화적 갈등으로 인해 언어가 제대로 향상되지 않는 상황에 빠지기 쉽다. 그러나 연구 결과를 살펴보면 중학교 후반에서부터 고등학교에 걸쳐 언어가 다른 환경에서 고민하는 청소년들 중에는 어떤 상황에도 대처할 수 있을 정도로 고도의 이중 언어자로 성장하는 예가 있는 것도 사실이다. 행동과 심정적인 면에서 현지 문화에 쉽게 동화되는 초등학교 저학년 아동과 달리 중고생의 경우, 행동 면에서는 상황에 맞추어 임기응변하더라도 심정적인 면에서는 영향을 받지 않기 때문일 것이다. 영어권의 일본 초등학생을 '바나나'(얼굴은 일본, 행동·정서는 북미), 중고생을 '삶은 달걀'(행동은 북미, 정서는 일본)이라 부르기까지 한다. 결론적으로 언어 형성기 후반의 중고생은 일본인의 '정서'를 지닌 채 이중 언어 문해력과 이중 문화 이해력을 가진 사람으로 자란다는 것이다.

3. 이중 언어의 발달 체제-커민스의 4원칙

다음으로 이중 언어 현상과 이중 언어 교육의 세계적 권위자인 토론토대학 짐 커민스(Jim Cummins) 교수의 네 가지 원칙을 중심으로 이중 언어가 발달하는 체제를 살펴본다(Cummins, 1978, 1991a, 1991b; 国立国語研究所, 1996:48-51).

(1) 상승효과를 낳는 가산적 이중 언어(원칙 1)

커민스의 〈원칙 1〉은 '상승효과를 낳는 가산적 이중 언어'(The additive bilingualism enrichment principle)이다. 앞에서 랑베르의 가산적 이중 언어와 감산적 이중 언어에 대해 언급했지만, 모어가 사회의 주요 언어인 경우는 긍정적인 면이 많은 가산적 이중 언어로 발달할 가능성이 높은데, 모어가 사회의 소수 언어인 경우는 소중한 언어를 잃고 정체성이 흔들리는 일 등 부정적으로 작용하는 감산적 이중 언어가 될 가능성이 크다.

이중 언어를 발달시키는 것에 대해 1960년대까지는 이중 인격, 학력 저하, 정신 착란 등 부정적인 면이 강조되었으나, 캐나다의 불어 이머전 프로그램의 성공을 계기로 이중 언어 발달에 유리한 면이 부각되었다. 커민스에 따르면 양 언어가 고도로 발달하는 고도 이중 언어 구사자가 되면 인지 능력(IG 포함)이 높고 모어의 독해 능력이 모어만 아는 경우보다 고도로 발달하고 나아가 사고의 유연성, 언어 분석 능력이 뛰어나는 경우 등 이중 언어 구사자에게 유리한 점이 많다고 한다. 여러 언어를 습득하는 것은 언어 그 자체에 대한 지식이 많아져 언어를 습득하는 방식도 체득하기 때문에 제3 언어, 제4 언어의 습득을 용이하게 한다고 한다. 또한 이야기 상대의 언어 능력에 따라 언어를 선택해야 하므로 상대의 언어 능력에 민감해지고 언어로 사람을 판단하거나 차별하지 않는 일 등, 긍정적인 면이 있다고 한다. 또한, 한 가지 이상의 언어 · 문화를 알게 됨으로써 자신의 언어 · 문화의 특징을 보다 분석적으로 이해할 수 있게 되고 언어를 분석하는 힘, 사고의 유연성, 상상력 · 창조력을 발휘하는 데에 도움이 된다고 한다

일본인을 위한 영어 교육은 모어의 발달이 보장된 상태에서 이루어지므로 좀 더 대담하게 외국어 능력을 고도로 신장하는 방법을 강구해야 할 것이다. 영어가 능숙해짐에 따라 장래 직업 선택의 범위가 넓어지는 것과 같이 눈에 보이는 긍정적인 면 이외에 인지, 사고력, 문화 이해 능력 그리고 고도의 모어 능력 등, 개인적인 차원에서 볼 때 장점이 많다. 그뿐 아니라 보다 언어 자원이 풍부한 나라를 만드는 일이므로 사회, 경제적으로 도움이 된다. 한편, 모어의 계속적인 발달이 보장되지 않은 외국인 아동과 그 밖의 소수 언어 아동들의 경우는 가정, 지역, 학교의 협력 체계를 만들어 이들의 모어 능력 육성에 힘을 쏟지 않으면 감산적 이중 언어 상태가 되어 초등학교는 어떻게든 마쳐도 중학교 때 중퇴를 하거나 결석이 잦아 범죄에 빠지기 쉽다.

랑베르가 말했듯이 21세기의 과제는 언어적 소수 집단의 아동들을 가산적 이중 언어 구사자로 육성하는 것이다. 그 어떠한 환경의 어린이라도 상승효과를 얻는 가산적 이중 언어 또는 가산적 다언어의 혜택을 받을 수 있도록 일본에서도 가정, 학교, 지역 사회가 연대를 강화하여 아동들에게 다양한 언어로 구성된 두 개의 언어, 세 개의 언어를 접하는 환경을 조성하여 20대 후반까지 고도의 언어 능력을 갖출 수 있는 언어 교육이 이루어져야 할 것이다.

(2) 2언어 상호 의존의 원칙(원칙 2)

커민스의 〈원칙 2〉는 '2 언어 상호 의존의 원칙'(The linguistic interdependence principle)이다. 이중 언어 구사자의 두 언어에는 공유하는 부분이 있어서 한 언어로 교과목을 공부하여 얻은 지식은 새로

운 언어로의 학습에 도움이 된다는 주장이다. 역사적으로 보면 두 언어가 전혀 관계없이 개별적으로 존재한다는 설과 두 언어는 별개지만 심층적인 면에서는 공유한다는 설이 있었다. 커민스는 전자를 SUP(=Separate Underlying Proficiency), 후자를 CPU(=Common Underlying Proficience)라 부르고 〈그림 2〉와 같이 나타내고 있다. SUP는 분리 기저 능력 모델(왼쪽 그림, 분리설), CPU는 공유 기저 능력 모델(오른쪽 그림, 공유설[4])이다 .

〈그림 2〉 두 언어 분리설과 공유설

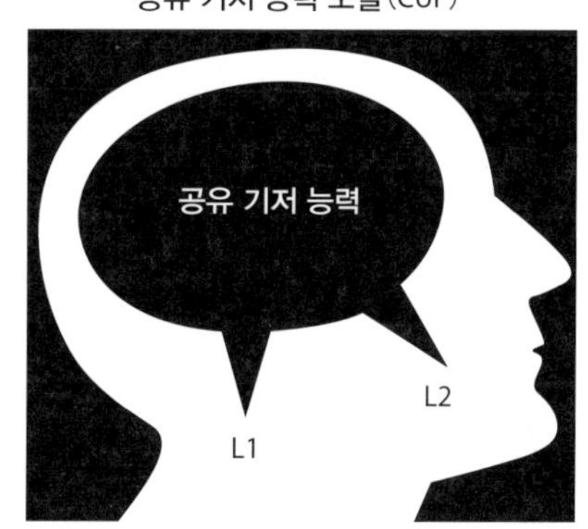

　예를 들어 일본어로 구구단이 가능한 아동이 영어 학교에 들어가 구구단을 배울 경우, 구구단이라는 개념은 일본어를 통해 이미 알고 있기 때문에 영어로 숫자를 말할 수 있게 되면 구구단을 사용하여 곱셈을 할 수 있다. 반대로 구구단을 모르는 경우, 이제 막 배우기 시작한 외국어로 구구단의 개념부터 깨우쳐야 한다는 이중고(二重苦)를 겪게 된다. 커민스에 의하면, 분리설을 지지하는 연구 성과는 거의 없는데, 공유설을 지지하는 연구는 다양한 언어의 조합으로, 150여 개에 이른다고 한다.

　이중 언어 교육에서 문제로 삼는 것은 개념과 인지적인 면의 전이이다. 커민스는 〈그림 3〉과 같이 빙산을 예로 들어 표층 면에서는 둘이지만, 심층 면에서는 하나라는 것을 보여 주고 있다. 〈그림 4〉는 필자가 나무에 비유해 본 것이다. 눈에 보이는 잎 부분이 표층 면이고, 언어는 몇 가지가 되어도 지식, 학력, 사고력에 해당하는 줄기 부분과 나무 전체를 받치고 있는 뿌리에 해당하는 부분은 하나이다. 이중 언어를 쓰는 어린이의 경우 자기를 지탱하는 뿌리라 할 수 있는 자신감 · 긍지 · 의욕 등이 심적(心的)으로 안정되어 있으면 제2 언어가 고도로 발달할 수 있지만, 뿌리 부분이 흔들려 불안정하면 어느 언어도 충분히 발달하지 못하고 둘 다 실패할 수가 있다. 이중 언어 능력은 두 개의 언어 · 두 개의 문화, 서로 다른 사회 집단에 연관되어 발달하게 되므로 뿌리에 해당하는 부분이 안정되어 있지 않으면 문제가 생기는 것이다.

---

4)　이와 같은 심층 면을 커민스는 '공유 기저 능력(common underlying proficiency)'이라고 부르고 있지만, 베이커(Baker,2001)는 '공통 조작 시스템(common operating system)', 문해력의 '공유 기저 저장고(common underlying reservoir)', 그리고 8장에 소개할 프란시스(Francis, 2000:176)는 표층 면과 구분해서 '중추 조작 시스템(central operating system)'이라는 용어를 사용하고 있다.

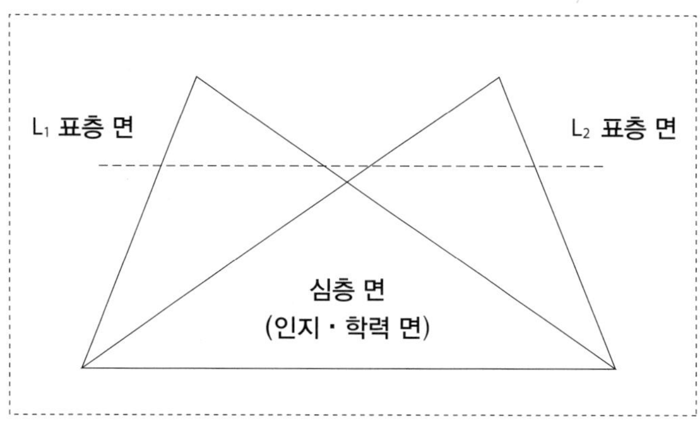

(Cummins & Swain, 1986: 83 에 의해 작성)

〈그림 4〉 나무에 비유한 복수 언어를 지탱하는 심층 면

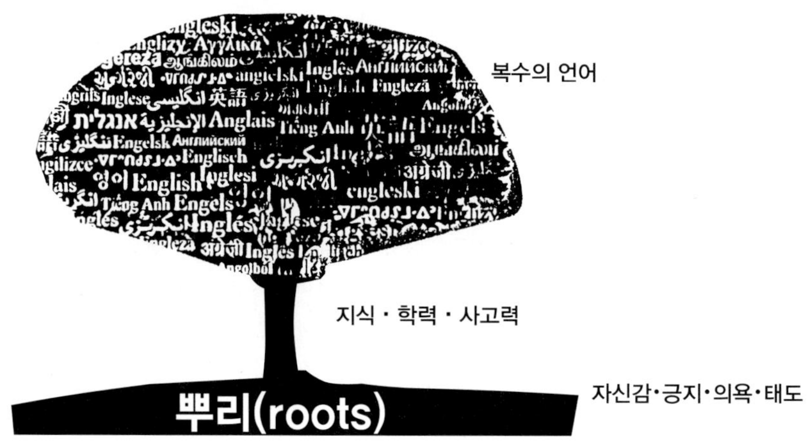

(3) 회화 능력 · 교과 학습 언어 능력(원칙 3)

커민스의 〈원칙 3〉은 '회화 능력/교과 학습 언어 능력의 원칙'(The conversational/academic language proficiency principle)으로 회화와 학습 언어는 습득하는 데에 걸리는 시간이 크게 다르다는 것이다. 커민스는 다음 〈그림 5〉와 같이 언어 활동을 두 개의 축을 사용하여 네 영역으로 나누어 언어 습득에 걸리는 시간이 크게 다르다는 것을 나타내고 있다. 세로축이 인지 능력 필요도(어느 정도 인지력이 필요한가)이고, 가로축이 상황 의존도(어느 정도 상황에 의존하는가)이다.

〈영역 A〉는 화자가 상황에 의존하여 말을 별로 하지 않아도 의미가 통하고 고도의 인지 능력이 필요하지 않는 기초적인 생존 가능 수준(survival level)의 회화 능력이다. 예를 들면, 지도를 보여 주며 길을 묻는다든지 손가락으로 가리키며 물건을 사는 것과 같은 장면으로, 말을 하지 않아도 의미가 통하는 상황이다. 〈영역 C〉는 인지 능력 필요도가 낮은 언어 활동으로, 예를 들면 교사가 칠판에 쓴 것을 공책에 옮겨 적는 일, 사야 할 물건의 목록을 만드는 일, 간단히 메모하는 일 등이다. 〈영역 B〉는 상황에 의존은 하지만, 인지 능력의 필요도가 높은 언어 활동을 말한다. 예를 들어 이과 실험이나 시각 교재를 많이 활용한 교과 수업 등이 이에 해당한다. 〈영역 D〉는 상황에 의존하지 않으면서 인지 능력 필요도가 높은 언어 활동으로 모든 것이 언어로 승부가 나는 영역이다. 책을 읽거나 리포트를 쓰거나 발표를 하는 일 등, 교과에 관한 학습 활동의 대부분이 이 영역에 속한다.

〈그림 5〉 인지 능력 필요도와 상황 의존도로 분석한 언어 활동의 4 영역

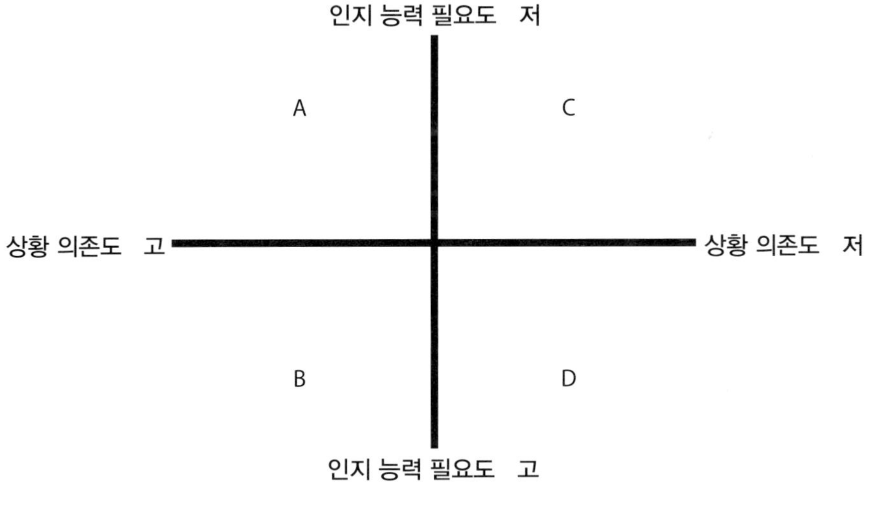

각 영역에 따라 언어를 습득하는 데에 걸리는 시간이 다르다. 〈영역 A〉의 대화 능력의 습득에는 1~2년이 걸린다. 〈영역 D〉는 자국에서 모어로 학습 경험이 있는 아동이 만 8세 이후에 일본에 온 경우로, 5~7년이 걸리는데, 만 8세 이전에 입국한 경우(현지 출생을 포함함)에는 7~10년이 걸린다는 것을 나타낸다.

토론토대학의 코엘류(Coelho) 교수는 커민스의 그림을 사용하여 각 영역의 언어 능력 도달에 필

요한 학습 시간을 제시하고 있다(그림 6). 학습과 관계된 것은 A면, B면, D면이고, 〈영역 A〉는 1년, 〈영역 B〉는 2년에서 4년, 〈영역 D〉는 4년에서 5년 이상 걸린다고 한다(Ceolho, 2004: 257).

〈그림 6〉 영역과 필요한 학습 시간

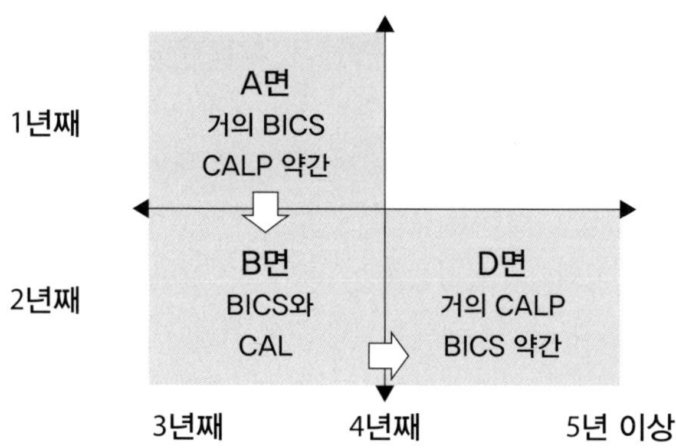

위 그림에는 BICS와 CALP라는 용어가 사용되고 있는데, 회화 능력/교과 학습 언어 능력(conversational/academic language proficiency)의 전신이 되는 커민스의 용어이다. BICS(=basic interpersonal communicative skills)란 기본적인 대인 관계 의사소통 능력, CALP(=cognitive academic language proficiency)란 교과 학습 언어 능력을 나타낸다[5]. 둘 다 커민스의 용어인데, BICS와 CALP는 양자택일의 관계가 아니라 연속선상에 있는 개념이라는 것을 강조하기 위해 용어를 바꾸었다고 한다. 〈그림 6〉의 〈영역 A〉의 언어 활동은 BICS를 기초로 하고 있어 교과 학습 언어 능력이 거의 필요하지 않는 상황이다. 〈영역 B〉는 교과 학습 때에 BICS와 CALP가 어느 정도 사용 가능한 상황을 말한다. 그리고 〈영역 D〉는 BICS의 사용은 적고 대부분이 CALP, 즉 교과 학습 언어 능력으로 대처하는 상황을 나타내고 있다[6].

(4) 상호 커뮤니케이션 활동 충족의 원칙(원칙 4)

〈원칙 4〉는 '상호 커뮤니케이션 활동 충족의 원칙'(The sufficient communicative interaction principle)이다. 언어 발달에는 다른 사람과 의사소통 활동이 충분히 이루어지는 것을 전제로 하고 있다. 특히 만 2~8세 어린이는 다른 사람과의 상호 작용을 통해 언어를 익혀간다. 이 경우, 상호 작용 활동의 양이 두 개의 언어의 능력과 밀접한 관계가 있으며, 한 언어의 교류 양이 다른 언어에 비하여 많아지면 언어의 교류 양이 적은 쪽은 빠르게 쇠퇴한다. 따라서 주위 어른들이 적극적으로 개입하

---

5) 일본에서는 BICS를 '생활 언어', CALP를 '학습 언어'로 번역되어 널리 사용되고 있다. 커민스가 제창한 BICS에는 읽기와 쓰기에 관한 활동이 포함되어 있지 않기 때문에, '생활 언어'라는 말이 반드시 정확한 번역어라고는 할 수 없다.

6) BICS, CALP에 대해서 현재 커민스가 사용하는 용어는 회화 능력(conversational fluency), 변별적 언어 능력(discrete language skills), 교과 학습 언어 능력(academic language proficiency)이다. 이 세 가지 언어 능력의 측면에 대해서는 6장에서 상세하게 다룬다.

여 두 언어의 교류 양과 질의 균형을 맞출 필요가 있다. 질 높은 교류란 단지 듣고 있는 수동적 입력(input)뿐 아니라, 회화에 활발하게 참가하는 출력(발화, output)을 포함하는 것이다.

4. 이중 언어의 네 가지 유형

이상과 같이 동일한 두 개의 언어를 사용하는 경우라도 언어의 사회적 지위에 따라 상반된 결과가 나오는 현상으로부터, 커민스는 이중 언어 상태와 인지 능력의 발달에 초점을 맞추어 두 언어의 도달 정도를 바탕으로 이중 언어 사용 유형을 네 가지로 분류한다. 이는 '문지방설(設)'이라고 불린다. 두 언어의 도달점에는 두 개의 문지방이 있는데, 상위의 문지방을 넘으면 인지 면에 좋은 영향을 미치는 반면, 하위의 문지방을 넘지 못하면 인지 면에 나쁜 영향을 미친다. 두 언어 모두 상위의 문지방을 넘은 상태를 '고도 이중 언어(proficient bilingualism)', 한 언어만 상위의 문지방을 넘은 상태를 '부분적 이중 언어(partial bilingualism)', 두 언어 모두 하위의 문지방을 넘지 못한 상태를 '이중 제한적 이중 언어(double-limited bilingualism)'라 불러 구별하고 있다[7]. '이중 제한적 이중 언어(double-limited bilingualism)'는 '제한적 이중 언어(limited bilingualism)'라고도 불린다[8]. '고도 이중 언어'는 인지 발달에 도움이 되는데 '제한적 이중 언어'는 연령에 상응하는 학습이 곤란해지므로 인지 발달에 좋지 않은 영향을 끼치고, '부분적 이중 언어'는 특별히 아무런 영향도 끼치지 않는다고 한다.

〈그림 7〉의 자전거 그림은 두 언어의 도달 정도와 인지도와의 관계를 알기 쉽게 나타낸 것이다. '바퀴가 하나 있어도 괜찮다(단일 언어), 커다란 바퀴와 작은 바퀴가 있으면 바퀴가 하나 있을 때보다 멀리 갈 수 있다(부분적 이중 언어). 두 바퀴가 균형을 이루고 있고 공기가 가득 차 있으면 더 멀리 갈 수 있다(고도 이중 언어). 하지만 두 바퀴가 있어도 공기가 빠져 있으면 아무데도 갈 수 없다(제한적 이중 언어)'는 것을 나타내고 있다(中島, 2001: 7).

---

7) 각종 이중 언어의 호칭에 관해서는 여러 변천을 거쳐 현재에 이르고 있다. 1970년대의 논문에서는 'partial bilingualism'은 'dominant bilingualism'으로 'double-limited bilingualism'은 'semilingualism'이라고 부르기도 했으나, 후자의 'semilingualism'은 차별적인 용어라는 점에서 지금은 사용하지 않는다(자세한 내용은 나카지마(中島, 2007) 참조).

8) 이하 한국어 번역에는 '제한적 이중 언어'라는 용어를 사용한다(감수자 주).

〈그림 7〉 두 언어의 도달 정도와 인지도의 관계(Cummins)

바퀴가 하나 있어도 괜찮다…

큰 바퀴와 작은 바퀴라도 좋다…

균형을 이룬 두 바퀴에 공기가
가득 차 있으면, 더 멀리 갈 수 있다…

물론 이렇게 되지 않는다면…

(Cummins 1985: 10을 바탕으로 작성)

그동안 모어가 사회의 주요 언어인 경우의 두 언어의 사용 결과(예: 불어 이머전)와 모어가 사회의 소수 언어인 경우의 두 언어의 사용 결과에 대해서 서로 별개의 것으로 관찰되어 왔다. 위의 그림은 두 언어의 능력에 두 개의 문지방이 있다는 가설을 세움으로써 위의 상반된 두 경우의 두 개의 언어 사용 결과를 하나의 틀에서 설명하려고 한 것이다.

'문지방설(設)'의 네 가지 유형은 교육 현장에서 이중 언어 교육의 지침이 될 것이라며 커민스는 다음과 같이 말하고 있다.

'문지방설'의 교육적 의미 중 하나는 고도의 두 개의 언어 능력의 달성을 이중 언어 프로그램의 목표로 해야 한다는 것이다. 그러나 제1 언어가 위험에 노출되어 있는 사회적 상황에서는 학교 교육을 통해서 제1 언어의 발달과 유지를 목표로 하는 것이 무엇보다 중요하다. (중략) 이와 같은 교육적인 노력은 제2 언어 습득에도 도움이 되기 때문이다.

(Cummins & Swain, 1986: 6)

소수 언어를 모어로 하는 아동은 항상 제1 언어가 위험에 노출되어 있다. 그래서 이 아동들에게는 현지 학교생활이 시작된 후에도 계속해서 제1 언어를 향상시키는 일이 매우 중요하다. 왜냐하면 이 것은 아동으로 하여금 고도의 두 개의 언어 능력을 갖추게 하여 가산적 이중 언어 구사자로 자라게 하기 위한 전제가 되기 때문이다.

5. 이중 언어 교육 방법—두 개의 언어를 인위적으로 육성하기 위한 방법

실제로 어떻게 하면 이중 언어 구사자를 육성할 수 있을까? 어린아이의 뇌는 다섯 가지 정도의 언어는 충분히 구사할 수 있다고 한다. 세계를 둘러보면 많은 아동들이 여러 언어를 써야만 하는 환경에서 자라고 있다. 어린아이에게 잠재되어 있는 언어의 자연 습득 능력을 적극적으로 활용하여 두세 가지의 언어를 익히게 하는 환경을 어떻게 하면 만들 수 있는 것일까? (1) 가정을 중심으로 한 유아기의 이중 언어 구사자를 육성하기 위한 노력 (2) 학교 교육을 중심으로 한 학령기의 노력, 이 두 가지로 나누어 생각해 보자.

(1) 가정을 중심으로 하여 기르는 이중 언어 구사자

유아기의 자녀를 위해 가정에서 부모가 할 수 있는 일은 실제로 많이 있다. 당연히 국제결혼 가정과 그렇지 않은 가정에서 할 수 있는 일은 다르다. 먼저 국제결혼 가정에서 자녀를 이중 언어 구사자로 기르는 데에 있어 가장 기본이 되는 것은 두 언어를 정확히 나누어 사용하는 습관이다. 아버지와 어머니가 각자의 언어로 자녀에게 말을 걸면 아버지에게는 아버지의 언어, 어머니에게는 어머니의 언어로 말하게 된다. 이를 '1인 1언어의 법칙'이라 한다. 이러한 습관을 통해 아이는 '두 언어를 섞어 쓰지 않는다', '영어로 말을 걸면 영어로 대답한다'라고 하는 기본 규칙을 몸으로 익힌다. 해외에 나간 일본인 가정의 경우, 가정에서는 일본어, 밖에 나가서 현지인과 말할 때는 현지어를 사용하는 것이다.

그러나 실제로 '1인 1언어의 법칙'에는 문제도 있다. 예를 들면 부모들끼리는 어떤 언어로 대화를 해야 하는가, 가족이 다 모였을 때(예를 들면, 저녁 식사)는 어떤 언어를 사용할 것인가, 어머니가 현지에서 태어난 2세로 모어밖에 사용하지 못하는 경우는 어떠한가 등이다. 게다가 두 언어의 사회적 격차 문제도 있다. 만약에 아버지의 언어가 사회의 주요 언어이고 어머니의 언어가 그 지역에서 소수 언어인 경우, 아이는 아버지의 언어를 접하는 양이 많아질 것이므로 결국 사회의 주요 언어 능력이 강화된다. 그러므로 부모가 이 점을 염두에 두고 집에서는 아예 소수 언어인 어머니의 언어를 가족의 공통어로 하는 방법도 고려해 볼 수 있다.

또한 부모 자신이 이중 언어 구사자인 경우, '1인 2언어의 방식'으로 필요에 따라 자연스럽게 두 개의 언어를 구별하여 사용하는 것도 가능하다. 이중 언어 구사자인 부모에게는 '1인 1언어의 법칙'은 부자연스럽고 부모가 '1인 2언어'로 자신이 구사하는 두 개의 언어를 필요에 따라 구분하여 사용하게 되면 이는 자녀에게 두 언어 사용의 좋은 본보기가 된다. 어떤 방법을 취하든 각 가정에서는 부모의 어학 실력과 두 개의 언어의 사회적 지위를 고려하여 장기적인 안목으로 가장 바람직한 언어 사용 규칙을 만들 필요가 있다.

부모가 단일 언어 구사자인 경우는 가정 언어와 학교 언어의 구별이 가능하다. 가정에서 자녀가 한 언어로 유아기를 지내고 교육기관(어린이집·유치원을 포함)에서는 다른 또 하나의 언어로 학교 공부를 하면서 결과적으로 이중 언어 구사자로 자라는 경우이다. 또한 학령기 때 국제적 이동을 경험하는 아동들 중에는 순차형 이중 언어 구사자로 자라는 경우도 많다. 종래 미국에서는 가정-학교의 두 개의 언어 사용 자체가 소수 언어를 모어로 하는 아동에게는 학력 저하의 원인이라고 생각해 왔다. 이것이 3장에서 다룰 미국의 이중 언어 교육의 바탕이 된 개념인데, 그 후 캐나다에서 실시해 온 이머전 교육 성과에 의해 아동들이 학교에서 가정 언어가 아닌 다른 언어를 사용하여 학습해도 학력에 문제가 없다는 것이 밝혀졌다. 가정 언어가 사회적으로 가치가 낮은 경우라도 가정에서 제1 언어 (L1)를 사용해도 제2 언어(L2)의 능력 향상을 저해하지 않고 오히려 제2 언어(L2) 습득을 촉진한다는 결과가 나왔다.

최근에는 일본의 영어 환경이 크게 변하여 민간 영어 교육 기관을 활용함으로써 학습자는 상당히 고도의 영어 능력을 갖출 수 있게 되었다. 지역의 영어 학원이나 CD, DVD, 인터넷을 활용한다든지, 해외여행이나 여름 캠프, 단기·장기 유학을 경험함으로써 일본어와 동시에 영어 능력도 상당한 수준까지 향상시킬 수 있다. 그러나 영어 학습에 지나치게 몰두한 나머지 모어인 일본어를 희생시켜 부모 자신이 자녀에게 오히려 부정적인 서브머전 환경을 만드는 결과를 초래하기도 한다. 일본어가 발달 단계에 있는 언어 형성기 전반의 연소자에게는 특히 다음과 같은 점에 유의하여 영어를 접하게 할 필요가 있다.

> a) 일본어를 가장 중요시하고, 영어를 그 다음으로 여겨 영어 쪽으로만 쏠리지 않도록 할 것. 예를 들어, 그림책 읽어 주기는 일본어 책을 우선으로 하고, 여기에 영어 책을 추가하는 일 등의 배려가 필요하다.
>
> b) 자녀의 영어 습득 능력을 지나치게 기대하지 말 것. 어린아이들은 어학의 천재라고 하지만, 결코 짧은 시간에 영어를 습득하는 것은 아니다. 티끌을 모아 태산을 만들어 가듯이 자녀로 하여금 충분히 시간을 들여 언어를 배워 나갈 수 있도록 기다릴 필요가 있다.
>
> c) 자녀가 영어를 배우기 시작하면 부모는 자녀가 바로 영어로 말할 줄 알 것으로 기대하는데, 그렇게 되지 않는 것이 일반적이다. 성격에 따라 다르지만 아이는 먼저 가만히 듣고 자신의 머릿속에서 정리가 되지 않은 상태에서는 발화하지 않는다. '침묵기'(silent period)[9]가 지나고 아이가 스스로 말하기 시작할 때까지 주변 사람들은 기다려 줄 필요가 있다
>
> d) 아이들의 언어 습득은 다른 사람과 즐겁게 교류하는 가운데 자연스럽게 입력된 언어 정보의 일부를 자신의 것으로 만들어 가는 과정이므로 아이들의 호기심을 채워 주는 선생님이나 학교 친구가 있으면 좋다.

---

9) 언어 습득 초기에 일정 기간, 학습자는 다른 사람의 질문이나 회화 내용을 이해하는 데에 집중하여 학습자가 자발적으로 회화나 질문에 대해 응답을 하지 않는 경우가 있다. 이 기간을 침묵기라고 부른다. 이에는 개인차가 있어 오래가는 경우에는 보통 2배의 시간이 필요하다.

e) 부모는 자녀에게 최초의 언어를 익히게 해 주는 교사라 일컬어지는데, 결코 가르치려고 하지 말고 자녀가 말하는 것을 잘 관찰하여 발화 내용을 확장하거나 잘못 말한 것을 자연스럽게 고쳐 주면서 바른 모델을 보여 주면 된다. 이와 같은 방법으로 자녀를 자연스럽게 상호작용의 주인공으로 끌어들이는 것이 중요하다. 부모의 역할은 어디까지나 말을 하면서 보여 주는 언어 사용자의 모델이라는 점을 잊어서는 안 된다.

(2) 학교에서 육성하는 이중 언어 구사자

유아와 초·중학생 대상의 이중 언어 교육에서 성공한 사례로 들 수 있는 것이 캐나다의 이머전 방식에 의한 영어·불어 이중 언어 교육과 미국의 양방향 이중 언어 교육이다. 이중 언어 교육에서 '성공'한다는 것은 학습자의 학력(學力)이 저하되지 않으면서 정체성 혼란을 일으키지 않고 고도의 두 개의 언어 능력이 갖추어지는 것을 말한다. 미국의 양방향 이중 언어 교육의 원형은 1962년 쿠바와 미국인 학습자를 대상으로 한 플로리다주 마이애미시와 뉴멕시코시에서 실시된 스페인어와 영어의 이중 언어 프로그램이다. 캐나다의 이머전 교육은 캐나다 몬트리올시에서 1965년에 시작된 영어·불어 이머전 교육이다. 가정에서 영어를 쓰는 캐나다인 모어 화자를 대상으로 하여 유아기부터 시작하는 공교육의 하나이다. 이미 50년이 가까운 역사가 있고, 세계 각지에 퍼져 다양한 언어가 짝을 이루어 이머전 프로그램을 수정하거나 발전시킨 형태가 현재 40가지가 넘는다[10].

먼저, 토론토시의 브라운초등학교(Brown Junior Public School)의 이머전 교육을 일부 살펴보자. 필자가 방문한 것은 9월로 신학기가 시작된 지 한 달 정도가 지난 무렵이었다.

◆ 브라운초등학교의 영어·불어 이머전 프로그램

브라운초등학교는 캐나다 토론토에 있는 영어·불어 이머전 프로그램을 병설한 공립학교(만 4세 유치원부터 12세(6학년까지)이다. 먼저 만 4~5세반에 들어갔더니 유치원생들이 삼삼오오 장난감 적목을 쌓거나 물을 가지고 놀거나 헌옷 코너 등에서 놀고 있는 가운데 교사가 사용하는 불어만 크게 들렸다. 교사는 철저히 불어만 쓰고, 원아들은 불어를 강요받지 않고 사용 언어는 자유이다. 교사의 말에 의하면, 개인차가 심하고 교사를 흉내 내어 불어를 쓰려는 아이가 있는가 하면, 모든 것을 영어로만 해결하려는 아이도 있다고 한다. 외국어로 말하는 교사와 학생의 신뢰 관계가 형성되는지의 여부가 필자의 관심사였는데, 얼굴 표정과 목소리로 의사소통이 충분히 이루어지고 있는 것을 보았다. 초등학교 1학년이 되면 교실에서 불어를 쓰도록 한다. 교감 선생님의 말로는 약 1년 반 정도 침묵기가 있고 만 5세에 입학한 어린이가 1학년 2학기 무렵이 되면 불어를 띄엄띄엄 말하기 시작한다고 한다.

다음은 1학년반의 불어 읽기와 쓰기 시간이다. 교사가 활발한 몸짓으로 무언가 설명을 하고 있었는데, 후반부가 되자 3학년 학생들이 손에 책을 들고 조용히 교실에 들어와 각자 1학년과 짝을 이루

---

10) 근래, 한국의 일부 교육 기관에서 시도하고 있는 몰입 교육은 여기에서 말하는 수정형에 속한다. 몰입 교육이라는 한국어 용어는 이 책에서 말하는 원래의 'immersion' 프로그램을 전체적으로 표현하지 못하는 부분이 있다(감수자 주).

어 불어 책을 읽어 주기 시작했다. 다연령 공존 학습(異年齡學習/cross-age tutoring)이다. 익숙하지 않은 L2를 사용한다고 해서 어린이들이 위축되거나 학습을 힘들어 하는 모습은 전혀 볼 수 없었다. 교사의 말에 따르면 어린이들이 아직 잘 모르는 불어로 수업을 받으므로 그만큼 생각하는 힘, 즉 예측하고 추리하는 힘이 생긴다고 한다.

〈표 8〉과 같이 3학년부터 영어 수업이 시작되는데, 사회 과목은 영어로, 수학과 과학은 불어로 배우고 있었다. 영어로 하는 수업이 있으면 어린이들은 긴장이 풀어져 제2 언어를 애써 습득하려는 의욕이 떨어지는 경향이 있다고 한다. 5, 6학년이 되면 불어(L2)로 하는 수업과 영어(L1)로 하는 수업이 격일로 이루어진다. 필자가 방문했을 때는 불어로 수업을 하는 날이었는데, 학생들의 독서 발표가 있은 후, 불어 독해와 문법을 공부하고 있었다. 교사는 시종일관 불어만 사용하고 학생들도 불어를 쓰며 활발히 수업에 임하고 있었다. 반장인 듯한 학생이 아주 자연스럽게 영어로 말을 바꾸어 불어를 모르는 필자에게 다가와 앉으라고 하면서 의자를 권해 준 것이 인상적이었다.

〈표 8〉 조기 이머전 교육의 2언어 사용 비율

고등학교	4학년	1~3개의 교과목 L2		
	3학년			
	2학년			
	1학년			
중학교	2학년	L1 50%		L2 50%
	1학년			
초등학교	6학년			
	5학년			
	4학년	L1 70%		L2 30%
	3학년			
	2학년	L2 100%		
	1학년			
유치부	5세	교사는 L2 100% 유아는 L1 사용 가능		
	4세	L1 100%		

브라운초등학교의 프로그램은 만 5세부터 시작하는 '조기 이머전 교육'이다. 이외에 '중기 이머전 교육', '후기 이머전 교육', '부분 이머전 교육' 등, 도입 시기나 집중 정도가 다른 프로그램이 있는데, 브라운초등학교에서 실시하고 있는 것과 같이 조기 이머전 교육 프로그램이 이머전 교육의 원형이며 가장 효과적인 프로그램으로 알려져 있다. 일본에도 이 유형을 채택한 일·영 이머전 교육의 사례가 있다. 1992년에 시즈오카현(静岡県) 누마쓰시(沼津市)에서 시작된 사립가토학원(加藤学院)의 일·

영 이머전 교육인데, 이 학교는 1학년부터 매일 국어 시간이 있으므로 '조기 이머전 교육'과 '부분 이머전 교육'의 혼합이라고 할 수 있다(자세한 것은 4장 참조).

연소자를 대상으로 하는 언어 교육의 전문가 스턴(Stern)은 이머전 방식을 학교 교육의 한 형태로 보고 다음과 같이 정의하고 있다.

> "학습자의 제1 언어와 전인격적인 발달을 희생하는 일 없이 제2 언어 능력을 고도로 발달시키기 위하여 학교 교육 전부 혹은 일부를 제2 언어로 실시하는 학교 교육"
>
> (Stern, 1972)

그 구체적인 방법으로서는 〈표 8〉과 같이 유치부 어린이부터 고등학생까지를 대상으로 하여 계획적으로 제1 언어와 제2 언어를 수업 언어로 사용하는 것이다. 만 4세 어린이는 100% 제1 언어(L1)를 사용하고, 만 5세부터는 교사는 제2 언어(L2) 만을 사용하고 어린이는 제2 언어(L2)를 듣고 이해하는 능력을 먼저 기른다. 초등학교 1학년이 되면 제2 언어(L2) 읽기와 쓰기의 기초 수업이 시작되고 수학을 제외한 다른 모든 과목은 불어로, 즉, 불어를 100% 사용하고 수업 중에 불어로 말하도록 유도한다. 3학년이 되면 비로소 영어로 하는 수업이 20~30% 도입된다.

5~6학년부터 중학교에 걸쳐 제1 언어(L1)로 하는 교과 수업과 제2 언어(L2)로 하는 수업 비율이 거의 반반이 된다. 고등학생이 되면 그때까지 축적된 제2 언어(L2)의 능력을 어떻게 유지할 것인가, 하는 과제가 남는다. 교육 과정은 영어를 중심으로 하되, 일부 교과(예를 들면 캐나다의 역사, 지리 등)만 불어로 수업을 해도 그 유지가 가능하다고 한다. 어떤 교과목을 어떤 언어로 가르치는지에 대해서는 주마다 다르다. 온타리오주의 경우, 미술과 사회(초등1~6), 역사와 지리(중1~2), 산수·수학, 과학·기술 과목 중에서 불어 수업을 선택하도록 되어 있다. 캐나다 서부 앨버타주에서는 정체성과 관계가 깊은 사회과는 제1 언어로, 수학과 과학 등은 제2 언어로 가르친다고 한다.

이와 같은 방법으로 교육을 받으면 학력(學力)에는 어떤 변화가 있고, 연령에 상응하는 언어 능력을 갖출 수 있는지, 정체성은 바람직하게 확립되는지 등 여러 가지가 궁금해진다. 과거 40여 년에 걸친 막대한 숫자의 연구 조사에 의하면, 먼저 ① 학력에 관해서는 개인차는 있으나 제2 언어로 학습해도 평균적인 학력은 충분히 갖추며 ② 제1 언어인 영어는 연령에 상응하는 능력이 생기고, 독해 능력 등에서 모어 화자를 상회하는 예도 있다는 점 ③ 제2 언어인 불어의 듣기·읽기는 잘하지만, 말하기·쓰기에서는 정확도가 부족하고, 문화적, 사회적인 적절성의 측면에는 문제가 남는다고 한다. ④ 정체성에 관해서는 영어와 불어가 캐나다 사회의 공용어라고 하는 특수한 사정이 있으므로 혼란스러워 하는 경우는 적다고 한다(Lambert & Tucker, 1972; Cummins & Swain, 1986; Harley, 1992; Genesee, 1991, 1994; Cummins, 2009).

(3) 소수 언어를 모어로 하는 아동을 위한 이머전 교육

소수 언어를 모어로 하는 아동의 경우에는 어떠한 방법이 있을까? 랑베르와 터커는 다음과 같이 구체적인 방법을 제안하고 있다.

> …그러한 환경에서 제일 어려운 즉, 방치하면 도태되어 버릴 언어를 학령기 초기에 우선적으로 사용해야 할 것이다. (중략) 만약 A언어가 사회적으로 우세한 언어라면 B언어로 먼저 학교 교육을 시작하고, A언어와 B언어의 언어 능력이 거의 같은 정도가 되면 두 언어로 교과 학습을 시작해야 한다. 소수 언어를 모어로 하는 경우는 상황에 따라 다른 형태를 고려할 수 있다. (1) 유아기부터 반나절은 A언어로, 반나절은 B언어로 교육한다. (2) B언어로 교육을 시작하여 읽기와 쓰기가 안정되면 A언어로 하는 수업을 도입한다. (3)은 완전한 이중 언어 프로그램으로, 양 언어로 수업을 교대로 받는다. 셋 중 어느 것을 선택하든 언어 교육으로써 A언어와 B언어를 가르치는 것이 아니다. 즉, 초점을 언어 그 자체의 학습에 두지 말고, 창조적인 교실 활동을 포함한 각 교과 학습을 통해 학습 능력을 향상시키는 도구로써 A언어와 B언어를 사용해야 한다.
>
> (Lambert & Tucker, 1972: 216)

위의 세 가지 제안 중 (1)에 상당하는 방식은 캐나다 중서부 3개 주의 공교육에서 찾아볼 수 있다. 2장 「이중 언어 교육 실태-캐나다」에서 제시한 엘버타주 에드먼튼시와 캘거리시의 공립초등학교에서 실시하고 있는 것이 그 한 예이다. 필자가 예전에 방문했던 에드먼튼시의 델우드초등학교(Delwood Public School)는 모어가 이미 영어로 전환되어 버린 3세대, 4세대 아동을 대상으로 오전에는 영어, 오후에는 우크라이나어로 수업하고 있었다. 우크라이나어와 영어 능력이 상당히 강화된 4학년 정도부터는 외국어로 불어 수업도 받는다(자세한 것은 2장 참조).

사용 인구가 적고, 정치적으로나 사회적, 문화적으로 낮은 위치에 있는 소수 언어가 사회의 주요 언어에 동화되지 않고 생존하기 위해서는 강력한 정치적, 사회적, 교육적 개입이 필요하다. 그 중에서 가장 독특하고 획기적인 이중 언어 육성을 위한 시도는 미국의 양방향(two-way) 이중 언어 교육이라 할 수 있다. 자세한 내용은 3장 「이중 언어 교육 실태-미국」에서 다루겠지만, 학교 교육에서 주요 언어를 모어로 하는 아동과 소수 언어를 모어로 하는 아동이 서로 자신의 모어를 학습 언어로 사용하여 교과목을 같이 배우는 프로그램이다. 현실적으로 큰 격차가 있는 두 개의 언어(대부분 스페인어와 영어)를 동등한 입장에서 학습 언어로 사용하는 것이다. 양쪽 모두 배울 가치가 있는 언어라는 메시지를 암시적으로 아동들에게 전하는 이상적인 공간을 공립 학교 안에서 제공하고 있다.

현실적으로는 국내외의 많은 언어적 소수 집단의 아동들이 서브머전 환경에 방치되어 있다. 이 경우, 1세대, 2세대, 3세대에 따라 당면하는 문제가 각각 다르다. 학령기 도중에 일본에 입국한 1세대 아동이 언어 형성기 후반에 있는 경우라면 모어의 후퇴를 막을 수 있고 모어를 토대로 하여 현지어를 습득하게 된다. 제1 언어로 읽기와 쓰기의 기초가 다져져 있어 일본어 습득과 교과 학습도 어떻게든 따라갈 수 있다. 그러나 유아기와 언어 형성기 전반에 이동한 1세대 아동은 짧은 시간 안에 모어를 상실해 버리고 제2 언어 하나만을 구사하게 된다.

2세대 아동은 모어는 구사하지 못해도 현지어는 잘할 것이라고 생각하기 쉬운데 실제로 회화는 유창하게 잘해도 교과 학습에서 필요한 학습 언어 능력면에서는 학교 공부를 따라가지 못하는 경우가 많다. 추상적인 어휘와 개념이 연령에 상응하는 수준까지 도달하지 못하여 학업이 부진하다. 학습의 토대가 되는 모어가 약하기 때문에 제2 언어인 일본어 능력도 좀처럼 향상되지 않는다고 하는 이중고에 시달린다. 유아기에 모어 구사 능력이 연령에 상응하는 수준까지 이르지 못한 아동은 초등학교에 입학했을 때 학습에 필요한 사전 능력(readiness)이 부족한 상태에 있기 때문에 문자 학습 단계로 진도가 나갈 수 없는 것이 일반적이다. 문자 습득 면에서 문제가 생기면 문장을 읽을 수 없고 독해 능력·작문 능력이 부족하여 연령에 상응하는 교과 학습이 어려워지는 악순환이 거듭된다. 또한 비록 문자는 습득했다고 해도 교과서의 글은 읽지만 내용을 이해하지 못하는 결과를 가져오기 쉽다. 이 때문에 많은 아이들이 중학교 때에 고등학교 진학을 포기하고 사회로 밀려나는 일이 발생하고 있다. 이것이 바로 세계 각지에서 볼 수 있는 서브머전 환경에 방치된 이주 가정 자녀의 현재 상황이다.

3세대가 되면 문제가 전혀 다르다. 부모가 일본 출생의 2세대이므로 부모로부터 이어받은 계승어는 듣고 어느 정도 이해할 수는 있지만 말하기, 읽기, 쓰기를 할 수 없는 경우가 대부분이다. 계승어는 3세대 아동에게 생활상의 기능이 없는 언어라고 해서 의미가 없는 것이 아니고, 오히려 자신이 속한 소수 언어 문화 집단의 상징으로 계승어가 중요해지는 경향이 있다. 거의 사라진 계승어를 소생시키고 활성화하는 유일한 방법은 학교 교육에서 실시하는 제대로 된 이중 언어 교육이다. 앞에서 다룬 캐나다 중서부의 반나절 이머전 교육이 한 예이며, 스페인의 카탈로니아어, 바스크어, 영국 웰즈 지방의 웰즈어 등의 이머전 교육은 해당 언어 집단의 존속 문제에 걸린 공적인 민족어 활성화의 예이다.

커민스는 이주민이나 외국인 자녀의 모어는 5세가 되면 사라진다고 한다. 모어가 사라져 버리면 제2 언어 습득에 시간이 걸리므로 두 개의 언어 모두 향상되지 않는 제한적 이중 언어 상태에 빠지기 쉽다. 제한적 이중 언어는 유아기의 언어 발달이 늦어지는 데에서 오는 경우와 언어 형성기 후반의 독해 능력과 추상적 어휘 습득의 지체로 인한 학습 곤란으로 크게 나뉘는데, 양쪽 모두 수업 중에 다양한 증세로 나타난다. 교실에서 안절부절못하고 돌아다니는 현상, 의자에 앉아 있기는 하지만 자기만의 세계에 빠져 수업에 임하지 못하는 현상, 또한 사춘기의 절정에 있는 중학생은 스트레스가 너무 심하여 원형 탈모증이 생기거나 자살 문제로까지 번지는 경우를 포함하여 수많은 사례가 보고 되고 있다(カミングハム, 1988; 岡田, 1993).

일본의 외국인 아동 교육을 보면, 일본에서 태어나는 2세대 아동이 증가함과 동시에 학교에 들어간 시점에서 학습에 필요한 기초 능력이 결여된 아동들이 늘고 있다. 여기에는 외국인 노동자를 상대로 운영하고 있는 놀이방이나 어린이집의 열악한 언어·문자 환경 문제가 연관되어 있다. 그러나 두 언어의 발달이 지체되고 있는 아동들에게 어떠한 교육적 조치가 필요하고 어떠한 방법이 어떠한 상황에서 효과가 있는가 하는 구체적인 대응책에 관해서는 교사의 시행착오에 맡겨져 있는 상황이다. 일본에서 일반적으로 '지원(支援)'이라고 하면 거의 대부분 '일본어 교육'을 뜻하지만, 이 아동들에게 모어의 질 높은 발달을 위한 지원과 여기에 일본어 교육을 지원해 주는 것이 필요하다. 모어로 학습할 권리를 존중하는 차원과 바람직한 인격 형성의 차원에서도 모어에 대한 지원이 필요하고, 여기에다 이중 언어의 관점에서 실시하는 교육이 필요한 아동들이다. 언어적 다수를 위한 이중 언어 교육은 어떤 면에서 사치품인데 반해 소수를 위한 이중 언어 교육은 필수품이라고 할 수 있다.

　최근 유럽 연합(EU)에서는 이해 언어와 사용 언어라는 개념으로 복수 언어·복수 문화주의를 표방하고 있다. 다양성이야말로 유럽의 힘이라는 구호를 내걸고 "유럽 언어의 해 2001"을 계기로 모어에 유럽 연합의 두 개의 언어(지역어)를 추가하여 습득하는 것이 바람직하다고 보고 있다. 두 개의 언어도 어려운데 다언어(多言語)? 하고 생각하기 쉬우나 실은 이해 언어와 사용 언어 두 축을 기본으로 "이해 언어는 복수, 사용 언어는 모어"라고 하는 상황에서 양방향 다언어주의(bilateral-multiculturalism)를 지향하는 것이다. 예를 들면, 회의 같은 상황에서 참석자들이 말하는 언어는 복수로, 듣는 사람은 이를 이해할 수 있지만, 자신이 발언할 때는 본인에게 가장 자신 있는 언어, 즉 모어를 사용하는 것이다. 한편, 모어에 관해서는 다음 세대로 계승되도록 노력하지 않으면 1세대에서 소멸한다는 것을 강조하고 다언어, 다문화는 인류의 보물이므로 "우세 언어(영어나 독일어)"로 흡수되어 버리지 않도록 유럽의 공통된 언어 학습, 언어 교육의 틀을 만들어서 사람들의 이동을 촉진하여 유럽 시민을 육성하는 데에 공헌해야 한다고 한다. 실현 가능한 이중 언어 교육의 바람직한 목표 설정의 기준으로 참고할 만하다.

외국의 이중 언어 교육 실태

제2장 이중 언어 교육 실태-캐나다

다문화가 공존하는 캐나다에서는 어떠한 다언어 교육이 실시되고 있는 것일까? 먼저 교육 사정, 국가의 성립, 교육 제도, 역사적 배경을 바탕으로 캐나다의 언어 교육 전반을 개관하고 공용어인 불어 교육, 국제어 · 계승어 교육, 이주민 · 외국인 자녀를 위한 영어 보강 교육, 마지막으로 청각 장애아의 이중 언어 교육의 실태를 살펴보기로 한다.

1. 캐나다의 교육 상황

캐나다는 일본의 약 27배로 러시아에 이어 세계에서 두 번째로 광대한 영토(약 990만 제곱킬로미터)를 소유하고 있지만, 인구는 32,241,030명(2006년 인구 조사)으로, 미국의 약 10분의 1, 일본의 약 5분의 1에 불과하다. 행정 구역은 10개 주와 3개 준주(그림 1)로 구성되어 있고, 온타리오주, 퀘벡주, 브리티시컬럼비아주, 앨버타주 등 4개 주에 전 인구의 85%가 거주하고 있다. 캐나다의 역사는 짧다. 우선, 프랑스 식민지로 약 150년 존속했고, 그 후 1867년에 정식으로 영국의 식민지가 되어(현재의 캐나다 탄생), 지금도 영국 엘리자베스 여왕을 국가 원수로 하는 입헌 군주국이다. 이러한 역사는 전쟁을 거쳐 독립을 쟁취한 이웃 나라 미합중국과는 사정이 크게 다르다.

〈그림 1〉 캐나다 지도-영어권과 불어권

캐나다는 100 가지 이상의 언어가 사용되고 있는 다언어 국가이다. 국민의 67.5%가 영어 화자, 22%가 불어 화자이다. 인디언, 이누이크(에스키모), 메티스 등의 선주민과 영어·불어 공용어 이외의 제3 언어를 사용하는 이주민들이 나머지 10.8%를 차지하고 있다(2006년 캐나다 인구 조사). 영어와 불어의 정치적, 사회적 가치를 동등하게 인정하며 양 언어를 공용어로 하는 이중 언어 국가이다. 다만, 불어 화자의 대부분이 퀘벡주에 거주하고 있고, 퀘벡주에서는 불어가 공용어이지만, 퀘벡주를 벗어나면 영어가 주요 언어이고 불어는 소수 언어의 위치에 있다. 연방 정부의 차원에서는 이중 언어주의를 원칙으로 하는 국민 국가이지만, 주 차원에서 이중 언어주의를 표방하는 주는 뉴브런즈윅주뿐이며, 퀘벡주는 불어 단일 언어 주의이고 그 외 다른 모든 주는 영어 단일 언어주의를 표방하고 있다.

교육은 주 정부의 관할로 되어 있어 13개 주에서는 각각 독자적인 교육법에 근거하여 교육이 실시되고 있다. 이 점은 문부과학성이 대대적인 영향력을 갖는 일본이나 연방 정부가 직접 교육에 관여하는 미국과는 근본적으로 다르다. 1867년 캐나다 연방 국가 제도가 성립될 때, 이미 각 주의 독자적 학교 교육이 뿌리를 내렸고, 주 본래의 독자성을 인정하는 형태로 현재에 이르렀다. 그렇지만 국제학력평가프로그램인 PISA(Programme for International Student Assessment)의 실시와 다른 주로 전학하는 학습자를 위한 이수 조건이나 과목 인정, 자료 제공 등이 필요함에 따라 최근에는 각 주의 교육담당 관협의회의 권한을 확장하여 주별 상호 협력이 추진되고 있다.

캐나다의 의무 교육은 만 4세부터 만 16세가 되는 생일까지이다. 의무 교육 구분은 주에 따라 다르며, 학령기 아동 수가 가장 많은 온타리오주에서는 초등 교육(primary education)이 유치부를 포함해 8년, 일본의 중·고등학교에 해당하는 중등 교육(secondary education)이 4년, 대학에 상당하는 고등 교육(post-secondary education)이 4년이다. 즉, 유치부 2년을 넣어 [2]-8-4 시스템이다. 주에 따라 취학 전 교육은 차이가 많고 프린스에드워드 아일랜드와 같이 전혀 없는 주도 있고 같은 주, 같은 학군이라도 보육이 1년인 곳도 있고 2년인 곳도 있다. 또한, 초등 교육의 마지막 2년이 중학교(middle school)로 독립된 곳도 있고 초등학교와 고등학교에 편입된 곳도 있다.

캐나다는 이민 대국이다. 노동 인구 확보를 위해 매년 30만 명 이상의 이민을 받아들이고 있다. 점수제로 4개의 허용 기준이 있으며, 교육 능력과 기술을 갖춘 이민자에게 우선권이 주어진다. 참고로 2006년도에는 55%가 기술 이민, 27%가 가족 초청, 11%가 난민·피난민, 그리고 6%가 입국 시 1만 달러를 가져오는 사업가 집단이었다고 한다. 출신 국가 비율은 아시아계 63%, 유럽·영국계 16%, 아프리카·중동계 17%이다(Citizenship and Immigration Canada, 2007). 2001년부터 5년에 걸쳐 입국한 이민자는 1,100,000만 명이고 언어 수는 200개 이상에 달한다고 한다. 이주자 대다수가 대도시에 밀집하여 거주하는 경향이 있고, 이민 인구 전체의 8.2%가 토론토, 7.2%가 밴쿠버, 5.4%가 캘거리, 4.6%가 몬트리올에 거주하는 상황이다. 이 중에서도 동부 캐나다에 있는 경제적으로 요충지인 토론토는 로스앤젤레스와 뉴욕에 이어 북미에서 세 번째로 이민 인구가 많은 도시이다. 학령기 아동의 30%(약 265,000명)가 외국 출생이고, 51%가 집에서 영어가 아닌 언어로 말한다고 한다(The Globe and Mail, 2007. 12. 5).

〈표 1〉 캐나다 주별 학교 체계(구분)

	주 이름	학교 체계 구분
주	뉴펀들랜드	[1]-3-3-3-3
	프린스에드워드 아일랜드	6-3-3
	노바스코샤	[1]-6-3-3
	뉴브런즈윅	[1]-5-3-4(영어계)
		[1]-8-4(불어계)
	퀘벡	[2]-6-5
	온타리오	[2]-8-4
	매니토바	[2]-8-4
	서스캐처원	[1]-5-4-3
	앨버타	[1]-6-3-3
	브리티시컬럼비아	[1]-7-5
준주	유콘	[1]-7-5
	노스웨스트테리토리	[1]-6-3-3
	누나부트	[1]-6-6

주:[　] 안은 취학 전 교육 기간

　캐나다 언어 교육의 배경이 되는 언어 정책의 역사를 〈표 2〉에 제시하였다. 연방 정부가 탄생한 것이 1867년인데, 이후 퀘벡주 독립·분권 운동이 표면화되면서 이에 맞물려 나타난 것이 이머전 방식의 불어 교육, 즉, 《불어 이머전》이다. 1965년에 불어권 주요 도시인 몬트리올에 사는 영국계 캐나다인 어린이를 대상으로 시작된 것이다. 그 이후 1969년이 되어 영어와 불어를 연방 의회와 정부 기관의 공용어로 하는 '공용어법'이 제정되었다. 한편, 1962년 이민법 개정으로 새로 캐나다에 이주하는, 이른바 뉴캐나디언이 급증하면서 1971년에 당시의 수상 트뤼도(Pierre Elliott Trudeau)는 이와 같은 새로운 상황에 대응하는 '영어·불어 이중 언어 체제 안에서의 다문화주의' 정책을 내놓았다. 캐나다에는 공용어는 있지만 공용 문화(official culture)는 없으며, 모든 문화 배경을 가진 캐나다인이 '캐나다 사회의 구성원으로서 대등한 입장으로 정부의 서비스를 받을 권리'가 있다고 하여, 캐나다의 독특한 '이중 언어 체제를 바탕으로 한 다문화주의 정책'이 나온 것이다.

〈표 2〉 캐나다 언어 정책의 역사적 경위

1867	영국 의회가 캐나다 기본법(헌법)으로 영국령 북미법을 제정, 캐나다가 탄생
1960	퀘벡주 독립·분리 운동 시작
1962	이민법 개정
1965	몬트리올 St. Lambert School에서 불어 이머전 시작
1969	영어, 불어 2언어를 공용어로 하는 '공용어법' 제정
1970	'두 개 언어를 주축으로 하는 다문화주의' 정책 발표(트뤼도 수상)
1977	연방 정부의 주말 계승어 프로그램에 대한 재정적 지원 개시 (다문화 촉진 프로그램)
1982	캐나다 헌법 The Canada Act 제정
1984	앨버타주 에드먼튼시 공립학교에서 계승어 이머전 프로그램 개시
1988	다문화주의법(Multiculturalism Act) 성립. 일본계 캐나다인에게 사죄·보상. 선주민 전국 네트워크의 교육(자치)권 선언
1990	주말 계승어 프로그램에 대한 연방 정부의 금전적 지원 중단
1993	온타리오주 교육법을 개정하여 공교육에서 수화(ASL)를 수업 언어로 인정
1994	'계승어'라는 용어를 폐지하고 '국제어'로 통일
1998	앨버타 주립 초등학교에서 국제어 이중 언어 프로그램 개시
1999	선주민 언어 프로그램 '교육 개혁 기금' 설치
2003	이중 언어 구사자 2배 확대 계획 'Plan 2013'(24%에서 50%로). 불어 집중 교육 (Intensive French)이 보급되기 시작

　뉴캐나디언을 위한 정책의 일환으로 연방 정부가 시작한 것은 계승어 교육에 대한 재정적 지원이었다. 1977년 국무부(Department of the Secretary of State) 안에 다문화 총괄국(Multiculturalism Directorate)이 설치되어 계승어 교육 지원이 시작되었다. 전국 각지의 수많은 소수 언어 공동체가 운영하는 민간 '계승어 프로그램'에 대해 교사 급여의 일부와 교재 개발, 교사 연수 등 재정적으로 지원한 것이다. 일본어에 관해서는 일본어 보전을 목적으로 한 방과 후나 주말에 여는 '일본어학교'가 전국에 40개 가까이 있었는데, 이 프로그램을 신청한 연소자를 위해 일본어 교과서 편찬을 기획한 지역도 있었다. 또한 1988년도에 설립된 캐나다 일본어교육진흥회(カナダ日本語教育振興会)도 계승 일본어 교육 전국 대회 개최를 비롯하여 다양한 연방 정부의 프로그램 지원을 받았다(中島·鈴木, 1998)

　80년대 중반 무렵에는 이주민들이 가지고 들어온 언어는 캐나다를 보다 풍요롭게 하는 언어 자원(linguistic resource)이자, 사회 경제적 자원(socioeconomic resource)이라는 새로운 의미를 부여하기 이른다. 계승어 교육을 지원함으로써 이주 가정 자녀들 중에서는 장래 국제 무역과 외교의 제1선에서 활약할 귀중한 인재가 나올 것이라는 점에서 국세(國稅)를 사용하여 계속 지원하는 것이 정당화되었다. 그 후 1988년에 다문화주의법(Muticulturalism Act)이 연방법이 되었지만, 안타깝게도 경제 불황으로 인하여 연방 정부의 민간 계승어 교육 기관에 제공하는 경제적 지원이 1990년 이후 중단되고 말았다(カミンズ·ダネシ, 2005; 中島, 2005).

　이주민·외국인 자녀 수가 가장 많은 온타리오주에서는 계승어 학습이 매우 활발하여 1970년대부터 주가 독자적으로 계승어 지원 프로그램을 실시하고 있었다. 지역의 교육위원회가 솔선하여 주말에 공립학교 건물을 대여하였고(주 2시간 반, 연간 80시간), 학생 25명에 교사 1명의 비율로 교사의 급여를 지원하고, 계승어 교사 연수회, 교재 개발 등의 지원도 해 왔다. 대상 어린이의 연령은 만 4세부터 15세까지로, 계승어가 인격과 언어 형성에 필요한 것이라 보았다. 1994년 ≪계승어≫ (Heritage Languages)는 ≪국제어≫ (International Languages)로 명칭이 바뀌었지만, 실질적인 변화는 없었고 2007-2008년에도 토론토교육국 관할 하에 50개 언어, 557개의 주말 프로그램이 개최되고 있다.

한편, 중서부 3주(앨버타주, 서스캐처원주, 매니토바주)에서는 1970년대부터 독일어, 우크라이나어, 중국어, 히브리어 등으로 공교육 안에서 ≪계승어 이머전 교육≫을 시작하였다. 1998년부터 명칭을 '국제어 이중 언어 프로그램'으로 바꾸었는데 현재는 프로그램 수가 계속 늘어나고 있다.

캐나다 선주민은 'First Nations'라는 전국 조직을 결성하였고, 다문화주의법의 제정과 동시에 교육 자치권이 보장되고 선주민에게 운영을 맡긴 '선주민 언어 프로그램'을 시작했으며, 1999년에는 선주민 교육 프로그램 조성을 위해 '교육 개혁 기금'이 설치되었다.

그 밖에 최근의 새로운 움직임이라면 연방 정부가 영어 · 불어 이중 언어자의 수를 배로 늘리려는 'Plan 2013'을 내놓은 것이다. 불어 집중 교육(Intensive French)이라는 불어 교육의 새로운 방식을 전국적으로 확대하여 현재의 24%에서 50%까지 영어 · 불어 이중 언어 구사자를 늘리려는 시도이다.

2. 캐나다의 언어 교육-개요

캐나다 언어 교육의 개요를 〈표 3〉과 같이 정리하였다. 개요라고 해도 영어 모어 화자 입장에서 온타리오주의 프로그램을 중심으로 정리한 것이다[1]. 불어 이머전 교육을 비롯해 국제어 · 계승어 교육, 이주자 외국인 자녀를 위한 영어 보강 교육(ESL), 청각 장애아의 수화 이머전 교육, 선주민의 이머전 언어 교육과 연소자를 위한 다양한 언어 교육을 한눈에 볼 수 있다. 다양한 종류와 많은 연구를 통해 캐나다는 그야말로 연소자 언어 교육의 보고(寶庫)라 할 수 있다.

우선, 연소자 언어 교육을 크게 셋으로 나누면, A '공용어 교육', B '제3 언어 교육', C '소수 언어를 모어로 하는 아동을 위한 언어 교육'이다. A는 제1 언어 교육(영어)과, 제2 언어(불어) 교육으로 나뉘고, 제2 언어(불어) 교육에는 여러 가지 종류가 있으며, 보호자가 선택하도록 되어 있다. B는 불어를 제외한 외국어이다. 이것은 국제어 또는 계승어로 공부하는 경우이다. C에는 영어 보강 프로그램(ESL), 청각 장애아를 위한 수화 이머전 교육, 선주민 언어 이머전 교육 등이 있다. *1로 표시한 삼중 언어 이머전 교육은 퀘벡주 사립 학교에서 실시하고 있는 것이고, *2의 국제어(계승어) 이머전 교육은 중서부 3개 주의 공교육에서 제공하고 있는 프로그램이다.

---

1) 각 주(州)는 독자적인 교육법에 근거해 교육이 이루어지며, 영국계 캐나다인과 프랑스계 캐나다인이 모어로 교육 받을 권리를 보장하기 위해 퀘벡주, 뉴브런즈윅주, 온타리오주, 매니토바주에서는 영어계 캐나다인을 위한 교육위원회와 프랑스계 캐나다인을 위한 교육위원회가 병설되어 있고 각 주의 교육위원회가 자체적으로 불어 프로그램이나 신규 이주 가정 자녀를 위한 시책을 마련하고 있다. 따라서 실제의 상태는 매우 복잡하다.

〈표 3〉 캐나다의 연소자 언어 교육(영어권)

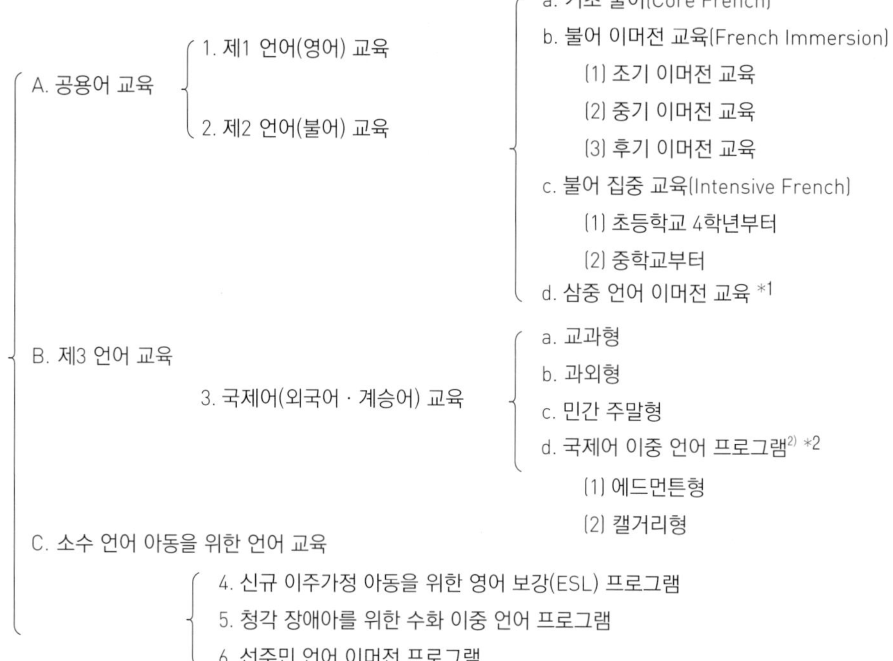

3. 공용어로서의 불어 교육

불어는 캐나다의 공용어 중 하나이고 모든 캐나다인이 제2 언어로서 배우게 되어 있다. 〈표 3〉에 제시한 바와 같이 프로그램의 종류가 많은데, 모든 지역에서 네 가지 프로그램이 갖추어져 있는 것은 아니다. 여기에서는 가장 일반적이고 재학생 수가 압도적으로 많은 기초 불어(Core French)와 불어 이머전 교육(French Immersion)에 대해서 서술하고자 한다. 불어 집중 교육(Intensive French)에 대해서는 65~66쪽, 삼중 언어 이머전 교육에 대해서는 66~68쪽을 참조하기 바란다.

(1) 기초 불어(Core French)

기초 불어(Core French)는 기초적인 불어 능력의 습득을 목표로 하며, 불어 전담 교사, 혹은 담임 교사와 전담 교사가 같이 가르치는 경우가 많다. 2000년 자료에 따르면 재학생 수는 초등학교 약 200만 명, 고등학교 100만 명으로 학령기 어린이의 거의 90%가 이수한다(Canadian Parents for French, 2000)[3]. 온타리오주에서는 불어가 4학년부터 10학년(고1)까지 필수 과목이지만, 초등학교 1학년부터 기초 불

---

[2] 2장에서는 지면상 제약이 있는 관계로 선주민 언어 이머전 프로그램은 언급하지 않지만, 크리어, 모호크어, 이누잇어 등 독특한 방식으로 운영되고 있다. 또한, 선주민 · 원주민 언어에 대해 미국에서는 계승어 교육의 일부로 간주하고 있지만, 캐나다에서는 선주민(First Nations)의 언어로 명명(命名)하여 이주민이 가지고 들어온 언어(계승어)와는 달리 분류하고 있다.

[3] 온타리오 지부 홈페이지 : http://www.cpfont.on.ca/

어를 제공하는 공립학교도 많다. 정규 과목으로 매일 40-50분 수업이 있고 연간 약 120시간, 초등학교 졸업 때까지는 약 600시간, 10년간 지속하면 1,200시간이 된다[4]. 캐나다에서는 학교에서 공부한 시간을 언어 접촉 시간으로 간주한다. 그래서 언어를 접한 시간을 알기 위해서 총 수업 시간을 계산하면 되고, 이 수치를 기준으로 기대되는 어학 능력을 예상하는 것이 일반적이다. 지금까지의 연구 성과로 보면, 모어 화자의 언어 능력에 근접하는 데는 5,000-6,000시간, 기초적인 불어 능력 습득에는 1,200시간, 그 중간 정도에 달하는 데는 2,300시간이 필요하다고 한다.

(2) 불어 이머전 교육(French Immersion)

학습 시간이 압도적으로 많은 것이 불어 이머전 교육이다. 시작 시기는 3단계로 나뉜다. 1장의 〈표 8〉에서 소개한 조기 이머전 교육은 초기의 원형을 그대로 유지한 형태로 '조기 통합 이머전 교육 (Early Total Immersion, EI)'이라고 하는데, 이 프로그램은 만 4,5세부터, '중기 이머전 교육(Middle Immersion, MI)'은 초등학교 4,5학년부터 (그 이전은 기초 불어) 시작된다. '후기 이머전 교육(Late Immersion, LI)'은 초등학교 6학년 또는 중학교 1학년까지 기초 불어를 공부한 학생들을 위한 것이다. 뒤 페이지 〈표 4〉에 제시한 것과 같이 조기 이머전 교육의 총 학습 시간은 6,780-7,480시간이고, 중기 이머전 교육은 약 반 정도인 3,000시간, 후기 이머전 교육은 중기와 별 차이가 없는 2,520-2,880 시간이다.

1년간 총 학습 시간의 최소 50% 이상을 불어로 수업을 받는 학교 교육을 이머전 프로그램이라고 부른다. 온타리오주 초등학교에서는 산수·수학, 과학, 사회를 불어로 가르치고, 중학교에서는 역사와 지리, 미술, 보건 체육을 불어로 가르친다고 한다(Ontario Ministry of Education, 2001). 과거 10년 간 불어 이머전 프로그램을 선택한 학습자의 수는 상당히 안정적이며, 캐나다 전국에서 지금도 약 30만 명, 전체의 약 6%를 차지하고 있다고 한다(Cummins, 2009a). 이와 관련하여 2005-2006년도 이머전 교육 재학생 수는 캐나다 전국에서 35만 명이고, 온타리오주는 거의 반을 차지하는 155,000명(44.3%) 이었다고 한다.

---

4) 온타리오주의 연 평균 수업 일수는 초등학교 810시간, 중학교 920시간, 고등학교 120시간(1단위)이다.

〈표 4〉 조기 · 중기 · 후기 불어 이머전 프로그램

종류		조기 이머전 교육	중기 이머전 교육	후기 이머전 교육
연간 수업 시간 수		6,780-7,480(시간)	3,000(시간)	2,520-2,880(시간)
G. 12	고3	보강 불어 (2-4과목)	보강 불어 (1-3과목)	보강 불어 (3과목)
G. 11	고2			
G. 10	고1			
G. 9	중3			
G. 8	중2	이머전 프로그램	이머전 프로그램	이머전 교육
G. 7	중1			
G. 6	초6			기초 불어
G. 5	초5			
G. 4	초4		기초 불어	
G. 3	초3			
G. 2	초2			
G. 1	초1			
유치원	만 5세			
유치원	만 4세	모어 사용		

'보강 불어(Extended French)'는 종래에는 고등학교 프로그램이었지만, 현재는 초 · 중학교에도 보급되어 있다. 원래 이 '보강 불어'는 불어 이머전 교육을 통하여 획득한 불어 능력을 유지하기 위해 고등학교에서 불어를 수업 언어로 하는 교과목을 몇 개 선택하는 프로그램이었지만, 최근에는 초등학교 4학년 무렵부터 적어도 한 과목을 불어로 학습하게 함으로써 불어 능력을 보충 강화하려는 의도에서 실시하고 있다. 예를 들면, 기초 불어에 추가로 '환경' 과목 수업을 불어로 듣는 방식이다.

4. 이머전 교육에서 배울 점

이머전 프로그램은 1장에서 서술한 바와 같이 1965년 몬트리올시에 사는 영국계 캐나다인 부모의 요청으로 26명의 어린이를 대상으로 시작한 것이다. 종래의 공립 초등학교의 기초 불어(Core French)에서는 불어 능력이 충분히 습득되지 않았다. 어떻게든 효율적으로 불어를 배워 모어 화자와 경쟁할 수 있는 학습 능력을 갖추어 장래에 불어권에서 활약할 수 있도록 한다는 것이 학부모들의 소망이었다. 이 부모들을 지지한 두 명의 학자가 있었는데, 한 사람은 1장에서 소개한 맥길대학의 언어 사회 심리학자 랑베르(Lambert)이고, 또 한 사람은 신경외과 의사 펜필드(Penfield)이다. 펜필드는 신경 심리학 증상 사례를 바탕으로 하여 L2 획득에 가장 적합한 시기가 사춘기 이전이고, 이 시기가 지나면 언어 습득 능력이 저하된다는 '사춘기 경계설(臨界期說)'을 제창하였다. 또한, 이 시기의 어린이(몬트리올시에 거주하는 자신의 자녀 포함)에게는 교실에서 모어처럼 외국어를 자연스럽게 습득하는 '엄마 방식(Mother Method)'을 교실에서 도입해야 한다고 주장하였다.

그 이후 40년 이상, 불어 교육은 거의 원형 그대로 캐나다 공교육에서 계승되어 왔다. 현재에는 세계적으로 가산적 이중 언어 구사자 육성 방식으로 평가받고 있고, 유럽과 아시아, 아프리카 각지로 보급되었을 뿐만 아니라 선주민·원주민 교육, 모어·계승어 교육, 수화 등 소수 언어 교육과 국제어 교육으로 폭 넓게 도입되고 있다. 〈표 5〉에 그 개요를 정리하였다. 먼저 외국어 교육의 일환으로 '부분 이머전'이 세계 각지에 보급되었다. 부분 이머전은 수업 언어를 두 개의 언어로 나누어 하는 것으로(예를 들면, 오전 수업은 A 언어, 오후는 B 언어), 1970년대에 '조기 통합 이머전(EI)'과 병행하여 시도해 왔던 것이다. 그러나 조기 통합 이머전과 비교하면 모어의 의존도가 높아져 두 개의 언어 간섭이 많은 점 등의 이유로 현재 캐나다에서는 거의 사용되지 않는다. 그러나 소수 언어 집단의 아동들은 사정이 다르다. 1장에서 소개한 랑베르의 제안(48쪽)에서 보았듯이 이 어린이들은 우선 모어의 문해력을 높여야 하므로 '부분 이머전'을 선택하는 것이 일반적이다. 호주와 미국에서 실시하고 있는 일본어 이머전 교육이나 일본 국내 영어 교육의 한 형태인 일본어·영어 이머전 교육은 모두 '부분 이머전'을 기본으로 한 것이다.

〈표 5〉 세계 각지에서 실시되고 있는 각종 이머전 교육

이머전 교육 유형	국가	언어의 예
외국어 교육 (부분 이머전)	헝가리	영어
	오스트리아	불어, 독일어, 일본어. 중국어, 인도네시아어
	미국	불어, 독일어, 일본어, 한국어, 중국어
	일본	영어
제2 언어·제3 언어 교육	캐나다	영어+불어+히브리어, 영어+불어+일본어 또는 중국어
	핀란드	스웨덴어
	미국	영어+스페인어(양방향·2중 이머전 교육)
계승어·민족어 교육 선주민·원주민 교육 청각 장애아 교육	스페인	카타란어, 바스크어
	웨일스	웨일스어
	캐나다	우크라이나어 그 외의 계승어, 선주민 언어, 수화
	뉴질랜드	마오리어
	미국	하와이어 등 원주민 언어
	일본	조선·한국어, 중국어
국제어 교육	홍콩	영어
	싱가포르	
	남아프리카	

(Lyster, 1999를 참조하여 작성)

다음으로 제2, 제3 언어 교육의 일환으로 이루어지는 이머전 교육은 다언어 교육을 지향한 것이다. 캐나다에서는 퀘벡주의 유대인 교회가 경영하는 교구의 사립 학교에서 모어인 영어에 불어, 히브리어를 추가한 3 언어 이머전 교육이 실시되고 있는데, 재학생 수는 7,000명 이상이라고 한다(Genesee, 1998)(본 2장 66-68쪽 참조). 또한 토론토시에는 조기 통합 이머전으로 불어의 기초를 다지고, 이 단계가 끝날 무렵 일본어 혹은 중국어(부모의 선택)를 추가하여 국제 사회에서 유용한 인재 육성을 목표로 하는 독특한 사립 학교도 있다(10장 280-281쪽 참조).

그외, 계승어·민족어 교육에서는 일본에도 독특한 형태가 있다. 이를 리쓰메이칸대학교(立命館大学) 유카와 에미코(湯川笑子) 교수는 '이머전 교육을 오랜 기간에 걸쳐 실시해 왔다'라고 인식하고 있다(湯川, 2003). 일본에서 민족어로서의 한국어·중국어의 경우인데, 5세대를 거쳐도 여전히 존속하고 있는 소수 언어의 존재 방식으로, 앞으로 가산적 다언어 구사자를 육성한다는 입장에서도 참고가 되는 사례이다.

이처럼 캐나다에서 시작한 교육 실험이 현재 세계 각지에서 시도되고 있지만, 그 발상지인 캐나다 국내에서 이머전 방식이 전국 어디서나 반드시 높게 평가받고 있지는 않다. 프랑스계 캐나다인이 캐나다 동부 퀘벡주, 뉴브런즈윅주, 온타리오주(의 일부)에 모여 살고 있기 때문에 프랑스계 캐나다인이 거의 없는 중서부 등과 같은 지역에서는 지역의 요구를 무시하고 불어가 강요되는 것에 대한 반발이 강하고, 이머전 방식을 정면에서 비판하는 학자도 있다.

이머전 교육에 관한 실천과 연구는 실로 많다. 그 중에서 (1) 개시 연령, (2) 집중도와 불어 집중 교육(Intensive French), (3) 삼중 언어 이머전 교육, (4) 이머전 방식의 교수법, (5) 수업 실태 등에 관하여 그 성과로는 어떤 것들이 있는지 살펴보자.

(1) 개시 연령과 두 언어의 도달 정도

불어 이머전 교육은 결과를 전혀 예측할 수 없는 위험성을 동반한 전대미문의 교육 실험이었기 때문에 1970년대부터 각지의 교육위원회가 솔선하여 프로그램을 평가해 왔다. 그 공통된 관심거리는 비 이머전 프로그램 학습자와 비교하여 학습 능력, 불어, 영어 능력의 습득에 문제는 없는지 또한 이머전 개시 연령과 불어 도달 정도와의 관계, 이머전 방식의 유효성 등의 검증이다. 이와 같은 평가 연구의 수는 전국적으로 3천 개가 넘는다고 하는데, 이 장에서 소개하는 턴불(Turnbull et al., 1998)의 연구는 이 중에서 대규모 조사의 한 예이다.

◆ 개시 연령과 총 학습 시간-턴불 외 연구 (Turnbull et al., 1998)

이머전으로 공부하기 시작한 시기와 언어를 접한 시간(총 학습 시간)에 따라서 학습자가 고등학교를 마칠 무렵 불어 능력에 어떤 차이가 있는지, 몇 살 때 시작하는 것이 가장 효율적인지를 언어 수용 영역(듣기, 읽기)과 산출 영역(회화와 작문 능력)으로 나누어 총 수업 시간과의 관계를 조사한 것이다. 대상은 캐나다 7개 주에서 실시되는 이머전 교육으로 총 48학급에 1,160명의 학생이다. 이 중에서 '조기 이머전' 21학급, '중기 이머전' 10학급, '후기 이머전' 17학급으로 사용한 평가 도구는 오타와

대학교와 토론토대학교가 공동으로 개발한 이머전용(用) 불어 테스트이다.

테스트는 ① 듣기(방송 프로그램에서 발췌), ② 말하기 2종(문장 반복, 이유를 두 개 들어 의견 말하기), ③ 읽기(3개의 주제 - 우주 탐색, 미국의 이중 언어 교육, 불어), ④ 쓰기 2종(낱말 맞히기, 의견문) 등 5개 영역이다. 평균점을 내어 고등학교를 마칠 때에 불어 능력이 어느 영역에서 어떠한 차이를 보이는지, 분산 분석과 편차를 조사한다. 말하기는 높은 인지 능력이 필요한 언어 영역(의견 말하기)과 그렇지 않은 언어 영역(문장 반복)을 대비시키고 있다. 〈표 6〉은 그 결과를 정리한 것인데, 먼저 차이가 있는 영역과 차이가 없는 영역이 있으며, 전자의 영역은 예외 없이 조기 이머전 쪽이 중기 이머전이나 후기 이머전보다 득점이 높다는 것을 알 수 있다. 그러나 시작 연령이 가장 낮은 조기 이머전은 듣기와 말하기에서 확실히 유리하다는 것을 알 수 있다. 그러나 같은 말하기라도 '자신의 의견을 말한다'는 것과 같이 인지 능력이 필요한 정도가 높은 영역에서는 차이가 없는 점으로 보아, L2의 기초적인 말하기 능력을 갖추는 데에는 이머전을 시작하는 연령이 낮은 쪽이 유리하지만, 높은 인지 능력을 요구하는 회화에서는 시작 연령이 높은 쪽이 유리하다는 것을 짐작할 수 있다. 즉, 이머전을 늦게 시작한 학습자가 언어를 접하는 양이 적은 데에도 불구하고 높은 인지 능력이 필요한 회화에 있어서는 단기간에 일찍 시작한 학습자와 동일한 수준에 도달하기 때문이다. 이와 마찬가지로 독해 능력, 낱말 맞히기, 작문 능력에서도 유의미한 차이(유의차)는 보이지 않았다. 이들 모두 높은 인지 능력이 필요한 영역이다. L1의 숙달 정도가 높은 학습자들에게는 L1에서 L2로 전이가 일어나, 이와 같은 영역은 단기간에 효율적으로 학습할 가능성이 있음을 시사한다.

여기에서 주의해야 할 것이 두 가지가 있다. 하나는 이머전 프로그램을 시작한 연령과 불어를 접하기 시작한 시기가 다르다는 점이다. 피실험자는 이머전 수업에 임하기 전에 '기초 불어(Core French)'를 통해 이미 불어를 접한 상태이다. 따라서 이 경우, 집중적인 학습의 개시 연령이라고 하는 것이 정확하다. 또 하나는 이머전 프로그램 연구에서 나타나는 공통적인 문제인데, 개시 연령 외에 다양한 요인이 서로 어떻게 작용하는가 하는 점이다. 예를 들면, 학습자가 중기, 후기 이머전을 선택하는 경우, 불어 성적이 좋고 학습 의욕이 왕성한 학생들일 가능성이 있고, 이머전이라는 수업 형태는 같아도 학교에 따라서 당연히 수업 내용이나 교수 방식이 다를 수 있다. 예를 들어 교수 방식이 다른 몬트리올시 2개교의 후기 이머전 프로그램을 비교한 스티븐스(Stevens, 1983)에 의하면, (a) 교수 방법이 학습자 중심이고, 교과 활동을 기반으로 한 '부분 이머전'과 (b) 교사 중심/교육과정 중심이면서 전체적으로 수업이 많은 전통적 방식의 '후기 이머전'에서 (a)의 수업 시간은 거의 반밖에 되지 않는 데에도 불구하고 불어 능력의 습득 정도는 (b)에 필적할 만하다는 것이다. 이런 점을 감안하면 개시 연령만으로 프로그램을 평가하는 것은 위험하다고 말한다. 필자도 이에 동감한다.

〈표 6〉 고등학교 3학년의 불어 능력과 개시 연령, 시간과 관계

이머전 유형	E1(조기)			M1(중기)			L1(후기)			유의차(有意差)				
총 학습 시간	6780 ~ 7480			3000			2520 ~ 2880							
	득점	표준 편차	학생 수	득점	표준 편차	학생 수	득점	표준 편차	학생 수	EI/MI	EI/L1	MI/L1		
듣기 능력														
문장 반복 (듣기 능력) (14점)	9.70	2.29	523	9.33	2.15	184	9.73	2.44	170	없음	없음	없음		
문장 반복 (내용 이해) (14점)	11.56	2.68	185	8.95	2.84	107	8.90	3.37	52	.000	.000	없음	EI>MI	EI>L1
말하기 능력(문장 반복)														
문장 반복 (말하기 능력) (14점)	4.17	2.78	185	2.22	2.51	107	2.50	2.92	52	.000	.000	없음	EI>MI	EI>L1
총 득점 (말하기 능력) (24점)	16.74	4.01	185	13.69	4.59	107	13.54	4.93	52	.000	.000	없음	EI>MI	EI>L1
문법(13점)	1.97	2.00	185	1.57	.97	107	1.67	.98	52	.001	.000	없음	EI>MI	EI>L1
리에종[5] (3점)	2.28	.84	185	1.62	.93	107	1.73	1.05	52	.001	.050	없음	EI>MI	
신콥[6] (3점)	3.31	.98	185	2.77	.71	107	2.44	1.23	52	.000	.001	없음	EI>MI	EI>L1
반복(5점)	2.89	.62	185	2.87	.71	107	2.65	.71	52	.000	.000	.118	EI>MI	EI>L1
말하기 능력 (의견 진술) (4점)	2.89	.62	185	2.87	.71	107	2.65	.71	52	없음	없음	없음		
읽기 능력 (19점)	11.11	3.25	521	10.62	2.84	183	11.18	3.17	174	없음	없음	없음		
클로즈 테스트[7] (34점)	21.32	4.98	526	20.34	5.08	183	20.47	5.67	173	0.27	없음	없음		
쓰기 능력 (의견 진술) (4점)	2.96	.95	519	2.83	.91	183	2.95	.93	172	없음	없음	없음		

(Turnbull, M., Lapkin, S., Hart, D. & Swain, M., 1998: 40)

5) Liaison: 불어에서 단어의 끝 자음이 모음으로 시작되는 다음 단어의 첫소리와 결합하여 발음되는 현상(예, mon ami 가 mo-na-mi(모나미) 로 발음). 한국어로는 연음(連音)이라고 함(역자 주).

6) Syncope: 문법에서 어중음(語中音)이 소실되는 현상을 말함. never→ne'er 등(역자 주).

7) Cloze test: 빈칸 메우기 방식으로 실시하는 독해 능력 평가를 말함(역자 주).

(2) 집중도와 불어 집중 교육(Intensive French)

불어 집중 교육의 연구에서 집중도에 관한 흥미로운 결과가 나와 있다. '불어 집중 교육(Intensive French)'이란 학년 초(9월)부터 이듬해 1월까지 5개월간 불어 수업을 반나절로 늘리고, 그 이후 학기가 끝날 때까지 5개월간은 불어 수업이 없다. 즉, 1년 중 반만 집중해서 불어를 공부하는 프로그램이다.

뉴펀들랜드주 초등학교 5-6학년 23학급, 581명의 학생을 대상으로 OPI(Oral Proficiency Interview) 회화 테스트와 주에서 시행하는 불어 테스트를 사용하여 4년에 걸쳐 조사해 본바, 초등학교 5-6학년이 중3/고1 수준의 불어 회화 능력을 갖추고 있었다고 한다(MacFarlane, 2005; Netten & Germain, 2004). 하루에 40분이라는 짧은 시간의 수업이 아니라 반나절 내내 불어를 사용하는 수업에서는 말하기 중심의 그룹 활동이나 체험 학습, 교류 프로그램이 가능하게 되고, 그 결과 불어에 관심이 많아져 계속 공부하는 학생이 늘었다고 한다. 집중도가 높으면 보다 효과적으로 학습 체험을 할 수가 있고, 그것이 동기를 유발하는 데에 크게 기여한다고 한다. 그 이후, 불어 집중 교육은 높이 평가되어 2004-2005년의 시점에서 이미 197학급, 4,969명의 재학생이 있었고, 2003년 연방 정부의 이중 언어 확대 계획 'Plan 2013'과 맞물려 현재 캐나다 각지로 확대되고 있다고 한다.

또 하나 흥미로운 점은 모어(영어)의 독해 능력과의 관계이다. 지금까지의 이머전 교육 연구에서는 반나절을 영어 이외의 언어로 수업을 받아도 학력(學力)과 영어 능력을 저해하는 일은 없다고 여겨져 왔다. 물론, 영어의 읽고 쓰기를 도입하기 전에는 L1의 읽고 쓰기가 부진하여 1년에서 3년 사이에 불어 이머전을 단념해 버리는 부모가 많았다고 한다(Morrison, 1986). 그러나 전체적으로 학습자의 연령이 높아짐에 따라 모어(영어)의 독해 능력에 긍정적인 영향을 주어, 모어(영어) 화자를 추월하여 두 개의 언어에 능통한, 고도의 이중 언어 구사자로 자라는 경우가 많다고 한다(Cummins & Swain, 1986). 주(州)의 평균 영어 능력이 캐나다에서 가장 약한 뉴브런즈윅주에서는 이 점을 주목하여 L2에서 L1으로의 전이를 유도하기 위하여 불어 집중 교육을 도입하고 있다고 한다[8]. 집중력을 길러 심도 있는 학습 경험을 하는 것이 L2에서 L1으로의 전이를 촉진하는 하나의 방법이 아닐까 하는 것이다.

참고로 경제협력개발기구(OECD)가 세계 36개국 만 15세 학습자를 대상으로 실행한 국제학력평가프로그램(PISA)(2000)[9]에서도 불어 이머전을 받는 학습자들의 영어 독해 능력이 영어 모어 화자를 상회한다는 결과가 나와 있다. 양자를 비교한 캐나다 인적 자원 기술부(Human Resources and Skills Development Canada) 분석에 의하면 〈표 7〉과 같이 모든 주에서도 불어 이머전을 받은 학습자의 영어 독해 능력이 영어 모어 화자의 독해 능력을 상회하고 있다는 것을 알 수 있다. 매니토바주에서는 이 두 그룹의 차이가 없었지만, 그 외의 주에서는 전국에 걸쳐 불어 이머전 프로그램 학습자들이 영어 독해 능력에서 평균점이 높고, 모두 유의미한 차이가 있었다고 한다.

---

8) 현지 조사를 실시한 게이오대학교(慶応大学)의 고이시 아쯔코(古石篤子)교수와의 개인적 의사소통에 의함.

9) 캐나다에서 이 PISA 조사에 참가한 곳은 1,000개교, 28,000명이다. 일본은 불과 144개교, 4,700명이었다.

〈표 7〉 국제학력평가프로그램(PISA)에 의한 주(州)별 영어 독해 능력 비교

캐나다 10개 주	영어 독해 능력	
	불어 이머전	비불어 이머전
뉴펀들랜드와 래브라도	608	510
프린스에드워드 아일랜드	558	509
노바스코샤	567	517
뉴브런즈윅	550	495
퀘백	566	537
온타리오	570	533
매니토바	533	533
서스캐처원	570	529
앨버타	601	548
브리티시컬럼비아	610	537

이머전 프로그램은 부모의 사회적 지위나 학력이 비교적 높은 어린이가 선택하는 경우가 많아서 이들이 영어 독해 능력이 높은 것은 당연하다고 결론짓는 사람이 많다. 실제로 이머전 교육이 시작된 당시는 집에서 영어를 사용하는 영국계 캐나다인 지식 계급의 자녀가 많았던 것이 사실이다. 그러나 최근에는 불어가 제3 언어, 제4 언어인 신규 이주민의 자녀가 섞여 있다. 이 때문에 영어와 불어의 기초를 다지는 데에 보다 시간이 걸리고 영어의 도입 시기를 2년이 아니라 3년까지 늘리는 곳도 있다고 한다. 온타리오주 불어 이머전 프로그램에서 공부하는 신규 이주민의 자녀(9학년 학생 101명)의 상황을 질문지와 면접으로 조사한 매디(Mady, 2007: 748)에 의하면 캐나다 출생의 캐나다인 어린이에 비해 이주 가정 자녀는 동기와 학습 의욕이 뛰어나다고 한다. 또한 복수 언어의 배경을 가진 이주민은 자녀들에게도 다언어를 기대하는 경향이 있으며, 자신의 경험을 토대로 한, 복수 언어 습득이 개인의 언어 자원이 되어 장래로 이어진다고 믿는 경향이 있다고 한다.

(3) 삼중 언어 이머전 교육

이중 언어 이머전이 아니라 삼중 언어 이머전의 경우는 어떨까? 유대계 자녀를 대상으로 영어, 불어에다 추가로 히브리어까지, 삼중 언어 이머전 프로그램에서 공부하는 어린이들을 유치원부터 초등학교 6학년까지 추적 조사한 제네시의 연구 보고를 보면, 앞으로의 과제인 다언어 교육의 양상을 모색하는 데에 참고가 된다.

◆ 영어 · 불어 · 히브리어 삼중 언어 이머전 교육(Genesee, 1998; Genesee & Lambert, 1983)

조사 대상은 몬트리올시에 거주하는 영어를 모어로 하는 유대계 학습자로, 다음의 세 프로그램을 비교한 것이다. ① ≪조기 더블 이머전 Ⅰ≫ (L1인 영어를 3학년부터 도입), ② ≪조기 더블 이머전 Ⅱ≫ (L1인 영어를 4학년부터 도입), ③ ≪삼중 언어 동시 더블 이머선≫ 이나. 세 언어의 도입 시기가

다르고 ①과 ②는 L2인 불어와 L3인 히브리어를 선행하고, 3학년 혹은 4학년에서 L1인 영어를 도입하는 ≪조기 더블 이머전≫ (early double immersion)이다. ③은 처음부터 세 언어를 동시에 도입하는데, 점차적으로 L2, L3의 양을 늘려 가는 ≪후기 더블 이머전≫ (delayed double immersion)이다. 〈표 8〉은 가로축이 학년, 세로축이 주당 불어로 공부하는 시간으로 세 언어로 공부하는 시간 비율을 나타낸 것이다. 제네시(Genesee)는 이 세 언어를 영어 · 불어의 ≪조기 싱글 이머전≫ (early single immersion)과 대비하여, 더블 이머전의 L2 습득 상황과 이것이 모어와 학력에 어떠한 영향을 끼치는지, 영어 능력, 불어와 히브리어(읽기, 말하기, 듣기), 학력(산수)에 관한 테스트를 실시했다.

≪조기 더블 이머전≫은 조기 싱글 이머전과 거의 동일한 결과가 나와 L2의 습득과 모어, 학력에도 손색이 없었다. 모어(영어)의 도입 시기(3학년과 4학년)에 따른 차이도 없었고, 영어 테스트에서는 대부분이 평균을 상회하고 있었다고 한다. 학력(산수)도 동일하며, 조기 더블 이머전에서는 불어로, 후기 더블 이머전에서는 영어로 학습을 하고 있었지만, L2(불어)로 학습하는 데서 오는 불편함이나 어려움 등은 찾아볼 수 없었다고 한다.

총 득점이 낮고 문제가 있었던 것은 ≪후기 더블 이머전≫의 불어와 히브리어로, 캐나다의 부분 이머전(Partial Immersion)과 같은 현상이 나타났다. 모어(영어)를 초기부터 도입함에 따라 모어의 의존도가 높아져 두 언어가 경쟁적인 관계를 이루어, 언어 간의 간섭이 많고 두 언어의 성적이 낮았다고 한다.

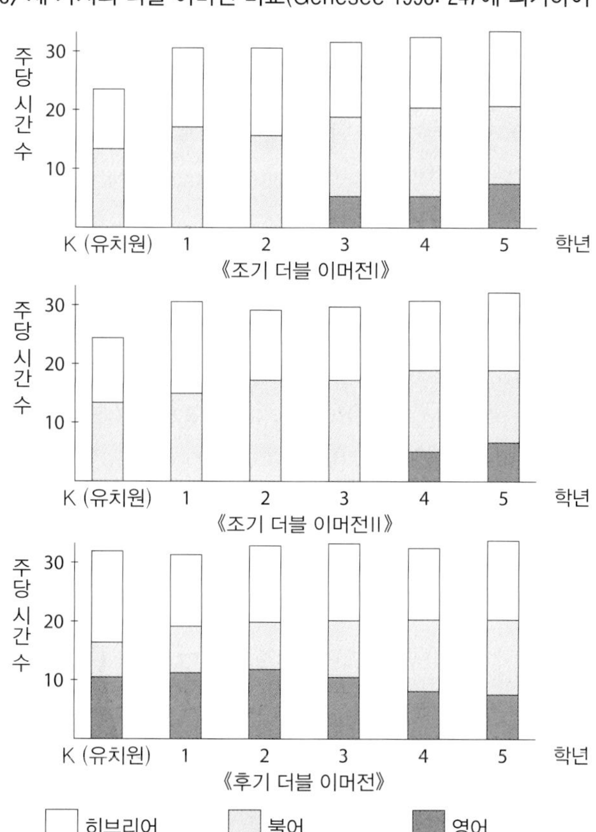

〈표 8〉 세 가지의 더블 이머전 비교(Genesee 1998: 247에 의거하여 작성)

제네시(Genesee)는 이와 같은 결과를 토대로 다가오는 다언어 교육의 과제를 염두에 두고 다음과 같이 지적하고 있다.

첫째, 세 언어 도입 시기와 타이밍이 문제이다. 캐나다의 유대계 자녀와 같이 중산층 이상의 가정에서 자라, 일반적으로 학력 수준이 높고 사회적으로 우세한 영어를 모어로 하는 어린이는 L2, L3를 선행하고 모어(L1)를 나중에 도입함으로써 세 언어가 발달하지만, 모어의 사회적 지위가 낮은 경우는 반대로 먼저 모어의 기초를 다질 필요가 있다. 또한 두 가지의 외국어를 동시에 가르치는 것보다는 도입 시기를 달리하여 예를 들면, 초등학교에서 A 언어, 고등학교에서 B 언어로 나누어서 공부하는 것이 학습 시간의 균형을 맞출 수 있고 두 언어 간의 간섭을 피할 수 있을 것이다.

둘째, 프로그램에 대한 자세이다. 언어 능력을 기르는 데에는 기초를 튼튼히 닦을 필요가 있고, 여기에는 오랜 시간이 걸린다. 따라서 최저 6~7년은 본인과 가족, 프로그램 책임자 그리고 학교 운영자 등의 프로그램에 대한 열의와 헌신이 무엇보다도 필요하다. 특히 세 언어의 도입 시기를 달리하는 경우는 반드시 보호자에게 설명하여 이해를 얻는 것이 중요하고, 초 · 중 · 고등학교 간의 긴밀한 연계가 필요하다. 한편으로, 도중에 그만두는 경우, 도움이 될 만한 외국어 실력은 거의 습득되지 않고 모어로의 전이도 일어나지 않는다.

셋째, 교사의 양성이다. 다언어 구사자의 육성에 참여할 교사는 고도의 외국어 능력을 갖추어야 함은 물론이고 외국어 교수법을 알아야 하며, 외국어로 교과 내용을 가르칠 수 있는 지식과 기술도 겸비해야 한다. 이를 위해서는 특별한 교원 양성 프로그램이 필요하므로 대학의 교원 양성 시스템이 먼저 개선될 필요가 있다고 지적하고 있다.

이중 언어 구사자로 성장하는 것이 사고의 유연성, 언어 분석력, 메타 언어 인식 등에 좋은 영향을 미친다는 것은 이미 1장에서 설명했다. 제네시는 여기에 덧붙여 '더블 이머전이 싱글 이머전보다 더 복잡하고 고도한 여러 가지 언어적 요구(linguistic demands)에 대응할 필요성에 직면하는 일이 많은데, 바로 이것이 효율적인 언어 학습 전략을 획득하는 것과 관계가 있을 것'이라고 말하고 있다 (Genesee, 1998: 252).

(4) 이머전 방식의 교수법

맥길대학 이머전 교육학의 전문가, 리스터(Lyster, 1999: 626)교수는 이머전 교육의 조건으로 다음의 9가지를 들고 있다.

(1) 교과 학습의 매개어로 L2를 사용한다.
(2) 교과의 교육 과정은 (지역의)L1의 교육 과정과 같다.
(3) 학습자의 제1 언어에 대해 긍정적인 자세와 지원이 있고, L1을 수업 언어로 사용하는 일도 있으며, 교과목으로 L1을 배우는 일도 있다.
(4) 가산적 이중 언어를 목표로 한다. 모어 화자 수준의 L1과 고도의 L2를 지향한다.
(5) L2를 접하는 환경은 교실로 한정되어 있다.

(6) 학습자들의 L2 수준은 프로그램을 시작하는 시점에서 전원이 구사 능력이 없는 상태이다.

(7) 교사는 이중 언어 구사자이다.

(8) 교실 내 문화는 지역의 주요 문화이다.

(9) 읽기와 쓰기 교육은 L2를 선행한다.

이상을 ≪교육 목표와 교육 형태≫, ≪교육 과정과 교수법≫, ≪교사와 학습자≫, ≪기타≫로 나누어 정리해 보면 다음과 같다.

≪교육 목표와 교육 형태≫

교육 목표는 가산적 이중 언어 구사자의 육성이고, 교육 형태는 L2와 L1을 모두 수업 언어로 사용한다. L1에 대해 긍정적인 자세와 지원이 있고, L1을 수업 언어로도 사용할 뿐만 아니라 L1 자체에 대해서도 학습한다. 양 언어에 동등한 가치를 두고, 전 학령기를 통하여 L1에 의한 교과 학습이 계속적으로 이루어지기 때문에 L1의 발달이 도중에 중단되거나 저지되는 일이 없으며, L1이 학교 정규 수업 언어로 사용되기 때문에 고도의 인지적 언어 능력이 길러진다. 가정에서 사용하는 경우나 지역의 민간 계승어 학교에서는 L1의 회화 실력은 늘어도 인지 능력은 향상되지 않는 것이 일반적이다.

≪교육 과정과 교수법≫

산수, 과학, 사회 등의 교과목은 지역의 교육 과정에 따른다. 즉, 비 이머전 프로그램의 학습자와 동일한 교육 과정으로 공부한다. 문제는 L2를 사용하여 모어 화자와 동일한 교육 과정을 소화하기에는 큰 어려움이 따른다는 것이다. 여기에 요구되는 교수법은 '내용 중시 교육(Content-based language Instruction)'(Lyster 2007; Met 1998, 10장 291-295쪽 참조)과 '교과 통합 교수법'(Echevarria & Graves, 1998, 3장 115-118쪽 참조)이다. 아직 배우는 단계에 있는 미숙한 언어 능력으로 어려운 교과 내용 학습에 도전하는 것이므로 교사는 다양한 형태의 발판을 마련해서 학습자들을 도울 필요가 있다. L2를 이해할 수 있게 된 후에 교과 학습을 시작하는 것이 아니라 교과 학습을 하면서 L2의 능력도 강화된다는 신념에 입각한 방법이다.

≪교사와 학습자≫

먼저 교사가 이중 언어 구사자일 것. 단, 이중 언어 구사자라도 교실에서는 '1인 1언어'의 법칙에 따라 각자의 모어로 가르친다. 교사 자신이 이중 언어 구사자이므로 역할 모델이 될 수 있고, 학습자의 좌절이나 욕구불만을 이해할 수 있으며, 학습자가 어려워하는 점이 무엇인지를 알기 때문에 제대로 지도할 수 있다는 일 등 여러 가지 긍정적인 면이 있다. 또한 학습자는 프로그램이 시작되는 시점에서 L2에 대한 지식이 전혀 없는 상태이다. 학급 전원이 동일한 수준에서 시작하기 때문에 수업은 고안하기가 더 쉬워진다. 서브머전(submersion) 환경의 외국인 아동과 같이 모어 화자들 사이에서 항상 이들과 비교되어 부족한 면만이 강조되는 상황과는 크게 다르다. 또한, 모어 화자의 수준이 되어야 한다는 학교 측의 보이지 않는 압박도 없다. 그 밖에, 앞에서 리스터(Lyster)가 제시한 이머전 교육의 조건 항목에는 없지만, 여기에 세 가지를 추가한다면 1) 이머전 프로그램을 선택한 사람은 보호자, 혹은 학습자 본인으로 결코 강요된 것이 아닐 것, 2) 유치원·초·중·고로 일관된 형태로 계속적인 학습 체계가 이루어져야 할 것, 3) 캐나다 사회에서 불어라는 유용한 언어적 기능(技能)을 갖는 것이 장래에 도움이 되는 일임을 아동들도 인식할 수 있는 사회적 상황이라는 점으로, 이 모두 긍정적인 요인으로 작용한다.

≪기타≫

그러나 여러 가지의 해결해야 할 과제도 있다. 우선 교실 문화가 L1 문화이고 언어 접촉이 교실로 한정되어 있다는 점이다. 캐나다의 경우, 프랑스계 캐나다인의 문화는 어디까지나 캐나다 국내의 독특한 문화를 향유하고 있다. 유럽에 속한 현재 프랑스의 문화가 아니다. 1970년대에 이머전 프로그램을 시작할 당시부터 영국계의 프랑스계 문화를 체험한다는 의도보다 정치적으로 분열 위기에 있는 영국계와 프랑스계의 관계 개선을 목적으로 하는 중개 역할을 기대했다고 볼 수 있다. 실제로 불어 이머전 교육을 받고 캐나다의 공동체에 대한 이해가 높아져 두 문화의 거리감이 좁아지는 경향이 있다는 연구 결과도 나와 있다(예: MacFarlane & Wesche, 1995).

교실에서만 불어(L2)를 접한다는 것은 실로 이머전 방식의 큰 결점이다. 모어(불어) 화자가 교사뿐이고 영어를 모어로 공유하는 반 친구들이 동시에 제2 언어 화자라는 점에서 친구들끼리 하는 이야기나 복잡한 내용의 대화에는 모어(영어)가 사용된다. 또한, L2의 사용이 수업시간으로 제한되어 있기 때문에 정중한 표현이나 사회 문화적인 측면이 발달하지 않고 교실의 담화에서 좀처럼 접하기 어려운 언어 기능과 문법 구조, 어휘가 있기 때문에 중간 언어가 화석화된다고 한다. 할리(Harley, 1993)에 의하면 불어의 경우, 동사 과거형과 가정형, 2인칭 대명사(vous) 사용법 등에 오류가 일어나기 쉽지만, 이는 (a) L1과 L2의 차이가 미묘하여 학습자가 예측하기 어려운 것, (b) 동사 변화가 불규칙하고 빈도가 낮아서 학습자가 의식하기 어려운 것, (c) 실제 의사소통에 있어서 그다지 중요한 역할을 하지 않는 것(예, 보다 일반적으로 쓰이는 우회적 표현이 있기 때문) 등이다.

또한, 수업 중에 적절하게 오류에 대한 정정이 이루어지지 않는 것도 학생들의 L2 구사에 정확성이 결여되는 원인의 하나이다. 이머전 교실에서는 학생이 불어로 대답하여 교사가 맞다고 수긍할 때에 학생이 대답한 내용이 옳았다는 뜻인지, 불어 사용법이 맞았다는 뜻인지 확실하지 않다. 따라서 언어 형식에 관한 교사의 반응과 교과 내용에 관한 반응을 확실히 구분할 필요가 있다. 리스터(Lyster)는 교사가 학생의 오류에 그때그때 대응할 뿐만이 아니라(reactive), 학생으로 하여금 오류를 의식하게 하고 스스로 정정할 수 있는 기회를 주는 등 적극적으로 대응(proactive)해야 한다고 주장하고 있다(Lyster, 2007). 단, 언어를 접하는 것만으로는 정확하게 말하기를 기대할 수 없으며, 제네시(Genesee)가 말하듯이 복잡하고 고도의 언어적 능력을 발휘해서 대답해야 하는 상황에 직면하게 되는 것(linguistic demands), 이른바 '의도적인 자극'이 필요하다고 한다. 리스터는 그 해결 방법의 하나로 내용 중심의 수업 활동과 언어 형식을 중심으로 하는 수업 활동의 균형을 맞춘 양자 균형

('counter-balance') 접근 방법을 제창하고 있다(10장 294-295쪽 참조).

(5) 이머전 방식의 수업 실태

이머전 교육이 시작될 당시 교사가 L2를 학교 언어·수업 언어로 사용하기만 하면 학습자가 고도의 L2를 습득하게 될 것이라는 단순한 기대가 있었다. 실제 이머전 프로그램을 담당하고 있는 교사의 교수 전략을 조사한 네튼(Netten)은 교사가 제2 언어를 가르친다는 의식은 약하고, '(학습자들이) 교과 내용을 배우면서 동시에 목표 언어도 익힌다는 막연한 기대를 교사가 갖고 있다'라고 말하고 있다(Netten, 1999: 288). 다시 말해 의식적으로 학습(intentional learning)하지 않아도 우발적인 학습(incidental learning)으로 제2 언어도 제1 언어처럼 자연스럽게 획득하는 것이라고 생각하는 교사가 많다는 뜻이다. 또한, 일반적으로 교사는 '자기의 책임은 교과 내용을 가르치는 것이며 언어에 관한 지도는 그 다음'이라고 인식하고 있다고 한다.

실제, 이머전 프로그램에서는 어떠한 교수 전략으로 수업을 하고 있는 것일까? 또한 어떠한 교수 전략이 보다 효과적인 것일까? 뉴펀들랜드주의 이머전 교육의 교수 전략을 비교한 네튼과 스페인의 조사를 살펴보자.

◆ 네튼과 스페인의 수업 분석(Netten & Spain, 1989)

네튼과 스페인은 초등학교 1학년부터 3학년까지의 불어 이머전 23학급, 259명을 대상으로 교실 관찰과 더불어 교사 면담을 하였다. 평가 도구는 캐나다에서 표준화된 인지 능력 테스트(Canadian Cognitive Abilities Test)와 불어 테스트이다. 2학년 세 학급(A, B, C)의 수업을 여러 관점에서 비교 분석하고 또한 담임 교사에게 성적이 높은 그룹과 성적이 낮은 그룹에서 각각 어린이 3명을 선발한 후, 이 어린이들에 대해 교실에서 교사가 어떻게 대응하고 있는지를 분석했다.

학력 테스트 결과, 평균 편차 값이 학급 A가 최저(54.1점), B가 최고(83.7점), C가 중간(72.7점)이었다. 한편, 불어 테스트에서는 B가 인지 능력과 더불어 최고였고, A와 C는 인지 능력과는 반대로 A가 중간, C가 최저였다. 그 이후 교사가 수업 활동을 할 때의 언어 사용에 주목하여 인지 능력과 불어 능력에 차이가 있는 학급 A와 C에 초점을 맞추어 교수 유형을 비교한 결과, 〈표 9〉와 같은 특징이 나타났다고 한다. 학급 A는 강의와 연습(drill)이 적고(3%), 양방향의 상호 작용이 풍부하며(13%), 또한 그룹 활동과 대화도 활발하고(15%), 교사가 개별 지도에 27%나 되는 많은 시간을 할애하고 있다. 이에 반해, 학급 C의 수업 유형은 교사 중심으로, 강의와 연습에 35%라는 많은 시간을 할애하고 있다. 학습자가 교실에서 하는 개인 학습이 18%이고 그룹 활동과 대화에는 불과 4%밖에 되지 않는다. 즉, 학습 A에서는 교사와 학생, 그리고 학습자끼리도 양방향으로 교류하고 있으며, 이때 의사소통의 도구로 L2가 사용되고 있다. 이에 반해, 그룹 C는 전통적인 지식 수여형(知識授與型)으로 L2의 입력(input)은 있어도 출력(output) 기회가 적은 수업 유형이다.

〈표 9〉 두 학급의 수업 유형 비교

학급 A(%)		학급 C(%)	
강의와 연습	(3)	강의와 연습	(35)
교사-학습자 간의 대화와 질의 응답	(13)	개별 학습	(18)
그룹 활동과 토론	(15)	그룹 활동과 토론	(4)
교사의 개별 지도	(27)		
교사가 L2로 설명하여 이해를 돕는다	(―)	교사가 시각 교재와 몸짓으로 학습을 돕는다	(90)
학습 및 급우와의 교류에서도 L2가 양방향에서 사용된다	(―)	교실 활동의 반은 학습자가 교사의 말을 듣고 있고 응답에는 단어와 관용 어구만 쓴다	(―)
오류에 대해 설명하고 정정한다	(―)	설명 없이 정정만 하고 상대의 말만 반복한다	(―)

(―)는 수치 없음

　　다음은 학습 지원 유형의 차이를 보기로 하자. 학급 A는 교사가 L2를 사용하여 다양한 설명을 덧붙여 교과 내용의 이해를 도우려고 하지만, 학급 C에서는 교사가 시각 교재와 몸짓을 사용하여 의미를 전달하려고 하고 L2를 사용한 설명은 적었다. 교사와 학습자와의 상호 작용의 질도 달라, 학급 A에서는 철저하게 L2가 사용되는 데에 비해 C는 교사 중심 수업으로 학습자들이 수업의 반은 듣는 입장이고, 교사의 일방적인 질문에 대하여 관용어구로 응답하는 경우가 많았다. 오류의 교정 방식도 달라 학급 A는 명시적으로 오류를 교정하고 있지만, C에서는 교사가 교정을 하고 따라 하게 하는 방식에 머무르고 있었다고 한다.

　　또한 성적이 높은 그룹과 성적이 낮은 그룹의 학습자와 대한 교사의 대응이 두 학급에서 크게 달랐다. 〈표 10〉의 교과 내용에 대한 교사와 학습자 사이에서 이루어진 발화의 양을 살펴보면, 학급 C는 《교사가 학습자에게》의 경우, 성적이 높은 그룹 42.0%, 성적이 낮은 그룹 58.0%로 큰 차이를 볼 수 없지만, 《학습자가 교사에게》 질문을 하거나 말하는 상황을 보면, 성적이 높은 그룹 62.8%, 성적이 낮은 그룹 37.2%로 큰 차이가 있다. 즉, C 학급의 교과 내용에 대한 의사소통 면에서는 교사가 학습자들에게 말하는 양이 많은 데에 비해, 반대의 경우는 성적이 높은 그룹의 학습자가 발화를 많이 하고, 성적이 낮은 그룹에서는 학습자들이 교사에게 거의 말을 하지 않는다는 것을 알 수 있다. 결론적으로 학급 C는 성적이 높은 그룹을 중심으로 수업이 이루어지고 있다고 말할 수 있다. 한편으로 A학급에서는 교과 내용에 대한 교사의 발화는 성적이 높은 그룹에서 34.0%, 성적이 낮은 그룹에서 66.0%로, 교사가 의식적으로 성적이 낮은 그룹의 학습자들에게 말하는 시간을 할애하고 있음을 알 수 있다. 학습자가 교사에게 말하는 경우를 보면, 성적이 높은 그룹이 41.3%, 성적이 낮은 그룹이 58.7%로 나타나, 성적이 낮은 그룹의 학습자가 교사에게 적극적으로 말하는 상황을 엿볼 수 있다. 이런 점에서 학급 A는 성적이 낮은 그룹의 학습자들도 활발하게 참가할 수 있는 상호 작용 지향적인 수업을 진행하고 있음을 알 수 있다.

〈표 10〉 교과 내용에 대한 교사와 학습자 간 발화의 양 비교

		학급 A(%)	학급 C(%)
교사가 학습자에게	성적이 높은 그룹	34.0	42.0
	성적이 낮은 그룹	66.0	58.0
학습자에서 교사로	성적이 높은 그룹	41.3	62.8
	성적이 낮은 그룹	58.7	37.2

이상 전체적으로 본 결과에 의하면, 학급 A는 인지 능력 테스트에서 주(州)의 최하위였지만, 불어는 최상위였고, 반대로 학급 C는 인지 능력이 높은 데에도 불구하고 불어 테스트의 결과는 낮았다. 이 점에서 네튼과 스페인은 '불어 이머전 프로그램에서 교사가 공통된 교육 과정에 준하여 가르쳐도 수업 구축 방식이나 교수 유형은 교사에 따라 다르고, 이러한 차이가 L2의 학습 효과와 깊은 관계가 있다는 것을 알았다'(Netten & Spain 1989: 499)라고 결론짓고 있다. 문제는 교사와 학습자 또는 학습자들 사이에서 L2를 사용하여 이루어지는 상호 작용의 질인데, 목적이 확실하고 질적으로 높은 상호 작용은 언어 습득에 직접으로 영향을 미치지만, 교사 중심의 형식적인 의사소통은 학습자들의 언어 습득에 별 관계가 없다는 것이다. 또한 교수 유형 면에서도 교사 중심의 전체적인 수업보다 학력이 다른 학습자들에게 교사가 개별적으로 응하는 교수 유형이 L2의 능력을 향상시키는 데에 도움이 된다는 것이다. 또한 교사는 학습자를 수동적인 위치에 두지 말고 학습자가 솔선하여 L2를 사용하도록 발화 기회를 충분히 제공하는 점도 중요하다고 말한다.

이중 언어 교육에서는 두 언어를 접하는 시간(양)을 기초로 프로그램 성과를 예측하는 것이 정석으로 되어 있는데, 실은 위의 네튼과 스페인의 조사에서 밝혀진 바와 같이 주어진 시간 안에서 교사가 어떠한 자세로 학습자와 어떻게 소통하느냐에 따라 전혀 다른 성과를 거둔다는 것이다.

5. 국제어와 계승어 교육

일본에서 말하는 외국어 교육을 캐나다에서는 국제어 교육이라고 하는데, 그 실태는 주에 따라 또는 지역에 따라 다르므로 먼저 가장 큰 규모의 국제어 · 계승어 프로그램을 실시하고 있는 토론토 교육국 관할 하의 초등교육(초 · 중학생 포함) 프로그램에 대하여 설명하고, 다음으로 중서부의 국제어 (계승어) 이머전 교육에 대해 언급하기로 한다.

(1)토론토 지역 교육위원회의 국제어 · 계승어 프로그램

현재 국제어(International language)라 불리는 외국어 교육은 2008년도 자료에 의하면 총 557 학급에서 50 가지의 언어를 가르치고 있다. 프로그램 유형은 ① 교과 수업, ② 방과 후 수업, ③ 주말 수업으로 나뉜다. ①교과 수업의 형태는 하나의 교과목으로 실시하는 것, ②방과 후 수업은 정규 수업이 끝난 후 학교에서 실시하는 형태, 그리고 ③ 주말 수업은 토요일이나 일요일에 지역의 이주민 집단이나 동족 집단(ethnic community)이 주도하여 실시하는 프로그램을 말한다. 세 가지 유형은 모두 주 2.5시간 연간 80시간으로 정해져 있다. ① 교과 수업은 특정 이주민 그룹이 밀집해 있는 지역의 학

교에서 이루어지고 있다. 예를 들면, 이탈리아계가 집단적으로 거주하는 지역에서는 이탈리아어, 중국계 지역에는 중국어 수업이 있다. 한 학교에서 이러한 언어의 학습을 희망하는 학생 수가 충분하기 때문에 가능한 것이다. ② 방과 후 수업은 하교 시간을 40분 연장하여 여러 학교에서 학습자들이 정해진 한 학교에 모여서 공부한다. ③ 주말 수업은 대체적으로 토요일 오전 중에 있는데, 희망자가 25명이 되어야 학급을 만들 수 있다. 이들 ①②③을 합치면 막대한 숫자의 초·중학생이 방과 후나 혹은 주말에 영어와 불어 이외의 다양한 언어를 공부하고 있는 것이다.

학급 수가 가장 많은 언어는 중국어로, 광동어(廣東語)가 72, 간체자(簡體字) 중국어가 72, 타이완에서 사용하는 번체자(繁體字) 중국어가 12 학급이다. 다음이 타밀어 58, 스페인어 51, 아랍어 30, 베트남어 25 학급으로 이어진다. 일본어 프로그램은 ②유형이 1 학급, ③유형이 6 학급이 있다.

토론토의 국제어 프로그램은 지역 교육위원회의 평생교육원부(School of Continuing Studies, SCS)가 일괄하여 시행한다. 이것이 SCS 관할 하에서 실시되고 있는 것에는 장단점이 있다. 장점은 교원 자격 규정이 엄격하지 않다는 점(교원 자격에 얽매이면 교사를 찾기 어려운 언어가 있다), 또한 ②의 방과 후 수업 방식이 가능하게 된다는 점을 들 수 있다. 단점으로는 수업이 모든 희망자에게 공개되므로 외국어 학습자와 계승어 학습자가 같이 공부를 하게 되고 때로는 성인이 포함되기도 하며, 교육 효과를 얻기 위해 필요한 학급 편성이 자유롭지 못하다는 것도 단점이다.

고등학교의 경우 이머전 교육 형태는 초등 과정과 같은데, 수업을 받으면 고등학교 성적에 반영이 된다. 언어 수는 많이 줄어 고전어 2(그리스어, 라틴어), 현대어11(광동어, 게일(Gaelic)어, 현대 그리스어, 이탈리아어, 일본어, 간체자(簡體字) 중국어, 러시아어, 스페인어, 히브리어, 포르투갈어, 베트남어)이다. 계승어 학습자와 초보자로 나누어 두 가지 형태로 수업이 개설되는 경우도 있다. 계승어의 유지와 발달 측면에서 이 제도를 살펴보면, 그동안 가정과 지역 사회의 노력으로 유지해 온 계승어가 고등학교에서는 국제어 과목 성적을 인정받아 졸업 때에 도움이 되기 때문에 보호자나 학습자 자신에게 매우 고무적인 일이다.

그러나 실제 수업 내용에는 문제가 많다. 필자가 전에 견학한 방과 후 수업 유형인 일본어 학급에서는 일본어를 전혀 못하는 아동, 집에서 계승어로 사용하고 있는 아동, 일본에서 캐나다로 온 지 얼마 안 되는 모어 화자와 언어 배경이 다른 아동들이 섞여 있었다. 결국, 외국어/제2 언어로서의 일본어(JFL=Japanese as a foreign/second language), 계승어로서의 일본어(JHL=Japanese as a heritage language), 모어로서의 일본어(JNL=Japanese as a native language) 학습자가 함께 수업을 듣는다는 것이다. 공교육의 일부이기 때문에 학습자의 선호에 따라 수업을 선택할 수 없고 운영자 측에서 보면, 국제어를 희망하는 학생들은 모두 받아들일 수 밖에 없다. 교사 입장에서는 학생들의 언어 배경이나 숙달 정도가 제각기 다른 학급에서 언어 기능 숙달도를 기대하는 일이 어려워 목표 설정을 할 수 없어 대책이 서지 않는다. 열의가 있는 교사일수록 어떻게 가르쳐야 할지 당황하게 된다. 그러나 아동들은 새로운 또래, 또는 학년을 벗어나 나이가 서로 다른 친구들과 교류할 수 있는 공간에서 아주 활기찬 모습이었다. 마치 형제들이 거실에 옹기종기 모여 재미있게 각자의 숙제를 하고 있는 분위기다. 한편으로 한 반에서 아동들의 언어 숙달 정도에 맞게 작은 그룹으로 나누어 공부한다는 것에 대한 불만도 찾아볼 수 없었다.

이와 같은 상황은 일본어 수업뿐만 아니라 같은 유형의 다른 언어의 수업에서도 공통적으로 나타나는 문제이다. 지역에 따라 다르지만 앞에서 본 것과 같이 학생들의 언어 능력이나 나이 차가 있는 학급을 위한 교육 과정, 교재 작성, 평가 등에 대하여 토론토 교육국이 적극적으로 지도를 하고, ≪수준차 교육(multi level teaching)≫[10]이라는 교수법을 개발하여 교사 연수를 개최하는 곳도 있다. ③ 주말 수업은 민간 이주자 그룹이 운영하기 때문에 수업료를 받아 교사를 늘릴 수 있다는 점에서 언어 능력 수준이 다르고 나이가 다른 학생들이 한 반에 있는 문제는 어느 정도 해소하고 있다.

계승어 프로그램은 캐나다의 언어 정책의 역사적 경위를 소개할 때 간단하게 언급했듯이 1970년대에 시작되어 1988년 다문화주의법이 채택될 무렵까지 아주 활발히 진행되었으나 그 후 재정적인 압박으로 1990년 연방 정부의 원조가 중단되었다. 하지만 주 정보의 지원은 계속되고 있는 곳이 많았다. 1994년 무렵부터 온타리오주를 비롯하여 계승어 프로그램이 모두 '국제어' 교육으로 편입되었지만, 다문화주의법에 따라 계승어 교육을 받을 권리는 법적으로 보호를 받고 있으므로 같은 언어 배경을 가진 부모 25명이 모여 지역 교육위원회에 계승어 수업 개설을 신청하면 교육위원회는 이를 지원하는 것이 원칙이다. 주에서 하는 구체적인 계승어 프로그램에 대한 지원은 (1) 학교 건물 대여(현재는 유료), (2) 등록 학생 수 25명당 한 명분의 교사 급여, (3) 보조 교재비(복사비 등), (4) 교육위원회가 주최하는 교사 연수회(출석은 자유) 등이다.

당시 계승어 교육이 '국제어' 교육으로 편입된 것은 계승어 교육의 관점에서 볼 때 큰 후퇴라고 유감스럽게 생각했지만, 20년 이상 지나 되돌아 보면 반드시 그렇지만은 않았던 것 같다. 왜냐하면 소수 언어 아동들에게 특화된 지원 프로그램은 재정이 부족하면 가장 먼저 삭감 대상이 된다. 프로그램의 장기적 존속을 위해서는 다수 언어 아동들도 참가하는 프로그램의 일부로 편입시키는 방법이 하나의 현명한 선택이라고 할 수 있다. 이러한 의미에서 캐나다 계승어 교육의 역사적 경위와 지금의 상황은 소수 언어인 모어, 계승어, 민족어 본래의 양상에 시사하는 바가 크다.

(2) 중서부 3주의 국제어 · 계승어 이중 언어 프로그램

주 교육법에서 수업 언어로 영어 · 불어 이외에는 사용이 금지되어 있는 온타리오주와는 달리 중서부의 3개 주는 1980년에 각각 주 교육법을 개정하여 공립 학교에서 계승어를 수업 언어로 사용할 수 있도록 하였다. 이 법에 의해 생긴 프로그램의 하나가 앨버타주 에드먼튼시의 계승어 이머전 프로그램이다. 먼저, 우크라이나어(1974), 다음으로 히브리어(1975), 독일어(1978), 아라비아어(1982), 중국어(1983) 순이며, 최근 스페인어(2001)가 추가되었다. 현재는 중국어 이머전 프로그램이 가장 활발

---

10) 한 반에 수준차이가 많이 나는 학생들을 가르치는 방법으로 전체 지도와 그룹 지도, 개인 지도에 균형을 맞추면서 학생들의 수준차이를 이점으로 살려 학습자끼리 서로 가르쳐 주거나 배우는 일(peer tutoring)이 자연스럽게 이루어지도록 계발한 유동성 있는 수업 형태의 하나임. 나이뿐만 아니라 능력 차이에 대처하면서, 동시에 학급의 일원이라는 귀속 의식을 갖게 하는 것이 풀어야 할 과제이다. 교사는 조력자로서의 역할을 잘하고 가능한 한 개인 지도에 시간을 많이 배정한다. 교재 준비는 몇 단계로 나누어서 하고, 다양한 그룹 활동을 한다(예, Bell, 2004 참조).

하고 숫적으로도 초등학교 5개교, 중학교 4개교, 고등학교 3개교로 늘었다. 한편, 남쪽의 신흥 도시인 캘거리에서는 오일샌드 등 경제적인 성장붐을 타고 국제어 이중 언어 프로그램이 중국어(1998)를 시작으로 2000년대에는 스페인어와 독일어가 생겼다.

현재는 모두 ≪국제어 이중 언어 교육≫이라는 명칭으로 불리지만, 에드먼튼시 프로그램은 계승어 이머전의 흐름을 수용한 것이며, 캘거리시의 새로운 프로그램은 다음 3장에서 서술할 미국의 양방향 이중 언어 교육의 흐름에 따른 것이다. 중국어 프로그램에 초점에 맞추어 양자를 비교하면서 그 실태를 살펴본다.

◆ 국제어 이중 언어 프로그램

필자가 에드먼튼시의 우크라이나어 이머전 프로그램을 견학한 것은 1990년이다. 그 당시 델우드 초등학교(Delwood Public School)는 학생 수가 456명, 교사가 35명인 부설 유치원이 있는 초등학교였다. 같은 학교에 불어 이머전과 영어만을 수업 언어로 사용하는 일반 프로그램과 우크라이나어 이머전 등 세 가지의 프로그램이 병설되어 있었는데, 지금도 여전히 전과 동일한 형태로 교육이 이루어지고 있다. 우크라이나어 이머전 프로그램으로 공부하는 어린이들은 당시 이미 3, 4세대로 집에서는 우크라이나어를 사용하지 않고 있었다.

오전에는 영어로, 오후에는 우크라이나어로 공부하는 ≪부분 이머전≫ 방식으로 교사는 영어로 가르치는 교사와 우크라이나어로 가르치는 교사가 한 팀이 되어 '1인 1언어' 방식으로 가르치고 있었다. 교사는 모두 각 언어의 모어 화자이다. 집에서 우크라이나어를 거의 사용할 기회가 없는 3~4세대 어린이가 대상이지만, 학교 수업 시간에 매일 우크라이나어를 사용함으로써 말하기나 읽고 쓰기 능력이 순조롭게 늘고, 주가 실시하는 영어, 산수 테스트의 성적에도 손색이 없다고 한다[11].

반면 캘거리교육위원회 소속의 랑제빈 초·중학교(Langevin Elementary and Junior High School)는 1~2학년, 3~4학년, 5~6학년으로 반을 구성하여 중국어(만다린)를 대상으로 한 국제어 이중 언어 프로그램을 실시하고 있었다. 이 학교는 오전·오후로 나누지 않고 중국어와 영어에 능숙한 이중 언어 교사 한 명이 전 과목을 담당하고, 두 언어를 수업 언어로 사용하여 주의 국제어 교육 과정을 운영하고 있다. 두 언어의 사용은 '1인 1언어' 방식으로 필요에 따라 또는 장면에 따라 영어로 가르치기도 하고 중국어로 가르치기도 하는 일 등 두 개의 언어를 자연스럽게 사용하고 있었다. 95%의 아동이 계승어 학습자이지만, 중국계가 아닌 아동들도 몇 명이 눈에 띄었다. 교장의 말에 의하면 저학년 학생들의 영어 능력에 다소 부진함이 보이지만, 학년이 올라가면서 영어도 순조롭게 습득하여 전 교과의 성적이 향상된다고 한다. 또한, 이 학교에서는 중국어 이중 언어 프로그램 외에 이과에 흥미가 있는 학생들이 선택할 수 있는 '이과 집중 특별 프로그램'도 있다. 학부모들이 공통적으로 기대하는 것이 있고 이 두 프로그램을 일부 통합할 수도 있기 때문에 교육 효과가 크다고 한다.

스즈키(鈴木; 2006, 2008)는 위의 에드먼튼과 캘거리에서 실시하고 있는 우크라이나어와 중국어

---

11)　앨버타주 교육청 웹사이트 (www.epsb.ca/district/results/PDFS/grade39697.pdf)의 정보에 의함

수업을 관찰하여 두 언어의 선택 사용에 대해 분석하고 있다. 앞으로의 다언어 구사자 육성을 지향하는 교육에 참고가 되는 연구이다.

◆ 스즈키(鈴木, 2008)의 비교 조사

스즈키(鈴木, 2008)는 에드먼튼 방식의 우크라이나어와 캘거리 방식의 중국어 프로그램을 비교하여 그 장단점을 다음과 같이 설명하고 있다.

≪에드먼튼 방식≫ (1인 1언어)의 장점

(1) 언어 사용 비율이 50 대 50에 가깝다(균형을 잡기 쉽다).

(2) 교과별로 수업 언어가 정해져 있기 때문에 주의 교육 과정에 따라 수업 진행이 수월하고 학년에 맞는 학습 목표 달성이 용이하다.

(3) 두 개의 언어와 두 개의 문화를 의식하면서 수업을 진행할 필요가 없어 교사의 부담이 적다.

(4) 교사와 교실에 따라 사용 언어가 다르므로 어린이들은 두 언어를 구분하여 사용하는 것을 쉽게 이해한다.

단점은 한 학급에 두 명의 교원이 필요하므로 인재 확보에 어려움이 있고 두 교사의 연계가 쉽지 않다. 어린이에 따라서는 약한 쪽 언어로 장시간(반나절) 수업을 받아야 하므로 심리적인 부담이 크다.

≪캘거리 방식≫ (1인 2언어)의 장점

(1) 한 학급에 교원이 한 명이므로 인재를 확보하기 쉽다.

(2) 담임 교사의 재량으로 학급 운영과 수업을 자유롭게 할 수 있다.

(3) 언어와 교재와의 통합이 가능하여 하나의 주제를 가지고 두 개의 언어로 깊게 생각하는 능력을 기를 수 있다.

(4) 교사가 양 언어를 통해서 어린이들을 관찰할 수 있으므로 어린이들의 개성을 키우는 데에 큰 도움이 된다.

(5) 학생들이 전후 맥락에 따라 수업 내용을 이해할 수 있도록 교사가 중국어·영어 양 언어를 통하여 지도할 수 있다.

단점은 언어 사용 비율 50 대 50이 애매하게 되어 교육 과정의 전 학습 목표를 달성하기 어려운 점, 언어 사용 비율, 수업 내용, 학급 운영을 한 사람의 교원이 맡게 된다는 점이다. 두 개의 언어, 두 개의 문화를 의식하며 수업 준비를 해야 하므로 교원의 부담이 크다. 교원이 영어의 비모어 화자이므로 저학년의 영어 능력이 향상이 우려되고(교장의 말), 또한 어린이는 자기에게 편한 쪽의 언어에 의존하는 경향이 있어 두 개의 언어를 균형 있게 발달시킨다는 점에서는 풀어야 할 과제로 남는다.

이상과 같이 캐나다 중서부의 계승어를 수업 언어의 일부로 사용하는 이머전 교육은 세계에서도 드문 모어·모문화 보존 교육의 한 형태로 가장 발전적인 소수 언어 교육이기도 하다(10장 336-337쪽 참조). 그러나 같은 형태라도 교사의 자세와 교수 방법에 따라서 성과가 다르기 때문에 앞으로는 이 교수 내용과 교수 방식에 초점을 둔 비교 연구가 필요할 것이다.

6. 뉴캐나디언 아동 교육

제2차 세계 대전 이전부터 캐나다에 거주하고 있는 이주민을 '올드 커머(old comer)'라고 한다면, 이민법 개정(1962) 이후의 이주민을 '뉴캐나디언(New Canadian)'이라고 부른다. 뉴캐나디언 자녀들을 위한 지원은 어떻게 이루어지고 있는 것일까? 우선 (1) 지원 프로그램의 개요, (2) 교사 양성과 각종 안내서, (3) 어느 정도 성과를 올리고 있는가-PISA의 조사 결과 등과 같이 세 항목으로 나누어 이주민이 가장 많은 온타리오주를 중심으로 그 실태를 살펴보자.

(1) 지원 프로그램의 개요

캐나다의 뉴캐나디언 아동에 대한 교육은 기본적으로는 영어 능력을 강화하는 보강 프로그램(ESL)과 학습자의 모어를 위한 국제어(계승어) 교육으로 구성되어 있다. 구성되어 있다고 해서 두 프로그램이 연계되어 있는 것은 아니고 둘 다 학교 교육으로 제공되기는 하지만, 계승어 프로그램은 방과 후나 주말에 있고 부모와 당사자의 자유의사에 따라 선택할 수 있는 프로그램이다. 유감스럽게도 온타리오주에서는 주의 교육법에 수업 언어가 공용어(영어와 불어)로 규정되어 있어서 중서부 3주에 있는 국제어(계승어) 이머전이나 이중 언어 프로그램은 존재하지 않는다.

뉴캐나디언 학습자가 가장 많은 토론토 지역의 교육위원회를 예로 최근의 실태를 살펴보자. 우선 ESL 학습자는 2006년도에 265,000명으로 학령기 어린이의 75%에 해당한다. 언어 수는 중국어, 타밀어, 우르두(Urdu)어, 파르시(Farsi)어, 러시아어 등 약 160개에 달한다. 초등 교육과 고등 교육을 분리하여 지원하는 제도를 구성하고 취학 전 교육의 지원책도 갖추고 있다.

특별 지원 프로그램은 ESL, EDL, LEAP 등 세 종류가 있다. ESL(English as a Second Language)은 영어 보충 프로그램으로 일본의 JSL(Japanese as a Second Language)과 거의 같은 것이다. 정규 학급 외의 '별도 지도(pull-out)', 정규 학급 안에서 이루어지는 '통합 지도(push-in)', 여름 방학 때의 지원 코스가 있는데, 일본과 다른 점은 고등학교 과목인 'ESL 역사'나 'ESL 지리' 등의 교과 통합 방식(3장 116-118쪽 참조)으로 이루어지는 교과 수업이 있다는 것이다. EDL(English Literacy Development)은 만 6~16세의 뉴캐나디언 자녀를 대상으로 영어 문해력을 높이기 위한 프로그램이다. 영어로 말할 수는 있지만, 읽기와 쓰기 등 학습 언어가 약한 학습자, 영어는 영어지만 특정 지역어를 말하거나 악센트가 비표준적인 학습자를 포함한다. LEAP(Literacy Enrichment Academic Program)는 만 11~18세를 대상으로 영어 문해력, 학습 언어 능력을 집중적으로 높이는 프로그램이다. 국경을 초월한 이동으로 교육의 단절을 경험하고 학습 언어가 뒤떨어진 어린이를 위한 프로그램이다. 2008년에는 초등학교 40개, 고등학교 15개에서 실시되었고 여름 코스도 열렸다.

뉴캐나디언의 아동은 초등부(만 4~14세)에 속하는 경우, 지역 공립학교에 바로 들어갈 수 있지만, 고등부(만 15~18세)의 연령에 달한 경우는 토론토지구 교육위원회가 설치한 리셉션 센터에서 면접을 실시하여 영어 능력과 수학, 모어 능력(필요한 경우)의 평가를 받고, 보호자와 상담한 후에 학교 배정을 받는다. 일본과 다른 점은 학교 배정을 담당하는 학교배치담당관(Settlement Workers in School, SWIS)이 있어 보호자에게 학교에 대한 여러 가지 정보를 제공하고, 취학 전 아동을 위한 특별한 프로그램이 있다는 것이다. SWIS가 하는 일은 익숙하지 않은 지역에서 자녀를 키우는 보호자를 돕는 것으로 학교뿐만 아니라 지역에 있는 다양한 시설(예: 공공 도서관 등)과 건강 관리상에 필요한 정보(예: 예방 주사, 건강 보험 제도) 등을 제공하는 것이다. 또한 취학 전 아동에게는 가족 문해력 프로그램(Family Literacy Program, FLP)이 있어, 전 가족 구성원에게 초기부터 문해력 향상 프로그램을 제공하고 있다. 담임 교사와의 '보호자 간담회' 등은 신규 이주민 보호자에게는 불안하기만 한 것인데, 교육위원회 홈페이지에 그 실례가 영상으로, 그것도 다언어로 볼 수 있게 되어 있다.

토론토지구 교육위원회의 이러한 대응책은 이미 40년 이상의 역사가 있는데, 반복되는 예산 삭감으로 인해 행정 당국과 교사의 고충은 끊이지 않는 듯하다. ESL 프로그램 사무직 담당자의 이야기로는 문제 중 하나는 학습자의 인원수로 예산이 정해진다는 점이다. 신규 이주 학습자 한 사람당 첫해는 3,300 캐나다 달러이고, 2년째는 2,400 캐나다 달러, 3년째는 1,600 캐나다 달러, 4년째는 800 캐나다 달러를 배당하는 시스템이다. 이렇게 되면 캐나다에서 태어난 2세대 아동으로 영어 보강이 필요한 경우에게는 예산이 전혀 책정되지 않고, 한편으로는 예산이라고 말하기 힘들 정도이지만, 그나마 있는 아주 적은 예산이 신규 이주 학습자들에게는 직접 사용되지 않고 난방비로 사라지는 일도 있다고 한다(Toronto Star 2007. 6. 13).

(2) 교사 양성과 각종 안내서

캐나다 토론토지구 교육위원회의 실태가 이렇다고는 하지만 일본의 외국인 아동 교육 현황과 비교하면 역시 축적된 것이 많다. 참고로 일본에서도 필요하다고 생각되는 대책 네 가지를 소개한다.

A) 대학의 교사 양성 프로그램에 ESL 교사 양성이 있는데, ESL(Part1) 코스를 이수하지 않으면 ESL 수업을 담당할 수가 없다. 즉, 교사 자격증을 이미 취득한 교원이 ESL 교사 자격을 추가로 취득해야 한다는 것이다. 또한 ESL 학습자가 많은 학교의 관리직(교장)을 위한 특별 프로그램도 있다.

B) '모든 교사가 ESL 교사'라는 표어 하에 모든 것을 ESL 교사에게 맡기지 않고 일반 학급에서 담임 교사가 외국인 아동을 지도하면서 영어 능력을 향상시키는 방향으로 가고 있다. ESL 아동이 너무 많아 별도 지도 수업을 제대로 할 수 없다는 현실적인 문제와도 관계가 있을 것 같지만, 별도 지도 수업으로 인해 학습자가 잃는 것이 많다는 평가에 따라 ESL 교사를 줄이고 일반 교사의 연수를 강화하는 방향으로 가고 있는 것은 확실하다.

C) ESL 담당 교사를 위한 각종 안내서(주 교육부 발행)가 나와 있다. ESL을 포함한 초등교육용

「온타리오 교육 과정」(2001), 고등 교육용 「ESL/ELD 교육 과정 자료 안내」(2007), 「일반 교사를 위한 ESL 안내」(2005), 「영어 학습자를 위한 ESL, ELD 프로그램과 그 밖의 지원」(2007), 「유아의 영어 학습 지원」(2008) 등이 주요한 것이다.

D) 모어 지원의 중요성에 관한 계몽 운동이다. 예를 들면, 교육위원회가 부모의 계몽을 위해 모어를 집에서 얼마나 사용하는가를 구체적으로 보여 주는 비디오(Your Home Language; Foundation for Success, 2007)를 12개국 언어로 작성하였다. 또한, 일반 수업 시간에 교사가 어떻게 하면 모어 사용 기회를 제공하고, 학습자 스스로가 출신에 대한 자존(自尊) 의식을 어떻게 하면 높일 수 있는지에 관하여 현장 교사와 연구자가 공동으로 몇 가지의 프로젝트를 만들었다. 예를 들면, '다중 문해력 프로젝트(Multi Literacy Project)'(www.multiliteracies.ca)와 '정체성 텍스트(Identity Text)'(http://thornwood.peelschools.org/Dual--http://schools.peelschools.org/1363/pages/dual.aspx) 등이 그 예이다(6장 206-208쪽 참조). 이들 모두 신규 이주 가정 자녀들이 가지고 들어오는 다양한 언어·문화를 활용하여 그들의 자리 만들기, 자기 평가를 높여 학습 성과를 얻으려고 하는 것으로 교사용 안내서에는 이러한 성과가 적극적으로 반영되어 있다.

이 가운데 취학 전 아동을 위한 '가족 문해력 프로그램(Family Literacy Program)'. 'ESL 교육 과정 자료 안내'. '일반 교사를 위한 ESL 안내서' '교육이 중단된 학습자를 위한 LEAP 프로그램'에 대해 좀 더 설명하면서 그 내용의 일부를 소개하고자 한다.

◆ 부모와 유아를 위한 가족 문해력 프로그램(FLP)[12]

온타리오주 교육 제도에 익숙하지 않은 신규 이주 가정의 부모와 만 6세까지의 자녀를 위해 무료로 제공되는 프로그램으로, 현재 토론토시에는 123 군데에 부모와 가족 문해력 센터(Parenting and Family Literacy Centrer)가 있다. 월요일부터 목요일까지 오전과 오후로 나누어 반을 만들고 부모와 자녀가 함께 놀기도 하고 책을 읽어 주면서 자녀와 접촉하는 방법, 대화법, 읽기와 쓰기의 기초, 사회적 활동에 필요한 기본적인 행동 등을 부모나 조부모에게 익히게 하는 것을 목적으로 하고 한다. 지역의 요구에 맞추어 다언어로 된 그림책을 모아 대출을 하는 곳도 있다. 프로그램의 목표는 초등학교에서 정상적으로 학습할 수 있도록 준비하는 것으로 특별히 다음 여섯 가지에 초점을 맞추고 있다.

(1) 놀이와 책 읽어 주기를 통한 부모의 역할(parenting) 습득
(2) 캐나다의 학교 제도에 관한 정보 제공
(3) 자녀가 학교 생활을 잘 하도록 돕기 위해 부모가 할 수 있는 일
(4) 특별한 지원이 필요한 아동(언어 발달 지체, 청각 장애 등)의 조기 발견
(5) 만 4세부터 시작하는 유치원 교육으로 자연스럽게 연결되는 다리 역할

---

12) 출처 : www.deu.gov.on.ca/eng/parents/pflc.htmal

(6) 지역의 공공 시설(도서관 등)에 관한 정보 제공

이와 같은 프로그램에 참여함으로써 어떤 면에서 얼마나 효과가 있는지를 조사한 것이 있다. 유아용으로 캐나다에서 개발된 조기개발도구(EDI : Early Development Instrument) 테스트[13]를 이용한 조사이다. 이 자료에 따르면 아동의 언어 발달, 사회성, 의사소통 능력 발달에 긍정적인 변화가 보였고, 듣기나 규칙을 지키고 지시에 따르는 능력에도 긍정적인 결과가 있었다고 한다(센터의 소책자, p.4).

2001년에 토론토 지역에서 온타리오주 아동 및 청소년부(Ministry of children and youth services)와 아동 담당 특별국이 협력하여 '온타리오 조기교육센터'(Ontario Early Years Centres, OEYC)를 23 군데 설치하였고 현재는 그 수가 105 군데에 이른다. 신규 이주자뿐 아니라 일반 캐나다인 부모를 대상으로 한 것도 있지만, 중요한 점은 조기 모어 문해력을 촉진하는 것이다. 이와 같은 취학 전 프로그램이 학교 언어인 영어의 조기 교육뿐만 아니라 가정에서 모어를 쓰도록 장려하고 모어를 사용하여 문해력의 기초를 강화하려는 점 등은 일본에서도 참고해야 할 사항이다.

◆ ESL 교육 과정 자료 안내[14]

ESL 교육 과정 참고 자료 안내는 대상 아동을 【A】연령별로 저학년(1~3학년), 중학년(4~6학년), 고학년(7~8학년)으로 세 가지, 【B】 영역별로 ① 예비 교육(새로운 환경에 적응), ② 듣기, ③ 말하기, ④ 읽기, ⑤ 쓰기의 다섯 가지, 【C】영어 숙달도 정도별로 1~4의 4단계(Stage)로 나누어 도달 목표를 자세하게 기술한 것이다. 참고로 〈표 11〉에 '말하기 능력' 가이드라인의 목표를 영어에서 일본어로 바꾸어 제시하였다. 1단계는 '기본적인 대인 관계에서 일본어를 사용하는 능력', 2단계는 '보다 정확하고 자연스럽게 말하는 능력'. 3단계는 '자발적으로 말을 꺼내 의사소통 방법을 바꾸어 가며 수업 담화에 참여하고 구두로 발표하는 능력'. 4단계는 '정확하게 말하는 능력'을 목표로 하고 있다. 1단계는 9 항목, 2단계는 10 항목, 3단계는 6 항목, 4단계는 5 항목으로 세밀하게 기술되어 있다. 예를 들면, 제 1 항목의 '질문의 질'에서 1단계는 '정보를 얻기 위해 짧은 관용적인 문장으로 질문을 한다'. 2단계는 '간단한 질문을 한다'. 3단계는 '스스로 회화를 시작하여 계속 이어간다'. 4단계는 '대체로 학년에 상응하는 구문을 쓴다'는 것으로 되어 있다. 기술(記述) 내용은 모든 학교 생활의 적응, 이문화(異文化) 이해, 대인 관계, 교과 학습, 그리고 모어 보존과 발달 등으로 폭 넓게 망라한 것이 특징이다. 또한 영어 습득뿐만 아니라 ESL 학습자를 받아들이는 학교와 담당 교사의 마음가짐과 환경 정비에 관한 것에 대해서도 많이 언급되어 있어서 일반 교사에게도 도움이 된다.

교과 학습에 대해서는 각 교과목에서 한 단원을 골라 적용과 수정 예를 제시하고 있다. 예를 들면,

---

13) 다섯 가지 영역(건강 상태, 사회성, 정서, 언어와 인지 발달, 일반 지식, 의사소통 기술)에서 아동이 학습을 하는 데에 필요한 기초적인 조건, 즉, 지식이나 경험, 건강 상태 등을 측정하는 것. 담당 교원이 약 100 항목의 질문에 응답하는 형태로 되어 있고, 캐나다에서 표준화되었다. 맥마스터대학 E. Duke & M. Janus 교수가 개발 : http://www.offordcentre.com/readiness/project.html

14) 출처 : http://www.search.gov.on.ca/FSS/ProcessSearch.do? : key-words : esl curriculum resource guide

중학교 2학년 학생은 이과, 중학교 1학년은 사회과를 예로 들었다. 결코 충분하다고는 할 수 없지만, ESL 학습자의 상황에 맞추어 도달 목표를 어떻게 수정할 것인지에 관한 점에서 힌트를 얻을 수 있다. 이 자료 안내에는 평가 방법에 대한 조언이 있는데, 이것은 테스트의 기준으로 개발된 것은 아니다. 이 점이 평가와 직결된 미국의 'Standard(표준)'라 불리는 가이드라인과 크게 다른 점이다.

ESL 교육 과정 자료 안내의 바탕이 되는 언어 교육관을 이해하기 위해서는 학교 환경·교사의 바람직한 자세로 내세우는 다음의 '8 가지 조건'이 참고가 될 것이다(The Ontario Curriculum Grades G9 to 12: English as a Second Language and English Literacy Development, 2007:1-2)[15].

① 목표 언어가 항상 실제 장면과 맥락 안에서 자연스러운 형태로 사용되고 있을 것.

② 교실의 수업 활동을 통해서 목표 언어를 듣거나 말할 기회를 줄 것.

③ 학습을 통해 듣기, 말하기, 읽기, 쓰기의 네 가지 기능을 종합적으로 사용할 것.

④ 항상 새로운 어휘를 배울 기회가 있고, 이것을 어떠한 형태로든 교과 학습과 관련지을 것.

⑤ 같은 연령의 모어 화자와 흥미롭게 대화할 기회를 제공할 것.

⑥ 오류는 학습 과정에서 흔히 일어나는 것으로 인정할 것.

⑦ 학습자로 하여금 학습 활동(읽기, 쓰기, 회화 등) 목적을 명확히 이해하게 할 것.

⑧ 새로운 언어를 습득하는 데에는 많은 시간이 걸리므로 학습자가 스스로 말하려고 할 때까지 충분히 기다려 주고 말하도록 강요하지 말 것.

참고로 〈표 11〉에 '말하기 능력'의 가이드라인를 소개하기로 한다.

---

15) 문헌 주소 : http://www.edu.gov.on.ca/eng/curriculum/secondary/esl912currb.pdf (감수자 주)

<표 11> 온타리오주 ESL/ELD 가이드라인

말하기 능력: 초등학교 1~3학년

1 단계	2 단계	3 단계	4 단계
기본적인 대인 관계를 위한 일본어	보다 정확하고 자연스럽게 일본어로 말한다.	자발적으로 대화를 시작하고 각종 전략을 동원하여 수업 담화에 참여하고 구두 발표도 한다.	일상적인 상황에서 정확하게 말할 수 있다.
말하기 능력: 초등학교 1~3학년			
· 화장실이나 안전에 관한 기본적인 요구를 표현할 수 있다. · 짧은 정형 표현으로 질문을 해서 필요한 정보를 얻는다. · 개인적인 정보나 경험을 타인과 공유한다. · 지인의 이름, 사물, 동작을 말할 수 있다. · 손짓, 몸짓이나 동작으로 의미를 전달한다. · 발음, 악센트, 억양을 흉내 낸다. · 지시어, 조사, 형용사, 부사, 동사 등을 다른 사람의 도움을 받으며 쓰기 시작한다. · 미리 준비하여 역할 놀이나 회화에 참여한다.	· 교사가 이해할 수 있도록 확실히 말한다. · 보고 들은 간단한 것을 전달하거나 간단한 방향 제시나 의사를 표시할 수 있다. · 간단한 질문을 한다. · 짧은 어구나 문장으로 회화에 참여한다. · 일대일 대화를 솔선해서 시작하고 지속한다. · 자신의 의견이나 기분을 표현한다. · 모어 화자와 거의 같은 속도로 말하고 발음의 장단, 촉음, 요음, 악센트, 리듬을 조정 할 수 있다. · 동사의 시제 등을 바르게 사용하고 인과 관계, 방향, 시간 등에 관해 설명한다. · 재촉을 하면 짧은 어구나 표현을 사용하여 교과 학습에 관련된 대화에 참여한다.	· 스스로 회화를 시작하여 지속할 수 있다. · 명료한 발음으로 분명하게 말한다. · 속도, 성량, 발음의 고저, 강약을 조절하여 강조한 다는 것을 소리로 나타낸다. · 문법상의 오류에 대해 스스로 수정하기 시작한다. · 수업 주제에 대한 토론에 참여한다. · 수업 시간에 짧지만 효과적인 구두 발표를 한다.	· 학년에서 요구하는 수준에 거의 상응하는 구문을 사용한다. · 흔히 나타나는 문법상의 오류를 스스로 수정한다. · 그룹의 대화에서 확실하고 유창하게 말한다. · 학습 내용에 대해 구두로 발표한다.

말하기 능력: 초등학교 4~6학년

1 단계	2 단계	3 단계	4 단계
기본적인 대인 관계를 위한 일본어	보다 정확하고 자연스럽게 일본어로 말한다.	자발적으로 대화를 시작하고 각종 전략을 동원하여 수업 담화에 참여하고 구두 발표도 한다.	일상적인 상황에서 정확하게 말할 수 있다.
말하기 능력: 초등학교 4~6학년			
· 화장실이나 안전에 관한 기본적인 요구를 표현할 수 있다. · 교사가 이해할 수 있도록 분명하게 말한다. · 필요한 정보를 얻기 위해 짧은 정형 표현으로 질문을 한다. · 개인적인 정보와 경험을 타인과 공유한다. · 지인의 이름, 사물, 동작 을 말할 수 있다. · 손짓, 몸짓이나 동작으로 의미를 전달한다.	· 상대방이 이해할 수 있도록 정확하고 확실히 말한다. · 간단한 방향을 제시하거나 지시를 하기도 하고, 보고 들은 간단한 내용을 전달한다. · 간단한 질문을 한다. · 짧은 어구나 표현을 사용하여 사교적인 회화에 참여한다.	· 회화를 자연스럽게 시작하여 지속할 수 있다.	· 관용적인 표현을 적절하게 사용한다
· 발음, 악센트, 억양을 흉내 낸다.	· 1대 1 대화를 솔선하여 시작하고 지속한다. · 자신의 의견과 기분을 표현한다. · 잘 알고 있는 사건, 이야기, 중요한 정보에 대하여 자세히 말한다. · 모어 화자와 거의 같은 속도로 말하고, 발음의 장단, 촉음, 요음, 악센트, 리듬을 조정할 수 있다.	· 명확한 발음으로 분명하게 말한다. · 속도, 성량, 억양, 강약을 조절하여 강조한다는 것을 소리로 나타낸다.	
· 지시어, 조사, 형용사, 부사, 동사 등을 다른 사람의 도움을 받으며 쓰기 시작한다.	· 동사 등을 바르게 사용하고 인과 관계, 방향, 시간 등에 관해 설명한다.	· 문법상의 오류에 대해 스스로 수정하기 시작한다.	· 대체로 학년에서 요구하는 수준에 상응하는 말과 구문을 사용한다.
· 단어와 짧은 어구를 사용하여 특정 질문에 대답한다.	· 재촉을 하면 짧은 어구나 표현을 사용해서 교과 학습에 관련된 대화에 참여한다.	· 수업 주제에 대한 토론에 참여한다.	· 흔히 나타나는 문법상의 오류를 스스로 수정한다. · 그룹의 대화에서 확실하고 유창하게 말한다.
· 간단히 구두 발표를 한다. (예:모두 같이 읽기, 인형극 중의 회화문 등)		· 수업시간에 짧지만 효과적인 구두 발표를 한다.	· 학습 내용에 대해 구두로 발표한다.

말하기 능력: 중학교 1~2학년

1 단계	2 단계	3 단계	4 단계
기본적인 대인 관계를 위한 일본어	보다 정확하고 자연스럽게 일본어로 말한다.	자발적으로 대화를 시작하고 각종 전략을 동원하여 수업 담화에 참여하고 구두 발표도 한다.	일상적인 상황에서 정확하게 말할 수 있다.
말하기 능력: 중학교 1~2학년			
· 화장실이나 안전에 관한 기본적인 요구를 표현할 수 있다. · 교사가 이해할 수 있도록 분명하게 말한다. · 필요한 정보를 얻기 위해 짧은 정형 표현으로 질문을 한다. · 개인적인 정보와 경험을 타인과 공유한다. · 지인의 이름, 사물, 동작을 말할 수 있다. · 의미를 전달하기 위해 일상에서 자주 사용하는 손짓, 몸짓이나 동작을 사용한다. · 발음, 악센트, 억양을 흉내낸다. · 지시어, 조사, 형용사, 부사 동사 등을 다른 사람의 도움을 받으며 쓰기 시작한다. · 단어와 짧은 어구를 사용하여 특정 질문에 대답한다. · 간단히 구두 발표를 한다. (예:모두 같이 읽기, 인형극 중의 회화문 등)	· 상대방이 이해할 수 있도록 정확하고 확실히 말한다. · 직접적인 방향 제시나 지시를 한다. · 질문을 한다. · 짧은 어구나 표현을 사용하여 사교적인 회화에 참여한다. · 1대 1 대화를 솔선하여 시작하고 지속한다. · 개인적인 의견이나 기분을 표현한다. · 잘 알고 있는 사건, 이야기, 중요한 정보에 대해 자세히 말한다. · 의견, 감정, 희망, 요구 사항을 말할 수 있다. · 모어 화자와 거의 같은 속도로 말하고, 발음의 장단, 촉음, 요음, 악센트, 리듬을 조정할 수 있다. · 방향, 시간을 나타내는 조사와 관용구를 (어느 정도 정확하게) 이용한다. · 짧은 어구와 문장을 사용하여 교과 학습에 관한 대화에 참여한다.	· 비교적 자세한 지시나 명령을 한다. · 급우와 교사가 알 수 있도록 확실하게 말한다. · 대화를 시작하고 지속한다. · 승인, 답변, 동의, 반대 등의 대화 전략을 사용한다. · 속도, 성량, 억양이나 고저 악센트를 사용하여, 강약을 조절하여 강조한다는 것을 소리로 나타낸다. · 문법상의 오류에 대해 스스로 수정하기 시작한다. · 단어 본래의 뜻과는 다른 의미나 비유, 수동 표현, 조건, 부사구 또는 형용사구를 쓰기 시작한다. · 학습 주제를 기초로 한 토론에 참여한다. · 교과 학습과 관련하여 짧지만 효과적인 구두 발표를 한다.	· 정확하고 자세하게 지시와 명령을 한다. · 관용적인 구어체를 적절하게 사용한다. · 다양한 상황에 맞는 표현을 적절하게 사용한다. (예: 묘사, 이야기, 논의, 설득, 요약, 대화 등) · 대체로 학년에서 요구하는 수준에 상응하는 어휘와 구문을 사용한다. · 그룹을 지어 토론할 때 분명하고 유창하게 말한다. · 그룹에서 유창하고 명석하게 말한다. · 자료를 사용하여 교과 학습에 관한 발표를 한다.

◆ 일반 교사를 위한 ESL 안내[16)]

자신이 담당하는 학급에 ESL 학습자가 편입해 왔을 때 교사는 무엇을 어떻게 하면 좋을까? 가르친 경험도 지식도 없어 어찌할 바를 모르는 교사에게 첫날부터 도움이 될 만한, 많은 구체적 힌트가 소개되어 있는 일반 교사를 위한 안내서이다. 우선 Ⅰ '교사로서 교실에서 할 수 있는 일'과 Ⅱ '학교 전체의 대책'으로 나누어 Ⅰ에서는 교사가 교실에서 맨 처음에 해야 할 일과 학습자로 하여금 학습 환경에 어떻게 익숙하도록 할 것인지, 회화 능력을 어떻게 발달시킨 것인지, 교과 학습에 어떻게 참여시킬 것인지, 교육 과정을 어떻게 수정할 것인지, 그리고 어떻게 학습 평가를 할 것인지에 대해 언급하고 있다. 다음으로 Ⅱ에서는 학습자의 입학이나 편입에 대해 어떤 방법으로 환영할 것인지, 학력, 영어와 모어 능력은 어떻게 조사할 것인지 등을 다루고 한편으로 보호자와 지역 사회와의 연계에 대해서도 자세히 기술한 가이드라인이다. 〈표 12〉에 이 가이드라인의 요점을 게재하였다. 학교 측의 구체적인 지원 대책으로 참고가 될 것이다.

〈표 12〉 교실에서 ESL 학습자를 지원하기 위한 교사용 안내

Ⅰ '교실에서 교사가 할 수 있는 일'
1. 교실에서 먼저
간단한 일본어의 구어체 표현을 가르친다.
·「わたしの名前は〜」 '저는/제 이름은〜'
·「もう一度言ってください」 '다시 한 번 말씀해 주세요.'
·「分かりません」 '잘 모르겠습니다.'
·「2時間目は何？」 '둘째 시간은 뭐지?'
읽기　·그림 사전을 준다.
·사물의 이름을 가르친다(교실에 있는 물건, 옷, 기후, 스포츠, 시간표, 지리, 음악 등).
·카드의 어휘와 실물을 맞추어 보는 연습을 한다.
쓰기　·교사는 칠판에 글씨를 크고 똑바로 쓴다(글씨를 흘려 쓰지 않는다).
·사진, 인쇄물, 실물, 소도구, 이미지, 미술 재료, 시계, 시간표, 학습 활동 일정표, 지도, 돈, 광고, ○○표, 모형 등의 시각 자료를 사용한다.
·유아나 저학년 학급에서는 인형을 사용한다.
2. 학습 환경에 익숙해지도록 기존 지식을 토대로 새로운 학습 환경으로 중개 역할을 한다.
·모어가 중요한 역할을 하므로 교실의 활동이나 숙제를 할 때 모어 사용을 장려한다.
·영어 습득에만 집중하지 말고, 자기 인식, 자존(自尊) 의식을 높이고 모든 어린이의 언어 습득에 대한 태도를 긍정적인 방향으로 유도한다.
활동의 예　① 급우의 출신 국가나 출신 지역에 대해 다언어의 전시용 판을 만든다.
② 먼저 언어 배경이 같은 어린이끼리 짝이 되어 모어로 서로 이야기를 한 후에 일본어 대화에 참가한다.
③ 다언어로 된 게시판과 표식을 작성하여 교내에 전시한다.
④ 노트, 일기, 요약, 작문의 일부를 ESL 학습자의 모어로 쓴다.

---

16) Many Roots Many Voice: Supporting English language learners in classroom. A Practical guide for Ontario Educator(2005) : http://www.edu.gov.on.ca/eng/document/manyroots/manyroots.pdf

⑤ 교사가 생각한 중요한 개념을 가르치기 위해 같은 학급의 동일 언어 사용자나 다른 학년의 학생에게 부탁하여 이중 언어로 도움을 받게 한다.

· 2언어 병용 접근 방법(Use dual-language approach!)을 채택한다.

이 접근 방법은 ESL 학습자의 장점(한 가지 이상의 언어와 다른 문화를 잘 안다는 점 등)을 살려 교실의 언어 환경을 풍부하게 함과 동시에 보호자의 교육 참여를 용이하게 하기 위한 것이다.

활동의 예 ① 영어를 이제 막 배우기 시작한 학습자에게는 학습 일지를 모어로 쓰게 한다.

② 예를 들면, 개념을 그림으로 나타낸 것 등을 사용하여 우선 모어로 아이디어를 풍성하게 한다.

③ 같은 언어 배경을 가진 어린이끼리 짝을 지어 주어 그룹 활동에서 모어를 사용할 기회를 제공한다.

④ 여러 언어의 숫자를 비교하는 등, 언어, 문화의 비교에 관한 교실 활동을 구상한다.

⑤ 소책자의 간행 등 두 언어의 사용을 목적으로 하는 프로젝트를 만든다(예: 정체성 노트(identity book)).

왜 영어 습득과 동시에 모어의 유지 · 향상이 중요한가?

① 유연성 있는 심리적 태도를 갖게 한다.

② 문제 해결 능력을 키운다.

③ 정서적 · 문화적 안정감과 과거 경험과의 연속성

④ 자신의 가정 문화와 그 가치에 대한 인식

⑤ 다문화적 관점 · 복수 관점의 중요성

⑥ 장래의 취직 기회 확충과 연결된다.

3. 어떻게 구어체 표현을 가르칠 것인가?—구어가 문해력의 핵심이 된다.

ESL 학습자에게 도움이 되는 교실 환경이란?

① 반 학생 전체를 향해 말할 때, 또는 개념이나 학습 과제에 대해 설명할 때 ESL 학습자에게 필요한 것이 무엇인지에 대해 항상 배려한다.

② ESL 학습자의 L2 수준에 적합한 과제를 준다.

③ ESL 학습자의 노력에 대해 반드시 힘을 북돋우는 반응을 보인다.

④ 의도적으로 ESL 학습자와 급우를 연결시키는 노력을 한다(예를 들면, 학습 활동에서 짝을 만들어 주거나 흥미나 취미가 동일한 반 친구를 소개한다).

⑤ ESL 학습자의 오류는 언어 습득에 있어서 당연히 생기는 것으로 인식하고 학습자를 이해하고 격려하는 교실 분위기를 만든다.

⑥ ESL 학습자나 다른 학생의 기존 지식이나 재능과 배경을 활용한 활동을 도입한다.

교사와 학생의 유대감 형성이 무엇보다 중요!

① 학생의 이름을 기억하고 바르게 발음할 것.

② 매 시간 이름을 불러 말을 걸 것.

③ 학생의 문화적 배경과 가족에게 흥미를 보일 것.

④ 시간을 할애하여 신뢰 관계(rapport)가 형성될 수 있도록 노력할 것.

학생이 이해할 수 있도록 말하기 위해서는 어떻게 하면 좋을까?

① 새로운 개념을 도입할 때는 간단한 어휘를 사용할 것.

② 확실하게 또박또박 말하고 문장을 적당히 끊어서 말할 것.

③ 같은 내용을 여러 가지 표현으로 말한다.

④ 관용구와 속어는 피한다.

⑤ 내용을 알기 쉽게 도형과 실물을 사용한다.

⑥ 말뿐만 아니라 손짓이나 몸짓으로도 설명한다.

⑦ 소리로 말하면서 핵심이 되는 단어나 지시는 칠판에 쓸 것(글씨는 흘려 쓰지 않는다).

⑧ 필요할 때에 OHP나 도표를 사용한다.

⑨ 학생이 이해하고 있는지 자주 점검한다.

⑩ 두 개의 언어로 생각하는 학생에게 교사의 질문을 이해하는 시간을 충분히 갖게 한다.

학급 학생들에게는 새로 들어온 ESL 학습자를 적극적으로 도울 수 있도록 한다(Every student can help!).

① 학기 초에 모든 학생에게 교실은 교과목을 배우는 곳임과 동시에 언어 습득의 장이기도 함을 분명히 설명한다.

② ESL 학습자을 어떻게 도울 것인가에 대한 모델을 제시한다.

③ 언어 학습에 대한 적극적인 자세를 취한다. 영어 습득에 성공한 교사, 직원, 졸업생을 예로 들어 본보기로 삼도록 한다. 또한 한 가지 이상의 언어를 말한다는 것의 이점에 대해 서로 이야기한다.

④ 신규 이주민과 그 문화에 대한 긍정적인 태도를 갖는다. 모든 학생이 다양성에 대한 이해와 세계 각국의 서로 다른 문화에 대해 배움으로써 시야를 넓힌다는 의미가 어디에 있는지를 이해할 수 있게 된다.

ESL 학습자의 L2의 오류 대처에 주의할 것!

① 복수의 오류가 있는 경우는 하나만 수정한다. 의사소통에 지장을 주는 오류를 우선한다.

② 예를 들면, 과거 완료 등을 바르게 쓰기까지는 장시간에 걸쳐 몇 백회 이상 다양한 형태로의 사용 경험이 필요하다는 것을 이해할 것.

③ 복잡한 학습 문제를 풀다 보면 이미 학습한 구문을 잊는 일이 있다. 그 구문이 내재화될 때까지 다양한 기회를 통하여 도와줄 것.

영어 화자 동료와 함께 할 수 있는 활동

① 지역의 지도를 만든다.

② 교과 학습의 주요 어휘에 대해 대화한다.

③ 교실 안에 있는 사물과 비품에 이름표를 붙인다.

④ 새롭게 학습한 것과 관련된 놀이를 한다.

⑤ 사진, 신문 기사와 잡지 기사에 대해서 이야기한다.

4. 교과 통합 접근 방법(언어를 가르칠 기회는 어디에라도 있다!)

소속된 학급은 제2 언어 습득, 사회적 적응, 학습 능력 증진을 가능하게 하는 곳이다. 따라서 ESL 학습자가 L2를 학습하는 기간에 소속된 학급에서 분리하는 것은 비생산적인 일이다

5. 어떻게 교육 과정을 조정할 것인가?

· 각 과의 도달 목표를 ESL 학습자의 L2 수준에 따라서 조정할 필요가 있다.

· 달성 가능한 목표를 설정한다. 수정, 혹은 대체 안을 작성한다.

· 목표에 맞는 평가 과제를 고안한다.

· 각 과목의 목표에 언어적인 면의 도달 목표를 추가한다.

· 교과 내용을 학습자의 문화적인 배경이나 경험과 연결시킨다.

· 핵심이 되는 어휘의 예습 · 복습을 한다.

6. 평가는 어떻게 할 것인가?

· 학생의 L2의 능력에 따라 조정이 필요하다.

· 다양한 교수 전략을 사용할 필요가 있다(특히 제1 언어의 활용).

· 평가 상황의 세세한 조정(시간 부여, 형태를 바꾸어 구두로 평가, 학습 기록, 포트폴리오, 지시 언어의 단순화 등)

· 일본어의 초급 지도기 끝났지만 아직 조정은 필요하다.

· 학생들은 교사의 예상보다 의외로 이해하고 있는 것이 보통이다.

1. 환영하는 방법

· 처음 몇 분간이 중요.

· 이별의 슬픔에서 회복 ①초기 적응, ②문화적 충격, ③재 적응, ④적응이라는 단계를 밟는 것이 보통임.

· 교사가 유의할 점

① 학생의 이름을 명확하게 발음할 것.

② 학급 활동에 참여하기 쉬운 곳에 자리를 마련한다.

③ 옆에 앉아 있는 학생을 소개.

④ 교실에서 파트너(가능하면 동일한 언어 배경)를 정해서 돕는다.

⑤ 우선 매일 학교의 일상에 익숙해지도록 할 것.

⑥ 기초적인 일상 용어를 가르친다('안녕하세요', '안녕히 계세요', '잘 모르겠습니다' 등).

⑦ L2로 개인 정보를 말할 수 있도록 한다.

⑧ 기본적인 교재, 사전이나 테이프가 있는 책 등을 참고 자료로 준다.

⑨ 교과목은 시각 교재를 사용하여 문화적 · 언어적 다양성의 예를 제시하여 그 다양성을 음미하게 한다.

⑩ 전 학생이 모이는 학교 집회에서 외국인 편입생을 소개하도록 한다.

2. 초기 능력 조사

· 정해진 대로 일관적으로 한다.

· 능력 평가의 일부는 모어로 한다. 무엇인가에 대해 작문을 하게 하면 좋다.

· 산수의 계산부터 시작하여 교과서를 보여 주고 이해한 것을 표현하도록 한다.

· 간단한 면담으로 회화 능력을 비롯하여, 쓰기 능력을 평가하고, 읽기 능력은 그림책으로 시작하여 학습자가 어려워하는 단계까지

· 새로운 언어로 학습하는 일은 스트레스를 동반한다는 점을 잊어서는 안 된다(피로의 정도가 높다).

· 초등학생의 경우는 연령에 맞는 학급 배치, 중학생의 경우는 교육 배경에 따라 학급을 배정한다. 교과목에 따라서 학급을 바꾸어도 된다.

3. 보호자와 지역 사회의 연계

· 면담 날짜를 정할 때, 그 문화 집단의 축제일은 피한다.

· 보호자는 학교로부터 연락을 받거나 호출 전화가 오면 자녀에게 문제가 생긴 것으로 알고 걱정하기 때문에 전화 용건과 메모의 목적을 확실하게 설명할 것.

· 관용구나 이해하기 어려운 용어는 피할 것.

· 같은 상황에 있는 보호자끼리 연락이 가능하도록 주선할 것.

· 학교 교육 제도, 교수법, 가정 학습, 규칙에 대해 명확히 설명할 것.

· 가정에서 모어를 계속 사용하는 것에 대한 중요성을 강조한다.

이상에서 알 수 있듯이 전 학교 차원에서 ESL 학습자를 지원하는 방법이 구체적으로 제시되어 있다.

◆ 교육이 중단된 어린이를 위한 LEAP 프로그램(Valley Park Middle School)

LEAP(Literacy Enrichment Academic Program)는 학령기에 있는데에도 불구하고 캐나다에 입국하기 전에 여러 가지 사유로 정식 교육을 받지 못한 아동을 대상으로 학교 생활에 적응하여 학년에 맞는 수준의 학습을 할 수 있도록 1년간 집중적으로 학습 능력을 갖추거나 회복시키기 위한 프로그램이다. 3년간 계속할 수 있다. 여기에 학생을 받아들이는 조건으로는 캐나다에 입국한 지 3년이 지나지 않고, 영어 회화 능력이 2단계의 아동이라는 점, 학습 능력이 향상될 가능성이 있고 공부할 의욕을 가지고 결석하지 않겠다고 약속할 것 그리고 부모의 지지와 도움이 있어야 한다는 점 등이 있다. 어디까지나 발전 가능성이 있는 어린이를 담임 교사가 추천하여 받아들이는 프로그램으로 학습 곤란을 겪는 어린이나 특별한 문제가 있는 어린이를 위한 특수 지원 교실은 아니다.

LEAP Ⅰ과 Ⅱ가 있고 센터 방식으로 한 반에 12명까지 받아들인다. 복수 학년 편성 반으로 초등학생은 하루 시간의 50%, 고교생은 매일 3시간 수업이 있다. 초등학생 대상의 교과목은 산수, 과학, 사회이고, 중학생이 되면 역사와 지리가 추가된다. 영어 능력에 초점을 맞추는 경우와 학습에 초점을 맞추는 경우가 있으며, 교수 방법으로는 주제 학습 위주로 담당 교원이 LEAP의 독자적인 단위 교육 자료를 개발했다. 최근에 정한 '평화'라는 주제는 세 단위로 이루어져 있다. ① '평화란 무엇인가'. ② '문학 작품에 나타나는 평화', ③ '평화를 향한 첫걸음-평화 주간 기획'으로 어린이의 흥미를 끌만한 구체적인 활동이 많다[17].

(3) 어느 정도 성과를 올리고 있는가-PISA의 조사 결과(OECD)

이상과 같은 뉴캐나디언 아동의 교육 성과는 어느 정도 올랐는가? 토론토 교육국 연보에 의하면 초등학교 저학년의 산수와 읽기 능력은 모어 화자와 비교해 약 20%, 쓰기는 30%로 뒤지지만, 만 10~11세 정도가 되면 모든 영역에서 모어 화자에 가깝다고 한다. 이 점에서 뉴캐나디언 아동의 지원은 만 5~11세 정도가 되면 모든 영역에서 모어 화자에 가깝다고 한다. 이 점에서 뉴캐나디언 아동의 지원은 만 5~11세, 즉 유아와 초등학생에 초점을 맞춰야 한다는 제언이 있다(Government of Ontario-News, 2007: 164).

이 점에서 국제 학력 조사 PISA가 실시한 분석도 참고가 된다. 2000년의 독해 능력 테스트에서 캐나다는 핀란드에 이어 세계 2위, 2003년의 산수, 독해, 과학, 문제 해결 능력에서 핀란드와 한국에 이어 제3위였다. 이러한 테스트에는 캐나다의 모든 주가 참가하여 1,000개교의 학교와 2만 8,000명의 학생이 된다. 매년 30만 명 이상 이민을 받아들이는 이민 대국인 캐나다가 ESL 학습자 수가 압도적으로 많은 주를 포함한 상황에서 영어 독해 능력이 세계 1,2위를 다투는 성적을 거두었다는 사실은 어떤 면에서 놀라운 일이다.

PISA에서 신규 이주 아동의 성적은 〈표 13〉과 같이 독해 능력이 캐나다의 평균인 520에 달하는 데에 약 6~7년이 걸리지만(△1), 14년이 경과하면 영어 모어 화자를 추월하는 것을 알 수 있다(△2). 또

---

17) Peace Talk: A Unite for Study in LEAP Classrooms. (Fall, 2007) 토론토 지역 교육위원회에 의한 토론토대학 교육대학원 공동 주최 Celebrating linguistic Diversity 연차 대회 배포 자료(2008. 5. 1)

한 OECD가 실시했던 이주민 아동과 모어 화자 아동과의 독해 능력을 비교한 결과에 의하면, 캐나다가 더 월등하다는 것을 알 수 있다. 〈표 14〉에서도 이주민 아동이 피실험자 다수를 차지하는 15개국을 대상으로 영어 모어 화자 어린이, 이민 1세대와 2세대 어린이의 영어 독해 능력을 비교한 것이다. 이를 보면, 세 피실험자 간에 영어 독해 능력의 차이가 가장 적게 나타난 나라가 캐나다이다. 이민 1세대 아동은 영어 모어 화자 아동에 비하면 영어 독해 능력은 낮지만, 2세대 아동의 경우는 영어 모어 화자보다 우월한 경향이 보인다. 이와 동일한 경향을 보이고 있는 나라는 오스트리아와 뉴질랜드인데, 실제로 이민 2세가 모어 화자보다 월등하다는 결과가 나온 나라는 캐나다뿐이다. 현지에서 출생한 2세 아동의 '저학력'과 '제한된 이중 언어'가 일본을 포함한 세계 각지에서 문제시되고 있는 가운데 캐나다의 경우, PISA의 분석 결과로는 바람직한 방향으로 가고 있음을 보여 준다.

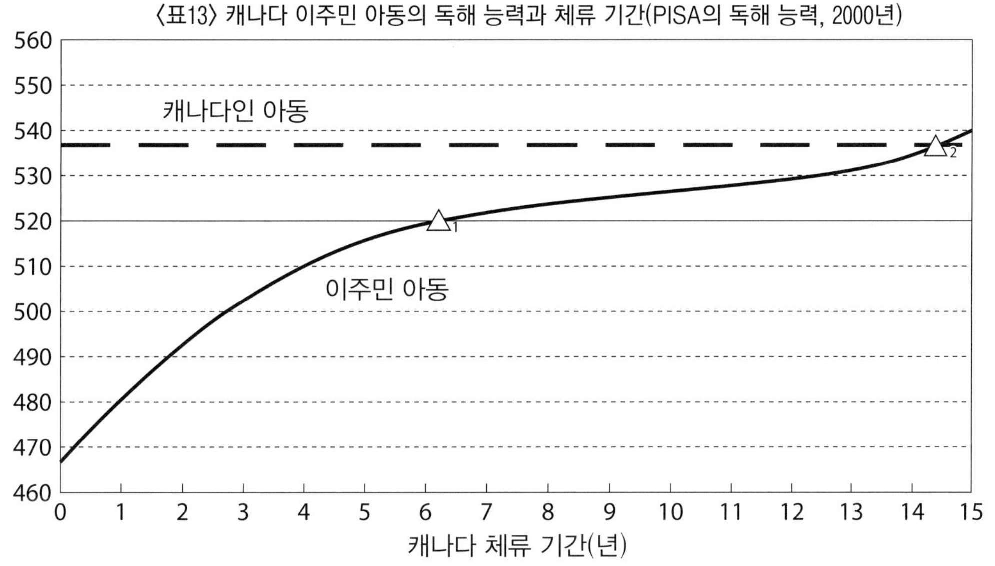

〈표13〉 캐나다 이주민 아동의 독해 능력과 체류 기간(PISA의 독해 능력, 2000년)

http://www.statcan.gc.ca/english/freepub/81-004-XIE/200410/immi.html

이러한 결과에 영향을 미친 요인은 여러 가지가 있겠지만, OECD(2007)는 캐나다에 고학력 기술 이민자가 많은 점과 교육열이 높은 아시아계가 다수를 차지하고 있는 점과 관계가 있다고 보고 있다. 이에 대해 이견(異見)의 여지가 전혀 없지만, 캐나다의 이중 언어 · 다언어 교육의 경험을 토대로 생각해 보면 65-66쪽에 소개한 불어 이머전 아동의 영어 독해 능력과 같은 결과로 복수 언어로 고도의 문해력을 갖춤으로써 얻어지는 상승 효과와도 관계가 있다는 점을 고려할 필요가 있을 것이다.

〈표 14〉 이민 유입 국가의 읽기 능력-모어 화자와 이민 1세대, 2세대 아동 비교

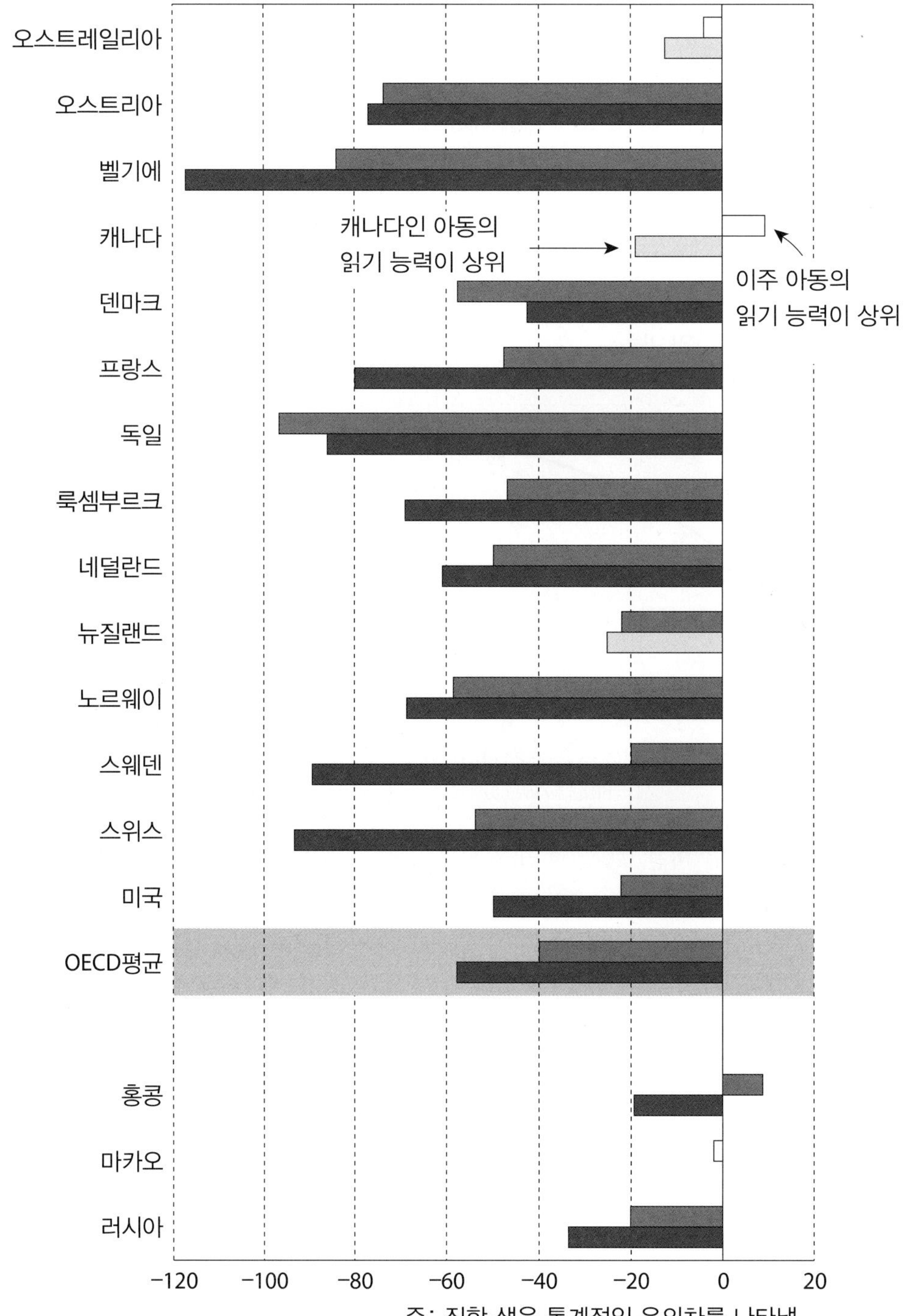

■ 모어 화자와 이민 1세대 아동과의 읽기 능력 차이
□ 캐나다인 아동과 이민 2세대 아동과의 읽기 능력 차이
■ 모어 화자와 이민 2세대 아동과의 읽기 능력 차이
□ 캐나다인 아동과 이민 1세대 아동과의 읽기 능력 차이
오스트레일리아
오스트리아
벨기에
캐나다
캐나다인 아동의
읽기 능력이 상위
이주 아동의
읽기 능력이 상위
덴마크
프랑스
독일
룩셈부르크
네덜란드
뉴질랜드
노르웨이
스웨덴
스위스
미국
OECD평균
홍콩
마카오
러시아
-120
-100
-80
-60
-40
-20
0
20
주: 진한 색은 통계적인 유의차를 나타냄
출전:OECD PISA 2003 データベース Table 2.1b

7. 청각 장애아를 위한 이중 언어와 이중 문화 교육

지금까지 이중 언어 교육에서 청각 장애아를 위한 이중 언어 교육이 논의된 일은 거의 없었다. 그럼에도 불구하고 여기에서 소개하는 것은 다음 네 가지의 이유 때문이다. 1) 청각 장애아에게는 두 가지의 음성 언어가 아니라 시각 언어와 음성 언어라는 독특한 두 개의 언어를 접한다는 점, 2) 청각 장애아가 청자 중심 사회에서 소수자로서 약한 입장에 처해 있고, 청각 장애아 교육을 두 언어와 두 문화의 이해자 육성이라는 관점에서 재점검할 필요가 있다는 점, 3) 모어(청각 장애아의 경우, 수화)의 도입 시기와 언어 습득에 대해 그동안 축적되어 온 경험과 이론을 응용할 수 있다는 점, 4) 청각 장애아는 전체의 90%가 정상적인 부모를 두고 있어 수화를 사용하는 성인, 즉 역할 본보기를 가정 밖에서 찾아야 할 필요가 있기 때문에 수화 도입 시기가 늦어지는 경우가 많다는 점에서 모어의 역할 과 그 중요성에 대해 여러 가지의 지식을 참고로 할 수 있다는 점이다.

청각 장애아에 대한 수화 교육은 기본적인 인권, 즉, 언어권의 문제이다. 같은 일본인이면서 말(수화)을 빼앗겨 의사소통 장애, 저학력, 제한된 취업으로 만족할 수밖에 없는 소수 집단으로 몰려 기본적 인권인 언어권과 학습권을 박탈당해 온 역사가 있다. 지금도 청각 장애 학교에서는 듣지 못하는 어린이를 들을 수 있게 해야 한다고 하여 모어를 무시한 교육이 이루어지고 있다고 한다(長谷部, 2004)

이와 같은 문제는 북유럽 등 일부를 제외한 전 세계적인 상황이며, 캐나다를 포함하여 아직도 개선하려는 움직임이 보이지 않는다. 그러나 앞으로 매우 중요한 것은 수화와 일본어로 읽기와 쓰기를 할 수 있는 '가산적 이중 언어 교육'일 것이다. 이러한 의미에서 이중 언어 교육의 경험이 풍부한 캐나다의 청각 장애아 교육에서 참고할 점이 많다. 우선 온타리오주의 청각 장애아 교육 배경에 대해 서술한 다음에 수화 이머전 방식으로 교육하고 있는 드룰리초등학교(E.C. Druly Elementary School)를 소개하고, 마지막으로 커민스(Cummins) 교수의 「청각 장애아 교육에 대한 제언」에 대해 언급하고자 한다.

(1) 온타리오주의 청각 장애아 교육

온타리오주는 1993년에 주 교육법을 개정하여 학교 교육에서 정식으로 수화(미국 수화, 또는 퀘벡 수화)를 수업 언어로 사용하도록 인정하였다. 스웨덴(1981)과 덴마크(1982)에 이어 북미에서는 처음으로 쾌거를 이룬 것이다. 이와 같은 움직임의 배경에는 미국 워싱턴주 청각 장애인을 위한 갈로데트 대학교(Gallaudet University)에서 「지금 바로 청각 장애인 총장을!」(Deaf President Now)이라는 운동이 1988년에 일어났는데, 온타리오주에서는 이에 영향을 받아 「지금 바로 청각 장애인 온타리오를!」(Deaf Ontario Now)이라는 시위 운동을 시작하여 주 교육국 앞에서 연좌 데모까지하면서 쟁취해 낸 것이라고 한다. 그러나 현실은 여전히 냉정하다. 온타리오주에서 30만 명의 청각 장애인, 약 5,000명의 청각 장애아가 있지만, 절반 가량인 2,400명 만이 공립학교에 재학하고 있으며 청각 장애학교가 점차 폐쇄되어 가는 상황에 처해 있다. 온타리오주는 2001년부터 신생아 검사가 의무적으로 실시되어 94%가 인공내이(人工內耳)를 선택, 인공내이 수술을 받는 청각 장애아와 난청아 수가 세계에서 가장 높다고 한다. 수술 자체에는 문제가 없으나 수술 후의 대처에 문제가 있다. 그것은 주 정부가

'수술 후 2년은 수화를 가르치지 말라'는 지시를 포함한 청화 접근법(Audio-Verbal Approach)을 기초로 한 '영유아 청각 장애 프로그램'을 운영하고 있기 때문이다. 약한 청각으로 우선 음성 교육을 하고 그 위에 읽기와 쓰기 능력을 향상시키려는 것이다. 이에 반대하여 청각 장애아에게 수화를 빼앗는 것은 「캐나다의 인권과 자유에 관한 헌장(제153조)」(1982)에 위배된다고 대규모 시위 집회가 계속해서 일어나고 있다.

이러한 상황에서 1990년대에 처음으로 청각 장애인이 주 의회 의원에 당선되어 청각 장애인 교육이 상당히 개선되었다. 그때까지 주립 청각 장애인 학교에는 청각 장애인 교사나 직원이 없었지만, 1993년에는 청각 장애인 교사 29명과 직원 5명, 그리고 이중 언어 · 이중 문화 프로그램 코디네이터 1명이 임명되었다. 동시에 청각 장애인 교사 양성 과정이 대학에 설치되고, 처음으로 청각 장애인 교수가 탄생하였다. 또한, 주 교육국에서 청각 장애인 프로그램 제작자가 임명되어 주의 기본 방침에 따라서 1991년에 드룰리초등학교에서 수화 몰입 이머전 프로그램이 실시되고, 주립 청각 장애인 학교 공통의 수화 교육 과정 개발이 시작되었으며, 이를 위해 특임 교장(Heather Gibson)이 임명되었다(Carbin, 1993). 이 기본 방침[18]은 ① 아동 중심 교육 ② 이중 언어(수화와 영어)의 문해력 발달 ③ 청각 장애인 문화에 대한 깊은 이해 ④ 문화 다양성에 대한 이해 ⑤ 자존감의 고양(高揚)에 있다.

◆ 수화 · 서기(書記) 영어의 이중 언어 교육 실태(E.C. Druly Elementary School)

주립 청각 장애인 학교는 현재 3개교가 있고 드룰리학교는 그 중의 하나이다. 초등부(유치원부~중2)와 고등부(중3~고3)로 나뉘고, 교장은 각각 청각 장애인이다. 재학생 총수는 초등부 115명, 고등부 285명이고, 청각 장애인 교원 29명, 상근 수화 통역이 3명이다. 넓은 부지 안에 취업 훈련 코스가 있는 보통 고등학교도 병설되어 있어서 희망자는 통역을 수행하여 수업을 받을 수가 있다. 그 밖에 YMCA가 운영하는 만 3세 아동 프로그램, 유아를 위한 가정 방문 프로그램, 중증(重症) 아동을 위한 특별 지원반, 보호자와 가족 구성원을 위한 수화 프로그램이 병설되어 있다.

수업 내용을 보면 만 4세 아동부터 가능한 한 수화 능력과 서기(書記) 영어 능력 양쪽을 균등하게 발달시키는 것이라고 한다. 필자는 우연히 초등부(만 4세부터 14세까지)의 수업을 다 둘러볼 수 있었는데, 가장 인상에 남은 것은 유치부반이다. 청각 장애인 교사와 보통 교사가 팀을 이루고 있었는데, 청각 장애인 교사가 수화로 수업을 하고 있는 동안 다른 한 쪽에서는 장애가 없는 교원이 영어 알파벳이나 읽기를 가르치고 있었다. 넓은 교실에 열 군데 이상의 지정 공간이 있고(예: 그림 그리기, 물놀이, 게임, 산수 공간 등, 10장 290쪽 참조) 그 안에 수화와 영어 코너가 있었다. 언어가 한 가지가 아니라 두 가지라는 것을 학교 생활 초기부터 체득하고 있다는 인상을 받았다. 당연히 이주 가정 자녀도 이들과 같이 교육을 받고 있어 멕시코에서 온 스페인 수화를 사용하는 어린이도 있었다.

초등학생이 되면 수화 그 자체에 대해 더 자세히 이해하기 위해 노력하고, 수화로 뭔가를 표현하거나, 창작을 하거나 발표하는 것을 배우기 위해 전력을 다한다. 한 달에 한 번 '이야기 교환 모임

---

18) '기본 방침-주립 청각 장애인 학교의 이중 언어 · 이중 문화 교육'(1993)

 (Statement of Policy: Bilingual/Bicultural Education in Provincial Schools for Deaf Children) (story swap)'이 있어 전 학생이 체육관에 모여 각자가 연습한 수화 이야기를 전 학생 앞에서 소개하는 것이다. 필자가 견학했을 때, 마침 '이야기 교환 모임'이 열렸는데, 어린이들의 풍부한 표현력에 감동을 받았다. 표현력이 풍부한 아이, 수줍어하는 아이 등 다양했지만, 표현하는 것, 발표하는 것에 전 교원이 힘을 합쳐 노력하고 있다는 것을 잘 알 수 있었다.

중학생의 수학 과목은 청각 장애아와 똑같은 교과서로 배우고 있다. 숙련도 별로 4학급이 있고, 교장에 의하면 수화의 기초가 없는 학생은 ESL 학습자와 같이 도달 목표를 수정할 필요가 있다고 한다.

드룰리학교를 중심으로 실시되고 있는 청각 장애인을 위한 독특한 교육적 시도는 수화 언어에 대한 깊은 이해력과 분석력을 키우는 데에 주력하는 것이다. 수화 그 자체에 대한 높은 인식(메타 언어 인식)이 제2 언어의 읽기와 쓰기 습득에 가장 중요한 열쇠가 된다. 마치 음성 언어에서 음운에 대한 인식을 높이는 것이 문자 습득과 읽기에 기초가 되는 것처럼 시각 언어에 있어서도 L1(수화)을 통해서 메타 언어 인식을 높이는 것이 L2 문자 언어 습득의 기초가 된다고 하는 논리이다. 청각 장애아 이중 언어는 L1인 수화와 L2의 읽기와 쓰기를 처음부터 동시에 양성하는 것이다. 청각 장애아는 우선 L1의 회화 능력을 토대로 L2의 회화 능력의 기초를 다지고 이 회화 능력을 활용하여 L2의 읽기와 쓰기 능력을 배양한다. 또한, L1의 읽기와 쓰기 능력이 있으면 L1에서 L2로의 전이를 기대할 수 있어 다양한 지원을 받을 수 있는데, 청각 장애아의 경우는 수화가 유일한 자연 언어이기 때문에 그냥 단순히 수화만 쓰는 것이 아니라 수화에 대해 분석적으로 이해함에 따라 L2 문자 언어의 습득으로 연결된다는 가설에 기반을 둔 실행이다.

메타 언어 인식을 수화로 높이기 위해서 드룰리학교가 특별하게 실시하는 것이 있다. 그것은 시각 언어를 문자화한 ≪ASL-phabet≫ (손 형태, 움직임, 위치 관계 등을 도형화한 것[19])을 만 4세 아동부터 가르치고, 수화 문자를 사용해 영어 어휘를 늘려간다는 방법이다. 이러한 실험의 검증은 앞으로 해야 하겠지만, 교장은 물론 교원, 통역까지 모두 대단히 효과적이라고 한다. 드룰리학교에 상주하는 심리학자의 말에 의하면 수화 능력의 기초를 튼튼히 다짐에 따라 해마다 영어 능력이 확실히 늘고 있다고 한다. 예를 들면, 만 8~14세까지 재학하는 학습자(특수 장애 아동은 제외)를 대상으로 미국에서 표준화된 '스탠포드 학력 테스트(Stanford Achievement Test)'를 사용하여 독해 능력(29명)과 어휘력(30명)을 조사했는데, 2005년의 평균점이 2003년에 비해 독해 능력이 27.5점, 어휘력이 25.7점이나 높았다고 한다(수치는 유의 차). 마치 중국 초등학생이 한자를 배우기 전에 중국어 음을 로마자로 표기한 것을 사용하여 구어체에서 문어체로 넘어가는 발판으로 삼듯이 시각 언어에서 음성 언어로 모드를 바꾸는 다리 역할로 ≪ASL-phabet≫을 쓰는 일은 매우 흥미로운 시도라고 할 수 있다.

또 하나 흥미로운 실험은 색깔별로 분류한 여러 가지 형태의 소도구를 자유자재로 쓰면서 영어 어순과 활용을 시각적으로 가르치는 것이다. 이것은 고어와 질레스(Gore & Gillis, 2004)가 개발한 조작적 시각 언어 방식(Manipulative Visual Language)으로 사람의 시각에 호소하는 특이한 문자 환경을

---

19) 애리조나대학의 Supalla 교수가 개발한 것(Supalla & Blackburn, 2003).

만들어 내고 있다.

(2) 커민스의 '청각 장애아 교육에 대한 제언'(カミンズ, 2008)

커민스(カミンズ, 2008)는 온타리오주 청각 장애인 교육 현황을 기초로 주 정부에 대해 네 가지 제언을 하고 있다.

(1) 지금까지 청각 장애인 연구에서는 제1 언어를 확실히 획득하는 것이 그 후의 언어 발달과 문해력 향상에 중요하다는 점이 한결같이 강조되어 왔다. 태어나서부터 만 5세가 될 때까지 모든 청각 장애아에게 개념적 · 언어적 토대가 되는 제1 언어(즉 자연 수화)를 획득할 기회를 주어야만 한다. 제1 언어를 획득하는 것은 단지 표면적인 언어를 습득할 뿐만 아니라 보다 중요한 심층적인 어휘 · 개념 등의 지식을 획득하는 것이다. 그리고 이러한 능력은 언어 집단이 형성하는 공동체 안에서 언어를 매개로 한 상호작용을 통해 향상되는 것이다.(밑줄은 원저자)

(2) 제1 언어를 확실하게 획득하는 중요한 것은 인공내이(人工內耳) 이식을 한 청각 장애아도 마찬가지이다. 온타리오주의 현 제도에서는 유아기에 내이 이식을 한 청각 장애아는 수화를 익히지 않아도 된다고 알려져 있다. 여기에는 수화가 청각 장애아의 영어 습득을 방해한다는 사고방식이 배경에 깔려 있다. 이러한 생각은 이중 언어 현상과 이중 언어 교육 연구에서는 전혀 인정되지 않은 기저 능력 분리설(1장 37쪽 그림 2)을 기초로 한 것이다. 지금까지의 연구에서는 이 설을 지지하는 실증적 자료는 거의 없고 청각 장애아 연구에 관해서는 그리 많지는 않지만, 지금까지 이러한 연구는 모두 위의 생각과는 반대로 기저 능력 공유설을 지지하는 결과가 나와 있다.

(3) 지금까지의 연구 자료에 의하면 청각 장애아가 도달하는 수화 능력과 영어의 읽기와 쓰기 능력에서 한결같이 강한 상관 관계가 보인다. 따라서 수화를 수업 언어로 하는 이중 언어 · 이중 문화 프로그램에서는 수화의 개념적인 기반을 강화하는 일에 집중해야 한다. 마치 보통 어린이들의 말을 전 학교 교육을 통해서 고도의 교과 학습 언어 능력(읽기, 쓰기, 교과 내용, 사용 빈도가 낮은 어휘)까지 향상시킬 필요가 있다는 것과 마찬가지로 이중 언어 · 이중 문화 프로그램에서는 청각 장애 문학 감상, 비판적 문해력 양성, 사고력을 높이는 지적 탐구에 ASL을 사용하는 일에 집중해야 한다. 지금까지의 연구에서는 지적 활동에 수화를 쓰는 능력이 향상될수록 영어 문해력으로 전이되는 것을 시사하고 있다. 예를 들면, 비유적인 표현을 수화로 알고 있으면 영어의 비유(metaphor)라는 개념도 쉽게 이해하는 것이다.

(4) 그 어떠한 이중 언어 프로그램, 예를 들어 ASL과 영어의 이중 언어 · 이중 문화 프로그램이 장기간에 걸쳐 성공하느냐 마느냐 성공하느냐 실패하느냐는 교육 과정의 질과 교사의 교수 언어 숙련도에 달려 있다. 따라서 온타리오주 수화와 영어의 이중 언어 · 이중 문화 프

로그램을 강화하기 위해서는 수화로 교과를 가르치는 데에 필요한 교사의 수화 능력을 평
가하는 기준을 만들고, 수화의 'language art'(국어 과목에 상당)의 교사용 안내서(교육 과
정)를 설정하는 것이 급선무이다.

(カミンズ, 2008: 110-113)

이상 커민스의 제언은 청각 장애 교육뿐만 아니라 모든 소수 언어를 모어로 하는 어린이들을 위
한 교육에 적용할 수 있고, '가산적 이중 언어 구사자'를 육성하기 위한 필요·충분 조건으로 참고할
만하다.

제3장 이중 언어 교육의 실태-미국

캐나다의 10배에 달하는 인구를 가진 미국은 학령기 아동 8명 중 1명이 모어가 소수 언어인 만큼 공교육에서 소수 언어를 모어로 하는 연소자를 위한 다양한 영어 보강(ELL[1] 또는 ESL) 교육을 하고 있고, 이 영역의 대규모 조사와 연구 성과 또한 풍부하다. 공교육에 모어를 활용한 ELL/ESL 프로그램이 많으므로, 이러한 프로그램의 다양한 형태와 방법을 검토함으로써 모어의 중요성과 역할 등에 대해 배울 점이 많다. 이 장에서는 ELL/ESL 프로그램에 초점을 맞춰 1. 미국의 언어 교육을 개관하고 이를 바탕으로 2. ELL 언어 정책의 역사적 배경 3. 각종 이중 언어 프로그램 4. 미국의 계승어 교육에 대해서 살펴보고자 한다.

1. 미국의 언어 교육 개요

미국에서는 초등학교부터 영어 모어 화자 아동의 영어(국어에 해당) 교육과 더불어 '세계 언어(World Languages)교육'이라 불리는 외국어 교육이 실시되고 있다. 2007~2008년도에 유치원부터 고등학교 3학년의 5,000개교를 대상으로 실시된 전국 조사의 중간 보고[2]에 따르면 공립 초등학교의 25%(사립 50%), 중학교 58%, 고등학교 91%가 외국어를 가르치고 있는데, 10년 전과 비교하면 초등학교가 6% 감소, 중학교가 17% 감소, 고등학교는 변화가 없는 상황이라고 한다. 학습자 수가 격감한 이유로는 주(州)가 주관하는 통일 테스트에 대한 중압감과 자격이 있는 어학 교사의 부족을 들고 있다. 종류를 살펴보면 스페인어가 압도적으로 많아 초등학교가 85%, 고등학교가 92%를 차지하고 있다. 이어서 불어(11%), 라틴어(6%), 중국어(3%) 순으로 뒤를 잇고 있으며, 특히 중국어와 아랍어가 급증하였다. 프로그램 유형의 분포를 살펴보면 48%가 FLEX, 39%가 FLES, 13%가 이머전 프로그램이다. FLEX(Foreign Language for Experience/Exposure) 경험소출 외국어는 다문화 체험을 중시하는 프로그램이며, 초등학교 외국어 FLES(Foreign Language in the Elementary School)는 네 가지 기능을 닦는 외국어 교육이다. 이 밖에 3종의 이머전 프로그램이 전국에 600개 정도 있다. 이머전 프로그램으로는 수업 언어를 오전과 오후 약 50%로 나누어 사용하는 '부분 이머전'. '조기 통합 이머전'. '양방향(two-way) 이머전'이 있다.

교육 과정으로는 '외국어 학습의 국가 기준'(National Standards for Foreign Language Learning)과 주(州)의 'Standard'(학습 지도 요령에 해당함)을 따르는 곳이 전체의 76%를 차지하여, 그야말로 외국어 교육에서도 '표준(Standard)'의 시대를 맞이하고 있다.

최근 특기할 만한 외국어 교육으로는 9.11 테러를 계기로 '국가 안보 위기 언어 프로그램'(National Security Language Initiative, NSLI)이 시작되어, 외교 정책 및 국가 방위상 필요한 언어(Flagships 언

---

1) ELL는 English Language Learner의 약자로 영어 보충 지도가 필요한 아동의 총칭으로, ESL과 함께 사용되고 있다.

2) Center for Applied Linguistics가 10년마다 실시하는 Nation K-12 Foreign Language Survey라는 전국 조사로, 결과는 www.cal.org/flsurvey/prelimbrochure08.pdf 에서 입수 가능함.

어)로서 아랍어, 중국어, 러시아어, 힌두어, 파르시어(farsi), 한국어가 선정되어 특별 지원을 하는 가운데 집중 강좌 등이 실시되고 있다.

영어 ELL(보강) 교육 프로그램은 주에 따라 명칭이 다르며, 같은 명칭이라도 내용이 다른 것이 많아 전체적인 현황을 소개하는 것은 결코 쉽지 않다. 하지만 다소 무리가 있더라도 독특한 프로그램만을 간추려서 〈표 1〉과 같이 정리해 보았다. 단, 몇 가지 유의해야 할 점이 있다. 첫째, 미국 어디에서나 이와 같은 여러 프로그램이 병설되는 것은 아니고, 이주민 자녀가 밀집된 지역에만 있다. 둘째, 대부분이 스페인어를 모어로 사용하는 아동을 위한 프로그램으로, 그 외의 언어를 모어로 하는 어린이들은 거의 지원을 받지 못한 채 서브머전 환경에 방치되고 있다는 것이다. 셋째, 1장에서 언급한 바와 같이 '이중 언어'라는 명칭이 '두 개 언어 육성'이 아니라 '두 개 언어를 사용하여 실시하는 교육'이라는 의미로 사용되고 있으며, 영어 능력 획득만을 목적으로 하는 프로그램이 많다는 것도 주의할 필요가 있다. 동시에 '이머전(immersion)'이라는 명칭도 캐나다를 비롯한 세계 각지에서 사용하는 이머전 방식의 이중 언어 교육을 의미하는 것이 아니라, 영어(L2)를 집중적으로 배우는 상황을 가리키는 경우가 있으므로 이것도 주의를 요한다. 〈표 1〉 A4.의 '스트럭처드 잉글리시 이머전(Structured English Immersion)/보호(교과 통합) 영어 이머전(Sheltered English Immersion)'이 그 예이다.

가르시아 외(Garcia et al., 2008)의 조사(1995~2005)에 의하면 ELL의 75~79%가 스페인어계 학습자이고, 75%가 빈곤국 아동이다. 또한 ELL의 91%가 대도시에 살고 있다고 한다. 미국 인구 통계국 발표(2007년 5월)로는 미국 인구 약 3억 명 중 4,430만 명(14.8%)이 중남미 출신의 히스패닉으로 스페인어 화자이고, 흑인 4,020만 명 (13.4%), 아시아계 1,490만 명(4.98%)이라고 한다. 학령기 아동은 스페인어 모어 화자 82%, 그 밖의 언어는 베트남어 3%, 중국어 3%, 광둥어 2%, 흐몽어(Hmong) 2%였지만(U.S. Department of Education, 2000~2001), 앞에서 설명한 1995~2005년도 조사에서는 스페인어계 학습자 증가율이 5.6%(비스페인어계는 3.6%)로 높고 전체의 11%에 달한다고 한다. 연령으로는 절반 이상인 52.6%가 유치원 어린이부터 초등 5학년까지, 나머지 47.4%가 초등 6학년으로부터 고등학교 3학년까지이고, 이들은 5~6개 주에 집단 거주하고 있다. ELL이 많은 주로는 캘리포니아주 150만 명, 텍사스주 45만 명, 뉴욕주 21만 명, 플로리다주 15만 명, 일리노이주 11만 명이며, 캘리포니아에서는 주 인구의 약 25%가 ELL이며, 이 가운데 초등학생이 3분의 1을 차지한다고 한다. 반대로 50개 주 중 31개 주는 ELL이 5% 이하로 격차가 크다(ProEnglish, http://www.proenglish.org/). 현재 남쪽 국경을 넘어 매년 120만 명에 달하는 불법 입국 노동자가 끊이지 않고, 등교를 하지 않아 고등학교를 중퇴한 학생이 전체의 50% 이상, 도심에서는 75%를 넘는 일 등 다양한 국내외의 정치적, 사회적 격동 속에서 이루어지는 언어 교육 상황임을 잊어서는 안 된다(New York Times, 2007.5.20). 향후 전망과 관련하여 대규모 조사를 실시한 토머스와 콜리어(Thomas & Collier, 2002)는 영어 보강이 필요한 아동의 수는 앞으로도 더욱 늘어나, 2030년에는 전 미국 학령기 아동의 40%를 넘을 것이라고 예상하고 있다. 마찬가지로 캘리포니아대학 롱비치캠퍼스의 골덴버그(Goldenburg, 2006) 교수도 2050년까지 4명중 1명은 ELL이 될 것이라고 한다.

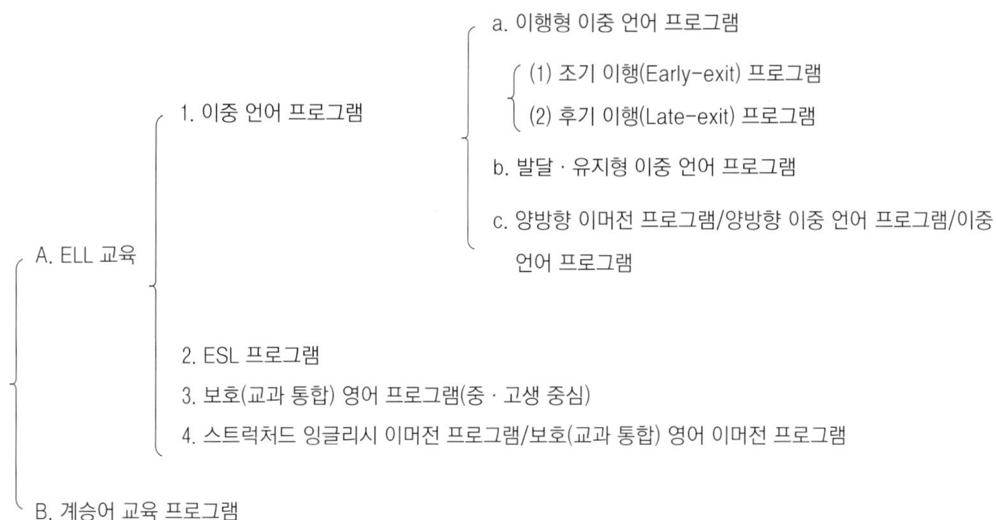

그런데, ELL이라는 용어는, 1968년 이중 언어 교육법 개정 이래 일반적으로 사용되던 제한된 영어 숙달도 구사자(LEP: Limited-English-Proficient)대신에 폭 넓게 사용되게 된 것으로, 제네시(Genesee)는 이를 '가정이나 커뮤니티(놀이방, 어린이집 등)에서 영어 이외의 언어를 제1 언어로 습득하여 학교에 입학한 시점에서 어느 정도 영어를 구사할 수는 있지만 충분하다고 볼 수 없는 미국 출생자, 또는 이주민의 자녀'라고 하면서 현지 출생의 1세대 및 2세대 어린이를 포함하여 정의하고 있다(Genesee et al., 2006:10). 한편으로, 이중 언어 교육법(1968) 규정에는 「(a) 만 3세부터 21세 (b) 초·중·고에 재학 (c) 미국 이외에서 출생 혹은 가정에서 영어 이외의 언어 조사용 (d) 영어 능력 부족으로 영어로만 실시하는 수업을 받을 수 없는 아동」이라고 네 가지 조건을 충족하는 경우로 LEP가 정의되어 있는데, 이와 비교해서 ELL은 새로이 '미국 출생'이 대상에 추가되었다는 것을 알 수 있다(Abedi, 2007: 287). 또한, 지역에 따라서 호칭은 다르지만[3], ELL 상황에서 벗어난 학습자를 총칭하여 유창한 영어 숙달도 구사자(FEP: Fluent-English-Proficient)가 사용된다.

캡스 외(Capps et al.)의 세대별 조사에 의하면 위에서 언급한 (d) 영어 능력 부족으로 수업을 따라가지 못하는 현지 출생 아동 중에 2세대뿐만 아니라 3세대의 수도 상당하다고 한다. 3세대 아동 비율은 유치원부터 초등학교 5학년이 18%, 초등학교 6학년부터 고등학교 3학년이 29%로 상당히 높다(Capps et al., 2005; Suares, 2007). 2장의 PISA 조사 결과에서도 미국은 모어 화자와 2세대 아동의 영어 독해 능력이 20% 이상이나 차이가 나는 것을 보면, 캐나다와 같이 2세대 아동이 모어 화자를 능가하는 상황이 아니라는 점은 분명하다. 또한 1세대 아동과 모어 화자와의 독해 능력도 45%나 격차를 보인다는 점에서 '저학력', '제한적 이중 언어(double-limited bilingualism)'의 문제를 안고 있는 아동들이 많다는 것을 쉽게 상상할 수 있다.

---

3) 캘리포니아주 교육국에서는 IFEP(Initially Fluent English Proficient), RFEP(Redesignated Fluent English Proficient)라는 용어를 사용한다고 한다. (http://www.ncela.gwu.edu/files/rcd/BE021775/Glossary_of_Terms.pdf)

〈표 1〉에서는 A '영어 ELL(보강) 교육'과 B '계승어 교육 프로그램'을 비교하여 나타냈는데, A의 ELL은 공교육으로 실시되는 것이고, B의 계승어 교육은 민간 주도형으로 두 프로그램 간의 연계는 없다. 캐나다와는 달리 각종 ELL 교육 안에 모어를 사용하는 프로그램이 여러 가지 있지만, 계승어 교육의 일환으로 모어를 사용하는 것은 아니다. A1.의 '이중 언어 프로그램'은 크게 세 종류로 나뉜 다. 우선 a.'이행형 이중 언어 프로그램(Transitional bilingual program)'으로, '이행형(移行型)' 대신 '과 도적(過度的)'으로 번역되기도 한다. b.'발달형 이중 언어 프로그램(Developmental bilingual program) 과 유지형 이중 언어 프로그램(Maintenance bilingual program)'은 거의 내용이 같기 때문에 함께 다 루었다. c. '양방향 이머전 프로그램(Two-way immersion Program)', 2언어 프로그램(Dual lingual program)'도 내용에 공통성이 있으므로 동일한 그룹으로 다루었다. A4.의 '보호(교과 통합) 영어 이 머전 프로그램(Sheltered English Immersion program)'은 종래 초등학교 고학년부터 중 · 고등학교에 서 실시되어 온 것이지만, 2000년 무렵부터 A4.의 '스트럭처드 잉글리시 이머전 프로그램(Structured English Immersion program)'과 함께 초등학교 저학년에서도 시작된 것이다. 각 프로그램의 내용에 대해서는 106-119쪽에서 자세하게 다루도록 한다.

2. ELL 언어 정책의 역사적 배경

제네시(Genesee, 1987)에 의하면 미국의 이중 언어 교육은 역사가 길며, 가장 오래된 예로는 1937 년 세인트루이스에서 시작된 독일어와 영어 이중 언어 학교라고 한다. 공립학교가 설치되기 1년 전 에 생긴 것으로, 1944년 이민법이 제정되면서 유럽에서 오는 이주민이 끊어질 때까지 이와 같은 이중 언어 학교가 각지로 퍼져 나갔다고 한다. 이러한 학교는 모두 모어를 계승하기 위해 설립되었으며, 예를 들면 캘리포니아주, 뉴멕시코주, 플로리다주에는 스페인어 이중 언어 학교, 다코타주에는 노르 웨이어, 샌프란시스코에는 이탈리아어, 불어, 독일어, 스페인어 학교가 있었다. 그 이후, 제2차 세계 대전 이후에는 쿠바 혁명으로 인한 난민, 동유럽인, 카리브 해 쿠바인, 푸에르토리코인 등 새로운 이 주민이 밀려 왔는데, 이들 신이주민은 1세기 전 유럽의 이민과는 본질적으로 달라 미국 사회에서 좀 처럼 융화되지 않았고, 영어 습득도 곤란하여 아동 교육에는 특별한 지원이 필요했다. 이것이 새로운 이주 가정 자녀를 대상으로 하는 '이중 언어 교육'의 시작이다.

미국의 ELL에 대한 정책의 역사를 클로포드(クローフォード, 1994)를 참고로 하여 간단히 〈표 2〉 에 정리하였다. 클로포드는 미국 이중 언어 교육과 관련된 정치적 동향을 극명하게 다루고 있는 언론 인이다.

(1) 이중 언어 프로그램 개시

1960년대에 플로리다주(Dade Country)에 있는 공립 초등학교에서 시작된 것이 '양방향 이중 언어 프로그램'이다. 쿠바에서 온 난민의 자녀를 대상으로 한 것으로 영어를 모어로 하는 아동들이 포함되 어 있었다(Ovando, 2003). 소수 언어를 모어로 하는 아동이 영어와 미국 문화를 배움과 동시에 영어를 모어로 하는 어린이도 소수의 언어와 문화를 배워야 한다는 방침에 따라 양방향에서 배움으로써 학교 안에서 소수 언어 아동의 사회적 지위를 높이고 자신의 뿌리에 대한 자긍심을 키워 모어 박탈, 모문화 박탈을 피한다는 교육적 효과를 노린 것이다.

<표 2> ELL에 대한 언어 정책의 역사적 경위

1954	공교육에서 인종에 따른 교육 차별 폐지
1964	시민권법 (Civil Right Act) 제정 플로리다주(Dade Country)에 양방향 이머전 프로그램 실시
1968	'이중 언어 교육법'(Bilingual Education Act, Title Ⅶ Elementary and Secondary Act) 제정
1969	샌프란시스코의 중국인 그룹이 학교 교육을 받을 '평등'의 침해를 이유로 학교 당국을 상대로 소송 제기, 라우 대 니콜라스의 재판이 시작됨
1974	라우 대 니콜라스의 재판에서 최고 재판소가 이중 언어 교육을 의무로 할 것을 판결함. 그 후 '이행형 이중 언어 프로그램'이 급증함
1983	'국가 위기 극복을 위한 교육 개혁령'(A Nation at Risk: The Imperatives for Educational Reform)(Nation Commission Excellence in Education, 1983)
1984	레이건 대통령 재임 하에 '발달형 이중 언어 프로그램'이 시작되고 1988 이후 클린턴 신정권으로 계승됨
1991	'아메리카 2000'(Department of Education, 1991)
1994	초 · 중등 교육 교육법을 보충 수정함(Goals 2000: Educate America) 연방 정부 지원 하에 '양방향 이중 언어 프로그램'이 급증함
1998~2002	캘리포니아주에서 '제안 227' 찬성 61.5%, 반대 38.5%로 1년간 '스트럭처드 잉글리시 이머전 방식'의 승리, '이행형 이중 언어 프로그램'이 주민 투표로 폐지됨. 애리조나주(2000), 매사추세츠주(2002)가 이어서 폐지함
1999	제1회 미국 계승어 전국 대회(National Conference on Heritage Language in America)를 개최함
2001~2002	'학업 부진 방지법(No Child Left Behind Act, NCLB 연방법)'에서 주 독자적인 교과별 표준을 의무화함. 2006년부터 영어와 산수 · 수학 주(州) 통일 테스트(초3~고3)을 의무로 함

(クローズフォード, 1994에 의거하여 작성)

이행형 이중 언어 교육이 시작된 것은 1974년 이후이지만, 그 배경에는 학교 당국을 상대로 한 '라우 대 니콜라스'라는 샌프란시스코의 중국인 부모 그룹의 소송이 있었다. 이것은 1969년의 일인데, 당시 샌프란시스코에는 중국계 학령기 어린이가 1,800명 이상 있었다고 한다. 소송 내용은 다음과 같다. 라우라는 소년(외 12명으로 반은 현지 출생)이 학교에서 제대로 적응하지 못한 이유가 이중 언어 교사가 가르치는 특별 영어 보충반이 없어서 영어로 진행되는 수업을 이해하지 못했기 때문으로, 이로 인해 1964년에 제정된 '시민권법'(Title V, Civil Right Act)에 따라 보장되는 인종, 피부색, 출생의 인한 차별 없이 학교 교육을 누리는 '평등권'이 침해되었다는 것이다. 이 소송은 지방 재판소나 이동 재판소(Ninth Circuit)에서 각하되었지만, 최고재판소에서 판결을 뒤집어 라우 소년의 승리로 끝났다. 최고 재판이 보장한 것은 다음의 세 가지이다. (1) 언어 배경과 관계없이 어린이가 '의미 있는 교육'(meaning education)을 받을 기회를 보장한다. 만약 영어로 실시하는 수업을 이해하지 못한다면 의미있는 교육의 기회가 박탈된 것이다. 따라서 (2) 소수 언어 아동이 불평등을 시정(是正)하는 수단 (affirmative steps)을 통하여 영어를 모어로 하는 아동과 동등한 교육 과정을 공부하는 것을 보장한다. '불평등을 시정하는 수단'이란 '이중 언어 교육, ELS, 그 외의 방법'이라는 부기(附記)가 있다. (3) 동일한 언어 배경의 ESL 학습자가 20명 이상인 경우는 어떠한 프로그램으로 대처하는지 시민권(Civil Right)국에 보고할 의무가 있다는 것이었다. 여기에서 분명한 것은 '이중 언어 교육'은 여러 가지 방책 중 하나의 선택 사항에 지나지 않았다는 점이다.

이상과 같은 상황에서 연방 정부의 지원으로 시작된 '이중 언어 교육'은 당초에는 '어린이의 영어 능력이 향상될 때까지 모어로 학습하는 것을 용인한다'라는 방식으로, 영어 능력이 없어서 학년에 상응하는 교육을 받을 수 없는 경우에만 적용되었다. 그러나 교육 내용에 있어서는 지역의 교육국이 책임을 맡고 있어서 영어 능력이 부족한 학생이 많은 학교에서는 '별도 수업'을 하는가 하면, 소수의 경우는 '통합 수업'을 하는 등 일관성이 없고, 또한 어떻게 두 개의 언어를 사용하여 수업을 하는 방법이나 두 언어의 사용량에 있어서도 마찬가지였다고 한다[4]. 클로포드(クローフォード, 1994: 330)는 '1985년 캘리포니아의 조사에 의하면 이른바 두 개의 언어로 실시하는 수업에서 학생의 모어가 사용되는 것은 수업 시간의 평균 8%밖에 되지 않았고, 전혀 사용되지 않는 일도 자주 있었다'고 말하고 있다.

이와 같은 잠정적인 방책의 하나로 시작된 '이중 언어 교육'은 일시적으로 모어를 사용할 뿐이고, 그 이후에는 모어를 전혀 쓰지 않고 영어로만 수업이 이루어지므로 이행형 이중 언어 교육(Transition Bilingual Education)이라 불린다. 현재는 초등학교 2~4학년 때 이행하는 '조기 이행 프로그램'과 초등학교 5~6학년 때의 '후기 이행 프로그램'이 있다. 또한 '후기 이행 프로그램'의 발전형으로 '발달형 이중 언어 프로그램'(Developmental Bilingual Program), '유지형 이중 언어 프로그램'(Maintenance Bilingual Program)도 생겨났고 당초 영어 능력만을 지향했던 교육에서 모어를 포함한 두 개의 언어 육성을 목적으로 하는 교육으로 발전하고 있다.

(2) 이행형 이중 언어 프로그램의 폐지

이행형 이중 언어 프로그램에 대한 폐지 운동이 시작된 것은 1998년이다. 캘리포니아주의 주민 투표를 시작으로 인접한 애리조나주, 콜로라도주, 동부의 매사추세츠주에서 이중 언어 프로그램 폐지 여부를 묻는 주민 투표가 실시되어 콜로라도주를 제외한 다른 모든 주에서 폐지라는 결과가 나왔다[5]. 당시 캘리포니아주의 ELL의 수는 초ㆍ중ㆍ고를 합쳐서 140만 명이 넘었고, 그 가운데 4명 중

---

4) '별도 수업'은 해당 어린이들이 소속된 정규반에서 따로 분리하여 수업하는 것을 말하고, '통합 수업'은 정규반에서 영어를 모어로 하는 학습자들과 같이 섞여서 공부하는 형태를 말한다(감수자 주).

5) 이중 언어 교육 폐지 운동은 먼저 캘리포니아주(1998년, Proposition 227 또는 Unz Initiative/English for the Children Initiative 라고도 불린다)에서 시작되어 다음으로는 애리조나주(2000년, Proposition 2003), 콜로라도주(2002년, Amendment 31), 매사추세츠주(2002년, Question 2)로 퍼져 나갔다. 주민 투표 결과, 캘리포니아주와 애리조나주에서는

1명이 중남미 출신자로 스페인어 화자였다. 주민 투표에 붙여졌던 '제안 227(Proposition 227)'은 입학 첫 해에만 집중적인 영어 교육, 즉, '스트럭처드 잉글리시 이머전 방식'(Structured English Immersion) 을 실시하고 이듬해부터 일상적인 영어로 이루어지는 교과 수업에 참여한다는 것이었다. 이에 대해 라틴계, 중국계, 그 외 여섯 단체가 '교육의 기회 균등법'. '시민권법(Title VI)'등, 헌법에서 보장하는 인권의 침해라고 하여 전면적으로 반대에 나섰다. 그러나 한편으로 이렇게 격렬한 반대 운동에도 불구하고 '제안 227(Proposition 227)'은 찬성 61.5%, 반대 38.5%로 가결되어 추진 단체의 승리로 끝났다. 이것이 '스트럭처드 잉글리시 이머전 방식'의 탄생이다.

이와 같은 움직임의 배경에는 중남미 출신의 스페인어 모어 화자인 히스패닉계 미국인이 많아짐[6] 에 따라 스페인어 사용이 급증하는 것에 대한 백인 사회의 심각한 위기의식이 있었다. 공립학교에서 스페인어 사용을 용인하는 '이중 언어 교육'을 지지하는 일은 장차 미국이 영어권과 스페인어권으로 나뉠 우려가 있다는 것이다. 이와 같은 피해망상적인 공포감에서 영어만(English Only)을 주장하는 그룹과 영어도(English Plus)를 주장하는 그룹의 정치적 투쟁이 뜨거워졌고, 영어 고수(English Only) 파는 이중 언어 교육에의 지원을 줄여야 하며 영어 이외의 언어로 발행하는 정부 간행물도 제한해야 한다고 주장했다. 이중 언어 교육 폐지 운동도 이와 같은 정치 투쟁의 하나로서 교육적인 선택이 아니었던 것은 분명하다. 불과 1년간의 영어 집중 교육으로 영어를 사용하면서 교과 학습을 할 수 있게 된다는 생각은 언어 교육의 상식을 벗어난 것이며, 학문적 근거가 없는 정치적 판단의 강요라고 대부분의 전문가가 지적하고 있다(예: Cummins, 1999).

(3) 새로운 문제-'학업 부진 방지법'(No Child Left Behind Act, NCLB)

이상과 같은 미국 사회의 양극화에 기인하는 이행형 이중 언어 교육의 폐지와 더불어 ELL 교육이 새롭게 직면한 문제는 '스트럭처드 잉글리시 이머전 방식'의 도입과 거의 동시에, 2001년에 제정된 '학업 부진 방지법(No Child Left Behind Act, NCLB)[7]'이다. 이는 초 · 중등교육법 개정판에서 주(州)의 독자적 교과별 표준 제정과 이에 따른 영어와 산수 · 수학의 주(州) 통일 테스트(초등학교 3학년 이상) 실시를 의무화한 것이다. 연방 정부의 하향식 정책에 따라 교육의 획일화가 빠른 속도로 진행했다고 볼 수 있다. 그 배경에는 1994년에 의회를 통과한 학교 교육의 '설명 책임(accountability)'과 전 교과에 걸친 표준화(standardization) 움직임과 밀접한 관계가 있다. NCLB 법안에서는 주 독자적인 교육 과정이 마련되어 이에 맞추어서 주에서 주관하는 통일 테스트가 실시되었다. 이 경우, ELL도 모어 화자와 똑같은 테스트를 하고(입국 1년째는 제외), 동일한 성과가 나오기를 기대하게 된 것이다.

NCLB는 Title Ⅰ, Ⅱ, Ⅲ로 이루어진다. Title Ⅰ은 초등학교 3학년 이상의 영어와 산수 성적의 향상에 학교가 전면적으로 책임을 지며, 기대치에 달하지 못한 학생에게는 보강 등 교육적인 조치를 취

61~63%로 가결, 콜로라도주에서는 44%로 부결, 매사추세츠주에서는 68%로 가결되어 현재에 이르고 있다.

6) 앞에서 설명한 가르시아 외(Garcia et al., 2008)의 조사에 의하면 미국 전 지역의 학령기 어린이의 증가율이 36%인데 반해 중남미 출신의 스페인어 화자 히스패닉계 학습자의 증가율은 56%라고 한다.

7) U.S. Department of Education, 2001, www.nochild leftbehind.com

할 것, 그리고 연간 적절한 진전(Adequate Yearly Progress, AYP)이 이루어지지 않을 경우는 학교를 폐쇄할 수도 있다는 엄격한 내용이다. Title Ⅱ는 주 규정의 표준[8]에 따라서 영어 읽기와 산수 과목의 통일 테스트을 실시하여 그 결과를 부모에게도 통지한다는 내용이다. 표준과 시험의 개발에는 연방 정부가 재정적인 지원을 하고 있다. Title Ⅲ은 교사의 자격에 관한 것으로 교사의 자격 취득과 연수를 의무화하고 있다.

NCLB는 하나의 규격을 모든 것에 강요하는 획일적('one-size-fits-all')인 설명 책임을 강요하는 것으로 비판이 표적이 되었다. 문제점으로 부각된 것은 주 시험의 질적 문제, 목표 설정의 타당성 등이다. 언어 능력, 문해력 개발, 또한 학습 능력에서 큰 격차가 있는 학습자(예: 특수 교육이 필요한 어린이, 저소득 가정의 아동, 흑인, 히스패닉, 아시아계)에게 하나의 잣대를 적용하는 것에 대한 의문, 모어 사용에 관한 문제, 음성(phonics) 중심의 읽기 프로그램(예: 'Reading First') 강요 등이 중심된 과제이다(Shin, 2004; Hornberger, 2006). 그러나 단지, NCLB 법안으로 인해 얻어진 긍적적인 면을 지적한 전문가도 있다. 예를 들어, 지금까지 무시되거나 방치되어 온 ELL에 대하여 적어도 학교나 교사가 관심을 갖지 않을 수 없게 되었고, 교육 과정과 프로그램 구성, 수업 형태, 교사 양성, 평가를 통하여 모어 화자와 동등한 기준에 근거한 대책이 생겨 ELL에 대한 기대도가 높아지고, 이것이 성적 향상으로 연결되었다는 지적도 있다.

이러한 일련의 움직임은 표준 기반의 교육 개혁 운동(Standard-base Reform Movement)이라고 불리며, 교육의 전 영역에 파급 효과를 가져오고 있다. 이중 언어 교육 분야도 예외가 아니다. 예를 들면, 응용언어학센터(Center for applied Linguistics)에 의해 개발된 '2 언어 프로그램 스탠더드'(Dual Language Program Standards)는 표준에 근거한 공통 가이드라인으로 주목받고 있다(www.cal.org/twi/Guiding_Principles.pdf). 이 가이드라인은 주의 '표준'과 마찬가지로 영어 문해력과 교과 학습의 도달 목표를 설정하고 그 평가 방법을 정한 것이다.

3. 각종 이중 언어 프로그램

이중 언어 프로그램의 교육 내용은 주에 따라 또는 같은 주라도 지역에 따라 실정이 다르다. 여기에서는 곤잘레스(Gonzales, 2007)와 제네시(Genesee, 1999)를 참조하면서 텍사스주의 프로그램을 중심으로 각 프로그램의 목표 설정, 교수 방법, 모어 사용법 등을 비교 검토하기로 한다. 단, 프로그램의 형태가 교육 내용이 겹치는 부분은 함께 설명하기로 한다. 덧붙여 텍사스주는 캘리포니아주, 애리조나주, 매사추세츠주와는 달리 '이중 언어 교육'이 폐지되지 않은 주이다. 현재는 '교과 학습 어어 숙달도 프로그램(Academic Language Proficiency Program, ALPP)'이라는 이름으로 '조기 이행형 이중 언어 프로그램'이 존속하고 있다.

---

8) 예를 들면, 캘리포니아주의 표준(Standards, 1997, 1999)은 유아에서 고등학교 3학년용으로 '영어(국어) 과목'과 ELL을 위한 '영어 과목' (ESL Standards) 2개로 되어 있다. 미국 영어 교사회(TESOL)는 개정판 ESL Standards for Pre-K-12 Students(2006)를 출판했으며, 현행 'ESL 표준' 은 이것을 기준으로 한 것이 많다. 개정판의 특징은 영어, 국어, 산수, 과학, 사회, 5과목으로 되어 있는 것이다.

(1) 조기 이행형 이중 언어 프로그램/교과 학습 언어 프로그램

'교과 학습 언어 프로그램'(ALPP)은 다음 세 가지의 조건을 충족시킨 경우에 제공된다.

> (1) 만 5세 어린이부터 초등학교 5학년까지 한 학년에 동일한 언어 배경의 ELL이 20명 이상이 되어야 함.
> (2) 보호자의 요청이 있어야 함.
> (3) 이중 언어 교사의 자격을 가진 스페인어 모어 화자 교사가 있어야 함.

결국, 학습자 수가 충족되고 자격을 갖춘 교사가 있는 경우는 부모가 요청만 하면 개설된다고 한다. 부모로부터 요청이 없으면 모든 ELL에게 '스트럭처드 잉글리시 이머전 방식'이 적용된다.

ALPP의 목표는 영어 능력, 특히 영어 회화 능력을 키우는 데에 있다. 〈표 3〉에 제시한 바와 같이 초등학교 1, 2학년생 수업에서의 언어 사용은 영어로 하는 학습 언어 지도 혹은 보호 영어 이머전 프로그램에 의한 영어 문해력 지도가 75~90%이고, 그 외는 L1(스페인어)을 사용하여 지도한다(Gonzales, 2007: 360-361). 모어로 하는 지도는 보호자와 공동체의 자원 봉사자, 지역 학교가 고용하는 이중 언어 지원자, 대학생 또는 학생들끼리 서로 가르쳐 주는 방식(peer learning)으로 이루어지고 있다. 대부분 초등학교 3학년부터 영어를 100% 사용하는 수업으로 이행되지만, 텍사스주에서는 초등학교 5학년까지 가능하다. 유치부가 끝날 무렵부터 시작하여 초등학교 3학년 정도까지 영어가 100% 사용되는 교과 학습으로 이행하는 것이 바람직하다고 한다.

〈표3〉 조기 이행형 이중 언어 프로그램의 2언어 사용

6학년	L2 100%
5학년	
4학년	
3학년	
2학년	L1 10~25%
1학년	L2 75~90%

캘리포니아대학 버클리캠퍼스의 호프슈테터(Hofstetter, 2004)는 조기 이행형 이중 언어 교육/ALPP의 학력 및 영어 능력의 목표를 다음과 같이 제시하고 있다.

> (1) 3학년까지는 학년에 상응하는 수준으로 영어의 읽기, 쓰기, 산수 능력을 획득할 것.
> (2) 3학년까지는 영어를 유창하게 구사하게 될 것.
> (3) 25%는 3학년 말, 50%는 4학년 말, 그리고 5학년 말까지는 학습자 전원이 영어 100%의 일반 학급으로 돌아갈 것.

일반 학급으로 되돌아가기 위해서는 영어 시험에서 77% 이상의 성적을 받을 필요가 있다.

이상에서 알 수 있듯이 모어를 사용하여 수업을 하는 프로그램이지만, 목표 사항에 모어 능력을 유지·향상하는 것은 포함되어 있지 않으며, 어디까지나 학습자가 영어를 미처 습득하지 못한 시기에 응급처치로써 수업의 매개어로 모어를 사용하고 있는 것이다. 초등학교 2학년 정도를 목표로 능률적인 영어 능력 획득을 기대하고 있으나, 목표 달성 기간을 5학년까지 고려하고 있는 것을 보면 실제로 영어 능력 획득에는 5~6년이 걸리는 경우도 있음을 암암리에 시사하고 있다.

거트리(Guthrie, 2004: 4)는 이와 같은 학교에서의 모어 사용이 '아동의 자존감을 고양하여 두 문화에 대하여 당연히 갖추어야 하는 자긍심(legitimate pride)이 생기고, 그것을 유지하는 데에 도움이 된다'라고 말한다. 초등학교의 초기부터 영어에 치우치는 학습 환경에 투입되는 것이 아니라 저학년에서는 자신이 이해할 수 있는 모어를 사용하는 학습 환경이 주어지는 것이 심리적으로도 사회적으로도 학습자에게 큰 이점이 될 것이다. 제네시(Genesee, 1999)는 실제 위와 같은 프로그램의 특징을 살려 효과를 올리기 위해서는 다음과 같은 점에 유의할 필요가 있다고 경고한다.

(1) 제1 언어에 의한 교과 학습이 효과적으로 이루어질 것.
(2) 구두 영어를 효과적으로 가르쳐 2년이 지난 후에도 계속해서 영어 보충 학습 기회가 있을 것.
(3) 두 가지 교수 방법의 이행이 순조롭게 이루어질 것.
(4) 교과 학습과 언어 학습을 통합한 교과 통합에 대한 학습 전략이 필요.
(5) 평가는 신중하고 정확하게 이루어져야 할 것.
(6) 목표를 높게 설정하여 학습자가 도전할 수 있는 교육 과정으로 할 것.

실제로 교과목을 가르치는 수업에서 모어가 어떻게 사용되는지를 보면 캐나다 이머전 방식의 '1 교사 1언어'와는 달리 양 언어의 (1) '동시형 접근법(concurrent approach)'도 있고, (2) '분리형 접근법(separate approach)'도 있다. '동시형 접근법'에는 두 가지 유형이 있는데, 하나는 2명의 교사가 팀을 이루어 가르치는 팀티칭, 다른 하나는 예습과 복습으로 언어를 교체하는 '예습-복습 방식'(preview-review method)이다. '분리형 접근법'에는 캐나다의 이머전 교육과 같이 시간에 따라서 나누어 사용(예: 오전과 오후, 격일)하는 방법, 교과목에 따라 달리 사용(예: 사회는 L1, 산수는 L2)하는 방법 또는 학기마다 언어를 바꾸어 사용하는 방법 등이 있다고 한다. 이 가운데 '동시형 접근법'에는 여러 가지의 문제가 있다. 예를 들면, 무의식중에 영어가 교실의 주요 언어가 되어 버리는 점, 학습자가 편한 언어(L1)에만 주의를 집중하고 서툰 언어(L2)는 흘려듣는다는 부정적인 면이 지적되고 있다(예: Ovando & Collier, 1983: 83).

(2) 후기 이행형 이중 언어 프로그램/발달·유지형 이중 언어 프로그램

'후기 이행형 이중 언어 프로그램(Late Exit Bilingual Program)'과 '발달 이중 언어 프로그램(Developmental Bilingual Program)'은 목표·형태·방법이 유사하고, 두 개의 언어로 고도의 학습 언어 능력을 획득하는 것, 즉, 이중 언어 문해력 획득을 최종 목표로 두고 있다. 구체적인 도달 목표를 1) 학습적인 면 2) 언어적인 면 3) 심리적인 면으로 나누어 살펴보면, 우선 학습적인 면과 언어적인 면에서는 3학년까지 다음 세 가지를 달성하고, 심리적인 면에서는 두 개의 언어·두 개의 문화에 대하여 대등한 가치 부여를 하는 것이다(Gonzales, 2007: 12).

① 학년에 상응하는 수준의 읽기, 쓰기 산수를 L1을 통해서 공부할 것.
② 영어를 구사할 수 있게 할 것.
③ 영어 회화에서 영어 읽기로 이행할 것.

<표 4> 후기 이행형/ 발달·유지형 이중 언어 프로그램의 2언어 사용 구분

6학년	L2 100%	
5학년 4학년	L1 15~20%	L2 75~80%
3학년 2학년	L2 사용을 늘림	
1학년 유치원	L1 70%	L2 30%

두 언어 사용 구분은 <표 4>에 나타낸 것과 같이 유치원부터 시작하여 L2 사용의 비율을 점점 늘려간다. 초등학교 1학년까지는 L1 사용이 70%, L2 사용이 30%이지만, 서서히 영어 사용의 비율을 늘려 초등학교 4, 5학년이 되면 L1을 15~20%, L2를 75~85%까지 늘린다고 한다. 학습자의 제1 언어를 사용하여 문해력과 기초적인 개념을 획득하며 대체로 5학년을 목표로 하여 영어로만 진행하는 수업으로 이행한다는 것이다.

이 후기 이행형/발달·유지형 이중 언어 프로그램을 성공시키기 위한 요건으로 제네시(Genesee, 1999)는 다음 네 가지를 지적하고 있다.

(1) 언어에 대한 교수 전략과 교과 내용에 대한 교수 전략이 각각 필요하다는 점.
(2) 두 언어를 분명하게 구분해서 사용해야 한다는 점.
(3) 서로 다른 수준의 영어 능력과 모어 능력을 가진 어린이들이 한 교실에서 학습할 수 있는 교수법 연구가 필요하다는 점.
(4) 양 언어에 동등한 가치를 부여해야 한다는 점.

이상을 캐나다의 불어 이머전(French Immersion)과 비교하면 (1), (2), (4)는 공통적이지만, (3)은 다르다. 불어 이머전은 학습자 전원이 영어 모어 화자로, L2를 전혀 모르는 상태에서 시작하고 도중에 편입도 받아들이지 않는다. 따라서 영어 능력(L2)과 모어(L1) 능력이 거의 같은 수준의 어린이들이 학습 대상이 된다. 한편, 미국의 이중 언어 프로그램은 스페인어가 강하고 영어가 약한 어린이와 반대로 영어는 강한데 스페인어가 약한 어린이들이 섞여 있으므로 수준차 교육(multilevel teaching)이 필요하다.

◆ 조기 이행형과 후기 이행형 비교

조기 이행형 프로그램과 후기 이행형 프로그램은 교육적 효과가 어떻게 다른지 비교해 보자. 라미레즈(Ramirez, 1992)는 5개 주(뉴욕, 뉴저지, 플로리다, 텍사스, 캘리포니아)의 유치원-초등학교 6학년(K-G6)에 재학하고 있는 스페인어계 학습자 554명을 대상으로 산수와 영어 독해 능력을 비교한 결과, 3학년 정도까지는 거의 차이가 나지 않지만, 6학년이 되면 조기 이행형 학습자보다 제1 언어를 사용하여 학습해 온 후기 이행형 학습자가 보다 높은 성적을 거두는 경향이 있다고 한다. 산수 과목에서도 1학년 때에 같은 성적을 유지하던 어린이들이 6학년이 되면 후기 이행형 프로그램에서 공부한 어린이의 성적이 더 오르는 경향을 보인다고 한다. 그리고 일반적으로 L1을 사용하여 공부해 온 학습자 쪽이 산수 능력이 순조롭게 향상되고, 영어로 진행하는 수업으로 이행했을 때에 적응도 빠르다. 반대로 조기 이행형 프로그램에서 공부한 어린이는 영어 학습으로 옮겼을 때 모어 화자와의 차이가 크며, 이로 인하여 산수 능력의 향상이 일시적으로 정체되는 경향이 있었다고 한다. 이 두 프로그램을 4, 5년간 장기적으로 비교하여 관찰한 콜리어(Collier, 1995)도 이와 동일하게 6학년쯤 되면 차이가 난다고 결론을 지었다.

그러나 후기 이행형에도 문제는 있다. 가장 큰 문제점은 우선 장기간에 걸쳐 특별 보호 아래에서 지내다 보면 같은 연령의 영어 화자와 자연스럽게 교류할 수 있는 기회가 많지 않은 점, 교사나 동일 연령의 학습자로부터 특별하게 취급을 받아 어떤 의미에서는 소외되어 자칫 인종 차별(격리) 정책을 초래하는 결과가 될 수도 있다. 이러한 이유로 학습적인 면과 심리적·사회적인 면에서 역효과를 낳는 경우도 있다고 한다.

단, 후기 이행형의 가장 큰 장점이 하나 있는데, 이것은 모어 보존이 목표의 하나로 추가되기 때문에 이중 언어 육성과 관계가 있다는 점이다. 뉴욕대학의 토레스 구즈만(Torres-Guzman, 2002)은 조기 이행형과 비교하여 후기 이행형의 장점을 다음과 같이 서술하고 있다.

> 모어 박탈, 즉, 모어를 영어로 치환하는 것을 목표로 하는 전통적인 조기 이행형과 비교하여 유지·발달형은 제2 언어 습득과 더불어 모어를 유지하는 것을 목적으로 한다. 그렇기 때문에 후기 이행형은 학습자가 이미 알고 있는 언어에 또 하나의 언어를 더하여 양 언어의 학습 능력을 높여 궁극적으로 학습자의 지성을 보다 풍부하게 하는 프로그램(enrichment program)이다. 이러한 점에서 영어 환경에서 기능(機能)하는 영어 습득만을 목표로 하는 조기 이행형의 이중 언어 교육과는 대조적이다.

한 언어에 또 하나의 언어를 추가 교육할 때에 유의해야 할 점으로, 연소자의 이중 언어 육성 전문가인 맥로린과 맥로드(MacLaughlin & MacLeod, 1996: 6)는 다음 두 가지를 들고 있다. (1) 학습자의 필요에 따라 제1 언어를 계속해서 사용할 수 있는 장(場)이 있어야 하고 (2) 영어로만 이루어지는 학습 환경으로 이행하는 경우는 시간을 들여 단계적으로 또는 다양한 방면으로 학습자를 지원하면서 추진해야 한다는 것이다. 후기 이행형의 교육 현장에서 실제로 도움이 되는 유의점이자 동시에 유아기 혹은 학령기에 부득이하게 국경을 넘는 문화 간 이동을 해야 하는 어린이들의 언어 발달 전반에 적용할 수 있다는 점에서 매우 중요한 사항이다.

(3) 양방향 이머전 프로그램/양방향 이중 언어 프로그램/이중 언어 프로그램

'양방향 이머전 프로그램(Two-way Immersion Program)'의 다른 이름이 '양방향 이중 언어 프로그램(Two-way Bilingual Program)'이고, '이중 언어 프로그램(Dual Language Program)'은 가산적 이중 언어를 목표로 하는, 두 개의 언어를 수업 언어로 도입하는 프로그램의 총칭이다. '양방향 이머전 프로그램/양방향 이중 언어 프로그램'은 학습자가 서로의 모어를 함께 배우는 형태이지만, 이중 언어 프로그램은 모어가 다른 학습자도 포함한(즉, 반드시 양방향이 아니다) 이중 언어 육성 프로그램이다.

'양방향 이머전 프로그램'은 앞에서 설명한 바와 같이 그 전신이 1962년에 플로리다주 마이애미의 코랄웨이(Coral Way)초등학교와 뉴멕시코의 라스 크루세스(Las Cruces)초등학교에서 실시했던 스페인어와 영어의 이중 언어 프로그램이다. 본래 쿠바에서 온 피난민의 자녀를 대상으로 한 프로그램에 미국인 학습자가 참여하게 된 것으로, 언어적 소수 어린이들은 영어와 미국 문화를 배우고, 동시에 영어를 모어로 하는 어린이들은 소수 언어와 문화를 배운다. 즉, 모어를 달리하는 어린이들이 양방향으로 함께 배움으로써 학교 안에서 소수 언어 아동의 사회적 지위를 높이고, 모어 · 모문화 박탈을 방지한다는 교육적 효과를 목표로 한 것이다. 당시 수업 언어를 격일로 바꾸었다고 하는데, 엄밀한 의미에서 양방향에 한정하지 않고 예를 들어, 격일로 수업 언어를 바꾸어 거의 동등하게 두 언어의 시간을 배분하는 형태도 포함된다(예: Ramirez et al., 1991; Lindholm-Leary et al., 2001). 어느 쪽의 프로그램이든 도달 목표는 학습자의 학력을 희생시키지 않고 두 언어의 높은 운용 능력(bilingualism)과 이중 언어의 문해력(biliteracy)을 지향하며 고도의 이중 문화 이해력(bicultural)을 키우는 것이라고 한다(Torres-Guzman, 2002).

'양방향 이중 언어 프로그램'은 그 후에도 꾸준히 보급되어 1987년에 30개교였던 것이 1994년의 클린턴 정부에서는 176개교로 급증하였고, 그 이후 1999년 261개교, 2005년 315개교, 2007년에 338개교로 늘었다(Center for Applied Linguistics, 2008). '양방향 이중 언어 프로그램'은 거의 초등학교에서 실시되고 있는데, 59개교는 고등학교에서 실시되고 있다. 이 가운데 스페인어와 영어로 짝을 이룬 프로그램은 308개로 압도적으로 많고, 그 외의 언어로는 불어 8개, 한국어 4개, 광둥어 3개, 표준 중국어 2개, 나바호어(선주민의 언어) 1개, 독일어 1개, 그리고 일본어가 2개라고 한다. 학년으로는 초등학교 수준의 프로그램이 163개교, 중학교까지가 23개교, 그리고 고등학교까지가 2개교이다. 지역적으로 보면 프로그램 수가 가장 많은 곳이 캘리포니아주 100, 텍사스주 50, 뉴욕주 28이고, 전체적으로 27개 주에 걸쳐 이루어졌다.

양방향 이머전 방식은 영어 단일 언어 아동이 50%, 소수 언어의 동일한 언어 배경을 갖는 아동이 50%일 때가 가장 이상적이지만, 현실적으로는 지역에 따라 두 개의 언어의 구성 인원이 꼭 균일하지 않다는 점이 문제이다. 그리고 프로그램 실시 기간도 반드시 일정하지 않아 초등학교 입학 전에 시작하여 중학교까지 이어지는 것도 있고, 고등학교까지 계속 이어지는 장기적인 프로그램도 있다(예: 원주민 언어인 나바호어 프로그램). 또한 이중 언어 교육 폐지라는 정치적 움직임이 있는 가운데 표면상의 명목으로 양방향 이머전 방식이 이용되어 실은 종래의 이중 언어 교육과 거의 비슷하게 실시되고 있는 경우도 많다고 한다. 예를 들면, 뉴욕시의 60개교를 대상으로 조사한 토레스 구즈만 외(Torres-Guzaman et al., 2005)는 내용에 일관성이 없고 제2 언어 교육의 틀을 벗어나지 못하는 프로그램이 대다수여서 이들 프로그램을 비교한 대규모 조사가 과연 어떤 의미를 갖는지 반문하게 된다고 한다. 실제로 필자가 견학한 애리조나주의 초등학교(113-114쪽)의 경우, 정확한 재학생 수는 파악하지 못했지만, 스페인어계 아동은 아주 많았는데 영어 모어 화자는 몇 명 안 되는 상황이었다.

양방향 이머전 방식은 프로그램 시작 당시의 두 개의 언어 사용량과 구분에 따라 〈표 5〉에 제시한 바와 같이 세 종류로 나눌 수 있다(예: Perez & Torres-Guzman, 2001; Christian, 2008).

프로그램A: 시작 당시 90%(L1), 10%(L2)에서 학년이 올라감에 따라 50%씩이 된다.
프로그램B: 시작 당시 80%(L1), 20%(L2)에서 학년이 올라감에 따라 50%씩이 된다.
프로그램C: 시작 당시부터 전 학년에서 50%(L1), 50%(L2)로 2언어가 사용된다.

〈표 5〉 양방향 이머전 방식의 2언어 사용 구분

	프로그램 A		프로그램 B		프로그램 C	
6학년	L1 50%	L2 50%	L1 50%	L2 50%	L1 50%	L2 50%
5학년					L1 50%	L2 50%
4학년	서서히 50% 사용에 근접한다[9]		서서히 50% 사용에 근접한다		L1 50%	L2 50%
3학년					L1 50%	L2 50%
2학년					L1 50%	L2 50%
1학년	L1 90%	L2 10%	L1 80%	L2 20%	L1 50%	L2 50%
유아	L1 90%	L2 10%	L1 80%	L2 20%	L1 50%	L2 50%

L1: 모어 L2: 영어

위의 셋 중에서 A, B는 제1 언어의 기초를 쌓고 그 위에 제2 언어를 추가한 것이다. 두 언어 사용은 한 교사(이중 언어)가 어떤 교과는 L2로 가르치고, 어떤 교과는 L1으로 가르치는 '1인 2언어' 방식과 모어를 달리하는 두 교사가 교과목에 따라 수업 언어를 L2와 L1으로 나누어 교사가 각각의 모어

---

9) 예를 들면, 프로그램 A에 관해서 크리스티앙(Christian, 2008: 261)에서는 2-3학년은 L1이 80%, L2가 20%, 4-5학년은 L1이 60%, L2가 40%로 소개되어 있다.

로 가르치는 '1인 1언어' 방식의 팀티칭도 있다. 또한 예를 들면, 사회 과목 등에서 초등학교 1학년부터 3학년까지는 스페인어, 4, 5학년은 영어라는 일정 기간을 구분 지어 수업 언어를 바꾸는 경우도 있는데, 이들 모두의 목표는 5학년까지 양 언어로 수업을 들을 수 있는 상태로 L1과 L2의 능력을 향상시킨다는 것이다. 그러나 역사적으로 볼 때 가장 많은 형태는 C의 반나절 프로그램이다. 1987년의 이중 언어/이머전 프로그램 목록을 보면 30 프로그램 중 C 형태의 프로그램이 반 수를 넘은 17개였다고 한다. 실제 두 개의 언어를 구분하여 사용하는 방식은 A, B와 같이 각 학교의 교원 배치 상황에 따라 다르고 '반나절형(half-day plan)'이나 하루씩 거르는 '격일형(Alternate-day plan)'도 있고 '예습·복습형(Preview-Review)'도 있다. 그리고 상황에 따라 몇 가지의 방식을 같이 도입하는 경우도 있다고 한다.

이상은 주요 교과 수업에서 두 언어를 어떻게 구분하여 사용하는지에 대한 설명인데, 두 언어의 사용은 이것뿐만이 아니라 학교 전체의 노력도 필요 불가결하다. 예를 들어 미술, 음악, 체육, 도서실, 컴퓨터, 모임, 교내 방송, 점심식사, 쉬는 시간에 사용하는 언어도 고려하여 양 언어의 사용량을 조정할 필요가 있는 것이다. 또한 약속 사항으로 하여 그때그때의 상황에서 동시 번역(simultaneous translation)은 하지 말 것, 교실 출입문에는 어떤 언어를 사용하는 수업인지 써서 붙인다던가 노트를 언어별로 준비한다던가 하는 경우 등 구체적인 방책도 제시하고 있다.

제네시(Genesee, 1999)는 이중 언어 프로그램 전체 수업 계획의 특징으로 다음 다섯 가지를 들고 있다.

1) 두 언어를 확실히 구분하여 사용하고 각각 한 언어만으로 수업을 할 것.
2) 교과 통합 방식으로 교과를 가르칠 것(시각 교재 등을 사용하여 이해 가능한 입력(input)을 충분히 할 수 있도록 고안할 것).
3) 적극적인 학습 참여, 발견 학습, 체험 학습을 통하여 추상적인 개념의 이해를 도울 것.
4) 협동 학습을 효과적으로 도입할 것.
5) 교과 내용에 초점을 맞춘 양방향의 대화/상호 작용을 통하여 교과 학습 어휘·표현·사용역(register)을 향상시킬 것.

이상의 다섯 항목은 모두 이중 언어 교육에서 일반적으로 사용되는 교수 전략이다. 캐나다 이머전 교육의 교수 전략과 그다지 다르지 않다. 단, 한 가지 크게 다른 점이 있는데, 그것은 양방향 이머전 방식에서는 양쪽 언어의 모어 화자가 함께 공부를 하기 때문에 같은 연령의 모어 화자와 자연스럽게 상호 작용을 기대할 수 있다는 점이다. 이 점은 캐나다 이머전 교육에서는 크게 결여된 부분이고, 양방향 이머전 방식의 큰 장점이기도 하다.

◆ 스페인어·영어 양방향 이머전 프로그램

양방향 이머전 방식에서는 실제 어떤 수업이 이루어지는 것일까? 필자는 2005년에 애리조나주 매리코파카운티(Maricopa County)의 길버트초등학교(Gilbert Elementary School)에서 스페인어와 영어 양방향 이머전 프로그램을 견학하였다. 신망 있는 쉴러 로저스(sheila Rogers) 교장을 선두로 양방향 이머전 방식에 복수 연령반(multi-age classroom)을 도입하고 있는 학교로 유치부에서 6학년까지 전교생이 829명인 초등학교이다. 복수 연령반이란 각 학급을 형제가 있는 가족처럼 다양한 연령으로 구성하는 방식이다. 그래서인지 전체적으로 매우 밝고 따뜻한 분위기의 학교였다.

양방향 이머전 프로그램이므로 스페인어를 모어로 하는 아동과 영어를 모어로 하는 아동이 동일하지는 않더라도 거의 균등할 것이라고 생각했는데, 놀랍게도 스페인어 모어 화자가 압도적으로 많고 영어 모어 화자는 불과 몇 명밖에 되지 않았다. 현실은 이상과는 다른 것이다. 학교 측 설명으로는 스페인어 화자는 다른 프로그램으로 바꾸기가 어렵지만, 영어 화자는 보통 프로그램(영어로만 수업을 실시)으로 쉽게 갈 수 있는 것이 주요 원인의 하나라고 한다. 결국, 입학 초기에는 흥미를 갖고 양방향 이머전 프로그램에 참여하는 영어 모어 화자였지만, 그다지 오래 지속되지는 않는 것 같았다. 두 개의 언어를 분별하여 사용하는 측면에서는 한 교사가 교과목에 따라 영어와 스페인어로 수업을 하는 '1인 2언어' 방식을 취하고 있었다. 교사의 말로는 영어 교재에 비하여 스페인어 교재가 매우 부족하여 수업 준비에 시간이 더 걸린다고 한다. 교실 전체 분위기가 아주 밝고, 히스패닉계 어린이들이 활기차게 학습에 몰두하고 있는 모습은 매우 인상적이었다.

무엇보다도 교사들을 힘들게 하는 것은 예상대로 주(州)의 통일 테스트이었다. 학업 부진 방지법(No Child Left Behind Act, NCLB)에 따라 주에서 제정한 '표준'을 바탕으로 산수와 영어 테스트가 전 학생에게 의무화되었기 때문이다. 방문 당일 우연히 1주일 후에 통일 테스트을 앞두고 있었는데, 모든 수업이 산수 테스트를 최종 준비하는 시간으로 바뀌고 보통 때 같으면 스페인어로 할 수업인데도 영어를 사용하는 산수 보강 시간으로 바꾸어 수업을 하고 있었다. 소수 언어를 모어로 하는 학습자들에게 희망을 주는 양방향 이중 언어 프로그램이, 오로지 영어 쪽으로만 치우친 하향식 지시로 인해, 그 장점을 충분히 발휘하지 못하고 있는 것은 실로 유감스러웠다.

학교 안에서는 양 언어에 동등한 가치가 부여되어 교사의 열의와 노력으로 양 언어를 향상시키는 환경을 인공적으로 만들어낼 수는 있지만, 학교에서 한발 나가면 스페인어계 모어 화자와 영어 모어 화자와는 부모의 교육 수준, 수입 그 외 사회, 경제적 수준에 큰 격차가 있다. 따라서 학교 안에서는 동등하게 접촉하고 동질의 학습 기회를 제공하여 이상적인 세계를 만들어내는 데 큰 의미가 있으며, 이것이 자존감의 고양, 정체성의 건전한 육성에 기여하고 있다는 것은 분명하다. 이와 같이, 학교가 매개체가 되어 학교 밖에서 일어나는 불평등을 어느 정도 해소할 수 있는지에 대해서 생각해 보면, 학교의 힘만으로는 한계가 있고, 소수 언어를 모어로 하는 아동들이 공통적으로 갖고 있는 저학력에 대한 고민을 해결해 주지 못한다는 것이 필자의 솔직한 느낌이다. 그러나 언어적 소수만을 대상으로 한 특별 지원 프로그램은 재정적으로 어려워질 경우, 우선적으로 재정 지원이 삭감되는 운명에 처하지만, 양방향 이중 언어 프로그램과 같이 다수 언어 모어 화자를 끌어들여 양쪽의 장점을 강조한 형태는 지속 가능성이 매우 높고, 동시에 매우 효과적인 방법이라는 것도 새삼 깨달았다.

◆ 양방향 이머전의 세 가지 프로그램의 비교

〈표 5〉의 세 프로그램에서는 영어 능력과 모어 능력 그리고 학습 능력에 어떤 차이가 있는 것일까? 워싱턴시 응용 언어 연구소(Center for Applied Linguistics)에서 실시한 A와 C를 비교한 조사에서는 영어 읽기, 모어 능력, 산수 성적에서는 차이가 보이지 않았지만, 전체적으로 L1을 90% 사용하는 A쪽이 50% 사용하는 C보다 고도의 이중 언어 능력이 발달하는 경향을 볼 수 있었다고 한다(Christian et al., 1997; Lindholm-Leary, 2001). 모어 수업을 통하여 모어 능력을 제대로 배양하는 쪽이 2언어 육성에 유리하다는 것을 시사하고 있다.

다음으로 두 언어의 읽기 향상을 조사한 연구에서는 B나 C보다도 모어로 스스로 책을 읽으려는 A쪽의 어린이가 두 언어의 읽기가 향상되는데 반하여, B나 C쪽의 어린이는 일단 영어로 읽을 수 있게 되면 모어로 책을 읽으려고 하지 않는 경향이 보였다고 한다(예: Cloud et al., 2000). 따라서 유아기부터 초등학교 저학년에 걸쳐 제2 언어보다 모어를 먼저 강화시켜 두는 편이 이중 언어 문해력을 기르기가 쉽다는 것이다. 바꾸어 말하면 이 시기에 모어 문해력의 싹을 키워 두지 않으면 이중 언어 문해력은 길러지지 않는다는 것이다. 소수 언어의 회화 능력은 가정에서 어느 정도 유지가 될 수 있지만, 읽기와 쓰기 능력까지 키우는 것은 어렵다. 따라서 학교에서 그 기초를 튼튼히 다져 줄 필요가 있다. 맥로린과 맥로드(MacLaughlin & McLeod, 1996)가 지적한 바와 같이 유아부터 초등학교 5, 6학년까지 계속해서 모어를 필요에 따라 사용할 수 있는 상황에 처해 있는 것이 가산적 이중 언어 구사자로 키우는 데에 중요하다. 또한 학교에서 모어를 수업 언어로 사용하면 그만큼 영어 능력 향상이 지체되지 않을까 하고 교사나 보호자가 우려하는 일도 있지만, 결코 그런 일은 없었다고 한다.

(4) 각종 ESL 프로그램

각종 ESL 프로그램에는 다음 다섯 가지의 방식이 있다.

(a) 별도 수업(pull-out)

(b) 통합 수업(push-in)

(c) ‘ESL 보충기(ESL Self-Contained)’

일본에서 외국인 아동에게 실시되는 ‘국제반’. ‘일본어 적응반’에 해당하는 특설 영어 보강반이다. 초등학교 저학년에서 자주 시도하는 모델로 한 명의 교사가 ‘제2 언어로서의 영어’를 가르치지만, 일본과 다른 점은 교사가 ESL 교사 자격을 갖고 있거나 자격 취득 중이다.

(d) ‘ESL 팀티칭(ESL Team Teaching)’

초등학교 중·고학년을 대상으로 한 것으로 ESL 교사끼리 혹은 ESL 교사와 교과 담당 교사가 팀이 되어 교과를 담당한다. 수업에서 사용되는 교수 방법은 ‘보호(교과 통합) 방식’이다.

(e) ‘ESL 교과기(ESL Class Period)’

중·고교생을 위한 ESL 수업인데, 교과목으로 성적을 인정받는다.

'보호(교과 통합) 방식'이란, 영어 ELL(학습자)에게 교과목을 가르칠 때, 학습자의 영어 능력보다 수준이 높은 교과 내용을 어떻게 하면 이해시킬 수 있는가 하는 방법의 하나로서 1980년대에 제창되었던 것이다. 교사가 쓰는 언어는 항상 목표 언어지만, 학습자는 자신의 모어를 사용하는 경우도 있다. 프리먼과 프리먼(Freeman & Freeman, 1988)은 이 교과 통합 방식의 지금까지의 경위를 회고하며, 당초는 영어 학습자를 '정규반에서 분리해서 쉽게 이해할 수 있도록 수업을 한다'는 것만을 목적으로 하였고, 전체 테스트나 학력 평가 등과는 전혀 관계가 없었으며 정규반에서 영어 모어 화자와 경쟁할 필요도 없었는데, NCLB(2001)법 제정 이래 사정이 완전히 바뀌었다고 한다. 그 이유는 법안 중에 「교사 양성 과정에서 가르치는 내용과 방법, 그리고 가르치는 교과목에 대하여 충분한 지식을 갖추지 않으면 안 된다」는 내용 1조가 추가됨에 따라 교사 양성 과정에 '보호(교과 통합) 방식에 의한 영어 교수법'이 포함되었기 때문이라고 한다.

이와 관련하여 NCLB법에서는 교과 통합 방식에 따른 영어지도를 다음과 같이 정의하고 있다.

> 보호(교과 통합) 방식에 의한 영어 지도는 초급 수준을 마친 영어 학습자(ELL)가 학년에 맞는 교과 내용, 교과 학습 능력을 향상시킴과 동시에 영어 능력도 함께 증진시키기 위한 교수 방법이다. 교과 통합 방식의 영어반에서 교사는 교과 내용이 학습자에게 의미 있게 전달되도록 전달되도록 명확하게 말하고 직접적인 표현을 쓰며 간단한 영어를 사용할 필요가 있다. 또한 여러 가지 지원 전략을 사용하여 수업 내용을 학습자의 영어 숙달 정도에 맞추고 교과 내용을 학습자가 알고 있는 기존 지식과 결부시켜 학습자 간의 협동 작업을 통하여 교육 과정의 내용을 항상 복습하면서 같은 연령의 영어 모어 화자와 같은 학년 수준의 교과 내용을 교수할 필요가 있다. 교과 통합 방식은 그 하나의 방법이다.
>
> (브라운대학 Teaching Diversity Learner(TDL)http://www.alliance,brown.edu/tdl/)

현재 이 방식은 ELL/ESL 교육의 중심적인 방책으로 캐나다와 미국에서 널리 사용되고 있다. 본래 중학생과 고교생용으로 예를 들면 'ESL 화학'(Sheltered Chemistry), 'ESL 역사'(Sheltered History) 등과 같이 고등학교 성적에 반영되는 ELL을 위한 특별 코스였는데, 그 방식이 점점 저학년에게도 응용하게 되었다.

보호(교과 통합) 방식의 특징에 대하여 곤잘레스(Gonzales, 2007)는 다음 다섯 가지의 사항을 지적하고 있다.

(1) 언어 면의 목표와 교과 학습면의 목표가 각각 명확히 있을 것.
(2) 보조 교재가 완비되어 있을 것.
(3) 학습자에게 여러 가지 도움이 되는 학습 수단이 있을 것.
(4) 교사와 학생, 학생과 학생 간의 교류가 있을 것.
(5) 학습자에게 있어 의미 있는 학습 활동일 것.

보호(교과 통합) 방식이 실제 수업에서 어떻게 실현되는지를 밝히기 위하여 '보호 수업 관찰표' (SIOP, Sheltered Instruction Observation Protocol)를 소개하겠다. SIOP는 교과 통합 방식의 수업 요점을 30항목으로 채택하여 현장 교사와 연구자가 알기 쉽게 점검표로 만든 것이다. 본래 연구자용으로 개발된 것인데, 개발자인 에크바리아 외(Short & Echevarria, 1999)에 의하면 SIOP 훈련을 받은 교사가 비교 그룹과 비교하여 훨씬 효과적인 ELL반 수업을 한다는 것을 확인할 수 있었다고 한다(Echevarria et al., 2004). 현장 교사를 위해 이 SIOP를 25 항목으로 간략화한 것이 〈표 6〉이다. 원판이 아니라 캐나다 ESL 교육의 권위자인 토론토대학 코엘류(Coelho) 교수가 작성한 간략 판이다(Coelho, 2004: 373-274). 교과 통합 방식을 이해하는 데 참고가 된다고 생각하므로 그 일본어 판을 여기에 게재해 둔다.

〈표 6〉'보호 수업 관찰표'(SIOP)

준비
1. 학습자 발달 수준을 기초로 교과 학습의 목표(기대 사항) 선정 및 수정 혹은 대체안을 작성한다.
2. 발달 수준에 따라 언어 지도상의 도달 목표를 추가한다.
3. 발달 수준에 따라 명료하면서 달성 가능한 평가 과제를 고안한다.
4. 학습 지원을 위해 교재를 선택, 수정, 혹은 교재를 만든다(예: 대용 교재를 작성, 시각 교재, 멀티미디어 교재, 교구).
5. 읽기ㆍ쓰기 연습, 어휘 연습, 회화 연습을 위해 의미 있는 활동을 고안한다.

교수 전략

배경 지식 구축

6. 학습자의 배경 지식ㆍ경험과 가르치는 교과 내용을 연결한다.

7. 이야기, 그림, 비디오, 그 외 미디어 교재를 사용하여 필요한 배경 지식을 늘린다.

8. 중요한 어휘를 예습한다. (예: 제시한다, 예를 든다, 칠판에 쓴다, 반복한다, 교실 벽에 붙인다, 단어표와 각자의 어휘 노트에 새로운 어휘를 추가한다)

이해 가능한 수업 방법

9. 학습자 능력에 맞추어 교사의 언어 사용을 조정한다.

10. 교과 학습의 과제를 명료하게 설명한다(예: 지시를 구두 또는 문서로 준다, 복잡한 과제는 몇 단계로 나눈다).

11. 다양한 방법을 동원하여 교과 내용과 그 사용 언어를 이해할 수 있게 한다(예: 모형, 교재 고안, 교구 사용, 실제 체험, 시범, 손짓, 몸짓).

12. 이해하기 쉽게 질문을 하고 대답할 시간을 충분히 준다.

13. 중요한 개념이나 어휘의 의미를 명확하게 파악하기 위해 크고 작은 그룹 활동을 장려한다. 가능하면 제1 언어 사용도 장려한다.

교사의 지원(scaffolding)

14. 여러 가지 지원 방법을 궁리하여 학습자의 읽기ㆍ쓰기를 돕는다(예: 열쇠가 되는 시각 교재 사용, 교사 주도형의 읽기 프로그램, 유형에 맞는 교사의 언어 사용, 본보기에 맞는 작문 연습, 과정 접근법(process approach)에 의한 작문 지도, 교사 주도형의 주제 학습).

15. 언어 능력 향상을 위해 교과 내용과 관련된 활동을 한다(예: 어휘 퍼즐, 문장의 빈칸 채우기 연습, 문장 완성 연습).

16. 복잡한 과제는 반드시 답의 예를 제시한다.

상호 작용

17. 각 과의 교과 내용 이해를 위해 그룹 활동으로 주제에 대하여 서로 이야기한다(예: 'Think-Pair-Share', 면담, 그룹의 브레인스토밍(brain storming), 퍼즐 학습).

18. 그룹 활동의 진행 방법과 언어 사용에 초점을 맞춘다(예: 반대 의견 말하는 법, 회화 방법, 그룹 활동에 참여하는 방법).

19. 토론 주제를 주고, 내용에 대해 질문하면서 다양한 사고 방법과 학습 전략을 향상시킨다(예: 문제 해결, 예측, 요약, 분류, 분석, 공통점, 모순 발견, 평가, 유추).

20. 학습자의 발화(out-put)에 긍정적인 반응을 보인다.

21. 학습자로 하여금 보다 길고, 자세하고, 질 높은 발화를 하도록 하기 위해 유도 질문을 한다.

22. 반 학생 전원이 상호 의사소통에 참여하고 있는지를 확인하고, 격려해 준다.

복습과 평가

23. 전 과정을 통해 학습자의 이해 정도와 학습 상황을 점검한다(예: 쪽지 시험과 그룹 연습, 응답).

24. 각 과의 마지막에 중요한 어휘와 개념을 정리히면서 복습한다.

25. 학습자 자신이 평가에 참가한다(예: '오늘 배운 것은…', '우리 그룹에서는…' 등으로 시작하는 작문을 한다).

(5) 스트럭처드 잉글리시 이머전 / 영어 보호 이머전 교육

스트럭처드 잉글리시 이머전(Structured English Immersion, SEI)은 영어 보호 이머전 교육(Sheltered Immersion)이라고도 불리며, '이중 언어 교육' 폐지 이후에 생긴 새로운 프로그램이다. '이머전(immersion)'이라는 명칭 때문에 이중 언어 육성의 한 형태로 생각하는 경향이 있는데 사실은 전혀 다르다. 1년을 단위로 180일간 실시되는 영어 학습 프로그램이다. 이중 언어 육성에는 캐나다의 경험에서도 규명된 바와 같이 적어도 10년을 시야에 두고 시도할 필요가 있는데, SEI는 단 1년간의 집중 영어 프로그램이다.

캘리포니아주에서 주민 투표 대상이었던 '제안 227(Proposition 227)'에는 SEI가 다음과 같이 정의되어 있다.

영어 학습자는 영어로만 실시하는 수업으로 이행하는 과정에서 일시적으로 영어 이머전 (보통 1년 이내) 교육을 받는다. '영어 보호 이머전' 또는 '스트럭처드 잉글리시 이머전'이란 모든 교과 수업을 영어로 실시하되, 언어 습득 과정에 있는 어린이를 특별히 배려한 교육 과정과 그 제시 방법이 고안되어 있으며, 연소자에 대해 영어 습득 과정의 촉진을 목적으로 한다. 교사가 교실에서 사용하는 언어는 주로 영어이다.

문제는 1년간 180일의 수업으로 학습자가 교과 학습을 감당할 만한 영어 능력을 획득할 수 있는가 하는 점이다. 당연히 찬성론이 있는가 하면(예: Keith Baker, 1988), 자료를 근거로 반대론을 전개하는 사람도 있다(예: Krashen, 2007). 이중 언어 교육 폐지론과 마찬가지로 그야말로 새로 들어온 아동의 문제를 둘러싼 정치 투쟁의 장이 되었다. 크라센(Krashen, 2007)은 SEI와 이행형 이중 언어 프로그램을 비교한 연구 3건을 기초로 앞으로의 동향을 다음과 같이 예측하고 있다. 이중 언어 교육이 그랬듯이 당초에는 단기간의 지원으로 시작된 프로그램이 현실적인 상황에 맞추어 차츰 장기화되어 '후기 이행 이중 언어 프로그램'이 생긴 것과 마찬가지로 SEI도 실시 기간이 1년으로는 불충분하므로 보다 장기적인 지원으로 개발해 갈 가능성이 높다.

◆ 각종 ELL 프로그램 비교-토머스와 콜리어(Thomas & Colier, 2002)의 대규모 조사

미국에는 ELL(영어 학습자)이 영어 수업에 따라갈 수 있을 정도의 능력을 갖추려면 '어느 정도 시간이 걸리는가?'의 과제에 대한 대규모 조사가 많다(예: Ramirez et al., 1991; Hakuta et al.,1999; Collier, 1989; Kindler, 2002). 그 하나가 토머스와 콜리어(Thomas & colier, 2002)의 대규모 조사이다. 이 조사는 70만 명 가량의 ELL을 대상으로 여러 해에 걸친 관찰을 통해 여러 프로그램 중 어떤 프로그램이 효과적인가를 횡적·종적으로 살펴본 것이다. 다음과 같은 두 가지의 중심 과제로 조사를 실시했다: (a) L2 습득에 몇 년이 소요되는가; (b) L2 습득에 영향을 주는 요인은 무엇인가. 본 조사의 대상은 5개 주 학습자(유치부-고등학교 3학년) 21만 명이다. 각 주의 지역 교육위원회와 협력하여 SAT9[10], 그 외의 표준 테스트, 주의 통일 테스트 결과 등을 이용하여 영어 능력(읽기와 쓰기), 모어

---

10) 스탠포드대학에서 개발한 고등학교 1학년을 위한 표준 학력 평가

능력, 학습 능력(산수 · 수학, 사회과, 과학)의 향상을 종단적으로 비교하고 있다. 비교 대상이 된 프로그램은 '조기 이행형 프로그램', '발달 · 유지형 이중 언어 프로그램', '양방향 이머전 프로그램'이다. 결과를 정리해 보면 다음 다섯 가지가 된다.

1) 〈표 7〉에 나타낸 것과 같이 '이행형 이중 언어 프로그램'(■)과 '발달 · 유지형 이중 언어 프로그램'(■)에 비하여 '양방향 이머전 프로그램'(□)이 모든 학년에서 확연하게 영어 독해 능력 득점이 높았다. L2(영어) 독해 능력뿐만 아니라 산수 과목에서도 'Aprenda2'라는 테스트를 사용하여 측정한 스페인어(L1) 향상도 세 프로그램 중에서 가장 높았던 것이 '양방향 이머전 프로그램'이다. L1과 L2 모두 크게 향상되고, 일부 영어 모어 화자를 상회하는 사례도 있었다고 한다. 또한 중퇴하는 학생 수가 가장 적었던 것도 이 프로그램이다.

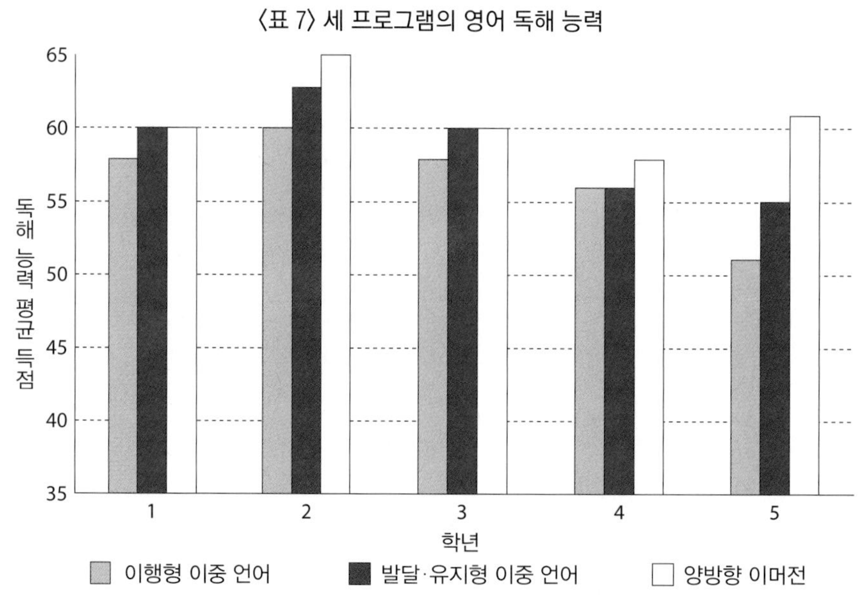

〈표 7〉 세 프로그램의 영어 독해 능력

2) 〈표 8〉은 2~11학년까지 각종 프로그램에 대한 SAT9의 독해 능력 결과이다. ESL(별도 수업)(●), 후기 이행형 이중 언어 프로그램(━), 모어 화자(▲)와 전혀 지원이 없는 서브머전 환경의 아동(×)을 비교하고 있다. ESL는 초기 영어 향상은 빠르지만, 별도 수업에서 정규반으로 합류했을 때가 문제이다. 영어 모어 학습자와 차이가 너무 커서 이 문제를 해결할 길이 없고, 또한 이들을 따라갈 수 없는 상태에서 그대로 방치되는 경우가 많기 때문에 고등학교 1 · 2학년 성적이 매우 낮다. 하지만 초등학교 6학년까지 L1을 계속해서 학습에 사용한 후기 이행형 이중 언어 프로그램(━)을 살펴보면, L2로 이행한 후 4~5학년에서 영어 모어 화자 수준(표준 편차치 50)에 가까워지고, 이러한 수준은 고등학교까지 유지하고 지속할 수 있다고 한다. 결국, 이 조사에서도 조기 이행형보다 후기 이행형 쪽이 효과적이라는 결

과가 나왔다.

3) 어떤 지원도 없이 정규반에 들어간, 이른바 '서브머전 환경' 아동(×)은 최악의 상황에 처해
   있다. 2, 3학년 때는 어떻게든 학습에 참여할 수 있을지는 모르지만, 4학년 정도부터는 수업
   으로 따라가기가 불가능해지는 상황에 놓이는 것을 알 수 있다.

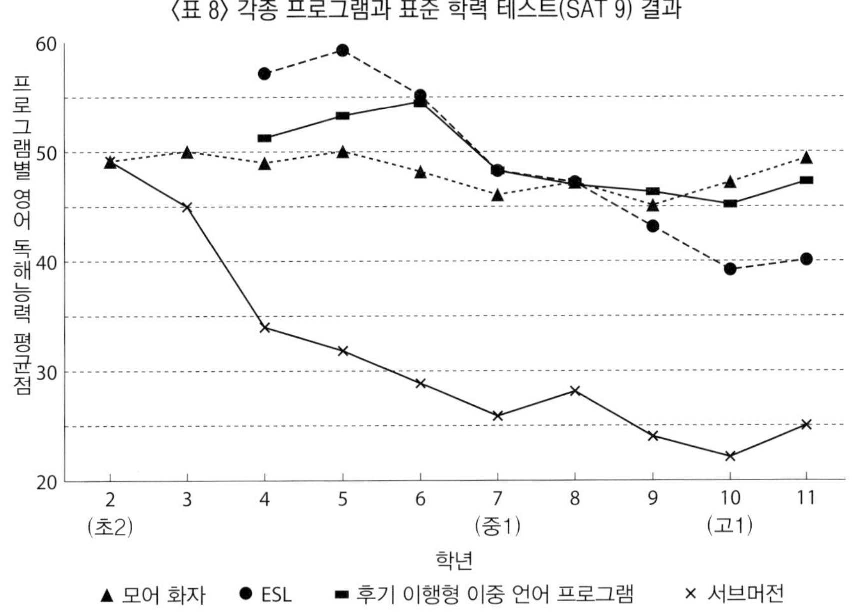

〈표 8〉 각종 프로그램과 표준 학력 테스트(SAT 9) 결과

4) 〈표 9〉와 같이 ITBS(학력 테스트)로 측정한 고등학교 2학년의 학력을 교과별로 살펴보면,
   초등학교 4학년 이후에 입국한 어린이들의 학력은 상대적으로 표준치에 가까운 경향을 보
   이는데 반해, 그 이전에 입국한 어린이는 학년 표준치에 도달한 과목이 전혀 없는 것을 알
   수 있다. 미국 입국 전에 L1으로 교육을 받아온 어린이는 5~7년 안에 각 학년에 기대되는
   수준에 가까워지는데 반해, L1으로 교육을 받지 않은 어린이는 체재 기간이 7년, 8년, 9년
   으로 길어진다. 즉, 영어를 접하는 양이 많음에도 불구하고 7년 내지 10년이 걸린다는 것을
   알 수 있었다. 요컨대, 교과 학습의 열쇠가 되는 것은 제1 언어로 어느 정도 학교 교육을 받
   았는가 하는 점이다.

〈표 9〉 고2 때의 교과별 학력 (ITBS 결과)

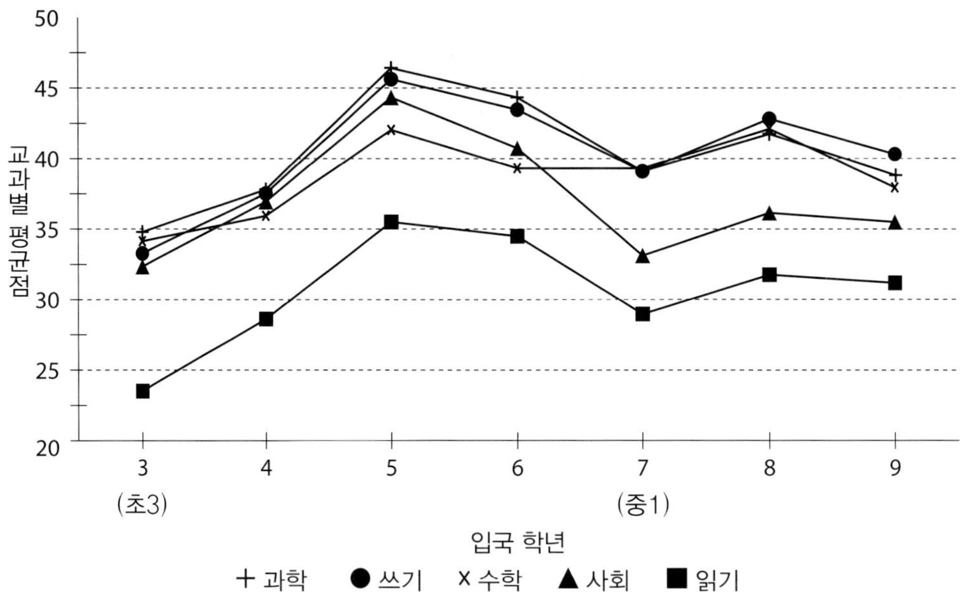

5) 중·고생이 되어 입국한 학습자(즉, 체재 기간이 3년, 4년으로 짧은 경우)는 영어 능력이 낮아 교과 학습이 곤란한 상황이다. 〈표 9〉로 알 수 있듯이 교과목 중에서 가장 어려운 것이 읽기이고, 다른 교과목(산수, 과학, 사회, 작문)과는 상당한 격차가 보인다. 이러한 경향은 학습자의 모어, 출신 국가, 사회 경제적 지위 등 개인적 요인과는 관계없이 공통적으로 나타나는 현상이라고 한다.

이상을 정리해 보면, 지원 프로그램으로는 양방향 이중 언어 프로그램과 후기 이행형 이중 언어 프로그램이 효과적이라는 것인 반면, 학습자를 가장 위험한 상황에 처하게 하는 것은 지원이 전혀 없는 상태로 방치하는 경우라고 한다. 마지막으로 이 조사는 L2 습득에 영향을 미치는 요인에 관한 문제 해결의 핵심은 학습자의 모어 능력이 계속적으로 발달하도록 돕는 데에 있고, 이러한 모어에 대한 지원이 길면 길수록 목표 달성에 유리하다고 결론짓고 있다. 즉, 언어 형성기 후반에 입국한 모어 숙달도가 높은 학습자가 L2로의 학력 획득에 유리하다는 것이다. 또한 가장 일반적인 지원 형태인 ESL 방식에 관해서는 일시적으로 효과가 있기는 하지만 소수 언어 학습자가 정규반으로 합류했을 때는 교과 학습에서 일반 학습자와의 격차를 좁힐 수가 없는 것이 문제라고 말한다.

이상과 같이 모어 지원 기간이 긴 프로그램 쪽이 영어와 산수 성적이 높고, 학교 적응(결석이 적으며 학습 태도가 좋다 등)에서 긍정적인 면이 많다는 결론을 내린 연구는 이외에도 많다(예: Ramirez, 1992; Lindhom-Leary & Borsato, 2006; Rolstad et al., 2005). 또한 모어 지원이 최소한 6년이 필요하다는 구체적인 숫자를 제시한 예도 있다(Howard et al., 2007).

콜리어(Colier, 1989)는 이동으로 인해 학교 언어가 L1에서 L2로 갑자기 바뀐 경우, 적어도 집에서

L1을 계속 사용하도록 부모를 계몽할 필요가 있다고 강조한다. 그렇지 않으면 L2로 하는 학습의 인지 수준이 떨어지기 때문에 인지 발달이 단절되거나 지체된다. 이를 피하기 위해서도 L1을 가정에서 계속 사용하는 것이 학력 면의 계속적인 발달에 열쇠가 된다고 다음과 같이 말한다.

> 아동은 학교에서 L2로 언어를 바꾸는데 거기에 교사가 부모에게 가정에서도 L2로 말하도록 권하면 부모와 자녀의 대화는 연령보다도 낮은 인지 수준이 된다. 반대로 부모와 자녀가 가장 잘 아는 언어로 이야기를 하면 아동의 연령에 맞는 인지 수준에서 말할 수 있다. 따라서 인지적인 면의 계속적인 발달은 학력이 낮은 부모의 경우라도 일어나는 것이다. 예를 들면, 질문을 하고 함께 문제를 해결하며 뭔가를 만들기도 하고 고치기도 하고 또는 요리를 하거나 인생 경험에 대해 서로 이야기를 나눔으로써 인지적인 면이 발달하는 것이다.
>
> (Colier, 1989:4)

유아 교육의 입장에서 다카하시(Takahashi, 2004)는 ELL 유아가 유치원 교육[11]을 받는 비율은 17%에 지나지 않아 초등학교 입학 시점에서 이미 불리한 입장에 놓이므로 국가적인 차원에서 유아기부터 만 8세 어린이를 대상으로 한 지원이 최우선적으로 이루어져야 한다고 주장한다. 무엇보다도 ELL 유아 수가 가장 많은 캘리포니아주 8 지역 교육국의 담당 부서 그룹이 입안한 '연구 성과를 토대로 한 유아 교육에 있어서의 ELL을 위한 6원칙'(2005)에서는 다음과 같이 모어의 중요성을 주장하고 있다.

1. 가정 언어는 아동의 인지 발달, 주위에 대한 이해, 늘기 시작한 문해력을 계속적으로 발달시키는데에 기초가 되는 필수 불가결한 요소이다.
2. 사회적, 정서적인 발달을 촉진하는 학습 환경이 될 뿐만 아니라 아동의 모문화·모언어를 긍정적으로 받아들이는 것이 학습 활동에 참여하는 데에 도움이 되며, 건전한 정체성 형성에 필요하다.
3. 한 언어 능력은 다른 언어 능력에 의해 강화된다. 따라서 효과적인 프로그램에서는 가정 언어와 영어, 양 언어를 사용할 기회를 만들어 의도적으로 두 언어를 지원할 필요가 있다.
4. 언어로 문화에 대한 효과적인 접근 방법은 가정과 학교와의 연계를 강화하여 아동의 첫 교사로서의 부모 입장을 지원하는 것이다.
5. 취학 전 아동(ELL)에게 필요한 교육에 부응하기 위하여 교원과 준교원 등 모든 조기 교육 종사자를 대상으로 연구 성과에 입각한 고도의 교사 연수가 필요하다.
6. 질 높은 취학 전 교육을 위하여 문화적·언어적으로 적절하고 또한 발달 정도에 맞춘 평가 방법이 필요하다.

---

11) 미국의 유아 교육에는 Head Start, Even Start, Adavance Program 등이 있는데, 모두 저소득층을 대상으로 한 것이다. 스페인어를 사용한 Head start에 관해서는 10장 285-288쪽 참조.

이상으로 각종 ELL 지원 프로그램을 살펴보았다. 지금부터는 전체적으로 어느 정도 효과를 거두고 있는지 알아보기로 한다. 캘리포니아주 입법 분석실(Legislative Analyst Office)의 힐(Hill, 2004)이 실시한 조사에 의하면 유치부 어린이부터 초등학교 6학년까지 7년간 지원을 받은 ELL 130만 명 중 ELL로부터 벗어난 유창한 영어 숙달도 구사자(FEP:fluent English Proficient)로 인정받은 아동은 실제로 반 정도 밖에 되지 않았다고 한다. 이것이 FEP로 인정하는 제도의 문제인지, 아니면 실제로 영어 능력 부족 탓인지는 모르지만, 영어를 습득하지 못한 채 학교를 떠나는 아동이 반 정도 가까이 되는 것은 분명하다. 물론, 교사의 언어 능력과 교수법이 문제도 있다. 캘리포니아주 ELL 교사 다섯 명 중 한 명은 이중 언어 구사자가 아니고 영어 교수법도 세 명 중 한 명은 구식의 ESL 방식으로 한다는 지적도 있다(Gandara et al., 2003).

PISA의 결과(2003)를 살펴보면, 앞에서 서술한 바와 같이 미국에서는 1세대 아동이 45%를 차지하고, 55%는 미국 출생의 2세대와 3세대 아동이다(Garcia, 2000). 캐나다와 달리 이들 아동의 영어 독해 능력이 영어 모어 화자에 비해 큰 격차를 보이는 것을 보면 모어를 이미 사용할 수 없게 된 아동들 중에 영어 능력이 약하고 학력이 지체되고 있는 경우가 있다는 것을 시사하고 있다. 이와 같은 2세, 3세대 어린이에게는 위에서 언급한 것과 같은 모어 사용 ELL 프로그램이 동일하게 효과가 있는지 어떤지는 큰 의문이다. 모어를 사용할 수 없는 2세대, 3세대 아동을 위한 ELL 프로그램의 재검토가 필요할 것이다.

4. 미국의 계승어 교육

2000년 이래 새로운 언어 교육의 움직임으로 손꼽힐 만한 것은 계승어 교육의 대두이다.

계승어 학습자는 HLL(Heritage Language Learner)로 불리는데, 지금은 마치 ELL의 또 다른 이름인 것처럼 널리 사용되고 있다. 계승어 교육은 캐나다에서는 1970년대, 1980년대에 걸쳐 활발하게 실시되었는데, 〈표 2〉의 역사적 경위에서 알 수 있듯이 미국에서는 '이중 언어 교육' 폐지와 동시에 부각되어 매우 활성화된 영역이다. 그러나 이 계승어 교육이 미국 사회에서 주목을 받기 시작한 것은 90년대 말이지만, 실제로는 공동체를 중심으로 한 계승어 학교와 주말 계승어 프로그램의 존재는 긴 역사를 가지고 있다. 다만, 이 분야가 언어 교육의 일부로서 공적으로 주목받지 못했을 뿐이다(Wiley & Baldés, 2000).

같은 계승어 교육이라고 해도 캐나다와 미국은 그 대상 연령이 크게 다르다. 캐나다에서는 유치부 어린이부터 중학생까지를 대상으로 하는데, 미국에서는 고등학생과 대학생이 중심이다. 그러나 공통된 목적이 있다. 캐나다 계승어의 목적은 우선 모어가 소수 언어 아동의 인격 형성에 중요한 역할을 한다는 인식과 캐나다의 언어 자원을 풍부하게 한다는 생각에 그 기초를 두고 있다. 미국은 후자 중심이다. 국가가 필요로 하는 고도의 외국어 자원(resource)으로 계승어를 인정하고 그것을 강화시켜 국가 안전 대책, 국제 외교상에 도움이 되는 실천 능력이 있는 인재를 양성한다는 것을 목적으로 하고 있다. 이를 위해 이미 기본적인 언어 능력 및 문화 능력을 갖추고, 모든 준비가 되어 있는 고등학생 및 대학생 수준의 계승어 화자가 바로 '국가 안전 위기 언어 프로그램'에서 원하는 후보자가 되는 것이다. 루이즈(Ruiz, 1984)의 용어를 빌리자면 '해결해야 할 문젯거리의 언어(language as a problem)' 라는 이름을 붙인 이주민의 언어가 이들을 받아들이는 나라에 의해 국가의 새로운 '자원으로서의 언어(language as resource)'로 탈바꿈하게 되었다는 것이다.

(1) 계승어 교육의 새로운 동향

계승어 프로그램이 주목을 받게 된 것은 1999년 9월 캘리포니아대학 롱비치캠퍼스에서 제1회 미국 계승어 전국 대회(National Conference on Heritage Languages in America)가 개최된 이후이다. 그 무렵 미국 국세 조사(2000년)에 의하면 학령기 어린이의 40%가 집에서 영어 이외의 언어를 사용하고, 민간 차원에서 실시되는 방과 후 학교나 주말 계승어 학교가 5,000개 이상이었다고 한다(Fishman, 2001). 피시먼(Fishman)은 이와 같은 계승어 학교가 몇 백만 미국인의 정체성 형성, 정체성 발견에 중요한 역할을 맡고 있는 곳임을 공적으로 인정해야 하고, 민간 교육이 공교육(고교)의 일부가 되고 대학의 코스가 된 것도 매우 다행스러운 일이라고 말하고 있다. 그 이후, 계승어 연구소(Heritage Language Institute, NHRC)가 설립되고, 2003년부터는 계승어 저널 『Heritage Language Journal』이 발간되고 있다. NHRC는 캘리포니아대학 로스앤젤레스캠퍼스의 계승어 학자 6명이 중심이 되어 2000년에 '미국 계승어 우선 연구 영역 회의(Heritage Language Research Priorities Conference)'를 개최하여 그 보고서를 제출하였다(http://www.cal.org/heritage/involved/hlprioritesconf00.pdf). 또한 전미 계승어 학교에 관한 기본 자료가 워싱턴 D.C. 응용언어연구센터 홈페이지에 공개되었고, 'Heritage Language Listserv'라는 정보 교환 인터넷 네트워크도 가동하고 있다. 미국 외국어 교육 관계 전국적인 조직인 미국외국어교육협회(ACTFL:American Council on the Teaching of Goreign Language)에서도 2008년도에 계승어 분회(Heritage SIG)가 생겼다.

일본어 교육에서도 2000년경을 계기로 계승어 교육의 움직임이 활발해졌다. 미국 일본어교사회(Association of Teachers of Japanese, ATJ)의 계승어 분회가 발족되었고, 2001년부터는 계승어에 관한 학회 발표가 ATJ 홈페이지에 게재되었으며, 2004년부터는 온라인 저널 형태로 회원지를 발행하고 있다(http://www.japaneseteaching.org/). 또한 대학의 일본어 프로그램 중에서 계승 일본어의 특별 코스가 있는 곳도 있다(예: 캘리포니아대학 로스앤젤레스캠퍼스). 이와 같이 가정에서 배운 계승어가 공적인 장에서 인정되고 눈에 보이는 형태로 고등학교와 대학의 성적에 반영된다는 것은 보호자와 민간 계승어 학교 입장에서 큰 디딤돌이 되며, 계승어 학습자 당사자에게도 계승어 학습을 계속하는 데에 큰 동기 부여가 되는 것이다.

대학이나 학회를 중심으로 한 움직임과는 별개로 민간 일본어학교는 어떨까? 제2차 세계대전 이전의 이주민과 미국으로 돌아간 일본계 2세에 의해 형성되어 온 일본계 사회가 주도권을 갖는 일본어학교가 캘리포니아를 중심으로 존속하고 있다. 그 밖의 큰 움직임으로는 해외 일본인 상사 주재원이나 외교관 자녀를 대상으로 하는 보충 학습 학교가 일본인의 현지 정주화(定住化) 또는 영주화(永住化)에 따라 일본계 자녀와 거의 구분되지 않게 됨에 따라 양자를 통합한 형태의 새로운 계승어 교육의 이념 및 방법론을 모색하기 시작한 것을 들 수 있다[12]. 보충 학습 학교의 본래 목적은 일본에 귀국하여 국내 학교에서 계속해서 공부할 일본인 자녀를 위한 모어로서의 일본어(JNL:Japanese as a Native Language)이지만, 귀국 예정이 없는 정착 그룹과 현지 출생 자녀를 위해서는 JHL 계승어로서의 일본어(Japanese as a Heritage Language)로서의 교육이 필요하게 되었다.

ATJ의 계승어 분회(Heritage SIG)를 중심으로 JHL 관점에서 독특한 시도를 매우 활발하게 하고 있다. 예를 들면, 미국의 랭기지 아트(language arts)와 독서 지도(Guided Reading)의 구성으로 일본어 읽기를 통하여 문제 해결 능력, 사고 능력, 비판 능력을 키우고자 하는 독특한 시도(津田 外, 2003)나 주(州) 표준의 교과 내용과 관련시켜 주말학교 교육 과정을 구축하고 교과 통합의 보호 기능(shelter)으로 가르치는 주말 계승어 프로그램(Douglas, 2005) 등은 주목할 만하다. 종래의 계승어 교육에서는 국어 교과서 내용을 일본어 능력이 약한 아동에게 어떻게 이해시키고 소화하게 할 것인가 하는 교육이 대부분이지만, 반대로 학습자의 입장에서 일본어 교육 내용을 현지 학교의 교과 내용과 연계시킨다는 새로운 실험이다. 또한 중·고·대학생을 대상으로 한 계승어 연구(Kondo-Brown, 2006; Kondo-Brown, K & Brown, J.D, 2008)와 보충 학습 학교 학습자를 대상으로 어휘와 문법을 대규모로 조사(片岡 外, 2005)한 것 등도 계승 일본어 교육 분야의 향후 발전에 귀중한 연구 자료이다.

(2) 계승어 학습자의 정의

미국의 계승어 학습자에 대한 정의는 일반적인 것으로 발데스(Valdés, 2000:p.1)의 '영어 이외의 언어를 쓰는 가정에서 자라 그 언어를 말하거나 혹은 이해할 수 있는 등, 그 언어와 영어 양쪽을 어느 정도 말할 수 있는 이중 언어 학습자'이다. 출생과 언어 능력을 영어와 관련지어 정의하고 있다. 이에 반해, 아시아계 계승어 전문가 콘도 브라운과 브라운(Kondo Brown & Brown, 2008)은 '주로 가정에서 외국 출생 부모 또는 그 밖의 가정 구성원과의 접촉을 통해 주요 언어 이외의 언어·문화를 습득한 학습자'(The UCLA Steering Committee, 2000)라고 하여 출생과 언어 능력은 언급하지 않고 습득의 장(가정 중심)과 습득 방법으로 정의하고 있다.

양쪽 모두 언어문화 공동체와의 관계라든가 복수 언어문화 공동체에서 자신의 정체성에 대해 고민하는 학습자의 양상은 보이지 않는다. 가정에서 계승어를 접하며 자라는 어린이라고 해서 모두 계승어 화자가 되는 것도 아니고, 최근 몇 년에 세계화와 동반하여 미국에서 늘고 있는 국제 입양아, 어린 시절 외국에서 자라 고도의 현지어를 구사하는 아동 또한 정상의 부모를 두어 가정에서 수화를 계승받지 못한 청각 장애아나 선주민의 자녀는 어떻게 정의되는 것일까? 다언어·복수 언어 시대에 보다 적합한 정의로 혼버거와 왕(Hornberger & Wang, 2008; 27)은 '(미국의) 계승어 학습자란 영어 이외의 특정 언어와 가족 혹은 조상이 관련되어 있고, 그 특정 계승 언어·문화에 대한 학습 여부를 본인이 주체적으로 정하는 사람'이라고 계승어 학습자를 중점에 두고 정의하고 있다. 한 개인이 주어진

환경을 '이중 문해력 연속체 모델[13]'(Continua of Biliteracy)을 기초로 다각적으로 분석한 후에 개인의 선택에 따라 계승어 학습자가 되므로 그 지도에 있어서도 학습자 참가형이어야 한다고 말한다. 이와 같은 정의는 자신의 입장을 객관적으로 보고 분석할 수 있고, 자주적으로 선택할 수 있는 중 · 고등학 생인 계승어 학습자나 혹은 계승어 교육에 적합한 것이라고 할 수 있을 것이다.

계승어 학습자가 아니라 계승어 자체에 초점을 두면 발데스(Valdés, 2000:1)는 가정에서 익힌 계승 어의 특징으로 다음 다섯 가지를 들고 있다.

    (1) 4 기능이 불균형적이다. 듣기 능력은 강하지만 말하기 능력이 약하고, 읽기와 쓰기는 더욱 약하다.

    (2) 문법 구조 일부가 미습득, 가정에서 사용하는 것만으로는 익히기 어려운 문형과 기능이 있다.

    (3) 교과 학습 언어(CALP)가 결여되어 학문적인 내용에 대한 이야기는 하기 어렵다.

    (4) 문장어와 그 문체가 습득되지 않는다.

    (5) 지역 공통어 특유의 문제(즉 방언)가 있는 경우가 많다.

계승 일본어에 대해서도 동일하다고 할 수 있지만, 더글러스(ダグラス, 2007)[14]는 가정을 중심으로 하는 계승 일본어에 대해 다음과 같은 특징이 있으며, 또한 이를 기초로 교수 방법이 외국어 교육과 어떻게 다른가에 대해서 다음과 같이 서술하고 있다.

계승어의 경우는 주로 가정에서 획득하고 제한된 접촉 장면에서 이루어지는 습득 형태이므로 예를 들면, 경어 의식이 없고 조사(助詞)가 누락되거나 단락 구성이 결여되는 문제가 생기기도 한다(中島, 2001;161). 영어가 우세한 1언어형 이중 언어로 이행되는 경향이 있고, 조사나 문형이 중학생이 될 때까지 습득되지 않기도 한다(片岡　外, 2005). 일상 회화는 가능해도 학습 언어는 미발달하는 경우 등 '각 영역에 있어 언어 능력의 불균형'(Valdés, 1995)이 보이기도 한다. 따라서 이러한 특성을 갖는 계승어 교육에서는 미발달 영역을 점차로 보충해 가는 접근법이 필요하다. 이것은 단어에서 단문, 복문, 담화 등의 순으로 즉, 작은 단위에서 큰 단위로 학습을 진행하는 외국어 교육의 접근법과는 다르다.

---

13) 언어를 생태학에 비유하여 언어의 에코시스템에 따라 자연 도태하는 것(language evolution), 정치적, 사회적, 경제적, 문화적 환경에 따라 변화하는 것(language environment), 충분한 환경 지원이 없는 경우는 다른 언어의 압박에 의해 소멸 또는 축소 위기에 노출된 것(language endangerment)이라고 보고 언어를 네 가지 언어의 압박에 의해 소멸 또는 축소 위기에 노출되는 것(language endangerment)이라고 규정하고, 언어를 네 가지 측면에서 분석하는 이중 문해력 연속체(continual of biliteracy)를 제창하고 있다. 네 가지 측면이란 맥락(context), 내용(content), 매체(media), 언어 능력(development)이다(Hornberger, 2003).

14) 모어 · 계승어 · 이중 언어교육연구회(母語 · 継承後 · バイリンガル教育研究会) 2007년차 대회 강연 자료.

앞에서 언급한 미국의 양방향 이머전 프로그램은 학습자의 모어를 사용하는 수업이 편성되기 때문에 당연히 계승어 교육과 관련이 있으므로 이 프로그램은 계승어의 입장에서 평가되어도 좋다. 실제로 8개 주에서 스페인어/영어 양방향 이머전 11개교 300명(유치부~초5)을 대상으로 온라인 면담, 작문(1년 3회), 교과목 테스트에서 2언어 능력을 조사한 크리스티앙(Christian, 2008)에 의하면 계승 스페인어는 3학년 정도부터 5학년에 걸쳐 구어체가 늘고, 쓰기 능력도 3년 사이에 향상되지만 개인차가 심하다. 프로그램의 비교에서는 L1 90%~L2 10% 사용에서 시작한 쪽이, L1 80%~L2 20% 사용보다 다소 유리하다고 한다. 스페인어 능력은 양쪽 다 영어 화자보다 계승 스페인어 화자 쪽이 우월하지만, 영어 능력에서는 두 프로그램 다 동일하게 높은 성적을 거둔다고 한다. 이 결과를 보고 크리스티앙은 '양방향 이머전 방식이 학습자의 계승어(스페인어) 보존·발달에 기여할 것이라고 본 우리의 가정(假定)을 입증한 것이다'(Christian, 2008: 263)라고 말하고 있다. 린드홀름 리어리(Lindholm-Leary, 2001)가 실시한 양방향 이머전 방식 초등학교 16개교 조사에서도 이행형 이중 언어 프로그램과 비교하여 6학년까지 스페인어의 향상이 보이고, 이로 인하여 영어 능력이 쇠퇴하는 일은 없었다고 한다. 가정에서의 계승어 사용 등에 관한 자세한 언어 환경은 알 수 없지만, 어린 시절부터 학교에서 수업 언어로 계승어를 사용함으로써 가정에서는 좀처럼 늘지 않는 계승어의 문해력이 향상되는 점, 그리고 이것이 영어 발달을 저지하는 것이 아니라 오히려 영어 문해력 획득에 공헌하는 경향이 있다는 것을 미국의 이머전 프로그램이 보여 주고 있다.

(3) 선주민을 위한 계승어 통합 이머전

미국에서는 원주민의 언어도 계승어로 간주하여 계승어 이머전 교육을 실시하고 있다. 맥카터(McCarty et al., 2006)에 의하면 미국에는 175개 정도의 선주민 언어가 사용되고 있는데, 그 중에 현재 자연스럽게 계승되고 있는 언어는 단 20개에 불과하다. 그리고 그 84%가 계승자가 없는 상황에 처해 있다. 대부분의 선주민 자녀는 공교육에서 유아기부터 영어로 교육을 받고 있는 데도 불구하고, 영어 능력이 충분하지 못하여 1999~2000년에는 10%가 넘는 수의 어린이가 ELL로 분류되기도 했다고 한다. 이주자의 언어와는 달리 선주민의 언어는 새로운 화자가 외부로부터 추가되는 일이 없어, 위세를 떨치는 주요 언어(영어)의 희생양이 되어 소멸 위기에 처해 있는 것이다.

이러한 소멸에서 구제 또는 활성화하는 가장 효과적인 방법은 '계승어 통합(total) 이머전 교육 프로그램'이다[15]. 예를 들면, 애리조나주 나바호어 이머전 프로그램(window Rock Unified School District)은 1986년에 일부 공립 초등학교에서 도입하기 시작한 것인데, 현재는 유치부 과정부터 초등학교 2학년까지 100% 계승어를 사용하고 점차 영어로 하는 수업을 늘려가는 후기 이행형 이중 언어 교육을 실시하여 효과를 얻고 있다고 한다(Arviso & Holm, 2001). 또한 하와이어 이머전(Papahana Kaiapuni) 프로젝트는 주의 교육법을 바꾸어 하와이어를 수업 언어로 사용할 수 있도록 하는 것에서

---

15) McCarty는 계승어 이머전 외에 유효한 방법으로 두 가지를 지적하고 있다. 하나는 선주민 차터스쿨(charter school, 예: Bahidaj High School), 또 하나는 알래스카주의 선주민을 위한 수의 표준(The Alaska Standards for Culturally-Responsive Schools)을 개발한 결과, 176개교, 20,000명 학생의 학습 능력이 향상되었다고 한다.

비롯되어 1970년 당초에는 뉴질랜드의 유아 프로그램을 본보기로 한 소규모의 프로그램이었는데, 그 이후 유치부 과정부터 고등학교까지의 공립학교로 발전했다. 현재는 대학까지 보유한 교육 기관으로 발전하여 영어 능력 및 학습 능력 면에서 큰 성과를 올리고 있다고 한다. 이머전 교육을 실시하는 16개교 중 13개교 초·중·고교 교사 41명(교장 4명을 포함)을 대상으로 이러한 프로그램이 교사 개인의 의식을 어떻게 바꾸었는지에 대한 주제로 28 항목에 걸친 면담 조사를 한 연구에 의하면 교사의 의식이 다음과 같이 바뀌었다고 한다(Yamauchi, et al., 2000). 먼저 1) 교사 자신이 하와이 언어·하와이 문화에 대한 생각이 달라지고 자기 자신의 정체성 획득으로 연결된 점 2) 수업 언어를 단지 영어에서 하와이어로 바꾼 것에 그치지 않고(즉, 언어 문제가 아니라) 교육 과정 전체를 하와이의 문화적 가치관을 기초로 하여 재편성할 필요가 있음을 깨닫게 되었다는 점 3) 하와이 출신이라는 것과 관련된 어두운 이미지를 스스로 털어내는 그런 과정이기도 했다는 점 4) 하와이 태생의 의미(하와이어를 다시 살림으로써 하와이언(Hawaiian)의 권리와 자존감을 회복하는 것)를 이해할 수 있었다는 점 등이다.

선주민의 이머전 프로그램은 특별한 문제를 안고 있다. 학교 안에서 계승어 사용을 지원하는 가정과 지역 공동체가 없는 점, 학교 문화가 반드시 전통적인 선주민 문화라고 제한하지 않는 점 등이다. 이로 인하여 학교라는 형태에서 벗어나 가정과 지역 공동체의 기능을 활용하는 형태로 이머전 교육을 시도하는 곳도 있다. 예를 들면, 1995년에 시작된 캐나다 퀘벡주 모호크어 이머전 교육이 그 예이다. 전통적인 학습의 장인 가정을 학교 안에 조성하기 위해 편안한 소파를 놓고 교실 벽을 없애 가정적인 분위기를 자아내고 복수 연령반을 만들어, 보다 전통적인 선주민 특유의 학습 양태에 가까운 방법으로 시도하여 성공을 거두고 있다(Hepburn, 2006). 소멸의 위기에 처해 있는 소수 언어 교육의 모델로 참고가 되는 사례라 할 수 있다.

일본의 언어 교육 실태

제4장 이중 언어 교육의 실태-일본

일본에서는 이중 언어, 다언어 인재를 육성하기 위해 어떻게 하고 있을까? 앞 장에서 캐나다와 미국의 공교육에서 이루어지는 다양한 연소자 언어 교육을 살펴보았는데, 일본의 공립 초 · 중학교의 연소자 언어 교육에서는 어떠한 노력을 하고 있을까? 물론 일본어만이 학교 언어인 일본에서는 일본어 이외의 언어는 안중에도 없고, 외국어로는 영어만이 주목을 받는 경향이 있다. 이 영어 교육도 대상 연령이 낮아져 커다란 전환점을 맞이하고 있다. 앞으로 초등학교에서 영어 교육은 어떻게 전개될 것인가? 국제 사회에서 활약할 일본인을 육성한다는 취지에서 향후 근본적인 언어 정책의 개혁이 기대된다.

그러나 공교육이 아닌 사립학교 및 각종학교[1]를 살펴보면, 놀랄 만큼 다양한 언어 교육이 실시되고 있다. 이 중에는 일본인 아동을 대상으로 한 영어 이머전 교육이 있는가 하면, 언어적으로 소수의 한국어 화자 및 화교라고 불리는 중국어 화자를 대상으로 한 한국어 이머전 교육, 중국어 이머전 교육이라고 할 수 있는 예도 있다. 또한 일본의 이중 언어 육성에서 명심해야 할 것은 1970년대부터 고도 성장기에 해외 시장 개척을 위해 진출한 일본 기업의 융성으로 인해 해외에서 학령기를 지낸 일본인 자녀를 위한 교육이다. 귀국 후 일본의 학교 제도에 무리 없이 재적응하기 위하여 세계 각지에 전일제 일본인학교 및 보충 학습 학교가 설치되었다. 이 중 보충 학습 학교는 현지 학교 교육과 병행하여 결과적으로 많은 이중 언어, 다언어 구사자를 길러내고 있다. 일본어를 제1 언어로 하는 이중 언어 육성에 관한 경험과 지식은 주로 이러한 해외 귀국 자녀 교육을 통하여 축적되어 왔다고 해도 과언이 아니다.

또한 언어적으로 소수인 아동의 교육은 어떤가? 통칭 올드커머(old comer)라고 하는 재일 한민족의 언어와 민족문화 교육이 일부 공립학교에서 실시되어 온 역사가 있다. 나아가 1970년대 이후 일본의 학교에 뉴커머(new comer)라고 불리는 외국인 아동이 다니게 되면서 공교육 현장에서 현재, 일본어를 모르는 아동을 어떻게 다룰 것인지에 대한 커다란 과제를 안고 있다. 일본에 새로 이주한 아동의 교육은 앞으로 저출산, 고령화가 계속해서 진행됨에 따라 외국인에게 노동력을 의존할 수밖에 없는 일본의 미래와 깊이 관련되는 문제이다. 미국, 캐나다 등의 이민 선진국의 경험에서 많은 것을 참고로 하여 일본의 독자적인 해결 방법을 모색하는 것이 급선무일 것이다.

1. 일본의 연소자 언어 교육 개요

이중 언어 육성이라는 입장에서 일본의 연소자를 대상으로 한 언어 교육의 현황을 정리해 보면 〈표 1〉과 같다. 먼저 A. '일본인 자녀를 대상으로 하는 언어 교육'과 B. '소수 언어 교육'으로 크게 나누

---

1) 각종학교(各種學校)란 일본학교교육법 제1조에 규정되어 있는 학교(1조교:1學校) 이외의 학교 교육과 유사한 교육을 하는 곳으로, 인가가 필요하다. 교양, 요리, 재봉 등 분야를 교육하는 시설로 설치되어 있고, 재수생 학원, 자동차 학원 등도 각종 학교인 곳도 있다. 인터내셔널 스쿨 및 한국인 학교 등 민족 학교도 대부분 각종 학교이다(역주).

고, A를 다시 국내와 국외로 나누었다. 국내 공교육에서는 a. 국어과에 '교과목으로서의 영어 교육'인 데 반해, 사립학교 및 민간 교육 기관에서는 b.'일·영 이머전 프로그램' 등, 보다 다양한 영어 교육이 실시되고 있다. c. '귀국 자녀 교육' 과 지금까지 전혀 생각하지 못했던 수화(手話)로 하는 수업, d.'청각 장애아를 위한 수화 이머전 교육'이 현재 일본에서 시작되고 있다.[2] 국외로 시선을 돌리면, e. '해외 자녀 교육'이 있다. 이 중에는 귀국하는 일본인 자녀와 국외에 정착하는 일본계 자녀가 모두 포함되어 있다.

B. '소수 언어(Minority language) 교육'에서는 먼저 3. '민족 계승어 교육'의 역사를 살펴본 후에 f. '민족 계승어 이머전 교육', g. '공립 초·중학교 민족 학급 교육', 4. '국제어를 수업 언어로 하는 외국인학교 교육, 5. '신 이주민 자녀 교육'으로 나누어 볼 수 있다.

이 장에서는 영어 교육과 관련된 a와 b, 해외 아동 교육(e), 소수 언어 교육과 관련된 3과 4에 대하여 언급하고 신 이주민 자녀 교육에 관해서는 다음 5장에서 다루기로 한다.

〈표 1〉 일본의 연소자 언어 교육[3]

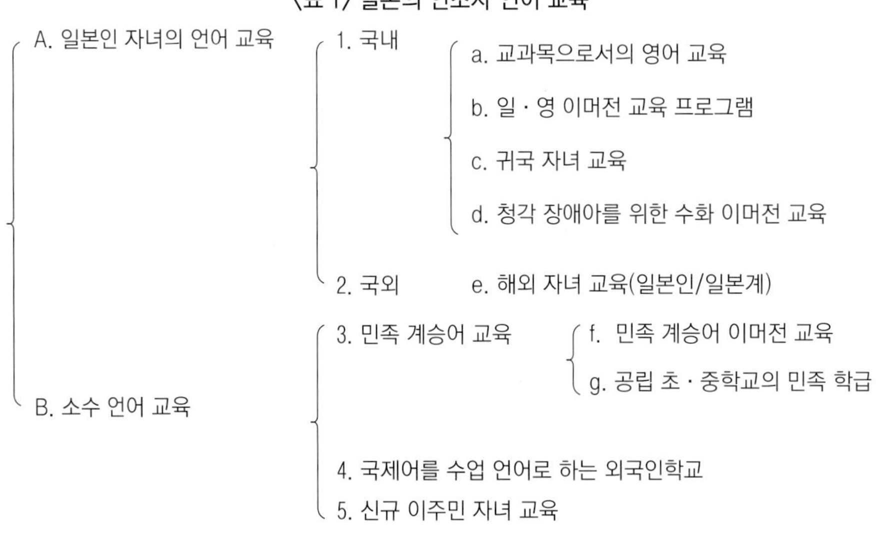

2. 영어 교육

일본의 영어 교육은 교과목으로서의 영어 교육과 이머전 방식의 영어 교육으로 나눌 수 있다.

(1) 교과목으로서의 영어 교육

공교육에서 영어 교육은 중학교부터 시작되므로 초등학교에서의 영어 교육은 사립학교가 중심이었다. 이것이 바뀐 것은 아주 최근의 일이다. '21세기 일본의 구상(21世紀日本の構想, 2000)'에 근거하여 '영어가 사용 가능한 일본인 육성을 위한 행동 계획(2003)'에서 일곱 가지 시책이 나와 있다. 대

---

2) 일본 수화를 수업 언어로 하는 사립 초등학교(明晴学園)가 2008년에 도쿄 시나가와구(品川区)에 처음으로 생겼다.

3) 이 장에서는 언어 교육과 관계가 있는 소수 언어 집단을 중심으로 하기 때문에 아이누, 동화(同和) 지구, 아메라시언(Amerasian)의 문제는 지면상의 문제로 다루지 않는다.

부분이 중고생을 대상으로 한 것인데, 이 행동 계획에는 '초 · 중학교의 영어 회화 활동 지원'이라는 내용이 포함되었다. 이때 처음으로 공교육에서 초등학교 영어가 자리 잡게 된 것이다(湯川, 2008a). 이를 계기로 연구 지정 학교라는 형태로 초등학교 영어 교육이 전국에 보급되었으나, 실제 영어 지도는 종합 학습 시간[4]에 영어 활동을 허용하는 수준이기 때문에 영어 교육이 전국에 보급되었다고는 해도 정도의 차이가 상당히 크다. 교육개혁특구(敎育改革特區)[5]가 되어 초등학교 영어에 주력하는 곳에서는 주 1~2시간 영어 학습이 있는데, 전국적으로 평균 6학년이 연간 13.7시간, 즉 월 1~2회 영어를 공부하는 정도이다. 50% 이상이 담임 혼자서 영어 수업을 하고 영어 지도를 위한 원어민 보조 교사(Assistant Language Teacher, ALT)가 참여하는 수업은 2%에 지나지 않는다.

이와 같이 학교마다 사정이 다른 점을 시정하기 위하여 2007년 11월 중앙교육심의회는 차기 지도 요령 개정에서 연간 35시간의 '외국어 활동(가칭)'을 추가한다고 발표했다. 그렇다고 영어 수업이 정규 과목이 된 것은 아니고 여전히 종합 학습 시간의 일부이기 때문에 평가도 이루어지지 않으며, 초등학교 영어 교원 자격 과정을 설치하여 전임 교원 및 JLT(일본인 외국어 지도 보조 교사) 육성하려는 계획조차 없는 상태이다. 앞으로 ALT(원어민 보조 교사)의 확보 및 사용 교재 등 과제도 많다(産経新聞, 2007.11.21).

영어 교육 대상이 저학년화하는 경향은 피할 수 없는 일이라고 인식은 하고 있어도 '영어가 사용 가능한 일본인 육성'과 어떻게 연결시킬 것인가 하는 점에서는 전혀 전망이 보이지 않는 것이 현 상황이다. '조기 영어 교육은 필요하지 않다. 중학교부터라도 충분하다'는 생각이 만연한 가운데 문부과학성 모 장관의 '일본어도 제대로 못하는데 외국어를 배운들 무슨 소용이 있는가!'(日経新聞, 2007.11.26)하는 발언에서 알 수 있듯이 영어를 초등학교에서 도입하는 것은 다시 말해 '국어에 소홀해진다'든가, '국어 능력이 떨어진다'는 것과 통한다고 보고 있는 듯하다. 언어 그 자체를 이해하기 위해서는 한 가지 이상의 언어에 접하는 것이 불가결하고 어릴 적부터 다른 언어를 접함으로써 언어 그 자체에 대한 이해 즉, 메타 언어에 대한 인식이 생기며, 이 메타 언어 인식이 제3 언어, 제4 언어 습득에 도움이 됨과 동시에 오히려 국어 능력의 증진에도 기여한다는 지금까지의 이중 언어 교육에서 얻은 경험과 지식은 전혀 활용되고 있지 않다. 이러한 점에서 일본의 공립학교 어린이들에게는 커다란 손실이라고 할 수 있다.

그러나 시대의 요청에 따라 일본의 교육도 달라지고 있다. 첫 번째는 2003년부터 교육 특구라는 형태로 지역 공동체의 특색을 살린 교육 시책이 가능해졌다는 점이다. 이 중에도 가장 인기가 있는 것이 영어 교육 특구이다[6]. 예를 들면 아이치현 도요하시시(豊橋市)에서는 '초 · 중학교에 걸쳐 일관

---

4) 이는 정규 교과 시간이 아니라 한국의 특별 활동시간에 해당한다고 볼 수 있다.(역주)

5) 교육 기본법(1947)을 2006년에 개정하고 정부의 기본 방침을 참작하여 지역의 실정에 맞추어 지방 공공 단체가 제시한 지침에 따라 각종 법률의 조항을 특별히 완화하여 지금까지는 힘들었던 지역적 특성에 맞는 교육을 제공하기 위해 교육 개혁 특구를 설정한 것이다.

6) 여기에서 다루는 아이치현 도요하시시의 사례 외에 미야기현(宮城県)의 '초등학교 영어 교육 추진 특구', 후쿠시마현(福島県)의 '고리야마시(群山市) 초 · 중학교 영어 교육 특구', 이바라키현(茨城県)의 '미토시(水戸市) 유 · 초 · 중 영어 회화

된 영어 교육 〈영어 회화가 가능한 도요하시 아이들〉의 육성'을 목표로 2005년부터 특구로 인정받아 영어 교육에 힘쓰고 있다. 초등학교 3~5학년은 연간 35시간(이 중 20시간이 영어 회화), 중학생은 연간 140시간(주 4회, 이 중 35시간이 영어 회화)영어 공부를 한다. 3~4학년의 경우는 학교 지원 도우미(School Assistant)와 담임 교사, 5~6학년의 경우 ALT와 담임 교사가 영어 교육을 담당한다.

두 번째는 저출산으로 아동이 감소하여 초·중 통합 학교가 전국적으로 증가하는 점이다. 언어 교육은 학령기 전체를 통해 장기적인 계획이 필요 불가결하므로 이러한 교육 체제의 변혁이 보다 일관성 있는 고도의 영어 교육으로 연결될 가능성이 높다. 또한 국가 정책의 하나로써 일본이 국제 사회에서 지도력을 발휘하기 위해 필요한 외국어 능력 보유자를 계획적으로 육성하는 일도 생각할 수 있다. 예를 들면 지역성을 살려서 중국어를 주요 외국어의 일부로 도입하는 학교나 외국인이 집중 거주하는 지구라는 특성으로 스페인어 및 포르투갈어를 도입하는 학교와 같이 지역의 특수 사정을 고려한 갖가지 언어로 짝을 이룬 이중 언어의 기초를 만들어 일본에 많은 언어 자원을 확보하는 일도 결코 꿈 같은 이야기가 아니다. 또한 당연한 일이지만, 캐나다의 불어 프로그램과 같이 보호자 및 학습자가 복수 프로그램 중에서 자유 선택할 수 있듯이 일본에서도 일반 학습자를 위한 영어 교육과 복수 언어의 인재 양성을 목표로 하는 특수 외국어 교육 프로그램을 만들어 학습자로 하여금 선택하게 하는 일도 필요할 것이다.

한편 같은 영어 교육이라도 사립학교는 사정이 다르다. 이미 오래 전부터 영어 교육이 활발히 이루어지고 있고 1880년대까지 역사를 거슬러 올라간다. 쓰루타(鶴田)의 조사(2003)에서는 2003년 기준으로 전국 164개교의 사립학교 중, 126개교 초등학교에서 영어를 1학년부터 6학년까지 계속 가르쳤고 프로그램은 일부 예외를 제외하고 주 1~2회, 1회 40~45분 수업으로 원어민 교사가 상주하고 있는 학교가 ⅔나 있었다. 다만 영어 외의 언어로는 불어를 가르치고 있는 곳이 2개교, 불어와 영어 중 하나를 선택하는 곳이 1개교, 영어·스페인어·한국어 중 하나를 선택하는 학교가 1개교밖에 없었다. 다언어 육성이라는 측면에서는 사립학교도 상당히 빈약한 실정임을 알 수 있다.

학교 교육이 아닌 민간 영어 교육 기관을 살펴보면 수적으로 상당히 많다. 여기에서도 주목되는 점은 최근 교육 대상이 저연령화되고 있다. 미취학 아동을 대상으로 하는 하루에 몇 시간씩, 주 1~5일 프로그램도 종류가 많고, 또한 보육과 영어 교육을 통합한 교육 기관이 전국에 293개교나 있다(アルク『子どもの英語カタログ 2003』).

(2) 이머전 방식의 영어 교육

이러한 상황에서 예외적인 존재가 이머전 방식을 도입한 일·영 이중 언어 교육이다. 앞 장에서 살펴본 가토학원(加藤学園)이 가장 선구적인 역할을 해 왔으나, 앞으로는 이와 동일한 형태 또는 일본에 맞는 독자적인 새로운 형태의 프로그램을 만들어 내 초·중 통합 학교인 사립학교 등에서 실시될 가능성이 높다. 실제로 이미 2005년에 '군마 국제 아카데미'가 군마현(群馬県) 오타시(太田市)에

교육 특구', 이시카와현(石川県) 가나자와시(金沢市)의 '세계 도시 가나자와 초·중 일관 영어 교육 특구'. 나가노현(長野県)의 '영어 교육 추진 특구' 아이치현(愛知県)의 '국제 공생 도시·도요하시 영어 교육 추진 특구' 등이 있다.

특구 제1호로 발족되었다. 초등학교 1학년부터 약 65%(영어), 35%(국어와 사회가 일본어)의 비율로 영어와 일본어를 사용하는 부분 이머전 방식으로, 2008년에는 최고 학년이 중학교 1학년이었는데, 앞으로 고등학교 3학년까지 연장하여 두 개의 언어를 원어민 수준에 도달하는 것을 목표로 하고 있다. 또한 국제 공항이 있는 치바현(千葉県)에서는 국제적 사업을 유치하기 위하여 치바시가 구조 개혁 특구 신청을 한 결과, 2009년 4월에 국어 외는 영어로 수업하는 유치원과 초등학교 인터내셔널 스쿨을 개교하였다[7].

◆ 가토학원 교슈초등학교(加藤学園暁秀初等学校)의 이중 언어 코스

1992년에 29명으로 시작한 일·영 이중 언어 코스가 있는 학교로, 일반 국정 교과서를 사용한 정규 코스와 병행하여 선택제로 운영되고 있다. 1994년에는 일·영 이중 언어 코스에 유치부를 개설하여 만 3세 아동부터 입학할 수 있다. 1998년에 제1회 졸업생이 나온 것을 계기로 중학부를 개설하였고, 2004년에는 IB(International Baccalaureate)[8] 코스가 병설되었다. 처음부터 벽이 없는 교실을 만들어 한 시대를 풍미한 '개방형 학급'을 최초로 도입한 학교이다. 학생 수는 유치부가 152명, 초등학교 1~6학년이 273명, 중학교부터 고등학교가 113명으로 합계 538명이다. 유모토(湯本, 2003)에 의하면, 이 학교가 목표로 내세우고 있는 것은 다음의 네 가지이다.

1. 영어를 모어로 하는 같은 연령의 학습자와 영어로 의사소통이 가능하며, 영어를 사용 언어로 하는 학습 환경에서 생활할 수 있다.
2. 통상적인 일본어 능력 향상을 지향한다.
3. 해당 학년의 교과 내용을 공부한다.
4. 일본인으로서의 정체성을 유지하면서 외국어와 외국 문화를 이해하고 존중한다.

유모토(湯本, 2003)의 연구 자료를 기초로 유치부부터 초등학교의 언어 수업 시간 비율을 정리하면 〈표 2〉와 같다. 유치부의 수업 언어는 일본어와 영어가 각각 50%씩, 초등학교 1- 2학년은 약 30%(일), 70%(영), 3학년은 약 40%(일), 60%(영)로 점차적으로 일본어 수업을 늘려 5-6학년이 되면 다시 일본어와 영어 수업 시간이 각각 50%씩 배정된다. 교육 과정은 영어 과목을 제외하면 문부과학성의 학습 지도 요령에 준하여 실시하는 것이 원칙으로 되어 있기 때문에 산수와 과학은 일본 검정 교과서를 영어로 번역하여 사용하고 있다. 언뜻 조기 통합 이머전 방식처럼 보이지만, 보스트윅(Bostwick) 교장에 의하면, 전 학년에 일본어 (L1)으로 진행하는 수업이 있다고 한다. 그러므로 이 학

---

7) 일본에서 처음으로 '1조교(一条校)'가 된 인터내셔널 스쿨로, 해외 귀국 자녀와 외국인 사업가 자녀가 거의 동일한 인원수로 입학한다. 정원은 유치원이 한 학년에 2학급씩 40명으로 총 120명, 초등학교는 한 학년에 48명씩 총 288명이다. 교육 과정은 국제적으로 통용하는 내용을 담고 일본인과 외국인 양쪽에서 필요한 교육적 대응을 한다(日経新聞, 2006.6.14).

8) 스위스의 국제 바칼로레아 기구가 정한 교육 과정을 수료하면 얻을 수 있는 자격으로, 세계 각지의 유명 대학에 입학시험을 치를 수 있는 자격이 주어진다.

교의 이중 언어 코스는 부분 이머전 방식을 취하고 있다. 캐나다의 이머전 프로그램의 원형과 크게 다른 것은 국어(일본어) 수업이 전 학년에 매일 있다는 점이다. 즉 읽기와 쓰기 지도에서는 불어 이머전 교육과 같이 L2 선행이 아니고 영어(L2)와 일본어(L1)의 읽기와 쓰기가 동시에 진행된다.

영어를 수업 언어로 하는 교과목은 1~2학년에서는 산수 6(시간), 생활과 3, 보건 체육 3, 음악 2, 미술 2, 영어 4, 컴퓨터 1로 주당 총 21시간, 3학년에서는 산수 5, 사회과 3, 과학 3, 보건 체육 2, 음악 2, 미술 2, 영어 3, 컴퓨터 1로 총 21시간, 4학년부터 6학년까지는 산수 5, 사회과 3, 과학 3, 보건 체육 2, 영어 3, 컴퓨터 1, HR(Home Room) 1로 총 18시간이다.

<표 2> 가토학원(加藤学園) 이머전 프로그램의 2언어 사용 구분

6학년		
5학년	L1(50%)	L2(50%)
4학년		
3학년	L1 (약 40%)	L2 (약 60%)
2학년	L1(약 30%)	L2(약 70%)
1학년		
유치부	L1(50%)	L2(50%)

L1:일본어 L2:영어

5년째에 실시된 5학년 학생의 프로그램에 대한 평가 연구에 의하면, '진단적 학력 검사'와 시즈오카현의 '초등학교 학력 진단 검사'를 이용한 산수와 국어의 학력 평가에서는 정규 코스의 학생과 비교하여 거의 같은 수준의 결과를 얻었다. L2로 수업을 받더라도 학력 면에서는 전혀 손색이 없다는 캐나다의 불어 이머전 교육에서 나온 결과와 동일하다.

영어 능력은 아이오와주의 표준 테스트를 이용하여 조사한 결과, 미국 3학년 수준(즉 2년 늦음)에 해당하는 능력이 있다고 판정되었다(Bostwick, 1999). 이 중에는 상당히 높은 평가를 받은 학생도 몇 명 있고 평균적으로 10단계의 독해 능력 평가에서 7.6, 관용 표현력에서 7.5, 듣기 능력은 4.8이었다. 같은 연령의 영어 모어 화자와 직접 교류하지 않는 환경에서 듣기 능력이 연령에 상응하는 수준에 이르기는 어렵겠지만, 독해 능력에 관해서는 서로 다른 두 문자 체계를 동시 진행해도 고도로 신장될 가능성이 있음을 보여 준다.

필자가 방문했을 때의 인상은 전체적으로 밝고 따뜻한 분위기에서 일본의 보통 학생들이 발랄하게 구김살 없이 학습에 임하고 있었고, 다른 보통의 일본 학교와 전혀 다른 점을 느낄 수 없었다. 산수 시간에 영어를 모어로 하는 교사의 질문에 대하여 전원이 영어로 대답하는 것이 오히려 이상할 정도였다. 오랜 전통이 있는 학교라는 점에서 느껴지는 안정감과 교장, 교감, 교원, 보호자의 열의와 책임감이 밑거름이 되어 이중 언어 프로그램을 여기까지 발전시켰다는 것을 잘 알 수 있었다. 2000년에는 일본의 영어 교육사에 발자취를 남기는 데에 크게 공헌했다는 점을 들어 대학영어교육학회(大學

英語教育學會)로부터 JACET(Japanese Association of College English Teachers, 일본대학영어교원연합회) 특별상을 수여받았다.

3. 해외 아동 교육

문부과학성의 홈페이지에 따르면, 해외 아동 교육으로는 문부과학성 관할 하에 세 종류의 재외 교육 시설이 있다. 2008년 문부과학성 발표로는 전일제 일본인학교가 86개교(49개국·지역), 보충 학습 학교가 201개교(55개국), 사립 학교가 10개교이다. 그밖에 해외자녀교육진흥재단(海外子女教育振興財團) 및 민간 기업이 실시하고 있는 통신 교육이 있다. 위와 같은 학교는 의무 교육 기간에 실시되는 기관이어서 유치부와 고등학교 교육이 없지만, 실제로는 유치부 또는 고등부가 병설되어 있는 곳이 많다. 2006년 조사 결과에 의하면 현재 초·중학생 재적 수는 아시아가 선두로 21,954명(전체의 37.6%), 북미가 제2위로 20,218명(34.7%), 제3위가 유럽으로 11,231명(19.3%)이다. 전체 58,304명으로, 몇 해 사이에 감소하는 경향이 있었는데 최근 다시 증가하는 추세이다. 학령 단계별로 보면 초등학생 44,099명(75.6%), 중학생 14,205명(약24.4%)으로 초등학생이 압도적으로 많다. 이 중 북미의 경우, 보충 학습 학교에 다니는 학생이 11,492명(56.8%)인데, 일본인학교는 학생이 겨우 462명(2.3%)에 불과하다. 반대로 아시아의 경우, 일본인학교가 13,864명(63.2%)이고 보충 학습 학교는 910명(4.1%)인 상황이다[9]. 현지의 학교로는 공립초·중학교, 아메리칸 스쿨, 인터내셔널 스쿨, 그 밖의 국제 학교, 일본의 사립 교육 기관 등이 있다.

일본인학교는 일본 국내 교육과 동등하게 교육하는 것을 목적으로 하고 있는데, 현지 문화의 이해 교육은 물론 초등학교에서 영어 회화 수업을 하고 있는 학교가 41개교(48.2%)이고, 영어 외의 현지어 교육을 도입하고 있는 곳이 30개교(35.3%)나 된다. 즉, 전체의 82.6%의 학교에서 초등학생 수준의 외국어 교육이 실시되고 있는 것이다. 물론 지역에 따라서는 현지 교육부의 요청에 의해 현지어 코스를 설치해야 하는 경우도 있다고 한다. 보충 학습 학교의 경우, 주말에만 수업이 이루어지므로 연간 수업 일수가 겨우 40~50일에 지나지 않는 학교가 많다. 보충 학습 학교에 다니는 일본인 자녀는 월요일부터 금요일까지는 현지 학교에 다닌다. 보충 학습 학교는 이처럼 수업 일수가 적기 때문에 가르치는 교과목이나 교과 내용을 엄선해야 하는 상황이다. 또 실제로 가르치는 과목의 종류도 제각각이다. 가장 많은 것이 국어와 산수로 전체의 46.0%(63개교)이고, 국어만 가르치는 곳이 13.1%(18개교), 국어, 사회, 산수를 가르치는 곳이 9.5%(13개교)이다[10]. 언어를 접하는 양이나 질로 볼 때 당연히 현지의 학습 언어 능력이 일본어보다도 월등한 상황에 놓여 있다고 할 수 있다.

보충 학습 학교의 원래 설립 목적과는 다르지만, '현지 학교+보충 학습 학교'의 구성은 현지 학교에서 L2(현지 언어)를 수업 언어로 하고, 보충 학습 학교에서 L1(일본어)을 수업 언어로 하여 배우기 때문에 동시에 두 언어의 문해력을 기르게 되므로 '주말 이머전 교육' 형식의 하나라고 생각할 수 있

---

9) CLARINET 홈페이지 참고 : http://www.mext.go.jp/a_menu/shotou/clarinet/main7_a2.htm

10) CLARINET 홈페이지, 보충 학습 학교의 교육 활동 참고 : http://www.mext.go.jp/a_menu/shotou/clarinet/004/001/003.htm

다. 처음부터 교육자가 개입해서 계획적으로 구축한 교과 과정 및 교수 방법이 있는 것은 아니고, 학습자 쪽이 전혀 다른 두 가지 교육을 받으며 맞추어 가는, 즉 학습자에게 맡겨진다는 점에서 학습자의 부담이 상당히 크다. 현지 학교와 보충 학습 학교 교사가 서로 의논하여 상승효과를 기대하는 교육이 이상적인데, 현실은 이와 거리가 멀다. 그러나 그만큼 아동 스스로 노력해야 하는 상황으로 여러 가지 의미의 자극(압력)을 받게 되는 점이 고도의 학습 언어 능력을 배양하고 있다고 볼 수 있다. 앞에서 설명한 바와 같이 '주말 이머전 교육'을 끈기 있게 잘 받은 많은 일본인 자녀가 일본 국내에서는 육성할 수 없었던 이중 언어 능력, 다언어 능력을 가진, 그리고 타문화 경험이 풍부한 인재로 자란 것은 분명한 사실이다. 그러나 동시에 양 언어가 기대한 만큼 늘지 않고, 현지 학교 적응은 물론 귀국 후 일본 학교에 재적응하는 것도 어려워 일본 경제 발전의 그늘에서 피해자가 된 사례도 늘고 있다 (예: 岡田, 1993).

실제 문제점으로 지적되는 것은 세계 각지에서 보충 학습 학교가 커다란 시련을 겪고 있다는 점이다. 학습자 중에는 귀국 예정자뿐만 아니라 다양한 언어 배경을 가진 아동들이 섞여 있기 때문이다. 현지 각 지역의 유일한 일본어 교육 기관으로써 장기 체재 및 영주 예정인 재외 일본인 자녀, 국제결혼 가정 자녀, 해외 이주민 및 정착인, '일본계' 자녀 등과 같이 다양한 배경을 가진 아동들을 받아들이지 않을 수 없는 처지에 있는 학교가 많다. 종래의 '국어(일본어)'를 중심으로 한 '모어로서의 일본어 교육'(JNL, Japanese as a Native Language)과 더불어 일본계를 위한 '계승어로서의 일본어 교육' (JHL, Japanese as a Heritage Language) 또한 '외국어로서의 일본어 교육'(JFL, Japanese as a Foreign Language)으로 학습자가 필요한 교육에 부응할 필요가 있어서 교과 과정 구축 및 반 편성이 매우 곤란한 상태에 있다. 규격화된 '국어' 수업으로는 이에 부응할 수가 없고 교수 내용의 개별화 및 복수 수준 반의 교수 전략, 그리고 동일한 경험을 공유하는 교사 간의 네트워크가 필요해졌다.

이러한 상황에 대응하기 위하여 보충 학습 학교 안에 경영 모체가 다른 '귀국생 코스'와 '영주자 코스'를 설치하여 성공한 프린스턴 일본어학교(보충 학습 학교)의 십여 년 동안의 노력을 살펴보자.

◆ 프린스턴 일본어학교(カルダー, 2008)

1980년에 발족한 미국 뉴저지주 프린스턴에서 일요일 오후에 열리는 프린스턴 일본어학교(3시간)는 2008년 현재, 재적 총수 289명의 소규모 보충 학습 학교이다. 발족과 동시에 비일본인 및 국제결혼 가정의 교육적 요청에 부응하기 위하여 외국어로서의 일본어 프로그램(JFL)을 병설하고 있다. 그 이후 유치부를 두었고 1980년에 고등학교 영주자(永住者) 코스를 설치했으며, 2000년경부터는 조금씩 저학년으로 낮추어 현재의 초·중·고로 이어지는 영주자 코스에 이르렀다고 한다. 각 코스의 재적 학생 수는 a) JFL 코스(48명), b) 고교 영주자 코스(불명), c) 고등부 귀국 학생반(9명), d) 유치부(51명), e) 영주자 코스(초등 19명, 중등 7명)이다. 영주자 코스는 1) 읽기 2) 한자 3) 종합 프로젝트의 3시간으로 짜여 있고, 읽기 교재로는 국어 교과서 2학년용(저학년)과 5학년용(고학년)을 사용하는데, 학생의 숙달 정도에 따라 반을 나누어 가르치고 있다. 한자 지도도 수준별로 6개의 소그룹(A-E)으로 나누고 초등학교 1학년 배당 한자(A)부터 시작하여 초등학교 4~6학년에 상당하는 한자(E)까지를

기본으로 하고 있다. 즉, 초등학생 그룹(A~C)과 중학생 그룹(D~E)으로 나뉘어 매주 4~5자씩 새로운 한자를 배운다. 종합 프로젝트 시간에는 연령별로 그룹이 편성된다. 칼더(カルダー, 2008: 32)는 그 이유를 '현지 학교에서 배운 지식 및 연령에 상응하는 인지 능력과 판단력이 필요한 과제를 같은 연령 그룹에서 수행하는 것이 효과적이라는 점을 고려하여 연령별로 그룹을 편성하고 있다. 이미 높은 인지 능력을 갖춘 고학년 이중 언어 학습자를 지적으로 만족시키고, 언어 능력을 벗어나 종합적인 판단력으로 모어를 운용할 기회를 만들어 준다는 이점을 생각했기 때문이다'라고 설명한다.

영주자 코스의 교과 과정 및 교수 방법에 대한 이론적인 틀을 다음 다섯 항목으로 정리하고 있다.

(1) 국어 교육의 발상에서 벗어나 재외 학습자의 모어 지원에 필요한 다각적인 교수법을 도입할 것.
(2) 언어 배경이 되는 사회적·문화적인 이해를 촉진하는 종합적인 교과 과정으로 할 것.
(3) 학습자의 일본어 능력보다 현지 학교의 학습에 의해 인지 능력이 더 발달되어 있을 것이라는 점을 염두에 둘 것.
(4) 가정에서의 언어 사용을 배경으로 목표치를 가능한 한 높게 설정할 것.
(5) 연령에 상응하는 언어 능력이 부족한 학습자의 다양성을 고려하여 복수 연령반을 편성하고 수업 내용에 따라서 소그룹으로 나누어서 대응할 것.

이상과 같은 특징이 있는 영주자 코스의 학습자를 관찰하여 다음과 같은 이점을 발견할 수 있었다.

1) 학습 태도가 좋아지고 수업 시간에 적극적으로 발언하는 횟수가 늘고 숙제도 제대로 제출하는 일 등 도중에 그만두는 학습자가 감소한 점.
2) 한 반에 학습자가 많지 않기 때문에 개인별로 대응을 할 수 있어 학습자의 언어 능력이 순조롭게 향상되는 것을 볼 수 있었던 점.
3) 모어 지원이 필요한 학습자가 같은 교실에서 배우게 되어 심적으로 안정감을 갖게 되었다는 점.
4) 보호자의 연대감이 높아져 학교 수업 지원 자세가 높아졌다는 점.

그리고 칼더(カルダー)는 지금까지의 경위를 분석하여 보충 학습 학교에서 교육적으로 필요한 것이 서로 다른 학습자에게 대응하는 의의에 대해 다음과 같이 말하고 있다.

……외국에서 모어 공동체로서의 보충 학습 학교는 중요한 역할이 있다. 항상 모어인 일본어로 말하고 귀국 예정자 및 비모어 화자(JFL)와 영주 일본인 가정의 학습자가 같은 교실에서 책상을 나란히 하고 행사를 같이 하는 것은 일본어의 다양성·국제성을 모든 부모와 학습자에게 알리는 것이 되며, 학교 전체에 미치는 영향도 크다. 프린스턴 일본어학교에서는 이러한 점을 고려하여 영주자 코스를 편성할 때, 문부과학 성코스, JFL 코스와 연계하여 교원의 연구 수업 등을 상호 실시하고 국어, 계승어, 외국어로서 일본어의 일체성을 유지하며 학생의

코스 이동을 가능하게 하였다. 이러한 노력에 의해 그 어떠한 배경을 가진 학습자라도 목적과 능력에 따라 효과적으로 학습할 수 있는 장(場)이 늘어난 점은 이 프로젝트가 공헌하고 있는 점 중의 하나일 것이다.

(カルダー, 2008: 28-37)

이상과 같은 시도에는 조직 운영의 문제, 재정적 부담, 질 높은 교원의 조달 등 여러 가지 문제가 당연히 수반된다. 이를 극복하기 위해서는 일본인 지역 사회의 EV(민족 언어적 활력)가 필요한데, 이런 의미에서 프린스턴이라는 고학력 부모가 많은 지역성을 최대한 활용한 사례라고 할 수 있겠다. 보충 학습 학교가 종래의 목적 및 대상을 확대하여 지역의 일본인 자녀 모두를 위한 열린 학교로 발전시킨다는 의미에서 귀중한 실험이다.

어느 나라든지 국외에서 자라는 어린이들이 있지만, 그 대응책은 나라마다 각각 다르다. 캐나다는 모두 통신 교육으로 대처하고, 미국은 지역에 개방된 아메리칸 스쿨을 세계 각지에 두고 있다. 일본의 대응책은 세계의 주요 도시에 전일제 일본어학교와 보충 학습 학교를 설치하고 일본인 교원을 파견하여 일본 국내와 질적으로 똑같은 의무 교육을 제공한다는 취지의 독특한 방법을 취하고 있다. 앞으로는 이런 특징을 살려서 의무 교육이라는 좁은 틀에 얽매이지 않고, 취학 전 아동의 일본어/국어 지도에 힘을 쏟으며 또한 고등학교까지의 두 개의 언어 지원을 고려한 교과 과정을 구축할 필요가 있다. 그리고 국내 영어 교육 및 다문화 교육에도 도움이 되는 재외 교육 시설로 새로운 가치를 부여하고 자리매김을 하는 일도 급선무일 것이다.

4. 소수 언어 교육

일본은 단일 언어 국가라고 알려져 있지만, 그 뒤에는 복수의 언어가 존재해 왔다. 현재에 초점을 맞추면, 소수 언어 교육의 대상이 되는 것은 다음 여섯 가지의 언어 문화 그룹이다.

① 특별 영주자(재일 한민족과, 화교의 자손 3~5세대)

② 중국 귀국자(중국 잔류 고아, 중국 잔류 부인의 귀환으로 일본에 온 사람)

③ 인도차이나 난민

④ 연수생이라는 범주에 속하는 단기 취업 노동자

⑤ 일본계 남미인

⑥ 아시아계 국제결혼으로 데리고 온 자녀

올드커머라고 불리는 그룹은 ①의 특별 영주자로, 1945년 9월 이전부터 체류하고 있는, 오래 전에 일본으로 온 재일 중국인, 재일 한민족의 자녀이다. 가장 수가 많은 한민족은 이미 3~5세대 시대를 맞이하여 1세대는 5% 이하이고 2~3세대가 사회의 주체를 이루고 있다. 또한 '귀화'로 일본 국적을 취득하는 아동도 증가하고 있으며 국제결혼으로 일본 국적을 취득하거나 이중 국적을 가진 아동의 증가로 이들의 국적이 점점 '보이지 않는 존재'로 되어 가고 있다(朱, 1998).

이에 반해 뉴커머라고 불리는 그룹은 일반 영주자로 ②부터 ⑥까지로 1970년대 초부터 1990년대에 걸쳐 다양한 경위로 일본에 오기 시작한 사람들이다. 〈표 3〉에 역사적 경위를 간단하게 나타냈는데, ②는 1990년 중국과의 국교 회복 후, 중국 잔류 고아, 중국 잔류 배우자의 귀환으로 중국에서 귀국한 일본인 자녀 및 자손이다. 이미 일본 국적을 취득한 경우도 있다. 다음으로 1978년경부터 ③의 인도차이나 3국(베트남, 라오스, 캄보디아)에서 난민을 받아들이기 시작하여 1982년의 '난민의 지위에 관한 조약', '난민의정서' 비준 후, 가족을 불러들이기 시작했다. 그리고 1981년 이후, ④의 개발 도상국에 대한 기술 이전을 목적으로 한 연수생이라는 범주의 단기 취업 노동자(3년과 1년)가 일본에 오게 되어 2005년에는 약 83,000명의 연수생이 입국하였고, 이 중 70%가 중국인이라고 한다. ⑤는 1990년의 '출입국 관리 및 난민 인정법'의 개정에 따라 일본인 2세, 3세의 취업이 자유화되면서 남미 일본계의 귀향이라는 명목으로 브라질, 페루에서 취업 노동자로 들어온 일본계 사람들이다. 또한 ⑥의 아시아계 국제결혼 가정의 자녀는 일본에서 인구가 줄고 있는 지역으로 중국, 한국, 필리핀 등에서 일본인 배우자로 신부들이 일본에 올 때 데려오거나 나중에 불러온 학령기의 아동이다. 일본어를 전혀 모르는 경우가 대부분이고 새 아버지와 익숙해져야 하는 경우 등 학교 환경의 변화와 함께 가정 환경에도 커다란 변화를 경험하는 어린이들이다.

〈표 3〉 일본 뉴커머의 역사적 경위

1972	일중 국교 정상화로 중국 잔류 고아·중국 잔류 부인의 귀환이 시작됨 1981년에 첫 귀국(47명)
1978	인도차이나 난민을 받아들이기 시작함
1979	'국제 인권 규약'(1966년 국제연합에서 채택)이 비준됨
1981	개발 도상국을 위한 기술 이전을 목적으로 외국인의 '연수' 체류 자격(1년간)을 인정함
1982	'난민의 지위에 관한 조약', '난민의정서'를 비준, 인도차이나 출신 정착자와 그 초청 가족을 받아들이기 시작함
1990	'출입국 관리 및 난민 인정법'의 개정(1989)으로 일본계의 체류 자격(입국, 체재, 취업)이 완화되어, 외국인 노동자와 그 초청 가족을 받아들이기 시작함
1993	외국인의 '연수'에 '기능 실습' 제도(2년간까지 연장 가능)가 추가됨

(福田·末藤, 2005)에 준하여 작성

위의 ②~⑥의 관계로 일본에 온 학령기 어린이를 총괄하여 일본에서는 '외국인 아동'이라고 부른다. 앞으로 노동력 부족이 더욱 심해지면 외국인 노동자의 일본 체재가 장기화하고, 정착이 진행되어 일시 체재자의 신분으로 일본 체재가 장기화되면 자녀 교육이 극히 곤란해질 것으로 예상된다. 한편 정착화와 함께 일본에서 태어나는 아동이 증가하여 제1 언어의 기초가 약해서 저학력으로 고민하는 2세대가 늘고 있다. 이러한 아동들의 언어 문제를 이중 언어, 다언어 육성의 입장에서 생각해 보는 것은 아동들 개인에게도 또한 일본의 장래에 있어서도 아주 중요한 일이다.

(1) 올드커머(특별 영주자)를 위한 계승 민족어 교육

올드커머(특별 영주자)의 후손을 대상으로 하는 민족어, 민족 문화 교육에는 오랜 역사가 있다. 후쿠다·스에후지(福田·末藤, 2005)는 1897년에 화교가 설립한 요코하마 중화학교(横浜中華学校)가 제1호라고 한다. 현재 재일본 대한 민단 계열 학교는 전국에 4개교가 있고, 조총련계 73개교와 대학이 1개교 있다[11]. 이 중, 백두학원건국학교(白頭学園建国学校), 금강학원(金剛学園), 교토국제학원(京都国際学園)은 학교 교육법 제1조에 의거한 학교인데 비하여 다른 곳은 학교 교육법 제83조에 의거한 각종학교(各種學校)에 속한다. 한편, 중화학교는 모두 5개교(도쿄 1개교, 가나가와 2개교, 오사카 1개교, 고베 1개교)로, 각종학교에 속하며 약 2,000명의 화교 자녀가 재적하고 있다.

이들 학교에서는 일본어와 민족어를 수업 언어로 하는 이머전 교육이 실시되고 있다. 조총련계 학교의 유치원 4개교에 들어가서 2년에 걸쳐 원아의 한국어[12] 습득 과정을 참여 관찰한 유가와(湯川, 2003a, 2003b, 2008b)는 유아 교육과 언어 교육의 통합 이머전 방식의 성공 사례로 평가하고 있다. 연령별·합동 보육의 자유 놀이, 식사 시간 등을 비디오 테이프에 수록하여 한국어 습득 과정을 추적해 본 것이다. 이 원아들이 교토조선제3초급학교(京都朝鮮第三初級学校)에 올라가면 '교과목으로서의 일본어' 외에는 모두 한국어를 수업 언어로 하고, 일본어는 주당 수업 시간의 14.7%, 한국어 사용 수업은 85.4%라는 비율로 일본어와 한국어 양쪽을 신장시킨다고 한다(趙, 2006, 2008). 이러한 민족어 이머전 교육은 일본어가 우세한 언어 환경에서 민족어를 사수하기 위한 지혜의 결정체라고 할 수 있다.

이러한 방법은, 일본에서 자란 2~3세대가 집에서는 이미 한국어를 사용하지 않는 3~5세대를 가르치는 것이다. 민족어는 3세대에서 사라진다고 하던 시대는 옛날이야기로, 지금은 1세대에서 사라진다는 시대에 5세대가 되어도 그 계승에 성공한 것은 귀중한 사례이다. 재일 민족 공동체의 활력(EV)과 조직력이 이와 같이 세계에서 보기 힘든 몇 세대에 걸친 민족어 계승을 가능하게 했다고 생각된다. 물론 유카와(湯川, 2003a)가 지적한 바와 같이, 위와 같은 민족 계승 프로그램에 참여하는 어린이는 전체의 불과 10%에 지나지 않고 일본어와 한국어가 어순이나 어휘를 비롯하여 유사점이 많은 관계로 같은 이머전 방식의 영어 교육과 비교해 볼 때, 언어 습득 속도가 빠르다는 점도 성공의 한 요인이라고 생각된다.

또한 지역의 야간 학교, 토요 학교, 여름 학교 등에서 민족어 계승이 활발하게 이루어지고 있으나, 여기에서 특별히 강조하고 싶은 것은 공립 초·중학교의 '민족 학급'(계승 문화 교육)이다. 1991년에 한일 외상 회의에서 '재일 한국인의 법적 지위 및 처우에 관한 각서'를 교환하여 이 안에서 일본 정부가 '재일 한국인이 가지는 역사적 경위 및 정주성(定住性)'을 고려하여 '재일 한국인이 일본에서 보다 안정된 생활을 영위할 수 있도록 하는 것이 중요하다는 인식'을 표명하고, 교육 관계에서 '일본 사회에서 한국어 등의 민족 전통 및 문화를 보전하려는 재일 한국인 사회의 희망을 이해하고, 현재 지방

---

11) '조선학교 일람(朝鮮学校リンク)' 참고 : www.hakkyo.ac.jp/link/link.html

12) 일본에서는 국적 명으로 언어를 지칭하여 조총련계 학교에서 쓰는 수업 언어를 조선어(朝鮮語)라고 하여 민단계의 한국어와 구별하여 사용하지만, 여기에서는 국립국어원 표준국어사전의 정의에 따라 '한국인이 사용하는 언어. (중략) 한반도 전역 및 제주도를 위시한 한반도 주변의 섬에서 쓴다, 는 의미로 '한국어'라는 용어를 쓰기로 한다(감수자 주).

자치 단체의 판단에 따라 학교에서 과외로 실시되고 있는 한국어 및 한국 문화 등의 학습이 앞으로도 지장 없이 실시되도록 일본 정부가 배려한다'라고 하는 약속을 했다고 한다(宋, 2006).

지역에 따라 다르지만, 예를 들어 오사카시에서는 1992년부터 '민족구락부 기술 지도자 초빙 사업'(2006년에 '국제 이해 교육 추진 사업'으로 명칭 변경)에 예산이 배정되어, 민족 강사(위탁직)에 의한 공교육 내에서의 민족 교육이 실현되었다. 2002년 시점에서 시내 92개교의 민족 학급이 개설되고, 2,000명의 아동이 민족 교육을 받았다고 한다. 2007년도에는 103개교에 개설되었고, 그 수는 계속 증가하고 있다고 한다. 이 사업은 오사카 시립 초·중학교에서 과외로(예를 들어 방과 후) 민족적 자각을 높이기 위하여 민족 클럽을 개설하고, 기술 지도자가 필요한 경우 한 학교당 한 학급, 주 1회, 1회 1시간 정도, 연간 40회를 한도로 하여 1명의 강사·지도자를 초빙하는 프로그램이다[13]. 송(宋, 2007:132)은 그 목적을 '재일 조선인 아동이 공립 학교에서 배우면서 자국의 문화 및 인식을 높이고, 자신의 삶의 방식 및 정체성을 확립할 수 있도록 하는 장이 보장된 것'이라고 서술한다.

다음으로 민족어 계승 이머전 교육의 예로 가장 역사가 오래된 중국어와 일본어의 이중 언어 교육을 하고 있는 요코하마 야마테중화학교의 실천을 살펴보자.

◆ 요코하마 야마테중화학교(橫浜山手中華学校)

요코하마 야마테중화학교는 1897년에 손문(孫文)이 설립한 사학이다. 2008년 현재, 유치부(만 4~6세), 초등학교, 중학교에 447명의 학생이 공부하고 있다. 거의 전원이 일본 고등학교에 진학한다. 교사는 전부 32명인데, 이 중 중국에서 태어난 중국인 교사가 11명, 일본인 교사 11명, 그리고 영어 교사가 1명이다. 참고로 영어는 초등학교 5학년부터 도입되고 있다. 2009년부터는 3세 아동반도 증설되었다.

보호자 구성은 A. 중국 국적의 올드커머 B. 중국 국적의 뉴커머 C. 일본 국적을 가지고 있는 중국계 2세대 D. 일본인 자녀로, A가 전체의 30%, B가 60%, C가 50%, D가 10%이며 50% 이상이 중국계 2세대이다. 학교 안내서의 2006년도 조사에 의하면 가정에서 사용하는 중국어는 부자간 19%, 모자간 19%, 아이들끼리는 겨우 3%, 부모끼리는 23%라고 한다. 즉 가정 언어로서는 일본어 쪽이 우세하고 형제간에서는 압도적으로 일본어를 사용하는 경우가 많다. 교사는 대부분 중국어 모어 화자이고, 일본어와 중국어의 이중 언어 구사자가 몇 명이 있다. 학교가 목표로 하는 것은 시대적으로 변화가 있었다. 19세기 후반 중일 전쟁 기간에 일본에 온 중국 국적이면서 일본 영주권을 가지고 있는 화교계가 대부분이었을 때는 민족 교육이 주 목표였으나, 그 후 화인계(華人系, 일본 국적을 취득한 중국인 및 일본에서 태어나고 자란 중국계 일본인)가 늘어남에 따라, 두 개의 언어·두 개의 문화 교육인 '화문(華文) 교육'으로 전환했다. 화문 교육이란, '전통적인 중화 문화의 보급과 중국어 교육이라는 교육 방침 아래 중국의 문화와 언어를 배우면서 일본 고등학교에 진학하는 것을 첫째 목표로 하여 일본 교육 과정에 맞춘 내용을 학습한다'라고 되어 있다(「橫浜山手中華学校の概況について」 pp.2~3).

---

13) 이 프로그램의 '민족반 표준 교과 과정(民族学級標準カリキュラム)'에 관한 상세한 개요는 송(宋, 2008)에 게재되어 있다.

현재는 유치부, 초등부, 중등부의 구체적인 도달 목표를 다음과 같이 제시하고 있다.

1) 유치부 : 주로 일본어로 보육을 하고 중일 양국 문화를 접하도록 하며 놀이를 통해 재미있게 배우면서 개성과 자립심을 기른다.
2) 초등부 : 교과목에 따라 중국어 및 일본어로 수업을 하고 중일 양국의 언어와 문화 습득을 목적으로 한다.
3) 중등부 : 교과목에 따라 중국어·일본어·영어로 수업을 실시한다. 중국 문화를 보다 깊이 이해하고 중국어 운용 능력을 더욱 높여 일본 중학교와 동일한 수준의 학력을 갖추도록 하여 고교 진학의 기초를 쌓는다.

이상과 같은 목표 아래 〈표 4〉와 같은 비율로 일본어와 중국어 두 언어를 수업 언어로 사용하고 있다. 먼저 유치부에서는 일본어만을 사용한다. 초등학교 1, 2학년에서 중국어 사용이 80% 이상, 일본어 사용이 20% 이하가 된다. 3학년부터 6학년까지는 중국어 사용이 약 75% 이하, 일본어 사용이 25% 이상이다. 그리고 중학생이 되면 비율이 역전되어 중국어 사용이 30%로 줄고 약 70%가 일본어를 사용하여 고교 입시에 대비한다. 따라서 일본 중학교와 비교해 보면 주당 수업 시간이 5시간 반 정도 많다고 한다.

〈표 4〉 요코하마 야마테중화학교의 2언어 사용 구분

중학교		L1 (약 30%)	L2 (약 70%)	
초등학교	6학년	L1 (약 75%)		L2 (약 25%)
	5학년			
	4학년			
	3학년			
	2학년	L1 (약 80%)		L2 (약 20%)
	1학년			
유치부		L2 (100%)		

L1: 중국어, L2: 일본어

교과서로는 종래 일본 교과서를 중국어로 번역하여 사용했는데, 1995년부터 독자적인 교재를 개발하기 시작하여 1998년부터는 새로운 교과서를 사용하여 효과가 상승했다고 한다. 중국어 교과서는 정독(精読), 설화(說話)(일상 회화, 회화 연습장), '○○読み'(다독·통독), '写作'(작문) 시리즈로 되어 있다. 초등학교부터 중학교까지 9년간, 이 교재로 공부하여 HSK라고 하는 중국어 능력 시험 6급에 도달하도록 제작되어 있다고 한다. 초등학교 산수는 중국 본토의 교과서를 이용하고 그 밖에 일본어로 배우는 과학 및 사회는 일본 공립 학교와 마찬가지로 문부과학성 지정 교재를 사용한다. 중등부에서는 일본 검정 교과서를 가지고 일본어로 수업을 받는다. 그 밖에 중국어 문화 상식 시리즈도 개발했다고 한다.

실제로 교실에서 두 언어를 어떻게 사용하는지에 대해 교장은, 미술과 음악을 제외하고 기본적으로 '1인 1언어 원칙'에 따른다고 한다. 즉, 학교 측은 한 교과목을 일·중 2언어로 하는 것이 아니라, 두 언어를 섞어서 쓰지 않도록 특별히 신경을 쓰고 있다고 한다. 그러나 현실적으로는 언어 배경이 다른 학습자를 한 교사가 가르쳐야 하기 때문에 대부분의 경우, 번역에 의존하지 않고 '1인 1언어 원칙'을 철저하게 지키는 것은 어려운 상황이라고 한다. 또한 같은 한자권인 두 언어의 문자 체계를 동시에 도입하기 때문에 여러 가지 문제가 생기기도 한다. 두 언어의 한자가 비슷하지만 다른 점을 알아야 하고 미묘한 선별 능력을 길러야 하기 때문에 일본어와 중국어 한자 대조표 등을 작성하여 가르친다고 한다. 이런 점에서 볼 때, 반 전체가 L2 제로 상태에서 일률적으로 시작하는 캐나다의 이머전 교육과는 다르다. 학습자에 따라 가정에서 중국어를 사용하는 정도 및 중국어의 숙달 정도가 다르기 때문에 미국의 이중 언어 이머전 교육에 가까운 편이라고 말할 수 있다.

이러한 중국어와 일본어의 이중 언어 교육을 실시함으로써 학습자는 어느 정도의 능력을 갖추게 되는 것일까? 초등학교 2~6학년 188명을 대상으로 한 야마시타(山下, 2003: 155)의 어휘 조사에 의하면, '중학교를 졸업할 때까지 중국어권에 있는 중국인 학습자 2학년 또는 3학년에 견줄 만한 중국어 능력을 갖추는 어린이가 전체의 40%, 4학년 수준이 약 30%로, 4명 중 1명은 중국의 5, 6학년, 중학교 1학년과 동등한 수준까지 중국어를 익힌다'고 한다. 이 조사에 사용한 어휘 테스트(요코하마국립대학 하야시베(林部) 교수 개발)는 중국어권에서 귀국한 일본인 자녀의 학습 언어 능력 측정을 위해 대만의 초등학생을 대상으로 표준화한 것인데, 반드시 적절한 테스트라고 할 수는 없다. 하지만 대부분의 학습자가 일본이라는 환경에 있으면서 소수 언어인 중국어를 대체적으로 4학년 정도까지는 습득한다는 것이다.

필자가 학교를 방문했을 때 느낀 점은 모든 학년이 교사 중심의 수업이었는데, 전원 흐트러지지 않고 교사와 학생이 진지하게 수업에 참여하고 있는 모습이 놀라웠다. 두 개의 언어를 전혀 어려워하지 않고, 중국과 일본 문화를 익히고 두 개의 언어·두 개의 문화에 능숙한 인재로 자라고 있는 것이 느껴져, 이중 언어 육성에 있어 이러한 학교 교육의 존재 의의를 새삼 되새기게 했다.

(2) 외국인학교와 인터내셔널 스쿨

현재 일본에는 120개교 이상의 외국인학교가 있고, 약 21,000명의 학생들이 공부하고 있다. 가장 많은 것이 한국어 학교로 약 90개교, 학생 수는 10,000명이 넘는다. 그 밖에 소위 구미계 학교가 약 20개교, 한국·중국인 등 아시아계가 약 10개교이다.

후쿠다·스에후지(福田·末藤, 2005)에 의하면, 외국인학교의 역사도 길어서 일본에 처음으로 독일인 학교가 설립된 것은 1909년이다. 크게 나누어 두 종류의 학교가 있는데, 고노(河野, 2003)의 말을 빌리면, 하나는 자국민의 자녀를 위한 '자국민 양성형(自國民養成型)'이라 할 수 있는 학교로 아메리칸 스쿨, 인터내셔널 스쿨, 국제 학교 등이 이에 해당한다. 또 하나는 '국제인 양성형'으로, 특정 국가의 교육 방침에 기준을 두지 않고 학교 독자적인 교육 이념과 교육 과정에 따라 넓은 시야를 가지

고 국제적으로 활약할 수 있는 인재 양성을 목적으로 하며 외국어로 수업을 하는 학교이다. 국제어인 영어를 수업 언어로 사용하지만, 영어와 함께 '교과목으로서의 일본어 교육'을 주 1시간 이상 가르치는 곳이 많다. 이 중에는 예를 들면, 니시마치 인터내셔널 스쿨(西町インターナショナルスクール)과 같이 국제성을 가진 일본인 육성을 목적으로 설립된 학교도 있다. 최근에는 일본어와 영어 양쪽을 학습 언어로 하는 이중 언어 이머전 교육을 실시하는 곳도 있는데, 다음에 소개하는 뉴 인터내셔널 스쿨(New International School)이 그 예이다.

요즘 국제결혼 가정 자녀는 물론 일본인 부모가 '국제인 양성형' 외국인학교를 선택하는 경향이 있다. 자녀로 하여금 일본 학교에는 없는 국제성, 고도의 영어 능력을 갖추게 하려는 것이리라. 이런 의미에서 국제인 양성형 외국인학교는 앞으로도 이중 언어, 다언어 인재 양성을 하는 몇 안 되는 교육 현장으로 그 역할을 다할 가능성이 크다.

한편 NPO 법인 '도쿄 다문화 공생 센터(多文化共生センター東京)[14]'가 정리한 바에 의하면, 최근 새로 이주한 외국인 아동을 위한 '자국민 양성형' 외국인학교가 급증하고 있다. 이미 전국적으로 100개교에 이르는데, 그 대부분이 브라질인 학교로 94개교가 있고, 브라질 외의 남미계 3개교, 인도, 필리핀, 인도네시아 각 1개교이다. 그 실태는 자연 발생적인 놀이방의 연장으로 규모가 작은 학교에서부터 보통 학교 정도가 되는 대규모 학교도 있다. 그러나 대부분은 재정 기반과 토지 건물이 없기 때문에 학교 교육법의 '각종학교'(학교 교육법 제 83조)[15]로 인정을 받는 요건조차 갖추지 못한 경우가 많다. 취학할 나이를 채우지 못한 (또는 취학 전의) 1년 정도의 기간에 준비 교육 과정을 수료하는 것을 조건으로 개교하지만, 조성 자금도 없고 자금난에 허덕이는 무인가(無認可) 학교가 많다. 또 '각종학교'로 인가되어도 학교 교육법 제1조에 해당하는 일본 학교와는 달리 문부과학성의 조성 자금에 제한이 있다. 이 때문에 수업료가 비싸고 국립대학 수험 자격이 인정되지 않으며, 통학에 필요한 정기권의 학생 할인도 받지 못한다. 이와 같이 상황이 불리한데도 불구하고 '아이들이 공립 학교 같은 데서 받는 따돌림으로부터 벗어나고 싶어 한다. 귀국을 염두에 두고 있어 이러한 학교에서 아이들이 모국어로 교육 받기를 절실히 희망한다'라는 부모가 끊이지 않는다고 한다(朝日新聞, 2007.11.28).

'각종학교'는 일본 대학으로 연결되지 않는 것이 문제였는데, 2003년 3월에는 일부 외국인학교의 졸업생에게 국립대학 수험 자격을 부여하게 되었다. 이어서 현재 한국어를 수업 언어로 하는 민족 학교 졸업생에 대해서도 국립대학 83개교 중 약 70%에 해당하는 56개교에서 입학 자격을 인정하고 있다. 또한 사립대학의 과반수가 대학의 판단으로 대학 입학시험 검정 없이 졸업생을 받아들이는 문을 열어 두고 있다.

언어 교육 면에서 가장 심각한 문제는 취학 전 아동의 무인가 어린이집이 너무 많다는 것이다.

---

14) 홈페이지 : http://www.tabunka.jp/tokyo/

15) 2004년에 각종 학교의 '귀국·외국인 자녀 등을 대상으로 하는 사립 각종 학교 설치인가 등 심사 기준'이 완화되었다. 하마마쓰시(浜松市)의 페루인 학교가 남미계의 각종 학교로 인가되고, 또한 기후현(岐阜県) 오가키시(大垣市)의 HIRO 학원이 브라질 학교로는 처음으로 2006년에 학교 법인의 인가를 받아 시내 2개 교정에서 유치부에서 고등부까지 네 과정으로 나누어 수업이 이루어지고 있다.

2000년에 시작된 규제 완화(시설 면적, 보육사 수, 방 배치 등)에 따라 민간 운영 어린이집이 증가하고 신규 참여가 가속화되어 외국인 아동의 집중 거주 지구를 중심으로 무신고 무인가 어린이집이 약 71,000개소나 있다(朝日新聞, 2007.11.27). 필자가 견학한 도카이(東海) 지구의 브라질인이 경영하는 모 어린이집에서는 텔레비전 외에는 놀이 기구라고 할 수 있는 것이 하나도 없는 방에서 10여 명의 만 4세 어린이들이 뒹굴고 있는 것을 보았다. 어른이 한 명 있었지만, 사육 시설을 지키는 사람처럼 입구에 서서 지켜 보고 있을 뿐 놀이도 학습도 없었다. 물론 책도 없고 장난감도 없고 대화도 들리지 않았다. 이러한 환경에서 언어 그 자체가 발달하지 않을 뿐더러 사회 면, 정서 면에 문제를 가진 채로 초등학교에 입학하게 된다. 집단 생활의 기본부터 새로이 익히기 시작하여 학습에 필요한 기본적인 능력(readiness)이 생길 때까지 오랜 시간이 걸릴 것임에 틀림없다. 일본어도 모어도 늘지 않는 제한적 이중 언어(limited bilingualism)의 온상이 되지 않도록 이중 언어 육성을 염두에 둔 취학 전 아동에 대한 지원을 강화할 필요가 있다.

◆ New International School(NewIS)

NewIS는 미국 Middle States Association의 인가를 받은 만 2세 어린이부터 중학교 3학년까지의 과정이 있는 각종학교로 도쿄 히가시이케부쿠로(東池袋)에 위치하고 있으며, 2001년에 개교하여 지금은 도쿄도(東京都)의 비영리 교육 기관으로 인가를 받은 상태이다. 2006년 현재, 학생 130명이 공부하고 있으며, 교사는 영어 화자가 19명, 일본어 화자가 6명이다. 학습자의 가정 언어는 65% 정도가 일본어를 사용한다. 이 중 35%의 부모가 일본인, 45%가 영어와 일본어의 국제결혼 가정, 그 밖에 20%가 한국어, 중국어, 불어, 독일어, 핀란드어 등을 사용하고 있는 외국인 가정의 자녀이다. 일본인 일반 가정의 자녀가 거의 50%를 차지하고 있어 외국인학교의 유형으로는 '국제인 양성'이라 할 수 있다. 반 편성은 북애리조나대학 샌드라 스톤(Sandra Stone) 교수가 제창한 복수 연령(multiage) 교육 이론(Stone, 1996)에 기초하여 만 3세부터 15세까지를 다섯 단계의 연령으로 나누어 그룹을 만들었다. 교사 한 명이 개별적으로 학습자의 발달 단계에 맞추어 지도하기 위하여 3년간 계속 담임을 한다. NewIS의 큰 특징 중의 하나는 영어와 일본어, 두 언어의 가치를 동등하게 두어 유아 교육부터 졸업까지 양 언어를 수업 언어로 일관되게 사용한다는 점이다. 실제 수업에서 사용하는 양 언어의 비율은 〈표 5〉와 같이 영어의 기초를 다진 후, 영어와 일본어의 비율을 점차적으로 동등하게 조절해 간다는 방침이다. 2008년도부터 만 3~4세 유치반은 영어 50%, 일본어 50%로 사용 언어의 비율을 조정하여 일본어를 강화하고 있다고 한다.

실제 2언어의 사용 방법에는 NewIS의 독특한 점이 있다. 연령에 따라 다소 차이는 있지만, 큰 틀에서 영어 모어 화자와 일본어 모어 화자가 팀을 이루어 각 학급을 담당하고, '1인 1언어' 원칙에 따라 가르친다. 학습자는 일본어를 모어로 하는 교사에게는 일본어로, 영어를 모어로 하는 교사에게는 영어로 말하는 습관이 들도록 암묵적으로 교육받고 있다. 수업 중의 언어 사용은 교과목에 따라 다르다. 국어에 해당하는 영어와 일본어의 랭기지 아트(language art)와 독서 지도(guided reading) 시간에는 각 언어로 나누어 따로 수업을 한다. 산수·수학은 수업을 담당하는 교사가 일본어 화자인 경우는 일본어를, 영어 화자인 경우는 영어를 사용하도록 구분한다. 연습 문제에는 양 언어를 사용한다. 과학 및 사회는 주제를 정해서 3주마다 사용 언어를 바꾼다. 같은 주제라도 문화에 맞는 화제를 찾아 수업을 하고, 마지막에 양자를 비교하는 형태를 취한다. 중도 편입도 많기 때문에 영어 보강반(ESL), 일본어 보강반(JSL)이 병설되어 있다. 또한 80%에 달하는 학습자가 선택 과목으로 중국어(주 2회)를 배우고 있다.

<표 5> New International School의 2언어 사용 구분

12~15세 Upper School 11~12세 Primary C	영어(50%)	일본어(50%)
8~10세 Primary B	영어(60%)	일본어(40%)
5~7세 Primary A	영어(70%)	일본어(30%)
3~4세 Teddy Bear	영어(50%)	일본어(50%)

(위의 연령은 만 나이를 말함)

문부과학성의 검정 국어 교과서에서 완전히 벗어나 스코틀랜드의 교과 과정[16]을 토대로 독자적인 교과 내용(산수·수학, 과학, 사회과)을 편성하고 있다. 일본어에 관해서는 영어의 읽기와 쓰기의 발달 단계를 10단계로 구분한 단계표(Reading Continuum/Writing Continuum, Hill, B.C., 2001)에 맞추어 일본어판을 개발하고, 두 언어의 읽기와 쓰기를 동일한 관점에서 지도하고 평가하는 환경을 만들고 있다.

이와 같은 2언어 사용에서 두 언어의 능력이 어느 정도 신장되는 것일까? 2004년부터 2006년까지 3년에 걸쳐서 수집한 전교 학생의 자료에서 두 가지를 골라 소개하고자 한다[17].

첫 번째는 초급 일본어의 읽기와 쓰기 능력이 어느 정도 신장되는가 하는 문제이다. 일본 학습자를 위해 개발된 만 5~7세용의「幼児読書読解力テスト(유아 독해 능력 테스트)」(金子書房, 1976)[18]를 사

---

16) 참고 자료 : The Structure and Balance of the Curriculum: 5-14 National Guidelines, Dundee : Learning and Teaching Scotland, 2000. Education Scotland 홈페이지: http://www.educationscotland.gov.uk/thecurriculum/(참고: 2012년 6월 4일), (번역자 주)

17) 필자(中島和子)는 이 학교의 학술 고문(Academic Adviser)으로, 설립 당시부터 관심을 가지고 교원의 협력을 얻어 자료 수집과 분석을 해 왔다.

18)「幼児読書読解力テスト」의 안내서에는 Reading Readiness Test와의 상관 관계는 r=0.56, Verbal Inrelligence Test 와는 r=0.56의 상관 관계가 있다고 한다.

용하여, 만 5-6세 아동 66명(평균 5.8세)이 어느 정도의 능력을 가지고 있는지에 대해 조사한 것이다. 이 테스트는 6개의 하층 테스트로 짜여 있는데, 각 하층 테스트의 결과는 다음과 같다. 5점이 최고점 인데, ① '단어 이해' 2.7 ② '도형 변별' 4.1 ③ '음절 분해' 4.3 ④ '음절 추출' 3.6 ⑤ '히라가나 문자 인 지' 4.4 ⑥ '문자·문장 이해' 3.9로, 단일 언어 구사자와 비교해 보면 '단어 이해'는 아주 낮지만, '도 형 변별', '음절 분해', '히라가나 인지' 면에서는 연령에 상응하는 능력을 갖추고 있다는 것을 알았다. 동일한 테스트를 사용해서 일본인 학습자(만 5세 아동 115명, 만 6~7세 아동 81명)를 조사한 이다카 외(飯高 外, 2003)의 초등학교 1학년의 평균과 비교해 보면, NewIS의 이중 언어 학습자의 득점이 특별 히 높았던 것은 '도형 변별', '히라가나 글자 인지', '문자·문장의 이해'였다.

이 결과에서 알 수 있는 것은 학교에서 70~80%의 시간을 영어로 학습해도 이로 인하여 일본어 능 력이 신장되지 않는다는 것은 아니라는 점이다. '도형의 변별력'에서 일본의 초등학교 1학년보다 월 등한 능력을 가지고 있는 점은 매우 흥미롭다. 영어 알파벳과 일본어 히라가나, 가타카나, 한자 등 다 양한 문자를 만 3세부터 접하고 있는 것에 기인하지 않을까 하는 생각이 든다. 또한 이와 마찬가지로 독서 지도(Guided Reading)를 유아기부터 영어와 일본어 양쪽으로 받고 있는 점이 '히라가나의 인식', '문자·문장의 이해'에서 모어 화자에 가까운 능력을 획득할 수 있었던 요인이라고 생각된다.

다음으로 영어와 일본어의 독해 능력은 어떠한 관계를 유지하며 신장되는 것일까? 비버(Beaver, 1997)가 개발한 영어의 읽기 능력 평가(DRA-E:Development Reading Test)[19]를 기초로 일본어의 읽 기 능력 평가(DRA-J:Development Reading Test)를 작성한 후, 이 두 테스트를 사용하여 2006년도의 양 언어의 읽기 능력 향상을 살펴본 것이 〈표 6〉이다. 연령에 따라 순조롭게 양 언어의 독해 능력 수 준이 향상하는 점, 그리고 학년이 올라갈수록 두 언어의 평균 차가 서서히 좁혀져 가는 것을 알 수 있 다. 유치부 과정부터 초등학교 중간 학년 정도까지는 영어 쪽이 수준이 높은 교재를 사용하는데, 초 등학교 고학년부터 중학교에 걸쳐서 두 언어의 읽기에 관한 교재의 수준은 서로 평형을 유지하는 경 향이 있다. 일본에서 살고 있고 게다가 반 정도가 가정에서 일본어를 사용하는 상황을 생각해 보면, 일본어 읽기가 영어보다 나을 것이라고 예상했는데, 실은 그 반대였다. 일본어는 한자를 습득하는 정 도에 의해 읽기 교재 수준이 제한되기 때문에 한자 학습이 어느 정도의 궤도에 오를 때까지 그 향상 속도가 완만해지는 경향이 있다고 예상된다(中島, 2006). 물론 기타 다른 이유로는 학교 수업에서 영어 사용량이 많은 점, 영어 쪽의 교재가 일본어 교재보다 충실한 점 등도 그 하나의 요인으로 생각할 수 있다.

---

19) 읽기 능력의 향상 정도를 10단계로 나누어서 개별 면접 형식으로 조사하였다. 평가 항목에는 추리 관찰력, 음독, 읽기 행 동, 독해 능력, 읽기 습관 등이 있다. 자세한 것은 10장 332~333쪽 참조.

〈표 6〉 DRA 독해 능력 테스트-2언어의 교재 수준 비교(N=70)

연령별 그룹	학습자 수(명)	영어 DRA 교재 수준(점)	일본어 DRA 교재 수준(점)
Primary A(5~7세)	7	12.0	3.8
Primary B(8~10세)	43	33.7	18.4
Primary C(11~12세)	11	41.3	39.8
Upper School(12~15세)	9	62.2	67.5

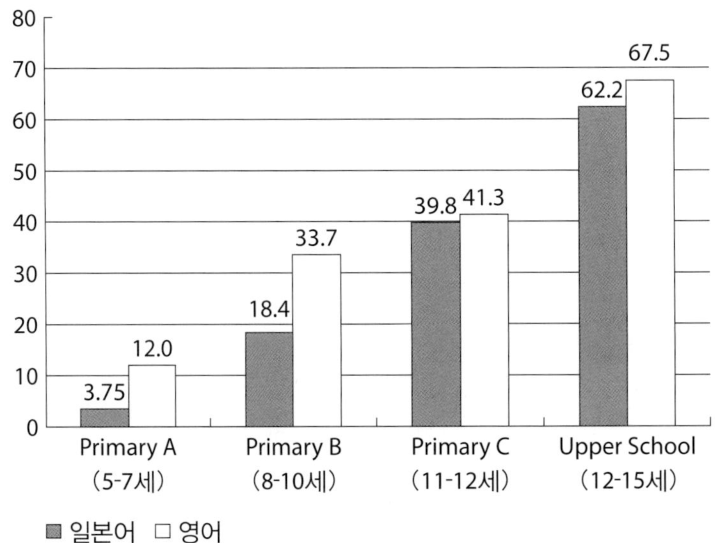

　　NewIS의 경우, 같은 연령의 모어 화자와 자연스럽게 교류할 수 있는 기회가 있고 또 양쪽의 학습 언어를 관련시켜 언어 능력을 신장하는 교육 환경이므로 상당히 균형 잡힌 두 개의 언어 능력이 향상될 가능성이 있다. 게다가 이 두 언어가 국제적으로 지위가 높은 영어와 일본 사회의 주요 언어인 일본어와 짝을 이룬 경우이므로, 양 언어에 동일한 정도의 가치가 부여된 점도 두 언어를 균형 있게 신장시키는 데에 긍정적으로 영향을 끼친 것으로 여겨진다. 그러나 현실적으로 학교가 모든 학습자의 언어 배경을 고려한 프로그램을 제공하는 일은 불가능하므로 언어 능력이 그다지 향상되지 않은 학습자가 있는 것도 사실이다. 특히, 일본어와 영어 외의 언어를 모어로 하는 학습자(예: 한국어, 중국어)에게는 모어를 보강하는 계승어 교육이 필요하여 현재 그 대책을 강구하고 있는 중이다. 이는 오랫동안 단일 언어 사회로 일관해 온 일본이라는 토양에서 두 언어의 육성을 위해 필사적으로 노력하고 있는 생생한 실천 사례임과 동시에 커다란 가능성을 보여 주는 중요한 실험이라고 말할 수 있다.

제5장 일본의 외국인 아동 교육

최근에 일본에 온 외국인 아동은 해외에서 자란 일본인 아동과 마찬가지로 다른 언어와 다른 문화 환경에서 학령기를 지낸 경우이다. 부모가 자녀에게 의식적으로 모어를 쓰면 이들은 집과 학교에서 두 개의 언어를 사용함으로써 이중 언어, 다언어 구사자로 자랄 가능성을 가지고 있다. 제대로 된 국가 정책 아래 지역과 학교 그리고 보호자가 협력하여 추진한다면 일본에 있어 중요한 언어 자원이자 경제 자원으로 자랄 가능성이 있는 것이다.

이 장에서는 제3장의 ELL(English Language Learner)에 준해서 일본어 습득 과정에 있는 어린이들을 JLL(일본어 학습자, Japanese Language Learners)이라고 명명하고 그 실태를 밝힘과 동시에 두 언어의 육성을 목표로 하는 지원이 어떻게 이루어져야 하는지에 대해 생각해 보고자 한다. 먼저 1. 새로 이주한 외국인 자녀의 실태를 살펴보고 2. 모어의 중요성 인식 3. 보호자의 태도와 두 언어의 발달 4. 외국인 자녀의 과제에 관해서 정리하기로 한다.

1. 새로 이주한 외국인 아동의 언어 교육 실태

새로 이주한 외국인 아동은 4장 142~143쪽에서 서술한 바와 같이, 1972년 이후 중국에서 철수하게 되면서 일본에 온 아동 및 브라질, 페루 등지에서 온 일본계 노동자의 자녀, 보호자의 국제결혼 및 양자(養子)로 온 아동, '연수생'으로 온 단기 취업자의 자녀 등 다양한 배경을 가진 어린이들을 일괄한 총칭이다. 국가의 일관된 외국인 수용 방침이 없는 채 여러 가지 서로 다른 경로로 일본에 들어온 외국인 자녀들을 지방 자치 단체에 맡기는 임시 조치로 지금까지 버텨 왔다. '외국인'이라 불리는 사람들 중에는 정착이 목적인 일본 국적 소지자도 있고 본국으로 귀국 예정인 임시 취업자도 있는 상황이다. 이러한 일본 정부의 태도는 새로운 것이 아니다. 재일 한국인 학생에 대해 연구를 많이 한 송(宋, 2007: 103-104)은 '일본 정부의 행정 시책에는 지금까지의 재일 한국인 학생에 대한 처우 및 교육 시책과 마찬가지로 장기적인 전망에 기초한 해결이나 개선이 없는 상태로 지방 자치 단체에 맡기는 애매한 형태의 응급 조치에 그치고 있다. 또한 지금까지 재일 한국인 학생과 관계가 있는 사람들에게 재일 한국인 학생에 대한 처우의 연장선상에서 처리하려는 것으로 보여도 어쩔 수가 없다'고 지적하고 있다.

거기에 문부과학성의 공식 홈페이지를 보면, 「귀국·외국인 자녀의 교육 등에 관한 홈페이지(帰国外国人児童生徒教育等に関するホームページ)」와 같이 '귀국'이라는 말이 붙어 있고, 그 내용도 '귀국 자녀'와 '외국인 아동'에게 똑같은 내용의 시책을 제시하고 있다. 일본인 부모를 가진 '귀국 자녀'와 외국인 부모를 둔 '외국인 아동'에 대해서는 같은 수용 정책에서도 당연히 달라야 하는데, 이 점에 관한 언급은 아무 데도 없다. 즉 세대 차, 언어 배경, 언어 환경, 일본 체류 이유, 수용과 관련된 교육적으로 필요한 것 등이 너무나도 다른 아동들을 하나로 묶어서 '일본어 지도가 필요하다'는 공통점에만 주목한 시책이라는 점이 현재 일본의 외국인 아동에 대한 언어 교육의 특징이다. 일본어 실력 부족에 수반되는 학력 획득 및 모어의 유지 신장, 정체성 문제 등에는 전혀 관여하지 않겠다는 자세를 취하고 있다.

위 문부과학성의 공식 홈페이지에는 매년 '일본어 지도가 필요한 외국인 아동 수용 상황 등에 관한 조사' 결과가 보고되는데, 〈표 1〉은 2007년도에 조사한 외국인 아동 수이다. 외국인 아동의 수를 학령기의 일본인 학생 수와 비교해 보면 1%에도 미치지 못하고, 또한 해외 아동/귀국 자녀 수와 비교해 보아도 50% 이하이다. 즉, 아직까지 극히 소수 아동의 문제이고, 일부 지역에 집중적으로 거주하고 있다. 학생 수가 가장 많은 지역은 아이치현 3,620명, 다음이 가나가와현 2,219명, 시즈오카현 2,044 명의 순인데, 전국적으로 보면 아직 외국인 학생 수가 '5명 미만'인 학교가 80%를 차지한다고 한다. 언어 수도 총 63가지 언어로 포르투갈어가 전체의 40% 가까이를 차지하고 중국어, 스페인어가 뒤를 따르고 있고, 이 세 언어가 전체의 70% 이상이 된다고 한다. 이 밖에 필리핀어, 한국어, 베트남어가 증가하는 추세이다. 물론 외국인 아동 중에는 외국인학교를 선택하는 경우도 있고 취학하지 않는 경우도 있기 때문에 이들을 포함하면 외국인 아동은 대략적으로 3~4만 명 정도라고 할 수 있을 것이다.

〈표 1〉 일본의 학령기 아동 수(2007)[1]

	초등학생	중학생	고등학생
일본인 아동	7,132,874	3,614,552	3,406,561
해외 아동	44,099	14,205	
귀국 자녀	6,015	2,515	1,721
외국인 아동	18,142	5,978	1,182

그렇다면 외국인 자녀는 어떤 형태로 공립 초·중학교에 재학하고 있는 것일까? 편의상 집중 거주형, 분산형, 다국적형, 소수형으로 나누어 보면, 각 지역이 안고 있는 문제의 특성이 어느 정도 파악 가능하다. 집중 거주형의 예는 군마현 오이즈미시, 아이치현 도요타시 등이다. 도요타시의 호미(保見) 단지는 약 9200명의 인구 중 반 정도가 외국인으로 전교 학생의 40%, 신입생(1학년)의 70% 정도가 브라질계 외국인 자녀인 초등학교도 있다(山下, 2008). 분산형으로는 아이치현 도요하시시와 미에현 스즈카시 등이 있다. 예를 들면 159~160쪽에 자세히 설명할 도요하시시에는 지역 산업과 단지와 관련하여 집중 거주형과 분산형을 둘 다 볼 수 있다. 다국적형의 예로는 가나가와현, 오사카부 오사카시 등 인구가 밀집한 도심으로, 한민족, 필리핀, 중국, 페루, 브라질 등 다양한 언어를 모어로 하는 아동들이 있는데, 여기에 환락가 주변의 다양한 문제를 안고 있으며, 지원도 산발적이 되기 쉽다. 가장 수가 많은 소수형은 소수이기에 지원이 잘 될 것이라고 생각할 수 있지만, 실은 소수이기 때문에 문제를 안고 있다. 예를 들면 도쿄도의 초등학교에는 5017명, 중학교에는 2,288명의 외국인 아동이 있는데, 일본어 지원을 하는 곳으로 초등학교는 19개교뿐이고, 중학교(주간부)는 6개교라고 한다. 시교육위원회가 지도원을 파견하는데, 그 지원 기간이 20~40시간으로 제한되는 곳도 있다. 이 단기간

---

1) 참고 홈페이지: 〈http://www.mext.go.jp/a_menu/shotou/clarinet/003/001.htm〉 및 〈http://www.mext.go.jp/b_menu/toukei/002/002b/mokuji20.htm〉

의 지원이 끝나면 서브머전 환경에 방치되는 학습자가 전체의 90% 이상이 된다고 한다(山下, 2008).

이상에서 알 수 있듯이, 지방 자치 단체의 지원 체제가 일정한 지침서에 따라 일률적으로 시행되고 있는 것이 아니라 지방 자치 단체가 창의적으로 고안하여 최선을 다하고 있는 현 상황에서 전체적으로는 정리되지 않은 채 다양한 방법으로 시도하고 있다.

(1) 일본의 외국인 아동 대책

그럼, 실제로 외국인 아동에 대해 어떠한 대책이 있는 것일까? 행정상의 대책은 캐나다 및 미국의 ELL 대책과 비교해 볼 때 어떤 특징이 있는 것일까?

먼저 첫 번째 특징은 외국인 아동은 의무 교육에 따른 취학 의무가 없다는 점이다. 문부과학성의 공식 홈페이지에는 외국인 아동이 공교육에 취학을 희망하는 경우, 국제 인권 규약 등에 의거하여 '수업료 비 징수, 교과서 무상 지급 등 일본인 학생과 동등하게 취급하도록 되어 있다. 이러한 외국인 아동을 일본 학교에 받아들이는 데에 있어서는 일본어 지도 및 생활 면·학습 면의 지도에 관해 특별한 배려가 필요하다'고 명기되어 있다[2].

〈표 2〉에 수용 대책의 역사적 흐름을 아주 간단하게 정리했는데, 국제 규약, 국제 인권 규약(1966년 비준, 1979년 발효[3])과 '아동의 권리에 관한 조약'(1989년 비준, 1994년 발효), 두 가지를 비준하고 있기 때문에 '일본인과 동일한 교육을 받을 기회를 보장한다'는 것이다.

---

2) 참고 자료: (http://www.mext.go.jp/a_menu/shotou/clarinet/ 003.htm)

3) '국제 인권 조약'(자유권 규약 제27조)에는 다음과 같이 규정되어 있다. '종족적, 종교적, 또는 언어적으로 소수 민족이 존재하는 국가에서는 해당 소수 민족에 속하는 사람은 그 집단의 다른 구성원과 함께 자신의 문화를 향유하고 자신의 종교 생활을 영유하고 또한 자기의 언어를 사용할 권리가 없다.'

〈표 2〉 신규 외국인 아동의 수용 대책

1979	·「국제 인권 조약」(1966년 UN에서 채택)이 비준됨
1991	· 전국 실태 조사(모어별) '일본어 교육이 필요한 외국인 아동의 수용 상황 등에 관한 조사'를 공립 초, 중, 고등학교, 특수 학교를 대상으로 문부과학성이 실시 · 외국인 아동용 교재「日本語をまなぼう1」를 발간
1992	· 전국적으로 외국인 아동 수용 학교에 일본어 지도 등의 특별 지도를 위해 수용 학교에 교원 배치 · 외국인 아동용 교재「日本語をまなぼう2」를 발간
1994	·「아동의 권리에 관한 조약」(1989년 UN에서 채택)이 비준되어(일본은 158번째 국가), 외국인 아동을 공립 의무 교육 학교에서 무상으로 입학하도록 함
1995	· 외국인 아동용 교재「日本語をまなぼう3」을 발간
2004	· 문부과학성의 '학교 교육의 JSL 교과 과정의 개발에 관하여(최종 보고)'(초등학교 편)
2007	· 취학 지원에 관한 실천 연구를 위해 '외국인 아동 취학 촉진 계획'을 전국 29 지정 지역에서 실시 · 문부과학성 '학교 교육의 JSL 교과 과정'(중학교 편)
2008	· 문부과학성 자문 전문가 간담회 '초중등 교육에 있어서의 외국인 아동 교육을 충실하게 하기 위한 검토회'의 결과에 따라 '외국인 아동 교육을 충실하게 하기 위한 방책'을 발표

(福田 · 末藤, 2005를 참조하여 작성)

후쿠다 · 스에후지(福田 · 末藤, 2005)는 1868년 메이지(明治)이후 일본의 외국인 아동에 대한 시책을 돌아보고, 외국인 아동의 수용은 이 메이지 이후부터 답습하고 있는 동화(同化) 교육 정책의 틀을 벗어나지 못한다고 다음과 같이 말하고 있다.

> 일본의 학교는 외국인 아동들에게 그 민족의 언어 및 문화를 유지하고 발달시키는 교육을 해 오지 않았다. 먼저 '1 국어'라는 이름의 일본어로 수업을 하고 있다. 문부과학성(구 문부성)이 인정하고 있는 '일본인과 동일하게 취급한다'는 입장은 일본어와 일본 문화에 적응시킨다는 '동화 교육'에 지나지 않는다.
>
> (福田 · 末藤, 2005:158)

이 때문에 일본어를 할 수 없다는 점을 전면에 내세운 보완적, 보상적 대응책이 되어 장애아나 결함을 가진 아동을 수용하는 것과 같은 자세로 외국인 아동 교육이 시작되었다.

실제 JLL 대책으로 1991년에 '일본어 교육이 필요한 외국인 아동의 수용 상황 등에 관한 조사'를 실시한 후, 외국인 아동용 교재「日本語をまなぼう」3권(1991, 1992, 1995)을 간행했다. 2000년에 들어와서 초기 일본어 지도가 끝난 아동을 위한 'JSL 교육 과정'을 개발하기 시작했고, 그 최종판이 나온 것은 초등학교 편이 2004년, 중학교 편이 2007년이다. 1996년경부터 일본어 지도자, 교사, 교감, 교장, 지도주사(指導主事)를 위해 연 1회 4일, 110명 대상의 연수회가 정기적으로 열리게 되었고, 비취학 아동의 실태 조사도 14개 지구에서 실시되고 있다. 2007년에는 문부과학성 자문 전문가 간담회인 '초 · 중등 교육에서 외국인 아동 교육을 충실하게 하기 위한 검토회'가 조직되었고 그 결과가 발표되었다[4].

이 밖에 공식 홈페이지에는 귀국 자녀와 외국인 아동을 위한 지원 시책으로 다음 네 항목이 제시되어 있다[5].

 ① 일본어 지도를 위한 추가 배정 교사의 일부 급여 부담(1/3을 국고에서 부담, 대상 교사 985명)

 ② 강습회 실시

 ③ 취학 안내서 작성과 배부(7개 언어)

 ④ 지원 체제 방식의 센터 학교를 16개 지구에 설치하여 모어가 가능한 지도 협력자 및 코디네이터를 배치, 일본어 지도 교실을 설치하는 일 등, 지역 내의 각 학교에 순회 지도를 통하여 지역의 일본어 지도와 적응 지도를 충실히 하기 위한 지원 체제 방식 구축

(2) 현장의 지원 실태

문부과학성 국제교육과의 이러한 움직임과 함께 실제로 지원하는 지방 자치 단체 및 지역의 교육위원회에서도 다양한 방법으로 대응하고 있다. 3장에서 서술한 북미의 ELL 대책으로는 우선 '별도 (방식) 수업', 학습자가 소속되어 있는 정규반에 지원자가 들어가서 학습을 도와주는 '통합 방식 수업', 학생 수가 많은 곳이라면 '특별 교실 설치' 등이 일반적이다. 일본도 마찬가지로 집중 거주형의 경우 '특별 교실 설치'를 하여 '별도 방식'으로 일본어 지도 및 일부 교과 지도를 하는 곳이 많다. 지도원이 교내에 상주하기도 하고, 순회나 파견되는 경우도 있다. 별도 방식은 여러 가지가 있는데, 주요 교과목은 특별 교실에서 배우고 소속반에서는 급식을 함께 먹는 정도인 곳도 있고, 일부 교과 시간만 소속반에서 분리되어 나오는 경우도 있다. 또 특별 교실의 명칭은 '국제교실(国際教室)', '일본어교실 (日本語教室)', '적응학급(適応学級)', '빛나리 (かがやき)', '명랑반(生き生き教室)', '아미고(アミーゴ)' 등 매우 다채롭다.

분산형, 소수형에 많은 형태는 '센터 학교·거점 학교 체재'로 근처 학교에서 정해진 시간에 지원이 필요한 학생들이 오는 방식과 지방 자치 단체의 교육위원회에서 파견된 모어 화자 지도원 및 일본인 지도원에 의한 순회 지도가 있다. 또한 일정 기간, 소속반에서 학습을 시작하기 전에 집중적으로 생활 적응 지도와 일본어 지도를 하는 '취학 전 학습(preschool)', 또는 '초기 지도'라 불리는 집중 일본어반이 늘고 있다. 학교 안에 설치되어 있기도 있고 센터 학교·거점 학교 방식도 있으며 기간도 3주부터 1년 미만으로 다양하다.

일본에는 있는데 북미에서는 볼 수 없는 것이 있다. 지방 자치 단체 교육위원회의 청소년과 및 외국인 수용 창구인 국제교류과 등에 의한 과외(課外) 또는 방과 후의 학습 지원이다. '응원 학습(励み学習)', '친구 시간(盟友タイム)', '애프터 스쿨(アフタースクール)' 등 여러 가지 명칭이 있는데,

---

4) 문부과학성 국제교류 팸플릿 제3장 (http://www.mext.go.jp/a_menu/kokusai/kouryuu/04090801/022.htm)

5) 홈페이지 참고 : (http://www.mext.go.jp/a_menu/shotou/clarinet/003/001/014.htm)

중 · 고등학생의 경우, 교실 밖에서의 '개별 지도'가 많고 학급 담임과의 팀티칭으로 '통합 지도'와 '별도 지도'가 같이 이루어지는 경우도 있다.

다음은 실제로 지도하고 있는 사람이 누구인가 하는 문제인데, 일본은 JSL 교사의 자격 취득 제도가 없기 때문에 일본어 지도나 그 밖의 지원을 하는 사람의 수급(需給)은 지방 자치 단체에 완전히 맡기고 있는 상태이다. 언어의 장벽이 있는 아동을 수용하는 것이므로 보호자와의 연락이나 그 외의 일 등으로 모어 화자의 협력이 반드시 필요하다. 문부과학성 교원연수센터가 지도자 연수를 위해 작성한 자료를 보면, '일본어 지도원', '모어 화자 지도원', '교육 상담원', '(교육) 협력원', '국제화 대응 교원', '이중 언어 지도원', '모어 화자 지원자(번역, 통역, 교과 지원)', '일본어 보조 교사', '다문화 공생 도우미', '사회 복지사'라는 참으로 다양한 직함을 가진 사람들이 지원 활동을 하고 있다는 것을 알 수 있다. 또한 지원 시간과 기간의 차이도 커서 주 1시간부터 40시간까지 다양하고 그 기간도 최대 6개월, 50시간, 20시간 등으로 다양하다. 1년마다 계약을 갱신하는데(그래서 여름방학 등은 무급이 된다), 지역에 따라서는 갱신을 3년까지로 제한하는 곳도 있다.

학생 수에 따라서 교육위원회에서 배속되는 전임 교원·추가 배정 교원은 배치 기준이 지역별로 다르다. 아이치현의 예를 살펴보면, 2008년도의 '일본어 교육 적응 학급 담당 교원'은 초등학교에서는 일본어 지도가 필요한 학생 10명 이상에 교원 1명, 31명 이상에 2명, 51명 이상에 3명, 71명 이상에 4명, 91명 이상에 5명으로, 최대 교원 5명까지 허용한다. 중학교는 일본어 지도가 필요한 학생 10명 이상에 교원 1명, 21명 이상에 2명, 31명 이상에 3명, 41명 이상에 4명으로 중학교는 최대 교원 4명까지 허용한다[6]. 또한 전임 교원·추가 배정 교원은 일본어 교육에 대한 전문적 지식을 가지고 있지 않은 경우가 많고, 잦은 이동 때문에 지원자로서 장기적인 전망을 가질 수 있는 인재 양성이 어려우며 또한 모어 화자 지도원은 고졸 정도의 자격으로 단기간 채용하고 마는 실정이다.

학교 외의 지원으로는 지역의 에너지를 결집한 시도가 있다. 예를 들면 일본 각지의 주요 도시에 있는 재단법인 국제 교류 협회 등이 실시하고 있는 지역 외국인과의 공생 대책의 일환으로 일본어 지원, 학습 지원, 진학 지원 등이 있다. 예를 들면 일본인 자원 봉사자가 학교에 파견되어 실시하는 학습 지원, 방과 후 학습, 주말 지원 교실과 같은 유형, 여름방학 및 겨울방학의 숙제를 봐 주는(즉, 보충 학습) 자원 봉사 그룹, 비 취학 아동을 위한 배움터 등 자원 봉사의 에너지에 의지하여 다양한 방법으로 외국인 자녀의 언어 교육을 돕고 있는 점은 일본의 특징이라고 할 수 있다[7]. 다만 자원 봉사자 연수가 제대로 실시되고 있는 곳도 있지만, 연수조차 없는 곳도 있어서 연수 내용의 통일성 및 균질성에는 문제가 많다.

---

6) 아이치현의 실정을 잘 아는 아이치 슈쿠토쿠대학(淑德大学) 강사인 마쓰모토(松本一子)씨와의 개인적인 담화에 의함

7) 학습 지원의 예: 横浜市国際交流協会(YOKE)의 '母語による学習支援サポーター派遣' : (http://www.yoke.or.jp/) ; 방과 후 학교의 예: 愛知県豊田市NPO法人子どもの国의 'ゆめの木教室' : (http://www.kodomonokuni-aichi. org/katudo.html) ; 보충 학습 자원 봉사 그룹의 예: 近江八幡市의 'ワールドアミーゴクラブ' :(http://www.shiga-volunteer.net/group/index.php?id=g0028) ;비취학 아동을 위한 배움터의 예: 愛知県法人トルシーダ: (http://www. geocities.jp/torcidajpjp/). (2012년 6월 5일 각 홈페이지 주소 참고, 감수자 주)

◆ 아이치현 도요하시시 교육위원회 (愛知県豊橋市教育委員会)의 사례(築樋, 2007, 2008)

구체적인 예로 아이치현 도요하시시의 외국인 자녀를 위한 대책을 살펴보자. 교육위원회 주도형으로 아주 역동적이고 독특한 시도를 하고 있는 예이다.

지원 대상은 시내 초·중학교 74개교 중 56개교(75.7%)로, 파견 교사는 상주하는 초등학교가 13개교, 중학교가 6개교이다. 재적 학생 수가 100명을 넘는 집중 거주지의 학교도 있고 10명 미만인 학교도 41개교나 있어, 집중 거주형과 분산형이 혼합된 도시이다. 지원 대상이 되는 학생 수가 1,147명으로, 이 중 출신국별은 브라질 885명, 페루 99명, 중국 28명, 필리핀 60명, 기타 75명이다.

〈그림 1〉에 전체적인 지원 체제를 제시했는데, '사회 복지사'라고 불리는 지도원 3명이 각각 역할을 분담하여 전체적인 총괄과 연수 지도를 하고 있다. 지원 그룹은 국제 학급 담당의 '추가 배정 교원'과 '일본어 지도원' 55명, '이중 언어 상담원' 8명, '일본어 지도 순회 상담원' 6명, '외국인 교육 지원 도우미' 8명이다. '이중 언어 상담원'은 시의 촉탁(嘱託)으로 주 2시간 근무를 하는데 번역, 통역 및 모어를 사용한 교육 상담과 함께 초기 적응 지도, 취학 전 학습, 교과 지도 보조 등의 일을 한다. 이것도 창구 대응, 순회, 학교 상주(常住), 단체 상주 등 다양하다. '일본어 지도 순회 상담원'은 국어·사회·산수 시간에 1~6명 정도를 따로 분리하여 일본어 지도·교과 지도를 하고, 지도가 없는 시간에는 시의 교육위원회에서 교재 개발에 관한 일도 한다. '외국인 교육 지원 도우미'는 시급(時給)을 받는 모어 화자로, 오전 4시간 × 35주 근무한다. '등록 이중 언어자' 제도는 영어를 할 수 있는 주부 및 중국 출신의 엄마들로, 필요에 따라 학교에 파견되어 시급을 받으며 초기 적응 지도 40시간 정도를 모어로 지도한다(築樋, 2007: 6).

이러한 지원은 1990년에 대상 아동 3명에서 시작했다고 하는데, 그 이후 지침서 작성, 포르투갈어 사전, 학교 안내, 지도 지침서를 발간하는 등 왕성한 지원 활동을 해왔고, 최근에는 다음 1)~4)와 같은 독자적인 실험도 하고 있다.

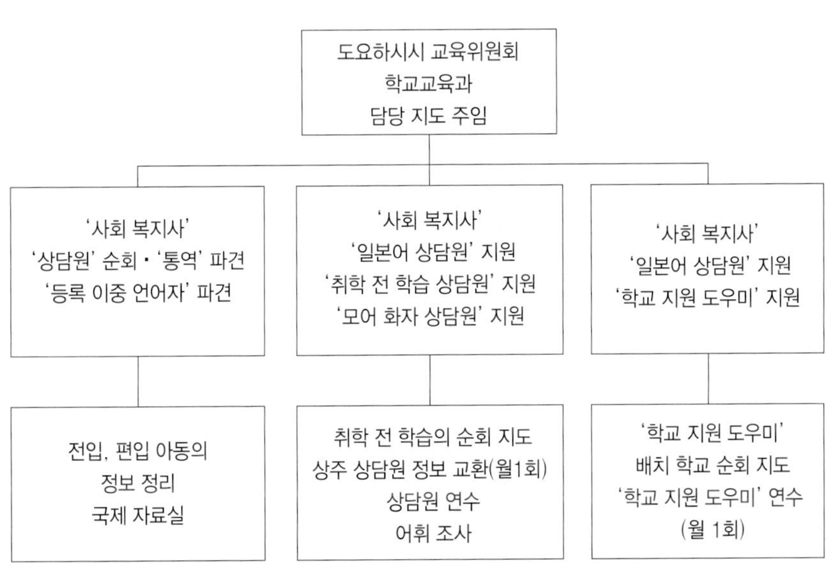

〈그림 1〉 도요하시시의 외국인 자녀의 지원 체제

1) ‘개인 파일(일본어, 산수·수학)’, ‘생활 적응 확인 목록’과 일본어 지도자에 의한 ‘개인 지도 계획안’을 작성하여 학급 담임과 연락할 것. 특수 교육이 필요한 아동을 조기 발견하는 것도 담당한다.

2) 초등학교 입학 전의 취학 상황을 어휘 조사[8]를 통하여 파악한다(10장 331~332쪽 참조).

3) 외국인 보호자 간담회를 개최하고, 지역의 지원 아래 ‘방과 후 학습’을 개설하여 여름방학 중 특별 지도를 한다.

4) 위의 어휘 조사를 진행하는 가운데 취학 전의 언어 환경에 문제가 있다는 것을 인식하게 되어, 모어와 일본어가 충분히 발달하지 않은 아동을 위하여 신입 외국인 아동과 보호자를 대상으로 한 ‘취학 전 학습’을 초등학교 입학 전 1월부터 3월 사이에 실시하고 있다.

이러한 지원을 ‘적응 지도’+‘일본 지도’+‘언어 능력 향상’을 위한 프로그램으로 만들기 위하여 2009년 ‘愛知県プレスクール実施マニュアル(아이치현 취학 전 학습 실시 메뉴얼)’을 발간하였다.

(3) 지원 학급의 교수 방법

지원 학급의 교수 방법은 이해하기가 상당히 어렵다. JLL용 일본어 학습 교재가 정비되어 있는 것도 아니고, 북미와 같이 교과 학습에 관한 지침서나 표준도 없으며, 일반 교사용 지침서도 개발되지 않았다. 막연하게 도달 목표로 한 것을 보면 어떻게든 일본인 학습자와 발을 맞추어 교과 학습을 같이 할 수 있게 되는 것이다. 이것이 제대로 안 되면, ‘노력 부족’, ‘불성실’ 등 학습자 개인의 특성 탓으로 돌리는 경향이 있어서 현장에서 교사가 고군분투하고 있음에도 불구하고, 지원 체제의 질적인 문제가 좀처럼 개선되지 않는 상황이다. 지원 내용이 ‘일본어 능력을 보완한다’라는 좁은 과제에 국한되기 때문에 일반 교사와의 관계, 학습 지도 요령과의 관계가 애매하다. 이 때문에 학력 획득이라는 점에서 볼 때, 진정으로 아동의 입장에서 생각하는 지원이 이루어지고 있는지에 관한 중요한 과제의 평가 자체도 소홀히 하고 있다.

그러면 일본어 능력의 보완을 위해 어떤 접근법이 적용되고 있는 것일까? 필자가 아이치현을 중심으로 수업 견학을 한 바로는 초등학교나 중학교에서 압도적으로 많았던 것이 ‘文型積み上げ方式(문형 완성 방식)’이다. 성인용 교과서(예: ‘みんなの日本語’의 흐름에 따른 것으로 각과의 주제가 ‘…ができます(…을/를 할 수 있어요)’ 또는 ‘…が好きです(…을/를 좋아해요)’ 등의 문형·문법 사항이고, 이들 문형을 다양한 구두 연습을 통하여 익히게 하는 방식이다. 한 특별 지원반의 예인데, 평가표에 ‘형용사 활용을 할 수 있다’든지 ‘…たいです(…고 싶어요(희망))’ 구문을 사용할 수 있다고 기술하여, 학습자가 어느 정도의 문형을 습득하면 본래의 소속반으로 돌아갈 수 있도록 할 것인지에 대해 논의한다고 한다. 즉 교과 학습에서 필요한 학습 언어 능력과 별로 관계없는 언어 형식 면의 습득 정도로

---

8)　이 어휘 평가는 「学校生活基本用語100(학교생활 기본 용어 100)」이라고 하며, 그림 카드를 사용한 개인 면담 테스트이다. 10장 331~332쪽에 자세히 설명되어 있다.

판단하고 있는 것이다. 원래 '文型積み上げ方式(문형 완성 방식)'은 성인용 단기 집중 코스를 위해 개발된 접근법으로 이를 연소자에게 사용할 때는 연령과의 관계를 고려할 필요가 있다. 현장에서는 소도구를 사용하거나 카드로 만들어 학습자에게 게임 형식으로 문형 연습이 가능하도록 궁리를 해서 어린이가 즐겁게 참여할 수 있는 수업이 많았고, 초등학교 저학년의 경우는 입을 모아 대답은 잘하고 있었지만, 이를 실생활에 활용하는 데까지는 이르지 못한 것 같았다.

다음으로 별도 수업의 교과 학습 지원은 어떻게 이루어지고 있는 것일까? 필자가 견학한 바로는 참으로 다양했다. 가장 많았던 것은 교과 학습이라 해도 히라가나, 가타카나, 한자 연습, 산수 연습 문제가 대부분이었다. 소위 문제지 중심의 수업으로 교사의 교과 과제에 대한 설명 등은 거의 없고 이미 배운 한자 문제지 및 산수 계산 문제를 반복해서 풀도록 하는 수업이다. 또한 회화 수준이 생존에 필요한 정도인 학습자의 경우는 말하기 능력을 강화하면서 문자 지도를 할 필요가 있는데, 전체적으로 문자 지도로 편중된 경향이 있다. 모 초등학교의 별도 수업에서는 지도자 3명, 아동 3명으로 구성되어 서로 수준이 다른 아동이 같은 교실에서 각각 개별 지도를 받고 있었다. 이와 같은 형태가 되면 문제지 중심의 수업이 될 수 밖에 없고, 결국 읽기와 쓰기 지도로만 편중된다. 또한 집중 거주 단지 근처에 있는 모 초등학교에서는 5~6학년의 JLL을 대상으로 소속반과 병행하여 특별반을 설치하여 경험이 많은 산수 전문 교사가 기초적인 부분까지 친절히 가르치고 있었다. 학습자들도 적극적으로 임하고 있는 듯했는데, 이 교사의 이야기로는 산수와 국어 과목에서 해당 학년에 상응하는 수준의 학습이 어려워, 담임 교사의 요청으로 학습자들은 '만년 특별반'에서만 공부하고 있어 원래의 소속반으로 돌아갈 가능성이 거의 없다고 한다. 이와 비슷한 반이 3~4학년에도 있는데, 3명의 아동을 위해 지도원 3명이 각각 일대일로 개인 지도를 하고 있었다. 학습자는 의자에 앉아 있고 지도원이 그 앞에 어린이를 내려다보는 형태로 서 있다. 이와 같이 일대일로 일본인 교사가 학습자를 지도하는 것이 이상적이라고 생각할지도 모르지만, 아동에게는 압박감에 시달리는 힘든 시간일 수도 있다. 위의 두 예를 보고, 일본인 학습자 또는 같은 JLL끼리 상호 작용을 할 수 있는 수업 형식으로 하면 학습자의 자세가 적극적으로 바뀔 것이라는 생각이 들었다.

실제로 어떤 방침을 가지고 지도하고 있는지 알기가 힘든 수업도 많이 있었다. 원래 별도 수업 그 자체는 정규 소속반과의 관계로 독자적인 방침을 세우기가 어렵다. 그렇다고 지도원이 독자적으로 진행하는 수업은 아니지만, 소속반 담임의 주문에 의해 수업 내용이 정해지는 상황이 대부분이다. 이 때문에 담임 교사의 요청이라고 해서 모 초등학교 2학년 아동이 'くじらぐも(고래구름)' 단원을 소리 내어 읽는 것으로 1시간 수업을 끝내는 경우도 본 적이 있다. 또 다른 초등학교에서 경험한 일인데, 경력이 많은 퇴임 교원이 외국인 아동을 훈육하는 일이 자신의 역할이라고 여겨, 학습자의 자세 교정이나 책상 줄을 똑바로 맞추는 일 등으로 대부분의 수업이 끝나버리는 경우도 있었다.

다음으로 모어 사용과의 관계를 보기로 한다. 일본의 외국인 아동 대책에 모어·제1 언어의 역할에 관한 언급은 없지만, '모어를 이해하는 지도 협력자'의 필요성은 인정하고 있다. 예를 들어 보호자와의 연락 및 면담에는 모어 화자 지도원이 필요하다. 그러나 다음 장에서 다루는 교사의 모어 의식 조사 결과로도 알 수 있듯이 모어의 중요성에 대한 인식이 일반적으로 부족한 상황이다. 그래서 필요에 따라 공교육에서 학습자의 모어가 여러 가지 형태로 사용되고는 있으나, 이보다 모어 능력의 유지·신장을 위해서 더 적극적으로 노력하는 일은 일반적으로 거의 없다고 말할 수 있다.

그러나 실제로는 매우 기대되는 시도를 하고 있는 곳도 많았다. 특히 인권 교육의 전통이 있는 지역에서는 과목 수업으로 중국어를 도입하는 초등학교도 있고 또한 10장 298~299쪽에서 볼 수 있는 모어 지원자와 담임 교사가 절묘하게 팀을 이뤄 학습자의 모어 능력을 키우면서 학력 신장과 연결시키려고 노력하는 학교도 있다. 또한 고마키시와 같이 일본어 지도라는 명목 하에 교과목의 일부로 모어 지도를 하는 곳도 있고(165~167쪽), 중학생을 대상으로 모어와 일본어 지도를 동시에 하고 있는 오사카부의 사례도 있다(167~168쪽). 그러나 상당 수의 모어 화자 지도원이 고용되고 있음에도 불구하고 그 활용 방식에는 문제가 있다. 아이치현의 모 초등학교에서는 모든 학급에 모어 화자 지도원이 교실 뒤에서 대기하고 있었다. 이미 아동들은 일본어 회화가 꽤 유창하여 특별히 지원이 필요하지 않는 듯했다. 따라서 모어 화자 지도원의 협력을 얻을 수 있는 상태라면 다른 형태의 수업을 고안해 보는 것도 가능하지 않을까 하는 생각이 들었다. 지도원이 혼자서 가르칠 수 있는 자격, 즉 교원 자격증이 없기 때문에 담당 교원의 감독 하에 일을 하게 되는데, 이러한 상황에서 예를 들어, 수업 시간 마지막 5분간이라도 새로운 개념의 이해를 모어로 확인시키거나 모어를 사용한 토론 또는 모어로 배경지식을 끌어내는 일 등, 모어 지도원이 할 수 있는 일이다. 가정에서 모어의 학습 언어 면은 발달이 어렵기 때문에 이러한 기회에 모어의 질적 향상과 교과 학습에 대한 충분한 이해를 촉진시켜야 할 것이다. 이들의 전인격적인 성장과 건전한 정체성 형성을 생각하면 공립 초·중학교에 배치되는 학습자의 모어가 가능한 성인 모델은 매우 중요한 역할을 하는 존재임에 틀림없다.

(4) JSL 교육 과정

이러한 상황에서 문부과학성 국제과의 지원 사업의 하나인, 'JSL 교육 과정'이 어떤 역할을 하고 있는 것일까? 'JSL 교육 과정'이란 어떤 것일까? 초기 일본어 지도 및 학습 지도 요령과는 어떤 관계가 있는 것일까?

'JSL 교육 과정'의 목표는 '교과를 학습하는 능력'의 획득으로 각 교과별로 'JSL 국어 과목', 'JSL 산수 과목', 'JSL 과학 과목', 'JSL 사회 과목'이라는 구체적인 수업 방법을 제시한 지침서가 있다. 다양한 가정 환경과 양육 형태 그리고 언어 배경이 다른 아동을 대상으로 하기 때문에 한 가지의 도달 목표를 제시해도 도움이 되지 않으므로 각 지도자가 대상 아동이 필요한 교육에 맞는 교과 수업을 구축할 수 있도록 'サポートアイディア集(지원아이디어집) 및 カリキュラム造りの道具箱(교육 과정 만들기의 도구 상자)'를 모은 것이라고 '문부과학성 신문(文部科学省新聞)'은 다음과 같이 설명하고 있다.

> 이 JSL 교육 과정은 고정된 순서로 배치된 것은 아니고, 생활 배경, 학습 이력, 일본어 능력, 발달 단계 등이 다양한 학습자의 실태에 맞추어서 교사 자신이 유연하게 교육 과정을 구성하도록 지원하는 하나의 도구이다. 구체적으로는 직접 체험 등의 활동에서 질문과 응답으로 구성된 활동 단위(Active Unit)마다 다양한 일본어

표현의 변형을 서로 맞추어 놓은 'AU 카드'를 준비한다. 이를 이용하여 학습자의 실제 상태에 따라 참여 가능한 학습 활동을 설정하면서 이해 가능한 일본어 표현을 궁리함에 따라 학습자로 하여금 학습 활동에 일본어로 참여하게 하기 위한 능력(학습하는 능력)을 육성하는 것을 목표로 한다.

구체적으로는 학습에 필요한 '원인을 생각하고'. '이유를 생각하고'. '추측하는 일 등'과 같은 언어 기능을 중요시하여 이와 관련된 일본어 표현을 AU 카드를 쓰면서 정리하는 수업을 구축한다.

〈그림 2〉에서 알 수 있듯이 'JSL 교육 과정'의 문제 중 하나는 현 상태로는 이러한 교육 과정을 활용할 곳이 별로 없다는 것이다. 외국인 아동이 일본인 아동과 같은 교실에 앉아 상호 작용 활동을 통하여 교과목을 공부하면서 동시에 일본어 능력을 향상하기 위해 만들어진 교육 과정이 아니기 때문이다. 즉, 정규 소속반에서 학습을 가능하게 하기 위한 준비로서 별도 수업 등에서 외국인 아동에게 교과의 '학습법'과 필요한 언어 표현을 제공하기 위한 것이다. 다시 말해 외국인 아동을 주변적인 입장으로 자리매김해 놓고, 거기에서 사용하는 교육 과정인 것이다[9].

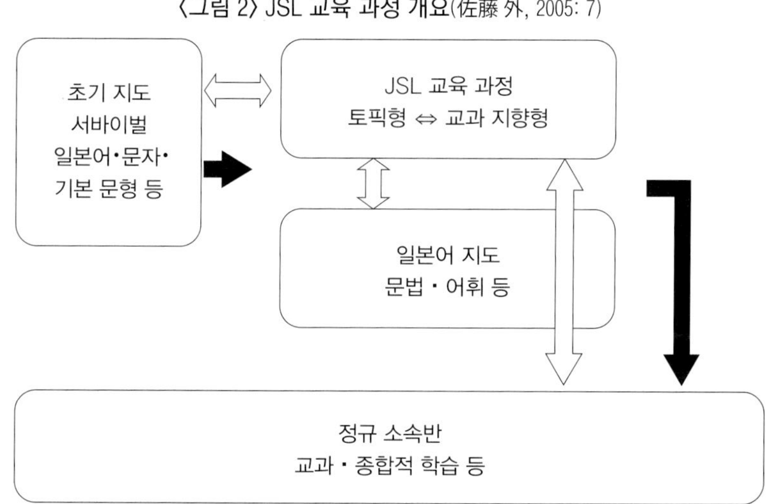

〈그림 2〉 JSL 교육 과정 개요(佐藤 外, 2005: 7)

문제는 일정 시간 안에서 끝내야 하는 교과 내용이나 도달 목표가 제시되어 있는 것이 아니기 때문에 교육 과정이라는 명칭을 쓰고는 있지만, 그 내용은 교육 과정과는 거리가 멀다. 물론 언어 배경 및 성장 과정, 언어의 숙달 정도가 각기 다른 학습자를 대상으로 한 교육 과정을 만든다는 것 자체에 무리가 있는 일이다. 이 때문에 캐나다의 가이드라인이나 미국의 표준도 상당히 대략적이고 실증적 자료에 기초한 것이 아니라는 비판도 있는데, 그래도 L2의 숙달 정도에 따라 적어도 3단계 또는 4단계를 설정하여 각 단계에 맞는 도달 목표를 제시하고 각 단계의 교수 전략이 제시되어 있으므로 어느

---

9) 수업 구성과 실천을 지원하기 위해, 도쿄가쿠게이대학 국제교육센터(東京学芸大学国際教育センター)에 '외국인 자녀 교육 지원' 홈페이지를 개설하여, 수업 실천을 지원하는 도구 및 실천 사례 등을 수집, 제공하고 있다. : (http://crie.u-gakugei.ac.jp/jsl/)(ⓒ2008)

정도는 지표가 된다. 'JSL 교육 과정'은 이러한 면이 결여되어 있기 때문에 사용하는 사람의 부담이 상당히 크다. 또한 좋은 제언이나 조언 등이 다양하게 소개되어 있기는 하지만, 교육 경험이 아주 풍부한 지도원이 아니면 활용하기 어려운 점이 있다.

2. 모어의 중요성 인식

도쿄가쿠게이대학(東京学芸大学) 교수인 사토(佐藤, 2001)의 조사 결과에 의하면, 모어 지도를 실천하고 있는 공립 초·중학교는 전체의 약 15%에 지나지 않는다. 문부과학성 국제교육과는 모어 교육, 모어 지원에 관해서는 아무런 시책도 제시하고 있지 않으며, 뉴커머의 모어 지원은 모두 지방 자치 단체와 가정, 지역·민간 단체에 의존하고 있는 것이 현황이다.

앞 장에서 잠깐 언급했지만, 외국인 자녀를 교육하는 학교 현장에서 실시하고 있는 모어 지도의 양상에 관해서는 다음 다섯 가지를 구별할 필요가 있다.

1) 학교 생활상의 생활 지도 및 보호자와의 연락을 위한 의사소통을 원활하게 하기 위한 모어 사용.

2) 일본어 학습 및 교과 학습을 효과적으로 하기 위한 모어 사용. 목적은 어디까지나 일본어 습득에 있다. 모어를 사용함으로써 모어의 유지·신장에 도움은 되지만, 일정한 교육 과정이나 지도 방침에 따라 모어를 쓰는 것이 아니기 때문에 모어 습득은 간접적, 자의적인 것으로 그친다.

3) 모어의 유지·신장을 목적으로 하는 모어 학습. 주 1회, 1시간 정도 학습할 경우는 모어의 유지·신장을 지원하는 수준으로 그치지만, 학교라는 공간에서 이루어지므로 모어의 가치 부여와 연결된다. 학습자 자신의 모어에 대한 의식이 긍정적이고, 가정에서의 모어 사용을 촉진할 가능성이 있다.

4) 일정한 교육 과정에 따라 모어 그 자체를 육성하는 것을 목적으로 한 교육 프로그램이다. 개인이 선택한 모어·계승어인 경우도 있고, 민족 집단의 존속을 겸한 계승어 교육인 경우도 있다. 구어뿐 아니라, 고도의 문해력을 강화함과 동시에 민족 문화 언어 정체성의 고양도 목표에 포함된다.

5) 중·고생을 대상으로 하는 '교과목으로서의 외국어'(즉, 외국인 자녀의 모어·계승어)는 정규 과목으로 성적을 받을 수 있다. 현재 일본에서는 168~169쪽에서 다루는 고등학교 외에는 거의 없는 것 같은데, 앞으로 외국인 자녀 교육에서 이러한 방식의 언어 교육이 더욱 더 필요해질 것이다.

현장에서 위의 1)은 가장 많이 볼 수 있는 모어 사용의 예이다. 159~160쪽에서 언급한 도요하시 교육위원회의 시도가 좋은 예이다. 이중 언어 상담원 등 모어를 아는 지도원의 지원은 여러 종류가 있지만, 모어를 사용하여 의사소통을 가능하게 하여 효과적으로 일본어를 습득하거나 교과 학습을 해

내는 일만을 기대하고 있을 뿐이다. 일본어 초보를 가르칠 때도 일본인 지도원보다는 모어 화자 지도원이 더 효과적이라고 여겨 일본어의 초보 단계를 지도하는 취학 전 학습에도 이중 언어 상담원이 주로 가르치고 있다. 이는 마치 미국의 '이중 언어 교육'과 같이 목적은 제2 언어 습득에 있되 그 과정에서 제1 언어를 사용한다고 하는 형태이다. 2)는 다음에 소개하는 아이치현 고마키시 초등학교의 예이다. 외국인 지원 프로그램의 일부에 모어 지도가 포함되어 있어서 희망하는 학습자에게 정규 수업 시간을 배당하여 모어 교육(포르투갈어, 스페인어)을 실시하고 있다. 3)은 167~169쪽에 제시하는 바와 같이 교육위원회가 주도하여 효고현 '어린이다문화공생센터(子ども多文化共生センター)'나 오사카부·오사카시에서 정규 과목의 일부로 모어 교육이 실시되고 있는 것이다. 4)는 필자가 알고 있는 한 일본의 공교육에서는 실시되고 있지 않다. 5)는 178~179쪽에서 다루는 오사카부의 예이다.

(1) 고마키시 초등학교의 모어 교육과 일본인 교사의 의식(横井, 2006b)

아이치현 고마키시는 총인구의 5.6%가 외국인 등록자이다. 시내 초·중학교 25개교 중 22개교(80%)가 외국인 자녀가 다니고 있는 학교로 한 학교당 JLL 수가 아이치현에서 제1위이다. 이 가운데 13개교에 '국제반'이 설치되어 '추가 배정 교원'(아동 10명에 교원 1명)이 담당하고 있다. 이 밖에 각 학교를 순회하는 '포르투갈어 상담원'(4명), '스페인어 상담원'(3명), '타갈로그어 상담원', '중국어 상담원'(각 1명), '일본어 지도원'(4명)이 있다. 각 학교에 담당 교원을 두고 외국인 아동 연락 평의회를 열어서 연 9회 시 전체의 연수회 및 교류회를 실시하고 있다. 담당 교원이 일본어 교육이나 외국인 아동 교육에 있어 전문가가 아닌 경우가 많기 때문에 연수회 및 교류회가 필요하다고 한다.

요코이(横井, 2006: 6)는 고마키시의 상담원의 지도 내용에 적응 지도, 일본어 지도, 교과 지도와 함께 모어 지도가 포함되어 있는 것이 특이한 점이라고 한다. 이중 언어 순회 지도원이 학습자의 담당 교원이 정하는 일정에 따라 일본어 지도를 하는 날도 있고 모어 지도를 하는 날도 있다. 보호자가 자녀의 모어 지도를 희망하는 경우에는 초등학교 8개교, 중학교 2개교에서 개별적으로 혹은 소그룹으로 주 1회 정도로 해당 아동들에게 모어 지도를 하고 있다.

지도 내용은 크게 나누어 ① 문자 지도, ② 회화 지도, ③ 교과 지도, ④ 심리 상담이 있다. ③ 교과 지도는 학습자가 학교에서 이해하지 못한 내용을 모어를 사용하여 재학습한다. 교재는 담임이 제공하는 경우가 많다. ④ 심리 상담은 따돌림이나 싸움에서부터 학교 행사에 관한 것까지, 학교 생활 전반에 관한 여러 가지 고민을 해결하는 시간이다. ①의 문자 지도와 ②의 회화 지도는 담당 어학 상담원이 학교나 국제반 담당자가 가지고 있는 교과서 혹은 자신이 직접 만든 프린트물 등을 사용하여 지도하고 있다. 그러나 '모어 교육에 관한 자료는 아주 빈약하여 있으나마나 한 것'이기 때문에 어학 상담원도 무엇을 기준으로 지도해야 좋을지 모른다고 한다. 모어 교육에 대한 공통적인 개념도 지식도 없기 때문에 각 담당자가 좋다고 여기는 것을 가르치고 있다. 그러나 이렇게 해서는 아동의 모어 능력을 유지·신장할 수 없다는 점을 깨닫고 2007년 1월부터 정기적으로 어학 상담원과 조언자인 추가 배정 교원이 회합을 갖고, 시의 통일된 지도 교육 과정을 작성하게 되었다. 즉, 모어 교육의 교육 과정의 부재와 모어 지도 능력의 결여가 문제로 부각되고 있는 것이다.

요코이(橫井, 2006b)는 고마키시 초등학교 교사를 대상으로 설문 조사를 실시하여 모어 유지 및 모어의 역할에 관한 교사의 의식을 조사하였다. 그 결과 모어가 아동의 발달에 어떻게 관련되는지에 관한 의식이 분명하지 않고 학습자가 모어를 유지하든 유지하지 않든 이 문제는 학교 교사가 관여할 일이 아니라는 태도를 엿볼 수 있었다. 예를 들면, "모어 화자를 외국인 아동의 지도에 관여할 수 있도록 해야 한다"라는 조사 항목에 90% 이상의 교사가 긍정적인 대답을 하고 있음에도 불구하고, "가정에서는 모어로 말하도록 보호자에게 권하는 편이 좋다", 또는 "가정에서도 가능하면 일본어를 많이 사용하도록 권하는 편이 좋다"라는 두 항목에서는 절반(41%/55%) 가량이 '어느 쪽도 아니다'고 대답하고 있다. 그리고 "외국인 아동의 모어로 교과 지도를 하는 것은 모어 유지·신장과도 관계가 있을까?"에 대한 질문에도 반 정도가 '어느 쪽도 아니다'(44%)고 대답한 것을 보면, 교사들은, 모어의 역할은 의사소통 도구라고 여기고 있어, 모어에 대해 상당히 제한적으로 이해하고 있음을 알 수 있다.

고마키시의 모어 지도는 열정적인 보호자의 요청에 의해 시작되었다고 한다. 조심스럽고 자연스럽게 가능한 것을 실천한다는 의미에서는 좋은 모델이다. 그러나 필자가 학교를 방문하여 알게 된 것이지만, 이러한 모어 수업이 학교 안에서 이루어지고 있다는 것을 교장은 전혀 모르고 있었다. 일반 교사에게도 전혀 의식 밖의 일이었을 정도로 모든 것이 비공식적으로 이루어지고 있었던 것이다.

◆ 잇시키초등학교의 모어 지도

필자는 고마키시립잇시키초등학교 '포르투갈어 강좌'와 모모가오카초등학교의 '스페인어 강좌'를 견학한 적이 있다. 포르투갈어 강좌는 1학년 남학생 2명이 포르투갈어 문자 지도를 받고 있었다. ABC 노래부터 도입하고 카드 놀이를 도입하여 문자에 친숙해지고 마지막으로 새로운 노트의 표지에 자신의 이름을 바른 문자 표기법으로 써 넣는 일이었다. 온통 일본어만 들리는 일본 학교에서 모어 화자인 젊은 지도원과 포르투갈어로 즐겁게 이야기하면서 포르투갈어의 알파벳을 배우는 시간과 공간이 참으로 소중하게 느껴졌다. 일본 학교이기 때문에 오히려 이런 곳에서 모어의 읽기와 쓰기의 기초를 배운다는 점이 2배, 3배의 부가 가치가 붙여져 학습자에게 돌아올 가능성이 크다. 일본 학교에서도 모어 학습의 계기를 충분히 만들 수 있고, 이것이 아동의 자존감을 높이는 데에 기여한다는 점을 직접 피부로 느낄 수 있었다.

스페인어 강좌는 6학년 여학생 1명이었다. 스페인어 모어 화자 지도원은 문제지(초등학교 2학년용인 듯하다)를 사용하여 지도원이 단원 이야기를 읽어 주고 그 다음에 학습자에게 읽어 보게 하거나 질문에 대한 답을 써 보도록 하고 있었다. 견학하는 사람이 많았음에도 불구하고 두 사람은 다정해 보였고 학습하는 데 있어서 서로 호흡도 잘 맞았다. 학습자의 회화가 어느 정도 유창한지에 대해서 필자는 판단할 수 없지만, 소리 내어 읽을 때의 속도는 상당히 느리고 잘 읽지 못했다. 또한 질문에 대한 답을 쓰는 과정에도 시간이 많이 걸렸다. 이런 점으로 미루어 볼 때, 이 아동은 모어의 읽기와 쓰기가 해당 학년의 수준에는 미치지 못한 상태로, 계승어 특유의 불균형적인 언어 능력(듣기 능력은 높고, 읽기와 쓰기 능력은 낮음)을 가지고 있는 것으로 보였다. 모어 지도의 목적 중의 하나로

스트레스 해소가 있는데, 아동이 장래 자신의 진로를 모색할 때 역할 모델로서 적절하다고 생각되는 이중 언어 구사자인 젊은 여성 지도원과 일주일에 한 번이라도 친하게 교류하고 다양한 주제로 이야기할 수 있다는 점은 이 아동에게 있어서 매우 소중한 경험일 것이다.

(2) 오사카부 S초등학교와 오사카시의 모어·모문화 지원

오사카부 가도마시립스나고초등학교(S교)에는 시교육위원회 주도형의 모어 지원이 있다. 164쪽의 3) S교는 전교생 382명 중 약 1/4인 90명 이상이 중국계인데, 별도 방식으로 일본어 지도를 하는 '양광교실(陽光敎室)'의 교육 과정 안에 '중국어'가 있어서 양광교실 전 학생은 학년별로 주 1시간의 중국어 수업을 받도록 개설되어 있다(每日新聞, 2008.2.22). 또한 오사카부 야오시 시키초등학교 국제반에서는 외국인 아동의 정의를 '가정에서 일본어 외의 언어를 사용하는 아동으로, 일본어 지도나 자신의 뿌리를 알 수 있는 언어의 유지·신장 등 특별한 지원이 필요한 아동·학습자'이라고 하였다. 이들의 정체성과 자존감을 고양하기 위하여 '일본어 교실에서 일본어를 지도하면서 동시에 뿌리(root)가 되는 언어를 유지하고 신장시킬 수 있도록 지도하고 있다'라고 한다(森迫, 2007: 30-31). 구체적으로 살펴보면, 중국어와 일본어, 양 언어에 대한 이해 능력을 길러줌으로써 두 언어의 차이를 알게 한다. 초등학교 5, 6학년이 되면 일본어의 습득이 빨라지고 상승 효과가 나타난다고 한다. 이상은, 모두 특기할 만한 매우 독특한 시도가 아닐 수 없다.

마찬가지로 모어 사용 예 3)에 속하는 것으로 오사카시 교육위원회의 모어 유지·육성 지원 프로그램이 있다. 여기에서는 센터 학교 학급에 통학하는 방식으로 4학년 이상의 초등학생과 중학생을 대상으로 모어 지원 육성을 실천하고 있다. 문부과학성의 '지원 태세 모델의 센터 학교 설치'의 하나로 '모어 교실의 운영 방법 및 정체성 확립을 도모하는 노력의 실천 방법에 관한 연구'로 자리를 잡고 있다.

◆ 오사카시 센터 통학 방식에 의한 모어 지원(坪内, 2008)

남미 일본계를 중심으로 하는 아이치현 도요하시시 및 고마키시와는 달리 오사카시는 재일 한민족 자녀와 귀국·외국인 자녀가 혼재해 있는 지역이다. 지도 주임의 이야기로는 1985년부터 '귀국 자녀 교육 센터 학교'를 초등학교와 중학교에 개설하고 시에서 파견되는 '일본어 지도 협력자'에 의해 일본어 지도는 주 3회 2시간 정도, 학교 통학 기간은 3개월부터 1년을 원칙으로 실시되고 있다. 저학년 어린이는 교통 사정을 고려하여 수용 대상에서 제외하고 있다.

센터 학교에는 모어를 유지하고 신장하는 것을 지원하는 프로그램이 병설되어 있다. 현재 중학센터학교 4개교와 초등센터 학교 2개교에서 실시하고 있고, 언어는 중국어(5개교), 필리핀어(2개교), 한국어, 타이어, 포르투갈어(각 1개교)이다. 오사카부 다문화 공생 교육 포럼 자료인 '실천연구(実践研究)'(大阪市敎育委員会・帰国外国人児童生徒教育支援協議会, 2007)에 의하면 '학습자의 자존감을 높이고 정체성의 확립을 도우며 일본에서 살아가기 위한 정신적인 측면 및 학습면의 이해를 도모하는 것'이 목적이라고 한다(坪内, 2008: 5). 이를 위해서 월 1회 모어로 배우는 모어 교실, 월드 토크(다문화 웅변 대회), 중국어 말하기 대회를 실시하고 있다. 중국어 말하기 대회는 귀국 또는 일본에 온 지 2년 미만의 학생과 3년 이상 되는 학생의 말하기 그리고 초등학생의 당시(唐詩) 등의 암송, 중학생의 토론 대회 등의 발표로 구성되는데, 이미 12회째 행사가 열리고 있다.

쓰보우치(坪內, 2008)는 이러한 노력의 결과, 다음과 같은 효과가 있다고 한다.
1) 모어·모문화를 공유하는 장이 생겨 정체성을 확인하고 교실에서 배운 학습 내용을 기반으로 자신의 생각을 정리하여 발표하는 자기 실현으로 이어지고 있다.
2) 교실이 학생들에게 정보를 주고 받는 곳이 되어 안정된 거점 역할을 하고 있다.
3) 모어로 교과 용어의 설명을 들을 수 있어 학습 의욕이 높아져 진로에 대한 의욕을 자극하는 효과를 낳고 있다.

그러나 동시에 모어 지원자가 반드시 교원 자격증을 가지고 있는 것은 아니어서 센터 학교 담당자도 모어, 모문화에 관한 지식이 적다. 그래서 양쪽 모두 교육 지식 및 기능을 연마할 필요가 있기 때문에 연간 지도 계획을 확실하게 수립하여 모어 지원자와의 연계를 밀접하게 할 필요가 있다.

송(宋, 2007)은 '뉴커머의 모어 지원과 올드커머의 모어 지원을 연결하여 센터 학교 방식에 의한 일본어 습득과 함께 교과 학습에 대응할 수 있는 일본어 지도와 모어 유지 등도 시야에 넣은 교육적 실험을 진행해 온 것은 분명하고, 이와 같은 모어 지원을 가미한 노력은 오랫동안 재일 한민족 자녀의 보호자의 요구에 의해 개설되어 온 민족반의 역사에 기인하는 점이 많다'라고 하며 올드커머와 뉴커머의 모어 지도를 관련시키고 있다.

◆ 오사카 부립 가도마 나미하야고등학교의 계승 언어 프로그램

저출산이 진행되고 있는 일본에서는 최근 공립 고등학교의 정원이 미달되어 지금까지 좁은 문이었던 고등학교에 외국인 학생이 들어오게 되었다.

2001년 4월에 개강한 오사카 부립 가도마 나미하야고등학교 오쿠라(大倉安央) 선생님에 의하면[10], 특별 입시(중국 귀국 학생 및 외국인 학생 입학자 선발)를 실시하고 있는 가도마 나미하야고등학교, 나가요시고등학교, 야오기타고등학교 등에서는 2003년부터 계승 언어 프로그램이 개설되어 있다. 원래는 구(舊) 가도마고등학교 때부터 중국 귀국자 관련 학생이 많아 이 학생들의 교육을 보장하고자 2001년에 시작된 방과 후 보충 학습이었다. '모어로서의 중국어 강좌'와 일본인 학생을 대상으로 한 '외국어로서의 중국어'가 병설되어 3학년이 되면 두 강좌가 하나로 합쳐진다. 중국어 외는 '제1 언어'라는 과목으로 2003년도부터 모어 수업이 개설되어, 고교 졸업에 필요한 성적에 포함된다. 고1은 타이어, 스페인어(주 2시간), 고2는 필리핀어(타갈로그어)(주 3시간), 고3은 필리핀어, 타이어, 스페인어(주 2시간)로, 각 수업의 수강생은 1, 2명이다. 오쿠라는 모어 교육을 중시하여 모어 수업을 정규 수

업으로 실시해 온 점이 일본에 온 학생들에게 큰 힘이 됨과 동시에 어떤 의미에서는 오사카에서 이러한 학생들을 위한 교육의 상징이 되었다고도 한다.

사실은 이 프로그램이 오사카부의 신임 지사에 의한 부(府)의 재정 재건을 위한 예산 삭감에 영향을 받아 소멸 위기에 처했다. 원래 가도마 나미하야고등학교는 중국에 뿌리를 둔 학생이 많기 때문에 중국인 강사가 상근으로 배치되어 존속이 가능하지만, 그 외의 모어 수업은 '인재 은행(人材バンク)'이라는 제도를 이용하여 강사를 초빙하기 때문에 학기 중에 중지할 수밖에 없게 된다. 수업 1시간당 약 5000엔, 학교에서 연간 필요한 금액은 200만 엔 정도이다. 결과적으로 많은 관계자 및 전문가의 서명 운동으로 존속하고는 있지만, 앞으로의 전망은 결코 밝지 않다.

이상은 공교육에서의 모어 교육 형태와 그 문제점인데, 한편으로 지역 단체나 자원 봉사 단체 등과 같이 민간 차원에서는 모어 지원이 어떻게 이루어지고 있는지를 보기로 한다. 지역 단체에 의한 '모어 교실'은 일본 각지에서 찾아볼 수 있다. 예를 들면, 가나가와현, 요코하마시, 가와사키시, 하다노시, 사가미하라시, 야마토시, 마치다시를 보면, 16개 단체의 모어 교실이 있다. 언어 수는 모두 10개 국어인데, 가장 많은 모어 교실을 차지하는 언어는 스페인어(6개 단체)와 포르투갈어(4개 단체)이다[11].

신규 외국인의 경우는 올드커머와는 달리 민족 언어 문화 그룹이 크게 하나가 되어 집결된 EV(활력)를 가지지 못하여 모어를 유지하고 신장하는 데에 있어서 아직은 각 가정에서 보호자의 가정 언어에 대한 자세에 의존하는 성향이 강하다. 모어 계승은 부모의 언어 문화가 다음 세대에 계승되는 것이므로 부모 자신의 에너지와 열의가 필요하다. 이를 위해서는 부모에게 힘이 되어 줄 수 있는 학교 및 지역의 지원이 불가결할 것이다.

3. 보호자의 태도와 2언어 발달

언어가 다른 환경에서 자녀를 양육할 수 밖에 없는 보호자의 태도 및 자세가 자녀의 제1 언어 유지와 제2 언어의 신장에 어떤 영향을 미칠까? 일본 국립국어연구소(国立国語研究所)의 외국 국적 아동 프로젝트 '외국인 연소자의 일본어 습득・모어 유지의 횡단적 조사(外国人年少者の日本語習得・母語保持の横断的調査)'(1999-2004)(Nishihara et al., 1999)의 일부로 실시된 회화 능력 데이터와 포르투갈어 화자 부모를 조사한 결과를 대조하여 양자에 어떤 관계가 있는지 살펴보자.

(1) 브라질 출신 부모의 의식 조사와 이중 언어 회화 능력 조사(中島, 2001, 2005a)

회화 조사의 대상은 전국 8개 현의 초등학교 29개교, 중학교 4개교에 재적하는 포르투갈어 모어 화자 초・중학생 242명(초등학생 220명, 중학생 22명, 남자 143명, 여자 99명)이다. 일본 체류 기간은 3개월에서 11년까지로, 평균 3년 4개월(표준 편차 28.20)이었다. 평균 입국 연령은 6세 2개월이었고 현지 출생부터 16세까지 있었다. 이 중 어떤 형태든지 일본어 별도 수업을 받고 있던 학생은 68명

(28.1%)이다. 참고로 국제결혼 가정 자녀는 15명(약 6%)이었다.

일본 국립국어연구소가 개발한 부모의 의식·가정 언어 환경 조사는 다음 세 종류의 설문 조사이다. Ⅰ '부모의 의사 결정'(31항목) Ⅱ '부모의 언어 교육관'(21항목), Ⅲ '부모의 배경 및 가정 언어 사용 및 가정 언어 환경'(31항목)으로, 포르투갈어 모어 화자 부모 369명이 그 대상이 되었다. 설문지는 예를 들어, '가능한 한 모국에 대해 자녀에게 이야기하려고 한다.'와 같은 질문에 대해 5단계(1. 전면적으로 반대 2. 반대하는 편 3. 어느 쪽도 아님 4. 찬성하는 편 5. 전면적으로 찬성) 중 해당하는 답변을 선택하는 형식이다. 답변은 부모가 각각 따로따로 하도록 했다.

회화 테스트는 OBC 면접 회화 테스트[12]를 사용했는데, 이것은 이중 언어 회화 능력을 기초 언어 측면, 대화 측면, 인지 측면으로 나누어 측정하는 테스트이다. 그림카드를 사용하여 도입 회화, 기초 언어 과제, 대화 과제, 인지 과제라는 흐름으로 진행하여 총 약 20분쯤 소요된다. 조사자는 각 언어의 모어 화자이다. 먼저 ① 회화 능력 테스트를 실시하고 ② 그 결과를 위의 부모 조사 Ⅰ과 Ⅲ의 결과와 합쳐서 요인을 분석하여, 부모의 태도 및 가정의 언어 환경이 이중 언어 회화 능력의 획득과 어떤 관계가 있는지 알아보았다. 이상의 분석 결과 중 이 장과 관계있는 부분에 관해서만 정리하기로 한다.

결과를 언급하기 전에, 국립국어연구소의 동일한 설문 조사의 대상이 된 중국어, 스페인어, 베트남어를 모어로 하는 부모들의 네 그룹과 비교하여 포르투갈어 그룹이 어떤 특징을 가진 그룹인지 간단히 살펴보자. 먼저 모어 유지에 몰두하는 스페인어 그룹과는 달리, 포르투갈어 그룹은 모어나 일본어에 구애받지 않고 양쪽 모두에 관용적인 태도를 나타내고 있다. 모어로 만화를 읽는 양도 많지만, 일본어 텔레비전을 보는 비율이 훨씬 높은 상황이다. 가정의 사용 언어는 〈모어〉만 사용하는 것이 압도적으로 많고, 집중 거주 지구의 어린이가 많기 때문인지 모어 사용이 많았으며 일본인 친구가 있는 어린이의 비율도 가장 낮았다. 아동에게 기대되는 일본어 능력은 네 그룹 중에서 가장 낮은 만큼 모어에 기대되는 능력은 그 비율이 높다. 자녀가 고등 교육을 받을 곳과 장래 자녀의 취직 대상지로 모국 브라질을 선택하는 부모가 많고, 현지(일본) 학교에 불만이 있어 브라질계 자녀를 위한 학교를 희망하는 부모도 많다. 부모의 도일(渡日) 이유는 대부분 취업이 목적이다. 부모의 학력도 베트남어 그룹 다음으로 낮고[13] 자신의 일본어 능력 평가도 상당히 낮다. 또한 부모의 일본어 학습 의욕 항목에서는 최저의 비율을 보인 그룹이었다(石井, 2000).

(2) 부모의 의사 결정의 네 가지 유형

설문 조사와 회화 능력 테스트의 결과를 대조하여 요인을 분석한 결과, 1) '일시 체류·모국 중시

---

12) 캐나다에서 계승어 교육용으로, 이중 언어의 입장에서 개발한 것이다. 「캐나다 일본어교육진흥회(カナダ日本語教育振興会 2000)」(자세한 것은 10장 326-329쪽 참조)

13) 아버지의 학력은〈1~6년〉(369명 중 42명, 11.4%), 〈7~9년〉(39명, 10.6%), 〈10~12년〉(87명, 23.6%), 〈13년~17년〉(123명, 33.3%), 〈18년 이상〉(46명, 12.5%), 〈기타〉(55명, 14.9%)이다. 어머니의 학력은 〈1~6년〉(369명 중 42명, 11.4%), 〈7~9년〉(39명 10.6%), 〈10~12년〉(87명, 23.6%), 〈13년~17년〉(123명, 33.3%), 〈18년 이상〉(46명, 12.5%), 〈기타〉(32명, 8.6%)이다.

형’ 2) ‘저학년 · 현지 학교 적응 중시형’ 3) ‘모어 학교 지향 현지 문화 포기형’ 4) ‘장기 체재 · 현지 중시형’이라 할 수 있는 부모의 네 가지 의사 결정 유형(요인)을 알 수 있었다.

1) ‘일시 체류 · 모국 중시형’은 〈표 3〉의 12 항목으로 설명할 수 있는 부모의 태도이다.

〈표 3〉 ‘일시 체류 · 모국 중시형’ 부모의 태도

	설문 항목
1	모어로 된 동화 및 이야기 책을 읽어 주거나 자녀에게 스스로 읽게 한다.
2	가능한 한 자녀에게 모국에 관한 이야기를 들려 준다.
3	모어는 모국의 문화에서 중요한 것으로 모어를 말할 수 없게 되는 것은 모국 문화를 잃는 것과 같다.
4	가정에서는 가능한 한 모어로 대화하려고 한다.
5	자녀가 일본에 있는 모국인과 많이 교류할 수 있도록 신경을 쓰고 있다.
6	일본 체류 중에도 학력 및 다른 능력을 신장하는 것을 가장 중시한다.
7	부모 자신은 일본의 생활 습관에 맞출 수 있는 점은 맞추고, 모국의 생활 습관의 중요한 점은 지키려고 한다.
8	자녀가 모국 출신이라는 점을 잊지 않도록 말해 준다.
9	가정에서 자녀의 공부를 봐 줄 때는 모어로 말한다.
10	모어로 된 (모국용의) 교과서, 참고서를 사용하여 공부시키고 있다.
11	가능한 한 여러 번 귀국하여 모국과의 접촉을 유지하려고 한다.
12	일본 체류 중에는 즐겁게 지내고, 좋은 추억을 가지고 귀국할 수 있는 것을 중시한다.

이상을 살펴보면 분명히 모국 지향, 모어 지향이지만, 결코 일본 · 일본어를 부정하고 있는 것은 아니다. 12의 ‘일본 체류 중에는 즐겁게 지내고, 좋은 추억을 가지고 귀국하는 것을 중시하고 있다.’라는 유형의 부모 태도가 집약되어 있다고 생각된다. 일반적으로 귀국을 전제로 한 일시 체류의 전형적인 부모의 의사 결정 양태라고 할 수 있을 것이다. 일본 거주 브라질인뿐 아니라, 동서양을 불문하고 외국인으로 일시 체류자에게 가장 많이 나타나는 소위 ‘임시 거주형’이라고 할 수 있다(箕浦, 1983).

가정 환경과의 관계를 보면, 위의 ‘일시 체류 · 모국 중시형’ 부모의 특징으로는 다음과 같은 이미지가 떠오른다. 먼저 ‘아버지의 교육적 배경(학력)이 낮고’, ‘부모의 일본어 능력이 낮은 점[14], 그러나 ‘부모의 일본어 학습 희망’은 가지고 있어 일본어에 대한 긍정적인 자세를 보여 주고 있다. 가정의 언어

---

14) 부모의 일본어 능력은 상당히 낮다. 「Q25 현재 일본어를 어느 정도 할 줄 압니까?」에 대한 답으로는 〈거의 말할 줄 모른다〉(369명 중 37명, 10.0%), 〈인사나 자기소개를 할 줄 안다〉(141명, 38.2%), 〈일상적인 것에 대해서 다른 사람과 이야기를 나눌 수 있고, 히라가나, 가타카나를 읽을 줄 안다〉(147명, 39.8%), 〈일반적인 것에 대해 다른 사람과 이야기를 나눌 수 있고, 편지를 쓸 수 있다 또는 뉴스의 머리말이나 신문, 잡지에 실린 필요한 정보를 이해할 수 있다〉(32명, 8.7%), 〈일본인과 거의 같은 수준의 회화, 작문 능력이 있고, 신문이나 전문 서적 등을 읽을 수 있다〉(3명, 0.8%), 〈그 외〉(9명, 2.4%)라는 결과가 나왔다.

사용은 '부모가 자녀에게 포르투갈어 사용', '자녀가 부모에게 포르투갈어 사용'과 같이 양방향으로 포르투갈어가 사용되고 있다. 자녀의 친구 관계에 관해서는 일본인 친구는 없고 '노는 것은 모국인' 이라고 한다. 자녀의 장래에 관해서는 '부모가 희망하는 교육 장소는 모국'이어서 자녀가 '모어를 특별히 배우는' 것, '모어로 독서하는' 것에 신경을 쓰고 있다. 따라서 '자녀의 일본어(학습)에 대한 부모의 기대가 낮다'고 하는 결과가 나온다.

이상을 토대로 '일시 체류·모국 중시형'의 특징을 정리하면, 〈가정의 모어 사용〉과 〈모어 학습〉이 있기 때문에 포르투갈어 회화 능력을 유지하기 위한 적절한 환경이라고 할 수 있다. 그러나 일본어 회화 능력의 신장에 관해서는 〈자녀의 일본어 학습에 대한 부모의 기대 정도〉가 낮고, 〈자녀의 일본어 사용〉 기회가 적기 때문에 일본어가 늘기 어려운 환경이다. '부모의 일본어 학습 희망'도 자녀의 일본어 회화 능력의 신장과 관계가 있었지만, 이는 회화 능력 전체가 아니고 대화 측면에 한정되어 있었다.

2) '**저학년·현지 학교 적응 중시형**'은 다음 네 항목으로 설명할 수 있는 부모의 태도이다.

<표 4> '저학년·현지 학교 적응 중시형' 부모의 태도

1	모국에 있든 일본에 있든 자녀가 학교 공부를 잘하는 것은 자녀의 장래에 중요하다.
2	모국에서든 일본에서든 자녀가 상급 학교에 진학하는 것은 자녀의 장래에 중요하다.
3	우리 아이의 소지품, 복장, 습관이 반드시 일본인 자녀와 같지 않아도 인정해 주었으면 좋겠다.
4	가정에서도 가능한 한 일본어로 말하려고 한다.

자녀의 장래에 가장 중요한 것은 일본에 있든 브라질에 있든 학교 공부에 성공하는 것이며 이를 위해 필요하다면 집에서도 일본어를 사용하겠다는 자세이다. 이들 자녀의 비일본적인 언어나 행동에 대해서는 학교가 관용적이기를 바라고 있다. 자녀가 현지 학교에 적응하여 어떻게 해서든지 자녀의 학습 효과가 오를 수 있도록 하려는 부모의 자세가 엿보인다.

가정 환경과의 관계에서 유의미한 점을 보인 것은 자녀의 포르투갈어 회화 능력 세 항목과 '부모가 자녀에게 포르투갈어를 사용한다는 것'과 '자녀의 포르투갈어 회화 능력'이다. 이것이 도입 과제, 기초 과제, 대화 과제에 한정되어 있다는 점에서 볼 때 아직 인지 과제까지 이르지 못한 저연령(회화 능력도 대화 중심)의 자녀를 가진 부모의 태도가 아닌가 생각된다. 익숙하지 않은 언어 환경에서 자녀를 양육하는 것 자체가 불안감을 동반하는 일인데, 인생의 커다란 도약 단계인 초등학교 저학년에서 자녀로 하여금 낙오하지 않게 하려는 부모의 필사적인 마음가짐이 느껴진다.

3) ‘외국인학교 지향 · 일본 문화 포기형’은 다음 11개 항목으로 설명할 수 있는 부모의 태도이다.

<표 5> ‘외국인학교 지향 · 일본 문화 포기형’ 부모의 태도

1	자녀가 모국 문화를 잃지 않는 것이 가장 중요하기 때문에 일본 문화에 익숙해지지 않아도 어쩔 수 없다.
2	모어로 학습할 수 있는 학교가 있으면 그곳에 다니게 하고 싶다.
3	모어로 된 (모국 학교용의) 교과서, 참고서를 사용하여 공부시키고 있다.
4	일본인과 함께 일본어로 학습할 수 있는 학교에 다니게 하고 싶다(=지금 다니고 있는 학교).(대답은 ‘아니요’)
5	자녀를 일본에 있는 모국인과 많이 교류하도록 신경을 쓰고 있다.
6	일부 교과는 모어로 학습할 수 있는 학교가 있으면 그곳에 다니게 하고 싶다.
7	가능한 한 학교 행사에 부모 자신이 참가하려고 한다.(대답은 ‘아니요’)
8	자녀에게 가능한 한 일본인 친구가 생기도록 신경 쓰고 있다.(대답은 ‘아니요’)
9	가능하다면 모어로 된 (일본 학교용의) 교과서를 준비해 주었으면 좋겠다.
10	자신들의 자녀가 반에 있는 것은 일본 어린이들에게도 아주 좋은 경험이다.(대답은 ‘아니요’)
11	자녀에게 일본 학교의 규칙에 맞추어서 생활하도록 말한다.(대답은 ‘아니요’)

‘외국인학교 지향 · 일본 문화 포기형’은 일본 학교에 대한 불만이 쌓여 포르투갈어로 학습하는 외국인학교를 지향하는 부모의 자세이다. 그것이 이루어지지 않는 경우, 3과 같이 ‘모어로 된 교과서, 참고서를 사용하여 공부시킨다’는 태도로 나타나는 것이다. 일본 습관에 적응하는 것은 포기하고, 일본이라는 나라에 있으면서 자국의 문화 안에 스스로 갇혀서 생활하는 양태이다. 1) 에서 언급한 ‘임시 거주’ 와 같은 생각이 어떤 이유에서든지 현지 학교에 적응이 잘 안 되는 경우, 이와 같은 폐쇄적인 태도를 취하는 경향이 있는 것은 아닐까 한다.

가정 환경과의 관계에서 유의미한 점을 보인 것은 4개 항목으로, 먼저 ‘부모의 학력’이 낮은 점, 그리고 ‘자녀의 일본어(학습)에 대한 부모의 기대’가 낮고, 자녀에게 ‘모어를 특별히 배우게 한다’라는 모어 편중 자세이다.

두 개의 언어 회화 능력의 신장을 살펴보면 포르투갈어 회화 능력에서 〈가정에서의 모어 사용〉과 〈모어의 학습〉이 있으므로, 학습 언어 면에서 포르투갈어가 가장 신장되기 쉬운 환경에 있다고 할 수 있다. 일본어 회화 능력에 관해서는 〈자녀의 일본어 학습에 대한 부모의 기대 정도〉가 낮고 가정에서 〈자녀의 일본어 사용〉도 없으므로 일본어 능력의 신장은 기대할 수 없다.

다만, 이렇게 양자택일로 한 가지의 언어에 편중한 부모의 태도는 자녀에게 부정적인 영향을 주는 경우가 많다. 부모가 현지 학교에 대한 불만을 자녀 앞에서 말하거나 하면, 스스로 판단할 능력이 없는 아동은 학교 생활 및 학습에 성실히 임하지 않게 되는 경우가 있다. 이와 반대로 학교 교사 및 친구를 긍정적으로 평가하는 것은 부모에 대한 배신으로 여겨지므로 심리적으로 자녀를 궁지에 몰아넣는 경우도 있다.

4) '장기 체류·현지 중시형'은 다음 8개 항목으로 설명할 수 있는 부모의 태도이다.

〈표 6〉 '장기 체류·현지 중시형' 부모의 태도

	설문 항목
1	부모 자신은 출신국 국민의 한 사람이라기보다는 일본인이라고 생각한다.
2	자녀는 자신을 출신국 국민의 한 사람이라기보다는 일본인이라고 생각한다.
3	부모 자신은 비교적 모국의 생활 습관을 지키는 것보다는 일본의 생활 습관에 맞추려고 한다.
4	자녀를 일본인과 함께 일본어로 공부할 수 있는 학교에 다니게 하고 싶다.(=지금 다니고 있는 학교가 좋다)
5	가정에서 자녀의 공부를 봐 줄 때는 모어로 이야기한다.
6	자녀가 일본 사회에서 성공하는 것이 가장 중요하므로 일본 문화를 충분히 배웠으면 좋겠다. 이로 인해 자녀가 모국 문화를 상실해도 어쩔 수 없다.
7	가정에서도 가능하면 일본어로 대화하려고 한다.
8	자녀에게 가능하면 일본인 친구를 사귀도록 신경을 쓰고 있다.

'**장기 체류·현지 중시형**' 부모의 태도는 1)의 '일시 체류·모국 중시형'의 정반대이다. 6. '자녀가 일본 사회에서 성공하는 것이 가장 중요하므로 일본 문화를 충분히 배웠으면 한다. 이로 인해 자녀가 모국 문화를 잃어버려도 어쩔 수 없다'는 태도로 집약된다. 이를 위해서는 3. '일본의 생활 습관에 맞추려고 하고' 8. '자녀에게 일본인 친구가 생기도록 가능한 한 신경을 쓰고' 있다. 그리고 자녀를 위해서 7. '가정에서도 가능하면 일본어로 대화하도록 하고' 있지만, 실제로는 5. '가정에서 자녀의 공부를 봐 줄 때는 모어로 이야기하고' 있다. 정체성까지 포기한 극단적인 '**1언어(현지어)형**'으로 귀국 예정 없이 장기 체류하는 부모의 전형적인 자세의 하나라고 할 수 있다.

가정 환경과의 관계에서는 예상했던 대로 일본 체류 기간과 확실한 상관 관계가 보였다(.334** p<.000). 그 밖에 다음 9개 항목과 의미 있는 상관 관계가 보인다. 먼저 부모의 배경으로는 '어머니의 학력이 낮음'으로 '아버지의 학력이 낮음'과 상관 관계가 있었던 1) '일시 체류·모국 중시형'과는 대조적이다. 가정에서는 '부모가 자녀에게 일본어 사용', '자녀가 부모에게 일본어 사용'과 같이 양방향으로 일본어를 사용하고 있고, 또한 친구 사이에도 '친구와 일본어를 사용'하고 있다. '일본어로 독서'는 하지만 '모어를 특별하게 배움'과 같은 모어 유지 노력은 하지 않는다. 다만 흥미로운 점은 겉으로는 일본어를 사용하는 것 같지만, 5. '가정에서 자녀의 공부를 봐 줄때는 모어로 이야기한다'고 내답하고 있는 점이다. 이는 부모의 일본어 능력이 대화를 할 정도는 되지만 교과 학습 언어는 어렵다고 하는 이민 1세대 부모에게서 아주 흔하게 볼 수 있는 상황이다.

두 언어의 회화 능력 신장과의 관계를 살펴보면, 먼저 포르투갈어는 〈가정에서의 모어 사용〉과 〈모어 학습〉이 없으므로 향상되기 어렵다. 일본어 회화 능력은 가정에서 〈자녀의 일본어 사용〉과 함께 〈일본어로 독서〉도 가능하므로 대화 면, 인지 면의 회화 능력과 함께 일본어 문해력도 신장될 가능성이 있다.

(3) 자녀의 이중 언어 발달을 촉진하는 부모의 자세

이상 이 조사에서 알게 된 점을 정리하면, 먼저 일본 학교에서는 브라질계 보호자를 구별하지 않고 동일하게 대처하기 쉬운데, 같은 브라질계 보호자라도 일본 체류 기간과 자녀의 연령(저학년인지 고학년인지)에 따라 상당히 다른 의사 결정 양태를 가지고 있다는 점이다. 이러한 조사를 아동의 연령별, 체류 기간별, 일본에 온 목적별, 지역별로 정리해 보면, 보다 다양한 결과가 나올 것이다. 또한 회화 능력뿐 아니라 읽기와 쓰기 능력 및 학력을 포함하여 조사해 보면 다른 결과를 얻게 될 가능성이 크다. 학교 교육은 교사와 보호자가 좋은 파트너가 되어야 비로소 가능한 것이므로 다른 문화를 가진 부모의 태도나 자세를 이해하는 것이 중요하다. 부모의 의사 결정 양태에 따라 당연히 부모와의 관계 형성이 다를 것이므로 각 유형에 맞는 조언이나 부모에 대한 계몽을 어떻게 해야 하는지, 그 양상이 확실해질 것이다.

두 번째로 두 언어의 육성에는 각 언어 학습에 대한 보호자의 긍정적인 자세가 필요한데, 두 언어에 대한 균형 있는 가치 부여가 얼마나 어려운가 하는 점이다. 본 결과로는 '한 개의 언어' 지향이 대부분이고 진정한 의미의 '두 개의 언어' 지향은 찾아볼 수 없었다. 이런 가운데 '일시 체류·모국 중시형'이 일본어에 대해서도 어느 정도 긍정적인 자세를 가지고는 있었으나, 적극적으로 '양 언어'의 육성을 시야에 둔 부모의 자세는 아니다. 가정을 중심으로 한 부모의 문화와 학교를 중심으로 한 현지 문화, 이 양 세계에서 살아 나가야 하는 어린이에게 극단적인 부모의 '1언어' 지향은 정체성 혼란을 초래하는 요인이 될 가능성이 크다. 또한 양 언어의 균형 잡힌 육성을 방해하는 요인이 되기도 한다.

세 번째는 가정에서 부모 자녀 간의 언어 선택에 관한 문제이다. 모어(母語)는 부모의 모어가 다음 세대로 계승되는 것이므로 부모가 모어를 사용하지 않으면 자녀의 모어는 발달하지 않는다. 따라서 부모의 모어 사용이 자녀의 모어 신장에 결정적으로 영향을 미친다. 이 경우, 자녀가 현지 학교에서 쉽게 적응할 수 있도록 한다는 생각으로 현지어로 바꾸는 부모도 있다. 이 조사에서 알게 된 것은 부모의 모어 사용은 자녀의 현지어 회화 능력의 신장과 그다지 관계가 없다는 점이다. 즉, 부모가 집에서 현지어를 사용하더라도 자녀의 현지어 회화 능력에 크게 도움이 되는 것은 아니다. 그런데 한편으로 자녀는 어떻게 언어를 선택하고 있을까? 집에서 현지어를 사용하고 현지어로 책을 읽고 텔레비전을 현지어로 보는 것 등은 현지어 능력의 신장과 긍정적인 관계에 있는 것을 알 수 있다. 그러나 동시에 이것이 모어의 회화 능력에는 커다란 걸림돌이 되고 있다. 여기에서, 부모는 자녀에게 모어 사용을 강요해야만 하는지, 자녀의 현지어 사용 또는 현지어와 모어의 혼용을 묵인해야 하는지 등 어려운 결단을 내려야 하는 상황에 처하게 된다. 현지어와 비교해 볼 때 모어를 접하는 양이 압도적으로 적은 점을 고려해 보면, 장기적으로 보아 집에서는 부모 자녀 간에 같은 언어(부모의 모어, 자녀의 계승어)를 사용하는 것이 더 이점이 많을 것이다. 콜리어(Collier, 1989)의 인용(123쪽)과 같이 모어를 사용함으로써 부모와의 상호 작용의 질이 높아지고 또한 자녀가 부모로부터 계승 가능한 언어의 양이 훨씬 많아지며 그 질도 향상할 것이기 때문이다.

네 번째로 이 조사에서는 '자녀의 일본어 학습에 대한 부모의 기대'가 이중 언어 회화 능력을 발달시키는 커다란 요인으로 부상하였다. 부모가 긍정적인 기대를 가지는 자세가 자녀의 언어 습득에 매우 중요하다는 점이다. 왜냐하면, 집에서 모어를 사용하는 어린이도 일본어 신장에 대한 부모의 적당한 기대가 있으면, 모어와 함께 일본어도 향상될 가능성이 있다는 것을 보여 준다.

4. 외국인 아동의 언어 교육 과제

마지막으로 이중 언어 육성의 입장에서 일본의 외국인 아동 교육의 과제를 정리하고자 한다. 이미 1) JLL 지원 체제가 지방 자치 단체에 맡겨져 있어 일관성이 없다는 점 2) JSL 교사의 자격 인증 제도가 필요하다는 점 3) 일본어 능력의 결여라는 좁은 영역에 지원이 집중되어 있는 점 등을 살펴보았다. 특히 3)은 중요한데, 외국인 아동을 독립된 인격체로 인식하여 일본어뿐만 아니라 모어나 학력 그리고 심리적인 배려까지도 포함하는 전반적인 지원이 필요하다. 여기에 덧붙여 다음의 일곱 가지를 더 소개하기로 한다.

1) 지원을 하는 데에 있어서 외국인 아동과 일본인 어린이가 자연스럽게 상호 작용을 할 수 있는 기회를 많이 확보하도록 배려할 필요가 있다. 1장에서 언급한 바와 같이 어린이의 언어 습득력의 강점은 자연스럽게 습득의 힘이지 교실에서 이루어지는 인위적인 언어 학습이 아니다. 관심 있는 사람과의 의미 있는 교류를 통하여 아동은 스스로 언어를 획득해 나간다. 많은 별도 수업이나 취학 전 학습 또는 '초기 지도반' 등이 일본인 아동과의 의미 있는 교류를 하기 어려운 상황을 만들어 이러한 자연 습득의 기회를 어린이로부터 빼앗는 결과를 낳는다. 물론 제2 언어 학습자들끼리 서로 배우는 것도 있으나 일본인 아동과의 직접적인 교류를 통하여 훨씬 많은 것을 배울 것이다. 또한 이와 같은 외국인 아동과의 직접적 상호 작용은 일본인 아동에게도 긍정적으로 작용할 것이다. 일본인 아동의 국제 이해 체험과 외국인 아동의 일본어 습득 지원자로서의 역할을 염두에 둔, 그리고 일본인 아동에게도 도움이 되는 지원 양상이 모색되어야 할 것이다.

2) 초·중·고등학교에 걸쳐 일관된 지원 체제가 필요하다. 현재 의무 교육인 초·중학교가 주요 대상이 되어 취학 전의 유아 교육 및 고등학교와 관련된 문제가 방치되는 경향이 있다. 특히 모어와 일본어, 양 언어가 늘지 않는 아동의 문제는 심각하다. 초등학교 입학 시점에서 이미 언어 발달이 지체된 경우가 많고, 이를 만회할 방법이 현 제도에는 없기 때문에 학령기 전체에 영향을 미치는 경향이 있다.

3) 일반 교사가 지도원과 어떻게 연계 관계를 형성하여 교과목을 지원할 것인지가 관건이다. 앞에서 다양한 실제적인 지원 체제에 관하여 언급했지만, 지도원과 일반 교사와의 관계가 명확하지 않다. 소속 학급의 담임 교사가 주요 역할을 담당한다는 점을 고려하여 일반 교사에게 초점을 맞추고, 지도 요령과의 관계나 목표 설정 방법을 제시한 일반 교사를 대상으로 한 가이드라인이 필요하다.

4) 일본어의 '초기 지도'라고 불리는 일본어 교육의 접근법은 미국의 ESL 별도 수업과 동일한

문제점을 가지고 있다. 3장의 토머스(Thomas)와 콜리어(Collier)의 연구(119~123쪽)에서 지적하는 바와 같이 ESL 별도 수업은 일시적으로 분명히 효과가 있을 수 있으나 정규 소속반으로 돌아가서 교과 학습을 할 때는 수업에서 기대되는 언어 능력 수준과의 차가 커서 이를 해결할 길이 없는 경우가 많다. 즉, 일본어 습득이 어느 정도 진행되고 나서 교과 학습에 들어간다고 하는 방식으로는 대처가 안 되고 처음부터 교과 학습에 참여하면서 일본어도 배우는 언어 학습과 교과 학습의 통합 접근법이 필요하다는 것이다. 현재는 일본어의 '초기 지도'와 교과 학습을 위한 'JSL 교육 과정'이 이분화되어 있는데, 양쪽을 연관시킨 종합적인 'JSL 교육 과정'의 개발이 필요할 것이다.

5) 적절한 평가 도구가 개발되지 않았기 때문에 교사 및 지도원이 어린이의 언어 능력을 파악하지 않은 채 지도 계획을 세울 수밖에 없는 상황에 놓여 있다. 특히 모어의 숙달 정도는 교사가 기대할 수 있는 일본어나 학력 획득 등이 어느 정도 예측 가능하기 때문에 모어인 제1언어의 발달이 어느 정도의 수준에 있는지는 매우 중요한 정보이다. 아동의 언어 발달에 관한 주 요인(예를 들어 일본 체류 기간, 입국 년수, 세대 등)에 초점을 맞춘 대규모 조사가 필요하다. 또한 각 지역의 지원 기간이 서로 다른 것도, 실제로 어떤 배경의 아동이 어떤 언어면의 획득에 어느 정도 시간이 필요한지에 대한 위와 같은 실태를 근거로 한 자료가 없는 것이 그 원인의 하나라고 생각된다.

6) JLL의 모어 유지·신장에 관해서는 특정 지역(오사카, 교토, 효고, 미에 등)에서 인권 교육(동화 교육), 민족반의 경험을 토대로 한 선진적인 시도가 있음을 알 수 있다. 그러나 실제로 지도 내용은 차이가 많다. 건전한 정체성 확립은 일본인, 외국인 자녀을 불문하고 국제화 시대를 살아가는 현대의 어린이 모두에게 필요한 것이고, JLL 지원에 있어서도 세계적인 입장에서 복수의 정체성을 모색하는, 시대에 어울리는 정체성 교육이 중핵을 이루어야 할 것이다.

7) 부모가 속하는 언어문화 민족 집단은 자녀의 2언어 육성에 커다란 역할을 담당한다. 그런 의미에서 소수 언어 그룹의 부모들 단체 만들기 등을 통해 소수 언어 그룹의 활력(EV)을 높이기 위한 간접적인 지원이 필요할 것이다. 또한 부모의 태도 또는 자세와 일본어 습득과 모어 유지·신장과의 관계에 관해서 언어별로 조사함으로써 보호자에 대한 보다 적절한 교육 및 조언이 가능해지리라 생각된다.

새로 이주한 외국인 아동 문제는 역사가 짧은 데도 불구하고 이미 실천 사례나 연구 사례가 방대하여 많은 전문가, 교원, 대학 관계자, 자원 봉사자의 에너지가 결집되어 있는 분야이다. 일본은 대인 관계의 원만함을 중요시하고, 다른 사람에게 친절한 나라이다. 일본어 능력 부족, 학력 부족이라는 부정적인 면에 초점을 맞추지 말고, 전문가와 자원 봉사자가 협력하여 일본 어린이와 외국인 자녀가 서로 어울려서 배울 수 있는 환경을 만들어 내고 일본의 독자적인 해결 방법을 찾아 세계에 공헌했으면 한다.

다언어 육성의 이론적 배경

제6장 이중 언어 육성의 이론적 모델

외국어/제2 언어 습득은 사회적 환경과 따로 떨어진 진공 상태 안에서 이루어지는 것이 아니다. 특히 연소자의 언어 습득은 일상적인 가정 생활이나 학교 생활에서 주위 사람과의 접촉과 상호 작용을 통하여 이루어지는 것이다. 어쨌든 사회적 맥락을 통해서 얻어지는 자연 습득이므로, 커민스(Cummins)의 4원칙 중 하나인 '상호 커뮤니케이션 활동 충족의 원칙'(1장 40쪽)에서 제시한 바와 같이, 사람과 사람과의 상호 작용을 통하여 목표 언어를 어느 정도 접하며 그 질은 어떠한지 어느 정도의 횟수로 상호 작용이 이루어지는지가 문제가 된다. 이러한 상호 작용의 양과 질을 바탕으로 학습자 개인적인 특성을 비롯하여 다양한 개인적, 환경적 요인이 작용함으로써 제2 언어의 습득 정도에 차이가 생긴다. 이 장에서는 먼저 ELL(English Language Learner)이 수업 언어를 어떻게 자연적으로 습득하는지에 초점을 맞춘 캘리포니아대학 버클리캠퍼스의 윙 필모어(Wong-Fillmore) 교수의 '사회적 맥락과 언어 습득 모델'(Wong-Fillmore, 1991a)을 살펴보고, 그 다음으로 커민스 교수가 제창한 이중 언어, 다언어 육성에 관련된 언어 심리학적, 사회 교육학적 이론을 다루도록 한다.

1. 윙 필모어의 '사회적 맥락과 언어 습득 모델'

윙 필모어의 '사회적 맥락과 언어 습득 모델'은 현지 학교의 ELL의 영어 습득 과정과 습득 방식을 오랫동안 관찰한 결과 탄생된 L2 습득 모델이다. 미국의 서브머전 환경에 처해 있는 ELL 및 '이중 언어 프로그램'의 아동을 대상으로 하여 L2 습득에 관계되는 상호 작용(interaction)의 필요 조건 및 상호 작용을 구성하는 사회적, 인지적, 언어적 과정을 분석한 것이다. 먼저 윙 필모어가 1970년대에 제창한 교실에서 이루어지는 L2 습득의 3단계와 습득 전략을 간단하게 소개하고 '사회적 맥락과 언어 습득 방식'의 상호 작용의 필요 조건과 세 가지 과정을 보기로 한다. 그 후에 L2 접촉과 어린이의 연령 문제를 다룬다. 윙 필모어는 모든 ELL에게 사회의 주요 언어인 L2 습득은 필요 불가결한 것이나, L2를 접하는 시기를 조금만 잘못해도 모어 상실로 이어지며 당사자는 물론 가족, 학교, 사회에 커다란 손실이 된다고 하며, 특히 ELL이 유아인 경우의 L2 교육에 대하여 경고하고 있다. 같은 문제를 안고 있는 국내의 JLL(Japanese Language Learner)이 유아인 경우의 일본어 교육에도 참고가 된다.

(1) 언어 습득 3단계와 습득 전략(Wong-Fillmore, 1991a)

윙 필모어는 서브머전 환경에서 ELL이 영어를 습득해 가는 과정을 관찰하여 다음 3단계로 나누고 있다. 제1 단계는 비언어 의사소통, 또는 새로 배운 정형화된 표현을 구사하여 먼저 어떻게든지 목표 언어 화자와 사회적인 관계를 형성하는 단계이다. 정형화된 표현이란, 예를 들어, You know what? (있잖아), I wanna do it (나, 하고 싶어), Guess what (그거, 알아?)과 같은 것으로, 일본어의 예를 들면, 'だめ! (안 돼)', 'わかんない (몰라)', 'ちょっとまって (잠깐 기다려)' 등이다. 정형화된 표현 및 사용할 수 있는 어구가 어느 정도 축적이 되면 그 중에서 반복적으로 나타나는 언어 형식을 찾아내어 그 분석을 토대로 다양한 언어 형식의 새로운 문형을 사용해 보기 시작한다. 이것이 제2 단계로, 간

단한 정형화된 표현에서 벗어나 자기 나름대로 구축한 새로운 문형을 사용하여 목표 언어 화자와 실제로 의사소통을 하는 단계이다. 그리고 제3 단계는 문법적인 정확성 등에 유의하면서 상대방과 의사소통이 성립하는 단계라고 한다.

또한 이러한 습득 과정에서 L2 학습자가 요령 있게 사용하는 학습 전략을 8개 제시하고 있다. 다음 1)~5)는 인지적 전략, 6)~8)은 사회적 전략이다.

인지적 전략이란,
1) 상대방이 말하는 것은 그 자리의 상황과 관계가 있으므로 현 시점에서 일어나고 있는 것이라는 추측을 한다(메타 전략 중의 '추측').
2) 알고 있는 표현을 사용하여 이야기하기 시작한다.
3) 알고 있는 정형화된 표현 중에서 반복적으로 나타나는 부분을 찾는다.
4) 이미 알고 있는 지식을 최대한 이용하여 추측한다.
5) 큰 부분을 먼저 파악하고 세부적인 부분은 나중으로 돌린다.

사회적 전략이란,
6) 실제로 몰라도 아는 척을 하고 목표 언어 화자 그룹에 들어가려고 한다.
7) 제한된 어구를 몇 개 이용하여 주위에 그 언어를 말할 수 있는 듯한 인상을 준다.
8) 친절하게 도와주는 아이에게 딱 붙어서 행동한다.

예를 들어 위 5)의 '큰 부분을 먼저 파악하고 세부적인 부분은 나중으로 돌린다'는 유용한 어구 표현을 한번에 기억하는 전략이다. 다음 장에서 소개하는 토론토 보충 학습 학교 학생을 대상으로 한 조사에서 영어 동사 습득의 예를 들면, 먼저 동사는 전부 'play', 'playing' 두 가지를 사용하는 시기가 한동안 계속되다가 차츰 'is playing', 'plays', 'played' 등 보다 분화된 활용형을 사용할 수 있게 되는 과정이다(中島, 2001: 134-135).

여기서 웡 필모어가 연구 대상으로 하고 있는 언어 영역을 커민스의 언어 능력의 분석에 비추어 보면, 인지 능력 요구도가 낮고 장면 의존도가 높은 회화 능력(BICS) 영역에 속하는 언어 활동이다. 인지 능력 요구도가 높고, 장면 의존도가 낮은 언어 능력(CALP)에 비해 어린이들이 짧은 시간에 습득한다고 하는데, 커민스 자신도 2년 정도면 습득되는 능력이라고 말하고 있다. 이에 대하여 웡 필모어는, 어린이 자신이 구축한 문장으로 의사소통할 수 있는 제2 단계부터 정확한 문장으로 의사소통하는 제3 단계에 도달하는 데는 장시간이 필요하며, 2년에서 5년의 개인차를 보인다고 한다. 그리고 L2 습득이 빠른 ELL은 사회적 전략을 잘 사용하는 아동으로, 목표 언어 화자와 먼저 관계를 형성하여 목표 언어 화자의 도움을 충분히 활용할 수 있는 아동이었다고 한다. 토론토 보충 학습 학교의 조사에서도 피실험자(91명)의 80%는 2년 정도로 생존에 필요한 수준의 회화 능력을 획득하긴 했지만, 4, 5년 지나도 정확도가 낮기 때문에 회화 능력이 향상되지 않는 경우도 볼 수 있었다. 모두 같은 단지에서 살고 있고, 놀이 친구가 모두 일본인인 경우의 아동들이었다(中島, 1998c, 2001a, 7장 218-220쪽 참조).

(2) 상호 작용의 필요 조건과 세 가지 과정(Wong-Fillmore, 1991a)

웡 필모어의 '사회적 맥락과 언어 습득 모델'에서는 일상적인 상호 작용을 통하여 ELL이 학교 언어를 습득해 가기 위해서는 다음 세 가지 조건을 충족시킬 필요가 있다고 한다. A는 L2 학습자 본인과 관련된 조건, B는 지원자가 되는 L2 모어 화자, C는 양자가 교류하는 장면과 관련된 조건이다.

> A. 학습자 (L, Learners)가 목표 언어의 습득이 필요하다는 인식과 L2를 학습하고 싶다는 학습 동기를 분명히 가지고 있을 것.
> B. L이 필요한 목표 언어를 제공하고 지원할 수 있는 TL을 잘하는 목표 언어 화자(TLS, Target Language Speaker)가 있을 것.
> C. 양자가 접촉하는 사회적 상호 작용(I, Interaction)이 있고 빈번한 횟수로 교류가 이루어질 것.

이상의 세 가지는 모두 필요 불가결한 것으로, 세 조건이 충족되면 언어 습득으로 이어지지만, 한 가지라도 결여되면 언어 습득이 보장되지 않는다. 또한 효과적으로 L2를 습득하기 위해서는 이들 조건과 함께 다음 세 가지 조건 (a)(b)(c)를 충족시킬 필요가 있다.

> (a) 지원자(TLS) 쪽이 학습자(L)보다 인원이 많을 것. 반대로 L의 인원이 TLS보다 많은 경우는 상호 작용이 잘 이루어지지 않는다. 또한 상호 작용이 있더라도 시간이 한정되어 있기 때문에 교류에 한계가 있다.
> (b) TLS가 L2 화자로서 '완전한 화자'여야 한다. 현재 L2를 배우고 있는 L2 학습자와 같이 불완전한 L2를 말하는 사람이면 문제가 생긴다.
> (c) L과 TLS가 자주 교류하고 또한 L과 TLS가 서로 교류하려는 강한 동기를 가지고 있어야 한다.

웡 필모어는 학교라는 환경은 위의 세 가지 조건을 충분히 충족할 수 있으므로, 학교는 새로운 언어 습득에 적절한 공간이라고 한다. 실제로 상호 작용이 언어 습득과 어떻게 연계하는지에 관하여 상호 작용의 과정을 (a) 사회적 과정 (b) 언어적 과정 (c) 인지적 과정의 세 가지 측면으로 나누어 분석하고 있다.

(a) 사회적 과정

발달 과정에 있는 L2를 사용하여 의사소통을 하기 위해서는 L과 TLS의 협력이 필요하다. 먼저 L은 TLS의 언어 행동을 관찰하고 자신이 알고 있는 사회적 통념(social knowledge)에 비추어 보아,

TLS가 무슨 말을 하려고 하는지 장면의 상황에 맞추어 추측해야 한다. 동시에 TLS쪽도 L이 상호 작용과 직접 관계가 있는 것에 관하여 무언가 말하려 하고 있다고 생각하여 같은 추측을 하는 것이다. 예를 들어 국어 교과서의 한 군데를 L이 손가락으로 가리키고 있으면 TSL은 한자 읽기를 모르는 것은 아닐까 하고 생각하고, 복도에서 두리번거리고 있으면 화장실을 찾고 있는 것은 아닐까 하고 추측하는 것이다. 이와 같은 상호 추측과 협력에 의해 의사소통이 성립되는 것이다. 그리하여 이 의사소통이 어린이에게 의미가 있고 필요한 것일수록 또한 교류하는 횟수가 많으면 많을수록 L2 습득에 도움이 된다고 한다.

이 경우, 아동의 성격에 따라 대인 관계에 있어서 교류하는 방식이 다르다. 사회적 전략을 잘 활용할 수 있는 아동과 성격이 외향적이어서 언어를 잘 구사하지 못해도 친구를 쉽게 사귈 줄 아는 아동은 전혀 그렇지 않은 아동과는 당연히 L2의 습득 정도가 다르다. 웡 필모어가 5세부터 12세까지의 ELL(200명)을 대상으로 3년간 관찰한 결과, 영어를 제대로 배우지 못한 ELL은 부끄럼을 타고 혼자 있는 것을 즐기며 말수가 적고 사회적으로 적응하지 못하는 경우가 많았다. 반면, 영어를 잘 배운 ELL은 사회성(social skill)이 있고 외향적이며 표현력이 풍부한 아동이 많았다고 한다. 참고로, 앞에서 언급한 토론토 보충 학습 학교의 학습자를 대상으로 한 조사 중 영어 회화력의 습득에서도 일본어로 사람과의 응대에 적극적인 태도를 보인 아동은 영어 의사소통에서도 같은 태도로 사람을 대하는 경향이 있고, 반대로 말수가 적고 조용하며 타인 의존도가 높은 아동은 자신이 없는 외국어로는 더 입을 다무는 경향을 볼 수 있었다. 사람의 성격은 문화 간 이동으로 갑자기 바뀌는 것이 아니다. 커민스는 이 보충 학습 학교 조사 결과에 의거하여 성격을 매개로 L1과 L2의 대인 관계의 응답 양상이 상호 의존적인 관계에 있다고 결론 짓고 있다(Cummins, 2000b: 200; カミンズ・中島, 1985).

(b) 언어적 과정

언어적 과정에서 TLS는 L의 이해를 돕기 위하여 이야기 속도를 늦추거나 말을 반복하거나 간단한 어휘로 바꾸거나 전체를 알기 쉽게 바꾸어 말하는 일 등 언어상 다양하게 조작을 하고, L은 TLS의 이와 같은 의도적인 어휘 선택, 수정, 보충 덕분에 그 상황에 맞추어 TLS가 말하려고 하는 의미를 추측할 수 있다고 한다. 이로 인하여 TLS의 언어가 L의 귀중한, 크라센(Krashen)이 말하는 '이해 가능한 언어적 입력(input)'이 되고, 비로소 '의미의 교섭'이 가능해져 대화가 이루어진다. 이와 같은 상호 작용에 빈번하게 참여함으로써 최종적으로는 L이 L2의 음성, 어휘, 문법, 언어 운용, 사회 언어학적 특성까지 종합적으로 획득해 나가는 것이 언어적 과정이다.

제1 언어 습득과는 달리, 제2 언어 습득에 있어서는 이 언어적 과정에서 제1 언어의 힘을 활용할 수 있다. 모어를 통한 과거의 언어 체험에 비추어 보아 상대방이 그 상황에서 어떤 언어 행동을 할지, 어떤 것을 말하려고 하는지, 어떤 표현을 사용할지 등 어느 정도 추측이 가능하다. 또한 모어의 문법 구조나 언어 운용 규칙에 따라 어순에 신경을 쓰거나 부정형, 의문형 등의 표식을 찾는 경우 등, 다음에 언급할 인지적 과정과 함께 TLS의 입력 언어 분석이 가능해진다. 이 경우 L1이 긍정적 전이로 작용할 가능성이 높지만, 동시에 부정적 전이(즉, 2언어 간의 간섭)가 일어나서 발음에 L1의 특징이 나타나거나 어휘 오류 등의 현상도 나타난다.

(c) 인지적 과정

인지적 과정이란 상호 작용에서 L의 머릿속에서 일어날 다양한 분석적인 작업을 말한다. 먼저 'L이 하지 않으면 안 되는 것은 상황에 맞추어서 TLS가 산출하는 음성의 흐름을 관찰하는 것이다. (중략) 이 관찰 자료를 토대로, L은 TL의 언어 구조상의 규칙 및 사회 언어적 규칙 중에서 전체를 통합하는 시스템을 발견하고 그 일부를 내면화하여 자신의 것으로 만들어 간다'라고 한다(Wong-Fillmore, 1991a: 56). 이러한 인지적 과제를 해 내려면 다음과 같은 다양한 인지 전략 및 기술이 필요하다. 예를 들어 관찰 단계에서는 연상 기술, 음의 변별, 청각 기억, 사회 일반 상식, 추측 관찰 능력 등이 필요하다. 그리고 언어 형식, 언어 기능, 의미 내용에서 전체를 통합하는 시스템을 밝히기 위해서는 단기 작업 기억, 유형 인식, 분류·범주화하는 힘, 일반화하는 힘, 추측하는 힘 등이 필요하다. 이와 같은 힘은 연령과 관계가 있어 연령이 낮은 아동보다 높은 아동 쪽이 언어 형식의 습득 면에서는 유리하지만, 연령이 높아질수록 대인 관계에서 사회적 요구가 보다 복잡해지므로 무조건 연령이 높은 아동이 유리하다고는 말할 수 없다. 다만, ELL 중에는 교실에서 다양한 활동을 통하여 교사의 입력만으로 L2를 습득해 가는 사례도 눈에 띈다. 이와 같은 학습자는 L2 학습에 대한 동기가 매우 높고 관찰을 통하여 배울 만큼의 고도의 인지 능력과 집중력이 있는 경우이다.

위의 윙 필모어 모델은 ELL의 L2 자연 습득에 특화된 방식으로서 현장 지원 방식을 검토할 때 도움이 된다. 여기서 183쪽에 제시한 A, B, C와, 183쪽의 (a)(b)(c)의 조건과 사회적, 언어적, 인지적 과정을 비추어 두 가지 사례를 분석해 보자. 먼저 캐나다의 불어 이머전, 다음으로 일본 국내 외국인 아동의 초기 지도를 위한 두 가지의 별도 수업이다. 하나는 격리된 '별도 수업'이라고 할 수 있는 것으로, 정규 소속반에서 독립하여 대부분 일본인 아동과의 교류가 없는 상황에 놓인다. 다른 하나는 정규 소속반의 학습을 중심으로 하면서 일부 교과목이나 정해진 시간대에만 따로 나와서 공부하는, 즉, 소속반의 학습과 연계한 '별도 지도'이다.

캐나다의 불어 이머전 교육의 경우는 조건 A, B, C는 충족하고 있지만, 조건 (a)(b)(c)에 문제가 있다. 먼저 학습자 또는 보호자의 자유 선택에 의한 프로그램으로 L에는 당연히 불어가 중요하다는 인식도 있고 배우고 싶어하는 동기도 있으므로 조건 A는 충족된다. 또한 불어가 수업 언어로, 교사는 불어 모어 화자(즉, '완전한 화자')이고, 매일 수업을 통해 불어를 접하는 횟수도 많기 때문에 조건 B, C도 충족한다. 그러나 실제 반에서는 교사 1명당 아동이 다수인 상황으로, 같은 연령의 모어 화자와 접촉하는 일이 거의 없다. 또한 학급 친구는 영어를 모어로 하는 L2 학습자이고, 중요한 상호 의사소통은 모어로 할 수 있어서 양쪽이 L2로 교류하고 싶다는 강한 동기는 기대할 수 없고, 또한 교류한다고 해도 학습자 특유의 문제를 가진 'Learnerese[1]', 즉 학습자 방언으로 교류가 이루어진다. 따라서 조

---

1) 어머니가 영유아에게 말을 걸 때 사용하는 독특한 억양 및 어휘를 'motherese'라고 하는데, 이 표현을 따라서 윙 필모어가 제2 언어 학습자의 독특한 언어 사용을 'learnerese'라고 이름 붙인 것이다. '학습자 방언'이라고도 말할 수 있는 용어이다.

건 (a)(b)(c)가 충족되지 않고 교사가 1명인 교실에서 L2를 접하는 것만으로는 경험하기 어려운 언어 기능, 문법 구조, 어휘가 있기 때문에 정확성의 정도는 높아지지 않고, 중간 언어가 화석화되어 L2 습득 과정의 제2 단계에서 제3 단계(181쪽)로 가지 못하는 학습자가 나오게 된다.

한편 일본의 '별도 수업'은 어떤 상황일까? 조건 A는 학습자의 일본어 학습 필요성에 대한 인식과 학습에 대한 동기인데, 외국인 아동에게는 자신이 선택한 언어라기보다는 강요된 일본어 학습이므로 어떠한 형태라도 별도 수업은 문제가 생긴다. 특히 연소아의 경우는 일본어 습득의 필요성에 대해 확실하게 인식하기가 어려울 것이다. 또한 앞 장에서 기술한 보호자의 의사 결정 유형에서 알 수 있듯이, 부모의 태도에 따라 일본어 학습에 긍정적인 자세를 갖지 못하는 어린이도 있다는 점을 생각할 수 있다. 다만, 정규 소속반과 연계한 '별도 수업'의 경우는 담임 교사가 어떻게 하느냐에 따라 학습자는 정규 소속반에서 다른 학생들과 같이 학습하는 한 일원으로 인정받고 싶다는 강한 의욕을 가질 수가 있다. 이런 경우, 아이는 나름대로 일본어 학습의 필요성을 인식하고, 이것이 일본어 학습에 대한 동기 부여가 되기도 한다. 실제로 이와 같은 형태로 성공한 실천 보고도 있다(10장 298-299쪽 참조).

두 가지 형태에서 큰 차이가 있는 것이 조건 B와 C이다. 독립된 '별도 수업'은 불어 이머전 교육과 마찬가지로 교실에 모어 화자 교사가 1명인 상황에서 동일한 연령의 모어 화자와 교류할 기회가 없거나 혹은 적은 경우, (a)(b)(c)의 조건을 충족할 수 없다. 또한 불완전한 화자에 둘러싸여서 많은 시간을 보내는 상황에 처하기 때문에 효율적으로 일본어를 습득하기를 바랄 수는 없다. 다만 별도 수업은 학습자가 소수인 경우가 많으므로 모어 화자 지도원과의 접촉 횟수는 많아질 가능성이 있다. 한편 정규 소속반과 연계한 '별도 수업'의 경우는 앞에서 설명한 바와 같이 소속반의 학급 운영 방식에 달려 있다. 소속반에서 다른 학생들과 어울리지 못하고 손님으로 취급받는 주변적인 존재인 경우는 일본어 학습에 대한 의욕이 생기지 않고 반대로 일본인 아이들과의 관계가 원만하면 친구들과 어울리고 싶어서 일본어 학습에 의욕을 불태우는 아이도 있을 것이다. 따라서 소속반과 연계한 '별도 수업'의 경우는 (a)(b)(c)의 조건을 충족하는 사례가 충분히 나올 수 있다.

이상의 사례를 통하여 알 수 있듯이, 학교가 모어 화자와의 접촉이 많은, 이상적인 L2 습득의 장이라고는 하지만, 학교 당국 및 교원이 협력하여 외국인아동(L)과 일본인 아동(TLS)이 접촉하는 사회적 교류의 장을 의도적으로 만들어야 한다. 그렇지 않으면 L2 습득에 이어질 상호 작용이 제대로 이루어지지 않아 효과적인 L2 습득의 장이 되지 않는다. 또한 정규 소속반과 연계한 '별도 수업'의 성공 사례에서 알 수 있듯이 일본인 아동을 훈련하여 효과적으로 TLS의 역할을 할 수 있도록 노력할 필요가 있다. 독립된 '별도 수업'의 경우는 (a)(b)(c)의 조건이 충족되지 않으므로 별도 수업을 최소한으로 하고 다양한 형태로 TLS와 직접적으로 접촉할 수 있도록 궁리해야 할 것이다.

(3) 취학 전 어린이의 L2 접촉 과제(Wong-Fillmore, 1991b)

웡 필모어는 다음과 같은 전국 조사 결과에 기초하여 L2 접촉과 모어의 숙달도와의 관계에 대하여 언급하고 있다. 이 조사는 부시 정권 하에서 '학교 교육을 일찍 시작하는 것이 소수 언어 아동의 학력 저하 문제를 해결할 수 있다'는 논리로, 만 3세, 4세 프로그램(예: Project Head Start, 1990)이 시작되었다. 이로 인하여 만 5세 전후의 어린이가 일찍부터 모어에서 멀어지게 되어 두 개의 언어 모두 제대로 익히지 못해 제한적 이중 언어로 힘들어하는 유아의 수가 방대해졌다. 이 조사는 이러한 위기감에서 시작된 것으로, 300명 이상의 연구자, 교사, 사회 복지사, 지역 사회 복지사가 협력하여 실시했다.

가정 면접 조사(45항목)의 대상은 미국 이주자로, 자녀가 유아 교육 기관에 다니거나 또는 다닌 적이 있는 스페인계 이주 가정 1,001가족이며, 영어로 유아 교육을 받은 [영어 사용군](690가족)과 모어인 스페인어로 유아 교육을 받은 [모어 사용군](311가족)을 비교한 것이다. [영어 사용군]중에는 영어와 모어를 사용하는 이중 언어 프로그램에 있는 어린이도 포함되었다. 주요 조사 내용은 가정의 사용 언어 유형, 유아 교육 프로그램의 사용 언어, 그리고 자녀가 유아 교육 기관에 다님으로써 자녀의 사용 언어에 변화가 있었는지, 변화가 있었다면 어떤 변화가 있었는지에 대해 조사한 것이다.

그 결과가 〈표 1〉과 〈표 2〉이다. 유아 교육에서 영어만 사용하는 프로그램인 [영어 사용군]에서는 당초 우려한 대로 가정에서 사용하는 언어가 영어로 바뀌는 부정적인 변화가 64.4%로 나타났다. 이에 비해 '이중 언어' 프로그램의 경우는 외면상으로는 모어 사용도 가능하여 '영어만' 사용하는 프로그램보다는 영어만 사용하려고 하는 변화가 적으나 그래도 47.2%의 아동이 영어로 사용 언어가 바뀌었음을 알 수 있다. '모어만' 사용하는 프로그램의 경우는 42.1%의 아동이 긍정적으로 변화하였다. 즉, 모어 사용이 많아진 만큼 사용 언어가 영어로 바뀌는 일이 어느 정도는 저지되었다.

〈표 1〉 [영어 사용군] 가정의 언어 사용 유형의 변화

(유아 교육 사용 언어)	영어 사용 No.(%)	두 개의 언어 사용 No.(%)	모어 사용 No.(%)	합계 No.(%)
변화 없음	66(31.3)	24(31.6)	37(16.0)	188(30.9)
부정적 변화	136(64.4)	152(47.2)	20(26.3)	308(50.6)
긍정적 변화	6(2.8)	60(18.6)	32(42.1)	98(16.1)
모름	3(1.4)	12(3.7)	15(2.4)	
합계	211(100)	322(100)	76(100)	609(100)

(Wong-Fillmore, 1991b: 333)

〈표 2〉 [모어 사용군] 가정의 언어 사용 유형의 변화

(유아 교육 사용 언어)	영어 사용 No.(%)	두 개의 언어 사용 No.(%)	모어 사용 No.(%)	합계 No.(%)
변화 없음	1(25)	11(34.4)	37(16.0)	49(18.3)
부정적 변화	1(25)	4(12.5)	24(10.3)	29(10.8)
긍정적 변화	1(25)	15(46.9)	169(72.8)	185(69.0)
모름	1(25)	2(6.2)	2(0.8)	5(1.9)
합계	4(100)	32(100)	212(100)	268(100)

(Wong-Fillmore, 1991b:334)

한편 〈표 2〉의 [모어 사용군]을 보면, 모어를 사용하는 유아 교육을 받아 긍정적 변화가 있었다는 것이 72.8%에 이르고, 부정적 변화(영어로 바뀜)가 있었다는 것은 10.3%뿐이다. 영어를 사용하는 유아 교육을 받음으로써 영어로 바뀌는 비율이 약 4.68배 크다는 것을 알 수 있다.

다음으로 가정에서 사용하는 언어 유형인데, 확인된 것은 [영어 사용군]의 97.7%, [모어 사용군]의 99%까지가, 제1 언어는 영어 이외의 언어라고 분명히 말하고 있음에도 불구하고 영어를 사용하는 유아 교육을 받음으로써 제1 언어가 영어로 바뀌고 있다는 점이다. 그 증거로는 가정에서 형제간의 사용 언어를 큰 아이(older children), 중간 아이(middle children), 어린 아이(younger children)로 나누어 조사해 보면, 연령에 맞는 모어 능력이 없다고 판단되는 비율은 모어 사용 가정이라도 큰 아이의 경우 16.8%, 중간인 경우 19%, 어린 아이인 경우 23.6%로 영어 사용 가정의 큰 아이 23.2%, 중간 26.3%, 어린 아이 28.6%로, 큰 차이가 나지는 않는다. 이미 집에서 모어 사용을 하지 않는 [영어 사용 그룹]의 어린이 수는 전체적으로 큰 아이 35.6%, 중간 아이 42.1%, 어린 아이 44.8%로, 어린 아이의 경우는 50%에 가까운 어린이가 모어를 버리고 영어로 사용 언어가 바뀐다는 것을 알 수 있다. 이는 위나 중간에 있는 형제가 가정에서 영어를 사용함으로 인해 가정에서 아주 이른 나이에 제1 언어가 영어로 바뀌는 것을 의미한다. 이 때문에 어린이의 연령이 낮으면 낮을수록 영어로의 치환이 일어나기 쉽다는 것을 알 수 있다. 또한 [영어 사용군]의 경우 모어로 대화하는 것이 모어 능력 부족으로 불가능하다는 사례가 [모어 사용군]의 6~8배에 이른다는 사실과 함께 생각해 보면, 단순히 치환 시기가 빨라진 것뿐만이 아니라, 이미 모어를 상실한 상태에 이르고 있다는 것을 시사한다.

[모어 사용군]쪽은 유아 교육에서 모어를 사용함으로써 모어가 유지되고 있는 것처럼 보이지만, 초등학교에 올라간 시점에서 집중적으로 영어를 접하기 시작하면 모어가 아직 안정되지 않은 연령인 만큼 [영어 사용군]과 마찬가지로 모어가 퇴화하면서 사용 언어가 영어로 바뀌어 나중에는 영어밖에 사용하지 못하는 ELL이 될 가능성을 충분히 생각해 볼 수 있다.

웡 필모어는 특히 영어를 모르는 부모의 경우는 부모 자녀 간의 의사소통이 단절되어 아동이 크게 피해를 입게 될 것을 우려하여 다음과 같이 말하고 있다.

> 아동의 연령이 낮으면 낮을수록 모어가 영향을 받는다. 유치원 생활, 즉 만 5세 이하 아동의 경우 이는 특히 문제가 된다. 이 연령대에서는 영어와 같이 사회에서 중시되는 언어의 영향에 저항할 수 있을 만큼 모어가 안정되어 있지 않다. 영어는 지위가 높은 언어이다. 사회적으로 널리 사용되는 언어이다. 어린 아이들은 아직 명성이라든지 사회적 지위에 관해서는 아무것도 모르지만, 사회로부터 인정받고 싶어하고 또 그 일원이 되고 싶어 한다. 그들은 영어 능력 없이는 학교의 영어 세계로 들어갈 수 없다는 것을 알아차리고 이를 습득하고(그 과정에서) 모어를 포기해 버리는 것이다. (중략) 만약 어린 아이들이 주위로부터 인정받고 싶어 한다면, 이들은 영어를 배워야 한다. 왜냐하면 아무도 이들의 언어를 배우려고 하지는 않으니까.
>
> (Wong Fillmore, 1991b:342)

모어 상실은 단지 부모가 자녀와 교류하는 데에 쓰는 도구를 잃는 것에 그치지 않는다. 부모는 자녀에게 자신의 가치관, 믿음, 일에 대한 책임감, 윤리관, 세상에 대처해 나가기 위한 다양한 지혜를 전달할 수 없게 되는 것이다. 부모 자녀 간의 대화는 부모와 자녀를 연결하는 송유관처럼 소중한 것이다. 대화를 통하여 부모는 자식에게 문화를 전달하고 어떤 사람으로 성장하기 바라는지를 전하는 것이다. 이와 같이 중요한 의사소통의 채널을 잃으면, 가족은 친밀감을 잃고 공유하는 가치관 및 이해가 부족하여 서로 대립이 생긴다. 이렇게 되면 자녀는 소외감에 괴로워하고 자신의 출신을 부끄러워하며 언어로 감정 표현을 못하고 폭력을 행사하게 된다. 부모의 권위는 실추되고 자녀는 부모에 대한 존경심을 가질 수 없게 되어 결국 한 지붕 아래에서 생활하면서 부모를 무시하고 스스로 고아와 같은 상태에 놓이게 되는 것이다.

그러나 제2 언어 습득이 반드시 제1 언어의 상실을 수반하는 것은 아니다. 문제는 그 시기에 있다. 웡 필모어는 제2 언어를 습득했기 때문에 제1 언어를 잃어버리는 것이 아니라, 제1 언어 능력이 충분하지 않은 단계에서 급격하게 제2 언어를 접하기 시작한다는 점에 문제가 있다고 말한다. 만약 제1 언어를 상실하고 거기에다 제2 언어 습득도 잘 되지 않았을 때는 어떻게 되는 것일까? 지금까지 북미의 ELL 연구에서는 이러한 상황의 어린이들은 영어 습득도 생각만큼 신장되지 않고 언어 발달 전체가 부진하여 두 개의 언어 모두 제한적 이중 언어 상태에 빠질 비율이 높다고 한다. 일본의 JLL의 경우에서도 유사한 상황이 보고되고 있다(MHB 第7回硏究集会資料, 2006; 中島, 2007). 제1 언어가 충분히 습득되지 않은 시점에서 제2 언어를 집중적으로 접하게 되면, 어린이는 제1 언어를 포기하고 그 대신 사회의 주요 언어를 자신의 언어로 받아들여 결과적으로 감산적 이중 언어가 되는 것이다. 그렇지만 ELL/JLL에게 있어 제2 언어는 현지 사회에서 생존하기 위하여 필요 불가결한 것이므로 현실적인 문제로 유아기와 초등학교 때에 모어를 계속 유지 발달하면서 동시에 제2 언어도 신장시킨다는 이중 언어 육성을 위한 교육적 개입이 필요하다.

2. 커민스의 이중 언어 육성 이론

커민스는 세계 각지에서 지금까지 실시되어 온 다양한 이중 언어, 다언어 육성의 실천과 연구 성과를 토대로 '이중 언어 육성 이론'의 구축에 가장 공헌해 온 학자이다. 언어 능력의 분석 및 두 개의 언어 능력의 관계에 관한 언어 심리학적인 연구와 함께 1980년대 중기부터 소수 언어를 모어로 하는 어린이의 저학력과 연관되는 문제에 관심을 가지고 사회적, 정치적인 관점에서 역량 강화(Empowerment) 이론, 변혁적 다중 문해력(multiliteracies) 교육학을 제창하고 있다. 사회적으로 우세한 언어가 소수 언어를 압박하는 현재의 '억압적 사회'(coercive society)를 교육 정책이나 현장 교사가 어떻게 바꿀 수 있는지, 저학력이라는 늪에서 어떻게 빠져나올 수 있는지, '공생 사회'(collaborative society)의 실현에 어떻게 가까워질 수 있는지와 같은 과제와 관련하여 학교 조직 및 현장 교사의 이상적인 양태를 제시하고 있다. 이 장에서는 커민스의 다각적인 이중 언어 육성 이론 중에서 다음 5개 항목을 거론한다. (1) 2언어 육성 교육관과 미국 ELL 정책 비판 (2) '2언어 상호 의존설'과 전이의 5개 영역 (3) 언어 능력의 세 가지 측면 (4) 역량 강화 이론 (5) 21세기 테크놀로지와의 관계를 토대로 한

‘변혁적 다중 문해력 교육학’이다.

(1) 이중 언어 육성 교육 이론과 미국 ELL 정책 비판(Cummins, 2000a)

3장에서 언급한 바와 같이 미국의 ELL 교육에서는 ‘이행형 이중 언어 프로그램’이 폐지되고 ‘스트럭처드 잉글리시 이머전’이 도입되었다. 이들 두 가지 언어 정책의 근저에 있는 이중 언어 육성에 관한 교육 이론에 관하여 커민스는 미국의 이중 언어 교육 연구가 이민 대책의 정치적 투쟁에 휘말려 본질적인 것을 잃고 배타주의, 인종 편견에 기초한 잘못된 언어 정책을 용인하고 있으며 학문적 성과가 언어 정책에 직접 반영되지 않는다고 날카롭게 비판했다(예: Cummins, 2000a: 205-231). 이 비판은 일본의 외국인 아동 정책과도 관련이 있으므로 이하, ‘(이행형) 이중 언어 프로그램’과 ‘스트럭처드 잉글리시 이머전’으로 나누어 그 교육관의 차이점과 커민스가 지적하는 문제점을 살펴보자.

‘이행형 이중 언어 프로그램’의 저변에 있는 교육관은 ‘가정 언어와 학교 언어의 불일치(home-school language mismatch)’이다. 가정에서 사용하는 언어와 학교에서 사용하는 언어가 다른 점이 ELL의 학력 저하의 원인이라고 보는 것이다. 아동이 이해하지 못하는 수업 언어로 수업을 진행함으로 인하여 학력 부진이 발생한다. 이를 해소하기 위해서는 영어 능력이 생길 때까지 어린이가 이해 가능한 가정 언어를 사용하여 수업을 해야 한다고 한다. 이와 같은 해결 방법에 이르게 된 역사적 경위는 3장에서 언급한 바와 같다. 잠정적 해결법으로 도입된 것이 영어 능력이 생길 때까지 모어를 사용하여 가르친다는 ‘이중 언어 프로그램’이다. 이것은 어디까지나 두 개의 언어 육성을 목적으로 한 것은 아니며, 또한 소수 언어를 모어로 하는 어린이의 ‘권리로서의 모어 사용’도 아니고, 단지 ‘도구로서의 모어 사용’에 그치고 있다(Ruiz, 1988). 또한 어린이에 대한 보다 풍요로운 교육을 목적으로 한 것이 아닌 우선 부족한 영어 능력을 보충하는 보상적 문제 해결 방법이다.

한편, ‘스트럭처드 잉글리시 이머전’ 추진파의 교육관은 학력 부진의 원인이 ‘목표 언어에 대한 노출이 부족(insufficient exposure to the target language)하기 때문이라고 보는 것이다. 그러므로 학교에서 영어를 접하는 양을 가능한 한 늘림으로써 학력 부진이나 학력 저하를 해결할 수 있다는 사고방식이다. 즉 영어 능력 부족을 해소하기 위해서는 학교에서 영어를 사용하여 학습하는 시간을 늘리면 된다는 상식적인 선이다. 이 사고방식은 세계적으로 보아 가장 일반적인 것으로, 실제로 일본의 외국인 아동을 위한 대책도 이 틀을 벗어나지 않았다. 외국인 아동의 표면적인 면의 부족함에만 주목한 대책이므로 그 대상은 우선 일본어 지도와 생활 적응 지도이다.

커민스에 의하면, ‘가정 언어와 학교 언어의 불일치’나 ‘목표 언어에 대한 노출 부족’도 언어 정책의 이론적 근거로 삼기에는 실증적인 검증이 불충분하다고 한다. 교육 현장에서는 이들 두 가지 이론에 상반되는 결과가 세계 각지에서 보고되고 있기 때문이다. 예를 들어, ‘가정 언어와 학교 언어의 불일치’에 관해서는 캐나다의 불어 이머전(모어가 주요 언어인 경우) 및 계승어 이중 언어 이머전(모어가 소수 언어인 경우)이 그 좋은 예이다. 불어 이머전은 집에서는 영어를 사용하는 모어 화자 어린이가 학교에서 불어(L2)를 사용하여 수업함으로써 가정과 학교 언어를 구분하여 영어와 불어 2언어를 육성하는 프로그램이다. 계승어 이중 언어 교육은 가정에서 사용하는 계승어와 영어, 양쪽을 수업 언어로 사용하여 두 언어를 신장시키고자 하는 프로그램이다. 양쪽 모두 어린이들은 가정과 학교의 언어를 구분하여 사용하도록 강요는 받고 있으나, 지금까지의 프로그램 평가 연구에서는 이 때문에 학력 면이 부진하다는 보고는 없다. 오히려 반대로 2언어가 고도로 신장됨과 동시에 학력 면에서도 성과를 올리고 있다. 이 점은 캐나다뿐만 아니라 4장에서 다룬 일본 가토학원(영어와 일본어) 및 중화학교의 성과를 보아도 분명하다.

'목표 언어에 대한 노출 부족'에 대해서도 언어 정책의 근거로 하는 이론으로 보기에는 실증적인 검증이 없다. 캐나다의 불어 이머전은 초등학교 저학년에서 영어를 접하는 양이 부족하여 일시적으로 불어가 우세한 상황이 있지만, 초등학교 고학년이 되면 오히려 영어 능력이 단일 언어보다도 높은 사례가 나온다. 또 미국의 '조기 이행형'과 '후기 이행형'을 비교한 연구에서도 같은 결과를 볼 수 있었다(3장 110-111쪽). L1을 교과 학습에 보다 오랫동안 사용하고 목표 언어인 영어 사용이 적은 후기 이행형 어린이 쪽이, 6학년이 되면 영어 능력이나 교과 학습에서 높은 성적을 받는 경향이 있다고 한다. 즉, 단기간의 비교에서는 영어 학습의 시간과 습득하는 양은 관계가 있으니, 장기적으로 보면 L2를 사용한 수업 시간과 학력 획득에는 긍정적인 상관 관계를 찾아볼 수 없다. 커민스는 이상의 실제 사례 외에 세계 각지의 성공 사례로 뉴질랜드의 리치몬드 로드스쿨(Richimond Road School: 마오리어, 사모아어, 영어 등), 벨기에의 포이어(Foyer) 모델의 세 개의 언어/이중 언어 프로그램(네덜란드어, 불어, 그리고 아랍어, 이탈리아어, 스페인어, 터키어 중 선택), 수도 워싱턴시의 오이스터(Oyster) 이중 언어학교(스페인어, 영어), 매사추세츠주의 아미고(Amigos) 양방향 이머전(Robert F. Kennedy School)(스페인어와 영어) 등의 실천 사례를 들고 있다.

이와 같이 실제 이중 언어 교육 현장에서 일어나고 있는 다양한 현상을 '가정 언어와 학교 언어의 불일치'와 '목표 언어에 대한 노출 부족'으로는 설명할 수 없기 때문에 이들을 이주민·외국인 아동에 대한 교육 정책의 지침으로 삼기에는 양쪽 모두 충분하지 않다. 그래서 커민스는 연구 성과를 바로 언어 정책에 반영하는 것이 아니라 '연구 성과'에서 '이론'을 먼저 산출하고 그 '이론'에 기초하여 실현성 높은 '언어 정책'이 나와야 한다고 주장한다. 그 이론의 중핵에 있는 것은 다음에 언급하는 두 가지 언어의 관계에 대한 '2언어 상호 의존설'이다.

(2) '2언어 상호 의존설'과 전이의 5개 영역(Cummins, 1981a, 2007)

커민스는 위와 같은 이중 언어 육성의 다양한 현상의 수수께끼를 푸는 열쇠는 두 개의 언어의 힘이 상호 의존적인 관계에 있는 점이라고 한다. 이 개념에 관해서는 이미 1장에서 소개했지만, 여기에서 다시 한 번 커민스의 '언어 발달상의 상호 의존 가설'(developmental interdependent hypothesis)의 정의를 살펴보자.

> 학교나 주위 환경에서 언어(Lx)를 접하는 기회가 충분히 있고 게다가 그 언어(Lx)를 학습할 충분한 동기가 있으면, 학습자가 언어(Ly)를 매체로 하여 받은 수업을 통하여 신장된 언어(Ly)의 능력은 언어(Lx)로 전이(transfer)될 수 있다.

> (Cummins, 1981a: 29)

이상의 정의에서 알 수 있듯이, 커민스의 '전이'라는 개념은 학교에서 일어나는 언어 능력이나 학습 전략을 포함한 소위 이중 언어 학습자의 학력의 전이에 관한 것이다. 또한 '전이'는 1장에서 소개한 커민스 공유 기저 능력 모델(CUP설)이나 빙산설과 관련지어서 이해할 필요가 있다. '전이'가 공유 기저 능력 모델이나 빙산설과 어떻게 연결되는가 하면, 한 언어(Ly)를 통하여 획득한 능력이 심층면·공유면에 축적되어 다른 언어(Lx)를 통해 이 능력을 활용할 수 있으므로 Ly→Lx로의 '전이'가 일어난다는 것이다. 예를 들면 불어 이머전의 영어를 모어로 하는 어린이가 불어(Ly)로 읽기와 쓰기 능력을 획득한 경우, 이들이 획득한 것은 단순히 불어의 읽기와 쓰기에 그치지 않고 동시에 읽고 쓰는 것에 대한 메타 언어의 지식도 획득한다. 이것을 빙산설로 설명하면, 심층 면에 있는 인지 능력과 학습 언어 능력도 동시에 획득한다는 것이다. 따라서 영어(Lx)의 읽기와 쓰기는 학교에서 가르쳐 주지 않아도 영어를 접하는 양과 충분한 동기가 있으면 영어를 통하여 이 심층 면의 인지 능력과 학습 언어 능력에 접근할 수 있어서 결과적으로 이 능력이 발휘되어 영어의 읽기와 쓰기 능력도 신장한다는 뜻이다. 불어 이머전 프로그램의 경우는 영어(L1)가 사회의 주요 언어이므로 일상 생활에서 접하는 양이 많고 또한 주(州)에서 시행하는 산수 시험을 영어로 봐야 하는 사회적 요청이 있기 때문에 동기 부여도 충분한 상태이다.

커민스는 위의 정의에서 오해하기 쉬운 점으로 다음 두 가지를 지적하고 있다. 첫 번째는 '전이'가 '자동적'으로 반드시 일어나는 것은 아니라는 점이다. '영·불 이머전이나 영어와 스페인어 프로그램과 같이 2언어 간에 어근이 같은 단어가 많고 또한 가정에서 L1의 읽고 쓰기의 보강이 충분한 경우는 자연적 또는 자동적으로 전이가 일어날지도 모르지만, 그렇지 않은 상황에서는 두 언어 사이 전이의 혜택을 받기 위해서는 목표 언어로 제대로 학습(formal instruction)할 필요가 있다.'고 한다(Cummins, 2000:113). 두 번째로, 심층 면·공유 면이라는 것은 읽기와 쓰기 능력 및 학습 언어 능력에 관한 것이라고 오해하는데, 대화 전략 등의 회화에 관한 능력도 포함된다는 점이다.

위의 정의에 전이의 조건으로 '하나의 언어(Lx)를 접하는 기회가 충분할 것'과 '그 언어(Lx) 학습에 대한 동기 부여가 충분할 것'이 포함되어 있는 점도 중요한 사항이다. 이 두 가지가 포함되어 있음으로 해서 원칙 4 '상호 작용 충족의 원칙'과 중복되고 앞서 설명한 윙 필모어의 '사회적 맥락과 언어 습득 방식'과도 중복된다. '하나의 언어(Lx)를 접하는 기회'는 윙 필모어의 조건 C에, '그 언어(Lx)를 학습할 동기 부여'는 A(c)에 해당한다.

여하간, 2언어 발달상의 상호 의존설은 학습자가 처해 있는 사회적, 정치적 상황(다수 언어 모어 화자인지 또는 소수 언어 모어 화자인지), 다양한 언어 영역(예: 회화 능력, 독해, 어휘, 작문, 기억력), 서로 다른 연구 방법(예: 횡단적, 종단적 연구 등), 대상 학습자의 연령(예: 고학년인지, 저학년인지), 학습 환경(예: 자연 습득형인지, 교사 개입형인지), 그리고 다양한 언어로 짝을 이룬 두 개의 언어(예: 아랍어와 불어(Wagner, 1998), 네덜란드어와 터키어(Verhoeven, 1994), 일본어와 영어(Cummins et al., 1984), 바스크어와 스페인어(Sierra & Olazieregi, 1991) 연구에서 과거 40년에 걸쳐 '압도적'으로 지지를 받고 있고, 이 설을 기반으로 신뢰성이 높은 두 개의 언어 능력의 예측이 가능하며 언어 정책 입안에 도움이 된다고 커민스는 주장하고 있다(Cummins, 2000a)[2].

이상과 같은 실증적인 연구 결과를 통하여 전이가 확인된 영역으로 커민스는 다음 다섯 가지 영역을 거론한다(Cummins, 2007).

1. 개념적 지식의 전이(예를 들면, '광합성'이라는 개념의 이해)
2. 메타 인지·메타 언어 전략의 전이(예를 들면, 정보의 시각화 전략, 정보와 관련한 그래픽 조직자(graphic organizers) 사용, 기억 방법이나 기억을 돕기 위한 궁리, 어휘 습득 전략 등)
3. 의사소통 양태의 전이(예: 의미를 전달하는 의사소통 방법, 위험을 감수하더라도 L2로 의사 소통하려는 적극적인 태도)
4. 특정 언어적 요소의 전이(예를 들면 '광합성(光合成)'의 '광(光)')
5. 음운 의식의 전이(단어가 음의 단위로 이루어져 있다는 것에 대한 인식)

위의 설명을 보면, 전이하는 영역은 1. '개념적 지식' 2. '각종 전략, 3. '의사소통 양태', 5. '음운 지식'으로 이는 모두 빙산설에서 제시한 심층 면에 속하는 것이다. 그러나 4.의 특정 '언어적 요소'의 전이는 다르다. 종래 '전이'라고 하면, 4.의 좁은 의미로 해석되는 일이 많았는데, 커민스의 이론에는 이 언어 형식상의 전이와 함께 개념적 지식과 학력의 전이가 그 중심에 있다.

이상의 각 영역의 전이에 대해서는 다음 장에서 자세하게 언급하고 또한 각 영역의 실증적인 연구 사례를 살펴본다. 이 절에서는 정의와 전이 영역을 소개하고 전이에 관련된 문제점을 두 가지 거론한다. a) 전이의 방향성 b) 2언어 간의 언어 근사 차(近似差)의 문제이다(Cummins, 2000a: 20-21).

(a) 전이의 방향성

과연 전이는 어떤 방향으로 일어나는 것일까? L1에서 L2 방향인지(L1→L2), L2에서 L1 방향인지(L2→L1), 또는 양방향인지(L1↔L2), 그리고 세 가지 언어의 경우는 L1→L2·L3인지, L1·L2→L3인지 등 의문이 끊이지 않는다. 커민스의 정의에는 전이의 방향에 대한 아무런 언급이 없으나 '언어를 접하는 기회가 충분히 있고, 하나의 언어(Lx)에 대한 학습 동기가 충분한 경우'라는 전이의 조건에서 방향성이 나타난다. 가장 이해하기 쉬운 사례가, 모어의 사회적인 입장과의 관계이다. 소수 언어 아동의 경우는 사회의 주요 언어인 학교 언어를 접하는 양이 압도적으로 많고 또 학교 언어를 원어민처럼 하고 싶다는 동기도 강하다. 반대로 가정 언어는 부모의 의사 결정 유형 및 가족 구성(예: 학교 언어를 집에서도 사용하는 형제가 있는지 여부)에 따라서 언어를 접하는 양과 질에 커다란 개인차가 발

---

2) '압도적인 증거'로 커민스가 예로 드는 실증적인 검증의 방법론에 관한 비판이 있다. 예를 들어 Vehoeven(1994)은 2언어 상호 의존설이 L1/L2의 인과 관계를 전제로 하고 있는데도 불구하고 많은 검증 연구가 2언어의 상관 관계를 조사하는 것에 그치고 있으므로 검증 그 자체는 이루어지지 않은 상태이다. 또한 2언어 간의 상호 의존 관계라고 해도 그 체재가 밝혀진 것은 아니고, 다른 요인, 예를 들면 단기 작업 메모리 및 비언어적 지능 지수 등과의 관계가 밝혀져야 한다고 비판한다.

생한다. 이러한 상황에서는 가정 언어(Ly)로부터 접하는 양이 많고 동기가 강한 학교 언어(Lx)로 전이가 일어나기 쉽다. 그 반대로 학교 언어(Lx)로부터 접하는 양이 적고 동기가 약한 가정 언어(Ly)로는 전이가 잘 일어나지 않는다. 한편, 다수 언어를 모어로 하는 아동을 살펴보면, 모어를 접하는 기회가 가정과 학교에서 보장되어 있기 때문에 본인이 의식하지 않더라도 L1과의 접촉량과 동기 부여가 매우 충분한 상태이다. 이러한 상황에서는 학교 언어(Lx)로부터 가정 언어(Ly)로의 전이가 쉽게 일어나는 것이다.

요컨대, 학교 언어와 가정 언어가 다른 두 개의 언어 환경에서 자라는 소수 언어 아동의 경우는 L1에서 L2로(L1→L2), 가정 언어와 학교 언어가 동일하고 수업 언어가 L2인 다수 언어 아동의 경우는 L2에서 L1으로(L2→L1), 전이의 방향성이 반대라는 것이다. 그럼 가정에서 두 가지 언어를 동시형으로 발달시키는 국제결혼 가정 아동의 경우에도 전이가 일어나는지, 또한 그 방향성은 어떻게 되는 것인지 궁금하다. 동시 발달의 경우는 L1↔L2의 양방향이라고 말하고 싶지만, 실증적인 연구에서 입증된 것은 아니다. 이 점에 주목하여 전이라는 개념으로는 해결되지 않는 것이 문제라고 '2언어 상호 의존설'을 비판하는 학자도 있다(예: Hamers & Blanc, 2000: 99).

학교에서 두 가지 외국어를 동시에 육성하는 다언어 교육의 경우에는 어떤 전이를 기대할 수 있는 것일까? 물론 아직 실증 사례가 아주 적은 분야이지만, 세노스와 제네시(Cenoz & Genesee, 1998)는 L3의 습득에서도 L1이 기초가 되어 L1에서 L2 및 L3(L1→L2·L3) 형태로 전이가 일어나는 것은 아닐까 하고 스웨인 외(Swain et al., 1990)의 연구 사례를 근거로 추측하고 있다. 스웨인 외의 연구는 캐나다의 불어 이머전 교육을 받고 있는 중학교 2학년 학생(300명)을 4개 그룹으로 나누어 계승어의 습득 정도 및 사용 빈도와 불어(L3)의 습득 정도와의 관계를 조사한 것이다. 4개 그룹이란, 1. 계승어를 전혀 모르는 그룹 2. 회화는 어느 정도 하지만 읽기와 쓰기는 전혀 못하는 그룹 3. 읽기와 쓰기도 가능하지만 사용 빈도는 낮은 그룹 4. 읽기와 쓰기가 가능하고 사용 빈도도 높은 그룹이다. 조사 결과, 계승어가 로망어계의 경우는 불어 회화 능력과 유의미한 관계가 보이기는 했지만, 읽기와 쓰기 능력과는 그렇지 않다는 점을 알게 되었다. 회화와 읽기, 쓰기가 가능하고 거기에 계승어의 사용 빈도가 높은 4.의 그룹이 불어 회화 능력과 읽기, 쓰기 득점이 가장 높았다. 세노스와 제네시는 이 결과를 토대로 세 개의 언어 교육에서도 이중 언어 육성과 마찬가지로 제1 언어가 충분히 발달되어 있는 점이 고도의 세 개의 언어를 육성하는 열쇠가 되는 것은 아닌가 하고 결론 짓고 있다.

(b) 언어의 근사 차 문제

2언어 상호 의존적 관계는 언어의 음성 구조, 문법 구조, 담화 구조, 표기법, 사고 양태 등이 매우 다른 2언어 간에서도 실증된다. 게다가 음성 언어뿐만 아니라 모드가 다른 시각 언어(수화)와 영어의 읽기와 쓰기 능력에서도 양자 간에 상호 의존적 관계가 나타나 수화로 얻어진 개념 지식이 서기(書記) 영어에 전이되는 것을 알았다(カミンズ, 2008). 그러나 실제적인 문제는 같은 전이라고는 해도 2언어 간의 근사 차로 의해 미묘한 차이가 있다는 점은 확실하다. 예를 들어 2언어가 영어와 불어 또는 스페인어와 영어로 구성된 경우와 같이, 같은 인도유럽 언어에 속하는 경우는 어근이 같은 단어

(cognates)가 많기 때문에 위 4.의 '언어 요소'의 전이가 기대된다. 앞의 스웨인 외의 연구에서도 인도 유럽어족에 속하는 두 개의 언어 간에는 L1의 회화 능력과 L3의 회화 능력 간에는 유의미한 상관 관계가 보인다고 보고하고 있다. 읽기와 쓰기의 경우에는 다음과 같은 다양한 요인에 의해 전이의 정도가 바뀐다. 구어와 문어의 차이가 큰지 작은지, 같은 알파벳을 사용하는 표기법인지, 또 표기법의 규칙성이 약한지 또는 강한지 등이다. 또한 지금까지 철자법이 다른 두 개의 언어의 경우는 양 언어의 읽기와 쓰기 지도를 동시에 진행하는 것이 타당한지의 여부에 대한 의견이 달랐다. 부정적인 영향이 있으므로 시간 간격을 두고 도입해야 한다는 의견(예: Genesee, 1979; Reyes, 2000)과 반면에 표기법이 크게 다른 두 개의 언어 쪽이 간섭이 적기 때문에 동시 진행이 가능하고 또 명확하게 긍정적인 면(예를 들어 도형의 변별 능력, Nakajima & Parr, 2007)도 있음을 지적하는 의견도 있다. 어쨌든 앞으로의 연구가 기대된다.

(3) 언어 능력의 세 가지 측면(Cummins, 2001a: 65-66)

커민스는 언어 능력을 다음 세 측면으로 구분하고 있다. 세 측면이란 (a) 회화의 유창성(conversation fluency, CF) (b) 변별적 언어 능력(discrete language skills, DLS) (c) 교과 학습 언어 능력(academic language proficiency, ALP)이다. (a)는 1장(40쪽)에 소개한 BICS에 해당하고 (c)는 CALP에 아주 가깝다. (a), (b), (c) 각각에 대하여 커민스는 다음과 같이 설명하고 있다.

(a) 회화의 유창성(연령에 상응하는 수준에 도달하는 데 1~2년 필요)

회화의 유창성이란 '아주 익숙한 장면에서 상대와 대면하여 말하는 능력'으로, 많은 모어 화자 아동의 경우 만 2~8세 사이에 발달한다. 기대되는 언어 수준이 자주 사용되는, 즉, 빈도 수가 높은 어휘와 간단한 문법 구조이기 때문에 학습자가 학교 및 주위 환경을 통하여 제2 언어를 접하기 시작하여 1년 내지 2년 안에 유창한 회화 능력을 획득하는 것이 보통이다.

(b) 변별적 언어 능력(개개인의 능력에 따라 습득에 필요한 시간이 다름)

변별적 언어 능력이란 따로 개별적으로 이해할 수 있는, 측정 가능한 분석적, 규칙적인 언어 기능을 가리킨다. 예를 들어 히라가나의 읽기, 한자의 필순, 영어의 철자, 동사의 활용형 등이다. 개개인의 능력에 따라 습득에 필요한 시간이 다르다. 음운 의식, 문자 인식, 표기법(구독법에 관한 규칙, 히라가나, 가타카나의 사용 규칙 등) 등은 직접 지도를 받아서 학습되는 측면과 다양한 문자 인식 활동의 실제 체험(예를 들어 책 읽기나 책 읽어 주기)을 통하여 자연적으로 습득되는 측면이 있다. 알파벳 사용 언어의 연구로는 음운 의식과 변별적 음운 규칙(철자와 음과의 관계)에 관해서는 취학 후 2년 정도에 획득이 가능하다. 그래서 학교 언어의 초기 문자 해독력은 모어 화자와 거의 같은 속도로 진행된다고 보고 있다. 일본어에서도 히라가나와 가타카나의 초보적인 습득에서는 대략 1~2년으로 가능하지만, 한자의 습득은 전혀 다른 문제로 모어 화자 어린이라도 중학교가 끝날 때까지, 또는 그 이상의 시간이 걸린다. 초보적인 한자 학습은 히라가나와 가타카나와 마찬가지로 1~2년밖에 걸리지 않으므로 한자 학습은 DLS에 상당하는 부분과 교과 학습 언어 능력(ALP)에 속하는 부분으로 나누어서 생각할 필요가 있다.

(c) 교과 학습 언어 능력(학년에 상응하는 수준에 도달하는데 5년 이상 필요)

커민스(Cummins, 2001a: 65-66)는 교과 학습 언어 능력에 대하여 그 지도 방법을 포함하여 다음과 같이 설명하고 있다.

> 교과 학습 언어 능력이란 학년이 올라가면서 복잡해지는 구어와 문어를 이해하고 산출하는 능력이다. 일상 회화에서는 그다지 쓰지 않는 사용 빈도가 낮은 어휘, 복잡한 구문(예: 수동형), 추상적 표현 그리고 교과 학습 (예: 국어, 사회과, 과학, 산수 · 수학)에서는 언어적으로나 개념적으로 고도의 문장 이해가 요구되고 또 이를 포 괄적으로 정확하게 사용하는 힘이 기대된다. 지금까지의 연구에 의하면, 외국인 아동이 모어 화자의 수준에 도달하기 위해서는 학습 언어를 접하기 시작한 후 적어도 5년은 필요하다고 한다. 이는 학습 언어가 복잡함과 동시에 움직이는 과녁(어휘, 개념, 읽기와 쓰기 능력이 비약적으로 늘고 있는 모어 화자 학습자)을 좇아야 하기 때문이다. 교과 학습에 필요한 독해 능력을 향상하기 위해서는 변별적 언어 능력의 획득에 성공하는 방법과는 다른 지도법이 필요하다. 특히 어휘 및 학습 언어 능력을 늘리기 위해서는 독해 능력 육성에 초점을 맞춘 '다독 (多讀)'이 필수이다.

커민스는 BICS와 CALP라는 용어를 쓰지 않고 1장에서 제시한 바와 같은 '인지 능력 필요도와 상황 의존도로 분석한 언어 활동 4영역' (38-39쪽)이라는 형태로 바꾸었는데, 여기에는 이유가 있다. 커민스(Cummins, 2001a)에 의하면 BICS와 CALP가 학교라는 맥락을 벗어나 일반적인 언어 능력으로 확대 해석하게 되어 용어를 바꾸었다고 한다. 또한 회화 능력(원래 BICS)과 학습 언어 능력(원래 CALP) 두 축이 중심이었는데, 회화의 유창도(CF), 변별적 언어 능력(DLS), 교과 학습 언어 능력(ALP)의 세 축을 중심으로 한 것에 대해서는 캘리포니아주 등 주(州)의 표준 테스트의 결과 등과의 관계로 변별적 언어 능력(DLS)을 따로 다룰 필요가 생긴 점, 또한 종래의 교과 학습 언어 능력 안에 변별적 언어 능력(DLS)을 포함했는데, 이 후자 부분의 습득에는 5년이 채 걸리지 않기 때문이다 (Cummins, 2001a: 65).

이상을 통해 알 수 있는 점은 앞에서 말한 커민스의 '전이'와 마찬가지로 '이 세 가지를 중심 축으로 한 이론적 틀이나 회화 능력 · 교과 학습 언어 능력의 구별은 학교 교육이라는 사회 문화적 맥락에 초점을 맞춘 것'(Cummins, 2007: 121)으로, 결코 일반적인 언어 능력에 관한 구분이 아니라는 점이다. 이 점은 Cummins(2000a)의 '교과 학습 언어'에 대한 정의를 보면 명확하다. 교과 학습 언어란 '학교라는 환경에서 효과적으로 기능하기 위하여 필요한 일반(교과) 지식과 메타 인지 전략을 수반한 언어 지식'이고 또 학교라는 환경에서 필요한 학문적 언어 사용역(academic register)과의 관계에서는 '구어, 문어로 학습자가 학문적 언어 사용역에 접근하는 능력과 이를 통제하는 능력'이다(Cummins, 2007:121). 또한 만약 학교라는 환경을 떠나서 CALP를 정의한다면 '문해력과 관계가 있는 언어의 측면을 이해하고 잘 사용하는 능력(expertise in understanding and using literacy-related aspects of language)(Cummins, 2007: 124)'이라고 한다.

요컨대, 교과 학습 언어 능력(ALP)은 복잡한 구문, 빈도가 낮은 어휘(예: 교과서 용어)를 구사하여 추상도가 높은 내용에 관해서 구두 혹은 문장으로 정보를 교환하는 힘이며, 이 힘은 커민스가 지적하는 것처럼 다독과 다양한 작문 활동을 통해서만 획득할 수 있다.

(4) 소수 언어 아동을 위한 역량 강화 이론(カミンズ・ダネシ, 2005)

역량 강화(empowerment)란 '힘을 함께 만들어 내는 것'(collaborative creation of power)으로 '억압적 사회'(coercive society)에서 '공생 사회'(collaborative society)로의 변혁을 염두에 둔 것이며 학교 현장에서 교사와 아동의 관계 형성을 통하여 소수 언어 아동들에게 힘을 실어 주려고 하는 방법이 곧 커민스의 역량 강화 이론이다(Cummins, 2001a: 16). 학교 현장에는 주변 사회의 인간 관계가 그대로 반영되어 있다. 소수 언어를 모어로 하는 아동이 일반 사회에서 소수 약자의 입장(즉 종속적 소수 집단)에 처해 있으면 학교에서도 마찬가지로 약자의 입장으로 내몰려 주요 언어를 모어로 하는 다수의 아동과 비교되어 장애를 가진 어린이(예: 언어 장애, 학습 곤란, 저학력)으로 인지되는 것이 보통이다. 아이누족과 초기에 이주한 올드커머 그리고 현재는 뉴커머의 자녀들이 처해 있는 상황을 보면 명백하듯이 일본에서도 소수 언어의 아동은 모어를 빼앗기고 자문화를 박탈당해 자신의 '목소리'를 낼 기회를 얻지 못하여 저학력으로 힘들어하는 지경에 처해 있다. 그러나 현장 교사가 자신의 교육적 역할에 대하여 어떻게 정의하느냐에 따라서 이를 역방향으로 전환하여, 학습자에게 힘을 실어 줄 수 있다고 제창한 것이 〈그림 1〉의 '소수 언어 아동의 역량 강화—교육적 개입 방법'이다(カミンズ・ダネシ, 2005: 106).

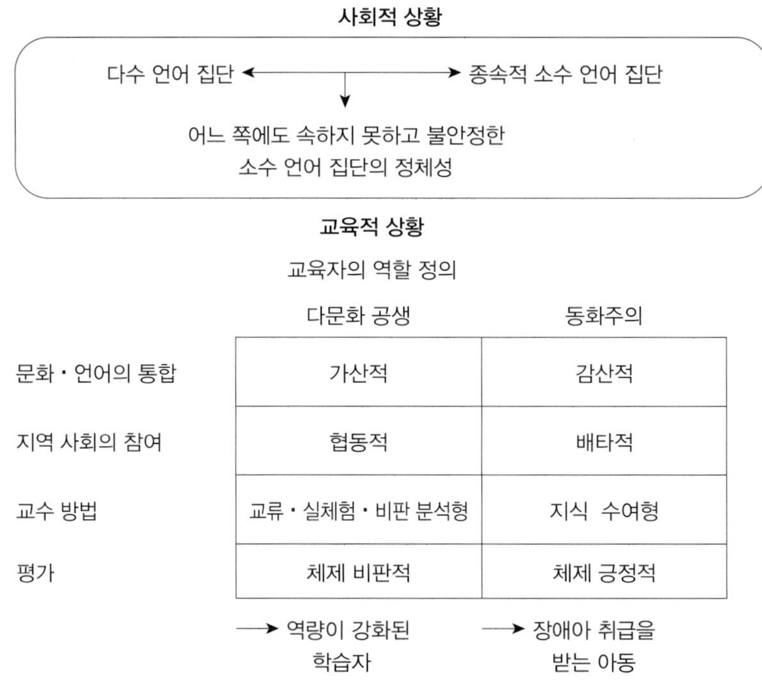

커민스의 교육적 개입 방식은 먼저 '사회적 상황'과 '교육적 상황'의 두 가지로 구성된다. '사회적 상황'에서는 소수 집단 아동들의 정체성이 다수 집단과 종속적 소수 집단 사이에서 어느 쪽에도 속하지 못하고 '불안정한' 상황에 있는 것을 나타낸다. '교육적 상황'은 교사가 자신의 역할에 대해 스스로 어떻게 정의하느냐에 따라 그 '불안정'한 정체성을 긍정적인 방향으로 전환할 수도 있고 반대로 더욱 악화할 가능성도 있다고 보고, 대조적인 두 가지의 역할을 제시하고 있다. 하나는 '다문화 공생'의 입장이고, 다른 하나는 종래의 '동화주의' 입장이다. 교사가 '다문화 공생'적인 입장에 있으면 '역량이 강화된 학습자'가 되고, '동화주의'적인 입장에서 교사의 역할을 하면 '장애아 취급을 받는 아동'이 된다고 한다.

다음으로 교사의 학습자와의 관계 형성 방식과 역할에 관하여 네 가지 영역으로 나누어서 설명하고 있다. (a) '문화·언어의 통합' (b) '공동체의 참가' (c) '교수 방법' (d) '평가'이다.

(a) 문화·언어의 통합(incorporation)

학교에서 소수 언어 아동의 모어와 모문화를 가치 있는 것으로 받아들여 학교 생활의 일부로 모어를 적극적으로 사용하거나 학교 생활 안에 소수 언어 아동의 모어와 모문화를 통합시켜 가는 일을 교사가 얼마나 추진할 것인지가 관건이다. 공교육은 종래의 다수 문화=학교 문화이고 다수의 언어=학교 생활이라는 도식이 일반화되어 소수의 모어, 모문화는 학교 입구에 내려 놓고 학교에 들어가 교내에서는 다수의 언어, 문화만이 허용되는 것이 일반적이다. 이러한 상태에서는 학교 언어를 획득하는 과정에서 모어가 후퇴·상실되어 결과적으로 어느 집단에도 뿌리를 내릴 수 없는, 정체성이 불안정한 '감산적' 이중 언어가 될 가능성이 높다. 교사가 이러한 경향을 의식적으로 전환시켜서 교실에서 소수 언어와 문화의 장을 제공하고 이에 유용한 쪽으로 가치를 부여하면, 모문화와 학교 문화에 대해 모두 긍정적인 생각을 가질 수 있게 되며 모어와 더불어 L2도 향상할 가능성이 생겨 결과적으로 '가산적' 이중 언어가 육성된다고 한다.

(b) 소수 공동체의 학교 활동 참가

소수 공동체와 학교와의 관계가 '협동적'인가 '배타적'인가 하는 문제이다. 이주민 및 외국인 보호자는 종종 언어와 문화의 벽 때문에 학교 교육에 참가하여 '협동적'인 관계를 구축하는 것이 어렵다. 그러나 학교 당국이나 교사가 진심으로 다수민 공동체뿐 아니라 소수 공동체와 관계를 갖도록 노력함으로써 보호자 자신의 역량이 강화되고 이것이 곧 소수 집단 아동의 역량을 강화하는 것으로 이어진다. 교육자가 소수 집단의 부모를 아동의 교육상의 동료로 자리잡게 함으로써 부모가 스스로의 유용성을 의식하게 되고 이것이 아동에게 전해지게 되면 학습면에 좋은 결과를 초래하게 된다는 것이다. 커민스(Cummins, 2001a: 215-216)가 소수 집단의 보호자가 교육에 참가하는 예로 들고 있는 것은 영국 런던 거주의 이주 가정 아동(주로 헝가리어와 그리스어 화자)으로, 만 6~9세 2,000명을 대상으로 실시한 티자드 외(Tizzard et al., 1982)의 조사이다. 이 조사에서는 아동을 세 그룹 (1) 어린이가 수업에서 학습한 교재를 부모에게 읽어 준다 (2) 방과 후 전문 교사가 읽기를 보강한다 (3) 개입 없음으로 나누어 2년간 관찰을 했는데, 아동의 읽기 능력의 신장률이 가장 높았던 것이 (1)의 부모를 청자로 한 그룹이고 (2)와 (3)은 거의 차이가 없었다고 한다. 결과적으로 영어를 말하지도 읽지도 못하는 부모라도 '부모가 아동의 교육에 참가할 수 있었다'는 성취감을 얻게 되고 동시에 아동 자신의 독해 능력도 신장되어 '부모에게 들려 줌으로써 학습 동기 부여에 긍정적인 영향을 끼쳤다'고 한다(中島, 2001: 66).

(c) 교수 방법

종래 학교 교육에서는 교사가 지식이나 기능을 학습자에게 가르치고 가르침을 받은 학습자는 이를 감사하게 받아들인다는 '지식 수여형'(transmissional)이 가장 일반적이었다. 학습자의 학습 양태는 수동적이고 교수 내용에 관해서 이의를 제기할 여지가 없었다. 그러나 최근에는 교수 방법이 '총체적 언어(whole language)', '교류형(interactional)', '실제 체험형(experiential)', '비판 분석형(critical/analytical)' 등으로 크게 변화해 왔는데, 교육 현장에서는 여전히 '지식 수여형(transmissional)'이 많다. 커민스는 교육학부의 교원 양성 강좌에서 아직도 '지식 수여형'이 주류를 차지하고 있는 상황을 생각해 보면 결코 이상한 현상은 아니지만, 종속적인 입장에 있는 소수 집단 아동에게 '지식 수여형'으로 교육하는 것은 문제라고 지적하고 있다. 공교육의 교과 과정에는 다수 집단의 가치관이 그대로 반영되어 있고 또한 교육 현장에서 다수 집단에게 필요한 것을 우선시하므로, 소수 집단 아동에게 자신의 경험 및 생각을 표현할 기회가 좀처럼 주어지지 않는다. 자신의 문화와 언어 그리고 자기의 체험이나 생각을 교실에서 교사나 친구로부터 가치있는 것으로 인정받지 못하고 있기 때문에 주류의 가치관을 내면화하여 자신감이 없는 채로 방치되는 경향이 있다.

커민스는 비판적 교육학(critical pedagogy)을 주창하는 아다(Ada)나 지루(Giroux)의 설을 토대로 다음과 같이 말하고 있다.

> 학습자는 자신이 처해 있는 현실에 대하여 수업 중에 적극적으로 발언할 기회가 주어질 때 비로소 학습 의욕이 생긴다. 따라서 학습자의 힘을 강화하기 위해서는 언어를 의미 있는 사람과의 교류에 사용하는 것과 체험을 서로 이야기하는 것, 다양한 과제에 대하여 비판적, 분석적으로 생각하는 것이 중요하다. 학습에 대하여 긍정적인 생각을 갖게 되는 것은 자신의 '소리'를 통하여 주위로부터 자신의 존재를 인정 받았을 때이다. 역량이 강화된 학습자는 자신이 처해 있는 상황을 객관적으로 파악하고 그 상황에 대하여 적극적으로 임하고 참신한 생각으로 행동하게 된다.

(d) 평가

지금까지 소수 언어 아동의 교육에서는 능력 시험 및 표준 테스트를 무차별적으로 실시하여 저학력 문제의 책임을 학습자 자신에게 전가해 왔다. 학업 부진은 소수 언어 아동 본인의 태만 또는 '선천적 열성(劣性)', '선천적 언어 결함'으로 파악해 왔다. 그래서 교육하는 교사 측과 소수 언어 아동과의 관계 그 자체에 학업 부진의 원인이 있다는 신랄한 비판적 시각을 갖기가 어려웠다. 즉 '체제 긍정적'이었던 것이다. 그러나 앞으로는 학력 평가에 있어서는 저학력 문제를 낳은 사회나 교육 시스템을 비판하는 '체제 비판적'인 사고 방식으로 달라져야 한다고 커민스는 주장하고 있다. 교사는 평가 결과를 토대로 소수 언어 아동이 학교에서 경험하는 교육의 질을 개선하기 위해 노력해야 한다고도 한다.

이상의 4개 항목을 통하여 커민스가 제창하는 것은 만약 학교라는 교육의 장에서 다수 집단과 소수 집단의 관계를 일반 사회의 흐름과 반대 방향으로 전환시킬 수 있다면, 소수 언어 아동이 '장애아'로 취급받지 않고 '역량이 강화된 학습자'가 되어 학교에서 성공할 가능성이 높다는 것이다.

역사적으로 볼 때 저학력의 원인과 관련하여 몇 가지 설이 있다. 예를 들어 커민스 · 다네시(カミンズ・ダネシ, 2005)는 〈그림 2〉와 같이 가정 문화와 학교 문화 사이에서 흔들리는 '불안정한 정체성'이 학업 부진의 최대 원인이라고 한다. 예를 들어 옥부(Ogbu, 1978)는 '카스트 제도'와 관련지어 저학력의 원인은 경제적, 사회적 차별과 다수 집단에 의해 강요된 사회적으로 낮은 위치에 처한 입장의 내면화와의 결합이라고 지적한다. 또한 퓨어스타인(Feuerstein, 1979)은 학업 부진은 전 세대에서 다음 세대로 자문화를 계승하는 과정이 중단되는 것, 즉 자문화에 대한 소외 의식에 기인한다고 한다. 어떤 경우든 만약 소수 집단 아동이 자문화와 다수 집단의 문화에 긍정적인 생각을 가질 수 있으면(즉, 정체성이 안정되면)(Cummins), 다수 집단의 압력에 의한 열등감이 내면화되지 않는다면(Ogbu), 그리고 자문화의 가치 전승에서 소외되지 않는다면(Feuerstein), 학업 부진을 떨쳐 버리는 탄력이 되지 않을까, 즉 소수 언어 아동의 역량을 강화할 수 있지 않을까 하는 것이다.

커민스의 역량 강화 이론은 정체성과 교사와 학습자와의 상호 작용 양상을 소수 언어 아동 교육의 중핵에 두고 있는 점이 큰 특징이다. 이 이론의 중심 부분이 『Harvard Educational Journal』에 게재된 것이 1986년인데, 그 이후 20여 년이 지나, 다음 절에서 언급할 변혁적 다중 문해력 교육학(Transformative Multiliteracies Pedagogy)으로 발전한 형태로 계승되었다.

(5) 변혁적 다중 문해력 교육학(Chow & Cummins, 2003; Schecter & Cummins, 2003)

여기에서는 먼저 (A) 다중 문해력 교육학의 배경에 관하여 살펴보고 다음으로 (B) 다중 문해력 교육학의 구축에 공헌한 신 런던 그룹의 다중 문해력 교육의 구조 및 최근의 인지 심리학의 학습에 관한 경험과 지식을 언급한 후에, (C) 커민스가 제창한 정체성 교섭과 정체성을 위한 투자에 중점을 둔 '학력 강화의 구조'(Academic Expertise Framework)를 소개한다.

(A) 다중 문해력 교육학의 배경

커민스의 다중 문해력 교육학은 21세기 정보 사회의 학교 교육 현장에 대응한 소수 언어 교육의 한 가지 양상이다. 먼저 21세기 교육의 과제로 다음 세 가지를 들고 있다.

a) 국제적 이동에 의한 도시 공립 학교 아동의 언어 · 문화 배경의 다양화

국제화가 진행되어 국가 간의 이동 증가와 함께 특히 도시의 공립 초 · 중학교에 다니는 아동의 언어 · 문화 배경이 다양해지고 있다. 한 학교에서 아동의 모어가 여러 개가 되면 될수록 모어의 유지 · 육성이 어려워지고, 국제 조약이 인정하는 '모어로 학교 교육을 받을 권리'를 어떻게 실현할지가 문제가 된다. 한편 학교에서 소수 언어 사용을 법적으로 인정하지 않는 나라에서는 아동이 가지고 들어오는 언어적, 문화적 자산에 대해 학교가 어떻게 대응해야 하는지, 교육의 기본과 관련되는 문제를 안고 있다.

b) 사회적, 경제적 필요에 의한 영어의 중요성 증대

지금도 국제어로서 영어가 필요해지는 경향이 강해지고 있지만 취학 초기의 어린이에게 집중적으로 영어만 교육하는 폐해는 이미 많은 연구에서 실증되었다. 홍콩, 인도, 남아프리카, 유럽에서는 영어가 사회적, 경제적인 힘을 점점 더 강하게 한다는 인식으로 학교에서 영어를 최우선시하고 있어, 영어권에 이주한 부모들에게 악영향을 주는 결과를 낳고 있다. 부모가 영어를 중요시한 나머지 모어로 읽고 쓰는 것을 경시하는 경향이 있기 때문이다. 모어 대신 영어를 습득하는 치환 모드(replace)가 아닌, 모어에 추가하여 영어도 습득한다는 가산 모드(add)를 어떻게 추진할 수 있을지, '양자 택일(either/or)'이 아니라 '양쪽 다(both/and)'라는 실증적 연구에 바탕을 둔 이중 언어 양상의 원칙을 학교 당국 및 보호자에게 어떻게 전달할 수 있을지가 과제이다.

c) 산업 사회 경제에서 정보 사회 경제로의 변화에 수반된 기술(technology)의 진보

21세기 정보 사회에서는 의사소통이 순식간에 지구 규모로 확대 가능하게 되었고 그 도구로 현재 영어가 맹위를 떨치고 있다. 정보 기술의 혁신이 '영어 제국주의'를 초래한다는 문제는 있지만, 동시에 지역성에 속박되지 않는 가상(virtual) 공간을 제공하고 있는 것도 분명하다. 따라서 학교 교육에서는 새로운 기술을 도구로 사용하여 가정 언어의 문해력을 신장하거나 소수 언어 집단 아동의 비판적인 문해력(critical literacy)을 신장함으로써 지배적인 체제에 대한 저항을 가능하게 해야 한다.

커민스가 이와 같은 문제를 제기하는 배경에는 눈부시게 변화하는 유럽 연합(EU)의 움직임이 있다. 특히 '노동 시장의 자유화'와 함께 역동적인 노동력의 이동을 생산하고 있어 이 때문에 2010년까지 EU를 세계에서 가장 역동적인 경쟁력이 있는 '지식 기반 경제'로 만들겠다는 야심찬 비전 하에 각국이 독자적인 교육 개혁을 추진해 왔다. 영국에서는 교육에 경쟁 원리를 도입함으로써 학력 향상을 도모하고 정체된 경제를 다시 일으킨다는 것을 목표로 하고, 북유럽 핀란드는 정보 통신 등의 새로운 산업을 담당할 인재를 육성하기 위해 '사고력'을 중시하는 교육을 실천한 결과, 경제협력개발기구(OECD)의 학습 도달도 조사(PISA)에서 '학력 세계 1위'로 평가받게 되었다고 한다.

(B) 다중 문해력 교육학의 구조

커민스가 말하는 '다중 문해력 교육학'은 다음과 같이 요약할 수 있다.

> 아동이 학교에 가지고 오는 다양한 문화와 언어 자본을 토대로 하고 테크놀로지를 증폭기로 이용하여 영어 중시형, 교과서 의존형의 단순한 읽기와 쓰기 교육을 넘어선 정보 사회에 적절한 다언어에 의한 다양한 문해력를 갖게 하는 교육적 시도이다.
>
> (Cummins, 2006: 53)

원래 'Multiliteracies(다중 문해력)'이라는 용어 자체는 신 런던 그룹(New London Group, 1996)이 제창한 다중 문해력 교육의 구조 안에서 사용된 것이다. 이 구조는 다음 네 가지 측면으로 구성되어 있다.

(a) 같은 반의 다른 학습자(community of learners)와 함께 배우고 아동에게 의미 있는 상황에 놓인 학습(Situated practice)이 있을 것.

(b) 학습자가 체계적, 분석적, 의식적으로 이해할 수 있도록 교사의 명시적 교과 지도(Overt instruction)가 있을 것.

(c) 지식 체계 및 사회적 관습에 배어 있는 역사적, 문화적, 정치 사회적 이데올로기에 초점을 맞추고, 사회적, 문화적 맥락에서 학습 내용을 성찰하는 비판적 틀(Critical framing)이 있을 것.

(d) 이상을 통하여 얻은 새로운 의미 및 지식을 다른 맥락 또는 상황에 맞추어서 실천하고 이를 비판적으로 반성할 것(Transformed practice).

이상의 네 가지에서 알 수 있듯이 저소득자층 자녀 교육에서는 지식 수여형, 교과서 의존형 수업 접근법이 만연하므로 또래와의 상호 작용을 통하여 학습자에게 의미있는 학습 경험의 장이 부여되어야 할 것과 교사의 명시적 수업을 통하여 필요한 개념 및 교과 내용에 관한 체계적인 학습이 있을 것, 학습한 내용의 사회적 의미를 비판적으로 음미할 장이 있을 것 그리고 습득한 지식을 비교·검토하여 현실 세계에서 사람들이 직면하는 다양한 과제에 어떻게 응용할 수 있는지 그 의의를 이해하는 기회가 주어져야 한다는 주장이다.

커민스는 다중 문해력 교육학이 〈그림 2〉에 제시한 바와 같이 세 가지 학습의 조합으로 구성된다고 한다. 중핵에 있는 부분이 '지식 수여형 학습'(transmission), 다음 층이 '사회 구조주의적 학습'(social constructivist), 그리고 바깥 부분이 '변혁적 학습'(transformative)이다. 이들 세 가지 학습은 개별적으로 존재하는 것이 아니라 상호 겹쳐져서 연결되어 있다. '지식 수여형 학습'을 통해서 교육 과정에 명시된 교과 내용이나 기능을 배우고, 중간 층인 '사회 구조주의적 학습'을 통하여 교사와 학습자가 협동하여 구축한 지식과 이해를 기초로 고도의 사고력까지 신장한다. 그리고 바깥 부분의 '변혁적 학습'을 통하여 지식과 권력의 접점에 관한 이해와 경험 또는 지식을 쌓는다. 목표는 매체에 지배되기 쉬운 정보 사회에서 살아가기 위해 필요한 비판적 문해력을 고양하는 것으로, 교재의 글자만 읽는 것이 아니라 문장의 의미를 파악하여 깊이 이해하는 것, 그리고 인종 차별 문제의 해결로 연결되는 사회적 맥락에 따라 읽기 능력(societal discourse)을 기르는 것이다(Cummins, 2006: 55).

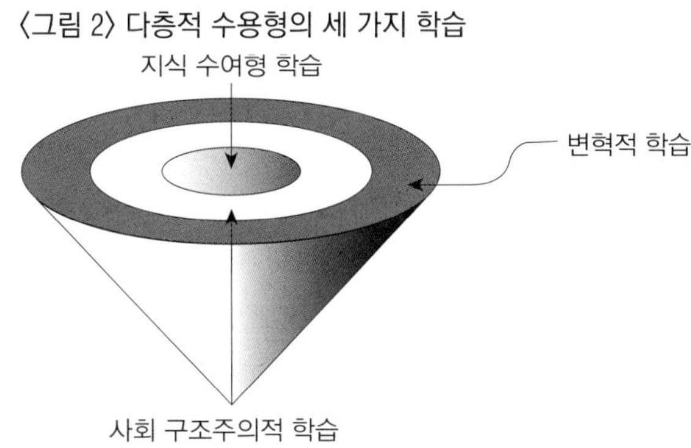

〈그림 2〉 다층적 수용형의 세 가지 학습

(Cummins, 2005: 56에서 인용)

최근의 인지 심리학의 새로운 지식과 경험도 다중 문해력 교육학에 공헌하고 있다. 커민스는 브랜스포드 외의 '학습은 어떻게 이루어질까(How People Learn)'(Bransford et al., 2000)를 토대로 한 가장 효과적인 학습의 조건으로 다음 네 가지를 거론하고 있다.

a) 깊은 이해를 수반하는 학습

지식은 단지 기억에 의해 습득되는 것이 아니고 기억을 넘어선 깊은 이해가 필요하다. 그렇지 않으면 하나의 맥락에서 다른 맥락으로 지식이 전환되지 않는다. 텍스트의 표면적인 이해뿐만이 아닌 문장의 의미를 읽어 내기 위해서는 비판적인 문해력이 필요하다.

b) 기존 지식 위에 새로운 지식을 구축

어린이가 이미 가지고 있는 지식, 기능, 신념, 개념은 학습자의 깨달음, 이해, 해석에 커다란 영향을 미친다. 언어 배경이 다양한 어린이가 있는 교실에서는 교사가 학습자의 기존 지식을 활성화하든지 혹은 필요한 배경 지식을 새롭게 구축할 필요가 있다.

c) 자주적, 적극적 학습

학습자를 지원하여 스스로 학습을 통제하고 자주적으로 학습하도록 한다. 어린이가 학습 과정의 소유권(ownership)을 가지고 학습에 자신의 정체성을 걸고 도전할 때(즉 정체성에 대한 투자가 있을 때) 비로소 깊은 이해를 수반한 학습이 된다.

d) 학습자 공동체의 지원

학습은 개별 학생의 머릿속에서 일어나는 인지적인 과정이 아닌 특정한 학습 친구들의 참가에 의해 형태가 만들어지는 사회적 맥락 안에서 일어나는 것이다. 새로운 참가자는 친근감을 느낄 수 있는 학습 친구들(affinity group)과 함께 학습자 공동체의 일원으로서 학습에 참가하는 것이다. 레이브와 웽거(Lave & Wenger, 1991)는 이를 정통적인 주변적 참여(legitimate peripheral participation)라 한다. 학습자 공동체는 교실, 학교, 가족, 지역 사회까지를 포함하며 현대는 디지털 의사소통을 통하여 만들어지는 가상적 공동체도 포함된다.

이상을 요약하면, 다중 문해력 교육학의 접근법을 통해 학습자 공동체 안에서 소수 언어 집단의 아동을 긍정적으로 받아들일 수 있다. 예를 들면 다음 절에 제시한 정체성 텍스트(identity texts)의 예와 같이 입국한 지 얼마 되지 않아 학습 활동에 참여 불가능한 어린이라도 가정 언어로 작문을 하게 하면 아동이 가지고 있는 지식, 창조력, 문학적/예술적 재능을 나타낼 수 있기 때문이다. 도달 목표가 하나인 지식 수여형의 획일적(one-size-fits-all)인 교사 중심 수업으로는 유럽 및 북미 도시부 학교의 언어와 문화의 다양성에 대처하는 것은 불가능하다.

(C) '학력 강화의 구조'(Academic Expertise Framework)(Cummins, 2001a, 2006; Schecter & Cummins, 2003)

〈그림 3〉은 구체적으로 '학습자 공동체 안의 교사 — 학습자, 학습자 간의 상호 작용'과 '최대한의 인지 활동', '최대한의 정체성에 대한 투자'의 3자 관계를 도식화한 '학력 강화의 구조'이다. 이 중핵에 있는 개념(동그라미로 둘러싼 부분)에 관하여 커민스는 다음과 같이 말한다.

교사—학생 간 또는 학습자 공동체 안의 상호 작용은 '대인 관계 공간(interpersonal space)'을 만들어낸다. 이 공간에서 지식이 생성되고 정체성의 교섭이 일어나는 것이다. 이러한 '대인 관계 공간'을 만들어 내는 상호 작용을 통해 인지 활동 및 정체성에 대한 투자가 최대한으로 이루어졌을 때에 학습이 가장 효율적으로 실현된다. '대인 관계 공간'이란 비고스키의 용어를 사용하면 최근접 발달 영역(zone of proximal development)에 해당하는 것이다.

(Cummins, 2001a: 254)

가장 효과적인 '학력 강화의 구조'의 지도(指導)에는 〈그림 3〉에 제시한 바와 같이 세 가지의 주목해야 할 점이 있다. **의미 내용 중심, 언어 중심, 언어 활용 중심**이다.

의미 내용 중심은 교과서나 교재의 내용을 표면적으로 이해하는 것에 그치지 않고 비판적, 분석적으로 이해하는 것을 말한다. 이중 언어나 삼중 언어 프로그램의 학습자는 두 가지 이상의 언어에 대한 비판적, 분석적 문해력을 갖춤으로써 인지 면에서 긍정적인 전이가 기대된다.

〈그림 3〉 '학력 강화의 구조'(Cummins, 2006: 58)

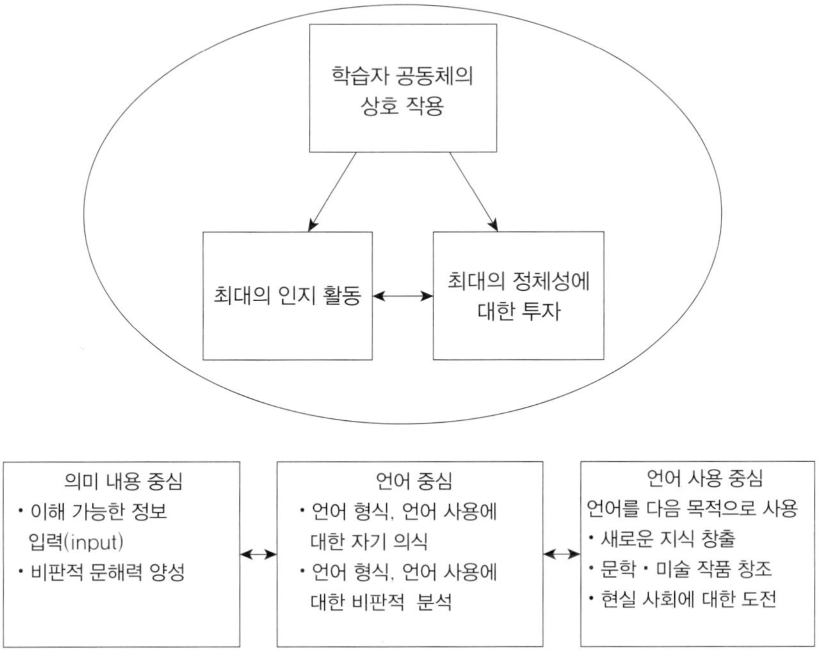

(Cummins, 2005: 56)

언어 중심은 '언어가 어떻게 기능하는가'하는 지식뿐만 아니라 언어가 사회에서 어떤 기능을 하고 있는지에 대한 자기 의식이나 언어 사용에 대한 비판적인 분석을 포함한다. 두 개의 언어, 세 개의 언어 프로그램의 학습자는 언어와 현실 사회와의 관계에 관하여 이중 언어, 삼중 언어를 비교 · 대조함으로써 언어에 대한 인식을 보다 넓고 깊게 가질 수 있다(예: 숙어나 격언, 비유 표현의 비교 등).

언어 사용 중심은 신 런던 집단의 '변화'에 해당하는 부분이다. 최대한의 학력 강화가 가능한 교실에서의 언어 사용 방식은 새로운 지식을 구축하거나 문학이나 미술 작품을 만들어 내는 등 다양한 형태로 현 사회와 연계하는 것이다. 이중 언어, 삼중 언어 프로그램에서는 복수의 언어를 사용하는 협동 기획 작업(project work)이 바람직하다. 예를 들면 다음에 언급하는 '정체성 텍스트'와 같이 이중 언어/삼중 언어의 힘을 살린 창작 기획 등이 있다. 하나의 언어로 이야기나 시를 쓰면 이를 다른 언어로 번역하여 책을 만들거나 인터넷에 게재해서 독자로부터 다양한 의견을 받는 기획이다.

'정체성 텍스트(identity texts)'는 캐나다 전국의 프로젝트[3] (Early et al., 2002)의 일부로 토론토 지구의 교사들이 협력하여 시도하고 있는 실천 활동이다. 커민스에 의하면 '정체성 텍스트'는 '타인과 교류가 이루어지는 공간(interpersonal space)'을 중심으로 한 교육적인 틀 안에서 학습자가 만들어 내는 창작품의 총칭이라고 한다(Cummins, 2006:61). 책 만들기, 이야기 · 시, 포스터, 드라마 연출, 구두 발표 등을 복수의 언어로 하며 또한 다양한 테크놀로지를 구사하여 이루어지는 교실 활동을 말한다. 한 가지 중요한 점은 교실 활동을 하는 과정에서 언어와 문화 배경이 다른 어린이들이 힘을 모아 각자의 입장에서 기획 작업에 공헌하면서 자신의 '소리'를 다른 사람이 들어 주는 기회가 주어진다는 점, 다수 언어 집단의 어린이들과 대등한 입장에서 적극적으로 교실 활동에 참여할 수 있다는 점이다. 또한 문서 작성, 스캔, 웹사이트 등 다양한 기술을 구사하여 청중을 늘리고 자신들의 작품이 많은 사람들에게 평가받음으로써 자신이 '영어(제2 언어)'도 할 수 있고 '모어(제1 언어)'도 할 수 있는 이중 언어/삼중 언어 구사자로서의 새로운 정체성을 확립해 나간다고 한다. 참고로 3장에서 소개한 온타리오주의 일반 교사를 위한 지침서(2005: 83-88)에는 체육, 산수, 영어, 지리 수업에서 가능한 '정체성 텍스트'의 실천 사례가 게재되어 있다.

◆ '정체성 텍스트'의 실천 사례

토론토 근교의 구체적인 사례를 들면, 초등학교 1, 2학년으로는 (1) Thornwood 초등학교의 Dual Language Showcase(http://thornwood.peelschools.org/Dual/) (Chow & Cummins, 2003), 고학년으로는 (2) Michael Cranny Public School과 (3) 요크 지구교육위원회 (Coppard Glen Elementary School)를 참고할 수 있다(Cummins et al., 2005).

구체적으로 이 정체성 텍스트의 교실 활동이 어떻게 진행되었는지 살펴보면 (1)은 먼저 수업 언어인 영어로 작문을 하고 여기에 삽화를 넣어서 모어로 번역한다. 이때 모어가 가능한 상급생이나 부모 또는 교사의 힘을 빌린다. 두 개의 언어로 쓰인 작문과 삽화를 컴퓨터에 입력하거나 또는 스캔을 해서 웹사이트에 올린다. (2)는 자신의 경험, 예를 들면 이주자로 새로운 나라에 왔을 때의 경험을 되돌아보면서 두 개의 언어 또는 세 개의 언어로 이야기하거나 하급생을 위해 쉽게 쓰거나 하는 것이다.

---

3) 브리티시 콜롬비아대학과 토론토대학(교육대학원, OISE)과의 공동 기획인 「From literacy to multiliteracies : Designing learning environments for knowledge generation within the new economy」는 캐나다의 학술진흥재단의 지원을 받아서 지역의 공립 초 · 중학교의 협력으로 현재 진행되고 있으며, 커민스 교수는 토론토대학의 기획 주임연구원이다.

초등학교 4학년을 대상으로 한 (3)은 짝을 지어 두 개의 언어, 세 개의 언어로 책을 만드는 것이다. 초기에는 모어를 교실에서 사용하는 것에 대한 위화감을 느끼는 어린이가 많았는데, 교사의 격려로 모어 사용을 당연한 것으로 인식하게 된다고 한다. 어린이가 모어를 사용함으로써 내용을 보다 깊고 자세히 표현할 수 있다는 점을 깨달아 '부끄러워했던 것이 점차 자랑이 되고 어린이들이 자신의 언어 및 표기법, 방언, 단어의 의미 등에 관하여 서로 이야기하게 되었다'(Cummins et al., 2005:62)고 한다. 방문객이 오면 벽에 전시된 다언어 설명문이 있는 곳으로 안내하여 자신의 언어뿐 아니라 다른 친구들의 언어에 관해서도 설명하게 되었다고 한다.

처음에 이 기획은 영어와 가정 언어, 양 언어의 문해력을 신장할 수 있는 '타인과 교류가 이루어지는 공간(interpersonal space)'을 어떻게 하면 교실 안에 구축할 수 있는지를 모색하는 것이 목적이었다. 토론토 지구 학교에서의 실험을 통해 정체성 텍스트를 만들어 내는 것이 두 개의 언어 문해력의 유지·신장에 대한 의욕을 북돋움과 동시에 실제 교육 과정 지도에서 어린이가 가지고 있는 문화적, 언어적 자산(資産)을 없애버리거나 배제하지 않고 학습에 활용할 수 있는 계기가 되었다. 이는 레이브와 웽거(Lave & Wenger, 1991)의 말을 빌리면, '정통적인 주변적 참여에서 정통적인 중심적 참여로 변화'되었다는 것이다. 어린이가 지금까지 경험한 것을 토대로 그 위에 학습이라는 요소를 추가하여 문학 작품이나 미술 작품을 만드는 일에 적극적으로 참여하는 과정에서 모어 사용을 정당화한 것이 학력과 정체성에 변화를 가져 왔다. 커민스는 이러한 변화를 꾀하는 교수(敎授) 방식을 '변혁적 교육학(transformative pedagogy)'이라고 불렀다(Cummins, 2000a: 260-269).

정체성 텍스트를 시도하여 알게 된 것을 커민스는 다음 7개 항목으로 요약하고 있다.

1) 어린이의 가정 언어에 대한 지식은 교육적으로 가치가 있는 중요한 문화 유산이라는 인식을 가지게 된 점.

2) 현지어 중심의 교육 환경에서도 교사는 어린이가 가지고 있는 언어와 문화적 자산을 인정하고 높이 평가하여 고양하는 환경을 만들 수가 있다는 점.

3) 입국 직후 영어 능력이 거의 없는 어린이라도 정체성 텍스트 활동에 참가 가능하다. 어린이가 가지고 있는 미적 감각이나 언어 감각, 지성, 창조력을 살릴 수 있는 기회가 주어져서 장시간 주변적 입장에 놓이는 일 없이 바로 학습자 공동체의 존재 가치가 있는 한 일원으로서 학습 활동에 참여하는 것이 가능하다는 점.

4) L1 사용이 용인되는 교실에서는 어린이의 제1 언어에 대한 태도와 그 사용이 바람직한 방향으로 바뀌어 가는 것을 알았다는 점.

5) 복수 언어로 작문을 하는 것과 같은 기획을 통하여 보호자와 어린이와의 의사소통 기회가 잦아지고 협력 체제가 형성되었다는 점.

6) 기술(인터넷)이 어린이가 쓴 것을 흥미롭게 읽어 주는 '청중'(audience)의 수를 늘게 했고, 어린이가 문해력 향상을 위한 활동에서 성취감을 느끼게 되었다는 점.

7) 다언어 사용을 장려함으로써 학교 안에서 언어의 다양성을 정당화하여 교사가 (a) 어린이의 언어·문화적 정체성을 긍정적으로 이해하고 (b) 보호자를 함께 참여시키고 (c) 학교에서 기술의 활용에 관하여 일관된 태도를 가지게 되어 학습자들과 상호 협력을 통해 보다 효과적인 방침을 세우는 일이 가능해졌다는 점이다.

마지막으로 커민스는 다언어 문해력 향상을 위한 기획과 관련하여 이중 언어 교육, 삼중 언어 교육 현장에서 두 개의 언어 사용 방법에 대하여 중요한 제언을 하고 있다. 지금까지의 이중 언어 교육의 상식은 불어 이머전처럼 두 개의 언어를 분리하여 각 언어에서 상이한 교과를 가르치고 교실 활동에서 두 개의 언어가 교차하는 상태를 최대한 피한다는 방침이 일반적이었다. 이 단일 언어적인 접근법에 대하여 커민스는 다음과 같이 지적하고 있다.

> 역설적으로 철저하게 두 개의 언어를 분리하면 두 개의 언어, 두 개의 문화를 비교 대조할 기회가 당연히 적어지기 때문에 결과적으로 언어 간의 전이가 별로 일어나지 않는다는 궁지에 빠진다. 각 언어에 동일한 교수법이 적용되는 일이 많고 양 언어를 구사하는 위와 같은 학습은 할 수가 없다. 그런데 다중 문해력 교육에서는 두 개의 언어를 병용하여 정체성 텍스트나 다른 인지면에서 새로운 것에 도전하는 협동 학습 활동 중에 지식이나 인지 방법의 전이를 가능하게 하는 기회를 자주 만들어 낼 수 있다. 이러한 교실에서는 교사가 개념이나 기능의 전이를 명시적으로 가르칠 수 있으므로 이중 언어, 삼중 언어 육성 프로그램으로는 보다 강력한 효과를 거두는 것이 된다.

(Cummins, 2006: 67-68)

커민스가 제창한 '2언어 상호 의존설'의 중핵에 있는 '전이'라는 개념이 이중 언어, 삼중 언어 육성의 중핵에 있다는 것에 이론(異論)을 제기할 사람은 없겠지만, 이를 현장에서 실천하여 교수 방식에 맞추어 전이를 인위적으로 촉진하는 방법을 제시한 사례는 별로 없다는 점은 주목할 만하다.

다음 7장에서는 전이의 개념에 대해 더욱 자세히 다루어 이중 언어 교육과 어떻게 연계되고 있는지를 고찰하고, 8장에서는 작문 능력과 어휘력이라는 두 가지 영역을 전이의 측면에서 살펴보고 그 실증 사례를 고찰한다. 작문 능력과 어휘력은 특히, 소수 언어를 모어로 하는 아동에게 있어 습득하는 데에 시간이 많이 걸리는 언어 영역이므로 전이의 입장에서 이들 2 영역의 내부 구조를 파악하는 것은 효율적인 이중 언어 육성 방법을 모색하는 데에도 도움이 된다.

제7장 전이와 이중 언어 육성

이중 언어를 구사하며 자라는 어린이의 두 개의 언어는 다양한 관계 속에서 성장하는 것이다. 그 관계는 회화 능력, 독해 능력, 작문 능력 등 언어 영역에 따라 어떻게 다른 것일까? 두 개의 언어의 관계는 학습자의 모어가 다수 언어인가 소수 언어인가에 따라 어떻게 다른 것일까? 학습자의 연령과 언어 능력과의 관계는 어떠한가? 이 장에서는 앞 장에 이어 2언어 간의 전이의 실례를 통해 2언어 간의 전이와 이중 언어 육성과의 관계를 1. 전이와 이동 2. 전이의 5 영역과 네 가지 실례 3. 전이와 이중 언어 교육의 세 가지로 나누어 다룬다.

1. 전이(轉移)와 이동(transfer)

커민스의 '2언어 발달상의 상호 의존 가설'이 토론토대학의 『Working Papers in Bilingualism』이라는 연구 논집에 발표된 것은 1976년이다. 그 이후 1981년에는 '2언어 발달상의 상호 의존 가설'에 대한 '압도적인 증거'가 있다는 점에서 '2언어 상호 의존의 원칙'과 같이 '가설'에서 '원칙'으로 변화한다.

커민스는 전이에 대한 실증적 연구 방법으로 두 가지를 들고 있다. 하나는 이중 언어 교육 프로그램의 평가 연구이다. 2장, 3장에서 제시한 것처럼 캐나다와 미국에서도 이중 언어 교육이 공교육으로 이루어져 왔기 때문에 새로운 프로그램의 도입에는 반드시 평가 의무가 따른다. 그래서 특히 캐나다의 이머전 교육의 경우는 엄청난 숫자의 평가 연구가 나와 있다. 커민스는 과거 40년 이상에 걸친 150편에 이르는 연구를 개관하고 '어떤 프로그램 평가에서도 다수 언어 아동이나 소수 언어 아동이라도 소수 언어 혹은 다수 언어를 사용하여 일부의 수업을 받았다고 해서 그로 인하여 인지 면의 발달에 부정적인 영향을 받았다는 사례는 보이지 않았다'라고 말했다(Cummins, 2000a: 39). 다시 말해 수업 언어로서 두 가지 언어를 사용해도 그 자체로 인해 학력에 부정적인 영향을 주는 일은 없다는 것이다. 그리고 이 자체가 언어 간의 전이를 입증하는 것이라고 한다.

커민스가 예로 든 또 다른 하나의 전이에 대한 연구 방법은 이중 언어를 구사하는 아동의 양 언어의 힘에 관한 상관 관계를 조사하는 것이다. 실제로 상관 관계를 조사한 실증적 연구 또한 방대한 숫자에 이른다고 한다(Cummins, 1991b: 70-89; Cummins, 2000a: 182-195). 그 대상이 된 언어 수도 일본어를 포함해 20가지 이상이다. 또한 전이의 방향도 제1 언어에서 제2 언어로의 전이, 반대로 제2 언어에서 제1 언어로의 전이, 동시 양방향의 전이 또는 제1 언어·제2 언어에서 제3 언어로의 전이와 같이 단순하지 않다. 그리고 지금까지 거론해 온 언어 영역도 어휘, 독해, 청해, 작문, 문법, 회화, 이야기 (narrative), 담화 등과 더불어 교수 기술(academic skill), 기억 용량(memory span), 학습 전략과 같이 다방면에 걸쳐 있다. 물론 상관 관계를 통계적인 숫자로 보여 주는 것만으로는 전이의 실증적인 증거가 되지 못하기 때문에 여러 가지 통계적 처리를 통해 인과 관계를 제시하는 시도도 이루어지고 있다.

이와 같은 상황에서 일본어를 제1 언어로 하는 연구는 그 숫자가 극히 적다. 지금까지 전이 연구는 해외 일본인 자녀 교육을 중심으로 적으나마 이루어져 왔고 여기에 일본에 체류하는 외국인 아동의 이중 언어에 관한 전이 연구가 몇 편 더 있는 상황이다(中島, 2005b; 中島·生田·桶谷, 2006). 앞으로 국제화가 진행되어 다언어·다문화 환경에서 어린 시절을 보내게 될 일본인 아동과 외국인 아동이 증가하게 될 것이므로 일본어를 제1 언어로 하는 본격적인 전이 연구가 기대되는 바이다.

이상은 어디까지나 이중 언어주의와 이중 언어 교육이라는 분야의 전이 연구에 대해 말한 것이지만, 사실 전이 연구는 넓게는 응용언어학과 제2 언어 습득 연구, 그리고 ESL 분야에서도 활발히 진행되어 온 연구 영역의 하나이다. 예를 들어 미국의 ELL의 읽기와 쓰기의 습득에 관한 총괄적 재검토를 실시한 피츠제럴드(Fitzgerald, 1995)는 67가지에 이르는 연구 사례를 엄선한 결과, 전이에 관한 논문이 26편(39%)이나 된다고 한다. 게다가 이것은 유아에서 고등학교 3학년까지를 대상으로 한 것인데, 대부분이 두 개의 언어 간에 '다소 강한 상관 관계'를 나타냈다고 한다. 이러한 점에서 피츠제럴드는 다음과 같은 결론을 내리고 있다.

> …대부분의 연구에서 2언어 기저 공유설을 지지하는 확실한 증거를 얻을 수 있었다. 미국의 ESL 학습자는 영어 책을 읽을 때 모어의 지식을 사용한다는 것이다. 이 사실은 모어의 지속적인 발달이 영어의 읽기 능력을 강화한다는 현재의 ESL의 중심적인 생각을 지지하는 것이다.
>
> (Fitzgerald, 1995: 181)

전이에 관한 연구로 가장 긴 역사를 가진 것이 제2 언어 습득에 있어서의 전이 연구이다. 이 분야의 전이는 이중 언어 교육과 겹치는 부분도 있고 다른 부분도 있기 때문에, 이 장에서는 제2 언어 습득 연구의 전이를 외래어인 '트랜스퍼(transfer)'로 표기하고, 이중 언어 교육의 '전이'와 구별하는 것으로 한다.

트랜스퍼 연구의 발단은 1950년대의 라도(Lado)의 대조 연구(contrastive analysis)까지 거슬러 올라간다고 하는데, 이 영역에서 다루어진 주요 주제는 제2 언어를 습득할 때 문제가 되는, 관찰 가능한 언어 지식과 언어상의 규칙이며, 제1 언어가 간섭(interfere)한다는 부정적인 이미지를 동반하는 것이었다. 다시 말해 제1 언어에 의존하는 것은 제2 언어의 규칙이 습득되지 않았음을 의미하는 것이었다. 그러나 점점 연구 영역이 넓어지고 부정적 이동 외에 긍정적 이동도 인정하면서 2언어 간의 상호 영향(cross-linguistic influence)이라는 보다 넓은 시야를 갖게 되었다. 예를 들어 오들린(Odlin, 1989: 27)은 이동을 '대상 언어와 (미발달된 제1 언어를 포함한) 이미 습득한 언어와의 유사점과 상이점에서 발생하는 영향'이라고 정의하고 있고, 링봄(Ringbom, 1992:89)은 'L1에 기초한 언어상의 요소와 L1의 처리 과정이 L2 문장의 이해와 산출에 주는 영향'과 언어 과정(process)과 전략까지를 포함하여 그 대상 영역으로 하고 있다. 이들 일련의 연구는 종래 성인을 대상으로 하는 것이 중심이었는데, 최근에는 학령기에 있는 연소자의 두 개의 언어 관계에 초점을 맞춘 연구가 늘고 있다. 예를 들면 제1 언어와 제2 언어와의 상호 놀이(interplay)에 초점을 맞춘 '트랜스퍼 촉진 모델'(The Transfer Facilitation Model) 등의 주장도 있다(Koda, 2008).

이중 언어 교육에 있어서 전이는 위의 제2 언어 습득 이론의 언어 형식상의 전이(linguistic transfer)

에 그치지 않고 언어의 심층 면 특히 '인지 면의 전이(cognitive transfer)'가 그 중핵을 이룬다. 그 전이의 내용은 개개 언어상의 핵심(point by point)이 아니라, 보편적인 것(a global way)으로, 커민스는 언어를 통해 획득된 '개념, 기능, 언어 지식'(Cummins, 2000a: 19) 나아가서는 일반 학습 능력을 포함한다고 한다. 코다(Koda, 1994)는 제2 언어 습득의 입장에서 지금까지의 경위를 돌아보고 전이 연구에는 두 가지의 흐름이 있는데, 하나는 커민스로 대표되는 이중 언어 교육의 L1/L2 상호 의존 관계, 또 하나는 L1에서 L2로의 전이를 촉진, 또는 전이를 방해하는 요인이나 조건에 관한 연구라고 한다. 전자의 이중 언어 교육에 있어서의 전이 연구는 두 개의 언어 관계에 대한 큰 청사진을 제공하는 것에 그 특징이 있으며, 세부적인 것에 관해서는 제2 언어 습득 연구에 뒤지는 점이 많다고 말하고 있다. 즉 전이하는 것의 상세한 기술, 전이 과정, 전이를 촉진하는 요인 또는 방해하는 요인이나 다양한 언어 외적 요인과의 관계 등 세부에 걸쳐 검증하는 것이 제2 언어 습득 전이 연구의 특징이다. 커민스 자신이 피츠제럴드(Fitzgerald)와 공동으로 실시한 ESL의 읽기 연구 성과를 총괄하는 가운데, 미국의 전이 연구에 있어서 이중 언어 교육과 제2 언어 습득의 각각의 역할과 특징에 대해 다음과 같이 말하고 있다.

> 새로운 언어로 공부하든 모어로 공부하든 읽기와 쓰기를 통해 획득한 인지 능력은 다른 언어로 전이한다는 것이 이론적으로도 실증적으로도 확인되고 있다. 소수 언어로 실시한 교과 학습은 이중 언어 구사력과 이중 언어 문해력 육성에 기여하고 이로 인해 영어의 계속적인 발달과 문해력의 획득에 있어 부정적인 영향을 받는 일은 없다. 그러나 각각의 언어 처리 과정과 언어 간의 전이 체제에는 많은 과제가 남아 있다. 읽기와 쓰기에 관련된 두 가지의 언어 능력이 상호 의존적 관계에 있다는 청사진(a big picture)이 명확해진 것에 지나지 않기 때문이다.

(Fitzgerald & Cummins, 1996: 388)

다시 말해 전이에 관한 두 가지의 흐름은 상반된 것이 아니라 상호 보완적인 것이라는 점이다. 두르그노글루(Durgnoglu, 1997: 265)는 '이중 언어의 읽기와 쓰기에 관한 문헌을 보면서 가장 흥미로운 것은 같은 토픽을 다루는 두 가지의 분야에 걸쳐 있는 큰 격차이다. 응용언어학 분야에서는 ESL과 외국어 학습자를 대상으로 한 읽기의 조사 연구가 상당한 숫자에 이른다. 마찬가지로 이중 언어 교육 분야에서는 다수·소수 언어 아동에 관한 연구가 넘쳐 나고 있다. 그러나 이들 두 그룹의 연구자가 서로 소통하는 경우는 드물다'라고 지적하고 있는데, 앞으로는 양자가 협력하여 전이의 체제에 대해 보다 깊은 인식을 공유할 필요가 있을 것이다.

2. 전이의 5 영역과 네 가지 실례

앞 장의 192쪽에서 말했듯이 지금까지 실증 연구로 확인된 전이의 영역은 다음 다섯 가지이다.

(1) 개념적 요소의 전이

(2) 메타 인지 · 메타 언어 전략 전이

(3) 회화에서 의사소통 방식의 전이

(4) 특정 언어 요소의 전이

(5) 음운에 대한 의식의 전이

이 가운데 1)~3)이 이중 언어 교육의 중심 과제인 보편적인 개념 · 기능 · 지식 · 학력의 전이이다. 상당히 광범위한 영역이므로 이 장에서는 독해와 회화 능력에 초점을 맞추고, 다음 장에서 어휘력과 작문 능력의 실례에 초점을 맞추기로 한다.

우선 1)에 관해서는 미국의 스페인어계 ELL(English Language Learner)를 대상으로 한 어거스트 외(August et al., 2002)의 연구를 예로 들도록 한다. 어거스트 외의 연구는 초등학교 2~4학년을 대상으로 4년에 걸쳐 종단적으로 음운 의식, 어휘, 문자 습득, 읽기 등 다방면에 걸쳐 스페인어(L1)와 영어(L2) 문해력의 발달을 조사하여 저학년의 제1 언어(스페인어) 능력이 고학년에 있어서 제2 언어(영어) 능력과 유의미한 상관 관계가 있는지를 조사한 것이다. 미국의 이중 언어 프로그램은 질이 고르지 못한 점 등 많은 문제가 있지만, 제1 언어에서 제2 언어로의 전이(L1→L2)를 조사하기 위해서는 귀중한 교육 현장이다. 모어로 하는 학습이 영어 능력 획득에 어떻게 연계하는가, 이 학습이 2학년 때 영어로 이행하는 경우와 3학년, 4학년 때 이행하는 경우와는 어떻게 다른가 등 모어 문해력과 영어 문해력과의 관계를 파악하는 데에 참고가 되는 예이다.

2)의 메타 인지 · 메타 언어 전략으로는 읽기 전략을 예로 들고자 한다. 히메네스 외(Jiménez et al., 1995)의 연구는 위와 마찬가지로 미국 스페인어계 ELL 6학년 2명을 영어 단일 언어 학습자 1명과 대조하여 실시한 사례 연구이다. 전이 자체에 초점을 맞춘 것은 아니지만, 전이와 관련해서 참고가 되는 내용이다. 그룹별 평균 점수에 의지하는 연구가 많은 가운데, '소리내여 생각하기(think-aloud)'라는 자료 수집 방법을 이용해 미습득 어휘에 대한 태도와 L2 문장과의 관련성 등을 아주 명확하게 조사한 것이다. 그리고 히메네스 외(Jiménez et al., 1996)는 그 후 조사 대상 어린이의 인원을 늘려 그 결과를 재확인했다.

3)은 의사소통 방식의 전이이다. 이 영역에서는 일본어를 제1 언어로 하는 실례를 두 가지 소개한다. 하나는 커민스를 중심으로 필자도 참여하여 실시한 독해 능력(당시의 CALP, 현재의 ALP)과 회화 능력(당시의 BICS, 현재의 CF)에 대한 조사이다. 조사 대상은 토론토 보충 학습 학교에 재학 중인 초등과정 2,3학년과 5,6학년 그리고 베트남 난민 학습자이다. 커민스가 자신의 '2 언어 상호 의존설'을 입증하기 위해 실시한 공동 연구로 그 역사적 의의도 크다(カミンズ・中島, 1985). 또한 이 회화 능력의 전이 연구는 읽기와 쓰기에 관한 전이 연구에 비해 그 축적이 거의 없어서 귀중한 자료이기도 하다.

또 다른 하나의 회화 능력의 전이에 관한 실례는 포르투갈어를 모어로 하는 브라질계 외국인 학습자(초등학생 · 중학생)를 대상으로 한 포르투갈어(L1)와 일본어(L2)의 회화 능력, 중국계 학습자의 중국어(L1)와 일본어(L2)의 회화 능력 조사이다. 5장에서 소개한 '보호자와 부모의 의식 조사'와 동시에

실시한 것이다(中島・ヌネス, 2001).

4)의 특정 언어 요소의 전이는 히메네스 외(Jiménez et al., 1995)에 포함되어 있으며 5)의 음운에 대한 의식의 전이는 어거스트 외(August et al., 2002)의 대상 영역의 일부에 포함되어 있다. 음운 의식과 문자 습득과 읽기와의 관계에 관한 선행 연구는 아주 많으며 단일 언어만 쓰는 어린이의 경우에도 이중 언어를 쓰는 어린이의 2언어 간에도 유의미한 관계가 확인되었다(예: Durgunoglu et al., 1993). 그리고 일본의 선행 연구에서도 유아의 음운 의식과 일본어의 읽기 능력 획득에 유의미한 관계가 있다는 것은 실증되었으며, 다카하시(高橋, 2001)에 의하면 음운 의식이 읽기에 관여하는 것은 초등학교 저학년이라고 한다. 다만 일본어를 제1 언어로 하는 이중 언어를 쓰는 어린이의 두 개의 언어에 관한 이 영역의 선행 연구에 대해서는 각각의 언어에 대한 조사는 있으나(예: 中島, 2007), 두 개의 언어의 관계를 조사한 것은 필자가 아는 한 찾아볼 수 없었다.

(1) 스페인어와 영어 문해력의 전이(August et al., 2002)

이 조사(1999~2001)는 보스턴, 엘파소, 시카고에 거주하는 '이행형 이중 언어 프로그램'의 2학년부터 4학년까지의 영어 학습자(ELL) 약 180명을 대상으로 했다. 모두 스페인어가 제1 언어이며, 'Success for ALL(SFA)'이라는 교육 과정을 사용하고 있는 어린이들을 4년간에 걸쳐 조사한 것이다. 대상 어린이를 다음 세 그룹으로 나누어 비교·대조하고 있다. (a) 수업 언어가 초등학교 1학년부터 영어로만 수업한 ELL(59명), (b) 모어로 수업을 받고 초등학교 3학년 말 무렵에 영어만으로 수업한 ELL(34명) (c) 초등학교 4학년 말 무렵에 영어로만 수업하는 과정으로 이행한 ELL(62명)이다. 조사 방법은 보호자 설문 조사(가족 사용 언어, 부모의 교육 수준, 소리 내어 읽기의 빈도수 등), 수업 관찰, 가정 언어와 문자 환경 조사, 아동 자신의 전이와 개념 지식의 전이에 관한 신뢰(beliefs) 조사를 실시하였다. 그리고 보호자 설문 조사 결과, 수업 언어를 영어로만 한 그룹 (a)의 25%는 스페인어를 가정에서도 사용하고 있다는 것을 알았다고 한다.

연구의 목적은 다음의 네 가지이다.

① 실제로 어떠한 전이가 보이는가?
② L1의 읽기 능력이 L2의 읽기에 주는 영향은 L1의 숙달도에 따라 어떻게 다른가?
③ L1의 읽기 능력이 L2의 읽기에 주는 영향은 L2의 회화 능력에 따라 어떻게 다른가?
④ L2의 읽기 능력의 획득과 그 향상률은 세 그룹에 따라 어떻게 다른가?

언어 측정 도구는 자체 제작 테스트와 표준 테스트의 일부를 사용하였다. 직접 만든 읽기와 쓰기 테스트는 a. 음운 의식 테스트(음절로 나눈다) b. 문자 인식 테스트 c. 단어 읽기 테스트(word naming task) d. 어휘 인식 테스트(word recognition)이며, 표준 테스트(Woodcock Test of Achievement)는 그 일부인 e. 어휘 테스트와 f. 독해 능력 테스트(단락 읽기)로 구성되어 있다. 구두 능력의 측정에는

LAS-O[1] 와 표준 테스트의 그림 단어 인식과 청해 능력 테스트를 사용했다. 이것은 모두 영어와 스페인어로 실시하였다. 자료 분석은 다음 3단계로 나누어 실시하였는데, 제1 단계는 2학년 수료 시에 각 언어의 내부 상관 관계를 조사하였다. 제2 단계에서는 2학년이 끝날 때의 스페인어 능력과 3학년이 끝날 때와 4학년이 끝날 때의 영어 능력과의 사이에 유의한 상관 관계가 보이는지를 조사하였다. 제3 단계에서는 영어 회화 능력과 조사를 시작할 당시의 영어 능력을 통계적으로 통제하여 다중 회귀 분석(多重回歸分析)을 실시함과 동시에 목적 ②와 ③을 밝히기 위해 향상률의 분석(growth modeling)도 실시하였다.

이 결과를 살펴보면, 먼저 목적 ①의 전이에 관해서는 제1 단계에서 2학년 수료 시에 스페인어와 영어 간에서 유의한 상관 관계가 보인 것은 a. 음운 의식 테스트 b. 단어 읽기 테스트 그리고 표준 테스트의 e. 어휘 f. 독해 능력뿐이었다. 다시 말해 음운 의식과 어휘력(c와 e)과 독해 능력에서 전이가 나타났다는 것이다. 문자 습득에서는 2언어 간에 다소 약한 부정적인 상관 관계가 보였으며, 2언어의 문자 습득은 상호 간에 방해하는 경향이 있다는 것을 시사한다. 제2 단계의 스페인어 능력과 영어 능력의 관계에 대해서는 3학년이 끝날 때가 아니라 4학년 수료 시에 (a)(b)(c)의 모든 그룹에서 스페인어와 영어의 독해 능력에 유의한 상관 관계가 보였다. 이것은 L1의 숙달 정도가 L2의 습득 정도에 미치는 영향이 단기간에는 나타나지 않지만, 시간이 지남에 따라 그 영향이 나타난다는 것을 의미한다. 제3 단계의 다중 회귀 분석에서는 2학년이 끝날 때의 스페인어의 음운 의식과 4학년 수료 시의 영어의 독해 능력(단락 읽기) 사이에 강한 상관 관계가 보였지만, 문자 인식에는 그와 같은 상관 관계는 보이지 않았다. 이 점에 대해 어거스트 외(August et al., 2002)에서는 '스페인어의 단락 읽기의 득점이 2학년 수료 시에 높았던 학습자는 다른 요인(회화 능력, 2학년 때의 영어 능력 등)을 통제하면 4학년 수료 시의 영어 단락 읽기의 득점도 높았다'(August et al., 2002:19)고 보고하고 있다. 그리고 수업을 받은 (b)와 (c) 쪽이 동일 어원의 단어(cognates)에 대한 인식이 뛰어나 이 능력이 스페인어의 독해 능력과 유의한 상관 관계를 보이는 요인의 하나가 아닐까 하고 말한다.

2학년이 끝날 때의 스페인어 독해 능력과 4학년 수료 시의 영어 독해 능력의 학년 편차를 표로 나타내면 〈표 1〉과 같다.

〈표 1〉 표준 독해 능력 테스트의 결과-수업 언어별 학년 평균

(숫자는 왼쪽이 성적이 낮은 집단의 평균, 오른쪽이 성적이 높은 집단의 평균 득점)

	수업 언어(L1 스페인어)	수업 언어(L2 영어)
2학년 수료 시 스페인어 독해 능력	2.8~3.4	0.83~1.6
4학년 수료 시 영어 독해 능력	1.5~2.5	2.0~3.2

(August et al., 2002: 25를 참조하여 작성)

〈표 1〉을 보면 스페인어(L1)로 수업을 받은 ELL은 2학년을 마칠 때의 스페인어 능력이 낮은 그룹

---

1) LAS-O라는 것은 Language Assessment Seales-Oral을 가리키는 것으로, 1~6학년을 대상으로 미국에서 개발된 문법 항목을 중심으로 한 구두 능력 테스트이다. 어휘, 듣기, 이야기의 재구성과 같은 하위 테스트로 되어 있다.

은 2.8(2학년 8개월), 성적이 높은 그룹은 3.4(3학년 4개월)로 평균 3학년 수준에 가까운 능력임을 알 수 있다. 이에 반해 영어(L2)로 수업을 받은 ELL은 가정에서 스페인어를 사용하는 어린이가 25%나 되지만, 스페인어 능력이 매우 약하다. 2학년을 마치는 시기이므로 3.0에 가까운 숫자가 기대되는데, 실제로는 1학년 이하에서 1학년 반 정도의 수준에 그쳤다. 즉, 스페인어를 사용하는 어린이들과 비교하면 스페인어 능력이 1년에서 2년의 차가 있다는 것이다. 한편, 영어 독해 능력은 스페인어로 수업을 받은 어린이와 영어로 수업을 받은 어린이의 차이가 불과 1년 이내로, 스페인어만큼 큰 차이는 보이지 않았다. 초등학교 입학 당시부터 영어로만 수업을 받으면 당연히 영어 능력이 학년에 상응하는 수준에 도달할 것으로 기대하는데, 실은 그렇지 않고 실제로는 모어 화자인 아동과 비교하면 2년 정도 지체하고 있음을 알았다. 물론 스페인어로 수업을 받은 어린이도 영어 수업으로 전환된 시점에서는 학년 수준의 영어 능력과 비교하면 확실히 뒤떨어지지만, 영어 향상률을 조사해 보면 그 향상률이 매우 높다는 점에서 점차적으로 학년에 상응하는 수준에 도달할 가능성이 높다고 한다.

목적 ②의 L1 읽기 능력이 L2 읽기 능력에 미치는 영향에 대해서는 스페인어의 숙달 정도에 의한 차이는 보이지 않았다. 이에 대해 어거스트 외(August et al., 2002)는 2학년을 마칠 때의 스페인어 능력에 거의 차이가 없다는 점 그리고 독해 능력 테스트에 표준 테스트의 일부를 사용했기 때문에 그다지 득점 차가 나지 않았다는 점 등이 그 원인이었을 것이라고 말한다.

다음으로 목적 ③의 L2 회화 능력에 따라 L1 독해 능력이 L2 읽기 능력에 미치는 영향이 다른지에 대한 점인데, L2 회화 능력이 L2 독해 능력에 미치는 영향은 보이지 않았다. 이 점에서 L2 회화 능력보다도 L1 독해 능력 쪽이 L2 독해 능력과 상관 관계가 보다 깊다는 점을 알 수 있다. ELL 지도에 임하는 현장 교사는 학습자가 L2 회화 능력을 갖춘 후에 L2 읽기를 도입하는 것이 상투적인 지도 방법인데, 사실은 회화 능력이 낮아도 읽기에 들어갈 수 있다는 점을 시사하고 있다. 읽기 능력을 갖추는 데에는 여러 가지 요인이 관여하는데, L2 회화 능력보다도 L1의 음운 의식이나 L1 독해 능력 쪽이 L2의 독해 능력을 예측할 수 있는 확률이 높다고 한다(예: Durgunoglu et al., 1993). 이 조사에서도 동일한 결과가 나왔다. 이러한 점에서는 음성 언어를 전혀 갖지 못한 청각 장애아가 수화의 메타 언어 인식과 서기(書記) 언어와의 상관 관계가 높다는 점을 생각하면 충분히 이해할 수 있다. 회화 능력이 높다는 것은 유리한 조건이긴 하나, 필요 조건이 아니라는 것이다.

목적 ④의 L2 읽기 능력의 향상률이 세 그룹에서 어떻게 차이가 나는지를 살펴보면, 4학년을 마칠 때의 영어 독해 능력은 스페인어로 장기간 수업을 받은 아동의 향상률이 가장 높고(8포인트), 3학년에서 영어 수업으로 이행한 어린이도 약 5포인트의 향상률을 보였다고 한다. 이것은 모어 구사 능력이 제대로 갖추어진 ELL 쪽이 L2 독해 능력 향상 폭이 크다는 것을 시사한다. L1으로 읽는 능력이 있으면 4학년부터 6학년에 걸쳐 영어의 읽기 능력 향상률이 높다는 것이다.

이상을 정리하면, 유의미한 전이가 보인 것은 스페인어 음운 의식과 영어 독해 능력, 2학년 수료 시의 스페인어 독해 능력과 4학년 수료 시의 영어 독해 능력이었다. 로이어와 카를로(Royer & Carlo, 1991)도 마찬가지로 이행형 이중 언어 프로그램에 소속된 스페인어계의 6학년(49명)을 대상으로 5, 6학년 때의 독해 능력과 청해 능력의 상관 관계를 조사했는데, 5학년 때의 스페인어 독해 능력과 6학년 때의 영어 독해 능력에 유의한 상관 관계가 보였다고 한다. 그러나 독해 능력에서는 유의미한 차이가 보이지 않았다고 한다. 이와 같은 일련의 연구 성과를 근거로 어거스트 외(2002)는 다음과 같이 말하고 있다.

> 지금까지의 연구 성과는 영어 능력 획득을 위한 하나의 방법으로 스페인어 화자 영어 학습자(ELL)에게 우선 스페인어로 읽기와 쓰기 교육을 한다는 종래의 교육적 조치를 지지하는 것이다. 모어인 스페인어의 읽기와 쓰기 능력을 강화함으로써 이중 언어 프로그램이 양 언어를 강화함과 동시에 보다 고도의 모어 능력을 가진 모어 화자로 육성하는 것이 된다.
>
> (August et al., 2009: 22)

다시 말해, 이 조사 결과는 제2 언어에만 몰두하는 것은 영어, 스페인어 모두 학년에 상응하는 수준에 도달하지 못하고 제한적 이중 언어 혹은 두 언어 모두 문해력 향상이 지체하는 상태(semi-literate)에 놓일 위험성을 가진 어린이가 많은데, 공교육에서 모어를 수업 언어로 하여 모어 능력을 계속해서 강화함으로써 위와 같은 상황을 최소화하여 소수 언어 아동을 가산적 이중 언어 구사자로 육성할 수 있음을 시사한다.

(2) 학습자 개인의 읽기 전략의 전이(Jiménez et al., 1995)

이 연구는 학습자 개인의 읽기 방법이 단일 언어와 이중 언어에서 어떻게 다르게 나타나는지에 대해 초등학교 6학년 3명을 대상으로 조사한 사례 연구이다. 대상이 된 아동은 파메라와 카타리나 그리고 미쉘이다. 파메라와 카타리나는 스페인어와 영어 이중 언어를 쓰고, 미쉘은 영어만 사용하고 있다. 파메라는 부모가 멕시코 출생이며 초등학교 1학년부터 미국에서 1~2학년 때는 이행형 이중 언어 프로그램으로 공부했다. 한편, 카타리나는 부모가 멕시코 출생이지만, 본인은 미국 출생으로 유치원에서 4학년까지 이중 언어 프로그램으로 공부한 경우이다. 파메라와 카타리나도 영어를 즐겨 사용한다. 파메라는 두 개의 언어의 읽기 능력이 상당히 높은 편인데, 카타리나는 그 반대로 두 개의 언어의 읽기 능력이 낮은 상태에 있다. 단일 언어 학습자인 미쉘은 미국 출생으로 고도의 영어 읽기 능력을 갖추고 있다.

이상 3명에게 소리내여 생각하기(think-aloud)[2] 방법으로 소설과 설명문을 읽을 때의 방식을 조사하였고, 그 밖에 면접 형식으로 읽기에 대한 이해와 과제 본문 내용을 다시 이야기하는 것 그리고 어떠한 배경 지식을 가지고 있는지에 대해 조사한 후, 이 모든 자료를 종합하여 비교·검토한 연구이다. 히메네스 외(Jiménez et al., 1995:76)는 학습자 개인의 읽기 전략을 '인쇄물 형태의 책에 실려 있는 글 내용에서 의미를 추출하기 위해 독자가 사용하는 의도적이고 명시적인 노력'이라고 정의하고 있다.

---

2) 소리내여 생각하기(think-aloud)는 독해 방법 등의 연구에서 사용하는 한 방법으로 피실험자에게 부여된 과제를 수행하는 과정에서 머리에 떠오른 것을 순서대로 구두로 설명하고 그것을 녹음·녹화하여 분석하는 것이다.

3명의 피실험자인 어린이의 읽기 방식에는 각각 다음과 같은 특징이 보였다.

- **● 파메라** : 미습득 어휘에 상당히 집착하여 어휘를 중심으로 전체 의미를 파악하려고 한다. 읽기의 목적은 새로운 어휘를 배우는 것으로 이해한다. 영어나 스페인어로 미습득 어휘의 뜻을 파악하는 데에 동일 어원의 단어 지식을 충분히 활용하고 있다. 그리고 내용을 시각화하여 기억하고 추측하는 동일 복수의 전략을 사용하고 있다.
- **● 카타리나** : 읽기의 목적은 과제물의 본문을 처음부터 끝까지 다 읽는 것으로 해석하고 그 내용을 이해하려고는 하지 않는다. 그 나름대로 읽기 방식은 있는데, 산발적이고 전혀 효과가 나타나지 않는다. 스페인어와 영어 지식을 활용하지 않고, 언어가 두 가지여서 혼동된다는 태도를 보인다.
- **● 미쉘** : 기초적인 어휘와 고도로 빈도가 낮은 어휘를 구별할 수 있다. 읽기의 목적에 관해 적절하게 이해하고 있으며, 복수 전략을 취하여 읽을 수 있다. 읽은 내용을 다시 떠올리며 스스로 생각하는 능력(reflection)도 있다.

이상과 같은 결과로 다음 세 가지를 지적하고 있다. 첫 번째는 어휘가 부족하다는 문제, 두 번째는 2언어에 대한 자세, 세 번째는 텍스트와의 상호 작용(interaction)의 방식이다. 우선 어휘에 관한 문제를 보면, 파메라의 어휘에 대한 집착은 개인적인 특징이 아니라 두 언어를 알고 있는 것에 기인하는 제2 언어 학습자 특유의 특징이라고 한다. 제2 언어 학습자는 단일 언어 사용자인 미쉘과 같이 어휘에 대한 순간적인 접근이 결여되어 있기 때문에 파메라는 어휘에 주목하는 메타 인지 전략을 사용함으로써 문장의 내용 이해를 가능하게 한다. 한편 카타리나는 파메라와 같이 어휘 부족이라는 문제를 안고 있지만, 의미를 철저하게 추적하는 일이 없기 때문에 어휘 부족이 내용 이해에 큰 방해가 되고 있다.

두 번째로 2언어에 대한 태도는 읽기의 목적을 달성하는 학습자와 그렇지 못하고 끝나는 학습자와는 크게 차이가 난다는 점이다. 읽기에 성공한 파메라는 2언어를 정보의 원천으로 활용하고 있지만, 그렇지 못한 카타리나는 2언어를 활용하기는커녕 두 가지의 정보가 혼란을 일으키는 원인이 되고 있다.

세 번째로 텍스트와의 상호 작용 부분은 일반적으로 책을 잘 읽는 사람은 보다 다양한 전략을 효과적으로 사용한다고 하는데, 이 말대로 파메라와 미쉘은 본문 내용을 다시 읽는다든지, 이해한 내용을 시각화한다든지 또는 내성(內省)을 하면서 읽는 경우 등 다방면에 걸친 전략을 종합적으로 활용하고 있다. 그러나 읽기가 늦어진 카타리나는 이러한 전략을 따로따로 사용하고 게다가 내용을 이해할 수 없는 경우에 이해할 수 있게 하는 복원(repair) 전략이 결여되어 있다고 한다. 다만, 카타리나의 경우는 학년에 맞는 수준의 과제물 내용이 너무 어려웠다는 점이 하나의 요인일 가능성도 있다고 한다. 다시 말해 히메네스 외(Jiménez et al.)는 과제물 본문 내용의 난이도와 읽기 전략의 활용 정도 사이에 상관 관계가 있을지도 모른다고 추측하고 있다. 조사 대상 학습자의 숫자를 늘린 후속 연구 결과를 포함해 ELL의 읽기에 있어서 미습득 어휘의 의미에 대한 접근이 최대의 문제인 점, 그리고 이중 언어의 제1 언어의 지식과 읽기 전략이 정보의 원천으로서 제2 언어의 읽기에 도움이 된다는 점을 확인할 수 있었다고 한다. 이것을 전이라는 용어로 다시 말하자면 학습자 개인의 L1의 읽기 전략과 읽기 능력이 L2의 읽기 능력에 전이되었다는 것이다.

(3) 독해 능력과 회화 운용 능력의 전이(Cummins et al., 1984; カミンズ・中島, 1985)

커민스・나카지마(カミンズ・中島, 1985)는 토론토 보충 학습 학교 학생 91명(초등학교 2~3학년과 5~6학년)을 대상으로 CALP 면(어휘・독해 능력)과 BICS 면(회화 능력)을 서로 비교하여 실시한 횡단적인 조사이다. 캐나다 체류 기간이 6개월에서 7년 3개월까지로 대부분이 일본 출생이다. 이 가운데 무작위로 59명을 뽑아 가정 방문을 통한 영어와 일본어의 면접 회화 평가를 하고 보호자를 대상으로 언어 환경 설문 조사(30항목, 가정의 언어 사용, 독서 습관, 부모의 학력, 자녀의 성격 등)를 실시하였다.

보충 학습 학교는 월요일부터 금요일까지 학생 전원이 현지의 공립 초등학교에서 영어로 수업을 받고 있다. 토요일에 열리는 보충 학습 학교에서 귀국을 대비하여 일본의 교과 과정에 따라 국어, 산수, 과학, 사회(저학년의 경우는 생활과) 과목을 공부하고 있다. 연간 수업 일수는 현지 학교(영어) 810시간, 보충 학습 학교(일본어) 264시간이다. 여기에다 약 50명이 통신 교육이나 연습 문제집 또는 가정 교사를 통해 일본어 유지를 위해 노력하고 있다. 그래서 가정 학습 시간이 평균 6.5시간으로 모어 유지에 최선을 다하고 있는 그룹이라고 할 수 있다. 사실 이 조사는 일본인 아동과 베트남 난민 아동을 비교해서 실시한 것이다. 당시 일본인 아동들은 소수 가운데에서 사회・경제적, 교육적으로도 가장 혜택 받은 경우이며 베트남 난민 아동들은 그 반대로 교육 환경면에서 가장 혜택을 받지 못한 경우였다. 다시 말해 사회・경제적인 환경이 다른 두 소수 그룹을 비교하여 두 개의 언어 관계를 검증한 조사이다. 이 절에서는 일본인 학습자에 관한 결과만을 다룬다.

조사의 목적은 세 가지이다. (a) 일본어(L1)의 유지 (b) 영어(L2)의 습득 (c) 일본어(L1)와 영어(L2)의 발달상의 관계이다. 저학년군과 고학년군으로 나누어서 조사를 하고 연령 차와의 관계에서 (a)(b)(c)를 검증하였다.

CALP/BICS 측정에는 영어 CALP 면에서는 표준 테스트(Gates-McGinitie Reading Test)의 일부인 어휘・독해 능력(초등학교 2학년용), 반대말 테스트, 문장 반복 테스트, 전치사 삽입 테스트를 그룹별로 실시하였고, 영어 BICS 면은 개인 면접(15~20분)으로 회화 능력 테스트를 실시하였다. 회화 테스트는 우선 도입 회화, 장난감 전화를 사용한 역할 놀이(role play), 그림 다섯 장을 나열하여 이야기를 만들고 한 장의 그림을 자세히 설명하는 식이다. 일본어 CALP 면은 『標準読解・読書能力検査(표준 독해・독서 능력 검사)』(金子書房, 1968)의 초등학교 2학년용과 5학년용을 각각 사용하였다. 일본어 BICS면의 평가는 영어 BICS 평가와 거의 동일하다. 이상의 여러 평가를 통해서 얻어진 자료에 대해 각각의 언어로 채점표를 만들어 채점하고, 신뢰도와 그 밖의 내용을 확인한 다음, 연령에 따른 차이에 대한 검정(檢定), L1과 L2의 내부 구조(인자 분석), 그리고 두 개의 언어의 향상/퇴보에 어떤 요인이 어느 정도의 비율로 영향을 미치고 있는지를 알기 위해 회귀 분석과 상관 분석을 실시하였다.

조사 결과에서 1) 연령차 2) 내부 구조 3) 두 개의 언어 간의 관계에 대한 것을 소개하면 다음과 같다.

1) 연령 차이

연령과의 관계에 관해서는 영어 CALP의 습득에서는 고학년군(초등학교 5~6학년) 쪽이 유리하고, BICS 쪽은 저학년군(2~3학년)이 유리할 것으로 예상했는데, 영어 채점 항목(16) 가운데 저학년군의 득점이 상회한 것은 '발음'뿐이며, 그 밖의 모든 항목에서 고학습자군의 득점이 높았다. 여섯 항목에서 유의차(有意差)가 나타났고, 이 가운데 두 항목은 '회화의 적절성(정중도)' 등 회화의 운용 능력에 관한 것이고 나머지 네 항목은 '(정리된) 이야기의 내용', '(이야기의) 흐름', '문장 구성의 복잡성' 등 담화에 관한 것이었다. 둘 다 모어의 질적인 회화 능력의 우수성과 관계가 있는 항목이다.

2) 내부 구조

영어 능력은 다음 세 가지 요소로 전체의 70%를 설명할 수 있다는 것을 알았다. Ⅰ. '문장 구성의 정확도'(어느 정도 정확하게 복잡한 구문을 구사할 수 있는가) Ⅱ. '회화 응답 방식'(면접 때의 태도·여유, 이야기 내용의 풍부성 등) Ⅲ. '어휘·독해 능력'(어휘가 얼마나 풍부하고 읽기 능력이 있는가)이다. Ⅱ. '회화 응답 방식'은 BICS와 CALP와는 다른 언어 형식에 관한 영역, 즉 변별적 언어 능력(DLS)이다. 각각 인자와 연관된 요인이 다르며, 가장 큰 요인을 들면 '문장 구성'에서는 〈체류 기간〉〈영어를 접한 양〉, '회화 응답 방식'에서는 〈성격〉과 〈L1과의 교류 방식〉, '독해 능력'에서는 〈연령〉과 〈일본어(L1)의 독해 능력〉이었다.

일본어로도 다음의 세 가지 요소로 69% 설명이 가능하였다. Ⅰ은 〈연령〉과 밀접한 관계가 있는 '일본어 운용 능력'이라고 말할 수 있는 것이다. Ⅱ는 '난이도·발음·억양과 독해 능력'(문장 구성의 복잡성도 유의미에 가깝다)으로 〈체류 기간〉과 부정적인 관계에 있다. 다시 말해 해외 체류가 길어짐에 따라 일본어의 구사 능력이 떨어지고 발음과 억양에서 영어의 영향이 나타난다는 것이다. 여기에서 흥미로운 것은 이와 같은 음성 면의 퇴보가 독해 능력(그리고 문장 구성의 복잡성)과 관련되어 있는 것이다. 반대로 말하면, 가정에서 일본어를 쓰면서 구어의 유창성을 잃지 않도록 노력하는 것이 독해 능력 유지로도 이어질 수 있음을 보여 준다. Ⅲ은 '영어 혼용'으로 영어에 일본어를 섞어 쓰는 사례는 없었지만, 일본어에 영어 어휘, 어구·정형화된 표현을 섞어 쓰는 사례가 있었다. 이와 같은 두 개의 언어의 혼용은 일본에서 자란 어린이에게는 보이지 않는 현상이며, 영어권에서 자란 연소자의 일본어에서 보이는 아주 현저한 특징의 하나라고 할 수 있다.

3) 두 개의 언어의 관계

두 개의 언어의 관계는 예상대로 CALP 면의 독해 능력과 어휘에서 중간 정도의 편상관비(偏相關

比)[3]를 보였다. 독해 능력은 r=0.52(p<0.01), 어휘는 r=0.44(p<0.01)이다. 즉 체류 기간을 일정하게 하면 일본어의 독해 능력이 높고, 어휘가 풍부한 어린이는 영어의 독해 능력도 높고 어휘도 풍부한 경향을 보였다는 것이다. 물론 영어 CALP 면은 입국 연령과도 유의한 관계에 있었는데, 그것은 r=0.29~0.38(p<0.01)로 다소 낮다. 이것은 일본어 CALP 면의 득점이 높으면 영어 CALP 면의 득점도 높아지는 경향이 강하다는 것으로 연령 요인보다 같은 영역의 L1에서 L2로의 영향을 주는 요인이 강하다는 것을 시사하고 있다.

이들 결과를 바탕으로 커민스는 두 개의 언어의 구조를 BICS 면에서는 개인의 성격(personality)을 매개로 '사람과의 교류 방식'이 공유되고, CALP 면에서는 인지 능력을 매개로 두 개의 언어의 독해 능력이 공유되기 때문에 전이가 일어난다는 결론을 이끌어 내고 있다. 네덜란드의 버호벤(Verhoeven, 1994)도 터키계 2학년 98명을 대상으로 터키어(L1)와 네덜란드어(L2)의 회화 능력을 어휘, 음성, 문법, 독해 능력 등과 비교해서 조사한 결과 회화 운용 능력(pragmatic abilities)이라고 할 수 있는 영역이 검출되어 L1에서 L2로의 우위적인 관계가 보였다고 한다(8장 243~245쪽 참조). 버호벤은 이것은 회화 방법의 전이라고 말할 수 있는 것이 아닐까 라고 말하고 있다.

토론토 보충 학습 학교 조사는 1980~1982년에 실시된 것으로, 당시는 CALP에는 두 언어의 전이가 있어도 BICS에서는 전이가 보이지 않을 것이라는 막연한 전제가 있었다. 그러나 이 조사의 결과 커민스는 '(회화 응답 방식도 포함하여) 추상 정도가 높은 내용의 과제에서는 양방향의 전이가 컸지만, 맥락에서 분리된 어휘와 문법 테스트에서는 그와 같은 전이는 보이지 않았다'(カミンズ・中島, 1985: 410)고 말하고 있다. 해외 일본인 자녀 교육이 커민스 이론의 중핵을 이루는 전이 개념의 형성에 공헌한 중요한 조사의 하나라고 할 수 있다.

(4) 회화 능력의 전이(中島・ヌネス, 2001; Nakajima, 2001)

나카지마・누네스(中島・ヌネス)의 조사는 일본에 체류하는 브라질계 외국인 아동을 대상으로 회화 능력을 CALP 면(담화 능력)과 BICS 면(대화 능력)으로 나누어 실시한 것이다. 5장의 '부모의 의식 조사와 이중 언어 회화 능력 조사'에서 이미 소개한 국립국어연구소의 대규모 조사 '외국인 연소자의 일본어 습득・모어 보존의 횡단적 조사(1997~2002)'의 일부이다(Nishihara et al., 1999). 부모의 설문 조사에 따르면 전원이 취업을 목적으로 일본에 왔으며 일본으로 온 목적과 사회・경제적 수준에 있어서 상당히 동질적인 소수 아동의 자료라고 할 수 있다.

L2의 CALP 면이 장기간에 걸쳐 서서히 향상되어 가는 것에 반해 BICS 면은 2년에 습득 가능하다고 일컬어지고 있으며, 커민스・나카지마(カミンズ・中島, 1985)에서도 80% 이상이 2년에서 3년에 걸쳐 모어 화자의 수준에 가까워진다는 것을 알았다. 그러나 같은 회화 능력이라도 지적 요구도가 높고 장면 의존도가 낮은 언어 활동에 필요한 회화 능력(담화 능력)과, 지적 요구도가 낮고 장면 의존도가 높은 상호 작용에서 필요한 회화 능력(대화 능력)은 다를 것이라는 예상으로 단문 수준의 대화를

---

3) 편상관비(編相關比)는 서로 상관이 있는 여러 변수 중에서 특정한 두 개의 변수만을 채택하여 그 관계를 나타내는 비율이다(감수자 주).

중심으로 한 '대화 능력'과 정보를 혼자 정리해서 전달하거나 정보를 정리해서 설명하는 일 등 '단락'이 있는 '담화 능력을 비교하는 OBC 이중 언어 회화 능력 평가를 이용하여 조사하였다(OBC에 대해서는 10장 *326-331쪽 참조). 피실험자 가운데 72%(160명)가 회화 평가에 선행하여 포르투갈어와 일본어, 두 개의 언어로 어휘, 독해, 청해의 필기 테스트를 받았다.

회화 능력 조사의 목적은 다음의 두 가지이다.

① 학습에 필요한 CALP 면의 회화 능력을 획득하는 데에는 어느 정도의 시간이 걸리는가?
② CALP 면과 BICS 면으로 나누어 각각 두 언어 간에 어떠한 관계를 보이는가?

회화 자료는 일본어 모어 화자와 포르투갈어 모어 화자가 짝을 이루어 학교를 방문해 수집한 것이다. '도입 회화', '기초 과제(task)', '대화 과제', '인지 과제'라는 흐름으로 '기초 과제'로는 문형의 습득 정도, '대화 과제'로는 역할 놀이(role play)를 통한 대화 능력을 조사하는 것이 있다. 그리고 '인지 과제'로는 나이가 어린 학습자에게는 '알고 있는 이야기의 재생', 상위 연령 학습자에게는 '지진', '공해', '소화 기능'이나 '○○과 ○○과의 비교' 등과 같은 주제에 대해 설명하거나 의견을 말하게 하는 경우 등의 과제가 포함되어 있다. 양적 평가와 질적 평가, 전체 평가를 실시하여 질적 평가에서는 각각의 언어로 작성한 채점 항목에서 채점자 간의 신뢰도가 높은 항목만을 통계 처리(상관 관계, 인자 분석, 회귀 분석)에 사용하였다.

결과를 살펴보면 ①에 관해서는 대화를 어느 정도 자연스럽게 하게 되는 데에는 평균 3년 미만(33.6개월)이 걸리고, 담화 면에서는 약 5년(58.7개월)이 필요하다는 것을 알았다. 즉, 체류 기간 2년에 획득할 수 있는 회화 능력은 생존 수준의 회화 능력이고, 실제로 수업을 따라가기 위해 필요한 회화 능력을 갖추려면 5년이나 걸린다는 것이다. 즉 미국 샌프란시스코 근교에서 실시된 하쿠타 외(Hakuta et al., 1999)의 조사에서는 회화 능력의 습득에 3년에서 5년이 걸린다는 결과가 보고되었다(バトラー後藤, 2003)

이 사이에 L1(포르투갈어)은 어떠한 상태에 있는지를 보면, 어린이가 몇 살 때에 일본에 왔는지 즉, 연령과 깊은 상관 관계가 보이고, 입국 당시 L1의 숙달 정도가 높은 어린이는 L1 회화 능력의 퇴보는 적지만, 반대로 L1의 숙달 정도가 낮은 어린이는 일본 체류가 길어지면 길어질수록 L1이 퇴보하는 경향을 보였다. 그 분수령이 만 9~10살이고, 이 결과는 지금까지의 해외 일본인 자녀를 대상으로 한 이중 언어 연구의 성과와도 일치하는 것이다.

②의 두 언어 간의 상관 관계는 체류 기간이 극단적으로 짧은 경우와 긴 경우를 제외한 143명 어린이를 대상으로 한 조사 결과에서 포르투갈어와 일본어의 담화 면에서는 0.28(p=.001), 대화 면에서는 0.34(p=.001), L1 담화 면과 L2 대화 면에서는 0.39(p=.001)라는 중간 정도에 가까운 유의미한 관계를 얻을 수 있었다. 예상한 바로는 커민스 이론에 근거하여 인지 능력이 요구되는 CALP 면과의 상관 관계가 가장 높아질 것으로 보았는데, 실제로는 L1 담화 면과 L2 담화 면의 상관 관계가 가장 뚜렷하게 나타냈다. 즉 L1의 숙달 정도가 높은 어린이 쪽이 L2 회화 능력의 습득 정도가 높다는 것을 시사

한다. 동일한 회화 테스트를 이용해 한국어(L1)와 일본어(L2)의 관계를 조사한 주(朱, 2002)에 따르면 담화 면의 편상관비가0.578(p=.001), 대화 면에서는 0.535(p=.001)로 양쪽 모두 높은 상관 관계가 나타난다. 이 결과가 한국어와 일본어의 언어적 차이가 적은 것에 기인하는 것인지 아니면 다른 요인에 의한 것인지는 명확하지 않다.

소수 아동은 L2로 교과 학습을 하기 때문에 L2의 CALP 면은 서서히 향상하는데, 반대로 모어의 회화 능력은 계속 하강한다. 이와 같이 두 개의 언어의 사회적 가치 부여와 사용 용도 그리고 사용 범위가 크게 다른 두 개 언어의 경우는 상관 관계라는 방법으로 분석하는 것 자체에 무리가 있다고 생각된다. 마찬가지로 이 조사에서도 읽기 능력을 조사했는데, 포르투갈어를 못 읽는 어린이의 비율이 2학년 96%, 3학년 74%, 4학년 51.5%, 5학년 31.3%, 6학년 26.7%로 학년이 올라감에 따라 비율이 낮아지는 것을 알 수 있었다. 어쨌든 전체 146명 가운데 85명(58.2%)이 이미 L1 독해 능력을 상실하고 있었으며, 그 퇴보 양상은 회화 능력보다 훨씬 빠르다는 것을 알았다. 동일한 조사의 일환으로 독해 능력과의 상관 관계를 조사한 오카자키(Okazaki, 1999)는 포르투갈어의 독해 능력이 60점 이상 되지 않으면 일본어 독해 능력과의 상관 관계는 보이지 않았다고 한다. 소수 아동의 L1이 하강하고 L2가 상승하는 과정에 있는 두 개의 언어 관계에 대해 좀 더 알아 볼 필요가 있으며, 서브머전 환경에 있는 소수 아동의 경우는 L2의 습득과 동시에 L1이 퇴보하는 과정과 그 요인에 대한 연구가 기다려지는 상황이다.

3. 전이와 이중 언어 교육의 과제

이상의 네 가지의 실증 예에서 알게 된 것은 읽기와 쓰기 능력의 획득에서도 메타 언어 전략에서도 그리고 회화 능력의 획득에서도 제1 언어가 복잡하게 얽혀 있다는 것이다. 단일 언어 사용자에게는 회화 능력이 기초가 되어 독해 능력이 성장한다는 간단한 도식을 그릴 수 있지만, 이중 언어 사용자의 경우는 독해 능력이든 회화 능력이든 같은 영역의 두 언어 간의 관계가 서로 영향을 주고받는다. 즉, 단일 언어 사용자는 말하기 능력을 획득하는 과정에서 구어가 가진 규칙성을 자각하고 책을 읽을 때에 그 규칙성을 문자의 연속에 맞춰 의미를 추출하기 때문에 첫 읽기 능력의 획득에는 구어의 기초가 불가결하다. 이에 비해 이미 하나의 언어로 읽기 과정이 획득된 이중 언어 사용자의 경우는 그 능력을 다른 표기법의 언어에 어떻게 전이하는가 하는 것이 문제가 된다. 그러나 L1의 읽기가 확립되지 않은 경우 또는 퇴화한 경우는 L2로 읽기 능력을 획득하지 않으면 안 된다. 불완전한 구어를 기반으로 읽기 능력을 획득하는 경우에는 구어와 문어의 상이점 등이 큰 문제로 부상할 가능성이 있으며, 단일 언어 아동과는 다른 시점에서 지원할 필요가 있을 것이다.

앞 장에서는 전이의 방향성과 두 개의 언어의 근사 차에 대해 언급했는데, 실증 예 (1)의 어거스트 외(August et al.)의 연구는 스페인어가 소리와 문자가 일대일의 관계에 있는 철자법(얕은 관계) 이고, 영어는 그 반대로 소리와 문자의 관계가 복잡한 문자 체계(깊은 관계)이지만, 이와 같이 다른 문자 체계의 2언어 간에도 전이가 보였다. 그리고 실증 예(3), (4)의 경우는 일본어와 영어, 일본어와 포르투갈어라는 언어 구조, 표기법, 의사소통 방식, 사고 유형이 전혀 다른 두 개의 언어이다. 언어 차이가 이 같이 큰 두 언어 간에도 회화 능력 · 독해 능력의 전이가 보였다. 그러나 음성 면은 달라도 구조 면에서 공통된 점이 많은 한국어와 일본어에서 (4)와 같은 방법으로 회화 능력의 전이를 조사한 주(朱, 2002)에서는 보다 강한 상관 관계가 관찰되었다. 이것은 언어적인 차이가 적은 쪽이 두 언어 간의 상관 관계가 강하다는 이중 언어 육성에서 중심이 된 지금까지의 주장을 지지하는 결과를 보여 주고 있다(Genesee, 1979; Bialystok, 1991; Reyes, 2000).

모어가 처해진 사회적 상황과 전이의 관계는 어떤 것일까? 어거스트 외(August et al.)나 히메네스 외(Jimerez et al.) 에서도 연구 대상은 학교에서 모어로 교과 학습을 하고 있는 소수 언어 아동이다. 커민스 · 나카지마 연구의 대상도 소수 언어 아동이지만, 이들은 토요일은 거의 하루 종일 일본의 검정 교과서를 사용해 일본의 교과 과정을 따르면서 모어로 교과 학습을 하고 있다. 이와 같이 모어와 현지어 양 언어로 교과 학습을 할 수 있다는 것은 소수 언어 아동의 경우 아주 드문 사례이다. 현실적으로는 나카지마 · 누네스의 연구에서 보는 바와 같이 많은 소수 언어 아동의 모어가 방치되어 퇴보하거나 상실을 면하지 못하는 상황에 놓여 있다. 가정에서 부모는 모어를 사용해도 어린이는 현지어를 쓰는 유형이 되기 쉬운 경향이 있다. 같은 언어 집단의 외국인 아동이 많은 학교에서는 친구끼리 모어를 사용하지만, 친구들 사이에서 짧게 생략하여 쓰는 표현이 많아서 모어의 질적인 측면에는 문제가 있는 경우가 많다. 특히 현지에서 태어난 어린이의 경우는 모어가 충분히 숙달하지 못한 상태에서 제2 언어를 습득한다는 큰 과제에 부딪혔을 때 전이가 가능한 만큼의 제1 언어 능력을 갖추지 못한 경우가 거의 대부분이다.

이상을 근거로 하여 읽기 능력의 전이를 중심으로 이중 언어 교육의 2언어 양상을 정리해 보면, 모어가 사회적으로 어떤 위치에 있는지에 따라 다음과 같이 지도하는 접근 방법이 다르다.

(1) 학습자의 L1이 사회적 지위가 높은 다수 언어의 경우는, 불어 이머전과 같이 L2의 읽기를 선행시켜 1~2년 정도 늦추어서 L1의 읽기를 도입해도 L2에서 L1으로의 전이가 일어나기 때문에 2언어 모두 향상된다.

(2) 학습자의 L1이 사회적 지위가 낮은 소수 언어의 경우는, L1이 L2의 압력으로 퇴보하거나 상실하는 경향이 있기 때문에 L1의 읽기를 선행하여 계속해서 이 능력을 향상함으로써 L1에서 L2로의 전이가 일어나 2언어가 향상될 가능성이 있다. L1을 방치하면 두 언어 모두 향상하지 못하고 지체되는 경향이 있다.

(1) 다수 언어의 경우

원래 1970년대부터 제1 언어 선행인가, 제2 언어 선행인가라는 논쟁이 있었다. 즉, 한편에서는 알고 있는 어휘와 지식이 풍부한 L1으로 읽기 능력을 획득한 다음에 L2의 읽기를 도입해야 한다는 의견이 있었다. 다른 한편에서는 L2에서 L1으로의 전이가 일어나는 것을 상정하여 L2를 선행시키는 것을 통해 효과적으로 2언어의 읽기를 획득할 수 있다고 주장했다.

예를 들어, 몬트리올의 생 · 랑베르학교에서는 우선 불어로 읽기와 쓰기를 가르치고 2년 늦추어서 영어의 읽기와 쓰기를 도입하였더니, 영어가 일시적으로 뒤지는 현상은 보였지만, 바로 이를 극복하여 영어가 모어 화자의 수준에 도달할 수 있었다고 한다(Lambert & Tucker, 1972). 이 원형에 따라 현재도 불어 이머전 프로그램에서는 L2를 선행하고 있다. L1(영어)이 학교 밖에서 모두가 사용하는 지위가 높은 언어이고 그래서 학습자가 L1을 접하는 양도 많으며 학습 동기도 강하기 때문에 학교에서 L2로 교과 학습을 했으나 L1으로의 전이가 자연스럽게 일어나는 상황이다. 그러나 최근에는 앞서 설명한 바와 같이 이머전 프로그램에 참여하는 어린이 가운데 가정에서 영어와 불어 외의 계승어를 사용하는 학습자가 늘고 있으며 이 학습자들에게는 불어가 제3 언어, 제4 언어가 되기 때문에 위와 같은 L2 선행설이 문제시되고 있다. 이와 동시에, 그렇다면 불어 다음에 도입하는 영어 교과 학습을 어느 정도 늦추는 것이 효율적인가하는 문제도 부상되고 있다. 커민스는 이 점에 대해 뉴질랜드의 마우이어의 등을 예로 들어 지나치게 늦추는 것은 해가 된다고 경고한다(Cummins, 2000a: 21).

종래에는 L1과 L2의 읽기를 동시에 도입하는 것은 혼란을 불러일으킨다는 견해가 주류였는데, 표기법이 다른 경우, 예를 들어 알파벳 문자의 영어와 한자의 중국어 등은 2언어 간의 간섭이 적어 오히려 유리하다는 지적도 있다(Wong-Fillmore & Valadez, 1986: 662). 일본의 실태를 보면, 4장에서 소개한 가토학원(加藤学院)이나 New International School에서도 영어 읽기와 일본어 읽기가 순조롭게 향상되어 두 언어를 동시에 진행한다는 이유로 혼란을 초래하는 징후는 보이지 않았다. 그리고 실례 (2)의 토론토 보충 학습 학교에서도 유치원이 병설되어 있으며 현지 학교에서는 영어 읽기의 초보적인 단계를, 보충 학습 학교에서는 일본어 읽기를 거의 동시에 두 가지의 표기법이 도입되고 있다. 이와 같은 동시 진행에서 오는 뚜렷하게 나타나는 폐해가 적은 것을 보면 교육 기관에서 철저히 두 개의 언어의 읽기와 쓰기의 기초를 가르치는 쪽이 L2를 어느 정도 늦추어서 가르칠 것인가 하는 것보다 더 중요한 의미를 가진다고 생각된다.

거기에다가 이중 언어 육성의 입장에서 일본의 영어 교육과 외국어 교육을 되돌아보면, 전이라는 개념을 바탕으로 큰 그림을 그리고 장기적인 구상 아래 유아기부터 외국어를 접하게 하면 일본에 있으면서도 일본어와 더불어 유용한 제2 언어 능력을 획득하여 일본어와 영어, 일본어와 중국어, 일본어와 한국어 등 두 개의 언어의 구사력뿐만 아니라 문해력을 겸비한 인재 육성이 가능하다고 생각된다. 긍정적 전이를 기대하기 위해서는 어느 정도로 집중하여 어떤 내용으로 프로그램을 구성할 필요가 있는지 등에 대해서는 일본어를 제1 언어로 하는 보다 많은 연구 조사가 이루어져야 할 것이다.

(2) 소수 언어의 경우

많은 소수 언어 아동들은 모어가 방치되어 모어의 읽기와 쓰기 능력이 전혀 없는 상태에 놓여 있다. 이와 같은 상황에서 가정에서 계속해서 L1을 사용하는 것만으로는 L2에서 L1으로의 자연 전이는 잘 일어나지 않는다.

소수 언어 아동 가운데 두 개의 언어 구사는 물론이고 읽기와 쓰기까지 가능한 이중 언어 사용자로 육성하기 위해서는 어느 정도의 L1이 필요한 것일까? 이 문제는 언어 영역별로 생각해야 할 것이다. 실례 (4)의 회화 능력 조사에서는 만 9세를 분수령으로 계승어가 유지 가능한 연령과 계승어의 상실로 이어질 위험성이 있는 연령이 확실히 나누어졌다. 만 9세 정도까지, 다시 말해 언어 형성기 전반에 안정된 회화 능력을 갖출 필요가 있다는 것이다. 그러나 이것은 BICS 면에 대해 말할 수 있는 것으로 CALP 면의 회화 능력 획득에는 또 하나의 장애물을 넘어야 할 필요가 있다. 회화 능력은 초기 일본어의 별도 수업을 통해 누구라도 문제 없이 일본어를 습득할 것으로 생각하고 있는데, 사실은 그렇지 않다. 또 하나의 장애를 극복할 수 있었던 어린이, 즉 CALP 면의 회화 능력을 L1과 L2, 양 언어로 획득할 수 있었던 어린이는 전체의 22.5%에 지나지 않았다. 학교 수업을 따라갈 수 있는 CALP 면의 회화 능력을 획득하기 위해서는 그 나름대로의 지원이 필요하다. 미국 초등학생의 일본어 습득 과정을 조사한 이가라시 외(Igarashi et al., 2002)는 교사의 입력(input)은 어구·단문 수준에서 문장 수준으로 의식적으로 향상시키지 않는 한, 학습자를 만년 ACTFL-OPI[4] 가이드라인의 초급 수준 (Novice)에 머물게 할 위험성이 있다고 하는데, 전적으로 동의하는 바이다. L2로 실시하는 교과 수업은 교사 중심의 수업이 되기 쉽고, 교사가 학습자를 언어 능력이 부족한 학생으로 여겨 틀에 박힌 간단한 응답밖에 기대하지 않는 경우가 많다. 이 때문에 학습자는 수동적인 입장이 되어, 스스로 솔선해서 하는 확장적 말하기(extended speech)나 지적 탐구를 목표로 하는 탐구 대화(exploratory talk) 능력이 부족한 상태로 몇 년을 보내게 된다. 그리고 이러한 어린이들의 가정 언어 환경을 보면, 어린이의 모어 능력이 약하기 때문에 부모와 양방향의 상호 작용이 충분히 이루어지지 않는다. 이와 같은 이중고를 겪는 어린이들의 회화 능력을 더욱 더 향상시기기 위해서는 L2의 CALP 면에 초점을 맞추어 연소자를 위한 회화 교육 방법을 궁리할 필요가 있다.

다른 하나는 초기의 회화 능력의 획득, 다시 말해 BICS 면의 습득에서도 어려움을 겪는 제한적 이중 언어 상태의 어린이가 전체의 11%나 된다는 것이다[5]. 그 이유를 조사해 보면 a)는 성격이 내성적이고 타인과의 관계 형성이 어렵고 기초적인 BICS가 성장하지 않은 경우이다. b)는 반대로 성격이 외향적이고 L2가 미숙함에도 불구하고 사람과의 상호 작용을 활발하게 시작한 결과 L1 혼용이나 문법적 오용이 많은 상태로 습관화된 경우이다. 유일한 일본어 화자로서 가정에서 자녀에게 과도하게 기대를 걸고 있다든지 집단 거주 지구에 살고 있어 정확도가 낮은 L2를 접하는 기회가 많기 때문에 좀처럼 나아지지 않는 예이다. 이들은 윙 필모어의 '사회적 맥락과 언어 습득 모델'의 사회적 과정에서 도중에 실패한 사례라고 할 수 있을 것이다. c)는 뭔가 기능적인 장애로 인해 L1의 발달이 늦어지고 L2에서도 어순이 바르지 않거나 품사를 제대로 활용하지 못하거나 또는 L1의 혼잣말을 L2와 혼용하는 등의 사례이다. 이것은 윙 필모어의 언어적 과정 혹은 인지적 과정에 문제가 있는 경우로 만약 이와 동일한 현상이 L1에서도 L2에서도 나타나는 것 같으면 학습자에게 뭔가 기능적인 장애가 있을 것이라고 보아야 할 것이다. d)는 국가 차원을 넘는 전학, 즉, 갑작스러운 학교 환경의 변화에서 오는 심리적 갈등 때문에 두 개의 언어가 침체되는 사례이다. 예를 들어 6학년 M(만 12세)은 일본어로는

조사자의 질문에 전혀 대답을 하지 않거나 대답한다고 해도 '모른다'로 일관한 피실험자이다. 이미 일본에 체류한 연수가 2년 반이나 되는데도 불구하고 일본어를 말하는 양이 극히 적었다. 담임 교사의 이야기로는 성격이 강하고 학습에도 소극적이어서 수업 시간에 상당히 곤란을 겪고 있다고 한다. 친한 친구와 헤어져 일본에 오게 된 것에 대한 반항으로 일본 학교를 아주 싫어하며, 알고 있어도 스스로 결코 일본어로 말하려고 하지 않고 반 친구가 일본어로 말을 걸면 포르투갈어로 대답한다고 한다. 즉, 일본어의 입력(input)은 있어도 출력(output)이 없는 상태에 스스로를 방치하는 상황이다. 이와 같은 사례는 웡 필모어의 모델에 '심리적 과정'을 하나 더 추가하여 초기 단계에서 심리적인 면의 치료를 해야 할 일례이다.

독해 능력 · 어휘력은 어떨까? L2 읽기의 획득에 있어 두 개의 벽을 넘을 필요가 있다. 하나는 만 4세 정도부터 8세에 걸쳐 문자를 습득하는 일과 기초적인 읽기 능력을 갖추는 일이다. 다음은 만 10세 정도부터 향상되어 가는 고도의 독해 능력이다. 초등학교 저학년의 읽기 능력을 1차적 읽기 (Reading First)라고 부르고, 새로운 지식을 얻기 위한 독해 능력 획득을 2차적 읽기(Reading Second)로 구별하는 경우도 있다. 셸과 야콥(Chall & Jacob, 2003)은 이들 둘 사이에서 일어나는 읽기의 질적인 변화에 따라 갈 수 없는 경우에 대해 '4학년의 침체 현상'(Fourth Grade Slum Phenomenon)이라 부르고 주의할 필요가 있다고 지적했다.

'1차적 읽기(learning to read)'에서는 문자 판독부터 시작해 자동화가 진행되어 문자 해독을 쉽게 할 수 있게 됨과 동시에 단문이나 문장의 의미를 어느 정도 파악할 수 있게 된다. 막힘 없이 읽기 위해서는 기존에 습득한 어휘가 5000단어 정도 필요하다고 한다(Daswani, 1999: 161). 또한 이미 알고 있는 어휘가 95% 이상이 아니면 문장 내용의 추측이 어렵다고 한다(Laufer, 1992). 이에 대해 '2차적 읽기(reading to learn)'는 내용도 복잡해지고 추상적인 내용이 많아짐과 동시에 문장이 길어지고 구문도 복잡해진다. 게다가 읽기의 깊이도 달라져 사실 관계의 이해를 넘어 통찰력을 전적으로 필요로 하는 읽기 방식을 취하게 되고, 여러 가지 목적과 장르의 교재를 학습자가 나름대로 터득한 독서 방법을 동원하여 효율적으로 읽기를 할 수 있게 된다. 일본인으로 일본어를 말할 수 있는 어린이라도 읽기의 질적 변화를 따라가지 못하여 곤경에 빠질 수도 있는 점을 감안해 보면 어휘도 적고 회화 능력도 부족한 상태에서 배운 지 얼마 되지 않은 외국어로 위와 같은 수준의 읽기 능력을 획득하려고 한다면 도중에 실패하고 마는 어린이가 많아지는 것은 극히 당연한 일이다. 실례 (2)의 카타리나와 같이 글자 자체는 읽을 수 있지만, 문장 전후의 의미를 추정해서 내용을 이해하는 방법을 모르는 어린이도 나오게 되는 것이다.

지금까지 '제한적 이중 언어(double limited bilingual)'에 관한 사례와 상황에 대해 언급해 왔는데, 양쪽 모두 유아기의 언어 발달 지체를 보인 경우였다. 어린이가 언어를 접하는 양이 불충분한 언어 환경과 문자 환경에 놓이기 때문에 발생하는 언어 전체의 발달이 지연된다. 이에 대해 학령기 아동의 '제한적 언어' 현상이라고 할 수 있는 사례도 있다. '2차적 읽기'의 실패는 이에 관련된 전형적 예라고 할 수 있다. 국가 간의 이동 때문에 취학하지 못한 시기가 있었다든지 학습 언어의 전환을 강요받았다거나 유아기의 언어 발달 지체가 계속되고 있는 경우 등, 여러 가지 이유로 파메라와 같은 'semi-literate'(두 언어 모두 읽기 쓰기가 불충분함)라는 상태가 되는 것이다. 이와 같은 상태에 빠져 괴로워하고 있는 아동에 대해서는 사고력을 높이고 학습 방법을 가르치는 인지 활동에 참여시킴과 동시에, 커민스가 주장한 정체성 텍스트와 같은 협동 기획에 참여시켜 자존감을 높이는 일 등 지도자 쪽의 노력이 필요할 것이다.

제8장 작문 능력과 어휘력 전이의 실태

앞 장에서는 독해 능력과 회화 능력에 관해 두 개의 언어 간의 전이의 실증 예를 소개함과 동시에 이중 언어 육성과의 관계에 대해 논했다. 그러면 다른 언어 영역에 있어서 전이의 실태는 어떨까? 이 장에서는 작문 능력과 어휘력에 대해 일본어를 포함한 두 언어 간 전이의 실증적 연구를 소개한다. 작문 능력과 어휘력은 이중 언어 육성에 있어서 최대의 과제가 되는 영역이다. 체류 기간이 길어도 사용 어휘가 결여되거나 문장을 제대로 쓸 수 없는 사례가 상당히 많기 때문이다. 여기에서 소개하는 사례는 모두 소수 아동을 대상으로 한 것이지만, 이중 언어 프로그램으로 공부하고 있는 예, 그렇지 않은 예와 같이 여러 가지 환경에 처해 있는 경우들이다. 이와 같은 조건에서 작문 능력과 어휘력의 전이가 두 언어 간에 어떻게 일어나는지를 살펴봄과 동시에 실증 예에서 얻어지는 교육에 대한 시사점, 나아가 앞으로 풀어야 할 연구 과제에 대해 기술하는 것으로 한다.

1. 작문 능력의 전이

(1) 연소자가 '문장을 쓴다'는 것은?

발달 단계에 있는 연소자에게 있어 '문장을 쓴다'는 것은 자기 표현의 한 수단이다. 여러 가지 현상 혹은 자기의 감정·의견을 문장으로 표현하는 것은 시간과 공간을 넘어 의사를 전달 가능하게 하고 넓은 세계를 보게 한다. 더욱이 문장을 쓰는 것은 연소자의 인지 능력을 키운다는 의미에서도 중요한 활동이다. '문어'를 익히는 것과 관련해서 모로(茂呂, 1988)는 '대분수령 이론[1]'의 주장을 다음과 같이 정리하고 있다.

> …구어는 맥락(눈앞의 비언어 상황)에 의존하는 말인데 비해 문어는 맥락을 벗어난 말이다. 구어는 사고를 맥락에 의존한 것으로 제한하지만, 문어는 탈 맥락적인 사고를 가능하게 한다. 이러한 대면·대화 상황을 벗어난 활동으로 추상적인 사고를 할 수 있게 된다.

(茂呂, 1988: 51-52)

다만 쓰는 것이 바로 인지적인 발달을 촉진하는 것은 아니다. 그 방법도 중요하다. 우치다(內田, 1990)는 읽기와 쓰기 능력이 전이하는 영역은 제한되어 있다는 점, 즉 문어를 익히는 일이 바로 지적 기능 전반에 변용을 초래하는 것은 아니라는 것을 지적한 다음, '보다 적절한 표현, 보다 좋은 표현을 찾아 자기가 쓴 문장을 퇴고(推敲)하면 복잡한 정보 처리가 이루어져 이것이 사고의 육성으로 이어진다'고 말하고 있다. 다시 말해 문장을 퇴고하는 훈련으로 연소자의 사고의 발달을 촉진할 수 있다는 것이다.

---

1) '대분수령 이론'이라는 것은 말에는 구어와 문어가 있으며 문어를 획득하는 것으로 인간의 인지 능력이 비약적으로 증대되었다는 것이다(茂呂, 1988).

a) 구체적으로 어떤 기술이 필요한가?

구어와 문어가 존재한다는 것은 '쓴다'는 기술이 단순히 구두 능력을 그대로 반영하는 것이 아님을 의미한다. '쓴다'는 것은 식자(識字)·철자 등의 단어 수준의 기술, 작업 기억(working memory)[2]·주의 등의 인지적 능력, 그리고 기획(planning)·메타 인지·개인의 방식·자기 통제 등의 고도의 기술이 필요하다(Lesaux et al., 2005). 이것을 커민스가 분류한 언어 능력과 대조해 보면, 식자·철자 등의 어휘 수준의 기술은 커민스의 언어 능력 3영역 가운데 '변별적 언어 능력(Descrete Language Skills: DLS)'에 해당한다고 볼 수 있다. 그리고 작업 기억·주의 등 인지적 능력과 기획·메타 인지·개인의 방식·자기 통제 등 고도의 기술은 '학습 언어 능력(Academic Language Proficiency: ALP)'에 해당할 것이다. 다시 말해 '쓴다'는 기술은 복수의 영역에 걸쳐 있는 고도의 기술이라고 말해도 좋다.

b) '문장을 쓴다'는 능력은 두 언어 간에 전이하는가?

위와 같이, 쓰기는 구어와는 다른 몇 가지의 규칙을 익히지 않으면 안 된다. 예를 들면 철자와 단어의 구분법, 영어 등은 언제 대문자로 쓰는가 등의 규칙을 이해하지 않으면 안 된다. 나아가서는 그와 같은 정해진 규칙뿐만 아니라, 이상적인 수사법(rhetoric)과 문어에 어울리는 문체에 대해서도 알아 두어야 한다. 데이비스 외(Davis et al., 1999)는 L1로 이와 같은 규칙을 익혀 두면 L2로 '쓴다'는 것을 배울 때 응용할 수 있기 때문에 유리하다고 말하고 있다. '쓴다'는 기술을 L1에서 L2로 응용할 수 있는 것은 언어 능력의 전이이며, 커민스가 제시한 5개의 전이 영역 가운데 '개념적 지식의 전이(transfer of conceptual elements)'와 '메타 인지·메타 언어 전략의 전이(transfer of metacognitive and metalinguistic strategies)'에 해당한다고 생각된다.

그러면 '문장을 쓴다'는 영역에 있어서 두 언어 간의 전이는 구체적으로 어떤 형태로 일어나는 것일까? 우선 성인을 대상으로 한 제2 언어 습득 이론 분야의 작문(writing)에 있어서 L1과 L2의 관계에 대해 어떤 견해가 있는지, 다음으로 연소자를 대상으로 한 작문 능력의 L1과 L2의 관계를 분석한 국내외의 실증적 연구를 예로 들어, 지금까지 어떤 것이 밝혀졌는지를 살펴보기로 한다.

(2) 작문 능력 전이의 실증 예

성인을 대상으로 한 제2언어 습득 연구에 있어서 L1과 L2의 작문의 관계는 대조 수사학(contrastive rhetoric analysis)의 관점에서 분석되어 왔다. 여기에서 지적되고 있는 것은 L1으로 습득한 개별 언어 특유의 수사법을 L2의 작문에 적용한 결과 부정적 전이로 나타난다는 것이다. 그러나 근래에는 개개인의 글쓴이에 따라 L1/L2로 쓰인 것을 분석하는 것으로 부정적 전이[3] 뿐만 아니라 긍정적 전이도

---

2) 작업 기억(working memory)은 정보들을 일시적으로 보유하고 각종 인지적 과정을 계획하고 순서를 매겨 실제로 수행하는 작업장을 가리킨다(감수자 주).

3) 여기에서 말하는 '전이(transfer)'라는 것은 언어 운용에 있어서 관찰되는 L1에서 L2로의 구체적인 영향(표기, 어휘, 문법 등)을 가리키며 개념 수준의 전이와는 다르다.

있다는 점이 보고되어 있다.

예를 들어 커밍(Cumming, 1989)은 불어를 모어로 하는 대학생에 대해 영어로 된 '편지글', '소논문', '요약문'의 세 가지 형태의 과제를 주고, 'L1의 문장력[4]'과 'L2의 능력(면접 평가)'과의 관계를 분석했다. 그 결과 'L1의 문장력'은 L2의 작문 구성, 내용, 문제 해결 방식 등 많은 면에서 좋은 영향을 주고 있었다. 그리고 'L2의 능력'은 작문 전체의 질을 높이는 부가적인 요소였다고 한다. 또한, 인지 능력이 좀 더 필요한 '소논문', '요약문' 쪽은 L1의 문장력 영향이 컸다고 한다.

일본어를 제1 언어로 하는 연구에서는 히로세와 사사키(Hirose & Sasaki, 1994)와 사사키와 히로세(Sasaki & Hirose, 1996)가 일본어를 모어로 하는 대학생에 대해 영어로 된 '설명문'의 과제를 부과하고 L2의 작문에 영향을 주는 요인이 무엇인가를 분석했다. 그 결과, 당연히 예상되던 L2의 언어 능력(표준 테스트)뿐만 아니라 L1의 문장력도 L2의 작문의 질에 영향을 미친다는 것이 명확해졌다. 그리고 구보타(Kubota, 1998)는 일본인 대학생이 작성한 L1과 L2(영어)의 설명문과 설득문을 분석해 50%의 학생이 L1과 L2에서 같은 수사법을 사용한다는 점, 구성의 득점에 상관 관계가 보인다는 점, 그리고 부정적 전이는 보이지 않았다는 점을 보고하고 있다.

이와 같이 제2 언어 습득 연구에서는 L1은 L2의 작문에 반드시 악영향을 미치는 것은 아니며 반대로 좋은 결과를 가져오는 사례가 있다는 것이 보고되어 있다. 이것은 언어적인 측면이라고 말하기보다는 내용, 구성, 개인의 작문 방식, 수사법이라고 하는 개념 수준에서의 영향이다.

연소자를 대상으로 작문 능력을 분석한 연구에도 작문의 표층면에 보이는 L1에서 L2로의 영향(이동)을 관찰한 것과, L1과 L2의 작문 능력의 관계(개념 수준의 전이)에 착안한 것이 있다. 같은 문해력이라도 독해 능력에 비해 작문 능력을 분석한 연구는 극히 적은 것이 현실이지만 그 가운데 대표적인 것을 예로 든다.

◆ 에델스키(Edelsky, 1982)

에델스키(1982)는 산출된 작문을 관찰하여 L1에서 L2로의 영향을 질적으로 분석한 것이다. 연소자의 작문 능력에 있어서 L1과 L2의 관계를 다루었다는 의미에서는 선구적인 것이었다.

에델스키는 애리조나주의 초등학교의 이중 언어 프로그램에 재적하는 스페인어를 모어로 하는 어린이의 작문 자료를 수집했다. 이 프로그램의 특징은 L2(영어)에 앞서 L1(스페인어)의 문해력의 기초를 만드는 것에 힘을 쏟고 있다는 점이다. 초등학교 1~3학년 9명의 영어 작문을 관찰하였더니 모든 측면에서 L1에서 L2로의 응용(apply)이 보였다고 한다. 즉 철자와 문장을 완성하는 방법에서 문장의 구성, 나아가서는 '문어에는 제약이 있다'라는 지식(코드 스위치를 회화만큼 빈번하게 하지 않는 일 등)도 L2에 응용하고 있었다고 한다. 더욱이 이와 같은 응용은 두 개의 언어의 공통점과 상이점으로도 나타나고 있었다. 이런 점에서 에델스키는 연소자가 L1에서 쓰고 배운 것은 L2 습득에 장애(간섭)가 되기보다 오히려 L2로 쓸 때 도움(기초)이 된다고 지적하고 있다.

---

4) 여기에서 말하는 '문장력(writing expertise)'는 문법·어휘 등의 언어 사용을 포함한 것이 많은 '작문 능력(writing proficiency)'과는 구별되며, 뛰어난 구성과 내용을 쓰는 능력과 개인적 방식 등을 말한다.

이것은 캐나다 온타리오주에 거주하는 불어를 모어로 하는 학습자를 대상으로 한 연구이다. 학교에서는 불어로 교육이 이루어지지만 이 지역은 영어 화자가 다수이기 때문에 그 중에는 영어가 L1인 학습자도 있다고 한다. 복수의 학교에서 무작위로 선발된 9, 10학년(중2, 고1) 32명에게 불어와 영어로 작문을 하게 하고 두 개의 언어의 관계를 전체적 평가(holistic scoring)와 분석적 평가(analytic scoring)에 따라 분석하였다. 여기에서 '전체적 평가'는 작문 전체의 인상(印象)을 10단계로 평가한 것이다. 한편 '분석적 평가'는 문법 · 어휘 · 표기 · 수사법 · 내용 등의 20항목에 대해 각각 5단계로 평가한 것이다. 작문의 장르는 '이야기'와 '설명문'의 2종류였다. 분석 결과, 두 가지 장르 모두 L1과 L2 사이에 상관 관계가 보였다. 전체적 평가(이야기: r=.43, 설명문: r=.34)보다 분석적 평가(이야기: r=.77, 설명문: r=.78)에 따른 방법이 두 언어 간에 상관 관계가 강하게 나타났다. 카날 외의 연구에서는 말하기 · 듣기 · 읽기와 같은 기술보다 훨씬 인지 능력이 필요한 '쓰기'라는 영역에서 두 언어 간에 상관 관계가 보였다는 점에서 커민스의 2언어 상호 의존설을 지지한다고 결론 짓고 있다. 더욱이 분석적 평가에서는 '이야기'와 '설명문'에서 평가에 차이가 나지 않았던 점에서 분석적 평가보다 전체적 평가 쪽이 타당성이 더 높다는 것을 지적하고 있다.

이 연구는 당시, 그때까지 작문을 자료로 하여 커민스의 상호 의존설을 검증한 연구가 거의 없었는데, 그러한 시기에 이렇게 상세하게 분석했다는 점, 그리고 두 가지의 다른 평가 방법에 따라 두 개의 언어의 관계를 제시했다는 점에서 큰 의의가 있다.

◆ 라노즈와 스노(Lanauze & Snow, 1989)

라노즈와 스노(1989)는 상위 연령의 이민 자녀 쪽이 더 빨리 L2의 수업에 따라 갈 수 있게 된다는 사실에 주목하고, L1이 충분히 발달되어 있으면 L2의 운용을 빠르게 할 수 있다는 가설을 세웠다[5]. 이 가설을 검증하기 위해 코네티컷주의 영어와 스페인어의 이중 언어 교육을 받고 있는 푸에르토리코의 이민 자녀를 대상으로 L1과 L2의 작문 능력 관계를 조사했다.

대상 어린이는 4학년과 5학년 38명이다. 가정에서는 압도적으로 스페인어가 많이 사용되고 있다. 학교에서는 하루의 반은 영어로, 나머지 반은 스페인어로 수업을 받고 있으며 국어, 수학, 사회과 등 모든 교과를 두 개의 언어로 배우고 있는 것이 특징이다. 38명의 어린이를 'GG(담당 교원이 L2/L1 둘 다 양호로 판단한 어린이)', 'PG(L2는 미흡하지만 L1은 양호로 판단한 어린이[6])', 'PP(L2/L1 둘 다 미흡으로 판단한 어린이)'의 3그룹으로 나누어[7] 각 그룹의 L1/L2의 작문 평가에 어떤 차이가 있는지를 분석했다. 주어진 과제는 해변에서 노는 어린이들을 그린 그림을 보고 그것을 묘사하는 것이었다.

평가 항목은 (1) linguistic complexity(언어학적 복잡성) (단어 수와 t-unit의 길이 등, 작문 전체의

---

5) Lanauze & Snow(1989)는 이와 같이 L1의 높은 능력이 L2의 운용을 용이하게 한다는 것으로 단축 가설(shortcutting hypothesis)이라 부르고 있다.

6) L1/L2의 언어 능력을 판단할 때 구두 능력, 청해 능력, 독해 능력을 대상으로 하고 있다.

7) 'GP' 즉 L2가 양호(good)하고 L1이 미흡(poor)한 아동은 아주 적었기 때문에 조사 대상에 포함하지 않았다.

길이와 단문의 길이에 관한 것) (2) linguistic variety(언어학적 다양성) (동사·색깔을 나타내는 단어의 사용, 총 어휘수에 대한/개별 어휘수의 비율(type/token ratio) 등, 어휘의 다양성에 관련된 것) (3) semantic content(의미론적 내용) (무엇에 대해 쓰고 있는지 위치 관계·동작 등을 묘사하고 있는지 등, 내용에 관련된 것)의 세 가지이다. 이들 (1)~(3)에 대해 분석한 결과, 내용에 관련된 (3)에 대해서는 세 그룹 모두 두 언어 간에 상관 관계가 인정되지 않았다. (1)(2)에 관해서는 'PG' 그룹 (L2는 미흡이지만, L1은 양호)에서만 몇 가지 점에서 두 언어 간의 능력에 상관 관계가 인정되고(type/token ratio:r=.57, 별개어수:r=.82, 색깔을 나타내는 단어의 type/token ratio:r=.54), 'GG', 'PP' 그룹에는 상관 관계가 보이지 않았다고 한다. 이 결과는 'L1이 발달한 상태에 있으면 L2도 발달한다'는 예상과 반대되는 것이었다. 게다가 'PG' 그룹과 'PP' 그룹은 양쪽 모두 L2가 미흡이라고 판단되었음에도 불구하고 'PG' 그룹 쪽은 L1/L2 모두 (1)~(3)의 평가 항목에 있어 'GG' 그룹에 가까운 수치를 나타냈다. 이 두 가지 결과에서 라노즈와 스노(Lanauze & Snow)는 일상적인 회화 능력(BICS)이 아직 발달되지 않은 초기 단계에 있어서도 L1에서 인지 언어 능력(CALP)이 발달해 있으면 L1에서 L2로의 전이가 일어날 수 있다고 결론 짓고 있다. 그리고 이것은 커민스의 '학습에 관한 언어 능력은 구두 능력보다도 발달에 시간이 걸린다'고 하는 지적에 반해 작문 능력 쪽이 구두 능력보다 빨리 발달할 수 있다는 점을 시사한다고 고찰하고 있다. 즉 두 개의 언어가 동시에 발달한다는 것이다. 다만, 이것은 어디까지나 스페인어와 영어라는 같은 알파벳 표기의 예이다. 예를 들어 일본어와 영어와 같이 언어 체계가 크게 다른 언어의 조합에서는 같은 전이가 일어날지 어떨지는 의문이다. 덧붙여 라노즈 외(1989)는 'PP' 그룹의 어린이가 영어를 장시간 접함으로써 앞으로 어떻게 변화할 것인지에 대한 종단 조사가 필요하다고 지적하고 있다.

◆ 데이비스 외(Davis et al., 1999)

데이비스 외(1999)는 L1으로 읽기와 쓰기의 기회가 없는 경우, L2에서 L1으로 어떠한 영향이 미치는지, 소위 역방향 전이의 가능성을 검증한 많지 않은 연구 중 하나이다. 이 연구는 학년에 따른 L1/L2의 작문 능력의 차이, 다른 기술(독해 능력·청해 능력)과 작문 능력과의 관계, 그리고 L1과 L2 간의 작문 능력 관계에 대해 다각적으로 분석하고 있다.

대상 어린이는 시카고에 거주하는 히스패닉계의 초등학교 1~3학년 51명이다. L1 유지를 목표의 일부로 한 유지형 이중 언어 프로그램(maintenance bilingual program)에 참여하고 있다. 그러나 스페인어로 받은 수업은 20%이고 내용도 회화나 문화뿐이다. 교과 학습 영역의 수업은 모두 영어로 이루어지고 있다.

과제는 '지금까지 가장 재미있었던 일'에 대해 영어와 스페인어로 쓰는 것이다. 분석 항목은 (1) 전체 단어의 수(작문 전체의 길이) (2) 주절의 수(문장 구조의 복잡성) (3) 올바른 철자로 된 단어의 수 (4) 7문자 이상의 긴 단어의 수 (5) 담화 영역(7단계 평가)의 5 항목이다. 이들 항목에 대해 학년마다 변화가 있었는지를 일원 배치의 분산 분석(ANOVA)으로 측정했다. 그 결과 위의 (1)~(4)라는 언어 측면에 관해 L2인 영어 작문은 1학년부터 2학년 사이에 유의미한 향상이 있었으며, L1인 스페인어 작문은 2학년부터 3학년 사이에 향상되었다고 한다. 이와 같이 L1과 L2가 향상되는 시기에 차이가 있다는 점에서 L2에서 향상된 작문 능력이 L1으로 전이했을 것이라고 해석하고 있다. (5)의 담화 영역에 관해서는 언어적인 측면과는 달리 영어ㆍ스페인어가 동시에 향상되었다. 이와 같이 담화 영역의 발달에 대해서는 L1과 L2의 시차가 없었다는 점에서 학교 교육 이외의 요소(가정에서 책 읽어 주기 등)가 영향을 끼칠 가능성이 있다고 보고 있다. 그리고 문장을 구성하는 능력에 관해서는 설령 L1의 읽기와 쓰기 교육을 받지 않아도 L2에서 L1으로 전이할 수 있다는 점을 시사한다고 말하고 있다. 다만, 이 결과도 앞서 설명한 라노즈 외(1989)와 같이, 동일한 문자 표기의 언어 조합이기 때문에 일어나는 전이일 가능성을 부정하기 어렵다. L1으로 읽고 쓰지 않는 경우, 표기법이 다른 L2라면 L2에서 L1으로의 전이는 애초부터 기대할 수 없을 것이다. 더욱이 데이비스 외(1999)는 이주 후의 이른 시기부터 종단 조사를 실시함으로써 ELL 프로그램 양상이 두 개의 언어 발달에 미치는 영향을 명확히 할 수 있을 것이라고, 라노즈 외와 동일하게 종단 조사의 필요성을 지적하고 있다.

◆ 프란시스(Francis, 2000)

프란시스(2000)는 커민스의 2언어 공유설의 모델에 대해 언어 영역과 개념 영역을 확실히 나누어야 한다고 하면서 'Central Operating System(중앙 운영 체계)'의 모델을 제창하게 된다. 이것은 커민스의 빙산 모델을 수정한 것으로 '전이(transfer)'라는 표현의 애매함을 피하는 것이었다. 이 방식(그림 1)에서는 언어적인 면에서 겹치는 부분(△부분)과 추상적인 면에서 겹치는 부분(□부분)을 나타낼 수 있다. 예를 들어 담화 능력과 독해 능력 등은 언어 영역에서가 아니라 L1에서 L2(또는 L2에서 L1)로의 이동이라고하기보다 비언어적이고 개념적인 '공통 기저 언어 능력(Common Underlying Proficiency)' 쪽에서 접근하고 있다는 것이다. 이에 대해 한쪽의 언어에서 다른 쪽의 언어로의 '이동'은 언어 지식(어순, 음성 패턴, 형태소 등)과 관련한 것이며, 일반화나 분석 능력 등의 인지적 수단이 필요하지 않다고 한다.

〈그림 1〉 Central Operating System(중앙 운영 체제) 모델 (Francis, 2000: 176)

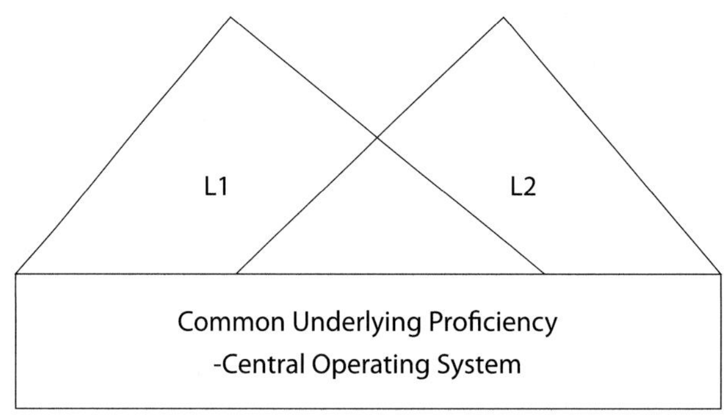

프란시스(2000)는 이 방식을 검증하기 위해 작문을 이용한 조사를 실시했다. 조사 대상은 중앙 멕시코에 있는 이중 언어 프로그램의 초등학교[8] 3학년 35명과 5학년 34명이다. 이들의 L1은 지역 언어인 나우아뜰(Náhuatl)이고 L2는 스페인어인데, 균형 잡힌 이중 언어도 있고, L2 우세도 있다. 어느 어린이이든 최소한 L1을 듣고 이해할 수는 있다. 학교에서의 교육은 거의 스페인어로 이루어지며, L1으로 읽고 쓰는 기회는 제한되어 있다.

작문 과제는 중간까지 쓰인 이야기를 마무리하는 것으로, '주제를 언급하고 있는가?', '핵심어를 사용하고 있는가?' 등의 항목에 대해 채점하고 있다. 그 결과 L1과 L2의 득점 사이에 중간 정도의 상관 관계(r=.57, p〈0.01)가 보였다고 한다. 이 학습자들은 L1으로 읽거나 쓰는 기회가 거의 없기 때문에 결과적으로는 L2에서 L1으로의 전이가 일어났을 가능성을 시사하고 있다. 데이비스 외가 지적한 담화 영역 외에도 L2에서 L1으로의 전이가 인정되었다는 것이다. 그러나 여기에서 주의해야 할 것은 역시 L1인 나우아뜰과 L2인 스페인어에 유사점이 있다는 것이다. 프란시스에 의하면 음성 면에서 두 언어는 공통점이 있다고 한다. 그리고 나우아뜰의 문어는 확립되지 않았지만, 스페인어와 같은 음운·표기 유형을 도입해서 썼다고 한다. 이와 같은 음성·표기상의 유사성이 L2에서 L1으로의 전이를 가능하게 한다고 볼 수 있을 것이다. 더욱이 지역과 학교에서 L1이 보호받고 있다는 점도 L1을 쓰는 동기 부여가 되어 L2에서 L1으로의 전이가 촉진되게끔 만들고 있을 가능성은 충분히 있다.

프란시스의 수정 모델을 도입하면, 이야기를 적절하게 끝낸다는 것과 같은 담화 영역의 능력은 L1과 L2에서 분리된 표층 아래의 Central Operating System(커민스의 공통 기저 언어 능력)에 접근한 것이 된다. 그리고 물론 이 Central Operating System은 L1과 L2의 언어 사용을 통해 형성된 것인데, 대부분은 비언어적인 입력(input)으로 이루어진 것이라고 프란시스는 주장한다. 담화 영역의 능력 대부분이 비언어적인 입력에 의한 것이라고 단언하기에는 검증이 필요하겠지만, 전이에는 보다 언어적인 것, 보다 인지적인 것이 있다는 점은 수많은 연구에서 제시된 것으로, 이것을 모델로 구현하려 했다는 점에서 흥미롭다.

계속해서 일본어를 포함한 전이에 대해 살펴보는데, 일본어를 제1 언어로 한 두 개의 언어의 작문 능력을 분석한 연구는 아주 드물다. 그 중에서 일본어 작문 능력에 대해 분석적 평가를 하고, 한편으로 또 다른 한 언어와의 관련성을 고찰한 연구로는 최초라고 할 수 있는 커민스와 나카지마(Cummins & Nakajima, 1987)를 예로 들어 본다. 이것은 해외 일본인 자녀를 대상으로 한 것이고, 이어서 예로 드는 이쿠타(生田, 2002, 2006)는 일본에 살고 있는 외국인 아동을 대상으로 한 것이다.

---

8) 멕시코에서는 선주민 공동체의 공립학교에서 이중 언어 프로그램을 실시하도록 정해져 있다고 한다. 프란시스의 조사 대상이 되고 있는 학교의 특징으로 모든 교원이 이중 언어 혹은 나우아뜰(Náhuatl)어를 이해한다는 점, 나우아뜰의 지위가 확보되어 있으며 어린이와 보호자는 교원과 나우아뜰과 스페인어를 자유롭게 구분해서 사용해 의사소통을 할 수 있는 점, 그리고 때에 따라서는 나우아뜰을 배우는 활동도 하고 있다는 점을 들 수 있다(Francis, 2000: 198-199).

◆ 커민스와 나카지마(Cummins & Nakajima, 1987)

커민스와 나카지마(1987)는 토론토 보충 학습 학교의 일본인 학습자 70명을 대상으로, 편지글을 과제로 하여 일본어와 영어의 작문 능력 관계를 분석했다. 우선 일본어의 산출량, 표기, 문장 구조, 구성, 내용, 스타일 등의 27 항목에 대해 수치를 제시하고 이러한 요소가 각각 영어 작문의 질(전체적 평가에 따름)과 표기법에 어떤 영향을 끼치고 있는지에 대해 중회귀 분석(重回歸分析)을 실시했다. 그 결과, 가타카나 표기의 정확성이 영어 표기의 정확성을 예측(β=.34, p<.05)하고, 또한 '나(私)'를 많이 사용하는 점, 즉, 주어를 명시하는 것이 질 높은 영어 작문을 예측(β=.22, p<.05)한다는 점을 알았다. 그러나 정확성과 문장 구성 등 다른 측면에서는 상관 관계는 보이지 않았다. 상관 관계가 그다지 보이지 않았던 것은, 편지글에 관용적인 표현이 많아 개인적인 특징이 잘 나타나지 않기 때문일 것이라고 분석하고 있다(中島, 2005). 커밍(Cumming, 1989), 커넬 외(Canale et al., 1988)에서도 작문의 장르에 따라 L1과 L2가 관계하는 강도가 다르다는 점을 지적하고 있으며, 연소자의 편지글에서는 개인 차가 나타나기 어려운 점이 두 언어 간에 보이는 관계성이 약했던 이유 중의 하나라고 생각된다.

◆ 이쿠타(生田, 2002, 2006)

이쿠타(2002, 2006)는 (1) 일본어 작문 능력과 체류 기간과의 관계 (2) 모어의 작문 능력과 출국 연령과의 관계 (3) 모어와 일본어 작문 능력과의 관계를 밝히기 위해 공립 학교에 다니는 브라질인 중학생 64명을 대상으로 횡단 조사를 실시하였다. 학습자들은 아이치현의 16 개교의 학교에 다니고 있고, 학습자들이 수업에 참여하는 형태와 모어를 유지하고 있는 상태도 가지각색이다. 그러나 기본적으로 일본에 온 직후 별도 수업에 참여하고 서서히 정규 소속반에서 배우는 시간을 늘려가는 방식을 취하고 있다. 별도 수업에서는 일본어를 중심으로 공부하지만, 국어와 사회, 수학 등의 교과 학습도 하고 있다. 모어 자체에 관한 교육은 조사 시점에서는 실시하지 않았다. 그러나 포르투갈어를 모어로 하는 어학 상담 교원이 각 학교를 순회하고 있어, 이때는 포르투갈어를 매개로 교과 학습 등이 이루어진다. 외국인 학생 수가 많은 학교에는 이와 같이 원어민 교원이 상주하고 있지만, 대부분의 학교에서는 어학 상담 교원이 한 달에 몇 번 또는 몇 개월에 한 번밖에 순회할 수 없다. 이같은 경우는 오히려 모어 상담사로서의 성격이 강하다.

이 조사에서는 이와 같은 브라질인 학습자 64명에게 포르투갈어와 일본어로 두 가지 사항(도회지의 생활과 시골의 생활)을 비교·평가하는 과제를 주었다. 그리고 아래의 (1)~(4)에 대해서는 분석적 평가를 하고 (5)에 대해서는 전체적 평가를 하였다.

    (1) 산출량 : 일본어는 문절 수, 포르투갈어는 단어 수

    (2) 어휘의 다양성 : 연어 수×2의 제곱근별 별개어 수[9]

    (3) 문장의 복잡성 : 모든 절에 포함된 종속절의 비율

---

9) 울프 킨테로 외(Wolfe-Quintero et al., 1998)에 의해 문장 전체의 길이를 고려한 가장 타당한 어휘 지표로 인정됨.

(4) 정확성(오용의 빈도) : 각 절의 문법 · 어휘 · 표기의 오용 수

(5) 구성과 내용 : '취지의 명확성/수미(首尾) 일관성', '논리의 명확성', '이유 제시', '내용의 풍부함'의 각 항목에 대해 2명의 모어 화자가 4단계로 평가한 것(16점 만점)

일본어 작문의 (1)~(5)에 대해 체류 기간과의 관계를 분산 분석으로 조사한 결과, 모든 측면에서 체류 기간이 영향을 끼치고 있다는 것, 즉 체류 기간과 더불어 확실히 일본어가 향상되고 있다는 것을 알았다. 다음으로 일본인 학습자가 쓴 작문과 비교해 (1)~(5)에 대해 차이가 있는지를 체류 기간에 따라 t검정(또는 U검정)으로 분석하였다. 그 결과 '어휘의 다양성'과 '정확성'이 일본인 학습자 수준에 이르기까지는 시간이 많이 걸려 최소한 4년은 필요하다는 것을 알 수 있었다.

포르투갈어 작문의 (1)~(5)에 대해 출국 연령과의 관계를 분산 분석으로 조사해 본 결과, (3) '문장의 복잡성'을 제외한 모든 측면에서의 발달은 출국 연령이 낮을수록 불리하다는 것을 알았다. 다음으로 브라질 거주의 단일 언어 학습자가 작성한 작문과 비교하였더니 출국 연령이 높을수록 단일 언어 중학생 수준을 유지할 가능성이 높지만, 만 9세 미만에 출국한 경우는 위의 (1)~(5)의 모든 측면이 단일 언어 중학생 수준에 이르지 않았다(혹은 유지되지 않았다)는 사실을 엿볼 수 있었다(生田, 2006).

나아가 일본어와 포르투갈어의 작문 능력 관계를 살펴보기 위해 체재 기간의 영향을 제외한 편상 관계수(偏相關係數)를 추적하였다. 〈표 1〉은 각 측면의 평균치이며 〈표 2〉가 편상 관계수이다(生田, 2002: 179).

〈표 1〉 일본어 · 포르투갈어의 각 측면 평균치(N=55[10])

	산출량	어휘의 다양성	문장의 복잡성	오용 빈도	구성과 내용
일본어(SD)	38.31 (24.8)	3.3 (0.71)	0.36 (0.21)	0.26 (0.3)	10.26 (2.61)
포르투갈어(SD)	71.25 (42.12)	3.92 (1.38)	0.29 (0.16)	0.57 (0.42)	10.48 (2.0)

〈표 2〉 일본어 · 포르투갈어의 상관(N=55)

	산출량	어휘의 다양성	문장의 복잡성	오용 빈도	구성과 내용
단순 상관관계수 r	0.1	0.0	−0.06	−0.23	0.31
체재 기간의 영향을 제외한 편상관계수 r	0.56	0.21	−0.08	−0.15	0.67

표 2와 같이 '산출량'(r=.56), '내용과 구성'(r=.67)이라는 측면은 두 개의 언어 간에 중간 정도의 상관 관계, '어휘의 다양성'(r=.21)에서 약한 상관 관계가 인정되었다. 이에 비해 '문장의 복잡성', '정확

---

10) 조사 대상이 된 64명 가운데 체류 4년 이상인 학습자 중에는 '포르투갈어로는 문장을 쓸 수 없다'라고 대답한 학습자가 있어, 결과적으로 포르투갈어로도 작문을 쓴 것은 55명이었다. 따라서 두 개의 언어의 상관 관계는 이 55명에 의해 쓰인 작문을 분석한 것이다.

성’은 상관 관계가 인정되지 않았다.

작문 능력 측면에서 왜 이와 같은 차이가 발생하는 것일까? 두 언어 간 상관 관계가 없었던 ‘문장의 복잡성’, ‘정확성’이라는 측면이 학습자 개개인의 언어 지식을 묻는 것인데 반해, 그만큼 강하지는 않지만 상관 관계가 있었던 ‘산출량’, ‘어휘의 다양성’, ‘구성과 내용’은 언어 지식뿐만 아니라 ‘어느 정도의 양을 다양한 단어를 사용해 알기 쉽게 쓸 수 있는가’ 하는 문장력을 반영하는 것이다. 이 세 가지의 측면에서 두 언어의 상관 관계가 보였다는 것은 L1에서 이들 능력을 습득한 학습자가 L2에도 응용했을 가능성이 있다.

이상을 정리하면, 다음과 같이 말할 수 있을 것이다. 작문 능력은 개별 언어 특유의 능력을 나타내는 ‘문장의 복잡성’, ‘정확성’과, 언어의 차이에 좌우되지 않는 개인의 문장력을 나타내는 ‘산출량’, ‘어휘의 다양성’, ‘구성과 내용’으로 구성되어 있다. 그리고 언어의 차이에 좌우되지 않는 개인의 능력을 나타내는 문장력은 커민스가 말하는 ‘공통 기저 언어 능력’을 반영하고 있는 것이 아닐까 한다. 그리고 이 능력에 관해서는 일본어와 포르투갈어와 같은 다른 언어 체계·문자 표기의 언어 조합에서도 전이가 일어날 수 있다는 것이다.

(3) 정리 및 교육에 시사하는 점

이상의 선행 연구를 통해, 성인 학습자의 L2 작문에 있어서 L1의 영향이 나타나듯이, 연소자의 작문 능력에 있어서도 L1과 L2 사이에 어떠한 형태로든 관계성이 인정된다는 것을 알았다.

주의해야 할 것은 작문의 장르·L1 능력의 수준에 따라 L2로 작문할 경우에 전이가 일어나거나 또는 일어나지 않는다는 점이다. 선행 연구는 소논문·요약문·설명문·이야기·비교문 등 추상도가 높고 인지 능력이 필요한 과제일수록 ‘L1의 문장력’의 영향이 크다는 점을 시사한다. 이들 결과는 커민스의 ‘인지도가 높은 CALP 쪽이 보다 상호 의존적이다’ 라고 하는 가설을 지지하고 있다. 그리고 사사키와 히로세(Sasaki & Hirose, 1996)가 지적하듯이, L2의 ‘쓴다’고 하는 과제에 있어서 L1의 능력을 살리기 위해서는 문법·어휘 영역 등에서 L2의 언어 능력이 어느 정도 일정한 수준에 도달해 있지 않으면 안 된다. 따라서 아무리 L1으로 작문 능력을 익혔다고 하더라도 L2의 언어 능력이 어느 정도 발달한 상태가 아니면 전이는 일어나지 않는 것이다. 라노즈와 스노(Lanause & Snow, 1989)에서는 L1이 발달한 상태에 있으면 비교적 이른 시기에 L1에서 L2로의 전이가 가능하다고 고찰하고 있는데, 이는 초등학교 저학년 수준의 작문 능력으로, 학년이 올라가면서 한층 더 고도의 문장을 쓰기 위해서는 역시 어느 정도 일정한 수준 이상의 L2에 대한 언어 능력이 필요하게 된다는 것을 의미한다.

또한, 데이비스 외(Davis et al., 1999: 247), 이쿠타(生田, 2002)가 지적하고 있듯이, 한마디로 작문 능력이라고 해도 어떤 측면(구문, 어휘, 담화, 구성 등)인지에 따라 두 언어 간에 전이하는 영역과 그렇지 않은 영역이 존재한다. 이것은 프란시스(Francis, 2000)의 방식 (234쪽, 〈그림 1〉)과도 일치하는 사고방식이다. 작문에서 왜 두 언어 간의 관계 강도가 다른지를 명확히 하기 위해서는 좀 더 검증할 필요가 있을 것이다.

이와 같은 두 언어 간에 일어나는 작문 능력의 전이에 관한 가능성을 교육 현장에서는 어떻게 활용하면 좋을 것인가? 드레슬러와 카밀(Dressler & Kamil, 2006)은 데이비스 외(1999)와 프란시스(2000)의 'L2로 익힌 작문 능력은 L1에도 전이 가능하다'는 연구 성과를 받아들여, 저학년 때부터 L2로 교육을 받고 있는 어린이에 대해서는 L2로 작문 능력을 익히면 그 능력을 L1에 적용할 수 있다고 주장하고 있다. 또한 라노즈와 스노(1989)의 연구 성과를 바탕으로 L1이 발달한 고학년 아동은 L1을 통하여 얻은 '쓴다'는 것에 대한 지식에 의존하면서 L2로 쓰는 것이 가능하다고도 말하고 있다. 그러나 이들 조사는 모두 이중 언어 프로그램에 포함된 사례였다. 또한 L1이 소수 언어라고 해도 비교적 공동체에 있어서는 사회적 지위가 높고 두 개의 언어를 사용하기 쉬운 환경에 있는 어린이의 경우였다.

호른버거(Hornberger, 2003)가 지적하고 있듯이 두 개의 언어 중 어느 언어로 가르치는 것이 좋은지에 대해서는 어린이가 이미 가지고 있는 L1의 능력·인지 능력·부모의 태도·두 개의 언어의 능력 관계 등에 따라 다르기 때문에 한마디로는 말하기 어렵다. 그러나 일본의 소수 언어 아동에 관해서 말하자면 위의 해외 일본인 자녀의 사례와 같이 어떤 정해진 이중 언어 프로그램에 속해 있는 것은 아니다. 특히 외국인학교 등에 다니지 않는 한 모어로 쓰는 훈련을 받을 기회는 없는 것이나 다름없다. 따라서 전이도 일어나기 어려운 환경에 있는 것이다. 전이 문제는 둘째 치고, 그저 L2의 언어 지식이 생기기만을 기다리면, 그 사이에 L1의 작문 능력이 퇴행해 버리고 만다. 이 절에서 소개한 연구에서는 L1 교육이 보장되고 있는 환경에서는 작문 능력도 두 언어 간에 전이가 일어날 수 있음을 실제로 증명하고 있다. 따라서 외국인 아동의 경우, 우선은 L1으로 글 쓰는 기회를 어느 정도 확보할 수 있는가 하는 점이 작문 능력을 종합적으로 향상시키고, 나아가 문해력을 유지할 수 있는지 없는지의 열쇠가 될 것이다.

(4) 이 영역의 과제

이상 제2 언어 환경에 놓인 어린이의 작문 능력에 대해 L1과 L2의 발달 관계를 분석한 연구를 살펴보았다. 이들 연구에 대해서는 방법론에 있어서 다음과 같은 과제가 남아 있다.

우선 두 개의 언어의 능력 수준에 따라 전이 양상이 달라진다는 점이 밝혀졌지만, 앞으로는 커밍(Cumming, 1989)이 성인을 대상으로 실시한 것과 같은 'L2 언어 능력', 'L1 작문 능력'이 각각 L2의 작문 능력에 어떤 영향을 주는지에 대해 분석한 연구가 기대된다. 다음으로 현재 보이는 언어 능력뿐만 아니라 L1의 사회적 지위·L1의 학습 환경을 상세하게 기술하여, 그것이 L1/L2의 작문에 어떤 영향을 끼치고 있는지를 고찰한 연구도 필요할 것이다. 마지막으로, 환경이 변화함으로써 연소자의 L1의 능력은 크게 변화하지만, 그와 동시에 L2가 어떻게 변화해 가는지에 대해 종단적으로 조사한 연구, 특히, 출국 시의 L1의 능력이 어떤 상태였는지도 명확히 밝힌 연구가 나오기를 기대한다.

2. 어휘력의 전이

(1) 어휘력이란?

본래 어휘력이란 무엇을 말하는 것일까? 그것은 '어휘 지식의 폭(breadth)'과 '어휘 지식의 깊이(depth)'로 나타내는 경우가 많다. 어휘 지식의 폭이라는 것은 몇 개의 단어를 알고 있는지, 소위 어휘량을 가리키는 것이다. 이에 반해 어휘 지식의 깊이라는 것은 어떠한 단어를 어느 정도 알고 있는지를 말하는 것으로 여러 가지 관점에서 측정할 수 있다. 네이션(Nation, 2001)은 어휘 지식의 깊이를 다음과 같은 지식을 가지는 것이라고 정의하고 있다.

〈표 3〉 네이션(Nation)의 어휘 지식의 구성(What is involved in knowing a word)

형식	구어	수용 : 그 단어가 어떻게 들리는가?
		표출 : 그 단어를 어떻게 발음하는가?
	문어	수용 : 그 단어가 어떻게 보이는가?
		표출 : 그 단어를 어떻게 기술하는가?
	어(語)형성	수용 : 그 단어는 어떤 부분으로 형성되어 있는가?
		표출 : 의미를 나타내는 데 그 단어의 어떤 부분이 필요한가?
의미	형식과 의미	수용 : 그 어형은 어떤 의미를 나타내고 있는가?
		표출 : 그 단어의 의미를 나타내기 위해 어떤 어형이 사용되고 있는가?
	개념과 지시물	수용 : 그 단어의 개념에 무엇이 포함되어 있는가?
		표출 : 그 단어의 개념은 무엇을 지시하고 있는가?
	연상(聯想)	수용 : 그 단어는 무엇을 연상시키는가?
		표출 : 그 단어 대신에 어떤 단어를 사용해야 하는가?
운용	문법적 기능	수용 : 그 단어는 어떤 문형에 나타나는가?
		표출 : 그 단어는 어떤 문형에서 사용해야 하는가?
	연어(連語)	수용 : 그 단어와 함께 사용되는 것은 어떤 단어인가?
		표출 : 그 단어와 함께 어떤 말을 사용해야 하는가?
	운용상 제약	수용 : 언제, 어디서, 어떻게 그 단어가 사용되고 있는가?
	(사용 범위, 빈도 등)	표출 : 언제, 어디서, 어떻게 그 단어를 사용할 수 있는가?

(네이션, 2001: 27을 기초로 작성)

이중 언어를 구사하는 연소자의 어휘력을 측정할 때는 어휘 지식의 폭인가 깊이인가, 만약에 어휘 지식의 깊이라면 네이션의 어휘 지식의 구성에서 어떤 측면에 대한 것인지 등도 고려하지 않으면 안 된다.

(2) 어휘력의 전이

어휘력은 개별 언어 특유의 지식이기도 하지만, 과연 두 개의 언어 사이에 전이하는 것일까? 이

점에 대해 이중 언어 렉시콘(lexicon:어휘집) 분야에서는 어떤 견해를 얻을 수 있을까?

L1과 L2의 렉시콘에 대해서는 (1) 각각 별개의 기억 시스템에 축적되어 처리된다는 설(multiple memory model)과 (2) 공통된 처리 시스템이 존재한다는 설(common memory model)이 있다. 언어 간의 프라이밍(priming) 실험(L1 단어를 제시하고 그 다음 의미상 관련이 있는 L2 단어를 제시한다)에 따라 두 개의 언어 사이에 어휘 판단을 촉진하는 효과가 보인다는 점에서 L1·L2의 어휘 항목 자체는 별개의 독립된 기억 시스템에 들어가지만, 그것들의 의미적·개념적 표상은 공통의 보전·처리 시스템이 있을 것이라고 여겨지고 있다(門田, 2003: 225-226). 즉, 어휘 표상과 개념 표상은 서로 독립되어 있고 〈그림 2〉와 같은 도표로 나타낼 수 있다고 한다.

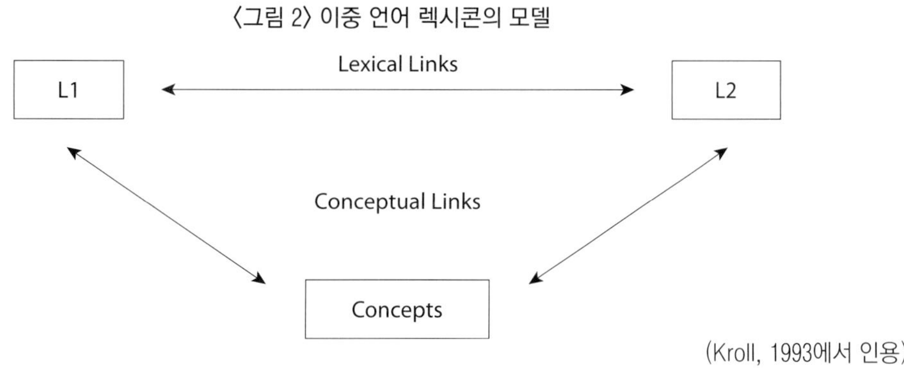

〈그림 2〉 이중 언어 렉시콘의 모델

(Kroll, 1993에서 인용)

〈그림 2〉의 모델은 L1과 L2 각각의 단어와 공통된 개념(concepts)이 직접 관련되어 있다는 것을 나타내고 있다. 어휘 처리는 L1과 L2에서 따로 이루어지지만, L1과 L2의 공통된 개념이 양 언어에 있어 의미를 처리한다는 모델은 커민스의 '공통 기저 언어 능력(Common Underlying Proficiency)' 모델과 동일한 견해를 보이고 있다. 다시 말해 이 공통된 개념의 존재가 두 언어 간에 어휘력의 전이를 가능하게 하는 것이다.

그러면 실제로 어휘력은 전이가 일어나는 것일까? 일어난다고 가정한다면 어휘력의 어떤 지식에 대한 것인지 선행 연구를 살펴보자.

어휘력에 있어서 두 언어 간의 전이에 대해 분석한 연구는 그다지 많지 않지만, 해외의 연구 가운데 네덜란드에 거주하는 터키인 자녀를 대상으로 한 버호벤(Verhoven, 1994)과 베르할렌과 슈넨(Verhallen and Shoonen, 1998), 미국 거주의 히스패닉계 자녀를 대상으로 한 오도네즈 외(Ordóñez et al, 2002), 캐나다에 거주하는 이란인 이민 자녀를 대상으로 한 파주헤시(Pajoohesh, 2007)를 소개한다.

◆ 버호벤(Verhoeven, 1994)

버호벤(1994)은 이중 언어 교육의 유효성을 지지하는 이론인 커민스의 2언어 상호 의존설을 검증하기 위해 구두 능력과 어휘력 등에서 L1과 L2의 관계를 종단적으로 조사한 것이다. 조사 대상은 네

딜란드 거주의 터키인 아동 98명이다. 평균 연령은 만 6.7세이고 체류 기간은 2년 이상이다. 이 가운데 74명은 주 3시간의 L1 수업이 있는 프로그램에 재적하고 있으며 25명은 읽기와 쓰기 선행의 이행형 이중 언어 프로그램에 재적하고 있다.

분석 항목과 자료 수집 방법은 다음과 같다.

(1) 담화 능력(그림을 도입해 공간을 묘사한다. 친구들과 자유로운 대화를 나눈다)
    · 75 발화당 내용 단어의 별개 단어 수를 계산한다.
    · 1 발화당 평균 형태소를 계산한다.
(2) 어휘력(그림을 도입해 수용과 표출을 테스트한다)
    · 들은 단어와 일치하는 그림을 4개 가운데 선택한다.
    · 그림으로 그려진 것의 이름을 말한다.
(3) 문법 능력(여러 가지 통어 구조를 포함한 24개 문장의 반복)
(4) 듣기 능력(최소 대립어(minimal pair)의 판단)
(5) 단어의 음독
(6) 독해 능력(여러 가지 결속 유형을 가진 3개의 문장을 읽는다)
    · 1개의 문장을 20개로 나누어 흩어 놓고 처음 또는 마지막 부분을 맞춘다.
    · 지시어가 가리키는 내용을 다지선다형으로 선택한다.
    · 내용 이해의 설문에 대답한다.

위의 (1)~(4)에 대해서는 서브머전 프로그램의 74명을 대상으로 1학년 초부터 2학년 말까지 3회에 걸쳐 종단 조사를 실시했다. (5)(6)에 대해서는 이들 74명의 아동에게 이중 언어 프로그램의 25명을 더해 2학년 마지막에 1회 조사를 실시하였다. 이렇게 얻어진 이중 언어 자료를 근거로 연령에 따른 차이가 있는지를 다변량 분산 분석 (Multiple Analysis of Variance : MANOVA)에 따라 분석했다. 나아가 L1/L2 사이의 상호 의존 관계와 분석 항목과 잠재적 변수의 관계를 명확히 하기 위해서 LISREL(Linear Structural Relations Analysis)에 따른 공분산 구조 분석을 실시했다. 그 결과 다음과 같은 내용을 알 수 있었다고 한다.

(1) 모든 측면에 연령과 함께 유의미한 성장이 인정된다.
(2) 담화 능력은 만 6~8세 때는 L1에서 L2로의 영향이 강하고 두 개의 언어 간에 상호 의존하는 경향을 보이고 있다.
(3) 어휘력에서는 두 언어 간의 상호 의존 관계는 나타나지 않는다.
(4) 문법 능력은 종단 조사 중, 첫 번째 테스트에서만 L1과 L2가 상호 의존하고 있었다.
(5) 청취 능력은 두 언어 간에 상호 의존 관계가 보이지만, 연령과 함께 약화된다.
(6) 단어의 음독과 독해 능력은 동시에 L2에서 L1으로 전이되는 현상이 나타난다. 특히 단어의

음독에 대해서는 전이의 양상이 강하게 나타났다.

(3)과 같이 어휘력 테스트에 관해서는 L1과 L2 사이에 상호 의존 관계가 인정되지 않고 두 언어 간의 전이는 일어나지 않는다는 결과를 얻었다. 이들 결과에서 베르호벤은 최소 대립어(minimal pair)를 판단하는 메타 언어 능력과 독해와 같은 추상도가 높은 과제에 있어서는 한쪽 언어에서 다른 한쪽 언어로의 전이가 일어나지만, 문맥에서 분리된 어휘력 과제와 기억력에 의존하는 형태 구문의 과제에서는 L1에서 L2로의 전이가 일어나지 않을 것이라고 고찰하고 있다.

이 버호벤(1994)의 어휘력 테스트는 단어를 듣고 그에 맞는 그림을 고른다는 수용 테스트와 그림을 보고 단어를 말하는 표출 테스트이다. 〈표 3〉의 네이션(Nation)의 어휘 지식의 구성과 서로 대조해 보면 '형식과 의미'에 해당한다고 여겨진다. 어휘의 형식에 관한 지식은 개별 언어 특유의 지식이며 추상도가 낮고 두 개의 언어 간에 전이하지 않는다는 사실을 엿볼 수 있다.

◆ 베르할렌과 슈넨(Verhallen & Shoonen, 1998)

베르할렌과 슈넨(1998)은 소수 언어 아동의 어휘 부족이 무엇에 기인하는지를 탐구한 연구이며 단순히 어휘 지식의 양을 측정한 것이 아니라 어휘 지식의 질에 초점을 맞춘 것이다.

대상은 네덜란드 거주의 터키인 아동 40명(만 9세와 11세 그룹)이다. 모두 네덜란드 출생이며 이민 자녀가 많은 학교에 재적하고 있지만 특별히 이중 언어 프로그램에 참여하고 있는 것은 아니다. 조사 대상으로는 교사의 협조로 평균 성적을 가진 아동이 뽑혔다. 아동들은 부모와는 주로 터키어로 대화하고 형제나 친구와는 네덜란드어도 섞어 쓰고 있다.

이들 아동에 대해서 먼저, 터키어용 PPTV(Peabody Picture Vocabulary Test)[11] 를 사용해 L1 어휘의 습득 정도를 조사한 결과, 만 9세 아동의 어휘력은 터키 거주의 단일 언어 사용 아동인 만 8세 아동의 수준에 상응하였고, 만 11세 아동은 단일 언어를 사용하는 10세 아동의 수준에 상응하였다. 즉 이민 아동의 L1의 어휘량은 단일 언어 아동보다 1년 늦어지고 있었다는 것이다. 한편으로, 네덜란드어의 어휘력에 대해서도 그림을 도입한 수용 테스트를 실시하고, 그 결과에 따라 만 9세 아동 그룹과 만 11세 아동 그룹을 각각 평균 이상과 평균 이하의 집단으로 나누었다.

다음으로 L1과 L2로 동일한 6개의 자극을 주는 단어('코', '육식 동물', '자명종 시계', '비밀', '책', '머리카락')를 주고 이에 연상되는 단어를 구두로 말하게 하는 테스트를 실시하였다. 테스트는 우선 L2로, 그 다음에 약 2주일 간격을 두고 L1으로 실시하여 얻어진 연상어(聯想語)는 형태에 따라 〈표 4〉와 같이 분류되었다.

---

11) 던과 던(Dunn & Dunn, 1981)에 의해 개발된 테스트로, 조사자가 발음한 단어를 네 가지 그림 가운데에서 고르는 것이다. 각국의 언어로 번역·개정되어 있다.

〈표 4〉 어휘의 의미 관계 분류

Paradigmatic	Hierarchical dummy	Empty superordinate
	Hierarchical taxonomical	Superordinate
		Synonym
		Subordinate
	Hierarchical patonomical	Constituents
Syntagmatic	Specific episode	Spatial(location)
		Perceptual
	Association	Associatives
Subjective	Attitudes	Personal opinions

(Verhallen & Shoonen, 1998: 459에서 인용)

위의 표에서 선택적 연상(paradigmatic)이란 유의어(類義語)와 상위어(上位語)·하위어(下位語) 등과 관련된 의미를 이해하고 있는지에 대한 것이다. 이에 대해 통합적 연상(syntagmatic)이란 어떤 단어의 에피소드와 연어 관계(collocation)를 말하는 것이다. 예를 들어, 연소자는 '개'라는 자극어에 대해 '짖다'(syntagmatic)를 연상하고, 연장자가 되면서 '동물'(paradigmatic)을 연상하게 된다고 한다. 다시 말해 성장과 더불어 통합적 연상에서 선택적 연상으로 어휘 지식의 질이 변화해 간다는 것이다. 이상과 같은 연상어 테스트에서 다음과 같은 결과를 얻을 수 있었다.

(1) 테스트에서 발화된 모든 연상어는 L1과 L2를 합해서 6,154개. 이 가운데 L1으로 한 것이 2,497개(40.6%), L2로 한 것이 3,657개(59.4%)이며 L2로 응답한 쪽이 많았다.

(2) 6개의 자극어 가운데 '코', '육식 동물', '자명종 시계', '머리카락'은 L1으로 응답한 것이 많았고 '비밀', '책'은 L2로 응답한 것이 많았다.

(3) 네덜란드어(L2)의 어휘력 상위군 아동은 L2를 사용한 응답 수가 많고 하위군 아동은 L1으로 한 응답 수가 많았다.

(4) L1/L2의 모든 응답을 봤을 때, 만 9세 아동은 통합적 응답이 많았던 것에 반해 만 11세 아동은 선택적 응답이 많았다. 다시 말해 연장자가 되면서 통합적 연상에서 선택적 연상을 하게 된다는 견해와 일치한다.

(5) 모든 아동을 살펴봤을 때, L2로는 선택적 응답이 많았던 것에 비해 L1으로는 통합적 응답이 많았다. 즉, L1보다 L2 쪽이 어휘의 질이 더 발달한 상태라는 것이다.

이들 결과에서 말할 수 있는 것은, 우선 어휘력의 표출 측면에 관해서 말하자면 이민 아동은 L1보다 L2 쪽이 확실히 우위에 있다는 점이다. (1)과 같이 테스트에서 산출된 연상어의 양 그 자체가 L1으로 한 것보다 L2로 한 것이 많았다. 거기에다가 (5)에서 알 수 있듯이 연상어의 질을 살펴보아도 L2 쪽이 선택적 응답이 많아 성장이 진행되고 있다. 이에 반해 L1의 어휘 지식은 통합적인 것에서 선택적인 것으로 이행이 되지 않고 있다고 볼 수 있다.

이 테스트는 연상어에 따라 어휘 지식의 깊이를 묻는 것이지만, 터키인 아동이 네덜란드의 학교에 다니며 L1이 아니라 L2로 학습 언어를 익히고 있는 것을 생각하면 당연한 결과라고 할 수 있을 것이다. 다만, 베르할렌 외(1989)에서는 L2가 L1보다 우위에 있었기 때문에 네덜란드인 단일 언어 아동의 어휘력과 비교해 볼 때, L2의 어휘력이 충분하다고는 할 수 없다고 지적하고 있다. 또한 터키인 아동의 L2의 부진은 L1에서 L2로 전이가 일어나지 않았기 때문이 아니고, 오히려 애초부터 L1의 어휘가 결여되어 있었다는 데에 원인이 있음을 설명하고 있다.

베르할렌 외(1989)는 자극어가 적은 것과 L1과 L2의 테스트의 결과에 대해 통계적인 처리를 하지 않은 점에서, L1에서 L2로의 전이에 대한 견해는 가설의 영역을 벗어나지 못하고 있다. 그렇지만, 연소자의 어휘력에 관해서는 어휘 지식량을 측정한 연구가 많은 가운데, 연상의 질을 물음으로써, 어휘 지식의 깊이에 관한 지체를 지적한 점은 흥미롭다.

◆ 오도네즈 외(Ordóñez et al., 2002)

오도네즈 외(2002)는 어휘의 선택적 지식(유의어나 상위어·하위어 등)과 통합적 지식(연어 등)이 각각 L1과 L2 사이에서 어떻게 관계하고 있는지를 조사한 것으로, 어휘력의 어떤 측면이 두 개의 언어 사이에서 전이하는지를 고찰한 것이다.

조사 대상은 미국의 매사추세츠주와 캘리포니아주에 살고 있는 히스패닉계의 초등학교 4학년 38명과 5학년 50명, 합계 88명이다. PPVT(Peabody Picture Vocabulary Test)에 따라 측정한 이들의 L1과 L2의 어휘력은 각양각색이었다. 이와 마찬가지로 독해 능력 수준도 광범위하게 분포하고 있었다. 이들 가운데에는 이중 언어 프로그램에 참여하고 있는 어린이도 있고 영어로만 교육을 받고 있는 어린이도 있다.

테스트는 '간단한 단어에 대해 다양한 수준의 지식을 표현할 수 있는가'에 중점을 두고 있다. 우선, 주변의 구체적인 단어 6개를 골라 이들에 대해 '○○라는 것은 무엇인가', '○○를 설명하시오', '○○는 어떤 식으로 보이는가'의 질문에 두 개의 언어로 답안을 받았다. '○○은 무엇인가'라는 질문은 상위어를 말할 수 있는지, 즉, 선택적 지식을 묻는 것이다. '○○를 설명하시오'라는 질문은 정의를 내릴 수 있는지를 보는 것이고, '○○는 어떤 식으로 보이는가'라는 질문은 통합적 지식을 묻는 것이다. 이들 답안을 점수화하여 L1과 L2의 점수에 대해 회귀 분석을 실시한 결과, L1의 선택적 지식이 있는지의 여부는 L2의 선택적 지식이 있는지의 여부를 좌우하고 있음을 알았다. 한편, 뭔가를 정의하는 능력과 통합적 지식은 두 개의 언어 사이에 전이하기보다 영어·스페인어 각각의 어휘 지식의 폭(위의 PPVT에 따라 측정한 것)과 관계가 깊다는 것을 알았다.

그렇다면 선택적 지식은 L1에서 L2로 전이한 것일까? 오도네즈 외(2002)는 L1의 선택적 지식이 L2의 설명 인자가 된 이유로 (1) 스페인어와 영어에서 humano/human과 같이 유사한 단어는 의미를 예측할 수 있었고 (2) L1으로 얻은 지식을 L2에 적용할 수 있었기 때문이라는 두 가지의 가능성을 들고 있다. 게다가 앞서 설명한 크롤(Kroll)의 '두 개의 언어로 어휘의 개념을 공유한다'는 이중 언어·렉시콘의 모델을 도입하여 'L1으로 익힌 단어의 개념은 L2 단어를 습득하는 데에 도움이 된다. 왜냐하면 새로운 개념을 구축하는 것이 아니라 L1으로 이미 가지고 있는 개념에 이름을 바꿔 붙일 뿐이기 때문이다'고 설명하고 있다. 이와 같이 오도네즈 외의 연구는 보다 추상도가 높다고 하는 선택적 어휘 지식이 L1에서 L2로 전이한 것을 시사하며, 또한 이 현상을 L2의 습득에 활용할 수 있다는 것을 암시한다.

◆ 파주헤시(Pajoohesh, 2007)

파주헤시(2007)는 소수 언어 아동이 계승어 교육을 받고 있는지의 여부가 L1과 L2의 어휘 지식의 깊이에 어떤 영향을 끼치는지를 분석한 것이다.

조사 대상은 토론토의 공립 학교에 다니는 이란인 초등학교 6학년 49명으로 3그룹이다. 먼저, 모국인 이란이나 토론토의 사립학교[12] 에서 페르시아어의 교과 교육을 받은 경험이 있는 그룹 BCB(Bilingual content-based) 16명이다. 평균 체류 기간은 3.8년이다. 가정에서도 페르시아어로 이야기하고 연령에 상응하는 능력을 갖고 있다고 한다.

다음으로, 계승어 프로그램[13]에서 페르시아어의 기초적인 읽기와 쓰기를 배운 그룹 BHL (Bilingual Heritage Language) 16명이다. 평균 체류 기간은 7.4년으로 길다. 부모는 페르시아어를 사용하지만, 본인들은 영어와 페르시아어를 동시에 사용하고 있다고 한다.

그리고 페르시아어로 교육을 전혀 받지 않은 캐나다 출생 그룹 MES(Monolingual English-speaking)에 속하는 17명이다. 부모는 영어 모어 화자이며 그들 자신도 영어밖에 말하지 못한다.

이들의 영어 어휘력은 2000 단어 내지 3000 단어 수준의 어휘력 테스트(Vocabulary Level Test)에서 3분의 2 이상을 맞춘, 어느 정도 일정한 수준에 도달해 있다. 페르시아어의 어휘력은 BVAT(Bilingual Verbal Ability Tests)[14]를 이용하여 평가하였다. 이 결과, BCB의 학습자는 다른 그룹보다 높은 어휘력을 가지고 있었다.

테스트 방법은 두 가지로, 우선 영어로 실시한 연상어 테스트와 영어/페르시아어의 단어 정의 테스트를 실시하였다. 연상어 테스트는 〈그림 3〉과 같이 관련 있는 단어를 3개 고르는 형태로 이루어졌다. 테스트는 33문제 버전과 여기에서 후술하는 단어 정의 테스트에 사용하는 16문제를 발췌한 버전, 2종류가 있다.

---

12) 이란의 교육부 관할로 모어와 동일한 교육 과정 · 교재를 사용하고 있다. 주말에 6-8시간의 수업이 이루어진다.

13) 토론토 교육위원회 관할의 계승어 프로그램으로 1주일에 1번, 3시간의 수업이 이루어지고 있다. 2장 73쪽의 '방과 후 수업'에 해당하는 것이다.

14) 무뇨스 산도발, 커민스, 알바라도와 루어프(Muñoz-Sandoval, Cummins, Alvalado & Ruef, 1998)에 의해 개발된 이중 언어의 어휘 테스트. 페르시아어판이 없기 때문에 번역한 것을 사용하고 있다. 테스트 내용에 대해서는 뒤의 미나미(Minami, 2002)를 참조할 것.

〈그림 3〉 연상어 테스트의 샘플

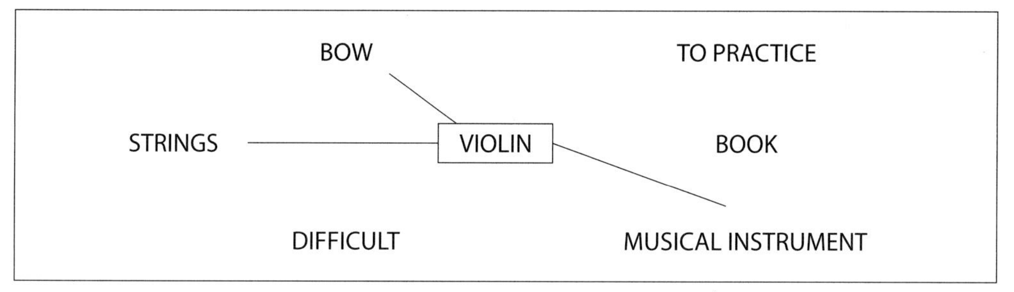

(Pajoohesh, 2007: 146에서 인용)

단어 정의 테스트는 어휘 지식의 표출 측면을 측정하는 것으로 '○○라는 것은 무엇인가'의 질문에 대답하는 면접 형식이다. 응답을 다음 세 가지 관점에서 평가하였다.

(1) 'X is a Y + Complement.'와 같이 문법적으로 정의한 표현이 적절한가?

(예) 'Nose is a part of body that helps you breath and smell.'과 같이 정의할 수 있으면 만점. 이 가운데 'is'나 'that'이 빠져 있거나 하면 감점 처리한다.

(2) 종속 관계의 표현 유형을 본다.

(예) 'part of body'와 같은 실질적 상위어(Real superordinate)의 경우는 5점, 'a facial thing'과 같은 제한적으로 결여된 상위어(Qualified empty superordinates)의 경우는 4점, 'thing/something/someone'과 같은 결여된 상위어 (Empty superordinates)의 경우는 3점, 여기에 동의어가 2점, 번역하면 1점으로 채점한다.

(3) 연어 통합적 지식을 본다. 적절한 명사 수식절을 붙일 때마다 1점을 더한다.

(예) 자전거에 대해 'has two wheels', 'is fun to ride' 등과 같은 묘사를 덧붙인다.

상기의 연상어 테스트와 단어 정의 테스트에 대해 모어로 교과 교육을 받은 아동(BCB) · 계승어 프로그램 아동(BHL) · 영어 단일언어 아동(MES)의 3그룹에 따른 차이가 있는지 없는지에 대해 ANOVA로 분석했다. 결과는 다음과 같다.

(1) 연상어 평가(영어)에서는 33문제 버전에서 그룹 간의 차이가 없었다. 그러나 16문제 버전에서는 BCB만 MES와 차이가 있었다.

(2) 영어의 단어 정의 평가에서는 BHL은 MES와 차이가 없었던 것에 비해 BCB는 MES보다 득점이 낮았다.

(3) 페르시아어의 단어 정의 테스트에서는 BCB와 BHL의 사이에 차이가 보이지 않았다.

이들 결과에서 알 수 있는 것은 캐나다 체류 기간의 장단(즉 L2를 사용한 교육 경험 기간)은 L2의 어휘 지식의 깊이를 좌우하고 있는데 비해, 이란 체류 기간의 장단(즉 L1을 사용한 학교 교육 기간)은 L1의 어휘력에 영향을 미치지 않았다는 것이다. 다시 말해 BHL 그룹은 L2로 얻은 어휘의 지식을

L1으로 전이시키고 있을 가능성이 있다. 이에 따라 파주혜시는 장기적으로 보면, BHL 그룹이 하고 있듯이 계승어 교육과 L2 학습을 조합함으로써 학습에 필요한 기술(skill)인 어휘 지식의 깊이가 L2에서 L1으로 전이하는 것은 아닌가 하고 고찰한다.

일본어를 제1 언어로 하는 어휘력 연구에는 우선 해외 귀국 자녀의 일본어·영어를 대상으로 한 오노(小野, 1989), 중국 귀국자의 자녀를 대상으로 한 오노 외(小野 外, 1999)가 있다. 오노의 테스트는 독자적으로 개발한 것으로 일본인의 언어 발달 조사에 근거하여 일본의 몇 학년에 해당하는지를 판단하는 것이다. 이 테스트를 이용한 조사에 가타오카 외(片岡 外, 2005), 칼더(カルダー, 2006)가 있으며 양쪽 모두 북미 거주의 해외 일본인 자녀·일본계 자녀를 대상으로 하고 있다. 일본 국내에서는 베트남인 자녀를 대상으로 한 야마구치·히후미(山口·一二三, 1998), 브라질과 페루 출신 아동을 대상으로 한 다케우치(竹内, 1999) 등이 있다. 이들은 모두 L1·L2의 어휘력과 체류 연수나 연령, 부모의 의식이나 학습 환경 등과의 관계를 고찰한 것으로 L1·L2의 관계 혹은 전이에 대해서는 분석하지 않았다.

두 개의 언어의 어휘력 관계에 초점을 맞춘 연구는 적지만, 두 가지를 예로 든다. 우선 일본 거주 중국인 자녀를 대상으로 한 이(李, 2001), 그리고 미국에 거주하는 해외 일본인 자녀·일본계 자녀를 대상으로 한 미나미(Minami, 2002)이다.

◆ 이(李, 2001)

이(李, 2001)는 앞서 설명한 오노(小野)가 만든 일본어와 중국어 어휘 테스트를 사용한 것이다. 대상은 일본의 중국인 학교에 재적하는 중학생 49명이다. 이 가운데 25명은 일본에서 태어났으며, 다른 24명의 체류 기간은 일본에 온 지 얼마 되지 않은 학생부터 체류 15년인 학생도 있다. 학교에서는 대부분 중국어로 교과 교육이 이루어지고 일주일에 6시간의 일본어와 중국어 수업이 있다고 한다.

이들 학습자에게 오노의 어휘력 테스트(중국어/일본어)를 실시한 결과, 두 개의 언어 간에 중간 정도의 상관 관계(r=.05)가 보였다고 한다. 오노의 테스트는 다지 선다형으로 어휘 지식의 수용 측면을 측정한 것이다. 어휘력에 상응하는 학년의 수준을 살펴보는 것이 목적으로, 교과 학습에 쓰이는 추상도가 높은 단어도 많이 포함되어 있다. 이 테스트의 결과는, 이와 같은 어휘를 L1으로 습득한 학습자는 L2로도 습득하는 경향이 있다는 점을 보여 주고 있다.

이 연구에서는 두 개의 언어의 문자 표기의 공통점, 즉 한자가 결과에 영향을 미쳤을 가능성이 높다고 생각된다. 특히 수용 측면을 측정한 테스트이기 때문에 중국어로 의미를 이해하고 있으면 일본어 단어의 의미를 예측할 수 있기 때문이다.

◆ 미나미(Minami, 2002)

미나미(2002)는 샌프란시스코에 거주하는 일본어와 영어의 이중 언어 아동 40명[15] 의 어휘력을 BVAT(Bilingual Verbal Ability Tests)을 사용하여 조사한 연구이다. 이 테스트는 아동 개개인의 어휘력에 대해 두 개의 언어를 통틀어 종합적으로 파악하는 것이 목적이고, 무뇨스 산도발 외에 의해 개발되었다(Muñoz-Sandoval, Cummins, Alvalado & Ruef, 1998). 커민스가 말하는 CALP(Cognitive Academic Language Proficiency)의 일부를 측정한다는 의도도 있다. BVAT는 다음의 세 종류의 테스트의 평가로 구성되어 있다.

(1) 그림을 보고, 이름을 말하는 그림 어휘(Picture Vocabulary)

　　예: '별', '구두', '스푼' 등의 주변 물건에서 '청진기', '흔들이', '회전 쪽문' 등 평소에 그다지
　　　주목하지 않는 것까지 사용.

(2) 동의어와 반의어를 말하는 구두 어휘(Oral Vocabulary)

　　예: 동의어 angry-mad, small-little, look-see
　　　반의어 yes-no, out-in, happy-sad

(3) 단어의 유추 능력을 알아보기 위한 언어적 유추(Verbal Analogies)

　　예: A bird flies; a fish...?
　　　Hungry is to eat, as tired is to...?

본래 BVAT는 먼저 L2인 영어로 문제에 답안을 작성한 후, 정답이 아닌 경우는 L1으로 전환해서 대답하는 순서로 이루어진다. 만약 L2로 답안을 작성할 수 없어도 L1으로 답할 수 있다면 그것도 합산하여 득점이 된다. 따라서 L1과 L2로 서로 보완한 것이 그 아동의 어휘력이 되는 것이다. 그러나 미나미(2002)에서는 세 종류 테스트 모두 영어와 일본어 두 개의 언어로 답안을 작성하도록 하고 있다.

앞의 방법으로 어휘 테스트를 실시한 결과 두 개의 언어 간에 다음과 같은 상관 관계가 인정되었다고 한다.

---

15) 어머니가 모두 일본어 모어 화자이며, 아동은 전원 공립 초등학교의 이중 언어 프로그램으로 공부하거나 주말 일본어 보충 학습 학교에 다니는 등 일본어 학습 기회가 있다.

〈표 5〉 영어 어휘력과 일본어 어휘력의 상관계수

	English Picture Vocabulary	English Oral Vocabulary	English Verbal Analogies
Japanese Picture Vocabulary	.35*	.27	-.10
Japanese Oral Vocabulary	-.23	.33*	.33*
Japanese Verbal Analogies	-.04	.56***	.80****

*p<.05　**p<.01　***p<.001　****p<.0001　　　　　　　　　(Minami, 2002에서 인용)

〈표 5〉를 보면, 몇 가지 항목에서는 영어와 일본어 사이에 약한 상관 관계 또는 중간 정도의 상관 관계가 인정되는데, 눈에 띄는 점은 언어적 유추(Verbal Analogies)에 있어서의 강한 상관 관계(r=.80, p⟨0.001)이다.

이 테스트의 내용을 네이션(2001)의 어휘 지식의 구성에 맞춰 보면 그림 어휘(Picture Vocabulary)는 '형식과 의미'의 이해를 측정하는 것이다. 그리고 구두 어휘(Oral Vocabulary)는 '개념과 지시물', 언어적 유추(Verbal Analogies)는 '연어(collocation)'에 해당한다고 생각된다. 각각 측정하는 것은 다르지만, 개별 언어 특유의 지식을 나타내는 것으로 보이는 연어를 표시하는 언어적 유추가 두 개의 언어 간에 가장 상관 관계가 높았다는 점은 흥미롭다. 반대로, 단순히 형식과 의미를 일치시키는 그림 어휘는 두 언어 간의 상관 관계가 그다지 보이지 않았다. 이것은 버호벤(Verhoeven, 1994)과 같은 결과이다. 이 결과는, 두 언어 간의 상호 의존 인지 능력이 보다 필요한 언어 운용에 있어서 일어나기 쉽다는 점을 생각하면, 아주 잘 들어맞는 결과라고 할 수 있다.

또한, 어린이의 영어와 일본어 어휘력은 둘 다 비교적 높은 수준에 있지만, 두 언어를 비교해 보면 전체적으로 영어 쪽의 어휘력이 우세하다고 한다. 다시 말해 일본어가 L1이라고 해도 주로 영어로 교육을 받는 어린이는 영어 우세의 이중 언어가 되는 경향이 있었다. 이것과, 앞에서 살펴 본 바가 있는 두 개의 언어의 어휘력 간에 상관 관계가 있다는 것을 비교 대조하여, 미나미는 '보충 학습 학교 등에서 일본어를 계속하여 향상시키고 있는 것이 L2인 영어 발달에 기여하고 있을 것'이라고 고찰하면서 커민스의 2언어 상호 의존설을 지지하는 결과가 나왔다고 한다.

(3) 정리 및 교육에 시사하는 점

이상의 선행 연구 결과를 정리하면, 그림과 지시물을 일치시키는 테스트와 단어를 정의하고 묘사하는 테스트에서는, L1과 L2의 테스트의 결과에 두 개의 언어 간의 관련성은 보이지 않았다 (Verhoeven, 1994; Minami, 2002). 이것은 크롤(Kroll)의 모델(241쪽의 〈그림 2〉)에 있듯이 어휘 표상의 처리가 L1과 L2에서 별개로 이루어지기 때문이라고 생각된다. 이에 반해, 연상어와 상위어 테스트에서는 상관 관계가 보였다(Ordóñez et al., 2002; Pajoohesh, 2007; Minami, 2002). 특히 선택적(paradigmatic) 연상을 할 때는 단어의 개념을 깊이 이해하고 있지 않으면 안 된다. 따라서 제2 언어를 배울 때는 언어의 차이에도 불구하고 그 단어의 개념에 대한 지식을 가지고 있는지의 여부가 크게 관여하게 된다. 만약 한쪽의 언어로 그 개념을 이미 알고 있다면 그 개념이 다른 쪽 언어에 응용된다는, 다시 말해 두 개의 언어 간의 전이가 일어날 가능성이 높다는 것이다.

이들 결과와 커민스의 이론을 대조해 보자. 커민스가 제시한 '다섯 가지의 전이 영역'은 (1) 개념적 요소의 전이 (2) 메타 인지 · 메타 언어 전략 (3) 회화 운용 면의 전이 (4) 특정 언어적 요소의 전이 (5) 음운 의식의 전이였다. 선행 연구가 제시하듯이 어휘력이 연상어와 같은 추상적 개념의 이해가 필요한 영역에서 일어난다는 것을 고려하면, 어휘력의 전이는 커민스의 '다섯 가지의 전이 영역' 가운데 (1) 개념적 요소의 전이에 해당한다고 할 수 있을 것이다. 다시 말해 어휘력은 개별 언어 특유의 지식임과 동시에 언어의 차이를 떠나 개념을 반영하는 측면을 함께 가지고 있는 것이다. 커민스가 지적하듯이, 한쪽 언어로 개념을 늘려감으로써 다른 쪽 언어로의 표현 수단이 풍부해질 가능성이 높다. 실제로 이 장에서 예를 든 연구도 개념 수준에서 어휘력의 전이를 나타내고 있다. 그러나 현실적으로는 어휘력, 특히 산출 영역이 좀처럼 향상되지 않는다는 사례가 많으며, 사용 어휘를 어떻게 늘려갈 것인지는 외국인 아동의 언어 교육에 있어서 중요한 과제이다. 앞으로는 개념 차원의 어휘력 전이를 근거로 한 효과적인 어휘 교육이 검토되어야 할 것이다.

(4) 이 영역의 과제

이상, 제2 언어 환경에 놓인 연소자의 '어휘력'에 대해 L1과 L2 발달의 관련성을 분석한 연구를 살펴 보았는데, 방법론이라는 점에서 다음과 같은 과제가 남아 있다고 할 수 있다.

(1) 네이션(2001)이 제시하고 있듯이 어휘 지식의 구조는 복잡하다. 어휘력의 어떤 측면을 측정하는 것인가(예, 형식 · 의미 · 운용의 어느 측면인가), 수용 영역인가, 표출 영역인가, 그리고 이것으로 어떤 능력을 알아보는 것인가, 목적을 확실히 해 둘 필요가 있다.

(2) 테스트의 목적과 방법의 타당성을 확인해 둘 필요가 있다. 예를 들어 BVAT는 영어로 표준화되어 있으며, L1인 15개국의 질문은 영어 질문을 번역한 것이다. 그러나 이와 같이 작성된 질문에는 영어권의 문화적 배경이 반영되어 있으므로 다른 언어권에서는 발상이 어려운 단어도 있다. 언어 간에 불균형이 없는 중립적인 테스트의 개발이 바람직하다. 그리고 오노(小野) 테스트는 일본의 학습 요강(學習要綱)에 준해서 만들어진 것이다. X 학년의 학습 어휘로 설정되어 있는 것이 정답이라면, X 학년 수준의 단어를 습득하고 있다고 판단하고 있다. 그러나 해외의 학교나 외국인학교 등 다른 학교 교육을 받아 온 어린이에게 그 기준이 타당한지에 대해서는 고려해야 할 것이다.

(3) 이미 실시한 어휘 테스트의 내용을 면밀히 기술한 연구가 기대된다. 어떤 단어를 이용해 무엇을 측정한 것인가를 보여 주지 못하는 연구가 적지 않다.

(4) 어휘력만을 추출한 테스트는 많지만, 4기능(말하기, 듣기, 읽기, 쓰기) 가운데 어휘의 이

해·운용을 다룬 연구는 거의 없다. 이 네 가지 기술(skill)에 있어서 어휘력이 어떻게 발휘되는지, 두 언어 간에 전이가 일어나는지를 명확하게 밝히는 연구가 이루어져야 할 것이다.

제9장 이중 언어 육성을 돕는 심리 · 사회 · 문화적 요인

이 장에서는 제 1장에서 다룬 어린이의 심리 · 사회 · 문화적 요인에 대해 좀 더 자세히 다루어, 이중 언어 육성에 불가결한 요인이 무엇인지 그리고 어린이를 둘러싼 언어 환경을 어떻게 조성하면 균형 잡힌 이중 언어 구사자를 육성할 수 있는지를 중심으로 생각해 보기로 한다.

우선 첫 번째로 이 장의 주제인 심리 · 사회 · 문화적 요인이란 과연 무엇인지 그에 대한 정의를 살펴 본다. 두 번째로 지금까지 체계가 갖추어진 두 개의 언어와 심리 · 사회 · 문화적 요인의 관계를 다룬 연구 모델을 세 가지 소개한다. 세 번째로 이중 언어 육성에 있어 심리 · 사회 · 문화적 요인을 가장 다원적으로 총망라하고 있는 랜드리와 앨러드(Landry & Allard)의 모델을 소개한다. 계속해서 랜드리와 앨러드의 모델을 근거로 두 개의 언어 발달과 심리 · 사회 · 문화적 요인의 관계를 거론한 연구 중에서 두 개의 언어 중 한 쪽이 일본어인 연구도 포함해 소개한다. 마지막으로 소개한 모델과 연구 결과를 기초로 앞으로 일본에서 이들 결과를 어떻게 활용해 갈 수 있는지, 이중 언어 육성을 돕는 언어 환경은 과연 어떤 것을 말하는지에 대해 다른 선행 연구도 참고 삼아 고찰한다. 한편으로, 특히 이 장에서는 정체성 등의 요소가 포함되어 긴 안목으로 어린이의 발달을 살펴볼 필요가 있다는 점에서 연구 대상을 고등학생 · 대학생까지 확대하기로 한다.

1. 들어가며—심리 · 사회 · 문화적 요인이란?

근래 일본에서는 재일 외국인 아동의 증가, 초등학교에서 영어 교육 도입, 부모의 해외 부임으로 인한 국외로의 이동이나 국제결혼 가정 자녀의 증가 등으로 제2 언어로서의 일본어 교육과 외국어 교육에 있어 풀어야 할 과제가 교육 행정, 교육 관계자, 민간 단체 등 여러 차원에서 부각되어 왔다. 그러나 어린이가 사회의 일원으로서, 인격 형성 과정의 한 부분으로서 두 가지(또는 그 이상)의 말을 획득해 가는 이상, 앞 장에서 기술한 바와 같이 어린 시절의 언어와 정서 발달에는 어린이를 둘러싼 가정 · 학교 · 지역 사회까지도 관여하고 있다. 여기에서는 이중 언어 육성에 도움이 되는 지원을 하기 위해 일본의 가정과 학교 · 지역 사회에서는 어른들이 어떤 태세를 갖추어 어린이들을 받아들이면 좋은지에 대하여 (1) 심리적 요인 (2) 사회적 · 문화적 요인으로 나누어 생각해 본다.

(1) 심리적 요인

이 장에서 다룰 이중 언어 육성 면에서 본 심리적 요인은 태어나면서 어린이가 가진 생득 요인, 예를 들어 소질과 적성(aptitude) 등도 포함하는 넓은 의미에서의 심리적 요인을 가리키고 주관적인 요인과 함께 객관적인 것과 개인적인 것, 민족 · 언어 집단 수준의 요인도 포함하는 것으로 한다.

〈정체성에 대하여〉

정체성(identity)이라고 하면 정신 분석학의 에릭슨의 연구(Erickson, 1977) 등이 유명하지만, 일본에서도 지금까지 심리학과 사회학 또는 다문화 이해 교육 분야에서 정체성 연구가 활발하게 이루어져 왔다. 그러나 여기에서는 특히 이중 언어 육성의 입장에서 정체성을 다룬 해머스와 블랑(Hamers & Blanc, 2000)의 정의를 바탕으로 이야기하고자 한다. 이들에 의하면 정체성이라는 것은 어떤 집단의 일원인 개체의 형성을 위한 심리적 과정이라고 말한다. 이 개념은 자기 발달과 자기 인식의 개념을 포함하고 있고, 사회 현실을 통하여 항상, 그것도 형태를 바꿔 가며 받아들여지는 심리적 구성의 개념이다.

해머스와 블랑은 정체성을 '사회적 정체성(social identity)', '문화적 정체성(cultural identity)', '민족적 정체성(ethnic identity)', '민족 언어적 정체성(ethnolinguistic identity)'으로 나누고 있다. '사회적 정체성'은 동일한 사회에 존재하는 개인에 대해 그 사회에서의 역할과 귀속 의식을 명확히 하는 역할을 수반하고 있다. 한편 '문화적 정체성'은 개인이 속한 집단이 가진 정체성을 가리키며 '사회적 정체성'의 일부라고도 말한다. '문화적 정체성'은 조상, 습관, 가치, 규범, 언어 등을 통해 어떤 문화적 집단을 다른 문화적 집단과 대비할 수가 있다. 해머스와 블랑에 의하면 이 '문화적 정체성'은 만 6세 무렵에 형성된다고 한다. '민족적 정체성'은 '문화적 정체성'과 비슷한데, 특히 어떤 집단이 공통적으로 가진 외견과 조상 등의 요인으로 개인의 귀속 의식을 결정하는 것이다. 물론 이들 정체성은 동일한 사회에 다른 몇 가지의 상이한 집단이 존재해야 비로소 성립하는 것이다. 그리고 '민족 언어적 정체성'은 '문화적 정체성'과 '민족적 정체성'을 구별할 때, 다시 말하면, '언어'가 중심적 요인으로 작용하였을 때에 도입되는 용어이다. 따라서 '민족 언어적 정체성'은 어떤 민족 집단에 의해 특정한 언어가 쓰이고 있는 요인이 중요하며 이를 사용함으로써 주관적인 감정인 귀속 의식이 그 구성원 사이에 발생한다는 것이다. 또한 해머스와 블랑은 '언어'가 문화에서 중요한 영향을 끼친다고 말하고 있다. 이와 동시에 다문화 사회에 있어서 다른 언어 집단이 공존하는 경우, '언어'는 각 집단의 사회 문화적 지표가 된다. 따라서 두 개의 언어 병용의 발달에 대해서는 항상 사회의 일반 통념과 사회의 다른 언어 집단 사이의 상대적인 관계도 염두에 두면서 연구하지 않으면 안 된다는 것이다.

(2) 사회 · 문화적 요인

자일즈, 부뤼스와 테일러(Giles, Bourhis & Taylor, 1977)는 '민족 언어적 활력(ethnolinguistic vitality, EV)'이라는 개념을 주장하고 있다. 어떤 민족 언어 집단의 행동에 나타나는 사회 심리적 과정과 사회 문화적 배경을 관련시켜 이 둘의 관계를 밝히기 위한 것이다. '민족 언어적 활력(EV)'은 '객관적인 민족 언어적 활력'과 '주관적 민족 언어적 활력'으로 나뉘는데, 전자는 사회적 요인의 일부로, 후자는 심리적 요인에 포함된다. 또한, 종종 객관적인 요인에서 주관적인 요인을 예측할 수도 있다고 한다.

이 객관적 요인 즉, 개인에게 영향을 미친다고 여겨지는 사회적 요인에 대해 자일즈 등에 따르면 '지위(status)', '인구 통계(demography)', '조직의 지원(institutional support)'으로 분류할 수 있다고 한다. '지위'는 사회에서 어느 한 민족의 경제적 · 정치적인 능력, 사회적 지위, 역사적 지위, 민족 언어의 지위 등을 말한다. '인구 통계'는 그 민족의 총 인구 수, 인구의 밀집도, 동족 결혼, 동족 내의 출생률, 이주의 비율 등이다. '조직의 지원'은 가정, 매체, 교육 기관 등의 지원 정도 등을 말한다. 자일즈 등의 분류에서는 이것이 사회적 요인의 일부로 되어 있는데, '조직의 지원'은 문화적 요인의 일부로도 생각할 수 있다. 문화적 요인이라는 것은 그 집단의 생득적인 것이 아니라 후천적으로 발생한 가치관이나 사물에 대한 시각·사고 방식, 그리고 이들에 의해 형성된 것을 가리키고 그 집단의 정신 활동의 소산이라고 할 수 있다. 거기에는 교육, 종교, 매체, 도덕, 습관 등 소위 문화유산과 계승 문화가 포함된다.

지구의 국제화에 따라 정체성도 모문화와 사회 주류 문화의 혼성(hybrid)화가 진행된다. 미노우라(箕浦, 2003: 316)는 '새롭게 국경을 넘은 신이민과 기업의 국제화가 초래한 해외 주재원 등의 증가, 과거 식민지에 남겨진 사람들이 냉전 종결 후에 본국으로 귀환하는 경우 등 근래에는 종래와 다른 형태의 소수자와 주류 사회의 문화 접촉이 새로운 연구 대상이 되었다. 이러한 문화 간 이동에서 문제가 되는 것은 주류 사회와 모문화의 문화적 혼성(cultural hybridity)이며 문화적 정체성의 문제이다'라고 한다. 그리고 다양한 문화가 공존하는 다문화 사회에서는 주류 문화 및 모문화에 있어서 '인지·행동·정서'라는 세 가지 측면에서 개인의 혼성화 수준이 결정된다고 한다. 다시 말해, '개개인이 이동을 한 의미 공간이 혼성화한 것으로 바뀌어 가는 과정(미시적 차원)은 거시적 차원의 국제화 진행과 서로 관련되어 있다'(291쪽)는 것이다.

사람의 이동이 점점 많아지고 있는 현재 개인의 심리·사회·문화적 요인이 각각 따로따로 논의되는 시대는 이제 끝났다고 말할 수 있을 것이다. 그리고 이 책의 주제인 다언어 육성에 있어서도 이러한 심리·사회·문화적 요인이 한층 더 복잡하게 얽힐 것으로 생각된다.

2. 두 개의 언어와 심리·사회·문화적 요인의 연구 모델

주로 어른을 대상으로 한 제2 언어 습득 분야에서는 지금까지 가드너(Gardner, 1985)와 클레멘트(Clement, 1980), 슈만(Schumann, 1978) 등 제2 언어와 심리·사회·문화적 요인에 관한 연구가 대표적인데, 제2 언어 습득에만 초점을 맞춘 것이 아니라 제1 언어(모어·계승어)의 발달도 고려한 이중 언어 교육의 입장에서 연소자를 대상으로 한 두 개의 언어와 심리·사회·문화적 요인을 다룬 것으로는 랑베르(Lambert, 1974)의 '이중 언어 능력의 사회 심리학적 모델'이 최초의 실험이며, 뒤에서 다루는 해머스 등(Lambert, Hamers & Frasure-Smith, 1979; Hamers & Blanc, 1982, 2000)의 연구에 영향을 끼치기도 한 것이다.

(1) 랑베르(Lambert)의 '사회 심리학적 모델'

랑베르(Lambert, 1974)는 '가산적 이중 언어 상태', '감산적 이중 언어 상태'라는 용어를 사용해 이중 언어 상태의 특징을 제시하려 했다. 그 배경이 된 것으로는 가드너와 랑베르(Gardner & Lambert, 1972)의 미국 메인주, 코네티컷주, 루이지애나주의 고등학생을 대상으로 한 두 개의 언어 발달과 적성 및 동기 부여 관계에 대해 조사한 연구 결과가 있다. 이 연구는 캐나다 몬트리올에서 고등학생을 대상으로 수집한 자료를 이용하여 미국으로 조사 지역을 넓혀 그 결과에 대한 타당성을 추구한 것이다. 조사 내용은 언어의 적성, 지능, 불어 능력, 프랑스계 미국인에 대한 태도, 불어 학습 동기, 귀속 의식, 프랑스계 미국인의 네트워크, 가정에서의 불어 지원 등으로 그 결과는 사회 문화적 상황이 미묘하게 다른 미국에서도 '적성(aptitude)'과 '동기(motivation)'가 각각 독립된 요인으로 소수 언어로서의 불어 발달에 영향을 미친다는 것이었다.

그 후, 랑베르는 '사회 심리학적 모델(social psychology model of bilingual proficiency)'을 제창하고, '언어에 대한 심리적 태도와 성향(attitudes and orientation)'이 언어를 학습하는 데에 있어 '동기 부여(통합적 · 도구적)'에 영향을 주고, '동기 부여'가 강하면 강할수록 언어 능력도 향상된다고 한다. '적성'은 개인의 언어 적성 외에 인지 능력과 지능을 가리키며, 언어 능력에 직접적인 영향을 준다고 한다. 두 가지 고도의 언어 능력을 향상시키기 위해서는 지역 사회와 가정, 학교 등에서 인지 활동이 포함된 제1 언어로 고도의 활발한 학습이 필요하다. 그리고 랑베르는 이 모델을 통하여 사회적 지위나 지역의 동일 언어 집단의 유무, 제1 언어와 제2 언어(현지어)의 사회적 지위 관계, 학교에 있어서 제1 언어(모어)와 제2 언어(현지어)에 교육적 지원이 있는지의 여부가 어린이의 이중 언어 수준에 크게 영향을 미친다고 한다. 그리고 두 가지 언어 능력의 발달에는 개인의 민족적 정체성도 중요한 역할을 담당하고 사회화 과정을 거쳐 확립되어 가는 것이라고 한다. 결국, 이중 언어 구사자가 된다는 것은 두 가지 언어와 문화가 서로 자기 개념과 자아에 영향을 끼쳐 단일 언어 구사자와는 달리, 세상을 보는 시각과 가치관 등도 달라져 간다는 것이다.

또한, 랑베르는 '가산적 이중 언어 상태'는 예를 들어 국제결혼 등으로 부모가 각각 다른 언어를 사용하는 환경에서 자란 어린이의 경우와, 캐나다의 영어권에 있어서 불어 이머전 프로그램과 같이 영어가 제1 언어인 어린이가 제2 언어인 불어를 통해 교과를 배우고 두 개의 언어를 동시에 발달시키는 경우에 나타나는 상태라고 말하고 있다. 한편으로 '감산적 이중 언어 상태'의 경우는 특히 새로 이주한 어린이에게 많이 보이며, 학교나 가정 또는 지역 사회 등에서 제1 언어의 발달, 이 중에서도 읽기와 쓰기 능력을 지원하는 환경이 없을 경우, 제1 언어 능력은 쇠퇴하고 현지어인 제2 언어가 우위에 있게 되어, 결과적으로 현지어의 단일 언어 구사자가 된다는 것을 말하고 있다(Lambert, 1977).

민족 의식과 언어 습득에 대해 제네시와 터커, 랑베르(Genesee, Tucker & Lambert, 1978)의 실험에서는 주요 민족인 영국계 캐나다인 아동들을 대상으로 그들이 다니는 초등학교의 종류에 따라 아동들을 그룹으로 나누어 조사했다. 우선 아동들을 (1) 학교 언어가 영어이고 불어를 교과로 학습하고 있는 경우 (2) 불어 이머전 프로그램으로 공부하고 있는 경우 (3)프랑스계 캐나다인을 위한 초등학교에서 학교 언어가 불어인 경우의 3그룹으로 나누었다. 아동들로 하여금 프랑스계 캐나다인과 영국계 캐나다인의 양쪽 민족 인형을 사용한 역할 놀이를 통해 '어느 쪽 인형을 좋아하는가', '자신은 어느 쪽 인형과 가장 닮았는가', '어느 쪽 인형이 자기에게 제일 친한 친구인가'라는 질문에 대답하게 하는 것이었다. 그 결과, 이중 언어로 자란 아동 쪽이 민족에 관계없이 좋아하는 인형을 선택하는 경향을 보였다. 그리고 민족 의식이 확립되는 것은 만 9-10세 정도였다고 한다.

마찬가지로 민족 인형을 사용해 영어권인 온타리오주에 사는 소수 언어의 프랑스계 캐나다인 아동을 대상으로 실시한 슈나이더맨의 연구(schneiderman, 1976)에서는 이 어린이들은 영어를 일상 언어로 사용하고 있지만, 반드시 자기를 영국계 캐나다인으로는 생각하지 않는다는 것을 알 수 있었다.

다시 말하면 소수 언어를 모어로 하는 경우, 언어 사용과 민족 의식은 반드시 일치하지 않으며, 그 관계가 복잡해진다는 것이다.

이러한 두 연구에서 이중 언어 구사자가 된다는 것은 단일 언어 구사자와는 달리, 언어적인 측면뿐만 아니라 문화적인 측면에서도 두 개의 문화를 획득할 가능성이 높다는 것을 확인하였다. 그러나 랑베르가 제시한 '감산적 이중 언어 상태'와 같이 제1 언어가 현지어로 바뀐 경우에서는, 제1 언어가 낮은 수준에서 벗어나지 못하여 양 언어의 발달이 지체하는 경향이 있다. 이렇게 되면 부모 자녀 간의 의사소통도 질적·양적으로 낮아지고 민족적 정체성에도 부정적인 영향을 끼치는 결과가 된다. 귀속 의식과 정체성 등의 심리적 측면과 두 개의 언어 발달에 대한 한층 더 심화된 연구가 앞으로 필요하다는 것을 엿볼 수 있다.

(2) 쯔(Tse)의 '귀속 의식의 발달 모델'

쯔(Tse)의 '귀속 의식의 발달 모델(the model of ethnic identity development)'(Tse, 1998)은 미국에 있어서 소수 민족 집단의 귀속 의식 발달과 계승어로서 제1 언어의 습득에 대해 4단계로 나누어 고찰하고 있다.

제1 단계는 귀속 의식에 대한 무의식 단계, 즉 자기를 소수 민족 또는 소수 언어 집단의 일원으로 생각하지 않는 어린 시절의 시기이다. 따라서 계승어로서의 제1 언어를 그 어린이가 이해할 수 있는 범위에서 입력해 주면 습득이 가능하다고 말한다.

제2 단계는 현지의 주요 집단과 자신의 소수 민족 집단 어느 쪽인가에 의식적으로 귀속하려는 단계이다. 자신의 의식 안에 주요 집단에 속하고 싶다고 느끼는 경우, 마음 속에서 계승어와 갈등을 일으키거나 계승어로부터 도피하여, 아무리 계승어의 입력(input)이 있다고 해도 계승어의 유지·습득은 어렵다.

제3 단계는 제2 단계에서 주류 집단의 구성원으로 인정받지 못한다는 것을 알고 이 단계에서 소수 민족 집단의 일원인 자신을 깨닫기 시작하는 시기이다. 이 단계는 '민족 의식의 출현'이며 특히 대학과 다민족이 모이는 지역 사회 등에서 소수 민족의 독특함을 적극적으로 인정하기 시작한다. 이 단계에서 제1 언어의 충분한 입력이 있으면 습득은 가능하다.

마지막 제4 단계로는 자기 검색 단계가 상당 기간 계속된 다음 '민족 의식의 융합(incorporation)'으로서 이 단계에 도달한다. 결과적으로 자기의 민족 집단에 속해 있다고 느끼는 경우 제1 언어의 입력이 충분하면 습득은 가능하지만, 충분하지 않은 경우에는 계승어의 유지는 어려울 것으로 여겨진다.

쯔의 모델은 인생의 전(全) 단계에서 어린이가 어떻게 계승어를 습득하는지, 민족 의식과의 관련을 통해 고찰한 것이다. 앞으로 이 모델에 있어서 어린이의 연령과 발달 단계와의 관계를 명확히 하여 구체적으로 어떠한 사회적 요인이나 학교, 가정 등의 문화적 요인이 관계하는지, 그리고 계승어 습득에 어느 정도 사회·문화적 요인이 영향을 끼치는지 등에 대해 깊이 있게 연구할 필요가 있다고 생각된다.

(3) 해머스와 블랑(Hamers & Blanc)의 '사회 인지적 모델'

해머스와 블랑(Hamers & Blanc, 1982, 2000)의 '사회 인지적 모델(sociocognitive model of language development)'은 두 개의 언어가 발달 도상에 있는 어린이를 대상으로 외적 및 내적 요인이 어린이의 두 개의 언어 형성에 어떻게 관계하는지를 나타낸 것이다. 특히 '사회적 틀 안의 네트워크'에 있어서 '개인과 개인의 접촉'이 '두 개의 언어 발달'에 크게 기여하고 있다고 한다. 다시 말해 어린이는 처해진 사회 환경과 교류함으로써 언어 행동의 틀이 만들어지고 언어 능력이 발달해 간다. 어린이는 새로운 경험을 함으로써 또한 경험을 축적해 감으로써 '사회적 평가(social value)'나 '언어 형식(forms)', '언어 기능(functions)'을 획득하여 내재화해 간다.

이 언어 행동을 활발하게 하는 것은 '외부로부터의 요인'과 '개인의 경험', '피드백의 작용' 등 세 가지이며, 언어가 장면에서 적절히 사용되면 어린이에게는 이것이 더 강한 동기 부여가 되고 나아가 언어 습득 및 언어 행동의 발전을 기대할 수 있다고 한다. 이것은 인지면에서도 인정되어 일단 언어가 인지면의 도구 또는 인지적 분석의 대상으로 사용되면 인지 면이 발달하고 나아가서는 언어 면에 있어서도 발달을 기대할 수 있다고 한다.

해머스와 블랑은 이중 언어 아동의 경우 하나의 언어만 말하는 단일 언어 아동의 언어 발달에 더하여 이중 언어를 만드는 몇 가지 요인이 있다고 말하고 있다. 그 하나가 1 장에서 말한 두 개의 언어 사용의 개시 시기('동시형' 또는 '순차형')로, 특히 해머스와 블랑은 두 개의 언어 사용 개시 시기 즉, 태어날 때부터 두 개의 언어를 접하여 사용하는 동시형 아동과 유아기에 먼저 제1 언어를 접하고 나중에 제2 언어를 접하여 쓰게 되는 순차형 아동의 경우, 의미론의 입장에서 보면 두 개의 언어의 기능이 뇌로 인식되는 과정이 다르다고 말하고 있다.

'동시형 이중 언어' 아동은 언어 형식과 언어 기능의 관계를 두 개의 언어에 걸쳐서 복합적으로 보는 반면 '순차형 이중 언어' 아동은 제1 언어의 형태와 기능의 관계를 우선 파악하고 그 경험을 제2 언어에도 응용한다고 한다.

또한 어린이가 언어의 사회적·인지적·의미론적 요인을 접하여 이를 내재화시키려고 할 때, 다음과 같은 점이 영향을 미친다고 말하고 있다.

1. 어린이 주위에 어린이가 습득해야 할 언어 형식·언어 기능의 모델이 있는지의 요인.
2. 어린이 주위의 네트워크가 단일 민족 사회인지, 다민족 다문화 사회인지의 요인. 주위 사람이 모두 같은 언어 행동을 하는지 또는 다른 언어 행동을 하는지의 요인.
3. 어린이가 습득하려고 하는 말에 대해 상반되는 가치 부여나 규범이 어린이 주위에 있는지의 요인.

위의 세 가지 요인이 어느 정도의 상태인지에 따라 언어 행동의 동기 부여가 달라져, 어린이의 두 개의 언어 향상 정도에 변화가 일어난다고 한다.

해머스와 블랑의 모델은 사회적 영역과 심리적 영역을 망라하고 있고 게다가 어린이의 두 개의 언어 발달에 초점을 맞추고 있다는 점에서 흥미로운 모델이다. 한편으로, 브뤼스(Bourhis, 1990)는 앞으로 제1 언어를 계승어로서 사용하는 가정의 어린이를 대상으로 계승어인 가정 언어에서 사회의 주요 언어인 학교 언어로의 이행 과정까지 두 개의 언어가 어떤 식으로 향상되는지에 대한 한층 더 심화된 연구가 필요하다고 지적하고 있다.

3. 랜드리와 앨러드(Landry & Allard)의 '가산적 · 감산적 이중 언어 상태의 결정 요인에 관한 거시적 모델'

'가산적 · 감산적 이중 언어 상태의 결정 요인에 관한 거시적 모델(macroscopic model of the determinants of additive and subtractive bilingualism)'은 〈그림 1〉에 나타낸 것과 같이 미시적 차원과 거시적 차원에서 어린이의 이중 언어 정도를 살펴보는 다원적 접근법이 기초가 되고 있다. 최근의 연구(예: Bernaus, Masgoret, Gardner & Reyes, 2004)에서도 밝혀진 것인데, 다양화된 사회 상황 안에서 어린이의 문화적 배경부터 부모의 자녀에 대한 격려까지 각양각색의 사회적 · 문화적 요인이 학습자의 제2 언어 습득에 영향을 끼친다.

여기에서 소개하는 랜드리와 앨러드(Landry & Allard, 1991a, 1991b, 1994a, 1994b)의 모델은 지금까지 체계화된 모델 가운데에서 다차원에 걸쳐 여러 가지로 변동하는 심리 · 사회 · 문화적 요인을 총망라한 형태의 모델이라고 할 수 있다. 랜드리와 앨러드에 의하면 '이 모델에서는 사회적 및 심리적인 2가지의 요인이 사회 · 심리적 요인인 개인의 언어 접촉 네트워크에 따라 맺어져 있다. 그리고 어린이의 언어 행동이 이들 세 가지 요인의 결과로서 나타난다. 결국은 개인의 제1 언어 및 제2 언어의 언어 사용과 그것에 대한 심리적 경향은 개인의 이중 언어 상태와 이중 언어 형태를 결정짓기 때문에 분석 가능한 것이다(Landry, Allard & Thĕberge, 1991: 881).'

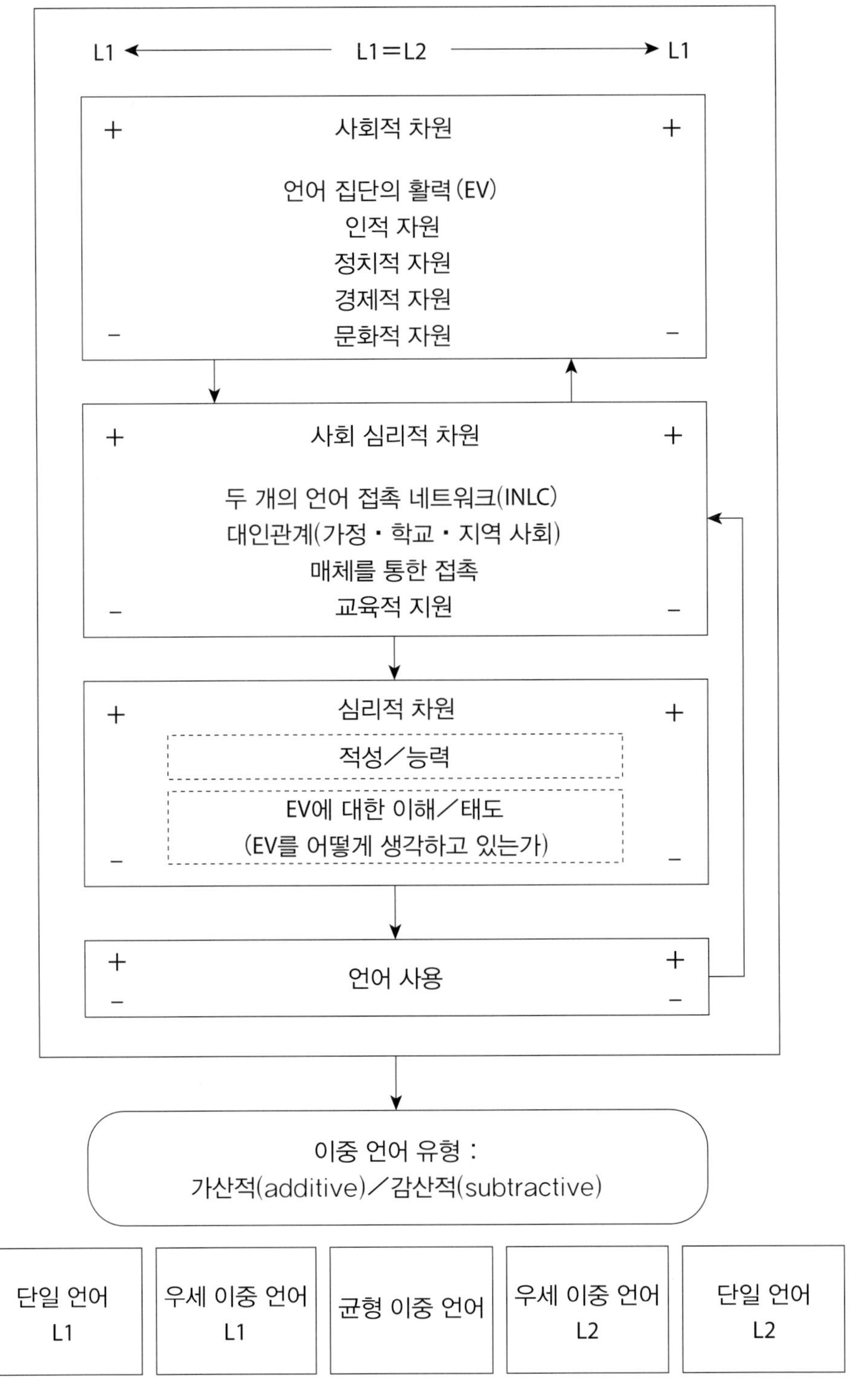

(Landry & Allard, 1992: 225을 기초로 작성)

이 모델은 자일즈, 브뤼스와 테일러(Giles, Bourhis & Taylor, 1977)의 '민족 언어적 활력'과 밀로이(Milroy, 1980)의 '의사소통 네트워크', 커민스(Cummins, 1984a)의 '(교과) 학습 능력과 대인 커뮤니케이션(회화) 능력(CALP/BICS)' 등의 개념도 망라하고 있다. 랜드리와 앨러드의 모델에서는 언어 행동에 미치는 요인을 사회적 차원·사회심리적 차원·심리적 차원의 세 가지로 나누고 이들이 서로 작용하여 이중 언어 형태를 만든다고 한다(中島, 2001: 41-44 참조).

사회적 차원에서는 '객관적인 민족 언어적 활력'으로 예를 들어, 인적 자원, 정치적 자원, 경제적 자원, 문화적 자원을 들고 있다. 인적 자원은 소수 언어 민족의 인구와 밀집도, 소수 언어 민족 내의 출생률, 동족 결혼률 등이다. 정치적 자원은 국가와 지역 사회 등에서 그 민족의 대표자가 어느 정도의 비율로 참가하고 있는지의 여부가 소수 언어 민족의 정치력·사회적 능력이다. 경제적 자원은 상업·산업에 있어서 그 언어의 사용 정도와 그 소수 언어 민족의 경제적 수준 등이다. 문화적 자원으로는 그 소수 언어 민족 집단이 독자적인 교육 시스템을 가지고 있는지, 독자적인 교회나 절 등이 있는지, 그 언어를 사용하는 매체(텔레비전, 라디오, 신문, 극장, 서적, 잡지 등)가 있는지 등이다.

사회심리적 차원에서는 '개인이 접하는 언어의 네트워크'가 사회적 차원 및 심리적 차원과 관련되어 있다. 여기에는 '두 개의 언어 접촉 네트워크', '대인 관계(가정·학교·공동체)', '매체를 통한 접촉', '교육적 지원' 등이 있다.

심리적 차원은 '적성/능력'과 'EV에 대한 이해/태도(EV를 어떻게 생각하는가)'의 두 가지로 구성되어 있다. 이 심리적 요인은 보리스와 자일즈가 말하는 '주관적인 소수 언어 집단이 가진 심리적 활력'에 해당하는 것이다.

또한 랜드리와 앨러드는 '두 개의 언어는 충분히 사용할 기회 없이는 습득할 수 없다. 다시 말해 충분한 입력(input)(Krashen, 1981)도 필요하며 동시에 충분한 출력(output)(Swain, 1985)도 필요한 것'이라고 말하고 있다(Landry & Allard, 1991b: 204). 언어를 접하는 것에 대한 중요성은 커민스(Cummins, 1991b)의 2언어 상호 의존설과 랑베르(Lambert, 1977)의 '사회 심리적 모델'과도 상통하는 점이 있으며, 랑베르의 모델을 더욱 발전시켜 두 개의 언어의 입력과 출력의 중요성을 상세히 보여주고 있다. 그리고 랜드리와 앨러드의 모델은 이중 언어 형태를 주제로 북미를 중심으로 수많은 조사 연구를 실시한 결과 구축된 모델로, 지금까지의 모델 중 가장 다양한 요인을 망라한 것이라고 생각된다. 다만, 연구 조사의 대부분이 영어·불어 화자를 대상으로 한 것이었기 때문에 타 언어에도 유용성이 있는지, 앞으로 더 검증해 나갈 필요가 있다. 나아가 1990년 후반에 들어서면서 모델의 사회·심리적 차원에 '언어적 지표의 접촉(contacts with the linguistic landscape)'을 포함시켜 모델을 일부 수정하였다. '언어적 지표'란 공공 생활에서 소수 언어로 쓰인 간판 등을 말한다. 소수 언어 집단의 사회적 지위와 능력의 상징으로써 사회·심리적 요인 중에서도 독립된 하나의 유력한 인자로 보고 있지만, 이 요인을 포함하여 타 언어에 있어서의 유용성을 알아볼 필요가 있다.

4. 선행 연구—랜드리와 앨러드의 모델을 중심으로—

그렇다면 실제로 랜드리와 앨러드 등의 '가산적·감산적 이중 언어 상태의 결정 요인에 관한 거시적 모델'에 근거해 지금까지 어떤 연구 결과가 나왔는지, 이들의 연구 세 가지, 이어서 두 개의 언어 가운데 일본어를 제1 언어로 하는 이(李, 2006), 오케타니(Oketani, 1997), 오케타니(桶谷, 1999)의 연구 결과를 살펴보기로 한다. 또한 이들 연구는 모두 중·고·대학생을 대상으로 한 것이다.

(1) 학교와 가정의 소수 언어 지원 정도와 이중 언어 형태

캐나다 서부에 매니토바주, 서스캐처원주, 앨버타주의 불어 화자가 거의 없는 영어권 3개 주에 거주하는 프랑스계 캐나다인 고등학교 3학년 301명을 대상으로, 학교와 가정의 소수 언어(불어) 지원 정도와 이중 언어 형태와의 관계를 조사한 것이다(Landry, Allard & Théberge, 1991). 조사는 지능 평가, 부모의 학력, 부모의 직업을 통계적으로 통제하여 9가지 요인과의 관계를 분석하고 있다(2×3 analysis of covariance). 9가지 요인이라는 것은 지능 테스트, 사회 경제적 지위, 두 개의 언어에 있어서 개인의 언어 접촉 네트워크 정도, 두 개의 언어의 회화 능력(자기 보고), 학력 언어 테스트, '소수 언어 집단이 가진 활력', 귀속 의식, 불어와 영어의 사용 빈도(자기 보고), 사용 언어의 종류와 그 정도이다.

결과는 대부분의 학생에게 감산적 이중 언어 형태가 보였다. 즉 학생들의 모어가 현지어로 치환되어 버린 것이다. 학생들에게는 제2 언어인 영어가 가장 강한 언어로 자리 잡고 있다. 제1 언어인 불어로 학교 교육을 받고 가정에서는 모어인 불어를 사용하고 있는 학생은 다른 그렇지 않은 학생보다 불어 테스트의 결과가 좋았다. 한편으로 영어 능력은 가정과 학교에서 불어를 많이 사용한다고 해서 영어 능력이 낮아진다는 부정적인 영향은 없다는 것을 알았다. 또한 제1 언어인 불어의 지원은 각 학생의 불어에 대한 생각과 귀속 의식을 강화시키는 것을 알았다.

이 연구 결과를 통해 랜드리 등은 두 개의 언어를 균형 있게 육성하기 위해서는 불어로 실시하는 학교 교육과 가정에서 제1 언어를 유지하고 계속적으로 향상하도록 노력하는 것이 중요하다고 말하고 있다. 특히 앞으로는 언어 교육에만 집중하기보다는 학생 개인의 불어와 민족 언어적 정체성을 자극할 수 있을 정도의 활성화한 프로그램이 필요하다고 지적하고 있다.

(2) 두 개의 언어 능력과 민족 언어적 활력과의 관계

캐나다의 7개의 주(퀘벡, 뉴브런즈윅, 노바스코샤, 프린스 에드워드 아일랜드, 매니토바, 서스캐처원, 앨버타)에 거주하는 영어와 불어를 각각 제1 언어로 하는 캐나다인 고등학교 3학년 1500명을 대상으로, 두 개의 언어 능력과 사회적 및 사회심리적 요인의 관계를 다변량 분산 분석(MANOVA)으로 조사한(Landry. & Allard, 1994a) 결과, 이 7개 주 가운데 퀘벡과 뉴브런즈윅은 다른 주보다 불어의 지위가 높다. 그리고 연구 대상이 되는 학교 지역에 있어서 불어 또는 영어 사용도는 각각 1%에서 99%로 상당히 폭넓은 차이가 보인다. 조사 내용은 캐나다 인구 조사 결과 외에 영어·불어의 사용 빈도, 6가지의 사회·심리적 환경(가정, 학교, 주위의 사회적 네트워크, 친구 관계, 공공 기관, 매체)에 있어서 두 개의 언어 접촉 상황에 대해 설문 조사를 실시하고 있다.

이 연구의 결과, 객관적인 '민족 언어적 활력(EV)'과 소수 언어 사용 빈도 사이에 밀접한 관계가 보였다. 특히 소수 언어인 불어로 텔레비전과 라디오, 영화, 신문 등의 미디어와 은행, 우체국 등의 공공 시설, 학교의 요인 등과의 사이에 깊은 상관 관계가 보였다. 또한 제1 언어는 방치해 두면 현지어인 제2 언어로 대체되어 버릴 우려가 많다고 지적하고 있다. 특히 이 현상은 저출산으로, '민족 언어적 활력'이 감소되어 온 소수 민족 단체인 프랑스계 캐나다인 학생에게서 현저하게 관찰할 수 있다고 한다. 그러나 활력이 높은 프랑스계 캐나다인 학생은, 두 개의 언어 병용의 형태가 다른 7개 주의 모든 지역에 거주하는 학생을 포함해 전체적으로 제1 언어 사용이 높다는 것을 알았다.

(3) 두 개의 언어 능력과 언어 접촉

이 연구는 미국의 루이지애나주에서 소수 언어 집단의 프랑스계 미국인 고등학생 403명을 대상으로 사회적 차원, 사회 심리적 차원 및 심리적 차원과 이중 언어 형태의 관계에 대해 공분산 분석(one-way analyses of variance)을 실시한 것이다(Landry, Allard & Henry, 1996).

대상이 된 학생을 가족(부모, 형제, 조부모) 가운데 불어 화자가 몇 명인지 그 비율에 따라 4개의 그룹으로 나누어, 각각의 항목에 대해 분석하였다. 조사 항목은 불어 화자와의 질적인 접촉, 불어 화자와의 접촉 규모, 영어와 불어의 매체와의 접촉, 불어의 회화 능력(자기 판단), 프랑스인으로서의 생각(프랑스인으로서의 활력은 앞으로 어떻게 될 것인가, 프랑스계 집단에 속하고 싶은가 등의 생각), 귀속 의식(프랑스계 미국인, 아카디언, 백인, 루이지애나 출신 중 어느 쪽에 속하는가), 불어의 사용 빈도이다.

이를 분석한 결과, 모든 그룹에서 지역 네트워크와 매체, 학교(다만 불어 이머전 학교에 다니는 학생은 제외)에서의 불어 사용 빈도가 낮다는 것을 알 수 있었다. 그리고 불어 회화 능력, 불어의 사용 빈도, 귀속 의식, 프랑스계 소수 언어 민족의 일원이 되고 싶다는 생각도 전체적으로 낮은 것을 알았다. 그리고 가족 중에 불어 화자가 많은 그룹의 경우에도 이들 테스트 결과는 중간 이하였다. 따라서 가족 중에 불어 화자가 있는지에 관계없이 불어를 접하는 양이 적기 때문에 이번 조사의 대상이 된 고등학생이 불어를 다음 세대로 계승하는 것은 무리라는 결론에 이르렀다고 한다.

이상 세 가지의 랜드리와 앨러드의 연구에서 알 수 있는 것은 학교와 가정에서 소수 언어로 실시하는 교육과 소수 언어의 유지·촉진의 정도에 따라 학생의 이중 언어 형태가 만들어진다는 것이다. 소수 언어의 교육과 소수 언어를 유지·촉진하는 정도가 높으면 제1 언어도 유지되고 가산적 이중 언어 상태로도 될 수 있다. 그러나 학교나 가정뿐만 아니라 사회적 요인인 사회에서 소수 언어 집단의 지위 확보 및 그 민족의 활력도 중요한 요인이 된다. 결국은 소수 언어 집단이 가지는 '인구 밀집도'나 '경제적 수준' 등의 '객관적인 민족 언어적 활력(EV)'이 학생의 제1 언어 사용 빈도에 크게 영향을 미치는 것이다.

(4) 두 개의 언어(중국어와 일본어) 습득에 영향을 미치는 요인

이(李, 2006)는 일본의 중국인 학교에 다니는 재일 대만인 12명을 대상으로 이들이 중학교 1학년부터 고등학교 3학년이 될 때까지 5년간(총 4회) 종단 추적 조사를 실시하여 중국어와 일본어의 두 개의 언어 습득에 영향을 미치는 요인에 대한 연구를 실시하였다. 특히 두 개의 언어 습득에 영향을 주는 요인이 무엇인지, 학습 개시 연령과 언어 환경의 변화와 두 개의 언어 능력의 변화 등을 중심으로 고찰하였다.

이 연구는 전(前) 단계로서 랜드리와 앨러드가 만든 모델의 환경 요인인 '사회심리적 차원'과 개인 요인인 '심리적 차원'의 요인에 대해 조사한 연구 결과(李, 2006: 92-105)를 근거로 대상자를 선정해 종단 추적 연구를 한 것이다. 이전 연구에서는 제2 언어의 습득에는 친구 관계 외에 학습 의욕보다도 가정에서의 일본어 사용 빈도가 관련되어 있었다. 제1 언어의 유지에는 청년기의 친구와 모어를 사용하는 빈도, 개인 요인인 의욕도 영향을 준다는 점을 관찰할 수 있었다.

종단 추적 연구에서는 언어 발달 과정의 상황에 초점을 맞춰 각 피실험자가 어떻게 두 개의 언어를 습득하는지, 그리고 어느 시점에서 어떤 요인에 의해 영향을 받는지를 중심으로 두 개의 언어 습득 과정에 미치는 영향을 검토하여 중국어와 일본어의 두 개의 언어 습득의 이중 언어 상태를 명확히 하였다(李, 2006:109).

조사 방법은 중국어 어휘 테스트, 일본어 어휘 테스트(小野·林部, 1989) 및 언어 환경 질문지(李, 2006)이다. 질문지는 이전 연구에서 사용한 58항목으로 된 환경 요인과 자기 평가의 보충적인 내용 18항목으로 되어 있다. 그리고 마지막 4번째 조사에서는 면접도 실시했는데, 이때는 4번째 조사에서 변화가 보인 항목에 대한 이유를 물었다. 그 밖에 일본에 오기 전의 일본어 능력과 두 개의 언어 각각을 사용하는 빈도와 두 언어 집단에 대한 태도도 조사하였다. 개인 요인으로는 의욕, 진로, 태도, 정체성, 성격, 가족 상황, 언어 사용과 접촉 빈도에 대해서는 가정, 교우 관계, 매체 등의 접촉 빈도, 지역 사회에 대해 조사하였다.

이 결과, 두 개의 언어의 습득은 1) '학습 의욕(〈중국어를 잘하고 싶습니까?〉)' 2) '일상생활에서의 접촉 빈도(〈가정〉〈교우 관계〉〈매체 등의 접촉 빈도〉〈공동체〉)' 3) '목표 언어의 국가에 대한 태도(〈일본을 좋아합니까? 〉)' 4) '어느 나라에서 살 것인가?(〈장래 대만에서 살고 싶습니까?〉)' 등 환경 요인에 따라 다른 것을 암시한다.

또한 이(李)는 두 개의 언어의 도달 정도를 '2언어 상승형', '일본어 상승형', '두 개의 언어 감쇠형'의 세 가지로 나누어 관찰하였다. 특히 '2언어 상승형'은 만 11세 이후에 일본으로 온 학습자가 많고, '일본어 상승형'은 만 7세 이전에 일본에 온 학습자에게 많이 나타났다. 만 7~10세에 일본에 온 학습자에 대해서는 명확한 형태를 찾아내지 못했다. 전체적으로 두 개의 언어 능력의 변화는 '학습 의욕', '진로', '일상생활에서 두 개 언어의 접촉 빈도와 교우 관계'와 관련되어 있다. 또한 2언어 상승형'의 경우 이들 환경 요인이 긍정적으로 작용하고, '2언어 쇠퇴형'의 경우는 소극적인 방향으로 작용하고 있다. 다시 말해 '2언어 상승형'은 '제2 언어와의 접촉 빈도가 충분하며 학습 의욕도 높고', '2언어 쇠퇴형'은 '제2 언어와의 접촉 빈도가 충분하지 않으며 학습 의욕도 낮아지기 때문'이라고 생각된다(李, 2006: 130). '일본어 상승형'은 중국어 유지에 대한 의욕과 접촉 빈도도 낮았다. 따라서 '(일본에서는 적은 숫자의 특수한 중국인 학교에 다니고 있어도) 두 개의 언어 모두 학년에 상응하는 수준에 도달하는 데는 스스로 강한 학습 의욕과 언어 사용에 대한 높은 접촉 빈도가 중요하다. 일본어 습득은 일본어 환경의 접촉 빈도에 영향을 받지만, 중국어의 유지는 학교 환경만으로는 곤란하다'고 말한다(李, 2006: 121). 결국, 이 정도의 연령이 되면 두 개의 언어의 발달은 환경 요인은 물론이고 본인의 의지 및 의욕과 관련이 있음을 알 수 있다.

(5) 일본어와 영어의 이중 언어 능력과 학력, 사회적 · 사회심리적 · 심리적 요인의 관계

오케타니(桶谷)의 두 연구(Oketani, 1997; 桶谷, 1999)는 일본어와 영어의 이중 언어 능력, 학력, 사회적 · 사회 심리적 · 심리적 요인의 관계를 조사한 것이다. 대상자는 모두 토론토시 근교에 거주하는 캐나다 출생의 제2차 세계대전 이후 이주한 일본인 자녀 42명(고등학교에서 대학교까지 평균 연령 만 19세)으로, 일본어 계승어 유지를 위해 동일한 일본어학교(만 4~14세 대상)에 다니는 학생들이다. 이 일본어학교는 부모들이 자녀를 위해 일본어 · 일본 문화를 계승시키려는 목적으로 세운 것이다. 매주 토요일에 2.5시간, 일본에서 사용되는 미쓰무라 도서(光村図書)의 교과서를 사용하여 일본어 수업을 실시하고 있다.

1997년의 연구에서는 양적으로 관계를 분석했지만, 1999년 연구에서는 일본어와 영어의 두 개의 언어 능력과 귀속 의식 및 그것을 둘러싼 사회적 요인과의 관계에 대한 검증을 질적 · 양적으로 실시하였다. 양적 분석 방법으로 신뢰성, 상관 관계, F 검정, 중회귀(重回歸) 등의 분석을 실시하였다.

조사 항목은 언어 배경 조사(출생지, 연령, 부모의 캐나다 이주 연월일, 지금까지 다닌 학교의 목록, 일본의 체류 일수, 일본어학교에 다닌 일수, 부모의 사회적 지위, 부모의 학력, 고교 졸업 때의 성적), 일본어 회화 능력 면접 테스트, 일본어 독해 능력 테스트(일본어 능력 시험 2 · 3급), 영어 독해 능력 테스트(GRE, Verbal Test), 심리적 요인 면접, 사회 · 심리적 요인에 관한 면접이다.

1997년의 연구 결과로는 일본어 회화 능력과 독해 능력에 강한 상관 관계가 보였으며, 민족 언어적 정체성과 개인 사이의 언어 접촉에 깊이 관계하고 있다는 것을 알았다. 그리고 일본어 독해 능력이 영어 독해 능력과 현지 고등학교 졸업 때의 성적을 추측하는 강한 예측 요인이라는 것도 알았다. 다시 말해, 일본어 독해 능력이 높은 학생은 영어 독해 능력과 고등학교 졸업 때의 성적도 좋은 것을 관찰할 수 있었다는 것이다. 이것은 소수 언어인 일본어의 학력 언어 발달이 제2 언어인 영어의 발달뿐 아니라 학력 전반에도 영향을 준다는 것을 의미한다.

그리고 1999년 질적 조사(桶谷, 1999)에서는 일본어 독해 능력과 영어 독해 능력의 결과에 따라 네 가지의 그룹으로 나눈 경우, 영어 능력이 일정 수준 이상인데 일본어 능력은 수준을 밑도는 그룹은 다음에 열거하는 다섯 가지의 항목에서 가장 낮은 수치를 보여 주고 있는 것에 반해, 영어 능력은 수준 이하인데 일본어 능력은 수준을 웃도는 그룹은 같은 항목에서도 전체적으로 높은 수치를 나타냈다.

· '다음 세대가 일본어를 계승하는 것은 중요하다고 생각한다'
· '자신은 캐나다인이라기보다 일본인 그룹에 속한다'

· '일본어를 말하는 동급생과의 접촉이 항상 있다'
· '지역 사회 안에서 일본어를 말하는 사람과의 접촉이 항상 있다'
· '일본어를 말할 수 있는 친구와 말할 때, 일본어를 사용한다'

한편으로, 양 언어 능력의 수치가 높았던 그룹은 모든 항목에서 대답이 편중되지 않고 양쪽 다 좋은 응답을 얻었다. 이것은 그들과 다른 것과의 접촉이 일본인 또는 일본어 화자에만 한정되지 않고 영어 화자도 포함하는 넓은 범위인 것을 엿볼 수 있다.

마지막으로 일본어 테스트와 영어 테스트의 결과가 모두 수준을 밑도는 그룹은 각양각색이어서 명확한 특징은 찾아볼 수 없었다.

그리고 사회 · 심리적 요인의 하나인 '일본어학교의 교육적 보조'에 관해서 이 연구에서는 유의 차는 보이지 않았다. 학교장의 보고에 의하면 그 당시는 교사의 교체가 심했고 학교의 체제가 아직 충분히 갖추어지지 않은 시기였기 때문이라고 한다. 그리고 일본어학교를 8학년으로 졸업한 다음 이 연구에 참여하기까지 3년 남짓한 사이의 일본어 학습 상황과도 관계가 있다고 여겨진다.

심리적 요인인 귀속 의식('자신은 일본인인가, 캐나다인인가')에 대해서는 개별 사례를 자세히 살펴보면, 특히 가산적 이중 언어 상태의 경우, 두 정체성이 하나로 통합 · 진화된 것을 가지고 장면이나 상황에 따라 자유롭게 두 개의 언어를 구사하는 것을 관찰할 수 있었다. 결국은 미노우라(箕浦, 1995: 25)가 '〈자신은 가치 있는 존재다〉라는 증명을 갈구하는 것은 인간의 본성이다'고 말하듯이 '두 개의 언어의 발달도 개인의 정체성과 사회적 요인이 겹쳐져 최종적으로는 근본적인 〈인간 본성〉의 영역에 깊이 관여하고 있는 것이라고 생각된다. 인간은 〈심적인 동물〉이며 무의식중에 일반적으로 사회나 주위 환경으로부터 인정받으려고 끊임없이 행동하고 있다. 또한 사회적 요인은 끊임없이 변화함과 동시에 심리적 요인도 그것에 대응해 변화한다. 이 심리적 요인의 집합체가 나아가서는 사회적 요인을 구축하는 상승 작용이 일어난다. 그 가운데 이중 언어 구사자가 받아 들이기 쉬운(인정받기 쉬운) 환경, 즉 주위에 존재하는 환경(또는 접촉 인물)과의 의사소통을 가능하게 하는 언어 능력이 형성된다(桶谷, 1999: 91). 언어 능력과 심리적 측면이나 환경 요인이 서로 영향을 주고 받으면서 이중 언어 형태가 갖추어져 간다. 결국은 인위적으로 이중 언어 형태를 만들어 나갈 수 있는 것이다. 그리고 일본어 능력이 어느 정도까지 발달해 있지 않은 학습자는 강렬한 동기 부여가 없는 한 자연스럽게 영어(현지어)의 세계로 이행해 간다.

오케타니(桶谷)의 두 연구는 대상자의 언어 배경을 제한하여 고찰이 이루어진 것으로 소수 언어 집단이라고 불리는, 제2차 세계대전 후 해외로 나간 소위 신 이주 가정 자녀들도 고등학교 · 대학교까지 일본어를 유지할 수 있고 두 개의 언어를 균형 있게 육성할 수 있는 것을 관찰할 수 있었다. 또한, 제1 언어인 일본어의 유지 및 제2 언어인 영어 발달의 균형이 일본인 자녀들의 사회적 · 사회 심리적 · 심리적 요인과 밀접하게 관계되어 있다는 것도 알았다. 하지만, 캐나다라는 다문화주의 정책을 앞세우는 나라이기 때문에 가능했다고도 볼 수 있다.

이상 여기에서 다룬 여섯 가지의 연구 결과로부터 알 수 있는 것은 학교나 가정 등의 제1 언어의 지원이 중요하며, 특히 랜드리와 앨러드가 제시한 객관적인 민족 언어적 활력은 소수 언어 사용과 관계가 있다는 것을 알았다. 소수 언어의 접촉에 있어서는 수동적인 것이 아니라 개인의 적극적인 접촉으로 그 소수 언어를 사용하는 것이 중요하다는 것도 알았다. 스스로가 강한 의욕을 가지고 언어 사용에 대한 높은 접촉 빈도가 중요해진다. 그리고 가산적 이중 언어 상태의 경우, 그 접촉도 제1 언어쪽으로만 편중되는 일이 없이 두 개의 언어를 균형 있게 접하는 것이 열쇠인 듯하다.

5. 앞으로 과제—이중 언어 육성을 지원하는 언어 환경

일본에서의 이중 언어 육성에는 도대체 어떤 심리 · 사회 · 문화적 요인이 필요한 것일까? 여기에서는 (1) 정체성 (2) 학교 교육 (3) 가정 · 지역 사회 등 세 가지를 중심으로 생각해 보기로 한다.

(1) 이중 언어 육성과 정체성

리츠와 자일즈(Leets & Giles, 1992)는 개인의 소수 민족으로서의 민족적 정체성보다도 오히려 다민족 사회에 동화하고 싶은 의식이 강한 경우, 현지어 능력도 높아진다고 말한다. 개인이 강한 민족적 의식을 드러내면 드러낼수록 현지어 능력은 떨어지고 반대로 모어 능력이 우세해진다. 가산적 이중 언어 상태의 경우는 어린이가 양쪽 문화를 균등하게 접할 수 있으며 사회적 · 문화적 · 심리적 요인이 갖추어지면 두 개의 언어 모두 높은 수준으로 균형있게 발달할 수 있다(Oketani, 1997; 桶谷, 1999). 랑베르(Lambert, 1974)도 주장하듯이 국제결혼 가정 자녀의 경우, 두 개의 언어가 균형 있게 발달할 가능성이 많은데, 이를 위해서는 어린이가 두 개의 언어 · 두 개의 문화를 접하면서 언어를 습득할 수 있도록 이러한 언어 환경을 의도적으로 만들어 줄 필요가 있다.

일본의 경우도 마찬가지로 스즈키(鈴木, 2005)는 일본의 수도권에 거주하는 일본계 국제결혼 가정 자녀(독일계) 2명을 2년(만14~16세)에 걸쳐 면접하고 필요에 따라 고민 등도 상담하면서 문화적 정체성 형성에 대해 연구하였다. 그 결과 '일본계 국제결혼 가정 자녀가 국제결혼 가정 자녀로서 자연스럽다고 생각되는 〈국제결혼 가정 자녀로서의 정체성〉을 형성해 가기 위해서는 두 개의 언어 능력과 문화에 대한 지식을 습득해야 하고, 국제결혼 가정 자녀를 받아들이는(인정하는) 환경이 필수불가결하다'(鈴木, 2005: 95)라고 한다. 또한 스즈키(鈴木)는 '유아기부터 두 개의 언어 · 두 개의 문화 환경에서 자라는 것이 국제결혼 가정 자녀의 문화적 정체성 형성에 중요하다'라는 것을 확인했다.

세키구치(関口, 1999)는 재일 일본계 브라질인 아동 · 학습자 57명(만 10~17세)을 대상으로 정체성 형성을 고찰하였다. 그 결과, 학습자들의 심적 변화는, '브라질의 정치 · 경제 · 사회 상황이나 교육 환경과 학습자들이 일본 사회에 처해 있는 상황 사이에서, 변화무쌍한 부모의 일본 체류 계획이나 부모의 정체성과 교육관 등으로 형성되는 환경 요인, 학습자가 일본에 온 연령과 체류 기간과 관련한 발달 요인, 본인의 능력과 신체적 조건이라는 생득적 요인에 크게 영향을 받는다. 한편으로 이와 동시에 일본 사회의 다수와 소수 집단과의 관계에서 명확해진 이들에 대한 기대 · 평가 및 처우가 이들이 일상적 현실에 적응하거나 또는 적응하지 못하는 것과 밀접하게 관계하면서 이들의 정체성 방향을 좌우하고 있다. 나아가 일본인과 일본계의 민족적 배경(ethnicity)을 둘러싼 혈통, 문화, 국적, 언어의 교착 상태가 조사를 통해 명확해졌다'(関口, 1999: 175) 라고 관찰하고 있다.

세키구치의 정체성에 관한 연구 결과는 사회적, 문화적, 민족적 요인이 모두 포함되어 서로 영향을 주고받으면서 정체성이 형성된다는 것이다. 이것은 마치 앞에서 설명한 해머스와 블랑 및 랜드리와 앨러드의 모델처럼 한 사회에서 소수 언어 · 소수 민족의 사회적 가치, 사회적 구조 안에서의 네트워크, 민족 언어적 활력 등이 서로 어우러져 어린이의 두 개의 언어 · 두 개의 문화 형태가 결정되어 간다는 것과 상통한다. 사회적 차원인 모국의 정치나 경제 등 사회 심리적 차원의 환경 요인, 심리적 차원의 주관적 정체성과 민족적 요인 등이 우여곡절을 겪으면서 개인 그리고 그 개인의 언어 체계까지도 구체화해 가는 것이다.

나아가 혼버거와 왕(Hornberger & Wang, 2008)이 지적하는 어린이의 언어 배경과 가정 환경, 지역 사회의 다양화에 따른 '다양한 정체성(multiple identity)'의 요인도 세키구치(関口, 1999)나 오케타니(桶谷, 1999)의 결과를 통해 엿볼 수 있다. 다시 말해 혼버거에 의하면 원래 개인의 내부로부터 자연적으로 형성되는 주관적인 정체성의 해석에서 한발 나아가 다른 사람에게 보이는 '자기'라는 또 다른 하나의 정체성도 존재한다는 것이다. 이 개념은 에릭슨과 슐츠(Erickson & Shultz, 1982)의 생각에 따른 것인데, 에릭슨과 슐츠는 사회의 한 일원이라는 것을 '제1의 멤버십(Primary menbership)'과 '제2의 멤버십(Secondary menbership)' 두 가지로 나누어 귀속 의식을 설명하고 있다. '제1의 멤버십'은 가정 안팎과 공동체에서의 상호 작용에 대해서는 아무런 지장 없이 행동할 수 있는 경우인데 반하여, '제2의 멤버십'은, 제2 언어로 어느 정도까지의 상호 작용밖에 할 수 없는 지식만을 가지고 있는 경우이다. 이 개념은 소수 민족 집단의 경우에도 해당한다. 그리고 이 '제1의 멤버십'에 속하는지 또는 '제2의 멤버십'에 속하는지는 개인의 선택이라고 말하고 있다. 예를 들어 대부분의 아시아계 미국인의 경우, 하루라도 빨리 현지 문화와 습관에 젖어 들어 '미국인이 되고 싶다'는 '제2의 멤버십'에 대한 생각이 강하기 때문에 모어(계승어)의 학습을 거절 또는 피하는 경우가 있어, 이중 언어 구사자가 될 가능성을 스스로 차단하고 있다고 할 수 있다.

세키구치는 '일본 사회의 다수와 소수 집단과의 관계에서 명확해진 이들에 대한 기대 · 평가 및 처우가 이들이 일상적 현실에 적응하거나 또는 적응하지 못하는 것과 밀접하게 관계하면서 이들의 정체성 방향을 좌우하고 있다'라고 기록하고 있다.

국제화가 확대되고 주류 사회와 모문화의 정체성의 혼성화가 진행되어 이중 언어 육성과 정체성과의 관계도 점점 다양화해 가는 오늘날, 언어 발달과 심리적, 사회적 · 문화적 요인과의 관계도 앞의 혼버거가 제시하듯이 다양한 시각으로 살필 필요가 있는 것 같다.

(2) 이중 언어 육성과 학교 교육

그러면 학교 교육의 역할은 무엇일까? 특히 고등학교에 대해서 말하자면 도모자와(友沢, 2000: 108)는 오사카부 사카이시(堺市)의 중국 귀국인 자녀가 다니는 공립 고교의 사례를 성공한 예로 소개하고 있다. 성공 요인으로 보는 것은 '항상 어느 정도의 (중국 귀국 학생) 재학생 수가 있다는 것, 그래서 독자적인 교과 과정 설정과 활동이 가능하게 된 것', '두 개의 언어를 실질적인 활동(예를 들면 근처의 대학원에 유학 중인 중국인을 초대해 중국의 역사, 문학, 현대 중국 사정 등 폭넓은 주제를 토론 형식으로 배움)을 통해 배우게 하는 다양한 기회가 있다는 것', '(중국) 귀국인 자녀의 존재를 올바르게 인식하고, 있는 그대로 받아들이려는 교원과 학교의 대응 자세, 학교 안팎에서의 일본인과의 활발한 교류, 나아가 읽기 능력을 발달시키기에 불가결한 도서 구비 등이 잘 통합되어 학업 면에서도, 생활 면에서도 충실한 학교 생활을 할 수 있게 되었다'라는 것과 큰 관계가 있다고 한다.

초등학교에 관해서도 하라(原, 2003)는 일본에 온 지 1, 2년밖에 지나지 않은 한국인 어린이(초등학교 6학년) 4명이 다니는, 일본어와 모어가 사용되는 교과 학습 지원 교실(학교 밖)을 대상으로, 사회에서 두 개의 언어 간의 지위 관계가 어떻게 반영되고 또한 어떤 환경이 형성되고 있는지의 입장에서 이중 언어 육성의 가능성을 탐구하기 위해 참여 관찰하였다. 그 결과, '일본 사회에서 일본어가 한국어에 비해 우위에 있다는 구도가 교실에서도 반영된다'는 가설과는 반대로 두 개의 언어가 '교실'이라는 공간에서 바깥 세계와는 다른 '새로운 관계성'을 창출하는 것이 가능하다는 사실을 검증할 수 있었다.

하라(原, 2003)가 주장하듯이 학교 밖의 '지원 교실'을 통해 소수 언어 집단 어린이의 역량을 강화하는 것은 가능하다. 그러나 그 효과를 최대한으로 거두기 위해서는 도모자와(友沢, 2000)가 소개하고 있는 고등학교와 같이, 학교 전체 그리고 이들을 둘러싼 주변의 한 사람 한 사람도 마찬가지로 이들을 받아들이려는 환경을 조성해 갈 필요가 있다. 정신과 의사인 미야사카(宮坂, 2000: 77)에 의하면 '(브라질인 자녀가) 초등학교 때 일본의 교육 제도 안에 들어오는 경우는 적응이 빠르지만, 포르투갈어(모어)를 잊어버리고 부모와 의사소통을 할 수 없게 되는 경향이 있다. 중학교, 고등학교 시절에 일본에 온 경우는 학생들이 일본 학교에 대한 적응이 어려워 따돌림의 대상이 되고, 부적응이나 등교를 거부하게 되고(만 5~19세의 재일 브라질인 36,161명 가운데 학교에 다니는 학생은 7,500명(20%)에 지나지 않는다고 한다), 이로 인한 마약, 알코올, 담배, 범죄 등의 문제를 일으키고 있다'라는 보고가 있다.

일본에서는 아직 어떻게 해야 할지 대책을 세우지 못하고 있는 실정이지만, 미국에서는 오랫동안 큰 문제로 다루어 온 소수 언어 어린이의 교육적 역량 강화에 관한 연구가 있다. 예를 들어 루카스와 헨체, 다나토(Lucas, Henze & Danato, 1990)는 학교 체제, 교사의 역할, 교실에서 이루어지는 교사와 학생 간의 상호 작용이라는 세 가지 관점에서 애리조나주와 캘리포니아주에 있는 6개교의 라틴계 미국인 학생이 많은 고등학생의 학력 향상의 성공 요인을 다음과 같이 정리하고 있다.

1. 학교가 학생의 모어와 모문화에 가치를 두고 있다.
2. 학교에서 학생의 학력 달성에 대한 기대가 높다.
3. 학교의 지도자 격(교장 등)이 소수 언어 민족의 학생을 가장 먼저 생각하고 있다.
4. 소수 언어 민족의 학생을 효과적으로 지원하기 위한 교사 연수가 기획되어 있다.
5. 학생을 위한 다양한 수준의 수업과 프로그램이 준비되어 있다.
6. 동일한 문화 배경을 가진 학교 상담원(school counsellor)에 의한 적절한 지도가 이루어진다.

7. 보호자가 학생의 교육에 참여할 것을 독려하고 있다.

8. 소수 언어 민족 학생들 사이에 활동이 강화될 수 있도록 교직원이 고등학교나 지역 사회에 이들만의 공간 만들기 활동을 적극적으로 하고 있다.

이 중에서도 특히 고등학생의 학력 향상에 공헌한 요인은 다음과 같은 것이다.

· 고등학생의 정체성의 긍정, 모어의 읽기와 쓰기의 촉진
· 보호자의 활발한 학교 활동 참여
· 고등학생의 문화 배경과 경험에 관계되는 인지적 측면을 자극하는 지도 및 협동 작업

이 루카스와 헨체, 다나토(Lucas, Henze & Danato, 1990)의 연구 결과는 앞의 도모자와(友沢, 2000)나 하라(原, 2003), 미야사카(宮坂, 2000)가 말하고 있는 일본의 중·고등학교 교육 사정을 이해하는 데도 도움이 되는 내용이다. 다시 말해, 학교라는 공간이 사회 현상과는 달리 소수 언어 집단 아동이 소수(약자 또는 위험을 안고 있는 어린이)로 취급받지 않고 '역량이 강화된 아동'이 될 수 있다면 이들은 학교에서 성공할 가능성이 있다는 것이다(カミンズ, 2004, Cummins, 1996). 그리고 이 '역량을 강화한다'는 것에는 소수 아동의 정체성 안정과 교사와 학습자의 의미 있는 상호 작용이 중심 과제라고 말하고 있다. 도모자와(友沢, 2000)의 오사카부의 고등학교에서는 소수 언어 집단 아동의 모어를 실제 교과 과정에 도입함으로써 학습자의 언어를 촉진시킬뿐만 아니라 정체성의 안정이 도모되고, 다른 일본인 학습자와 교원을 포함한 학교 전체가 이들을 있는 그대로 인정하려는 적극적인 자세가 보인다. 도모자와(友沢, 2000)나 하라(原, 2003)가 주장하듯이 모어로 교과 학습을 지원함으로써 소수인 이들과 주요 그룹(일본인)의 심리적 활력을 개인 단위로 높이는 것이 가능한 것이다. 이와 동시에 정신과 의사인 미야사카(宮坂, 2000)가 지적하는 사태가 일어나지 않도록 더 이른 시기인 유년기부터 언어와 심적인 면을 성장시키는 학교 교육 전체의 지원이 시급한 일이라고 할 수 있다.

(3) 이중 언어 육성과 가정 · 지역 사회

지금까지의 연구를 통하여 가정에서 제1(소수) 언어를 적극적으로 사용하고, 부모의 정체성과 교육관, 그리고 지역 사회에서 어린이가 제1(소수) 언어 및 제2 언어(현지어)를 균형있게 접촉하면서 이를 적극적으로 사용하고 또한 소수 언어 민족 집단의 민족 언어적 활력을 높이는 것이 이중 언어 육성에 주된 요인이라는 점을 알게 되었다. 그러면 지금 일본은 어떠한 상황에 있는지 최근의 조사를 기초로 생각해 보기로 한다.

오사카식자 · 일본어센터(おおさか識字·日本語センター) 상담원인 나시키(梨木, 2009: 1)에 의하면 오사카부에 거주하는 실제의 '학교 현장에서 듣는 외국인 보호자의 소리'는 다음과 같다.

· "나 자신도 일본어를 잘 못하기 때문에 아이의 공부를 봐 줄 수 없는 것이 아주 괴로워요. 집에서 소리내서

읽기나 구구단 외우기 숙제를 하고 있어도 제대로 잘 하고 있는지 어떤지 저로서는 알 수 없어요. 방과 후에 학교 또는 귀가 후에 집 근처에서 그런 것을 봐 줄 수 있는 곳이 있으면 좋겠지만…."

· "학교 선생님에게 "집에서도 아이에게 일본어를 많이 접하게 해서 빨리 익숙해지도록 해 주세요. 특히, 읽기와 쓰기"라는 이야기를 들었습니다만, 구체적으로 어떻게 하면 좋을지 모르겠어요. 우선은 간단한 그림책부터…라고 하지만 저도 읽기와 쓰기가 안 되기 때문에 같이 읽어 줄 수가 없어요."

· "일본어를 배워 나가면서 모어를 잊어버리는 것은 아닐까? 저하고 모어로 이야기를 해도 도중에 일본어가 섞이거나 어순이 뒤바뀌기도 하는 것을 보면 아이가 머릿속에서 혼란스러워하는 것 같아 걱정입니다."

· "학교에서 배우는 일본어 외에 더 공부를 시키고 싶지만, 근처에 일본어 교실이 별로 없어요. 있어도 저녁 시간이 많고 저도 남편도 늦게까지 일을 하기 때문에 실제로 아이를 데리고 다니는 것은 어렵습니다. 주말과 방과 후의 시간대에 가르쳐 주는 곳이 있으면 가기 쉬울 거라고 생각합니다만…."

· "아이가 지금 어떤 공부를 하고 있는지 또는 현재 학교에서 어떤 문제가 있는지, 따돌림 등도 걱정이 되지만(회화는 어느 정도 가능해도) 읽기와 쓰기가 어렵기 때문에 편지 내용을 잘 이해할 수 없습니다. 선생님은 "일본어를 도와주고 설명해 주는 사람을 근처에서 찾아보세요"라고도 말씀하시지만 가까운 곳에 아는 사람도 없습니다."

오사카부의 경우는 일부 지역을 제외하고 외국인 가정이 흩어져서 살고 있는 분산 지구가 많다. 따라서 아이치현이나 시즈오카현의 일부와 같은 집중 거주 지구가 안고 있는 과제와는 다르지만, 일본에 흩어져 사는 외국인 보호자가 안고 있는 문제는 대체로 공통되는 점이 많다고 생각된다. 그리고 흥미로운 것은 위의 보호자의 목소리는 일본 국내를 불문하고 해외 영어권에서 일본어를 계승하려고 하는 일본인 사회에서도 지적되고 있는 문제이다.

상대적으로 보호자의 목소리에서 알 수 있는 것은 첫 번째로 보호자가 자녀의 이중 언어 육성 입장에서 자녀의 교육을 보고 있지는 않다는 점이다. 결국은 자녀에 대해 이중 언어 육성이라는 강한 의식이 별로 없다는 것이다. 두 번째로 현지 대부분의 교사는 보호자와 마찬가지로 어린이의 모어와 모문화 교육에 대한 인식이 낮고 외국인 아동을 이중 언어 육성 차원에서는 살펴보고 있지 않다는 점이다. 세 번째로 특정 날짜 및 시간에 아동을 모아 과외 활동으로 모어 교육과 일본어 교육을 한다는 것은 가정과 지역 사회가 상당히 협력하지 않으면 그 실현이 어렵다는 점이다.

이시이(石井, 2000)의 일본계 브라질인의 보호자를 대상으로 한 언어 교육에 관한 의식 조사에서도 '(부모는) 자녀에게는 포르투갈어, 일본어, 두 언어 모두 모어 화자와 동등하거나 거기에 준하는 높은 언어 능력을 갖추게 하고 싶다는 희망을 강하게 가지고 있는 한편, 가정에서 언어 사용과 자원의 활용, 학습 지원 등 구체적인 행동을 그다지 하지 않고 있는 실태가 부각되었다.'(石井, 2006: 8)

오사카부 내의 공립중학교에서 일본어 교실을 담당하는 교사들(大阪府人權敎育硏究協議會, 2008)은 오사카부의 소수 언어 집단 중학생의 고교 진학에 대한 의식이 변화한 이유에 대해, 공동체 형성과 그에 따른 공동체 내의 정보와 지혜를 공유하고 확대하는 일 등 보호자의 교육과 진학에 대한 관심도가 높은 것이 영향을 주고 있다고 한다. 그리고 보호자의 경제력이 높아짐에 따라 자녀가 지망하는 고등학교의 선택이 넓어지고 고등학교 진학 비율이 늘어난 점도 보고하고 있다.

결국은 어린이가 보호자의 관리 아래 안심하고 학교 교육을 받을 수 있도록 하기 위해서는 가정의 안정과 지역 사회의 연대가 필수적이다. 그리고 같은 소수 언어 민족 그룹의 수평적 연결(민족 언어적 활력)이 강화될수록 각 가정에도 정보가 골고루 전파되어 어린이가 모어·모문화를 접하는 기회도 증가하여 어린이의 이중 언어 육성에 있어서 목적 달성이 수월해질 것이다. 이러한 점은 랜드리와 앨러드의 모델에서 말하는 사회적 차원의 '객관적인 민족 언어적 활력(EV)'에 해당하는 소수 언어 민족의 '인구 밀집도', '경제적 수준'에 상응하며, 사회 심리적 차원에서는 '개인 간의 언어 접촉' 등에 해당한다.

앞으로, 보호자와 보호자를 응원하는 교사와 지역에 사는 주민이 소수 언어 집단 아동의 이중 언어 육성에 대해 올바르게 인식하고, 이를 실천에 옮길 수 있도록 협력 체제를 구축해 가는 일이 시급하다.

(4) 요약 정리

지금까지 소개한 선행 연구를 정리해 보면 이중 언어 육성을 지원하는 풍부한 언어 환경 요인으로는 다음과 같은 점을 생각할 수 있다.

가정
- 가정에서 적극적인 제1(소수) 언어 사용
- 어린이 본인 및 부모의 장래에 대한 명확한 목적 의식
- 부모의 정체성과 교육관

학교
- 학교와 가정과의 연계·협력
- 학교에서의 소수 언어·문화의 적극적 도입·지원
- 교사의 질(교수법도 포함) 향상

지역 사회
- 지역 사회에서 제1(소수) 언어 및 제2 언어(현지어)의 균형 잡힌 접촉과 적극적인 언어 사용
- 소수 언어 민족 그룹의 민족 언어적 활력 고양

이들 요인은 6장에서 말한 커민스(Cummins, 1996)의 소수 언어 집단의 아동들에 대한 '역량 강화 이론'에도 종합적으로 정리되어 있다. 그리고 또 한 가지 커민스가 이론에서 주장하고 있는 것은 소수 언어 집단이 아동의 학력 저하 등 문제를 생각할 때, 그 문제를 '소수 언어 집단의 아동'이 원인이라고 생각하지 말고, '그들을 둘러싼 교육과 교사의 자세·사고 방식을 포함한 언어 환경 요인이 원인이 되어 그와 같은 상황을 만들어 내고 있다'는 시점에서 봐야 한다는 점이다. 이 주장은 마치 랜드리와 앨러드의 모델에도 제시된 소수 민족과 다민족 간의 심리적·사회적·문화적인 '갈등', 즉 '힘의

관계'로, 의식적이든 무의식적이든 상관 없이 다수 집단에 속하는 교사의 소수 언어 집단 아동들에 대한 사고 방식이나 견해가 학습자의 역량 강화에 영향을 끼친다는 것이다.

그리고 이것은 6장에서 커민스가 말하는 '학력 강화의 구조(Academic Expertise Framework, AEF)', 즉 '학력 강화 지도의 구조'와 통하는 것이다(Cummins, 2001; Cummins, 2006). 커민스 (Cummins, 2000a)는 '변혁적 교육학(transformative pedagogy)'의 일환으로 교사와 학습자 또는 학습 자 간의 상호 작용에서는 '대인 관계 공간'이 생겨나고 이 공간에서 지식이 생성되며 정체성의 교섭 도 일어난다. 특히 이 상호 작용에 모어의 사용을 정당화했을 때 최대한으로 인지 활동과 정체성 형 성에 긍정적인 영향을 끼쳐 학습이 가장 효과적으로 실현된다는 접근법이다.

이 장에서는 일본이라는 심리·사회·문화적 환경 속에서 소수 언어 집단 아동들의 두 개의 언어 와 더불어 정체성을 건전하게 형성하기 위해서는 가정과 학교, 지역 사회가 어떻게 하면 좋은지에 대 한 질문에 답을 찾기 위해 선행 연구를 중심으로 기술하였다. 일본 각지에서 이미 모어 지원과 이러 한 장을 만들기 위한 노력이 이루어지고 있는데, 앞으로 지금까지 북미의 반세기에 가까운 선행 연구 에서 얻어진 요인을 참고하고, 일본의 독자적인 환경에 가장 적절한 방법을 찾아내어 새로운 방법론 을 개척해 가는 일이 꼭 필요하다고 생각된다. 그리고 심리·사회·문화적 측면은 유동적이고 인위 적으로 궤도 조정이 가능한 요인이기 때문에 학교 현장에서의 실천과 그것을 지탱하는 가정과 지역 사회 간에 끊임 없는 연계 또한 꼭 필요할 것이다.

다언어 교육의 방법

제10장 다언어 교육의 방법

마지막 장에서는 일본이라는 토양에서 다언어를 구사하는 인재를 양성하는 구체적인 방법과 그 과제에 대해 생각한다. 지금까지 일본은 '일본의 언어는 일본어'라는 단순한 도식으로 공교육 안에서 일본어만을 학교 언어·수업 언어로 사용해 왔다. 말하자면 명문화되어 있지 않은 일본의 전통적인 언어 정책이라 할 수 있다. 앞으로의 일본은 어떨까? 세계화, 노령화, 저출산과 함께 국제결혼 가정도 늘고, '외국인 노동자'의 증가 및 정착은 피할 수 없으며, 교육 현장에서 다언어화 경향은 심화될 것이다. 모어가 일본어가 아닌 아동들이 다니고 있는 학교 환경을 무시한 교육은 비현실적이다. 즉, 이 책의 첫머리에서 기술한 바와 같이, '1국가 1언어', '1인 1언어'라는 틀에서 '1국가 다언어', '1인 다언어'라는 틀로, 체계를 전환할 수밖에 없는 상태에 이르렀다. 단일 언어 관점으로부터 다언어 관점의 교육으로 이행하는 것이야말로 일본이 나아가야 할 길이다.

다언어 관점에서 일본이 가장 먼저 해야 할 일은 첫 번째로 일본인 아동의 외국어 교육을 강화하고, 국제적으로 활약할 인재를 기르는 일이다. 모어가 충분히 발달한 환경에 있는 어린이들이기 때문에 장기적인 안목으로 제2 언어, 제3 언어를 강화하는 언어 환경을 조성함으로써 일본어는 물론 국제어 능력을 양성하는 것이 가능하다. 두 번째로 세계 각지에 살고 있는 일본인과 일본계 자녀의 계승 일본어 교육을 충실하게 하는 일이다. 현지어와 더불어 가정이나 주말 학교를 중심으로 계승 일본어 능력을 계발함으로써, 다문화 적응 능력과 두 언어를 바로 사용할 수 있는 능력을 겸비한 다언어 구사자의 육성이 가능하다. 세 번째로 국내의 소수 언어 아동을 일본어와 계승어에 능통한 인재로 육성하는 것이다. 이를 위해서는 연소자에 대한 일본어 지도의 질적 향상과 함께 우선 이들 자신의 문화적, 민족적 배경에 입각한 모어·계승어 교육의 실천이 필수 불가결하다. 또한 소수 언어 아동을 포함한 교육 이념, 국가의 언어 교육 정책, 그리고 교사의 양성이 반드시 필요하다.

이 장에서는 위의 세 번째 내용에 초점을 두고 1. 삼중 언어 교육의 실제 2. 중요한 취학 전의 ELL/JLL 교육, 3. 외국인 아동을 위한 교수법 – 세 가지 입장 4. 모어와 일본어 등 이중 언어 문해력(biliteracy) 획득 5. 두 개의 언어의 측정과 평가에 대하여 언급하고 마지막으로 6. 언어 교육 정책과 다언어 구사자 육성에 대해 생각한다.

1. 삼중 언어 교육의 실제

소수 언어 아동을 위한 삼중 언어(trilingual) 교육이라고 하면 일본과는 관련이 없다고 생각하는 독자가 많겠지만, 실제 학령기에 3개 국어에 접하면서 성장하는 것은 일본에서도 드문 일은 아니다. 예를 들어, 요코하마 야마테중화학교(橫浜山手中華学校)에서는 중국어와 일본어에 영어 교육에까지 힘을 기울이고 있고, New International School에서는 재적중인 초·중학생의 약 80%가 일본어와 영어에, 주 2회 중국어를 자유 선택으로 배우고 있다. 그리고 외국인 아동도 가정에서는 계승어, 학교에서는 일본어라는 두 언어에 초등학교 영어를 더하여 세 언어를 접하면서 언어 형성기를 보내는 것이 극히 일반적인 상황이다.

세 개의 언어를 양성하는 삼중 언어 교육과 두 개의 언어를 양성하는 이중 언어 교육과는 어디가 다른 것일까? 이중 언어 교육은 두 언어 모두 고도로 발달시키는 것을 목표로 하지만, 삼중 언어가 되면, 세 언어 모두 모어 화자의 수준의 높은 언어 능력이 필요한 것은 아니다. 세 개의 언어가 제각기 담당하는 역할이나 기능이 다르기 때문에 자신감을 가지고 자유롭게 사용할 수 있는 언어가 하나 있고, 그 위에 이해 가능한 언어를 복수로 육성한다는 여유 있는 목표 설정이 필요할 것이다. 이해 언어와 사용 언어가 양립하는 유럽 연합의 복수 언어 · 복수 문화주의와 같이 모든 언어에 단일 언어의 기준을 적용하지 않는 것이 중요하다.

목표 설정의 차이와 함께 삼중 언어의 육성에는 많은 문제가 따른다. 세노스와 제네시(Cenoz & Genesee, 1998: 23)는 삼중 언어 교육의 미해결 문제로 다음 다섯 가지를 들고 있다.

1) 복수의 언어를 동시에 도입하는 것과 단계적으로 도입하는 것은 어느 쪽이 유리한가?
2) 세 번째, 네 번째 언어를 도입하기에 가장 적절한 시기가 있는가?
3) 복수 언어의 발달 단계에 따라 언어 간의 전이는 다르게 발생하는가?
4) 학교에서 정규 과목(외국어)으로 배우는 경우와 자연스럽게 언어를 접하면서 익히는 경우는 언어 습득 정도가 어떻게 다른가?
5) L1과 L2의 습득 정도가 제3, 제4 언어의 습득에 어떻게 관여하는가?

이와 같은 문제와 더불어, 소수 언어인지 다수 언어인지에 따라서도 삼중 언어의 습득 정도는 어떻게 달라지는지, 같은 삼중 언어라도 언어 차가 큰 경우와 작은 경우는 문제가 어떻게 다른지 하는 것도 커다란 과제이다. 이러한 의문에 대해 세노스와 제네시(Cenoz & Genesee, 1998: 253-257)는 다언어 교육을 성공시키는 조건으로 다음 네 가지를 들고 있다. (1) 언어의 사회적 지위 격차 (2) 장기적인 교육적 개입(commitment) (3) 제3 언어를 추가하는 시기 (4) 교사의 자질이다.

(1) 세 언어의 사회적 지위 격차

이중 언어 교육에서 두 언어의 사회적 지위 격차가 문제가 되는 것처럼 세 언어의 사회적 지위 격차에 따라서도 도달 정도가 달라진다. L1의 사회적 지위가 높고 방치하더라도 자연스럽게 발달하기 쉬운 상황에서는 L1에 L2, L3가 더해져 가산적 다언어 교육이 실현될 가능성이 높다. 즉 L1이 사회의 주요 언어인 경우는 L1을 희생하지 않고 L2, L3의 습득이 가능하기 때문이다. 따라서 L1이 주요 언어인 경우는 먼저 L2, L3를 선행시키고, 초등학교 3, 4학년이 되어 L1으로 교과 학습을 도입해도 충분히 높은 단계까지 그 능력을 계발할 수 있다. 반대로 L1이 사회적 지위가 낮은 소수 언어인 경우는 먼저 학교에서 L1을 선행시켜, L1의 기초를 튼튼히 다진 다음에 L2, L3를 도입해야 한다.

세 개의 언어에 대한 각각의 사회적 요청이 있는지에 대한 점도 중요한 사항이다. 예를 들어, 2장 66-68쪽에 소개한 몬트리올시의 영어 · 불어 · 히브리어 세 개 언어의 이머전 교육은 지역의 유대계 그룹의 강한 요청으로 실현된 것이다. 영향력이 큰 유대계 그룹이 집중적으로 거주하고 있고, 비즈니스에 사용되는 영·불어에다가 히브리어를 한다는 것은 실생활은 물론 장래의 취업 활동에도 유리하다는 것을 어린이들도 알고 있다. 캐나다의 '영·불 이중 언어 교육을 기초로 한 다문화주의 정책' 아래에서 가능하게 된, 사회적 요청에 근거한 다언어 교육의 한 예라고 할 수 있다. 일본의 경우는 일본어나 영어 이외의 소수 언어를 육성하는 일에 의의가 있다는 의식을 가질 필요가 있다.

(2) 장기적인 교육적 개입(commitment)의 필요성

두 개의 언어를 육성하는 데도 시간이 걸리지만, 세 개의 언어가 되면 더욱 긴 시간이 필요하다. 한 언어를 습득하는 데에 최소한 6~7년이 걸리기 때문에 학습자를 포함해 보호자의 장기적인 열의와 관심이 필요하다. 단기간의 프로그램에 참여해서 도중에서 포기하는 것은 어린이들에게도 좋지 않다. 유치원, 초등학교, 중학교, 고등학교 그리고 대학교까지를 포함한 장기적인 구상이 필요하다.

(3) 제3 언어를 추가하는 시기

삼중 언어 교육에 관한 과제는 제3 언어를 추가하는 시기에 있다고 한다. 세노스와 제네시(Cenoz & Genesee, 1998)에 의하면 캐나다의 중학교에서 시작되는 후기 이머전 프로그램의 경험을 근거로 하여 L1과 L2의 기초가 다져지고 난 후에 L3로 교과 학습을 도입하는 편이 프로그램 운영상 여러모로 좋다고 한다. 집중적인 L3 학습을 중학교 1학년까지 늦추어도 조기 이머전 프로그램에 가까운 성과를 올릴 수 있는 것이다.

(4) 교사의 자질

이중 언어 교육과 마찬가지로 교사의 자질이 큰 과제이다. 교사가 교원 자격 소지자여야 하지만, 이머전 교육의 경우는 여기에다 L2, L3로 교과목을 효과적으로 지도하는 기술이 요구된다. 현실적인 문제는 교원 자격을 가진 교사 중에서 제2 언어나 제3 언어에 능통한 교사를 찾는 일이 쉽지 않다는 점이다. 이런 의미에서 이중 언어, 다언어 교육을 실현하기 위해서는 이를 위한 교사 연수나 교사 육성 프로그램이 필수 불가결하다.

이상의 과제를 해결하면 일본에서도 '가산적 다언어 교육'이 실현 가능할 것이다. 이중 언어 구사자는 단일 언어 구사자에 비해 사고의 유연성과 언어에 대한 분석력이나 통찰력이 뛰어나다고 하는데, 이들 '가산적 다언어 교육' 혹은 고도의 이중 언어 상태에서 발생하는 인지 면의 효과가 제3 언어를 습득하는 데에 기여하여 이중 효과를 거두는 것이다. 이 관계를 세노스와 제네시는 화살표(→)를 사용하여 제시하고 있다(Cenoz & Genesee, 1998: 25).

> **가산적 이중 언어 교육**
> 또는   → 인지 면에서 유리 → 다언어 습득에 유리
> **고도의 이중 언어 교육**

즉, 복수의 언어 능력이 갖추어지면 다각적인 사고 방식을 가짐과 동시에 효율적인 습득 방법도 터득하기 때문에 다음 언어를 보다 수월하게 배울 수 있게 된다는 것이다.

다음으로, 일본어를 제1 언어로 하는 캐나다 자일즈학교의 영·불·일 삼중 언어 교육의 실태를 살펴본다. 필자는 1998년에 의뢰를 받아 자일즈학교의 일본어 프로그램을 조사하였다. 초등학교 1학년부터 중학교 1학년까지의 28명을 대상으로 OBC 회화 테스트(10장 326-328쪽)로 일본어 회화 능력을 측정하고 SD법에 따른 영·불·일본어에 대한 정의(情意) 검사[1] 를 실시하여 각각 세 개의 언어에 대한 학습 태도, 동기 부여에 대해 조사하였다.

◆ 영·불·일 삼중 언어 교육 －토론토시의 자일즈학교(中島 外, 1998)

자일즈학교(Giles School)는 1989년에 설립된 유·초·중·고에 걸쳐 일관된 불어 이머전을 실시하는 학교이다. 독특한 점은 공용어 2개(영어와 불어)에 보호자가 국제어로서 유용한 일본어와 중국어 중 하나를 선택하는 삼중 언어 능력을 갖춘 인재 육성을 목적으로 하는 사립학교라는 점이다. '제2, 제3 언어를 사용함으로써 어린이들이 교과 내용에 대해 예측하고 생각하며 모색하는 것이 학력 신장으로 이어진다'라고 하는 것이 자일즈 교장의 지론이다(www.gileschool.ea).

초창기에는 다음과 같은 방식으로 이머전 프로그램이 실시되었다, 먼저 유치부(2살 반부터 시작)에서 불어를 전혀 못하는 어린이에게 불어(L2)로 수업을 진행하면서 그 기초를 다지고, 초등학교 1학년이 되면 영어(L1)를 쓰는 수업이 도입된다. 대략적인 일과(日課)는 아침부터 불어 사용 수업이 2시간, 영어 사용 수업이 2시간, 그 후에 일본어(L3) 사용 수업이 1시간 들어간다. 단, 불어 향상이 더딘 학생은 L3를 시작하는 시기를 늦춘다. 초등학교 4학년까지는 불어 40%, 영어 40%, 일본어나 중국어가 20%의 비율이지만, 초등학교 고학년부터 중학교에 걸쳐 영어가 점유하는 비율을 한층 높여 간다. 실제 어떤 교과목을 어떤 언어로 가르칠 것인가에 대해서는 현장 교사의 언어 능력에 의존하는 바가 크고, 산수를 잘하는 불어 화자인 교사가 있으면 산수를 불어로 하는 형편이었다.

지금은, 세 언어를 구분하여 사용하는 방법이 다음과 같이 달라졌다. 유치부는 산수(100까지 숫자 세기와 20까지 숫자 인식)와 읽기 기초를 불어로 배우고, 음악과 미술은 영어로 배운다. 초등학교 1학년부터 6학년까지는 불어로 주요 과목을 배우고 그밖에 매일 45분 영어 수업(English Language Arts)이 있으며 사회과, 체육, 미술, 음악, 컴퓨터는 영어로 배운다. 7학년(중1)이 되면 영어·불어 50%씩 이머전 교육을 계속하는 프로그램과 한 교과만 불어, 그 외는 모두 영어를 학습 언어로 하는 프로그램을 선택하도록 되어 있다. 그러나, 양쪽 모두 제3 언어인 일본어나 중국어는 계속하여 학습할 수 있다.

본래 일본어 프로그램 조사를 하게 된 것은 다음과 같은 문제가 있었기 때문이다. 하나는 교육 과정의 문제이다. 이머전 교육의 일환이기 때문에 제2 언어로서의 일본어가 아니라 일본어로 교과 학습을 할 예정이었다. 그러나 주요 과목은 모두 영어와 불어로 배우기 때문에 일본어로 가르칠 교과목

---

1) SD(Semantic Differential method)법에 따른 영·불·일본어에 대한 정의(情意) 검사로, 상반되는 의미를 나타내는 형용사 12항목을 이용하였다.

이 없다. 그래서 교육 과정을 어떻게 구축할 것인가 하는 문제가 대두된 것이다. 다른 하나는 세 언어에 대한 학습자의 동기 부여와 심적 태도의 문제이다. 일본어 교사에 의하면, 일본어가 제3 언어이기 때문에 보호자나 어린이가 영어·불어를 우선시하여 일본어에 대한 관심이 낮고, 동기 부여가 약한 것 같다고 한다. 숙제에 대한 태도 등에 이러한 점이 보인다고 한다. 교사의 관찰에 의하면 어린이들에게 우선순위가 정해져 있어, 영어와 불어 숙제가 끝나고 나서야 일본어 숙제를 한다는 것이다. 그리고 보호자로부터 일본어 숙제 분량에 대해 수차례 불평을 들었다고도 한다.

실제 정의(情意) 검사를 실시하여 영어·불어·일본어에 대한 태도를 조사해 보면 동기 부여나 태도의 차이는 보이지 않고, 반대로 보통 캐나다인이 모르는 일본어를 안다는 것에 대해 자랑으로 생각하는 어린이들이 많았다. 일본어에 대해서도 '아름답다', '재미있다', '중요한 언어', '도움이 되는 언어'라고 긍정적인 심적 태도를 보였다. 어린이들도 공용어인 불어의 유용성을 분명히 인식하고 있으므로, 제3 언어의 하나인 일본어와는 그 격차에서 발생하는 심적 태도에도 차이가 있을 것이라고 예상했지만, 제3 언어의 사회적 지위 격차에 따른 문제는 보이지 않았다. 당시는 일본 경제의 거품이 붕괴하기 이전으로 아시아의 경제 대국이라는 일본의 위치가 어린이들에게 심적 판단의 근거였을 가능성도 있다.

당시 자일즈학교의 가장 큰 과제는 자격 있는 모어 화자 교사를 확보하는 일이었다. 불어로 교과를 가르칠 수 있는 교사, 일본어를 학습 언어로 하여 비일본인 어린이에게 가르칠 수 있는 교사의 확보였다. 설령 이러한 교사를 확보했다고 하더라도 언어 문화 배경이 다르기 때문에 교육에 대한 교사의 생각이나 자세도 다양하였다. 교사들이 서로 긴밀하게 연락을 취하면서 같은 교육 목표를 향해 교육을 실천하는 것 자체가 상당히 어렵다. 당시의 일본인 교감 선생님은 서로 다른 문화를 이해하기 위해 교사들이 고군분투하는 모습은 그야말로 지구상 인류의 축소판이며, 실제로 교육 현장에서 교사 간의 다양한 문화적 마찰로 고민하는 것을 보며 어린이들은 많은 것을 배워간다고 말했다.

두 번째 과제는 삼중 언어 이머전 교육으로 제3 언어의 교육과정에 관한 문제이다. 제3의 외국어로 도입한다면 제2 언어 교육 접근법에 따라 기초부터 쌓아가는 방식으로 가르칠 수 있지만, 이머전 교육의 일부이기 때문에 일본어로 공부하는 것이 바람직하다. 이 점에 관해 자일즈학교에서는 이상과 같은 프로그램 평가 결과, 산수는 일본어로 학습하고 그 외에는 내용 중시의 제2 언어 교육으로 접근하는 방법을 절충하였다.

보호자 중에는 스스로가 다언어 화자인, 다양한 언어 배경을 지닌 이주민이 많다. 캐나다 주말 계승어 프로그램 덕분에 가정에서는 파르시어(Farsi, 아버지의 L1), 주말 계승어 프로그램에서는 페르시아어(어머니의 L1)를 배우고 학교에서는 다른 세 개의 언어, 합계 다섯 개의 언어를 동시에 배우고 있는 경우도 드물지 않았다. 무엇보다 감동적이었던 것은 영·불 이머전 프로그램으로 단련된 어린이들의 언어에 대한 끝없는 탐구력이다. 아이들은 보통 언어의 탐험가라고들 하는데, 이 학교의 어린이들은 일본어는 전혀 모르면서도 영어나 불어를 통한 학습 경험으로 이미 문자가 있다는 것을 포함해 일본어에 대한 다양한 지식을 가지고 있어, 프로그램 초기부터 일본의 문자(한자를 포함)를 배우고 싶어 했다. 다언어 교육에서만 볼 수 있는 언어 간 전이의 위력을 실감하였다.

2. 중요한 취학 전의 ELL/JLL 교육

세 언어의 문해력(literacy)을 갖추게 하는 경우, 두 개의 언어 육성과 마찬가지로 중요한 역할을 하는 것이 제1 언어이다(Cenoz & Genesee, 1998: 22). 특히, ELL/JLL 교육에서는 L1의 읽기와 쓰기 능력이 충분히 발달하지 않은 관계로 학령기가 되어 제2, 제3 언어 능력의 계발이 쉽지 않은 경우가 많다. L1의 읽기와 쓰기에 대한 기초는 유아기의 가정 언어 환경에 따라 좌우되는 경우가 많아, 국경을 넘는 이동이 불가피하여 다른 문화권에서 불안정한 가정 환경에 있는 ELL/JLL에게는 큰 과제이다. 여기에서 취학 전 ELL/JLL 교육에 관한 문제를 다음 세 가지로 나누어 생각해 본다. (1) 취학 전 교육과 학교 교육과의 관계 (2) 질적인 대화의 중요성 (3) 중요한 문자 환경 · 읽기와 쓰기 환경, 나아가 미국의 Head Start의 실천 사례와 『ELL 어린이를 위한 가이드라인(ELL幼児のためのガイドライン)』을 소개한다.

(1) 취학 전 교육과 학교 교육과의 관계

미국의 한 노동 경제학자는 취학 전 교육을 받은 사람과 그렇지 않은 사람을 40세가 된 시점에서 비교하면 고등학교 졸업률, 자가(自家) 비율, 평균 소득 수준, 혼인 외 자녀의 비율, 생활 보호 수급 비율, 범죄 체포자 비율 등에서 큰 차이가 보였다고 한다. 오바마 대통령도 교육 시정 방침 연설에서 학령기 이전의 교육에 투자하는 것이 몇 배나 효과를 나타내어 사회에 환원된다고 하는 소위 투자 효과에 근거한 어린이 교육에 의의를 부여하고 있다. "(…조기 교육에) 1달러를 사용하면 미래에 7달러에서 10달러가 되어 되돌아온다. 게다가 특수 지원 교육비 삭감, 고등학교 졸업률의 상승, 범죄율 저하, 사회 복지 제도에 대한 의존도 저하, 건강 관리 개선 등을 기대할 수 있다."라고 말하고 있다(뉴욕 타임즈, 2008.12.17).

조기 유아 교육은 다수, 소수에 상관없이 모든 어린이들에게 필요한 것이다. 단, 다수 언어를 모어로 하는 어린이들은 유아기부터 집중적으로 L2로 수업을 받아도 모어 능력이 퇴보하지 않고 L2 습득이 가능하다. 그러나 소수 언어를 모어로 하는 어린이는 문제가 전혀 다르다. 소수 언어 아동이 다수 언어를 쓰는 아동들과 같이 조기 어린이 교육을 받으면 급속히 자신의 모어를 상실해 버리는 경향이 있다. 커민스의 "모어는 5세가 되면 사라진다!"라고 말하는 이유가 바로 여기에 있다. 따라서 가장 피해야 할 것은 특별한 지원 없이 소수 언어 아동이 현지어만 사용하는 어린이집이나 유치원에 장시간 놓이게 되는 상태이다. 단기간이라면 몰라도 장기간은 금물이다. 유감스럽게도 일본의 많은 외국인 아동이 이러한 상황에 처해 있다. 그리고 필자가 방문한 어린이집이나 유치원의 교사, 보육교사는 '일본인과 똑같이 (공평하게) 대하고 있습니다.'라는 의미의 발언을 많이 했다. 즉, 외국인 아동에 대해 언어적인 면에서 특별한 배려가 필요하다는 의식이 전혀 없다는 것이다.

JLL 어린이를 위한 특별한 배려가 없다는 것은 실로 심각한 문제이다. 그 첫 번째 이유는 모어의 극심한 퇴보와 상실이다. 웡 필모어(Wong-Fillmore) 등의 연구가 보여 주듯이(6장 186-189쪽), 아이가 현지어(L2)만 사용하게 되면 현지어가 강해짐에 따라 모어가 약해져 부모와 자녀 간에 의사소통이 되지 않고, 급기야는 부모 자녀 간의 중요한 유대가 되는 모어가 상실되고 만다. 그나마 현지어를 아는 부모는 피해가 적지만, 그렇지 않은 경우는 이루 말할 수 없이 피해가 크다. 아이에게 모어로 말을 걸어도 그 응답은 현지어로 돌아온다. 듣기에서만 두 개의 언어 사용이 가능한 '듣기형' 이중 언어 상태, 즉 수동적인 이중 언어 상태가 되어 버린다. 아이도 학교에서 경험한 것을 부모에게 말하고 싶어도 통하는 말이 없으므로, 서로 제대로 말도 못하고 입을 닫아 버리는 심각한 사태에 빠지고 만다. 아이는 문제가 있어도 부모에게 상담할 수도 없고, 같은 지붕 아래 살고 있으면서도 혼자서 외로움을 느끼는 것이다. 그리고 부모와 자녀를 이어주는 중요한 언어를 상실하게 되면 부모가 자녀에게 전할 가치가 있는 생각, 가치관 등 모든 문화가 전수되지 못한 채 단절되어 버리는 것이다(Wong-Fillmore, 2000).

캐나다에서 포르투갈어계 유치원생의 두 개의 언어 조사를 한 커민스(Cummins)는 부모가 의식하지 못하는 사이에 어린이의 모어가 상실되어, 그 폐해가 매우 크다는 사실을 아래와 같이 말하고 있다.

> 두 개의 언어 환경에서 자란 어린이가 취학 후 눈 깜짝할 사이에 다수 언어의 회화 능력을 갖춘다는 사실에 놀라는 어른이 많다. 그러나 한편으로, 아이가 얼마나 빨리 모어를 잊어버리는지 또한 가정에서조차 모어 사용 능력을 잃는지에 대해 교육 관계자는 전혀 의식하지 못한다. 모어를 얼마나 잊어버리고 또 어느 정도의 속도로 상실하는지는 학교나 이웃에 동일한 언어를 사용하는 가족이 어느 정도 밀집해 있느냐에 따라서도 다르다. 모어가 빈번히 사용되는 공동체가 지역에 있으면 연소자의 모어 상실이 어느 정도 저지되지만, 모어 화자가 모여 있지 않은 지역 혹은 소수 민족이 모여 사는 지구가 아닌 지역에서는 취학 후, 2, 3년 만에 아이들의 모어가 사라진다. 이 경우, 언어를 듣고 이해하는 수용적인 언어 능력은 유지될지 모르나, 같은 또래의 아이들이나 형제자매와의 대화, 부모와 의사소통을 할 때는 학교 언어가 사용된다. 그리고 사춘기에 접어들 무렵에는 부모와 자녀 간에 언어의 벽이 높아 이미 의사 소통이 불가능한 상태가 되어 버린다. 가정 문화와 학교 문화로부터도 차단된 이러한 아이들이 받는 폐해는 이루 헤아릴 수 없다.
>
> (Cummins, 2001b: 4)

이상과 같이 부모 자녀 간의 중요한 의사 소통 도구를 잃어버리는 중대한 사태와 함께 유아기의 언어가 중요한 두 번째 이유는 이것이 학령기 이후의 학력과 깊은 관계가 있기 때문이다. 1장에서 기술한 바와 같이 10년 이상 유아의 언어와 학력과의 관계를 조사한 고든 웰스(Gordon Wells)의 종단적 연구에서는, 가정에서 부모 자녀 간의 언어 소통이나 책 읽어 주기 등의 문해력에 관한 활동과 학교의 성적(특히 읽기 능력)과는 유의미한 관계가 보였다고 한다(Wells, 1981). 특히, 중요한 것은 가정에서 부모 자녀 간에 이루어지는 '대화의 질'과 '문자의 읽기와 쓰기 환경'으로, 이것이 학력을 예측하는 주요한 두 가지 요인이었다고 한다. '대화의 질'이란 얼마나 '의미 있는 소통'을 하고 있는지의 문제이고, '문자의 읽기와 쓰기 환경'이란 문해력과 어느 정도 관련된 활동을 하고 있는지에 대한 것이다. 주위의 어른이 얼마나 신문·잡지나 책을 읽고 글쓰기를 하는가, 또한 아이가 손에 들고 읽을 (그림)

책은 얼마나 있는가, 아이가 얼마만큼 읽고 쓰기를 하는가 등의 문제를 말한다. 게다가 사회적 계층에 따른 읽기 능력의 습득 차이를 단순히 집에 책이 얼마나 있는지로 파악하기 쉬운데, 사실은 그렇지 않다. 일상생활에서 읽고 쓰는 활동이 얼마나 이루어지고 있는가 하는 점이 과제이다. 예를 들어, 그림에 있는 등장인물에 대해 대화를 하거나 이야기의 뒷부분을 만드는, 흔히 있는 회화와는 질이 다른 언어를 쓰는 장이 있는지 또한 언어를 자주적으로 사용할 기회가 있는지가 관건으로 이러한 능력이 학교의 성적이나 학력과 관계가 깊다. 또한 '대화의 질'과 가족이 처해 있는 사회 경제적 지위(예를 들면 부모의 교육 정도, 직업, 수입 등)와는 유의미한 관계가 보이지 않았지만, '문자 환경'과는 관계가 깊은 것으로 나타났다고 한다. 이주민이나 외국인 가정의 문자 환경이 빈약한 것은 주지의 사실로 라미레즈(Ramirez) 등의 보고를 보면 미국 히스패닉계 가정의 평균 장서 수는 26권에 불과했는데, 이 안에 전화번호부나 성서도 포함되어 있었다고 한다(Ramirez, Yuen, Ramey & Pasta, 1991).

(2) 질적인 대화의 중요성

유아에게 필요한 것은 흥미를 가지고 말을 걸어 주는 유치원 교사, 보육교사, 지도원의 존재이며, 또한 어린이집이나 유치원의 또래와 빈번하게 말을 주고받는 것이다. 양방향의 "소통"을 통해 생기는 '대인 관계 공간'에서 어린이에게 있어 많은 것을 익히는 학습이 이루어지고 자존감이 생긴다. 보육교사나 유치원 교사의 역할은 '서로 이야기' 할 수 있는 자리를 만들고, 아이들끼리의 생각을 잘 연결하여 '이야기'를 통해 아이들의 사고나 생각을 심화해 가는 것이다. 아이가 가장 많이 배우는 것은 이러한 지속적인 "소통"을 통해 함께 생각하고 또 서로 이야기하는 것이라고 한다.

필자는 이러한 언어 소통의 자리가 주어지지 않고 방치된 만 4세 아이들을 보고 언어 소통의 중요성을 실감한 적이 있다. 4장에서도 언급했듯이, 브라질인 아이를 위한 아이치현(愛知県)의 어느 놀이방을 방문했을 때이다. 외국인 집단 거주지의 무허가 사설 놀이방이어서 기대를 많이 하지는 않았지만, 장난감과 책도 없이 텔레비전 한 대만 덩그러니 놓인 방에 4세 아동이 누워 뒹굴고, 어른 한 명이 입구 근처에서 팔짱을 끼고 서 있는 모습은 큰 충격이었다. 놀이방을 시작한 지 7년째가 되는 양심적인 곳이라고 하는데, 당시 만 1~2세 16명, 만 2~3세 26명, 만 3~4세 15명, 만 4~6세 18명 그리고 젖먹이 2명을 맡고 있었다. 여기에다 오후 4시부터 6시까지는 학령기 아동 26명의 보충 학습(포르투갈어로 숙제 지도)도 하고 있었다. 밖에 놀이터는 없지만, 그래도 실내에 청결한 장소가 마련되어 있고 식사를 제공하고 있다. 많은 아이가 아침에 자고 있을 때 맡겨져, 조식, 중식, 석식을 놀이방에서 해결하고 어린 아이들이 밤에 잠들 때 부모가 데리러 온다고 한다. 언어 발달 측면에서 보면 하루의 거의 대부분을 놀이방에서 지내기 때문에 모어를 접하는 기회가 거의 없으며, 그렇다고 해서 일본어를 접하고 있는 것도 아니다. 즉, 언어를 통한 상호 작용도 없고 문자 환경도 없는 최악의 상태라고 할 수 있다. 유아기를 이러한 방식으로 지내고 초등학교에 올라간 아동들은 극단적으로 어휘가 부족하고 집단 생활의 규칙을 알지 못하며 학습에 필요한 기초적인 선결 조건(readiness)이 결여되는 일련의 문제를 안고 있음을 쉽게 상상할 수 있다.

이상은 다소의 차이는 있겠지만, 취업을 목적으로 한 외국인 노동자의 자녀들이 처해 있는 일반적인 실태라 할 수 있다. 유아 교육의 중요성 내지 필요성에 대해서는 나라에 따라 또는 같은 나라라도 지역에 따라 다르다. 일본인 아동의 경우를 보아도 유아 교육에 대한 공공 지출이 경제협력개발기구 (OECD) 가맹국 중 일본이 최저에 가깝고, 2000년의 어린이집 규제 완화로 인하여 민영 어린이집이 늘어나면서 그 질적 저하가 문제로 제기되는 일 등 갖가지 많은 문제를 안고 있다. 이중 언어 육성이 나 다언어 육성을 위해서는 유아기부터 두 개의 언어가 존재한다는 인식을 심어 주고, 두 가지의 다 른 문자 체계를 자연스럽게 접할 수 있도록 기회를 제공하는 것이 중요하다. 이러한 의미에서 어린이 집이나 유치원의 문자 환경, 또한 이러한 곳에서 이루어지는 독서 지도나 문자 지도가 중요한 의미를 가진다. 3장(123쪽)에서 다카하시(Takahashi, 2004)가 주장하듯이, 국가적인 차원에서 최우선적으로 해야 할 일이다.

이하, ELL 아동의 읽기와 쓰기 지도를 위한 모델로 미국 Head Start의 실천 사례 그리고 캐나다 온 타리오주의 ELL 어린이의 교사용 지침을 소개하고 이를 통해 앞으로 일본이 필요한 소수 언어 아동 을 위한 지원에 대해 생각해 보기로 한다.

◆ 미국의 스페인어 Head Start 실천 사례

헤드 스타트(Head Start)는 미국 Department of Health and Human Services의 저소득층 자녀 만 3~4세를 대상으로 하는 취학 전 교육이다. 타보르와 스노(Tabors & Snow, 1994)에서는 대상 어린이 의 영어와 스페인어의 발달상 가장 중요한 것은, 영어 모어 화자 어린이들과 함께 하루하루의 반복적 인 활동에 ELL 어린이를 자연스럽게 끌어들이는 일이라고 한다. 예를 들어, 북미의 전형적인 일상은 먼저 어린이집에 도착하면 자유롭게 놀기, 장난감 정리하기, 간식, 밖에서 놀기, 둘러앉아 노래하거 나 책 읽어 주기 등이다. 현지어 능력이 전혀 없는 상태로 들어온 어린이도 행동 면에서 점차 생활 패 턴에 익숙해지고 이러한 일상을 통해 영어(L2)를 습득해 간다. 여기서 중요한 것은 ELL/JLL 어린이 들만 따로 모아 놓고 발음 연습을 하거나 카드로 단어를 익히게 하고 게임 감각으로 문형 반복 연습 을 하는 소위 외국어/제2 언어 지도를 하는 것이 아니라는 점이다. 이 연령의 어린이들에게는 언어도 중요하지만, 집단 생활에 익숙해지는 일, 친구와 장난감을 공유하는 일, 감정이나 행동을 말로 조절 하는 일, 문자나 책 읽기에 흥미를 갖는 일 등 사회적, 인지적, 정서적, 신체적, 언어적인 다양한 면의 성장이 기대된다. 균형 잡힌 전인적인 보육으로 자연스럽게 L2를 접하고, 이를 통해서 새로운 언어 를 획득해 가는 형태가 어린이에게 가장 적합한 L2 습득이라고 할 수 있겠다.

타보르와 스노(Tabors & Snow)는 자기들의 관찰을 근거로 L2 습득(영어) 과정을 다음 5단계로 분 석하고 있다. a) 모어 사용 단계 b) 비언어적(non-verbal) 단계(침묵기) c) 혼잣말(private speech) 단계 d) 간략화된 관용구를 많이 쓰는 단계 e) L2로 문장을 만들어 말하는 단계이다.

a) 모어 사용 단계

새로운 언어 환경에 처하게 되었을 때 어린이가 취하는 행동에는 개인차가 있다. 상대가 알아듣든 지 못 알아 듣든지 상관하지 않고 L1(모어)을 사용하는 어린이도 있지만, 입을 다물고 전혀 말을 하지 않는 어린이도 있다. 일반적으로 연령이 낮으면 낮을수록 모어를 사용하는 경향이 강하다. 하지만 모어를 썼는데 생각처럼 상대에게 통하지 않는다는 것을 알면 점점 L1의 사용을 그만두고 L2를 익히려고 한다는 것이다.

b) 비언어적(non-verbal) 단계(침묵기)

말을 사용하지 않고 동작이나 표정으로 교사의 주의를 끌고 의사소통을 시도하는 시기를 침묵기, 혹은 잠복기라고 한다. 비언어적 단계라고 하는 편이 어울린다고 타보르(Tabors)는 말하고 있다. 이 시기가 얼마나 지속되느냐는 어린이에 따라 다르다. 이 시기에 모어 화자 어린이는 이러한 상황에 있는 ELL 어린이를 아기 취급을 하거나 완전히 무시하기도 한다고 한다. 반대로 같은 L1을 말하는 ELL 어린이가 모이면 무리를 이루어 다른 언어 배경의 어린이를 배제하는 행동을 하는 경우도 있다고 한다.

c) 혼잣말(private speech) 단계

어린이가 가만히 영어 화자를 관찰하고 영어 어구를 혼자서 연습하는 단계이다. 상대가 없는데도 중얼거리기 때문에 혼잣말이라 불린다. 이 상황이 오랫동안 지속되면 부모도 교사도 이해할 수 없는 말을 하게 되는 경우도 있다. 예를 들어, 부모의 언어적 입력이 부족하고, 하루의 대부분을 텔레비전 앞에서 L2만을 듣고 지내는 상황에 처하게 되면 아무에게도 통하지 않는 혼잣말을 만들어 내는 경우도 있다(中島, 2001: 68; 2007: 46).

d) 간략화된 관용구를 많이 쓰는 단계

관용구나 정형 표현을 사용해서 의사소통을 하기 시작한다. 키워드만을 이은 문장이기 때문에 전보문(telegraphic)으로도 불린다. 타보르(Tabors)는 "어디 아프다"(Me sick), "이걸로 놀고 싶다"(I wanna play wi' dese. (=I want to play with these.)) 등을 예로 들고 있다. 처음에는 키워드를 통째로 암기해서 사용하지만, 점차 세분화하여 단어를 새롭게 짜맞추어 어구를 스스로 만들어 내게 된다. 이 단계에서는 L1과 L2를 섞어 사용하는 경우도 있다고 한다. 종래 어린이의 두 언어의 혼용은 개별 언어 능력이 부족하여 나타나는 현상이라고 여겨졌는데, 최근에는 어린이들이 두 개의 언어를 혼용하는 정도가 주위 어른의 두 개의 언어 혼용 정도와 비례한다고 하는 '이중 언어 모델링 가설(Modeling Bilingual Hypothesis)'이 나왔다(예: Comeau, Genese & Lapaquette, 2003).

중요한 것은 이 단계에서 어린이가 모어를 획득할 때 부모가 하는 것과 마찬가지로 어린이집이나 유치원 교사, 혹은 보육 교사가 어린이의 발화를 확장, 보충, 정정할 필요가 있다는 것이다. 다음은 어린이(S)와의 1대 1 소통에서 교사(T)가 어린이의 발화를 확장해서 보이고 있는 예이다.

예)　　교　사 : 이게 뭐니?

　　　　어린이 : 차.

　　　　교　사 : 그렇지, 경주용 차지.

e) L2로 문장을 만들어 말하는 단계

드디어 영어를 말하기 시작하는 단계이다. 자신이 스스로 사물 이름을 영어로 말하거나 ABC를 노래하는 일 등 적극적으로 학습에 임한다. 이 단계가 되면 비로소 외국인 어린이가 모어 화자 어린이에게 매력 있는 놀이 친구가 된다고 한다.

이상의 5단계를 보고 알 수 있는 것은 L1을 획득할 때와 똑같은 과정을 거쳐 교실이라는 환경에서 L2를 자연적으로 습득해 간다는 점이다. L1로 부모와의 소통이 중요한 역할을 하는 것과 마찬가지로 교실에서 교사와 어린이의 일대일 소통이 중요한 역할을 하고 있다. 여기에 제시한 것은 영어 습득 과정이지만, 언어 습득 과정은 보편적인 면이 있어서 일본에 있는 외국인 어린이들도 이와 똑같은 과정을 거쳐 일본어(L2)를 습득할 것으로 여겨진다.

타보르(Tabors)는 이러한 상황에서 L2의 자연적인 획득을 가능하게 하는 조건으로 다음 세 가지로 들고 있다.

1) 비교적 일상이 확실한 유치원의 규칙적인 생활에 적응하고, 어린이가 행동과 정서 면에서 안정된 유치원 생활을 보내는 것이 대전제이다. 언어에만 주목하는 것이 아니라 어린이의 인지, 정서, 사회, 신체적인 면 등, 전인격의 발달 안에서 언어와 인지능력 발달을 파악할 필요가 있다.

2) 교사가 L2로 말하면서 자연스러운 형태로 어린이에게 L2로 말하는 것을 장려할 것. 결코 강제적인 방식을 취하지 말 것. 즉, 교사가 L2 사용자로서 모델을 제시하고, L2로 의사소통이 가능하도록 어린이를 자연스럽게 유도함으로써 L2 사용 의지를 북돋워 주어야 할 것이다.

3) 모어 화자 어린이를 "L2 습득의 좋은 친구"로 만들어 줄 것. 6장의 웡 필모어의 모델이 보여 주듯이, 어린이에게 관심을 가지고 지원해 주는 원어민 교사나 또래 어린이들의 존재가 반드시 필요하다. 따라서 교사가 할 수 있는 일은 아이들끼리 자연스럽게 어울릴 수 있는 자리를 다양한 형태로 만들어 L2로 의사소통의 양을 늘리고 질적인 의사소통이 되도록 하는 것이다.

어린이라고 해도 외국인을 위한 일본어 지도를 하게 되면 사물 이름이나 색깔에 관한 표현, 날씨, 신체 부분, 동작 등 단어나 문형 중심으로 가르치는 경향이 있다. 이와 달리 타보르와 스노(Tabors & Snow)의 접근법은 1970년대에 가드너(Gardner)가 연소자를 위한 교사의 철칙률(Golden Rule)로 제창한 다음 여섯 가지 사항의 연장선상에 있다(Gaarder, 1977; 中島, 2001: 82).

① 교사(또는 부모)는 세상에는 이 언어밖에 없고 또한 이 아이에게 말을 가르칠 사람은 자신밖에 없다는 생각으로 자신감을 가지고 자기가 쓰는 언어로 아이에게 말을 걸고 자연스럽게 행동할 것.

② 언어 자체를 가르치려고 하지 말 것. 아이에게 의미가 있는 활동에 참여하도록 유도하여 목표 언어를 필수 불가결한 유일한 언어로 사용할 것.

③ 두 가지의 언어를 확실히 구분하여 사용할 것. 아이가 두 개의 언어와 두 개의 문화를 다른 체계로 파악하는 데 있어 가장 기본적인 일이다.

④ 교사(또는 부모)는 한 언어로 다른 언어를 가르쳐서는 안 된다. 번역을 한다든지 다른 언어로 설명을 하는 일 등, 이러한 방식으로 두 언어를 번갈아 사용하면 아이가 새로운 언어를 익히는 이유를 상실하게 된다. 왜냐하면 무슨 뜻인지 이해하려고 애쓰지 않아도 몇 초만 기다리면 의미를 알게 되기 때문이다.

⑤ 아이에게 말할 때, 음절 단위로 잘라서 천천히 말하는 습관은 좋지 않다. 보통 속도로 말하면 아이가 잘 못 알아들을 것이라는 어른의 잘못된 추측에서 비롯되는 것이다.

⑥ 새로운 언어를 가르치는 것은 단어를 가르치는 일이 아니다. 그리고 두 언어를 대조해서 익히기 쉬운 순서로 언어 항목을 배열하는 것은 아무 소용이 없는 일이다. 언뜻 그럴 듯하게 보이지만 어린이들에게는 도움이 되지 않는다.

◆ 『ELL 어린이를 위한 가이드라인(ELL幼児のためのガイドライン)』(Ontario Ministry of Education, 2008)

캐나다 온타리오주와 같이 ELL에 대한 교육 경험이 많은 곳에서도 어린이용 가이드라인이 배포된 것은 극히 최근의 일이다. 언어의 장벽이 있는 어린이나 보호자에게 있어 학교 생활의 시작은 불안으로 가득차게 마련이다. 이 안내서는 학교 당국이나 교사가 이러한 어린이들을 어떻게 받아들일 것인가에 대해 70쪽에 걸쳐 상세하게 기술하고 있다. 북미에서 가장 일반적인 유아 교육의 형태는 초등학교 건물 안에 병설된 1년 혹은 2년 과정인데, 이러한 프로그램을 위한 읽기와 쓰기 교육과 산수 교육 요령 등이 담겨 있다.

교사가 ELL의 모어를 중요시하고 문화나 언어의 다양성을 가치 있는 것으로 존중하며, 영어 화자 어린이와 함께 어울려 지내도록 하면서 양성한다는 관점으로 쓴 책이다. 여기에서 특별히 강조하고 있는 지도 방법은 다음의 여섯 가지이다.

1) 어린이가 가지고 들어오는 기존 지식 가운데 가장 중요한 것이 제1 언어(모어)이다. 모어 사용을 용인할 뿐만 아니라 그 사용을 적극적으로 장려하고, 어린이가 모어로 인사를 어떻게 하는지 그 표현이나 행사 이름 등을 반에서 교사나 친구들에게 가르치는 기회를 주어도 좋다. 사용 언어가 전부 현지어(L2)이고 교사가 다른 언어는 전혀 상관이 없다는 태도를 취하면 어린이는 L2 쪽이 중요한 언어이고 집에서 사용하는 모어(L1)는 가치가 없는 것으로 이해하게 된다. 교사가 어린이에게 이러한 양자택일의 개념을 심게 되면 결국, 아이는 스스로 모어를 버리고 현지어를 못하는 부모를 부끄럽게 여기는 태도를 갖게 된다. 따라서 학교 교육 초기에 반드시 가르쳐야 하는 것은 세상에는 다양한 언어가 존재한다는 것, 모든 언어는 동등한 가치를 지닌다는 사실을 교사가 행동으로 보이는 것이 중요하다. 또한 ELL의 보호자를 수업에 참여하게 하여 L1으로 된 책을 어린이들에게 읽어 주도록 하는 활동도 효과적이다.

2) 보호자를 교사의 좋은 파트너로 삼을 필요가 있다. 보호자가 적극적으로 학교 행사에 참여

하는 쪽이 어린이가 안심하고 긍정적으로 학습에 임한다고 한다. 가정과 학교 문화가 다른
경우는 부모가 학교 문화를 이해하도록 노력하고, 동시에 교사가 어린이들의 가정 문화를
이해하는 노력도 중요하다.

3) 세 가지의 교수 방법을 균형 있게 실천할 것. 어린이가 스스로 적극적으로 배우려는 자세를
기르는 탐구형/발견형 학습(investigation or exploration), 필요할 때 어린이의 학습을 돕는
교사의 지도(guided instruction), 필요한 지식을 체계적으로 제공하는 "지식 수여형"(explicit
instruction)의 교사 중심 지도이다.

4) 교실 설계는 공간 지정 방식이 좋다. 〈그림 1〉은 공간 지정 방식의 한 예이다. 2장에서 소개
한 청각 장애아를 위한 드루리(Drury) 초등학교 유치부의 배치도이다. 학습 재료가 교실 여
기저기에 놓여 있고 두 개의 언어, 즉, 수화(L1)와 서기 영어(L2)의 문자 학습이 초기부터
자연스러운 형태로 이루어지도록 고안되어 있다. 지정 공간의 종류는 계절이나 학교 행사
등에 따라 바뀐다. 항상 있는 공간은 산수, 쓰기, 보건 체육, 공작, 읽기, 놀이, 모래판, 물놀
이 공간 등이다. 하루 일과 중 어린이들이 스스로 공간을 선택하여 자기 나름대로 활동하는
시간을 두고 그 사이 교사가 지정 공간을 돌아다니며 자연스러운 형태로 어린이들과 같이
놀이를 하면서 언어 소통을 한다.

5) 일본에서는 어린이들에게 본격적으로 읽기와 쓰기를 지도하는 것은 초등학교 1학년 때부
터라고 생각하는 것이 상식이지만, 북미에서는 유치부 때부터 실시하는 곳도 많다. 읽기는
소리내어 읽어 주기(read-aloud), 소리내어 생각하기(think-aloud), 예측하며 읽기(making
predictions) 등을 통해 먼저 교사가 모범을 보이고, 다음에는 함께 읽기(shared reading)나
교사의 지도를 받으며 읽기(guided reading)로 교사와 어린이가 같이 책을 읽는다. 그리고
써서 보여 주기(modeled writing), 함께 쓰기(shared writing/interactive writing), 마지막으로
스스로 읽기(independent reading), 스스로 쓰기(independent writing)의 단계로 올라가 혼자
서 읽기와 쓰기를 할 수 있도록 지도하는 방식이다. 이러한 과정을 자세하게 보여 주는 동
영상(수업의 실제)을 온타리오주 교육청 교재 사이트[2]에서 볼 수 있지만 아쉽게도 ELL에게
특화된 것은 아니다.

6) 다음의 여섯 가지 영역을 기본으로 관찰표(Observation Scheme)를 만들어 어린이를 관찰하
고 포트폴리오 방식으로 평가한다. 여섯 가지 영역이란 사회성 발달, 언어 발달, 숫자 개념,
과학과 IT, 보건 교육, 미술 공작이다.

---

2) 온타리오주 교육청 교재 사이트 www.eworkshop.on.ca/edu/core.cfm

    가이드라인에서는 위와 같은 공간 지정 방식은 두 개의 언어 육성에 다음과 같은 점에서 도움이 된다고 설명하고 있다(Ontario Ministry of Education, 2008: 61). 첫 번째로 교사가 어린이들을 관찰하기에 적합하다는 것이다. 어린이들끼리 자유롭게 적목놀이를 하거나 물놀이나 모래 장난을 하는 모습을 보고 어린이들 개개인의 능력, 요구, 흥미, 현지어 습득 정도를 알 수 있어서 어린이의 모어 능력을 판단하기에도 적합하다고 한다. 두 번째로 공간 지정 방식이 언어 습득에 적합하다는 것이다. 어린이가 각 공간에서 놀면서 마음 놓고 모어를 사용하고 모어 화자 어린이와 섞여 자연스럽게 영어를 접하며, 금방 배운 영어를 써 보는 기회도 되는 아주 소중한 공간이 된다. 교사의 입장에서도 새로운 어휘를 자연스럽게 도입하거나 단어 차원에서 문장 차원의 발화로 확장하는 일 등, L2를 익히기에 가장 적합한 공간을 제공해 준다고 한다. 또한 L1 공간, L2 공간을 설치하여 어린이들로 하여금 두 개의 언어와 두 개의 문자가 있다는 사실을 깨닫게 하고 각 언어의 문자 체험을 하게 함으로써 두 개의 언어의 읽기와 쓰기에 대한 기초적인 지도를 효과적으로 할 수 있다고 한다.

    웡 필모어의 연구에서 보았듯이 ELL/JLL 어린이를 현지어를 쓰는 보육원이나 유치원에 보내는 것은 모어를 위험에 처하게 할 가능성이 있다고 하는데, 이 안내서는 ELL/JLL 어린이들이 이렇게 되지 않도록 두 개의 언어에 대한 의식을 인위적으로 높여 두 개의 언어 육성을 위한 기초를 어떻게 하면 만들 수 있을까 하는 점에서 참고가 된다.

3. 외국인 아동을 위한 교수법 – 세 가지 측면

    일본의 초 · 중학교가 소수 언어 아동을 받아들인 경우, 어떤 교수법을 적용하는 것이 좋을까? 다수 언어 아동을 대상으로 하는 교수법과 어떻게 다른가? 이 절에서는 세 가지 교수 방법을 소개한다.

첫째는 '내용 중시 언어 교육', 둘째는 사고력을 높이는 '담화(학습 회화)'로 대표되는 사회적 구조주의에 근거를 둔 진보적 교육학(progressive pedagogy), 셋째는 소수 언어를 모어로 하는 ELL/JLL을 위한 변혁적 교육학(transformative pedagogy)이다. (1)의 '내용 중시 언어 교육'은 다수, 소수에 관계없이 일반 연소자를 대상으로 하는 접근법이다. (2)의 '사고력 향상을 위한 교실 담화'는 소수 언어 아동의 인지 활동을 활성화하여 사고력을 높임으로써 학력 향상으로 이어지게 하는 시도이고 (3)에서는 '사고력 향상을 위한 세 가지 도구'를 소개한다. (4)의 '변혁적 다중 문해력 교육학'은 커민스가 제창한 새로운 교육 이론으로 현존하는 사회 권력 구조를 비판하고 사회의 불평등에 도전하는 소수 언어 아동의 자세나 태도 양성이 교육 목적의 일부로 포함되어 있다.

(1) 내용 중시 언어 교육(Content-Based Language Instruction)

≪내용 중시 언어 교육≫(Content-Based Language Instruction, CBLI)[3]은 학력 향상과 동시에 현지어도 습득한다는 일석이조를 기대하는 언어 교육이다. 학령기에 부득이하게 다른 언어권으로 이동을 하는 아동들은 새로운 언어를 익히고 나서 이 언어로 산수나 과학, 사회 등 교과 학습을 할 시간적 여유가 전혀 없다. 불충분한 현지어라도 어떻게든 구사하여 교과 내용을 이해하고 새로운 학교 생활에 순응해 가야 한다. 무엇보다도 지적 발달을 잠시라도 저지하지 않는 것이 지상 과제이다. 따라서 성장기에 있는 소수 언어 아동의 현지어 교육은 내용 중시 접근법이 최선책이라고 할 수 있다.

≪내용 중시 언어 교육≫은 일본의 전통적인 연소자 대상의 외국어 교육 접근법과 어떠한 차이점이 있는 것일까? 종래의 방식으로는 아동들에게 외국어를 가르칠 경우, 예를 들어 계절 행사, 애완동물, 가족 등 아동들이 흥미를 가질 만한 가까운 주제를 중심으로 어휘나 문형을 가르치는 것이 일반적이다. 하지만 이때, 아동들의 지적 발달 단계에 적합한 주제를 고르는 것은 아니다. ≪내용 중시 언어 교육≫은 언어 발달과 지적 발달이 동시에 일어나는 제1 언어 습득과 마찬가지로 외국어도 양자를 관련시켜 가르치려는 것이다. 따라서 같은 주제나 접근법이라 할지라도 ≪내용 중시 언어 교육≫의 주제는 지적 비중이 높고 학년에 상응하는 정도의 산수나 과학, 사회 교과목 내용이 되는 것이다. 이머전 교육 연구가인 데이와 셰프슨(Day & shapson, 1996)은 두 수업을 관찰·비교하여 전통적인 외국어 수업에서는 아동이 교사가 한 말을 반복하거나 바꾸어 말하고 교사가 칠판에 정답을 쓰고 아동들이 그것을 노트에 기록하는 수동적인 활동이 많았지만, '과학을 주제로 한 ≪내용 중시 언어 교육≫에서는 학생들이 '과학에 관한 교과 담화(discourse)'에 몰두하고 거기에 학습자 공동체가 형성되어 있었다.'(Day & Shapson, 1996: 80)고 한다. 즉, 교사가 아동에게 실시하는 지식 수여형 수업이 아니라 학습자가 자발적으로 과학 내용을 탐구하고 질 높은 담화에 참여하면서 새로운 지식을 얻음과 동시에 서로 지식을 만들어 간다는 참여형/지식 생산형 수업이 되어 교실 담화 수준이 매우 높았다고 보고하고 있다.

---

3) 내용 중시의 언어 교육은 예를 들어, '비즈니스 영어' 등 원래 성인 대상의 전문적인 지식이나 기능의 습득을 목적으로 한 과정에서 사용되어 온 방법론인데, 대학의 영어 교육에서는 English for Academic Purposes (EAP)로 불리고 있다. 유럽 연합에서는 교과 내용·언어 통합 학습(Content and Language Integrated Learning, CLIL)으로 불린다.

한 가지 더 강조해 두고 싶은 것은 ≪내용 중시 언어 교육≫의 바탕에는 독립적으로 언어만 가르치는 것보다 교과 내용과 결합하여 가르치는 것이, 보다 효과적으로 언어 학습을 할 수 있다는 점이다(Genesee, 1987; Snow, Met & Genesee, 1989). 언어라는 것은 목적이 분명한 의미 있는 상호 작용을 통해서 습득되는 것이고, 학교 수업이라는 사회적인 맥락, 지식적인 맥락에서 교과를 학습하는 것이 외국어 습득에 자극을 주고 학습 동기 부여로 연결된다. 단, 목적이 분명한 (고도의) 교실 담화를 촉진하기 위해서 교사는 다양한 교수 방식이나 과제(task)를 사용하여 학습자를 지원할 필요가 있으며, 이러한 지원이 학습자의 외국어 능력을 향상하는 데 도움이 된다고 한다. 또한 같은 언어라도 학교 밖에서 필요한 언어와 학교 안에서 사용되는 언어가 달라서 학교에서 필요한 것은 소위 커민스가 말하는 교과 학습 언어 능력(ALP)이다. 학교라는 교육적 맥락에서 교과 내용을 이해하기 위해서는 교실 용어, 교과 용어는 물론 각 교과 특유의 담화 형식 등을 배울 필요가 있다. 이것은 다른 외국어 교육 방법으로는 전혀 손을 댈 수 없는, 일반적인 방법으로는 손이 닿지 않는 영역이다. 그러나 소수 언어를 모어로 하는 아동에게는 L2를 사용하여 학력을 획득해 가는 데에 있어 필수 불가결한 것이라 할 수 있다.

한편으로 현실은 냉엄하여 현장 교사에게 실제 언어와 (교과)내용과의 균형을 어떻게 맞출 것인지에 대한 문제는 결코 간단하지 않다. 사실은 큰 문제인 것이다. 먼저 내용이란 무엇인가? 중시한다고 해도 얼마나 어떻게 중시할 것인가? 언어 형식은 완전히 무시해도 좋은가? 등 많은 문제가 잠재해 있다. 〈표 1〉은 멧(Met, 1988)이 내용에 중점을 둔 수업에서 가능한 한 다양한 형태를 하나의 연속선상에 놓은 것이다. 내용을 가장 중시한 수업 형태를 왼쪽 끝에 두고 점차 언어 형식에 중점을 두며, 오른쪽 끝에는 언어 형식을 가장 중시한 수업 형태를 두고 있다. 예전에 의사소통 접근법(communicative approach)이 교수법이 아니라 접근법이었기 때문에 다양한 수업 형태가 가능했던 것과 마찬가지로 ≪내용 중시 언어 교육≫도 하나의 접근법이므로 실천하는 단계에 이르면 이 구조 안에서 매우 다양한 수업 형태가 가능해진다는 것이다.

〈표 1〉 내용 중시 언어 교육(Met, 1988: 41)

의미 · 내용에 중점					언어 형식에 중점
통합 이머전 (1)	부분 이머전 (2)	교과 보호 프로그램 (3)	교과 수업과 언어에 초점을 둔 보조 학급 병설 (4)	주제 학습을 중심으로 한 언어 학급 (5)	언어 형식의 연습 일부에 (교과)내용을 도입한 언어 학급 (6)

멧(Met)의 표에서는 (1) '통합 이머전' (2) '부분 이머전'이 의미 내용을 가장 중시한 수업 형태로 왼쪽 끝에 위치해 있다. 제네시(Genesee, 1998: 243)가 말한 바와 같이 캐나다의 이머전 프로그램은 '제2 언어 교육에 있어서 최초의 내용 중시 프로그램의 한 형태'이고 또한 최초로 성공한 사례였다고 한

다. 이머전 교육이 시작된 당시는 수업 시간에 목표 언어를 쓰기만 하면 학습자들이 그 언어를 자연스럽게 익힐 것이라고, 즉, 언어 형식에 관한 학습이 전혀 없어도 충분하다는 내용 편중의 생각을 가지고 있었다. 하지만 최근에는 L2를 수업 언어로 사용하는 것만으로는 불충분하고 언어 형식에 초점을 둔 지도가 어떠한 형태로든 필요하다는 의식이 일반화되고 있다. 일본의 JLL 학습자들이 정규 소속반에서 교과 학습만으로는 따라갈 수 없다는 점을 인정하고 별도 수업을 통하여 뭔가 적절한 지원을 해야 한다는 생각과 동일한 것이다.

〈표 1〉의 중앙에는 (3) '교과 보호 프로그램'과 (4) '교과 수업과 언어에 초점을 둔 보조 학급'이 있다. 이것은 미국 ELL을 위한 '보호 수업(sheltered Instruction)'으로 일본의 별도 수업에 해당하는 것이다. 3장에서 소개한 SIOP는 이러한 내용 중시 수업의 관찰표이다. 오른쪽 끝에 있는 (5) '주제 학습을 중심으로 한 언어 학급'과 (6) '언어 형식의 연습 일부에 (교과)내용을 빈번히 도입한 언어 학급'은 예를 들어, 문형 강의 요강(syllabus)로 구성되어 있는 제2 언어 교육용 교재를 가지고 공부하면서 그 안에 교과 학습과 관련된 과제나 활동을 가급적 도입하려는 수업 형태이다.

현장 교사에게 학습자의 언어 발달과 교과 학습의 균형을 맞추는 것은 어려운 일이지만, 사실은 학자들 사이에서도 그 비중에 대해 의견이 일치하는 것은 아니다. 예를 들면, 제네시(Genesee, 1994: 2)는 '학력 획득이 첫 번째이고 언어 습득은 두 번째이다'라며 학력 획득에 중점을 두고 있지만, 멧(Met, 1998: 40)은 '학습자의 교과 내용의 이해는 언어의 발달과 동일하게 중요하다'라며 두 가지에 동등한 가치를 부여하고 있다. 교사의 의식을 조사한 살로몬(Salomone, 1992)에 의하면 캐나다의 이머전 교육 교사의 가장 큰 관심사는 첫 번째가 '예의 범절', 두 번째가 '교과 내용의 이해', 세 번째가 '제2 언어 습득'이라고 한다(Lyster, 2007에서 인용). 한 초등학교 1학년 담임은 자신은 교과를 가르치는 교사이지 언어 교사는 아니라고 분명히 밝혔다고 한다. 즉, 언어 습득은 자신의 책임이 아니라는 교사, 교과목 수업을 언어와 어떻게 관련지어야 할지를 몰라 애매한 의식밖에 없는 교사가 많았다는 것이다. 제네시(Genesee, 1994: 77)도 '《내용 중시 언어 교육》의 가능성을 최대한 살리기 위해서는 교과 내용에 관한 풍부한 담화가 동반되는 수업이 바람직하지만, 아쉽게도 좀처럼 이루어지지 않는다.'라는 것이 현실이라고 말하고 있다.

학습자 입장에서도 교과 내용과 언어 형식 모두를 균형 있게 학습하는 것은 간단하지 않다. 필자가 견학한 어느 영·일 이머전 수업에서 아래와 같은 모습을 목격하였다. 원어민 영어 교사가 칠판에 펼친 큰 '해바라기' 그림에 초등학교 저학년 어린이들이 활발하게 반응하면서 손을 들고 '해바라기'에 대해 무언가 영어로 말하고자 하는 어린이들이 끊이지 않았다. 나도 오늘은 '해바라기'에 대한 과학 수업인가 보다 라고 생각할 정도였다. 그런데 교사의 의도는 'sunflower's roots'의 영어 소유격을 나타내는 아포스트로피 〈 ' 〉의 용법을 가르치려고 '해바라기'를 도입했을 뿐이었다. 즉, 〈표 1〉의 (6)에 대한 수업이었다는 것이다. 그러나 내용에 반응하는 것에 익숙한 영·일 이머전 프로그램 학습자들은 수업이 끝날 때까지 언어 형식으로 초점을 전환하지 못했다. 고학년이 되면 이러한 점은 개선될지 모르지만 내용에 흥미가 있으면 있을수록 언어 형식으로 초점을 전환하기가 어려운 듯이 보였다.

한편으로, ≪내용 중시 언어 교육≫의 큰 문제는 의사소통 접근법이 그러했듯이 언어 형식의 정확도를 어떻게 하면 높일 수 있는지에 대한 것이다. 교과 내용에 주목한 나머지 언어 형식에 대한 관심이 약해지고 동사의 활용이나 조사의 사용에 오류가 나타나 그것이 화석화되는 경향이 있다. 문법적으로 정확도가 높은 L2를 획득하기 위해서는 자연 습득(incidental learning)만으로는 불충분하고 문법이나 어휘 등 언어에 초점을 둔 의도적 학습(intentional learning)이 필요한 것은 분명하다. 그러면 실제로 교사는 어떻게 하면 좋을까?

스웨인(Swain, 1981, 1985)은 이머전 프로그램 학습자들이 교실에서 교과 학습을 할 때, 교사의 말을 듣고만 있는 경우가 많고 학습자가 적극적으로 언어를 사용하는 기회가 적은 것이 문법 능력이 늘지 않는 원인이라는 관찰에 따라 '출력(output)가설'을 제창하였다. 내용 중시 수업에서는 '이해 가능한 입력(input)'뿐만 아니라 학습자의 언어 능력보다 다소 높은 수준의 언어 사용이 필요한 표출 과제, 즉 '이해 가능한 출력(output)'이 필요하다고 한다. 스스로 언어를 사용하는 표출 과제는 학습자 자신이 언어를 재구축하여 그것을 실제 장면에 맞게 사용하는 기회를 제공하는 것으로 단순한 언어의 의미 분석에서 문장을 재구성하기 위한 분석으로의 이행을 가능하게 한다. 그리고 학습자에게 이러한 기회를 충분히 제공하지 않으면 정확도에서 여러 가지 결함이 나타난다고 한다. 스웨인(Swain)의 '출력(output)가설'은 크라센(krashen)의 '입력(input)가설'과 함께 언어 능력을 육성하는데 있어 가장 중요한 개념이라고 말할 수 있다.

다른 하나는 정확도를 높이기 위한 '양자 균형설'(counterbalance)로 맥길대학의 이머전 교육학자인 리스터(Lyster, 2007; Lyster & Mori, 2006)가 주장한 것이다. 내용 중시 언어 교육에서는 교사의 '그렇습니다', '옳지', '오케이'라는 긍정적인 응답이 내용에 관한 것인지 언어 형식에 관한 것인지 애매하다. 위의 '해바라기'의 예에서도 어린이들의 관심은 '해바라기'에 집중되어 있으므로 교사가 '예(yes)'라고 하면 당연히 내용에 대한 긍정적인 반응(feedback)으로 이해한다. 그러나 이 경우, 's가 빠져 있거나 동사 활동이나 전치사에 오류가 있다고 한다면 교사는 어떻게 하면 좋을까? 어떠한 응답을 해야 효과적일까? 내용 중시 수업에서 교사의 언어에 대한 오류 정정에 관해 리스터는 다음과 같이 제언하고 있다.

언어 형식을 의도적으로 가르치고자 하는 경우, 문법에 초점을 두고 분석적으로 설명하는 '분석적 접근법(analytical approach)'과 문법을 따로 가르치지 않고 읽기나 작문 지도 등, 교과 학습을 통하여 간접적으로 가르치는 '체험적/종합적 접근법(experiential/holistic approach)'이 있는데, 오류에 대해서도 교사가 직접 반응하는 '반응형 접근법(reactive approach)'과 종합적인 학습을 통하여 장기적인 대책으로 사전에 특정한 오류를 막기 위한 '사전 대책형 접근법(proactive approach)'을 생각할 수 있다. 이들 두 가지는 양자택일이 아니라 보완적인 것이므로 이 두 가지 접근법의 균형을 맞추는 '양자 균형' 방식이 바람직하다고 한다(Lyster, 2007: 135).

'반응형 접근법'에 대해 리스터는 4학년(만 9~11세)의 불어(국어에 해당하는 언어) 14학급과 과학, 사회, 산수 교과 학습의 14학급(계 18.3시간)에서 나타난 오류 정정을 관찰하였다. 3,268개의 발화 중 오류를 포함하는 발화가 34%이고 그 중 62%는 교사가 어떠한 형태로든 반응을 보였다고 한다. 그 중에서 가장 많은 형태는 '정정이나 보충을 해서 교사가 정답을 말한다'(recast)였지만, 자기 수정으로 이어지는 가장 효과적인 오류 정정 방법은 '유도 질문을 하거나 도중까지 말하고 뒤를 완성하도록 하거나 바꿔 말하게 하여 정답을 이끌어낸다'(elicitation)는 방식이었다고 한다(Lyster & Ranta, 1997).

한편, '사전 대책형 접근법'은 내용 중시의 지도를 하는 가운데 특정한 언어 형식을 배워야 하는 부분에 대해 가르치는 방식이다. 예를 들어 불어의 경우, 학습자의 연령에 따라 명사의 성(남성, 여성) 구별(초2)[4], 동사의 시제(초6), 조건법(중1), 정중 표현어(사회 언어학적 양식)의 습득(중2)[5] 등이다. 일본어의 경우라면 초등학교 저학년에서는 조사의 구분이나 형용사의 활용, 고학년에서는 자동사와 타동사의 구별 등일 것이다.

오류에 대한 현장 교사를 위한 구체적인 지침으로 리스터는 다음과 같이 말하고 있다. 무엇보다 내용을 중시하는 것이 중요하고 그 중에서 오류를 선별해서 정정(다른 오류는 무시)한다. 특히 반복적으로 나타나는 오류 형태에 주목하고 반에서 공통적으로 보이는 오류를 정리하여 매주 초점을 정해서 학습자로 하여금 이 오류에 주목하게 하여 설명을 하거나 연습을 하면 좋다. 또한 교사가 항상 오류를 정정할 것이 아니라 학습자 스스로가 정정하거나 동급생끼리 서로 정정하는 동료 수정(peer-repair), 그리고 범하기 쉬운 오류의 체크리스트를 만들거나 오류에 대해 서로 이야기하는 시간을 갖도록 제안하고 있다. 결과적으로, 오류 정정에는 5년 이상 걸리는 것이 보통이므로 참을성 있고 일관된 교육적 지원이 필요하고 장기간에 걸쳐 지속적으로 반응을 제공할 필요가 있다고 한다.

또한 리스터(Lyster, 2004: 3)는 ≪내용 중시 언어 교육≫은 기발하고 참신한 실험을 할 수 있는 무한한 가능성을 포함하고 있는데, 현재 이 가능성을 충분히 발휘하고 있는 것은 아니므로 앞으로 더욱 상세한 수업 담화 분석이 필요하다고 지적한다. 특히, 교과 학습과 언어 습득을 동시에 해 나가야 하는 소수 언어 아동을 대상으로 이러한 실험과 분석이 절실히 요구된다.

---

4) 할리(Harley, 1998)의 남성 명사, 여성 명사의 변별은 초등학교 2학년 실험 대상 6학급과 통제 그룹(control group) 6학급을 비교한 것이다. 성별이 형태 음소상의 규칙에 지배되고, 음성의 변별은 연소자 쪽이 강해서 2학년을 택했다고 한다. 개입 수업이란 매일 20분 5주간 연령에 상응하는 언어 학습 게임(예: 'I spy', 'Simon Says,' 신경쇠약, 빙고, 'My Aunt's Suitcase'), 스스로 만든 그림 사전 2권(여성 명사와 남성 명사) 작성, 교실 안의 사물에 성별 이름 붙이기 등이다. 그 결과 주변에 있는 사물의 성별에 대한 지식은 향상되었으나, 그 능력이 아직 배우지 않은 어휘의 성별을 판별하는 데까지는 미치지 않았다고 한다.

5) 리스터(Lyster, 1994)는 중학교 2학년을 대상으로 정중도에 관한 사전 대책 학습을 시도하였다. 실험 대상 3학급과 통제 그룹 2학급으로 매주 12시간 5주간 다음 활동을 실시하였다. (1) 정중 표현과 보통 표현과의 비교 2) 역할놀이(주고 받기, 초대받기 · 거절하기 등) (3)'tu', 'vous'의 사용에 따른 동사 활용 연습 (4) 의례적인 혹은 자유로운 편지나 초대장 쓰기 (5) 집중적인 읽기 활동(10대 아이들을 위한 혹은 아이들에 대해 쓴 소설에서 'tu', 'vous'를 사용한 것, 또는 프랑스의 불어와 퀘벡의 불어 어휘에 대해 쓴 것) (6) 협동 학습 활동으로 문어체와 구어체의 정중형과 보통형의 차이 발견하기, 여기에서 문체의 차이를 나타내는 프로젝트를 그룹별로 실시하고 구두로 발표한다. 이러한 노력으로 'tu', 'vous'를 적절하게 사용하여 정중도에 따른 편지 쓰는 법과 선다형 테스트의 결과에 성과가 보였다. 개입 수업의 관찰에서는 (6)의 언어 형식에 초점을 둔 협동 학습 활동에 체험 방식과 분석적 접근법의 접점이 되는 가장 바람직한 대화가 많았고 앞으로 그 가능성을 더 찾아야 한다고 말하고 있다.

(2) 사고력 향상을 위한 교실 담화—'학습 회화'(Instructional Conversation, IC)

≪내용 중시 언어 교육≫의 중심에 있는 것은 교과 내용에 대한 "의미 있는 대화"이다. 언어는 의사소통의 수단임과 동시에 사고의 수단으로서도 사용된다. 전통적인 접근법에서는 교사는 지식을 제공하는 사람, 학습자는 지식을 전수받는 사람으로 여겨져 그 소통에서도 교사는 정답을 알고 있어 학습자가 바르게 답하는지를 점검하며 정정이나 보충을 하는 형식이 대부분이다. 이러한 대화 방식을 IRF형식이라 한다[6]. 이미 알고 있는 정답을 어린이들로부터 끌어냄으로써 대화는 끝이 난다. 어린이들이 말하고자 하는 것에 교사가 주의 깊게 귀를 기울여 그 '소리'를 끌어내지는 못하는 것이다. 이런 방식에 비해 '학습 회화'(IC)는 대화를 통해 교과 내용의 깊은 이해로 연결되고 생각하는 힘을 기르는 것을 목적으로 한 방식이다. 교사가 그 자리에서 답을 제공하는 것이 아니라 학습자 스스로 바른 결론에 도달할 수 있도록 다양한 정보나 과제(task), 협동 학습을 통해 학습자를 유도하는 것이다. 이때 중요한 것은 교사와 학습자가 대화의 파트너가 되어 대등한 입장에서 지적인 창조작업에 참여하는 일이다. 교사의 역할은 학습자들의 '소리'와 '소리'를 묶어서 교실, 나아가 학교라는 사회적인 맥락을 '학습자 공동체(community)'로 바꾸는 것이라고 한다. 따라서 IC 중심 학교 교육의 가장 큰 과제는 '학습자 간, 교사 간, 직원, 프로그램 담당자, 연구자 사이에서 또는 학교 전체가 IC를 만들어 내고 지원하는 것이다'라고 제창자인 타프와 갤리모어(Tharp & Gallimore, 1991: 5)는 강조하고 있다.

'학습 회화'(IC)는 비고스키(Vygotsky)의 사회 문화적 구성주의[7] 이론에 입각하여 제창된 것이다. 원래 하와이의 KEEP 프로그램[8]이나 애리조나 Rough Rocks의 선주민 자녀를 대상으로 실시된 것인데, 이것을 로스앤젤레스 근교의 스페인계 빈곤층 ELL 초등학교 4학년에 응용하여 실제 수업을 녹화하고 교사와 학습자 간의 대화를 분석한 결과, 소수 언어 아동의 사고력과 학력 향상에 IC가 지극히 효과적이라는 결론에 도달하였다고 한다. 특히, 문학 작품에 대한 대화나 독해, 역사, 수학 개념, 그 밖에 추상적인 내용의 학습이 IC에 적합하다고 한다. 혼자서 읽고 생각하는 것보다 교실 안에서 서로 대화함으로써 보다 다면적으로 텍스트 내용이나 주제에 대한 이해가 깊어진다고 한다.

ELL/JLL의 경우, 교육 현장에서는 어휘를 통째로 암기하는 것을 중심으로 한, 수업이나 문제집을 사용하는 기계적인 연습 문제가 많고 학습자의 지적 수준에 맞는 의미 있는 대화에 참여하는 경우는 지극히 부족한 것이 현실이다. 필자가 견학한 공립 초등학교의 JLL 수업에서는 지적인 자극이 없는 수업 즉, IC가 거의 없는 수업이 많았다. 언어의 장벽을 안고 있는 ESL/JSL 학습자에 대한 배려 때문

---

6) I는 Instruction(교사의 지도), R은 Response(학습자의 응답), F는 Feedback(교사의 반응)을 말한다.

7) 구성주의란, 학습은 지식이나 경험, 체험을 통해 개인 내부에서 구성되는 것이라는 이론으로 피아제(Piaget)로 대표되는 인지적 구성주의(cognitive constructivism)와 비고스키로 대표되는 사회적 구성주의(social constructivism)의 두 가지 흐름이 있다. 교사가 학습자에게 일방적으로 지식을 전달하는 것이 아니라 다양한 정보원을 제공하고 이를 이용한 다양한 과제를 부여함으로써 학습자 스스로가 자신에게 의미 있는 대답을 타인과 서로 확인해 가면서 학습하는 것을 목적으로 한다.

8) KEEP 프로그램은 Kamehameha Early Education Program의 약자로, 하와이 선주민 자녀들을 위한 국어과(language arts) 프로그램이다(www.ncrel.org/sdrs/areas/issues/educatrs/presrvce/pe3lk43.htm).

인지 내용에 관한 질문은 피하고 사실 관계의 쉬운 질문에 그쳤다. 산수는 응용 문제를 피하고 계산만 부과하거나 국어는 본문의 독해가 어려우므로 낭독과 한자 연습만 하는 식이었다. 선의의 배려라고 생각되지만 산수와 한자 복습 프린트의 반복만으로는 흥미를 잃어버리고 만다. 어느 별도 수업의 한 교사는 '내 역할은 학생에게 예의범절을 가르치는 것'이라고 선언하고 수업다운 수업은 전혀 없이 오직 감독자의 역할에 전념하고 있었다. 이러한 상황에 놓여 있는 것은 결코 일본의 외국인 학생만은 아니다. Durkin(1978-1979)에서는 미국의 독해 수업 18,000분 중 단어 이상의 의미 단위에 대해 논의가 이루어진 것은 단지 1%에 불과했다고 한다. 그리고 초등학교의 실태를 조사한 Wells(1993)는 교실에서 이루어진 회화의 70%가 질문·대답·반응이라는 IRF 구조였다고 한다.

　실제 IC로 사고력을 향상하기 위해 교사가 수업 시간에 해야 할 일은 무엇일까? 타프와 갤리모어(Tharp & Gallimore, 1991)는 교사의 역할로 다음 일곱 가지를 들고 있다. 먼저 교사가 1) 좋은 모델을 제시할 것(Modeling) 2) 임기응변으로 적확한 반응을 제공할 것 3) 칭찬과 질책·격려 두 가지를 효과적으로 사용할 것 4) 학습자에 대해 일정한 행동을 기대할 것 (즉, 교사의 방향 제시와 자극이 필요) 5) 학습자가 의식하지 못하는 것을 깨달을 수 있도록 교사가 질문을 할 것 6) 학습자에게 새로운 인식 구조를 제공하기 위해 종합적인 설명을 부가할 것 7) 학습자의 수준에 적합한 협동 과제를 부여할 것이다. 또한 IC를 효과적으로 활용하기 위해서는 다음과 같은 특징을 지닌 "대화"가 필요하다고 한다.

1. 학습자 자신도 모르게 빨려 들어가는 흥미 있는 내용에 대한 대화일 것.
2. 대화 내용을 학습자 자신과 관련지을 수 있어 의미가 있어야 할 것.
3. 이야기하는 도중에 화제가 바뀌어도 항상 초점이 분명할 것(교사의 방향 제시가 필수적임).
4. 한 개인(특히 교사)의 절대적인 지배가 아닌 다수가 참여할 수 있을 것.
5. 교사와 학습자 그리고 학습자 사이의 대화가 단발적 혹은 간략한 대화로 끝나지 않고 확장적(extended)인 대화가 되도록 할 것.

　이상에서 보는 교사상(敎師像)은 언어 교육의 입장에서 보면 먼저 솔선해서 모범을 보이는 것이며, 이 중에는 당연히 L2 사용자로서의 언어 사용상의 모델도 포함되어 있다. 또한 학습자의 질문 틀에 박힌 응답으로 끝나지 않도록 학습자 자신의 체험이나 경험과 관련지어서 학습자로 하여금 말하고 싶은 욕구를 느끼도록 흥미로운 화제를 선택하여 지속적이며 질 높은 대화를 한다. 즉, 입력(input) 가능한 능력뿐만 아니라 학습자에게 출력(output)의 장을 충분히 제공하여 학습자 스스로가 자신의 '소리'를 낼 수 있는 기회를 만든다는 것이다. 교과 학습에 관해서 교사는 한편으로는 지원자, 조력자이면서 동시에 중요한 곳에서 고무적인 질문을 하거나 교과 내용에 대해 종합적인 질문을 하고 적절한 반응을 보이기도 한다. 그리고 학습자의 심리적인 면에 대해서 교사는 항상 학습자에게 신경을 쓰고 학습 방향을 제시하며 심리적인 지원자이어야 할 필요가 있다. 이상 교사의 역할은 커민스가 말하는 대인적 공간(즉, 최근접 영역)을 양 방향의 상호 작용을 통해 만들어 내고 거기에서 '교사와 학습자가 협조해서 구축한 지식이나 이해를 기초로 고도의 사고력까지 키운다'라는 것을 목적으로 한다고 하겠다.

이와 같이 교사에게 기대하는 것은 가정에서 부모가 자녀에 대해 자연스럽게 실천하고 있는 대화와 유사하다. 아이의 서툰 말에 대해 의미를 확장하거나 보충하여 대화를 이어가고 이러한 방식이 아이의 성취감을 높이고 또한 상상력이나 사고력을 계발하는 것으로 이어진다. 단, 부모와 자녀는 일대일로 하는 대화이지만, 교실 안에서는 1 대 다수, 교사는 많은 학생을 상대로 소리와 소리를 연결하여 공통된 이해로 이끌 필요가 있다. 게다가 교사는 이를 제한된 시간 안에 이루지 않으면 안 된다. 또 질적인 질문을 하거나 적당한 곳에서 설명을 가하기 위해서는 교과 내용을 숙지하고 있을 필요가 있다. 이러한 점에서 소수 아동의 사고력과 학습 능력을 향상하기 위해서는 여기에 맞는 교사의 역량이 문제시된다. 그러므로 이를 위한 교사 연수가 필요한 것은 당연한 일이다.

여기에서 문득 일본의 한 공립 초등학교에서 실천하고 있는 독특한 국어과 수업이 떠오른다. 국어 수업이라고 하면 교사 주도의 '지식 수여형' 수업 혹은 '교사와 학습자의 대화형'이 일반적인데, 이 학교에서는 '학습자 중심의 탐구형' 여기에 '전원 발표'라는 발화 중심의 국어와 사회과 수업이 이루어지고 있었다. 이 독특한 형태의 수업을 하고 있는 중에 어느 날, 스페인어를 모어로 하는 만 11세 페루인 소년 R이 편입하여 들어온 것이다. 이러한 R에게 어떤 일이 일어났는지, R의 별도 수업을 담당하면서 R의 변화를 자세하게 추적한 사례를 여기에서 소개한다. 반 친구인 일본인 학습자와 IC를 통해 자존감을 되찾고 생각하는 힘을 획득한 매우 독특한 성공 사례이다.

◆ 스페인어계 소년 R의 사례(櫻井, 2007; 櫻井 · 三島, 2008)

R은 모국인 페루에서 4학년까지 마치고 일본으로 온 JLL 남학생(만 11세)이지만, 2학년 아래의 4학년에 편입하였다. 이주로 인해 2년 정도 학교 교육의 공백이 있었던 것 같다. 내성적인 성격으로 사람과 눈을 마주보고 이야기하지 못했다. OBC 회화 테스트를 보면 당시의 스페인어 능력은 2단계였고 일본어 능력은 1단계로 매우 낮았다. 양쪽 다 인지 면의 언어 능력과 사고력이 미발달이라는 판정을 받았다.

실제로 국어 수업이 어떻게 전개되었는가 하면, 예를 들어 교과서에 〈카레라이스〉라는 이야기가 있다고 하면 교사가 먼저 과제를 제시한다. 〈카레라이스〉의 경우는 '아버지와 아들 히로시는 화해했다고 볼 수 있는가?'라는 과제를 제시하는 것이다. 학습자는 먼저 교재의 문장이나 관련 자료를 활용하면서 개인 혹은 그룹으로 그래픽 조직자(graphic organizer)를 이용해서 답을 생각한다. 그 사이에 교사는 자료 제공자(resource person)로서 개별적으로 지도하고 완성된 그래픽 조직자를 회수하여 개별적으로 반응을 보인다. 다음은 '전체 발표' 시간이다. 45분 수업 4번째 시간의 마지막에 전체 발표 시간이 마련되어 있다. 수업에서는 학습자 모두가 발표하고 싶을 때에 손을 들 필요 없이 일어나서 자유롭게 의견을 발표하는 형식이다. 자료 제공자인 담임 교사의 말로는 "보통 학급 내지 · 학습 집단을 만드는 데에 있어 '전하고, 인정하고, 연결하는' 학습을 통하여 자립할 수 있는 어린이 그리고 학습자들이 집단과 진정한 연대를 이루는 그러한 집단으로 성장하는 것을 목표로 하고 있다"라고 한다. 전체 수업에 있어서 학습자의 발화 분석을 보면 학습자 주도의 발화가 48.1%, 교사는 10.9%에 지나지 않으며 그 발화도 주로 질문이나 수업의 방향 제시에 한정되어 있었다고 한다(櫻井, 2007; 櫻井·三島, 2008: 13). 즉, 학습자 중심의 대화가 반 이상을 차지하고 있었다는 것이다.

R은 스페인어를 모어로 하는 지원자와 주 1, 2회 모어를 사용한 대화를 통해 국어 선행 학습을 하고 있었다. R이 소속된 반에서 같은 학습자의 한 일원으로 인정받기 시작한 것은 약 10개월이 지나서 부터였다고 한다. 그 10개월 사이에 R이 발표에 참가한 것은 3회뿐이었다. 처음에는 교사의 질문에 단어로 대답했을 뿐이고 두 번째는 교사의 독려로 미발표 학습자 몇 명과 함께 일어나기만 했고 세 번째는 처음으로 스스로 일어나 자신의 생각을 발표한 것이다. 거기에는 동급생들의 많은 지원이 있었다. 한자에 읽는 법을 써 넣거나 문장을 더 만들고 '자, 바로 지금이야!'라고 하면서 발표할 때가 되었음을 알려 주는가 하면 R이 발표한 후에는 발표 내용에 해석을 덧붙이고 대변하는 일 등 친구들의 지원은 다양했다. 사쿠라이(櫻井)는 개별 별도 수업에서 모어로 한 질문에 대한 학습자의 정답률과 지원자가 한 질문의 질을 분석하여 R의 모어 사고력의 질도 향상되었다는 사실을 확인하였다.

이와 같은 실천에서는 교사가 답을 바로 제시하는 것이 아니라 학습자 자신이 맞는 결론에 도달할 수 있도록 과제나 협동 학습을 통해 학습자를 지도하고 있다. 교사가 제시하는 방향에 따라 일본인 아동도 외국인 아동도 똑같은 입장에서 '학습자 공동체'를 형성하고 있는 경우이다. 일본의 JLL 현장 에서는 교사와 JLL 사이에 의미가 있는 상호 작용이 있어도 일본인 아동과 JLL 사이에 의미 있는 상 호 작용은 이루어지지 않고 있다. 그런데 이 국어 수업의 경우는 자연스러운 형태의 대화가 교실 안 에서 실현되고 있는 드문 사례이다. 그리고 이 배경에 모어로 질 높은 개인 지도가 있었다는 사실도 간과할 수 없다. 일본의 현실에서는 담임 교사와 지도원이 대등한 입장에서 연계가 이루어지는 일도 드물고 단 한 명의 경우라고는 해도 시사하는 바가 크며 용기를 북돋아 주는 사례이다.

(3) 사고력 향상을 위한 세 가지 도구

위 R의 학급에서 그래픽 조직자를 이용하여 주어진 과제에 답하는 실천 사례를 보았다. 여기에서 사고력을 높이기 위해 국내외에서 자주 사용되고 있는 세 가지 도구를 간단히 소개한다. 첫 번째는 질문의 질을 높이기 위한 (a) 블룸의 질문 분류표, 두 번째는 (b) 시각화하기 위한 사고(思考)도표(그 래픽 조직자), 마지막으로 (c) 협동 학습 기법이다.

(a) 블룸의 질문 분류표

블룸의 질문 분류표(Bloom's Taxonomy)는 질문의 질을 높이기 위해 북미에서 널리 사용되고 있 다. 원래 교육 심리학자 벤자민 블룸(Benjamin Bloom)이 1958년에 만든 것인데, 현재 사용되는 것은 그 제자가 21세기용으로 다듬어서 쓴 것이다(Anderson et al., 2001). 질문 형태를 1) (사실 관계의) 이해 와 기억 2) 이해와 추측 3) 응용 4) 분석과 반성 5) (객관적) 평가 6) (뭔가 새로운 것) 만들기의 6단계 로 분류하고 있다. 보다 고도의 사고력을 기르기 위해 학습자의 발달 단계에 따라 질문의 질을 높여 가야 한다. 참고로 각 단계의 구체적인 질문 예와 활동 예를 〈표 2〉에 게재하였다. 최근 견학한 캐나 다의 초등학교에서는 저학년 어린이들을 대상으로 6학년이 과학 내용(주제는 '열(熱)')에 관한 발표를 하고 질문을 받는 복수 연령(cross-age) 수업이 이루어지고 있었는데, 교실 벽에 블룸의 질문 분류표가 크게 붙어 있었다. 그러나 자세히 보니 최하위 두 가지 즉, 1)과 2)부분이 뒤바뀌어 있었다. 교사의 말로는 상위 4단계의 질 높은 질문을 만들기를 바라는 암묵적 메시지라고 한다.

〈표 2〉 블룸의 질문 분류표

질문 예	활동 예
1. (사실 관계를) 기억한다(Remembering) · 그 후 어떻게 되었다고 생각합니까? · 무슨 일이 일어났습니까? · 누가 그렇게 말했는지 알고 있습니까?	· 일어난 일에 대한 목록을 만든다 · 시간의 흐름에 따라 사건을 정리한다 · 사실 관계를 도표로 나타낸다
2. (깊이) 이해한다(Understanding) · 다음에 무슨 일이 일어날 것이라고 생각합니까? · 중심이 되는 생각은 무엇입니까? · A와 B는 어디가 다른지 설명하십시오.	· 중심이 되는 생각을 그림으로 나타낸다 · 이야기를 바탕으로 드라마를 만든다 · 자신의 말로 이야기를 다시 꾸민다
3. 응용한다(Applying) · 이러한 일이 일어날 가능성은 있습니까? · 만약 C (상황)라면 어디를 바꾸겠습니까? · 만약 D (상황)라면 그 정보는 도움이 됩니까?	· 간단한 드라마를 만들어 중요한 사건을 보여 준다 · 사진을 모아 문제의 초점을 알 수 있도록 한다 · 뭔가를 하기(예: 어떤 상품을 판다) 위해 전략을 구상한다
4. 분석한다(Analyzing) · 만약 E (상황)가 발생한다면 어떻게 될 것이라고 생각합니까? · 전체 주제는 무엇입니까? · 이와 비슷한 사건을 혹시 알고 있습니까?	· 정보 수집을 위해 설문지를 만든다 · 새로운 제품을 팔기 위해 방송 광고를 만든다 · 사건의 흐름을 알 수 있도록 순서도를 만든다
5. 평가하다(Evaluating) · 보다 좋은 해결 방법이 있을까요? · 만약 F(상황)였다면 어떻게 처리했다고 생각합니까? · 어떻게 바꾸면 좋아질 것이라고 생각합니까?	· ○○을/를 판단하는 항목을 다섯 가지 생각한다 · 흥미로운 과제에 대해 토론한다 · 중요하다고 생각하는 규칙에 대해 소책자를 만든다
6. 새로운 것을 만든다(Creating) · 무언가 자신이 디자인할 수 있습니까? · 노래를 만든다면 어떨까요? · 만약 G (상황)라면 어떻게 될 것이라고 생각합니까?	· 특정한 기능이 있는 기계를 고안한다 · 새로운 제품을 고안하여 이름을 붙이고 판매 계획(market plan)을 세운다

(Anderson et al., 2001에서 인용)

(b) 그래픽 조직자(graphic organizer)

그래픽 조직자는 사고력을 기르기 위해 만들어진 도구로 핵심적인 개념을 시각화함으로써 보다 깊은 이해를 도모하도록 하는 것이다. 개념 지도, T 차트, 벤다이어그램, 순서도, 스토리맵, 타임라인 등 다양한 종류가 있다[9]. 대표적인 세 가지를 〈그림 2〉에 제시하였다. 벤다이어그램, K-W-L, 스토리맵이다. 벤다이어그램(Venn Diagram)은 1800년대 존 벤(John Venn)이라는 영국의 윤리학자·철학자가 고안한 것이라고 한다. 집합론, 확률, 기호론 등에 널리 사용되고 있다. 원래는 ABC 세 가지가 있는데, 현재는 BC만 사용하는 경우가 많다. K-W-L은 K(now)-W(ant)-L(earned)의 약자로 '학습으로 이미 알고 있는 것', '지금부터 알고 싶은 것', '배운 것'을 정리하는 것이다. 시카고의 내셔널 루이스(National-Louis)대학의 교육학 교수 오글(Ogle)이 개발한 것이다(Ogle, 1986). 스토리맵(Story Map)은 등장인물과 상황을 정리하고 그 아래에 문제, 시간, 해결을 기입하도록 되어 있다. 연령에 맞게 다양한 형태의 스토리맵을 만들 수 있다.

그래픽 조직자는 활용 범위가 넓다. 독해 지도나 작문 지도, 그룹 활동 그리고 개별 학습에도 널리 활용할 수 있다. 자신의 생각이나 사고를 객관적으로 시각화해 봄으로써 다른 사고의 가능성에 대해 학습자 스스로가 깨닫는 것에 그 가치가 있다.

예를 들어, 최근 견학한 초등학교 4학년 산수 시간에 실시한 두 사람의 페어(pair) 학습에서는 각 페어에 삼각형, 평행사변형, 단형(短形) 등 다양한 도형을 오려내는 작업이 주어진다. 그리고 서로 이야기하면서 이것을 벤다이어그램을 이용해서 분류하고 난 후, 분류 기준으로 한 것이 무엇인가에 대해 그룹별로 문장화하는 과제(task)를 주었다. 한편으로, 미국 버지니아주 한 일본어 이머전 프로그램을 실시하고 있는 학교의 1학년 수업에서 본 것인데, 위와 마찬가지로 벤다이어그램을 이용하여 교사가 어린이들에게 과일(사과와 오렌지)을 좋아하는지 싫어하는지를 묻고('~고 싶다'라는 희망을 나타내는 문형 연습), 그 다음에 자연스럽게 더하기와 빼기를 가르치는 방식으로 수업을 하고 있었다. 산수와 일본어 교과의 종합 수업의 한 예이다.

---

9) (http://www.eduplace.com/graphicorganizer/) 참조. 무료로 내려 받기할 수도 있고(예:edHelper.com), 유료 회원제 사이트도 있다(예: www.graphic.org).

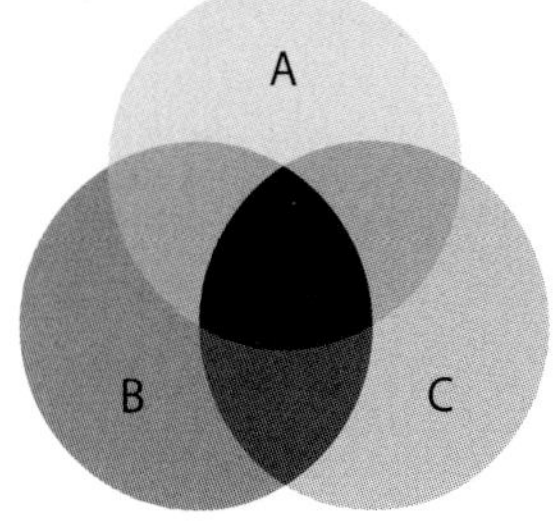

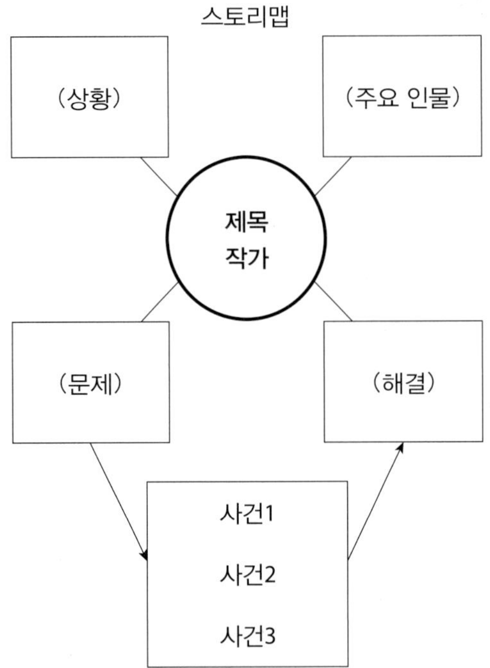

I KNOW	I WANT TO LEARN	I LEARNED

(c) 협동 학습 활동—퍼즐 학습(Johnson & Johnson, 1994)

협동 학습이란 주어진 과제를 수행하는 학문적인 기술(Academic skill)임과 동시에 팀으로 기능하는 사회적 기술(Social skill)을 갖추게 하는 학습 방법이다. 그룹은 ① 단기간의 유동적인 그룹 ② 일정 기간 계속되는 그룹 ③ 장기간에 걸쳐 계속되는 그룹 등 여러 가지가 있다.

4장 137-139쪽에 소개한 가토학원 영어과 책임자 Pat Cossey의 발표에 의하면 일본인 아동을 대상으로 ① 단기간의 다양한 유동적인 그룹 활동을 통해 영어를 읽을 수 있는 능력을 기른다고 한다. 초등학교 1학년 입학 때부터 '함께 읽기'(shared reading), '교사의 지도를 받으며 읽기'(guided reading), '친구와 같이 읽기'(buddy reading)의 3단계를 거쳐 비로소 '혼자 읽기'(independent reading)'를 할 수 있게 된다. '함께 읽기'에서는 2, 3명이 같이 읽음으로써 아동들에게 안도감을 주어 개인이 실패할 여지를 주지 않는다. 아동 전원이 같은 교과서를 읽기도 하고 같이 읽기는 해도 각각 좋아하는 책을 읽기도 한다. '교사의 지도를 받으며 읽기'는 교사가 비슷한 수준의 아동들을 모아 소그룹을 만들어 그 그룹에 적합한 수준의 책을 읽어 주면서 새로운 어휘를 소개하거나 삽화에 대해 아동들과 이야기를 나누면서 읽는 방법의 모범을 제시한다. '친구와 같이 읽기'는 두 사람이 같이 읽는 것으로 소리를 맞추어 읽기도 하고 서로 번갈아 가며 읽는 경우도 있다. 또한 짝과 번갈아 가면서 교과서 내용에 대해 서로 질문하는 경우도 있다고 한다. 수업을 녹화한 영상을 통해 영어 읽기 능력이 전혀 없는 일본인 아동이 점차 그 능력을 획득해 가는 과정을 여실히 엿볼 수 있었다(Cossey, 2006).

존슨과 존슨(Johnson & Johnson, 1994)은 그룹 구성원의 수를 결정하는 방법에 대해 다음과 같이 설명하고 있다. 한 그룹의 인원은 최소 3명 최대 7명에 5명 정도가 가장 적당하며 짝수보다 홀수가 좋다고 한다. 그룹 구성원을 고르는 방법에도 여러 가지가 있다. 학습자가 고르는 경우도 있고 교사가 고르는 경우도 있다. 무작위로 하는 방법도 있고 일정한 규정을 기준으로 골라 (예: 성적 순) 각 그룹 구성원에게 역할을 부여하는 경우도 있다. 각 구성원의 역할로 흔히 사용하는 것은 기록, 진행, 섭외, 이해도 검사, 정확도 검사, 격려 등이라고 한다(http://jasce.jp/1091kyonet.html/(참조). 그룹 활동을 활발하게 하기 위해서 동질 그룹과 이질 그룹을 합해서 실시하는 퍼즐 그룹 활동도 있다. 교실의 학습 회화(Instructional Conversation, IC) 비율을 높이는 하나의 방법으로 '보호(sheltered) 수업 관찰표'(Sheltered Instruction Observation Protocol, SIOP)(3장 118쪽)에도 언급되어 있다.

구체적으로 설명하면 처음에 모체가 되는 4개의 기본 그룹(base group)을 만들고 각 그룹에서 1명씩 토픽 그룹(topic group)에 참가한다. 거기에서 얻은 정보를 각 기본 그룹에 가지고 가서 정보를 공유하는 형태이다. 예를 들어 4조의 외국인 가족이 있다고 하자. 이 가족은 모두 어머니, 아버지, 딸, 아들의 4인 가족으로 구성되어 있다. 각 가족이 주말에 할 일에 대한 계획을 이야기하는 녹음 테이프의 회화를 듣고 이것을 정리하여 구두로 발표하는 활동인데, 가족마다 각각 주말 계획이 다르다. 여기에서 먼저 가족별로 나누어 이야기하기(기본 그룹), 다음으로 가족 구성원별로 모여 이야기하기(제2 그룹), 마지막으로 가족별 그룹에 다시 모여 개별 가족의 주말 계획을 정리하는 식이다.

고학년 학습자의 학교 학습과 결부시키면 코엘류(Coelho, 2004: 194)의 '캐나다의 천연자원은 어느 정도 위험에 처해 있는가?'라는 주제의 퍼즐 학습이 참고가 된다. 먼저 기본 그룹을 만들고 다음에 〈표 3〉과 같이 네 개의 토픽 그룹으로 나누어 각 영역의 질문을 만든다. 이것을 기본 그룹에 가지고 가서 구성원이 서로 협력하여 조사하고 나서 구두 발표를 하고 마지막에 학습자가 개별적으로 보고서를 작성하는 식의 학습이다.

〈표 3〉 퍼즐 학습의 그룹 편성과 질문 예

물고기
- 캐나다에서는 어떤 물고기가 잡히는가?
- 어떤 방법으로 물고기를 잡는가?
- 어떤 경로를 통하여 물고기가 생선가게까지 운반되는가?
- 어업과 관련된 환경 문제는 무엇인가?

석유
- 석유란 무엇인가?
- 석유는 어디에서, 어떻게 만들어지는가?
- 땅속의 석유를 어떻게 지상으로 퍼 올리는가?
- 석유의 사용과 관련된 환경 문제는 무엇인가?

천 연 자 원

삼림
- 캐나다의 삼림은 어디에 있는가?
- 캐나다에는 어떤 종류의 삼림이 있는가?
- 캐나다에서는 나무가 어떻게 사용되는가?
- 임업에 관련된 환경 문제는 무엇인가?

물
- 캐나다에서 사용하는 물(담수)은 어디에서 오는가?
- 수력 발전으로 어떻게 전력을 만드는가?
- 안심하고 마실 수 있는 물은 어떻게 생산하는가?
- 물로 인하여 발생하는 환경 문제는 무엇인가?

(4) 커민스의 변혁적 다중 문해력 교육학

(1)의 '내용 중시 언어 교육'과 (2)의 사회 구성주의에 근거한 'IC'는 물론 소수 언어 아동이 처해 있는 사회적으로 불리한 입장을 변혁하고 보다 나은 공생 사회의 실현을 향해 투쟁하는 태도나 자세까지도 함양하려는 측면에서 제창된 것이 6장에서 소개한 '다중 문해력 교육학'과 '학력 강화의 구조'이다. 이를 총칭해서 '변혁적 다중 문해 교육학' 줄여서 '변혁 교육학'이라 부르고 있다.

커민스는 엄연히 존재하는 사회의 권력 구조(social power structure)에는 두 가지 역학 관계가 있다고 보았다. 하나는 지배자 그룹의 피지배자 그룹에 대한 '지배적, 고압적'인 관계(coercive), 다른 하나는 두 그룹의 '공생적', '협동적'인 관계(collaborative)이다. '역량 강화(empowerment)'에 대해 커민스는 '고압적'인 사회적 권력 구조를 '공생적'인 것으로 만드는 것을 의미하고, 변혁적 다중 문해력 교육학은 그것을 지향하는 학교 교육 방식이라고 한다(Cummins, 2000b). 현실적으로 세계의 많은 ELL/JLL이 모어를 박탈당하고 있는 데다가 L2 문해력이 기능적인 상태(즉, 표면적인 독해 능력)로 그칠 수밖에 없는 상황에 놓여 있다. 이들은 사고력이 충분히 성장하지 않아 저학력에 허덕이고 학교를 중퇴하는 비율이 극히 높으며 불안정한 정체성(identity)에 고민한다. 그러나 IT 시대가 필요한 것은 고도의 문해력을 갖춘 사람이다. 이 새로운 사회적 요청에 대응하기 위해서는 학교 교육 전체를 변혁하고 감산적 이중 언어 상태에서 가산적 다언어 상태로 전환할 필요가 있다고 한다.

그러면 어떻게 하면 이렇게 전환할 수 있을까? 커민스는 학교 교육 전체를 통해 이중 언어 또는 다언어의 문해력을 기르는 것이 관건이라고 한다. 6장에서 소개한 정체성 텍스트(identity text)나 앞에서 언급한 소년 R처럼 먼저 모어, 모문화의 가치를 인정받고 그 유지와 성장이 장려되는 '대인 관계 공간'을 학교 또는 교실 안에 만듦으로써 이중 언어 혹은 다중 문해력을 기르는 배움의 공간이 생긴다고 한다. 학교에서 교사와 학습자, 학습자끼리 또는 IT를 통해 가상적인 학교 밖의 학습자와 상호 작용을 함으로써 학습자의 자존감을 높이고 인지 활동을 활성화할 수 있다. 그리고 이러한 것이 소수 언어 아동 자신이 놓인 상황을 냉정하게 분석하여 문제 해결의 길을 스스로 찾는 비판적 사고력을 갖추는 데로 이어진다고 한다. 학교 당국도 교사 자신도 사회적 권력 구조 그 자체는 바꿀 수 없다. 그러나 소수자의 입장에서 문제를 파악하고 함께 고민하며 가야 할 방향을 확인하고 인종 차별 등과 같은 불평등에 단호하게 투쟁하는 자세나 태도는 기를 수 있다고 한다. 예를 들어, '전국 학력 테스트'에서도 교사는 다수의 모어 화자 아동을 위해 만들어진 테스트를 지배자의 입장에서 ELL/JLL에게 강요만 할 것이 아니라 문제를 깊이 인식하고 비판적인 입장을 공유한 상태에서 테스트를 실시한다는 태도를 의미한다.

커민스의 변혁적 교육학은 실제 교실에서 사용되고 있는 교수법과는 어떻게 다를까? 이 변혁적 교육학은 교사를 교실의 중심에 두고 아동들과의 관계 형성과 수업 구성에 대한 교사의 역량에 전폭적인 신뢰를 둔 이론이다. 소수 언어 아동의 교육 현장은 이상(理想)과는 거리가 멀고 열악한 환경에 놓인 경우가 많다. 이 때문에 교사는 열의가 높으면 높을수록 무력감에 빠지고 모든 것을 포기하거나 교사로서의 책임을 회피하는 일 등, 심지어 정부의 교육 정책과 기존의 조직을 비난하게 되는 경향이 있다. 실제 해외에서 일본인·일본계 아동의 계승 일본어 교육에 관여하는 교사나 국내에서 외국인 아동을 지원하고 있는 교사 모두 교육 현장에서는 주변적인 입장에 내몰려 있다. 아무리 노력해도 좀처럼 빛이 보이지 않는 상황에 처해 있는 것이다. 이러한 입장에 있는 교사에게도 희망을 주고 권한을 부여하는 것이 커민스의 소수 언어 아동을 위한 변혁 교육학이다.

국내외를 불문하고 '저학력을 어떻게 극복할 것인가?'하는 주제를 다루는 전문가나 지식인이 많이 있다. 이와 같이 소수 언어 아동을 위한 교육은 저학력에 문제가 있다. 해외에서는 일본어 능력 부족으로 수업에 참여하지 못하는 보충 학습 학교 및 일본인학교의 아동들, 국내에서는 일본어 능력이 전혀 없이 편입하여 일본어 능력 부족에서 오는 학력 저하로 힘들어하는 외국인 아동, 이들 소수 언어 아동은, 항상 부족한 부분만을 지적당하고 이를 보충하기 위해 매일 다른 사람의 배로 노력할 것을 주위로부터 암묵적으로 강요받고 있다. 이에 대해 커민스의 변혁 교육학은 먼저 전체적으로 어린이들을 봐야 한다는 점과 두 개의 렌즈로 아동들 자신이 스스로를 긍정적으로 생각할 수 있도록 수업을 구축해야 한다는 점을 강조하고 있다. 여기에서 두 개의 렌즈란, 첫째로 학습자의 연령에 상당하는 인지 활동으로 끌어들이는 것이고, 둘째는 반 친구와의 배움을 통해 자존감을 고양하여 긍정적인 자기 정체성의 확립에 기여하는 것이다. 정체성 텍스트의 한 예로, 초등학교 4학년 때 캐나다로 이주하여 영어를 못한다는 이유로 교실에서 그림에 색칠만 했다는 이야기가 있다. 현재 중학교 1학년이 된 학생의 경험인데, 당시 반 친구들이 보고 있는 상황에서 그림에 색칠만 하고 있는 것이 얼마나 굴욕적이었는가를 회상하고 있다. 저학력 문제는 사회 교육학적인 입장에서 다루는 경우가 많지만, 커민스는 '학력 강화의 구조'에서 수업 시간에 교사가 수행하는 지도(指導)에 중심을 둔 이론을 전개하고 있다.

여기에서 생각나는 것은 남미 아르헨티나의 국제협력사업단 부에노스아이레스 지부에 일본어 교육 전문가로 파견된 쇼젠 타쓰조(正善達三)의 저서『일본어 지도의 안내(日本語指導の手引き)』 (1979: 3)의 자필 문서 한 구절이다. 교사의 자세에 모든 것을 맡긴다는 점에서 커민스의 변혁적 교육학의 정신은 '바로 이것이다' 하는 생각이 들어 여기에서 인용한다.

교사는 수업으로 승부한다

조종사는 비행기 조종에 몸과 마음을 온전히 바친다. 활주와 이륙 상승 비행의 계속 하강과 정지에 이르기까지 한 순간의 방심도 허용되지 않는다. 조종사는 비행의 조종으로 승부한다.

교사는 교실 수업에 몸과 마음을 온전히 바친다. 수업의 시작과 도입, 전개, 정리, 다음 시간의 예고와 종료에 이르기까지 한 순간의 방심도 허용되지 않는다. 교사는 수업으로 승부한다고 말할 수 있다.

현재, 일본계 자녀가 배우는 일본어학교는 시설을 비롯해 교재와 교구가 갖추어져 있지 않는 일 등 악조건이 산적해 있다. 이러한 악조건 속에서 극히 짧은 수업 시간밖에 주어지지 않는 교사에게 '교사는 수업으로 승부한다'라고 하는 것은 너무한 표현일지도 모른다.

하지만 그러면 그럴수록 이 말은 무게를 더한다. 교실에서 한 발 밖으로 나가면 모든 것이 스페인어이다. 가정에서도 일본어 회화는 거의 들을 수 없게 되어 버렸다.

그래서 더욱 수업은 중요한 것이다.

교사는 수업으로 승부한다는 점을 역시 명심하지 않으면 안 된다.

4. 모어와 일본어의 이중 문해력 획득

이 절에서는 일본어를 제1 언어로 하는 읽기와 쓰기 지도를 이중 언어, 다언어 교육의 측면에서 언급한다. 문해력은 기능적·비판적·문화적 문해력으로 나눌 수 있는데, ELL/JLL의 L2가 기능적 문해력에 그치는 경향이 있어 이를 어떻게 극복하여 비판적 문해력과 문화적 문해력까지 이어지게 할 것인가가 과제이다. 이 경우의 문해력(literacy)이라고 하는 용어는 국제 학업 성취도 평가(PISA)의 문해력관점에 따라서 독해 능력뿐만 아니라 사고력, 응용력, 표현력을 포함한 넓은 의미의 문해력 획득을 목표로 한 읽기와 쓰기 지도로 간주한다.

여기에서는 JLL이 문해력 획득 과정에서 일어날 수 있는 여러 가지 문제를 1) 문자 습득 2) 읽기 행동 3) 어휘 습득 4) 학습자 개인의 읽기 전략 5) 사고력 향상을 위한 읽기 지도 6) 자존감을 높이는 쓰기 지도로 나누어 다루기로 한다.

(1) 문자 습득

일본어를 1 언어로 하는 다중 문해력(multiliteracy)을 육성하기 위해서는 일본어 표기법의 특징에 입각한 대응이 필요하다. 일본어의 경우 히라가나와 가타카나, 한자의 습득이 필요하고 (상용) 한

자의 습득에는 중학교가 끝날 때까지 걸린다. 문자 습득에 영어는 5년, 일본어는 9년이 걸린다고 하는 이유가 여기에 있다. 히라가나는 소리와 문자가 거의 일대일로 대응하는 이른바 '표면 철자 체계'(shallow orthography)[10] 라고 하여 만 4, 5세부터 자연 습득이 가능하다. 가타카나는 사용 빈도가 낮다는 이유도 있어 제대로 습득하는 데는 히라가나보다 훨씬 시간이 많이 걸리는 것이 일반적이다. 한편, 한자는 하나하나의 문자로 단어나 형태소를 나타내는 표의 문자이고 문자가 음절을 나타내며 의미에 대응하지 않는 히라가나 · 가타카나(표음 문자)와는 다른 학습 방식이 필요하다. 예를 들어, 'バスが来ました'라고 하는 문장을 'バスが木ました[11]'라고 쓰는 아동들이 있는데, 이것은 히라가나에 대해 공부하는 방식을 한자에 적용한 예로 볼 수 있는 오류이다. 한자의 경우는 문자와 소리뿐만 아니라 의미를 생각하면서 적절하게 골라야 하는 새로운 방책이 필요하다.

세계에서 가장 복잡한 표기법의 하나라고 하는 일본어의 특징을 생각하면 JLL의 읽기 습득에는 일본인보다 몇 배의 시간이 걸릴 것이다. 따라서 가급적 유년기부터 그림책 등을 통해서 일본어 문자에 친숙해지도록 할 필요가 있다. 다만, 쓰기 능력을 자연스럽게 획득하는 경우에는 이 과정에서 좌우가 바뀐 문자나 불완전한 문자가 나타나기도 하지만, 문자 형태의 교정은 나중으로 미루고 일단은 아동이 마음대로 쓰도록 놓아 두고 스스로 자연스럽게 수정하는 것을 기다리는 편이 현명한 방법이다. 읽기와 쓰기는 학습자의 정체성과 직결된 것으로 다수, 소수 언어를 불문하고 유년기 때는 아동의 자존감, 성취감, 호기심, 정체성 등에 유의하면서 문자 지도를 해야 할 것이다[12].

다카하시(高橋, 1996)의 종단 연구에서는 일본인 아동(평균 만 6세 2개월) 중 92.8%가 초등학교 입학 시점에서 이미 히라가나를 읽을 수 있다고 한다. 끝말잇기 등 말놀이를 통해 문자 습득에 필요한 음운 의식이 자연스럽게 몸에 배고 초등학교 1학년 입학 때는 문자도 어느 정도 읽을 수 있으며, 책 읽기의 의미나 즐거움도 알고 있는 아동이 대부분이었다. 문자를 부호화하는 능력(decoding)은 읽는 속도나 독해 능력과 관계가 있어 '취학 전에 문자를 획득한 아동은 입학 후에 읽기를 습득한 어린이보다도 읽는 속도가 매우 빠르고 또한 읽는 속도가 빠른 아동은 독해 능력도 높았다. (중략) 자연스럽

---

10) '표면 철자 체계'에 반해 영어와 같이 소리와 철자의 규칙이 복잡한 것은 '심층 철자 체계'(deep orthography)로 불린다. 이 경우는 자연 습득도 가능하지만, 발음 중심 언어교수법(phonics) 등으로 의도적으로 규칙을 배울 필요가 있는 아이들도 있다.

11) '気'를 '木'로 잘못 사용함(역자 주).

12) 유아 때부터 '자존감(自尊感情)', '호기심(有能感)', '정체성(identity)'을 기르는 것이 보육의 출발점이라고 보육 전문가인 오바 유키오(大場幸夫) 교수(오쓰마여자대학(大妻女子大学) 학장)가 말하고 있다. "…보육의 출발점은 아이들의 '정체성 존중'이라고 생각하고 있습니다. 조금 더 구체적으로 이 정체성이라는 것에 대해 말하자면, 아래 세 가지를 존중하고 기르는 것이라고 할 수 있겠죠. 첫 번째는 자존감입니다. 아이들이 '자신은 주위로부터 존중받고 있다', '자신은 가치가 있다'라고 느끼는 것. 두 번째는 호기심입니다. '효력감(效力感)'이라는 말로 바꿔 말해도 좋다고 생각합니다. 아이들이 무언가를 '할 수 있겠다, 해 보고 싶다, 해 봐야지!' 하고 마음먹을 수 있는 그런 감각입니다. 그리고 세 번째가 자아동일성(自我同一性)입니다. '다른 누구도 아닌 자신'이라는 의미로 아이 자신의 정체성입니다. 예를 들어, 갓난아이라도 자각적인 것은 아니지만 한 사람의 인격으로 존중받는 분위기에서 자아동일성이 싹트고 성장해 간다고 생각합니다."(大場, 2009: 9)

게 잘 읽는 어린이는 그만큼 책에 쓰여 있는 내용을 이해하는 것도 용이하고 반대로 더듬거리며 읽는 경우는 그만큼 이해하는 내용이 제한된다'라고 한다(高橋, 2001:74). 다만, 이러한 습득 초기의 읽기 속도의 차이는 3학년 정도가 되면 없어지고 읽기 속도와 독해 능력과의 관계가 희박해진다고 한다. 커민스의 언어 능력 분석에 의하면 문자 습득은 변별적 언어 능력(DLS)으로 불리는 영역으로 소수 언어 어린이도 다수 언어를 모어로 하는 어린이와 거의 같은 단계를 밟고 같은 속도로 학습할 수 있는 영역이다. 하지만 교과 학습 언어 능력(ALP)의 한 영역인 읽고 이해하는 능력의 경우는 다수 언어 아동을 따라가기에는 적어도 5~7년은 걸린다.

고프와 터너(Gough & Turner, 1986)는 특수 교육과의 관련에서 읽기 능력(R)을 D(decoding, 문자 해독·부호화)와 LC(language comprehension, 언어 이해)를 곱한 것으로 보고, 다음과 같은 간단한 방정식(Simple View of Reading)을 제창하고 있다.

$$R = LC \times D$$

즉, 읽기 능력을 육성하기 위해서는 LC와 D에 대한 두 가지 관점에서 지도할 필요가 있다는 것이다. LC는 언어 그 자체에 대한 이해력으로 이 안에는 듣기와 회화 능력 그리고 사물에 대한 일반적인 지식과 이해 등이 포함되어 있다. D는 음운 인식을 토대로 한 문자의 해독과 단어를 인식하는 것이다.

읽기에 어려움이 있을 것이라고 예측하는 시기나 예측 비율 그리고 이에 개입하는 방법에 대한 조사(대상 아동 86명)를 실시한 제네시(Genesee, 2008)는 이 도식은 제2 언어 교육에서도 사용할 수 있는 것으로 실제로 읽기에서 실패하는 아동들 중에는 LC에서 막히는 아동과 D에서 막히는 아동 그리고 LC/D 양쪽 다 막히는 아동, 세 가지 유형이 있다고 한다. 이러한 어려움을 예측하는 시기로 유치원 입학 당시의 예측 비율이 LC 55%, D 24%로 이 시점에서 아동이 읽기에 어려움을 겪을 것이라고 충분히 예측할 수 있었다고 한다[13]. 이 조사는 캐나다 몬트리올시의 불어 통합 이머전 교육 아동들을 대상으로 영어(L1) 능력을 측정하고 불어(L2) 읽기에 어려움을 겪을 것이라는 예측을 한 것이다. 불어 능력을 예상하는데 왜 불어(L2) 능력을 측정하지 않는지에 대해서는 다음과 같은 이유를 들고 있다. L2가 미숙해서 측정하기가 어려운 데다가 신뢰도가 높은 예측률을 얻을 수 없었기 때문이라고 한다. 제네시(Genesee)는 과거 25년에 걸친 읽기 연구를 근거로 하여 L1으로부터 L2로의 전이를 예측하고 L1으로 L2의 읽기 능력 향상이나 어려움을 예측할 수 있는 점 그리고 기본적인 L2에 대한 읽기의 예측 요인은 L1의 예측 요인과 공통된다는 점 또한 최근의 연구에서 이른 시기에 교사 외 다른 사람이 이에 개입하는 것이 아동이 읽기에서 막히는 확률이 낮아진다고 하는 중요한 지적을 하고 있다.

---

13) 단, 예측 비율은 시간이 지남에 따라 상승하여 초등학교 입학 전에는 D 67%, LC 48%까지 올랐다고 한다.

(2) 읽기 행동과 ELL/JLL

읽기 행동이라는 것은 다음 다섯 단계를 거쳐 문자에서 의미를 추출하는 과정이다.

≪문자·단어의 처리≫ 1) 연속된 시각 정보에서 하나하나의 문자를 식별하고 해독한다.
　　　　　　　　　　　2) 나열된 문자로부터 단어를 인지하고 소리로 변환한다.
≪문장 차원의 처리≫　3) 변환된 복수의 소리를 일시적으로 단기 기억에 보유한다.
　　　　　　　　　　　4) 단위마다 의미를 취한다.
≪담화 차원의 처리≫　5) 전후의 문맥을 맞추어 가며 교과서 전체의 의미를 파악한다.

　1)과 2)의 ≪문자·단어의 처리≫는 앞 절의 D(decoding, 문자 해독·부호화)에 해당하는 부분이다. 다카하시(高橋, 2001: 5)의 종단적 연구에 의하면 예를 들어 히라가나를 읽는 능력은 초등학교 3학년 정도까지면 숙달된 수준에 이른다고 한다. 3)과 4)의 ≪문장 차원의 처리≫는 의미와 결부시켜 소리를 내서 읽는 단계이다. 이 단계에서 어휘와 문법 지식이 필요하게 된다. 그리고 5)의 ≪담화 차원의 처리≫는 교과서 전체의 의미를 파악하는 것이다. 소수 언어 아동의 경우는 1)과 2)가 숙달된 수준에 달하기까지 개인차가 매우 크다. 그리고 ≪문장 차원의 처리≫를 배우는 데에 시간이 걸려 일반적으로 읽는 속도가 늦는 경향이 있다. 그러나 책을 더듬거리며 읽는다고 해서 반드시 의미 내용을 이해하지 못한다는 것은 아니다. 예를 들어, 다음의 두 언어의 측정과 평가에서 언급하는 S 초등학교의 조사(333~335쪽)에서는 학령기 도중에 일본 학교로 전입한 학생 가운데 낭독하는 속도는 느리지만, 이해력이 높은 예도 있었다. 이와는 반대로 문자는 잘 읽는데, 의미 내용은 이해를 못한 경우도 있었다. 학습자 개인의 읽기 방식 전이(7장 216-218쪽)에서 소개한 6학년 아동 3명 중 1명인 카타리나의 경우가 이 한 예이다. 카타리나는 읽는다는 것에 대해 교과서를 처음부터 끝까지 소리로 바꾸는 것으로 알고 있었다. 의미를 이해한다는 쪽으로는 생각하지 않았다고 한다. 북미의 선주민 교육이나 ELL 교육에서도 이처럼 글자 자체만 읽는 경우가 다수 보고되어 있다.

　10세 이상이 되어 처음으로 읽기를 배우는 ELL 학습자에게는 어떻게 대응하면 좋을까? 알링턴(Allington, 2006)은 미국의 교육청 보고서(1995)를 포함한 세 가지 연구 성과를 근거로 ELL의 경우, 읽기에서 막히는 원인은 여러 가지가 있으므로 정확하게 진단 테스트를 한 후에 개개인의 상태에 맞는 대응책이 필요하다고 말한다. 문자를 부호화하는 단계에서 어려워하는 학습자가 없지 않지만, 40~50%는 문제없이 문자를 습득할 수 있다. 그러나 부호화된 문자를 의미로 연결하는 즉, ≪문장 차원의 처리≫와 ≪담화 차원의 처리≫에서는 문제가 많다고 한다. 문장 안에서 읽으려고 하면 의미를 알 수 없기 때문에 낭독의 정확도가 훨씬 떨어진다. 또한 학습자 중에는 부호화도 할 수 있고 의미도 파악을 하는데, 이 과정에서 시간이 많이 걸려 읽기 테스트를 할 때는 좋은 점수를 받지 못하는 경우도 있다고 한다. 예를 들어, 정상적인 학습자의 평균 낭독 속도가 162단어/분(6학년 수준)이고 정확도는 97%인데, 어떤 ELL의 경우는 낭독의 정확도는 94%로 정상이었는데 속도가 65단어/분으로 1학년 수준의 결과가 나오기도 했다고 한다.

코엘류(Coelho, 2004: 266-267)는 읽기 능력을 측정하는 데에 자주 사용되어 온 낭독이나 오류 분석(Oral Miscue Analysis)[14] , 내용에 관한 질의 응답(QA)이 ELL에게는 부적절한 경우가 많다고 다음과 같이 지적하고 있다. 또한 ELL의 독서 능력은 모어 화자와 비교하는 것이 아니라 ELL끼리 비교해야 한다고 말하고 있다.

> 1) 낭독 테스트는 특히, 초보 ELL 학습자에게는 부적절하다. 정확한 발음에 모든 주의를 기울이고 있기 때문에 내용을 이해하는 것은 소홀해진다.
> 2) 오류 분석은 글을 읽을 때 잘못 읽은 것을 스스로 수정할 수 있는지를 조사하는 것인데, ELL의 경우는 일반적인 L2의 능력 부족을 반영하기 때문에 내용 이해나 학습자 개인의 읽기 방식에 대한 정확한 정보를 얻을 수가 없다.
> 3) 사실 관계나 사건에 관한 깊은 성찰이 필요한 질문은 영어 능력이 생길 때까지 피해야 한다.

S초등학교의 조사(상세한 것은 333-335쪽 참조)에서도 일본인 아동과 중국계 아동은 낭독 속도를 포함하여 글을 읽는 행동에 큰 차이를 보여, 저학년 때부터 일관적인 '묵독 테스트'를 하는 편이 타당하다고 생각되었다. 또한 오류 분석에 관해서도 고학년이 될수록 한자 읽기에 오류가 많이 나타나 본래의 분석 목적과는 상당히 거리가 먼 것을 알 수 있었다. 다만 깊은 성찰에 관한 질문에는 개인차가 있어 L2가 약하다고 해서 모두가 응답이 불가능한 것은 아니다. 문장 전후를 잘 파악하여 사건의 흐름이나 인과 관계를 이해하는 능력은 모어 능력과 관련지어 생각해야 하지 않을까 하는 점이 교과서의 재화(再話:옛이야기나 전설을 현대 용어를 써서 문학적으로 표현함) 분석에서 밝혀진 것이다(櫻井, 2009).

(3) 어휘 습득(Graves, 2007; Lyster, 2007)

일본어의 이해 어휘는 만 4세에 2~3천어, 만 6세에 5~6천어, 만 13세에 3만어 전후, 만 20세에 4만 5천~5만어라고 한다(森岡, 1951). 영어도 대체로 비슷하여 4~5학년이 1만 2~5천어, 6학년이 2만 5천어, 고교생이 4만어, 성인이 5만어라고 한다(Graves, 2007). ELL은 평균적으로 연간 약 3,000어를 습득할 필요가 있고 이를 위해서는 주말도 여름방학도 없이 연간 52주, 주 7일, 매일 8개의 새로운 어휘를 익혀야 하는 셈이 된다. 또한 ELL/JLL에게는 추상도가 높고 빈도가 낮은 어휘를 습득하기가 어려운데, 4학년이면 이미 75%가 이러한 어휘라고 한다. 어휘를 습득하는 속도도 느리기 때문에 모어 화자와 수준차이가 더 날 뿐이지 이를 좁히기는 어렵고, 3년 내지 6년이라는 장기간에 걸친 여러 가지 대책이 필요하다고 한다. 특히, 중고생 ELL/JLL에게는 어휘 습득이 최대의 난관이다(Nation, 2001; Folse, 2004).

라우퍼(Laufer, 2003)는 구체적인 대책으로 다음과 같은 사항을 제시하고 있다.

---

14) 총체적 언어학습(whole language) 운동의 추진자인 전 애리조나대학의 굿맨(Goodman) 교수가 개발한 학습자의 읽기 과정을 분석한 것. 학습자의 읽기 오류(miscue) 생성과 수정 상황에서 독해 능력을 판단하는 연구 방법이다.

첫째, 책을 많이 읽는(다독) 일이 유효하지만 저학년의 경우는 읽기만으로는 불충분하고 교사와 대화를 하거나 듣기 활동을 하는 일 등 다양한 언어 체험이 필요하다.

둘째, 새로운 어휘를 L2로 제시하고 바로 L1으로 번역하는 일이 흔히 있는데, 의미를 추측하는 중요한 기회를 빼앗는 것이 되므로 연소자에게 이러한 방식은 좋지 않다.

셋째, L2를 자연스럽게 습득하는 경우, 적어도 10회는 새로운 어휘를 반복하여 접할 필요가 있으며 이를 위해서는 어휘를 재사용할 수 있도록 수업 계획을 세우는 것이 바람직하다.

넷째, 다독을 통하여 문맥 안에서 자연스럽게 어휘를 접함과 동시에 개별 단어(한자를 포함)를 의도적으로 배운다든지 어휘 학습 방식(단어를 부분으로 나누기, 정의하기, 사전이나 어휘 목록 만들기 등)에 대해 배울 필요가 있다.

다섯째, 교사는 학습자로 하여금 어휘에 대한 느낌과 흥미를 환기하게 하고 어휘가 풍부한 교실 만들기(예: 단어 벽 만들기 즉, 새로운 어휘를 모아 교실 벽에 붙이는 것)에 노력해야 한다.

이중 언어 구사자는 개별 어휘 수가 단일 언어 구사자에 뒤진다고 하는데, 측정 방법에도 문제가 있다. 앞으로는 복수 언어에 걸쳐 중복되는 부분을 가지고 있는 이중 언어나 다언어 구사자의 어휘 측정 방법이 개발되어야 할 것이다.

(4) 학습자 개인의 읽기 전략

학습자 개인의 읽기 전략은 학습 전략의 일부이다. 학습 전략이란 학습자가 새로운 언어를 배울 때의 정신적, 인지적 방책으로 예를 들면 '통째로 다 외운다'는 것과 같은 전략은 외국어 학습자라면 누구라도 의식적 혹은 무의식적으로 사용하고 있는 방법이다. 코엘류(Coelho, 2004)는 학습자 개인의 학습 전략을 다음 여섯 가지로 분류하여 각각의 예를 나타내고 있다.

〈표 4〉 학습자 개인의 학습 전략(Coelho, 2004: 163)

	학습 전략	예
1	**기억 전략** 새로운 정보를 기억한다 (예: 어휘)	· 암송하거나 반복한다 · 반대말이나 개념도, 이미지화 등에 의한 연상 접근법
2	**인지 전략** 언어를 이해하고 산출한다	· 유형을 인식하여 산출한다 · 분석한다 · 분류하거나 대조표를 만든다
3	**보상전략** 지식이 부족해도 의사소통을 보상적 수단으로 사용하여 성립시킨다. (예: 단어가 생각나지 않는 경우)	· 문맥으로 의미를 추측한다 · 손짓이나 몸짓을 사용한다 · 동의어를 쓰거나 다른 방법으로 설명한다

4	**사회적 전략** 목표 언어로 상대와 교류한다	· 동급생과 협력한다 · 의사소통 흐름을 끊지 않도록 언어를 사용한다 (예: 질문 등을 한다)
5	**정의적(情意的) 전략** L2 습득에 대한 자신감을 갖고 동기를 부여받는다	· 스트레스와 불안감 등을 해소하려고 한다 · 자기 자신을 격려한다 · 언어 습득 일지를 쓴다
6	**메타 인지 전략** 스스로 학습 계획을 세우거나 학습을 스스로 점검 하기도 한다	· 목표를 세우고 목적을 정한다 · 능력 향상을 점검한다 · 언어 학습 그 자체에 대해 배운다

나아가 읽기에 특화된 전략을 읽기 전과 읽는 동안 그리고 읽은 후에 사용하는 전략으로 나누어 〈표 5〉와 같이 제시하고 있다.

〈표 5〉 읽기 전략

읽기 전	· 새로운 어휘에 대해 미리 조사하여 목록을 만든다 · 이미 알고 있는 지식을 활용한다 · 삽화나 목차 그 밖의 것을 보고 교과서의 내용을 추측한다 · 작자나 제목, 표제어로 교과서의 내용을 추측한다
읽는 동안	· 키워드나 핵심이 되는 문장을 강조하면서 읽는다 · 이미지를 상상하면서 읽는다 · 빈칸에 메모를 하면서 읽는다 · 질문을 만들고 그 답을 찾으면서 읽는다 · 모를 때는 몇 번이고 다시 읽는다 · 요약을 하면서 읽어 나간다 · 알고 있는 어휘로 모르는 어휘의 의미를 추측하며 읽는다 · 사전이나 그 밖의 참고 자료(resource)를 사용한다 (예: 인터넷) · 사실과 의견을 분별하면서 읽는다
읽은 후	· 이미지를 그림으로 그린다 · 관련이 있는 사항을 정리해 본다(그룹화) · 내용에 대한 질문에 답하거나 연습 문제를 푼다 · 자신의 경험에 비추어 내용에 대해서 다시 생각한다 · 교과서 내용에 대해 스스로 질문을 만든다

이상과 같은 개인적인 학습 전략이나 읽기 전략은 지도나 연습이 가능한 것이다. 또 중요한 점은 한 언어로 이러한 전략을 터득하면 제2, 제3의 언어로 전이될 가능성이 높다는 것이다. 그래서 다중 문해력 육성에 있어서는 특히 주목할 만한 영역이라고 할 수 있다. 위와 같은 전략 외에 일본어의 경우는 '한자 습득 전략'을 의식적으로 가르칠 필요가 있지만, 이를 위해서는 학령기의 외국인 아동에 대한 모어별 한자 습득에 관한 실태 조사나 연구가 필요할 것이다.

(5) 사고력 향상을 위한 읽기 지도

국어 교과서를 사용하여 정독 중심으로 읽기를 지도하는 방식도 물론 중요하지만, JLL에게 흥미롭고 삽화가 가득한 (그림)책을 이용하여 어린이들이 즐거워할 만한 주제로 의미 있는 대화를 하는 방식도 도움이 된다. 일본의 국어 교과서에 해당하는 교재가 없는 북미에서는 교사가 시판되는 읽을거리(이야기 형식이나 단순한 정보 서술 형식)를 골라서 학습자의 읽기 능력을 향상하도록 노력하는 것이 교사로서의 중요한 업무 중 하나이다. 따라서 ELL 관련 분야에서 지금까지 사용되어 온 다양한 읽기 지도 방법을 Coelho(2004), Gunderson(2009)을 참고하여 정리하였다. 양쪽 모두 교실에서 교사가 얼마나 의미 있는 대화를 만들어 낼 수 있는지에 대한 것이다.

a) 소리내여 읽어 주기(Read-aloud) b) 소리내여 생각하기(Think-aloud)

'소리내여 읽어 주기'는 흔히 말하는 아이에게 책을 읽어 주는 것인데, 여기에서 중요한 것은 읽기 전과 읽은 후의 대화이다. 읽기 전에는 표지나 삽화로 내용을 예측하거나 교사가 책 주제와 관계가 있을 법한 어린이의 체험을 물어보기도 하고 핵심이 되는 어휘를 자연스럽게 소개하기도 한다. 읽은 후에는 등장인물에 대해서 이야기하거나 어린이들로 하여금 이야기의 결말 후에 어떻게 되는지를 예상하게 하고 비슷한 경험에 대해서 이야기를 나누기도 한다. 이러한 (그림)책과 관련된 다양한 "대화" 방식이 생각하는 힘을 향상하기 위해서 중요한 것이다.

'소리내여 생각하기'는 교사가 읽기 과정을 어린이가 이해할 수 있도록 혼잣말로 말하면서 읽는 것이다. 예를 들면 '이 말은 무슨 뜻이지?', '응?, 여기는 좀 이상한데?', '아마 다음은 ~이 될 거야', '여기는 잘 모르겠는데, 한 번 더 읽어 봐야지', '그러고 보면 나한테도 이런 일이 있었는데…' 등이다. 예측을 하거나(predictions) 시각화하거나(visualization) 다른 사례와 연결시켜 보거나(analogy) 모르는 부분을 명확히 하는(clarifying) 것을 실제로 교사가 말로 하면서 어린이들에게 보여 주는 것이다. 이렇게 먼저 교사가 본보기를 보여 주고 어린이들이 이에 익숙해지면 서서히 짝을 지어 연습하거나 혼자서 해 보도록 지도하는 것도 좋다. 산수의 응용 문제나 과학 실험에서 결론을 이끌어 내는 방법 또는 지도(地圖) 읽는 법 등 다른 교과 학습에도 사용할 수 있는 기법이라고 한다(Gunning, 1999).

c) 함께 읽기(Shared Reading)

'함께 읽기'는 어린이 전원에게 문자나 삽화가 잘 보이는 대형 그림책(Big Book)이나 이중 언어 그림책을 가지고 교사가 어린이들과 함께 읽는 방식이다. 어린이를 책 읽기에 참여시키기 위해서는 거의 모든 어린이가 확실하게 예측할 수 있는 반복되는 어구나 표현이 있으면 어린이들에게 일제히 말하게 하거나 자원 봉사자에게 말하게 하는 일 등의 방식으로 모두가 다 같이 책을 읽는 즐거움을 만끽하게 해야 한다. 보통 한 권의 책을 며칠간 반복해서 읽는데, 첫 번째는 읽고 즐기기만 하고 두 번째는 의미를 알 수 있도록 하고 세 번째는 재미있는 표현이나 어휘에 주목하고 네 번째는 문자와 소리와의 관계나 단어의 인식 등으로 초점을 바꾼다. 원래 L1의 교육을 위해 고안된 것인데, L2의 읽기 교육에도 활용하고 있다. 교사가 어린이들의 책 읽기에 개입함으로써 어린이 혼자서는 도저히 읽어 낼 수 없는 난이도가 높은 책을 읽을 수 있고 필요한 언어 사항(문자, 구두점, 어휘, 문형, 어구 표현)

에 대해 의식할 수 있도록 지도해 줄 수도 있으며 어린이 한 사람 한 사람이 필요한 것에 맞추어 응할 수 있다는 이점이 있다(www.eduplace.com/rdg/tres/literacy/em_lit4.html 참조). 교사 대신 5학년 어린이들이 1학년 어린이들과 함께 읽는, 복수 연령(cross-age)의 조합도 효과적이다.

d) PRC2(Partner Reading with Content Too)(Ogle, 2008)

PRC2는 짝을 지어 동료와 함께 교과 내용과 관련된 교과서를 다음과 같은 절차에 따라 읽는 것이다[15].

① 읽기 전에 교과서를 여러 각도에서 관찰하고 내용을 예측한다.

② 자신이 담당하는 교과서 부분을 우선 소리를 내지 않고 읽은 다음에는 낭독을 하여 동료에게 들려 준다.

③ 내용에 대해 동료끼리 서로 질문한다.

④ 교과서 내용에 대해 반 앞에 나가서 발표한다.

⑤ 그래픽 조직자를 사용하여 작문으로 정리한다.

이것은 초등학교 3학년부터 중학교 2학년 정도까지의 과학이나 사회 교과서 읽기에 도움이 된다고 한다. 333쪽에 소개한 K-W-L을 고안한 오글 교수는, PRC2에 대해서 비판적인 사고력을 기르는 것을 최종 목표로 하여 위의 절차를 따름으로써 읽기 전략이 향상되는 점, 빈도가 낮은 교과서 용어를 반복하여 여러 번 사용할 기회가 생기는 점(즉, 새로운 어휘를 재활용할 수 있음), 학급 안에 '다 같이 배우기'공간을 효과적으로 만들어 낼 수 있는 점을 특징으로 들고 있다.

e) 역할 분담 읽기(Reciprocal Reading) (www.readingquest.org/strat/graphic.html)

이것도 비판적인 사고력을 높이기 위해 읽기의 역할 분담을 돌아가면서 맡아 자세한 내용을 이해할 수 있도록 하려는 방법이다. 예를 들면, 4명으로 한 그룹을 만들어 각 구성원이 다음과 같은 역할을 맡는다. ① 요약 담당(summarizer) ② 질문 담당(questioner), ③ 설명 담당(clarifier), ④ 예측 담당(predictor)이다. 전 구성원이 교과서의 일부를 읽고 먼저 ①이 요약 ②가 의문점이나 이해하기 곤란한 점을 지적하고 ③이 그 의문에 답을 하고 ④가 작자의 입장에서 앞으로의 전개에 대하여 예측을 한다. 그 다음에 역할을 바꾸면서 교과서를 다 읽는다. New International School(4장 149-152쪽)에서는 실제로 이러한 방법으로 독서 지도가 이루어지고 있다고 한다.

f) 교사의 지도를 받으며 읽기(Guided Reading)

교사의 지도 아래 이루어지는 다독(多讀)에 관한 지도이다. 교과서는 교사나 어린이들이 선택한다. 혼자나 짝 또는 소규모 그룹으로 실시한다. 앞에서 소개한 '함께 읽기'와 마찬가지로 책을 읽기 전에 교사가 표지나 삽화로 내용을 예측하게 하거나 주제에 대해 알고 있는 것을 말하게 하거나, 내용에 대해 알고 싶은 것을 말하게 하고 문화적인 어휘에 대해서는 설명을 하기도 한다. 책을 다 읽은 후에는 읽은 내용에 대해 '다시 말하기'(retelling)를 하거나 등장인물에 대해 확인하기도 한다. 사실

---

15) 필자가 모 학회에서 들은 고안자 오글 교수의 강의에 의하면, 이 수업에서 중학교 2학년이 잡지 National Geographic의 글을 과학이나 사회 교과서로 사용하고 있었다.

관계의 질문부터 시작하여 인과 관계나 문맥상의 의미에 대해 서로 이야기하기도 한다. 이러한 지도를 통하여 어린이가 능력 이상의 책을 읽을 수 있게 되어 읽기 능력의 향상으로 이어진다고 한다.

목적은 가능한 한 많은 교과서를 충분히 이해하고 보다 나은 독서 습관을 기르는 것이며 최종적으로 기대하는 것은 교사의 도움 없이 어린이가 자유롭게 읽고 싶은 책을 스스로 선택하여 읽는 것이다. 즉 '교사의 지도를 받으며 읽기'는 어린이가 '스스로 읽기'를 할 수 있을 때까지 지원하는 방법 중의 하나이다.

(6) 자존감을 높이는 쓰기 지도

a) 읽기 과정과 마찬가지로 교사가 쓰기 과정을 보이는 '써서 보여 주기'(Modelled Writing) 다음으로 b) 동료와 재미있게 '함께 쓰기'(Shared Writing) 그리고 c) 다양한 분야의 작문 과정에서 교사가 개입하는 '과정 중심의 작문 지도', 학습자가 말하거나 쓴 것을 읽기 교재로 사용하여 d) 구어체에서 문어체로 연결하는 '언어 체험 접근법' 등이 ELL이 약한 언어의 쓰기 능력을 키우기 위해 사용되는 방법이다. 모두가 다 학습자의 자존감을 높이는 데에 도움이 되는 쓰기 지도의 예이다.

a) 써서 보여 주기(Modelled Writing)

교사가 소리내여 생각하기(Think-aloud)를 하면서 학습자 앞에서 작문을 해서 보여 주는 것이다. 다 쓰고 나면 이것을 읽어 줌으로써 읽기의 모델로 제시한다. 교사가 생각하면서 써 나가는 것을 보고 소리와 문자의 관계 쓰는 방향(세로 또는 가로 쓰기), 간격을 띄우는 방법, 일본어라면 히라가나와 가타카나, 한자를 제대로 분류하여 사용하는 법 그리고 띄어쓰기나 구두점, 기호 등을 학습자가 체험적으로 배우는 것이다. 여기에다 주제를 선택하는 방법, 작문을 정리하고 제시하는 방법, 문체의 선택이나 전체적인 퇴고 등에 대해서도 교사가 모델을 제시할 수 있다.

b) 함께 쓰기(Shared Writing)

'협동적 쓰기(Collaborative Writing)' 혹은 '상호 작용적 쓰기(Interactive Writing)'라고도 불리며 그 형태나 내용도 다양하다. 예를 들면, 한 장의 종이와 한 자루의 연필을 공유하여 번갈아 쓰는 것도 있고, 학습자와 지도자의 일지나 편지를 교환하기도 있다. 쓰기를 통하여 어린이에게 있어 의미 있는 "대화"의 공간을 형성하고, 쓰는 즐거움을 실감나게 하는 것이 목적이다. 어디까지나 상대가 말하려고 하는 것에 초점을 맞추어 대화를 즐기며 쓰는 기회를 늘리는 것이 중요하다. 이때 쓰기의 초급 단계에 자주 나타나는 좌우가 바뀐 문자나 히라가나 또는 한자의 오류 등 표기상의 오류에 눈살을 찌푸려서는 안 된다.

c) 과정 중시의 작문 지도

작문 지도에는 '과정 중시 접근법'과 '결과 중시 접근법'이 있다. 교사가 낸 과제에 대해 작문을 해서 제출하면 교사가 첨삭을 하여 학생에게 돌려주는 것이 전형적인 결과 중시 접근법이다. 이에 반해 결과물(완성된 작문)이 아니라 작문이 생성되는 과정에 교사가 개입하는 것이 과정 중시 접근법이다. 흥미를 가지고 읽어 주는 실재의 독자를 설정한다는 이유로 '독자 중시 접근법'(audience-oriented approach)으로도 불린다. 북미에서는 1980년대부터 제1 언어 작문 교육에 이용되어 왔는데, ELL이나 계승어 교육 등 약한 언어의 작문 지도에 특히 효과적이다.

과정 중시 접근법에서는 작문의 생성 과정을 네 가지 작은 단계(small step)로 나눈다(그림3). 이 단계는 '사전 준비 · 계획', '초고 쓰기', '고쳐 쓰기(revise)', '다듬어 쓰기 발표'로 구성되어 있다. 이러한 단계를 거치는 과정 중간 중간에 단락마다 교사와의 일대일 면담(conferencing)이 있다. 이렇게 작은 단계로 나눔으로써 학습자는 어디에서부터 시작해야 할지 난감하기만 한 작문에 대한 부담감으로부터 탈출구를 찾게 된다. 또 지도자는 각 단계 어디에나 개입할 수 있으므로 작문이 완성되기 전에 여러 가지 방법으로 지원할 수가 있다. 예를 들면, '사전 준비 · 계획' 단계에서 교사는 학생과의 대화를 통해 작문의 핵심이 되는 개념을 명확히 하는 데에 도움을 주고 동시에 거기에서 필요한 새로운 어휘나 표현을 자연스럽게 전달할 수 있다.

〈그림 3〉 쓰기 과정의 4단계

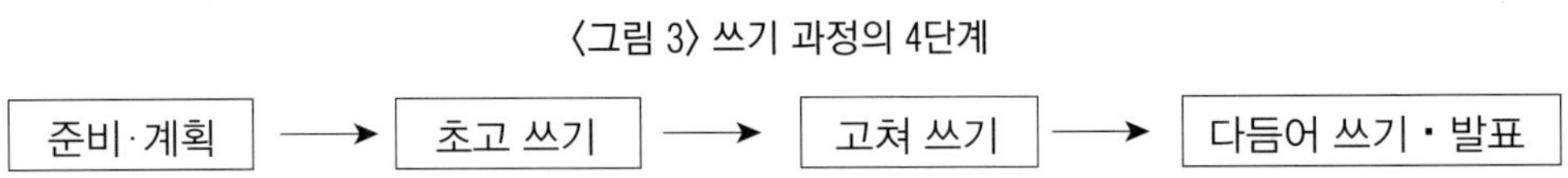

과정 중시 접근법의 특징을 정리하면 우선 첫 번째는 쓰는 사람의 아이디어 중심이다. '초고 쓰기'에서 중요한 것은 학생의 목소리이고 아이디어이며 메시지이다. 그것이 충분히 나오지 않을 때는 지도자가 질문을 하여 이끌어 내고, 쓰고 싶은 것이 무엇인지를 명확히 한다. "대화"를 통해 구두 작문을 하고 있는 셈이다. 쓰고 싶은 마음이 강화하도록 지원한다. 이때, 문법적인 오류나 표기법에 대해서는 언급하지 말고 고쳐 쓰기 단계에서 오류를 정정한다. 학습자가 혼자서 마무리하여 교사에게 제출하는 결과 접근법에서는 교사가 개입할 수 있는 부분은 오류를 정정하는 것이 중심이어서 아이디어를 심화하거나 작문의 전체적인 구성에 대해 지도를 하기가 어렵지만, 과정 접근법은 초고 쓰기 단계에서 다양한 방식으로 지도를 할 수가 있다. 그리고 언어 능력이 불충분한 외국인 아동에게 교사와 일대일로 대화할 수 있는 기회가 인지 활동을 활발하게 하는 귀중한 시간이라고 할 수 있다. 게다가 초고 쓰기를 우선 자신 있는 언어로 씀으로써 말하고 싶은 것을 정리한다고 하는 이중 언어 접근법도 효과적이다. 유치부 어린이의 경우는 그림을 그려 아이디어를 명확하게 하고 나서 문장화하는 것이 좋다. 이 접근법은 L2로 아직 작문을 할 능력이 없는 ELL/JLL의 경우에도 유효하다. 우선 그림을 그리고 난 후, 쓰고 싶은 내용에 대한 개요를 구두로 이야기하고 이것을 지도자나 지원자 또는 동급생의 도움을 받아 문장화하는 것이다. 이렇게 함으로써 L2로 직접 쓰는 것보다 지적 수준이 높은 작문을 할 수 있다.

두 번째는 작문을 읽어 줄 사람을 의식한다는 것이다. 특정 상대를 설정하는 경우도 있고 그 밖의 다수인 경우도 있다. 예를 들어, 자매 학교와 국제 교류를 하고 있는 경우는 교류 상대 학교의 어린이들이 독자가 되고 학교 안의 게시판에 작문을 전시하면 전교생이 독자가 된다. 이것을 인터넷상의 홈페이지에 게재하면 전 세계의 불특정 다수가 독자가 되는 셈이다. 면담 상대인 교사도 독자의 한사람으로서 학습자와 대화를 나누고 조언을 한다. 그리고 항상 독자를 의식하며 작문을 하도록 학습자를 지도한다. 상대가 가장 이해하기 쉽게 쓰기 위해서 짝을 이루어 동급생의 작문을 서로 읽어 주는 '읽기 공유'도 도움이 된다.

세 번째는 과학기술을 모두 활용할 수 있는 점이다. 일본 한자를 손으로 잘 쓰기가 어려운 외국인 아동의 경우는 마치 인쇄된 책과 같이 출력되어 나오는 자신의 작문을 보고 표현할 수 없는 성취감을 느낄 것이다. 게다가 인터넷을 활용함으로써 교실이라는 환경을 벗어나 독자의 폭을 한층 넓힐 수 있고 여러 가지 도전을 할 수가 있다. 또한 비디오, DVD 그 밖의 미디어를 사용한 계획에도 과정 중시 접근법을 응용할 수 있다.

네 번째는 수업 언어가 아직 부족한 ELL/JLL도 참가할 수 있는 점이다. 초고 쓰기를 모어로 쓸 수 있고 수신처를 모국과의 교류로 할 수도 있다. 또 모어·계승어가 약한 현지 출생 어린이는 작문을 이용하여 모어의 문해력을 강화할 수도 있다. 외국인 아동의 경우는 6장 206-208쪽에 소개한 정체성 텍스트와 같이 번역을 해서 두 언어, 세 언어를 사용한 작문으로 완성할 수도 있다.

이상의 네 가지 점에서 알 수 있듯이 과정 중시 접근법의 작문 교육은 작문 능력 자체를 향상하기보다는 소수 언어 아동의 계승어와 현지어 양쪽을 '자신의 언어'로 획득해 가는 과정에 도움이 되는 것으로 다언어 문해력 교육에 가장 적합한 교수 방법이라고 할 수 있다.

d) 언어 체험 접근법(Language Experience Approach, LEA)

'언어 체험 접근법'은 아동이 먼저 이야기를 하고 그것을 교사가 문자로 써서 보여줌으로써 아동이 말한 내용이 문자가 되고 글이 만들어지고 문장이 구성되는 과정을 아동이 교사의 판서를 통해 실제로 체험하는 것을 목적으로 한다. L2가 아직 부족한 아동의 말은 어순이 바뀌거나 조사나 동사·형용사의 활용에 오류가 발생하는 일 등 여러 가지 문제가 있다. 그래서 나중에 순서를 바꾸거나 보완해서 써 넣거나 정정 등을 할 수 있도록 칠판을 사용하거나 또는 자유롭게 떼고 붙일 수 있는 종이(sticky note paper)를 사용한다. 교사가 문장을 쓴 다음 아동에게 소리 내어 읽게 하면서 스스로 수정할 기회를 준다. 무엇보다 아동으로 하여금 자기가 말한 것이 문자가 되고 올바른 문장이 되었다고 하는 성취감을 맛보게 하는 것이 중요하다. 히라가나, 가타카나, 한자를 적절하게 사용하는 법이 복잡한 일본어의 경우는 교사가 실제로 문장을 써 보여서 바른 모델을 제시하는 것이 유용한 수단이라고 할 수 있다.

건더슨(Gunderson, 2009: 75-76)은 언어 체험 접근법을 다음의 다섯 단계로 나누어 정리하고 있다.

1. 학습자가 말하는 것은 학습자 자신이 체험한 것이다. 체험 중에는 예를 들어 게임 설명, 좋아하는 스포츠의 설명도 포함된다. 문자가 없는 그림이나 그림책도 학습 자료로 사용할 수 있다.
2. 학습자가 말한 대로 이야기 전체를 적는다(칠판, 커다란 벽보, OHP, 컴퓨터 등을 활용). 학급 전체, 그룹 전체 활동인 경우에는 말한 학습자의 이름을 문장 끝에 기록한다.
3. 원형에서는 학습자가 말하는 대로 적는다고 되어 있는데, 자주 일어나는 오류는 교사가 정정하는 경우도 있다.

4. 이야기 전체를 교사가 손가락으로 짚으면서 읽어 보인다. 정확하게 손가락으로 가리키는 것이 매우 중요하다.

5. 교사가 먼저 단어 단위로 읽고 그 다음에 문장 단위로 읽은 후, 학습자가 똑같이 단어를 손가락으로 가리키면서 읽는다.

위와 같은 과정 다음에 하는 활동으로는 새로운 어휘에 밑줄을 그어 낱말 카드를 만들고, 이야기에 나오는 단어와 맞추어 보거나 카드를 섞어 놓고 단어를 읽어 나가면서 학습자가 의미를 이해하고 있는지를 확인하는 연습으로 이용하면 좋다고 한다.

건더슨(Gunderson)에 의하면 이러한 방법이 우수하다는 실증적 연구는 거의 없지만, 과정 접근법과 마찬가지로 읽기와 쓰기를 시작하는 단계에서 막히는 소수 언어 아동의 모어·계승어 교육 또는 L2 교육에 도움이 되는 지도법이라고 한다.

5. 2언어의 측정과 평가

다수 언어 아동과 달리 소수 언어 아동의 언어 능력 측정은 어려운 점이 매우 많다. 입국 연령, 체재 기간, 그 밖의 많은 영향을 직접적으로 받기 때문에 같은 연령이라도 모어와 현지어 능력에는 큰 차이가 있다. 게다가 동질의 피실험자를 모으는 것은 거의 불가능에 가깝기 때문에 표준화된 테스트는 없다고 생각하는 것이 좋다. 따라서 포트폴리오 평가 등 몇 가지 평가 방법을 조합해서 사용할 필요가 있다. 이 절에서는 우선 평가와 시험 그리고 테스트라는 용어의 의미를 명확하게 한 다음, 지금까지의 소수 언어 아동을 대상으로 한 각종 평가 방법을 정리하여 제시하고 이 영역의 향후 발전으로 연결하고자 한다.

(1) 평가(assessment)

국제바칼로레아기구(IBO, International Baccalaureate Organization)[16]는 '테스트(test)', '시험(exam)', '평가(assessment)'에 대해 다음과 같이 비교하고 있다.

테스트(test)는 일정한 상황에 있어 정해진 시간 안에 짧은 답이 요구되는 설문의 집합체이다. 진위형, 선다형, 단답형을 포함한다. 채점이 자동화되어 있는 경우가 많다.

---

16) 스위스의 재단법인 국제바칼로레아기구(Organisation du Baccalaureat International)가 정하는 교육 과정을 수료하면 국제바칼로레아 자격이 주어진다. 2007년에는 전 세계 125개국, 2,075개교가 참가하고 있다. 교육 과정과 언어에 대해서는 웹사이트에 다음과 같은 설명이 있다. '초등·중등·고등 교육 과정 각각에 대해 일정한 이수 기준이 있고, 과정을 마칠 때에 수료 시험을 치른다. 영어, 불어, 스페인어를 교수 언어로 정하고 있다. 수업 언어뿐만 아니라 학생의 모어 이수가 필수라는 점에서 국가가 실시하는 교육 과정과는 다르다. 예를 들어 (일본의) 미국 학교에서는 일본어는 일본어를 제1 언어로 하는 학생에게는 필수 과목이 아니지만, 그 밖에 모어에 해당하는 언어가 없는 경우, 국제 바칼로레아에서는 원칙적으로 필수 과목이 된다.'(http://ja.wikipedia.org/wiki/初等教育)

시험(exam)은 일정한 상황에서 다양한 형식의 과제(task)에 대한 설문의 집합체이다. 단락으로 답하는 설문(작문), 문제 해결이나 분석 능력이 필요한 설문이나 구두 설문 등을 포함한다.

평가(assessment)는 학습 성과의 평가가 가능한 모든 방법을 포함한다. 이를 위한 도구로는 장기간에 걸쳐 수집한 단답 평가 결과와 마찬가지로 장기간에 걸쳐 뭔가 실질적인 학습 성과를 보이는 것(extended practical work), 프로젝트, 포트폴리오, 구술 시험(oral work), 그 밖에 교사가 채점한 다양한 것을 포함한다.

원래 'assessment'의 어원은 라틴어의 'assidere'로 '함께 앉는다'라는 의미라고 한다. 비고스키(Vygotsky)의 사회적 구조주의 사상을 이어받아 현 시점에서 학습자가 혼자서 할 수 있는 것과 아직 주위 전문가의 지원이 어디에 얼마나 필요한가를 나타내는 것을 분명히 하는 일이다. 학습 과정의 형성적 평가임과 동시에 학습 성과를 보는 총괄적 평가이기도 하다. 형성적 평가는 학습자의 강한 점과 약한 점에 대해 상세한 정보를 제공함과 동시에 어떠한 지원을 하면 좋은지, 어떻게 하면 학습자의 능력을 향상시킬 수 있는지 등에 대한 시사도 포함한다. 총괄적 평가는 교육의 설명책임(accountability)이나 학습자의 인가(認可)·증명서(certification)를 위해 필요한 것이다. 평가는 ' 대안 평가(alternative assessment)' 또는 '실제 평가(authentic assessment)'라고 불리는 포트폴리오나 구조적 관찰(structured observations)에 의한 평가도 포함한다.

같은 평가라도 목적에 따라 필요한 내용이나 질이 다르다. 코헨(Cohen, 1994)은 학교 현장에서 필요한 평가 목적을 '행정', '지도', '연구'로 나누고 있다. '행정'에서는 일반적 평가, 현장 실습, (단위의) 면제, 인정, 승급 등을 위해 총괄적 평가가 필요하지만, '지도'에서는 학습자의 진보 과정을 나타내고 교육 과정이나 지도 방법을 평가하거나 어린이나 보호자에게 적절한 반응을 주기 위한 형성적 평가가 필요하다. 그리고 '연구'에서는 프로그램 평가, 언어 습득 과정이나 언어 사용에 관한 지식과 경험에 대해 객관적인 데이터를 얻기 위해 형성적 평가와 총괄적 평가 모두 필요하며 이 경우, 타당성과 신뢰도를 검정해야 할 것이다.

(2) 수행 평가(언어 행동 평가)

종래의 성취도 테스트(achievement test)나 표준 테스트와 달리 가시화할 수 있는 것 즉, 수행을 통해 학습자의 행동이나 학습 과정을 직접 평가하는 방법이다. 〈그림 4〉는 인터넷상에 공개되어 있는 CALLA(Cognitive Academic Language Learning Approach)의 수행 평가에 관한 예[17]이다. 가로축에 짝수 수준의 단계를 설정하고, 세로축에 루브릭(rubric)이라고 불리는 지표 항목을 둔다. 교사 자신이 지표 항목을 정의하고 평정(評定) 기준 항목을 설정하여 수행의 단계화와 계량화를 도모하는 것이다.

---

17) www.carla.umn.edu/assessment/vac/Evaluation/p.7.html

〈그림 4〉 수행 평가

Levels of performance（scale）

Rubric design	4	3	2	1
Criterion 1	（Yes, and more!）	（Yes!）	（Yes, but）	（No）
Criterion 2		Performance descriptors		
Criterion 3				
⋮				

(좌측 세로: Criteria or Dimensions)

Rubric design : 루브릭 디자인
Levels of performance（scale）: 수행 단계 (척도)
Criteria or Dimensions : 항목 혹은 영역
Yes, and more! : 예상보다 위
Yes : 예상 수준
Yes, but : 예상보다 아래
Performance descriptors : 수행 기술

 교토대학(京都大学)의 마쓰시타 카요(松下佳代) 교수는 예를 들어, 산수의 경우 다음 네 가지의 루브릭을 세워 산수 능력을 보고 있다. '개념적 지식'(문제의 수량적 관계를 이해하고 있는가), '절차적 지식'(해법의 절차를 바르게 실행하고 있는가), '추론과 방법'(수학적으로 논리에 맞는 사고를 하고 있는가), '의사소통'(사고를 명확히 설명하고 있는가)이다. 이러한 방법은 다원적인 척도를 이용하여 학력을 복합적으로 평가하고 학습자를 지도하는 데에 밀착시킬 수 있다는 것이 장점이라고 말한다 (www.kyoto-kyoiku.com/hiroba2/hiroba143/hiroba143matusita.htm). 언어 교육에 있어서 수행 평가 예로 가장 먼저 들 수 있는 것이 ACTFL-OPI[18] 이다(牧野 外, 2001). 다음 절에서 설명하는 OBC 이 중 언어 회화 평가도 OPI를 토대로 개발된 수행 테스트의 한 예이다.

(3) PISA의 '문해력 관점'과 유럽 평의회(Council of Europe)의 CEFR

 최근의 언어 교육에 영향을 준 평가로는 OECD의 PISA와 EU의 유럽 평의회(Council of Europe) 의 유럽 언어 공통 참조 기준(The Common European Framework of Reference, CEFR)을 들 수 있다. PISA의 문해력 관점은 〈그림 5〉와 같이 '사회생활에 필요한 사고력, 응용력, 표현력'이라고 할 수 있

---

18) ACTFL(American Council on the Teaching of Foreign Languages)이 개발한 Oral Proficiency Interview Test. 미국 에서 1980년대에 성인 대상으로 개발한 것으로 일본 국내외의 일본어 교육에 널리 도입하고 있다. 일본어 학습자의 말하 기 능력을 객관적으로 측정하고 평가 항목과 평가 기준을 설정하여 그 발달 단계를 사정(査定)하는 것이다.

는 것으로 종래의 읽기와 쓰기 능력을 훨씬 넘어선 능력을 의미한다. 일상적인 사회생활을 하면서 여러 가지 과제에 봉착했을 때 어떻게 생각하고(사고력), 소유하고 있는 지식이나 기능을 활용할 수 있는가(응용력), 그리고 상대가 이해할 수 있도록 자신의 생각을 전달할 수 있는가(표현력)의 세 가지로 되어 있다. 이러한 문해력의 해석은 국어 교육의 독해 능력과는 차원이 다른 학력에 대한 생각에 근거하고 있고 또한 평가 형식도 응답 구축식 문제(작문 등)가 많다는 것이 특징이다.

〈그림5〉 PISA의 [문해력] (図子, 2006: 35)

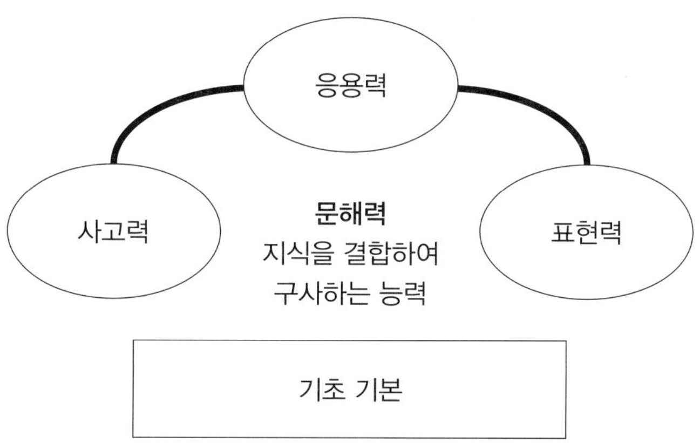

일본 어린이들이 기술식 문제에 대한 무응답률이 높았다는 점을 이유로, 2009년 4월 전국 학력 테스트(초6과 중3, 국어와 산수·수학)에서는 출제 경향이 종전과는 많이 바뀌어 산수나 과학, 체육에 관한 서술식 문제가 '국어' 테스트에 출제되었다고 보도하고 있다[19]. 앞으로의 동향이 주목되는 부분이다.

EU의 유럽 평의회(Council of Europe)가 표방하는 '외국어 학습, 교수, 평가를 위한 유럽 공통 참조 기준'(Council of Europe, 2001)은 성인 학습자를 대상으로 개발된 것이지만, 학령기 아동에게도 크게 영향을 미친다. 구두 능력을 A '기초 단계의 언어 사용자', B '자립한 언어 사용자', C '숙달된 언어 사용자'의 3단계로 나누고 그 다음에 각각 2단계로 분류하여 전체 6단계로 나누어서 각 단계에 대한 능력을 상세히 기술하고 있다. 아동들에게는 이 가운데 A1, A2, B1이 적용된다. 또한 학령기에 유럽 지역 내를 이동하는 어린이를 위해서는 유럽 언어 포트폴리오(European Language Portfolio, ELP)라고 하는 형태로 언어 학습 경력에 관한 정보를 공유하는 구조로 되어 있다. 다양한 아동들의 언어 학습이나 다른 문화 경험을 기록하고 이것을 공식적으로 형태로 인정하며 언어의 숙달도 뿐만 아니라 언어 사용과 언어 능력에 대해 포괄적으로 기술(descriptors)하여 유럽 시민을 육성하는 데에 기여하려는 것이라고 한다.

---

19) NHK 뉴스 2009년 4월 22일 참고: (www.nhk.or.jp/news/k10015543401000.htm/)

<표 6> 공통 참조 수준(전체적 척도)(吉島·大橋, 2004: 25)

숙달된 언어 사용자	C2	듣거나 읽은 내용의 거의 전부를 쉽게 이해할 수 있다. 다양한 음성 언어나 문장어로부터 얻은 정보를 정리하고 근거와 논점도 일관된 방법으로 재구성할 수 있다. 유창하고 정확하게 자기 표현을 자연스럽게 할 수 있고 아주 복잡한 상황에서도 세세한 의미의 차이 등을 구별하여 표현할 수 있다.
	C1	여러 종류의 고차원적이며 내용이 제법 긴 교과서를 이해할 수 있고 함축된 의미를 파악할 수 있다. 단어를 찾고 있다는 인상을 주지 않고 유창하게 또는 자연스럽게 자기 표현을 할 수 있다. 사회적, 학문적, 직업상의 목적에 맞게 유연하고 나아가 효과적으로 언어를 사용할 수 있다. 복잡한 화제에 대해 명확하고 제대로 된 구성의 상세한 텍스트를 만들 수 있다. 이때 교과서를 구성하는 구절이나 접속 표현, 결속 표현 용법에 숙달했다는 것을 엿볼 수 있다.
자립한 언어 사용자	B2	자기 전공 분야의 기술적인 논의를 포함하여 추상적인 또는 구체적인 주제에 대한 복잡한 교과서의 주요 내용을 이해할 수 있다. 서로 긴장하지 않고 모어 화자와 대화를 할 수 있을 만큼 유창하며 자연스럽다. 상당히 광범위한 범위의 주제에 대해 명확하고 상세한 교과서를 만들 수 있고, 여러 가지 선택지에 대해 장점이나 단점을 제시하면서 자기의 관점을 설명할 수 있다.
	B1	일, 학교, 오락에서 보통 일어날 수 있는 일상의 화제에 대해 표준적인 말투라면 요점을 이해할 수 있다. 그 언어가 사용되고 있는 지역을 여행할 때 일어날 수 있는 사태에 대처할 수 있다. 친숙하고 또 개인적으로도 관심 있는 화제에 대해 단순한 방법으로 연결된 줄거리가 있는 교과서를 만들 수 있다. 경험, 사건, 꿈, 희망, 야심을 설명하고 의견이나 계획의 이유 또는 설명을 짧게 말할 수 있다.
기초 단계의 언어 사용자	A2	극히 기본적인 개인이나 가족 정보, 쇼핑, 이웃, 일 등 직접적 관계가 있는 영역에 관한 자주 사용되는 문장이나 표현을 이해할 수 있다. 간단하고 일상적인 범위라면, 친숙하고 일상적인 사항에 대한 정보 교환에 응할 수 있다. 자신의 배경이나 신변 상황 또는 직접적으로 필요성이 있는 영역에 대한 사항을 간단한 말로 설명할 수 있다.
	A1	구체적인 욕구를 만족시키기 위해 자주 사용되는 일상적이며 기본적인 표현은 이해하고 사용할 수도 있다. 자신이나 타인을 소개할 수 있고 어디에 살고 있는지, 누구와 알고 지내는지, 소지품 등의 개인적인 정보에 대해 질문하거나 대답할 수 있다. 만약 상대가 천천히 분명하게 이야기하고 도움을 준다면 간단한 회화를 주고받을 수 있다.

(4) ELL/JLL과 통일 학력 테스트

국가나 주(州)의 통일 테스트는 다수 언어 아동을 대상으로 한 것으로 그 내용이나 테스트 방법도 연령에 상응하는 현지어를 자유자재로 구사하는 것을 전제로 하고 있다. 따라서 소수 언어 아동의 어학력 평가에는 적절한 방법이라고 할 수 없고 다수 언어 아동에게도 소수 언어 아동을 포함한 통일 테스트 결과의 해석은 타당성이 결여된 것이 된다. ELL/JLL은 통일 테스트를 어떻게 받아들이면 좋을까? 그리고 통일 테스트에 어떻게 참여할 수가 있을까? 일본에서도 전국 통일 테스트를 실시하는 데에 있어 외국인 아동에 대한 대처가 문제시 되고 있지만, 우선 이민 대국인 미국, 호주, 캐나다가 이 문제에 어떻게 대처하고 있는지에 대해 살펴보자.

미국에서 가장 일반적인 대처 방법은 1) 문제를 외면할 것 2) 1~3년간 면제하는 시간을 가질 것이라고 한다. 피터슨과 리베라(LaChelle-Peterson & Rivera, 1994)의 분석에서는 다음의 네 가지를 제시하고 있다.

(1) 우선 학습자 전원을 포함할 것.

(2) 다양한 양식을 구사하여 학습자의 능력이 발휘될 수 있도록
유연성을 가지게 할 필요가 있음.

(3) 매년 발달 정도를 추적할 수 있도록 평가할 것.

(4) ELL이 필요로 하는 것이나 학습 특성에 대해 전문가의 힘을 빌릴 필요가 있음.

그리고 ELL이 소속된 프로그램의 종류나 체류 기간, 학교 재적 기간 등에 대한 정보를 고려해야 한다고 한다.

버틀러와 스티븐스(Butler & Stevens, 1997)는 ELL을 위해서는 학력 테스트 내용과 방법의 조정이 필요하다고 한다. 이 학력 테스트 내용으로는 다음과 같은 것이 있다.

a) 모어를 사용한 테스트를 포함한다.

b) 어휘의 난이도를 낮춘다.

c) 지시 언어나 용어의 난이도를 낮춘다.

d) 시각적인 지원을 추가한다.

e) L1의 어휘 목록을 덧붙인다.

f) L2의 어휘 목록 사용을 허가한다.

g) 테스트를 지시하는 영어의 난이도를 낮춘다.

h) 실례나 용례 수를 늘린다.

테스트의 방법으로는 다음 9가지가 있다.

a) 테스트 시간을 연장한다.

b) 테스트 중에 휴식 시간을 넣는다.

c) 몇 번으로 나누어 테스트를 받게 한다.

d) L1을 사용하여 구두로 설문 지시를 한다.

e) 소수의 인원으로 테스트를 실시한다.

f) 별실에서 테스트를 실시한다.

g) 사전 사용을 허락한다.

h) L2의 질문을 소리 내어 읽는다.

i) 지시를 소리 내어 읽고 설명을 가한다.

현재 미국에서는 ELL에 대해 별개의 내용으로 테스트를 실시하고 있는 곳이 17개 주이고, 소그룹이나 그 외의 방법으로 유연성을 갖도록 하는 곳이 15개 주가 있다. 이 가운데 테스트 시간을 연장하는 곳이 14개 주, 지시를 간략화하는 곳이 11개 주라고 한다. 단, 이러한 대책의 유효성에 대한 연구는 거의 이루어지지 않고 있다고 한다(August & Hakuta, 1997).

또한 버틀러와 스티븐스(Butler & stevens, 1997)도 ELL이라는 범주 안에 큰 개인차가 있다는 점에서 (1) 영어 능력(학력이 낮은 원인이 영어 능력에 있을 가능성이 큼) (2) 학교 이력(모국에서의 교육, 현지에서의 교육과 그 질) (3) 체류 기간(현지 출생, 혹은 편입 시기)에 대한 정보를 모은 '학습자 프로필'이 필요하다고 말하고 있다. 하지만 ELL을 배제하는 것이 아니라, 커다란 표본 집단 중에서 하위 그룹으로 평가하여 ELL의 학력 추이를 봐야 한다는 의견이다. 이 결론은 National Clearinghouse for Bilingual Education(NCBE)(1997)의 'ELL을 적절한 수단을 강구하여 통일 테스트 대상에 포함해야 한다'라고 하는 결론과 같다. 적절한 수단이라는 것은 포트폴리오를 사용하거나 교사의 주관적 판단을 포함하는 것이라고 한다. 그리고 처음 학력 테스트를 구축할 때, ELL도 그 구성원의 일부라는 점을 상정해서 구축해야 한다고 말하고 있다[20].

호주에는 ELL에 특화된 국가 차원의 영어 테스트가 2종 있으며, 여기에 각 주(州)가 이를 바탕으로 작성한 통일 테스트가 있다. 하나는 NILIA의 Bandscales(Mckey, 1995)라고 하는 형성 평가, 다른 하나는 CURASS의 ESL Scales이라고 불리는 총괄 평가이다(Brindley, 1998). NILIA의 Bandscales는 일본에도 소개되어 실제로 외국인 아동에게도 사용되고 있다(川上, 2003). 측정 기준은 세 개의 연령 그룹에 따라 다르고 초등학교 저학년과 중·고학년은 7단계, 중학교 이상은 8단계이다. 언어 능력을 4기능(듣기, 말하기, 읽기, 쓰기)으로 나누어 교사의 관찰에 근거하여 평가한다. 문제는 일반 교과 담당 교사의 경우, 언어 능력을 관찰하는 훈련을 그다지 받지 않아 평가에 시간이 걸리고 실제 문제로서는 통일을 취하기 어려운 점이 있다고 한다. CURASS의 ESL Scales는 피실험자의 연령이나 언어 능력과 관계없이 ESL 교육과정에 따라 그 성취도를 나타내는 것이다. 이 두 가지는 보완적인 관계에 있다. 호주에서는 영어 문해력의 획득 과정이 모어 화자와는 다르기 때문에 ELL에 특화된 국가 규모의 형

---

20) 이와 관련하여 캘리포니아주에서는 ELL을 위한 ELD(English Language Development) 표준을 만들어, 별개의 통일 평가를 구축한다는 분위기가 일시적으로 있었으나, 정치 투쟁으로 인해 결과적으로는 현재 SAT-9이라는 전통적인 학력 평가 하나만 남아 있다고 한다(Cummins, 2000a: 149-150).

성 평가와 총괄 평가 있는 것이 당연하다고 생각하는 듯하다(Derewianka, 1997).

캐나다(온타리오주)에서는 EQAO(Education Quality and Accountability Office)라 불리는 주의 통일 테스트에서 초등학교 3학년과 6학년 그리고 중학교 2학년을 대상으로 읽기, 작문, 산수 시험을 2001년부터 실시하고 있다. 전형적인 대안 평가(alternative test)/실제 평가(authentic test)로 테스트용 소책자가 학생 전원에게 배부되고 그것을 중심으로 약 3주간(실제 10일)에 걸쳐 교사의 지도 아래 테스트가 이루어진다. 그 사이에 ELL을 3주간이나 쉬게 할 수 없어 결과적으로 테스트의 일부 즉, 가능한 부분만 답하게 한다. 테스트 후에는 남/여, ELL/비ELL, 특수 교육이 필요한 경우/그렇지 않은 경우로 나누어 별도 기준의 집계 결과가 나온다. ELL에 대해서는 보호자의 승인을 얻어 교장의 판단으로 체류 기간 1~2년의 경우는 이 통일 테스트가 면제되지만, 각 학교마다 교장의 판단에 차이가 있다는 점이 문제시되고 있다. 2005~2006년의 테스트에 의하면, ELL의 학력이 영어 모어 화자 수준에 가까워지는 기간이 학령기에 이주해 온 어린이는 5~6년이 걸리고, 현지 출생 2세는 8년이라는 시간이 걸린다는 결과가 나와 있다(Ceolho, 2008).

이상에서 밝혀진 바와 같이 통일 테스트에 있어 ELL/JLL의 대처에 대해서는 많은 나라가 모두 궁지에 빠진 상태이다. ELL/JLL이 전면적으로 통일 테스트에 참가하게 되면 학교 전체의 성적이 낮아지고 그 원인은 교사의 지도력 부재로 해석하게 된다. 그렇다고 ELL/JLL에게 이 통일 테스트를 면제하면 학교나 교사가 필요한 ELL/JLL 학습자에 관한 정보를 수집할 수가 없다. 실상 면제한다고 하더라도 2~3년 늦추는 것만으로는 거의 의미가 없으며, 그렇다고 5년~7년이나 또 면제할 수는 없다는 것이 문제이다.

앞으로 나아갈 방향으로는 미국의 연구 결과가 시사하는 것과 같이 ELL/JLL을 포함하는 다양성을 갖춘 피실험자 집단이라는 사실을 우선 인정하고, 이러한 전제 하에 통일 테스트가 구축되어야 할 것이다. 그리고 통일 테스트와 수행 평가를 결합하여 학습자의 체류 기간이 짧고 영어 능력이 낮은 단계에서는 포트폴리오가 100%, 체류 기간이 길어짐에 따라 포트폴리오를 25%, 통일 테스트와 같은 총괄적 평가가 75%와 같이 두 비율을 바꾸어 가는 대책도 제안하고 있다[21]. 어느 쪽이든 집단 전체 중 하위 집단의 하나로 ELL을 포함할 것, 그들이 처해 있는 특수한 사정을 '학습자 프로필'로 수집하고 이에 관련지어 테스트 결과를 해석할 것 또한 다른 평가 방법과의 조합으로 ELL/JLL의 학력 평가를 실시할 것 등이 일본의 JLL 학력 조사와 관련하여 고려되어야 할 점이다.

(5) 다양한 이중 언어 평가 도구

한 가지 이상의 언어 능력을 측정하는 도구를 개발하는 일은 많이 뒤처져 있고 현재 외국인 아동을 위한 교육이 안고 있는 커다란 과제 중의 하나이다. 단일 언어용 테스트는 타당성이 결여되어 있고 또 그 번역판도 문제가 있다(Shohamy, 2001). 여기에서 소개하는 것은 먼저 a) 이중 언어용으로 개발된 유일한 어휘 테스트 b) 필자 자신이 개발에 참여하여 사용해 온 연소자용 이중 언어 회화 테스트 c)

---

21) 이러한 조합으로 성공한 예로 커민스는 뉴욕시의 Laguadia Community College의 International High School을 들고 있다(Cummins, 2000a: 158-162).

JLL용으로 사용하기에 간편한 어휘 테스트 두 가지 그리고 d) 현재 개발 중인 이중 언어 독서 능력 테스트이다.

(a) Bilingual Verbal Ability Test(Munos-Sandoval, Cummins, J. et al., 1998)

Bilingual Verbal Ability Test(B-VAT)는 이중 언어 이론에 입각하여 미국에서 개발된 만 5세 아동부터 성인을 대상으로 한 어휘 테스트이다. 8장(248-250쪽)에 상세히 소개했는데, B-VAT는 세 부분으로 되어 있다. a) 그림 자극에 의한 구두 어휘 테스트(Picture Vocabulary) b) 동의어와 반의어 테스트(Oral Vocabulary) c) 유추 어휘 테스트(Verbal Analogies)(예: 형과 누나라면, 남동생과________?)이다. L2(영어) 어휘에 차질이 생기면 모어(L1)으로 변환하여 모어로 아는지 모르는지를 조사한다는 2단 구조로 되어 있고, L1과 L2의 전체 합계로 이중 언어를 구사하는 어린이의 어휘력을 측정하려고 하는 점이 특징이다. 현재는 일본어, 중국어(2개), 한국어, 베트남어, 포르투갈어, 스페인어 등 17개 국어로 모어를 측정할 수 있지만, 표준화되어 있는 것은 영어뿐이다. 그 외는 모두 영어판의 번역이기 때문에 이중 언어용으로 개발되어 있기는 해도 이중 언어의 어휘력 측정에는 적합하지 않다고 하는 모순적인 결과를 보이고 있다.

(b) OBC 회화 능력 테스트(カナダ日本語教育振興会, 2000; 中島, 2002)

OBC(Oral Proficiency Assessment for Bilingual Children)는 두 개의 언어 회화 능력을 기초 언어 측면·대화 측면·인지 측면의 세 가지로 나누어 파악하려는 것으로 만 7~15세 학습자를 대상으로 한 개인 면접 테스트이다. 소요 시간은 1인 약 20분이다. 원래 해외에서 자란 계승어 학습자의 뛰어난 점인 상대방과 일대일로 '대화하는 능력'을 정당하게 평가하고 가장 힘들어하는 '생각을 정리하여 말하는 능력'이나 '담화 능력'을 측정하여 지도하는 데에 있어 참고 자료로 쓰기 위해 개발된 것이다.

OBC의 흐름은 〈그림 6〉에 나타낸 것처럼 먼저 첫 대면의 자연스러운 회화를 통해 시험관이 피실험자의 대체적인 회화 능력을 측정하여 수준이 낮다고 판단된 경우는 《기초 과제》로 가서 그림 카드를 사용한 문형 중심의 QA를 실시한다. 회화 능력이 높다고 판단된 경우는 역할 카드를 사용하여 《대화 과제》를 실시한다.

《대화 과제》가 자연스럽게 이루어진 경우에는 《인지 과제》에 도전한다. 《인지 과제》는 초등학교 저학년의 경우는 이야기의 재현(예: 아기돼지 삼형제), 고학년의 경우는 교과 내용과 관련된 주제(예: 공해, 나비의 일생 등)에 대해 시험관의 설문에 응답하는 형식이다. 예를 들어 공해의 예에서는 〈그림 7〉과 같은 카드를 피실험자에게 보여 주고 '지구가 왜 울고 있나요?'라고 물어 보는 것이다.

<그림 6> OBC 구조

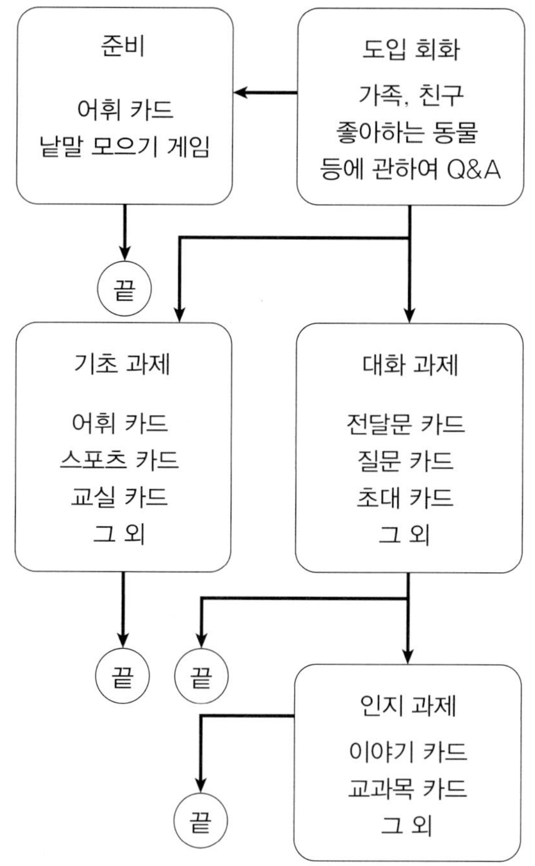

<그림 7> 인지 카드 '공해'

(カナダ日本語教育振興会, 2000: 67)

이상에서 알 수 있듯이 OBC는 미리 그림 카드가 준비되어 시험관의 질문이나 역할 놀이도 통제되어 있는 반구조적인 면접 테스트이다. OBC의 이러한 점은 피실험자에게 자유롭게 다양한 질문을 던지는 OPI(Oral Proficiency Interview Test)와 근본적으로 다른 부분이다.

평가는 a) 양적 평가 b) 질적 평가 c) 전체 평가가 있다. 양적 평가는 시험관의 질문이나 발화에 대해 응답할 수 있는지 없는지를 채점한다. 즉, 응답을 할 수 있으면 1점, 할 수 없으면 0점으로 한다. 질적 평가는 채점 항목을 설정하여 각각 5단계로 평가한다. 예를 들면, 다수 언어인 경우【기초 언어 측면】'발음' '문장의 생성' '(문법적) 정확성' '문장의 수준', 【대화 측면】(서로 말을 주고 받는 회화의) '유창성' '회화에의 참여 자세' '과제의 달성 정도', 【인지 측면】'이유 말하기' '설명하기' '순서를 정해 말하기' '이야기 정리하기' 등이다. 이에 반해 소수 언어인 경우는【기초 언어 측면】에 '두 언어의 분화'를 추가한다. 소수 언어로 이야기할 때 다수 언어의 단어나 표현을 혼용하는 경우가 많기 때문이다.

전체 평가에서는 회화 능력 전체를 〈표 7〉의 6 단계에 근거하여 평가한다.

〈표 7〉 회화 능력 전체 평가의 6단계

단계	개요
(6)	사회성이 증가하여 상대방에 대한 배려, 정중 의식이 더해진다.
(5)	시간 계열의 설명, 인과 관계, 추측 등 인지 필요도가 높은 회화가 가능하다.
(4)	대화가 자연스럽다. 일상적인 내용이라면 해낼 수 있다. 인지 필요도가 높은 과제는 불충분하다.
(3)	단문 수준의 회화는 가능하지만, 문법면의 습득이 불충분하여 동사나 형용사의 활용, 조사 선택에 오류가 있다.
(2)	두 단어 수준이지만, 어느 정도 타인과의 의사소통이 가능하다.
(1)	말로 응답이 곤란하고 질문을 그대로 따라하거나 침묵, 고개만 끄덕이고 '예/아니요'로만 대답하는 등 단어 차원에서 응답한다.

여기에서 OBC를 일본의 교육 현장에서 사용한 예를 보도록 하자. JLL을 받아들인 학교에서는 1학년 입학 때에 별도 수업이 필요한 어린이인지 아닌지를 확인할 필요가 있다. 이것을 측정하기 위한 방법으로 교사가 초등학교 1, 2학년에게 OBC를 사용한 예이다. 입학 당시의 듣기와 회화 능력이 학령기 어린이의 독해 능력에 결정적인 요인이라고 하므로 이 단계의 대화 능력을 제대로 조사해 두는 것은 의미가 있는 일이다(Biemiller, 2003).

◆ 초등학교 1, 2학년 학생의 포르투갈어와 일본어 회화 능력(吉川・本杉, 2006)

아이치현 도요타시 히가시호미초등학교 1학년(14명)과 2학년(25명) 어린이의 일본어와 포르투갈어 회화 능력을 OBC를 이용하여 조사하였다. 전체 평가의 결과, 1학년의 일본어는 단계 (1)이 1명, (2)가 7명, (3)은 5명으로 평균 단계 2.43으로, 1명을 제외하고 전원이 단계 3이하로 회화 능력이 두 단어 수준인 것을 알 수 있다. 포르투갈어는 단계 (4)가 7명, (3)이 2명, (2)가 2명으로 평균 단계 3.43
으로, 반 이상(57%)이 단계 (4)에 이르고 있어 모든 어린이가 일본어보다 포르투갈어 회화 능력이 높
다. 2학년(25명)이 되면 일본어는 8명이 단계 (4), 13명이 단계 (3), 4명이 단계 (2), 평균 단계 3.32로
단문 수준의 회화를 할 수 있었다. 포르투갈어는 4명이 단계 (5), 14명이 단계 (4), 6명이 단계 (3), 2명
이 단계 (2), 1명이 단계 (1), 평균 단계 3.96으로 개인차가 매우 컸다. 1학년과의 차를 보면 일본어는
+1, 모어는 +0.52로 일본어의 향상과 비교해 모어는 그 반 정도의 향상에 그치고 있다.

두 언어의 관계를 보면, 2학년의 경우, 모어 쪽이 강한 '모어〉일본어형'인 아동이 1학년과 같이 반
이상(56%)을 차지하고, 모어와 일본어가 거의 같은 수준인 '모어=일본어' 아동(28%), 모어 쪽이 일본
어보다 약한 '모어〈일본어형'은 4명(16%)에 불과했다. 브라질인이 집단으로 거주하는 지역이기 때문
인지 포르투갈어 회화 능력이 매우 높고, 일본어 회화 능력이 뒤따라가는 형태로 발전해 가고 있는
것을 알 수 있다. 학교 수업에서 매일 사용하는 일본어가 결국은 포르투갈어 능력을 앞서겠지만, 이
러한 '모어〈일본어형'은 2학년에 겨우 4명(16%)뿐이었다. '모어〉일본어형'이 많다고는 하지만, 회화의
질을 조사해 보면 모어가 일본어에 침식되어 있는 상황을 쉽게 알 수 있다. 일본어 회화에 포르투갈
어를 섞어 쓰는 경우는 거의 없는데 반하여 포르투갈어가 단계 (4)로 판단된 어린이라도 그 반 정도
는 일본어를 섞지 않고는 모어로 이야기할 수 없는 상황이었다. 예를 들면, '축하합니다, 미안합니다'
와 같은 정형화된 표현이나 '수영장, 베짱이, 선생님, 귀뚜라미' 등과 같은 단어를 그냥 일본어로 말
하는 것이다.

일본어 회화 능력과 별도 지도와의 관계를 보면, 단계 (3)이하로 판단된 어린이 중에 8명이나 별도
지도를 받지 않은 것을 확인하였다. 담임 교사의 말로는, 어린이가 입학 당시에 교사가 지시하는 말
을 이해하고 또 지시에 따라 행동할 수 있다고 판단되었기 때문에 어린이를 별도 대상에서 제외했을
것이라고 한다. 교사가 자신의 직감으로만 어린이의 별도 지도에 대한 필요성 여부를 판단하는 일은
결코 쉽지 않다는 것을 보여 주고 있다.

요시카와·모토스기(吉川·本杉, 2006)는 그림 카드를 사용한 독자적인 어휘 테스트(40단어)를
「児童生徒に対する日本語教育のための基本語調査(학습자에 대한 일본어 교육을 위한 기본 어휘
조사)」(工藤, 1999)와 「生活語彙983(생활 어휘 983)」(縫部, 1999)을 바탕으로 작성하여 실시하고 있
다. 기본적인 형용사에서 막히는 경우가 많아 '머리 길이가 어때요? 짧아요?'라는 질문에 대해 '길다'
가 아닌 '크다'로 대답하는 어린이가 8명, 그리고 포르투갈어로도 크다(grange)라고 대답한 어린이가
12명이나 있었다고 한다. 게다가 이 어휘 테스트와 OBC 회화 득점의 상관관계를 보면 두 언어 모두
어휘 테스트의 결과와 OBC 회화 득점 사이에 높은 유의 관계가 보여, 단시간에 할 수 있는 간편한 어
휘 테스트를 두 언어로 시험해 봄으로써 어린이의 언어 능력에 대한 많은 정보를 얻을 수 있음을 확
인하였다고 한다.

(c) 어휘력 테스트의 두 가지 예

일본국립국어연구소의 구두 어휘 테스트

55개의 그림 자극을 통한 어휘 테스트(Picture Vocabulary Test)로 명사 44개, 동사 8개, 형용사 3개로 되어 있다. 일본국립국어연구소의 외국인 아동에 대한 대규모 테스트(7장 220-222쪽)에서 사용된 것이다. 2명의 모어 화자 시험관이 짝을 이루어 OBC 회화 평가를 실시했을 때, 피실험자의 긴장을 풀어 주기 위해 준비(〈그림 6〉의 왼쪽 위)로 사용하였다. 예를 들면, '눈'과 '속눈썹', '입'과 '잇몸' 등과 같은 상위어·하위어 등의 관련어를 포함한 어휘 테스트이다.

정답 비율로 알 수 있었던 것은 다음 세 가지이다. 먼저, 포르투갈어 화자와 중국어 화자의 어휘력 차이이다. 각 화자 그룹의 평균 체류 기간(LOR)은 포르투갈어 3년 4개월, 중국어 2년 4개월로 중국어 그룹의 일본 체류 기간이 1년 짧다. 그럼에도 불구하고 일본어 어휘력은 〈표 8〉에 나타낸 것처럼 중국어 화자 쪽이 12점 가까이나 상회한다. 일본에 온 지 1년 이내의 어린이라도 중국계는 일본어 어휘를 전혀 모르는 것이 아니라 4분의 1(25%)이나 구사할 수 있는 것을 보면, 한자를 통해 들어오는 정보량의 차이가 영향을 끼쳤을 것이라고 생각된다. 회화 능력의 경우, 포르투갈어 화자 쪽은 두 언어의 평균점이 비슷하지만(포르투갈어 63.7, 일본어 66.0), 중국어의 경우는 일본어 쪽의 평균이 높고, 체류 기간이 짧은데도 불구하고 중국어가 낮으며(중국어 56.7, 일본어 77.9), 개인차가 매우 크다(표준 편차 34.9)는 결과를 보였다. 모어의 회화 능력 유지 비율이 포르투갈어 그룹은 높고, 중국어계는 매우 낮다는 것이다.

〈표 8〉 포르투갈어/중국어 모어 화자 초등학생의 구두 어휘력(100점 만점)

언어	인원	최저점	최고점	평균	표준 편차
포르투갈어	210	.0	100.0	63.7	26.9
일본어	210	.0	98.2	66.0	22.4

언어	인원	최저점	최고점	평균	표준 편차
중국어	86	.0	100.0	56.7	34.9
일본어	85	25.0	100.0	77.9	16.1

다음으로 회화 능력과 어휘력과의 관계이다. 편상 관계수를 내어 보면 일본어(L2)에서는 r=.617**(p=.000)(N=128)로 중간 정도의 유의 관계, L1(포르투갈어)에서는 어휘력과 회화 능력의 상관관계가 r=.813**(p=.000)로 높은 유의 관계를 보였다. 이것은 일본어로는 거의 62%, 모어로는 80%까지 어휘를 사용하여 회화 능력을 예측할 수 있다는 것을 시사한다. 일본의 공립 학교는 모어를 사용할 수 있는 인재가 부족하여 회화 테스트를 실시하는 것이 매우 어렵지만, 만약 모어를 구사하지 못하는 일본인 교사에게도 사용 가능한 어휘 테스트가 있다면 학습자의 대략적인 모어 수준과 일본어 수준을 파악하는 데에 매우 유효하다는 것을 알 수 있다.

한편으로 어휘력 신장에 대한 것인데, 학년마다 체류 기간에 따른 어휘력의 변화를 보면, 일본에

막 도착한 일본 체류 1년째의 포르투갈어 어휘력 평균이 1학년 70%, 2~4학년 80%, 5~9학년이 90%였다. 이것은 모어 화자의 연령에 상응하는 어휘력에 가까운 것으로 간주할 수 있다. 그리고 학습자의 일본어 어휘 수준이 이 정도까지 도달하는 데에는 6년이 걸린다는 것도 알 수 있었다.

도요하시시 교육위원회의 「학교생활 기본 용어 100(学校生活基本用語100)」(築樋, 2006)

이는 JLL의 숫자가 매년 빠르게 증가하는 도요하시시의 사회적인 필요성에 따라 학교에 들어오는 어린이에 대한 적절한 대응책의 하나로 만들어진 것이다. 학교생활에 필요하다고 여겨지는 일본어 어휘 100개[22]를 그림 카드로 만들어 사용한 것인데, 개인 면담(약 20분) 형식으로 조사하는 어휘 테스트이다. 일본어 능력이 극히 낮은 경우에 모어 테스트로도 사용하고 있다.

쓰키히(築樋, 2006)는 이 테스트를 사용하여 취학 전 교육과의 관계를 조사했다. 어린이집이나 유치원에 다닌 아동(85명)과 브라질인 놀이방에 다닌 아동(14명)이나 아파트 등의 자택 보육 아동을 비교하면, 전자의 정답률이 82.2%인데 비해 후자는 겨우 18.8%로 큰 차이가 있다. 10장 284쪽에서 언급했듯이 유자격 보육교사 부재에다 그림책이나 책상과 의자 또는 옥외 놀이터 등이 없어, 포르투갈어 비디오를 보며 대부분의 시간을 보내는 어린 아이들의 언어 환경이 얼마나 빈약한가를 실제로 증명한 것과 다름없다. 쓰키히는 이 테스트로 JLL 전체의 동향을 파악하고자 하였다. 예를 들어, 2004년도는 정답률이 80% 이하의 아동이 43%, 2005년 39%, 2006년 49%, 2007년도에 57%로 해마다 상승하는 경향을 보인다고 한다. 다만 단일 언어만 쓰는 어린이의 초등학교 입학 시점의 추정 어휘 수 4,000~5,000과 비교하면, 상승 경향에 있다고는 해도 입학 시점에 이미 큰 결함을 가지고 있다는 사실에는 변함이 없다.

또한 쓰키히(築樋, 2008)는 이 테스트의 피실험자가 3학년이 된 시점에서 3학년용 어휘 테스트를 실시하여 입학 시점과의 관계를 보고 있다. 즉, 종단적으로 피실험자 개개인의 발전을 보고 다음과 같은 흥미로운 관찰 결과를 말하고 있다.

> 1학년 때 일본어를 이해할 수 있으면 3학년이 되어도 어휘가 몸에 배어 한자도 읽을 수 있게 되는데, 1학년 때 이해 정도가 낮으면 3학년 때의 이해 정도도 낮다는 결과를 보였다.
>
> (築樋, 2008: 21)

> 1학년 입학 당시 일본어를 잘 몰랐던 아동 중 대부분은 3학년 때의 어휘량이 동일한 연령의 일본인 아동보다는 적지만, 일상 회화는 대체로 가능했다. 그러나 3학년 수준의 한자 읽기는 거의 못했고, 학습 면에서도 크게 뒤처졌다. 이러한 아동에 대해 대부분의 담임은 아동이 회화를 할 수 있다는 점으로 일본어를 이해한다고 간주하여 이 아동들에게서 보이는 학습 저조를 '공부를 하지 않는다'거나 혹은 '의욕이 없다'라고 생각하고 있다.
>
> (築樋, 2008: 3)

---

[22] 앞에서 언급한 쿠도(工藤, 1999)와 각종 아동용 일본 교재, 초등학교 1학년의 산수 · 국어 · 생활과 교과서를 참고로 하여 100단어를 골랐다고 한다

10장 310-311쪽의 어휘 습득에서 언급한 바와 같이 입학 당시의 어휘력 격차는 학년이 올라감에 따라 줄어드는 것이 아니라 더욱 커진다고 한다. 한자 어휘도 포함한 JLL에 대한 어휘 교육의 실천과 연구가 필요한 부분이다. 또한 모어 어휘력도 포함한 어휘력 전체를 파악함으로써 보다 확실한 정보를 얻을 수 있고, 제한적 이중 언어의 조기 발견으로도 이어질 수 있다.

(d) DRA 독서 능력 테스트(中島, 2006)

DRA(Developmental Reading Assessment)는 영어 단일 언어 구사자 만 3세부터 만 15세까지의 학습자를 위해 미국에서 개발된 독서 능력 테스트이다. 이주민·외국인 아동을 위한 스페인어판(EDL) (6학년까지)이 같이 붙어 있다. 영어와 일본어를 학습 언어로 사용하는 일본의 New International School(4장 149-152쪽)이 필요에 의해 일본어판(JDRA)을 만들기 시작하여 지금도 개발 중에 있다[23]. 독서 행동·독서 능력·독서 습관의 세 가지 측면을 알아보는 것으로, 이 때문에 '독해 능력 테스트'가 아니라 '독서 능력 테스트'라고 불리고 있다. 평가의 신뢰도, 타당성에 대해서는 DRA의 기술 설명서에 자세히 나와 있지만, 학습자의 독서 수준을 정기적으로 심사하여 낮은 단계(small step)로 독서력 증대를 도모하는 현장 교사를 위한 다독 지도용 도구이다.

이른바 표준 '국어' 테스트와 달리 DRA는 피실험자와의 대화를 통하여 읽기 능력을 보는 개인 면접 테스트이다. 시험관은 '담임 교사, 또는 읽기 전문가'라고 설명서에 기재되어 있지만, 어느 정도 훈련이 필요하다. 고학년의 경우는 ≪학생용 소책자≫에 답을 기입하는 형식으로 되어 있어 그룹 테스트가 가능하다[24]. 반 학습자 전원을 한꺼번에 테스트하는 것은 어렵기 때문에 하루에 몇 명씩 2~3주에 걸쳐 실시하는 경우가 많고 책 읽기로 하루, ≪학생용 소책자≫에 기입하는 것으로 하루, 이러한 방식의 일정으로 하는 경우도 있다.

DRA는 독서 능력을 〈표 9〉와 같이 10단계로 나누어 각 단계의 판정에 필요한 교과서(이야기 형식과 정보 설명문)가 미리 준비되어 있다[25]. 유아용, 초등학교 저학년, 초등학교 고학년·중학생으로 발달 단계에 따라 세 가지 수준으로 나눈다. 학습자의 수준에 따라 평가는 다음과 같은 흐름으로 진행된다[26].

유아(수준 A-3) 시험관이 먼저 교과서를 낭독하고 이어서 어린이가 낭독한다. 그 사이에 시험관은 답안 용지(채점표나 평가 기준표)에 맞추어 어린이의 읽기에 대한 정확도나 자기 수정 능력을 관찰한다. 이어서 간단한 '음운 인식'에 관한 질문을 하고 답안 용지의 읽기 행동에 관한 6항목(읽기 방향, 문자와 소리와의 관계, 음절에 대한 이해, 히라가나 어휘의 이해)을 점검한다. 내용에 관한 질문은 없다.

---

23) DRA-J 개발에는 필자가 당초부터 해당 고교의 언어 교육 고문으로 관계해 왔다.

24) 단, '쓰기'가 약한 JLL에게는 고학년이라도 모두 면접 방식으로 실시하는 쪽이 보다 정확하고 많은 정보를 얻을 수 있다.

25) 만 4세 아동부터 중학교 2학년까지 거의 60편의 이야기와 정보가 이미 DRA 일본어판 평가용으로 준비되어 있다.

26) 평가를 실시할 때 준비할 것은 IC 레코드(면접 녹음), 스톱 워치(음독과 묵독의 속도 측정), 교과서 및 부수적인 답안 용지(채점표와 평가 기준표를 포함)이다.

초등학교 저학년(수준 4-16) 교과서를 피실험자에게 보여 주고 그 내용에 대해 예측하게 한다. 낭독용으로 미리 선택해 둔 부분을 피실험자가 낭독한다. 이어서 전체를 낭독 혹은 묵독하여 이야기를 재생한다. 그 사이에 교과서는 내용의 이해 정도를 확인한다. 마지막으로 독서 습관과 읽기 지향성 그리고 피실험자의 읽기 전략에 대해 질문한다.

초등학교 저학년-중학생(수준 18-80) 수준 4-16과 기본적으로 같은데, 다른 점은 묵독 후 ≪학생용 소책자≫에 기입하는 것이다. ≪학생용 소책자≫에는 읽기 전(예측), 읽는 동안(사실 관계의 이해), 읽은 후(요약, 해석, 독후감)의 세 가지로 나누어 전체 8~9 항목의 설문이 있고, 학습자 자신이 그 답을 기입하도록 되어 있다.

〈표 9〉 DRA 독서 능력 단계, 연령, 교과서 수준

단계	1	2	3		4		5		6		7	8	9	10
	유아		저학년								고학년 · 중학생			
단계명	준비기	발아기	개시기		초보기		형성기		신장기		성숙기	숙련기	발달기	독립기
			전기	후기	전기	후기	전기	후기	전기	후기				
년(세)	3-5	4-6	5-7		6-8		7-9		8-10		9-11	10-12	11-14	15
학년	4세아	5세아~1학년	1학년~2학년		2학년~3학년		3학년~4학년		4학년~5학년		6학년		중학생	
수준	A	1-4	6-12		14-20		24-34		34-40		50	60	70	80

수준의 구분에 맞는 일본어판 교과서의 선택은 삽화와 문자와의 관계, 반복되는 어구의 유무, 문자 수(총 어휘 수/개별 어휘 수), 가타카나·한자의 사용량, 세로 쓰기인가·가로 쓰기인가, 회화문의 유무, 어휘, 평균 어휘 수(문장 단위), 문체(보통체인가, 정중체인가), 내용(행간의 의미), 문화적 배경 등 다양한 관점에서 이루어져야 할 필요가 있고, 현재 시행착오를 반복하고 있는 단계이다.

5장 167쪽에 소개한 오사카부의 S 초등학교에서 일본인 아동과 동일한 학교의 중국계 외국인 아동 전원에게 시험해 볼 기회를 얻었다. 그 결과의 일부를 참고로 간단히 소개한다.

◆ S 초등학교의 예(櫻井, 2009; 中島, 2009)

S 초등학교의 독서 능력 조사는 a. 일본인 아동 6명, b. 일본 출생의 중국계 아동 69명(학령기 도중에 편입한 아동을 합하면 84명)을 대상으로 DRA 일본어판을 사용하여 실시한 것이다. 조사 때는 a.가 1학기 수료 후 b.가 2학기 도중이었다. 중국계 아동 전원이 정규 과목으로 주 1, 2회 중국어 수업을 받고 있었다.

먼저, 낭독을 통해서 본 독서 행동이다. 일본인 1학년 중에도 문자를 더듬거리며 읽는 어린이가 있었지만, 2학년이 되면 문구나 문장 단위로 읽을 수 있게 된다. 반면, 중국인 아동은 더듬거리는 단계가 3학년까지 계속되는 경우가 27.7%나 있었다. 그리고 일본인 아동에 비해 낭독 속도가 1분간 약 100 음절 정도 차이가 났다. 소리를 내어 읽는 것에 시간이 걸리는 것이다. 즉, JLL의 경우 ≪문자·

단어의 처리》 습득에 시간이 걸리는 어린이가 많다는 것이다.

독해 능력 수준을 A, B, C, D로 평가하면 〈표 10〉에서 알 수 있듯이 JLL 아동의 경우는 매우 큰 편차를 보였다. 1학년은 C 이하가 81.8%로 학년에 상응한다고 판정된 아동이 2명(18%), 2학년은 C, D가 100%로 대개 1년이 늦고, 3학년이 되면 B, C가 반 가까이(46.2%)로 학년에 상응하는 능력에 근접해 가는 것을 알 수 있다. 하지만, 2년 정도 뒤처지는 아동이 5명(38.5%) 있다. 4학년 이상이 되면 학년에 맞는 능력을 가진 아동들의 비율이 올라가지만, 2년 또는 3년이 늦는 아동도 여전히 존재하는 상황이었다. 몇 명을 제외한 대부분이 일본 출생이어서, 일본 출생이라면 일본어 원어민 수준일 것이라고 생각이 드는데, 독해 능력에서는 각각 개별적인 문제를 안고 있다는 것을 알 수 있다.

〈표 10〉 학습자가 해낸 교과서 수준과 독해 능력
(음영 부분은 학년에 상당하는 수준, 숫자는 인원)

학년	인원	유치원	1학년			2학년	3학년	4학년	5학년	6학년
			전기	중기	후기					
1학년	11	C8, D1		C1	B1					
2학년	10			D4, C3	C3					
3학년	13				B1, C3, D1	C2	B3, C3			
4학년	11					B1, C1	B1, C3, D1	A1, C3		
5학년	8						C1		B3, D3	
6학년	12						B2, D1	B2	C6	B1

A : 고도의 이해   B : 적절한 이해   C : 어느 정도의 이해   D : 거의 이해 못함

독서 습관에 대해서 보면, 책을 읽는 습관이 되어 있지 않다고 판단된 경우가 일본인 아동은 44%, 중국계는 90%에 달했다. 중국계 아동의 경우, 일본 출생이라도 가정에 일본어 책이나 중국어 책이 거의 없는 상황이었다. 부모가 책을 읽어 준다고 답한 아동도 없지 않아 있었지만, '혼자서 읽는다'가 압도적으로 많았다. 또 가정에서는 책을 읽지 않고 학교에서 독서 시간에 도서관의 책을 빌려 읽는 경우가 대부분을 차지하고 있었다[27]. 사쿠라이(櫻井)는 부모와 이야기할 때 중국어로 말한다고 답한 중·일 이중 언어 그룹(30명)과 부모와 일본어로만 이야기하는 일본어 단일 언어 그룹(31명)의 독해 능력을 비교했다. 전자는 A/B가 36.7%인데 비해, 후자는 12.9%로 가정에서 스스로 중국어를 사용하는 어린이 쪽이 일본어 이야기의 이해와 산출력이 뛰어난 경향이 있었다고 한다(櫻井, 2009: 9). 그리고

---

27) ELL 가정의 빈약한 문자 환경에 대해서는 히스패닉계 ELL 가정의 조사에서도 밝혀졌다. 그리고 ELL이 많은 학교의 도서관 장서에도 L1의 책 숫자가 적고 있어도 내용이 짧은 것 또는 유아용/저학년용에 한정되어 있다고 한다. 세계 32개국을 포함한 Poslethwaite & Ross(1992)의 독서 능력에 관한 대규모 조사에서는 50개 요인 중 두 번째가 독서의 양, 세 번째가 교실에서의 독서 양이었다고 한다. 또한 미국의 NEAP 전국 학력 평가(1994)의 결과에서도 학교 시간표에 '묵독 시간'이 (a) 매일 있다 (b) 주 1회나 2회 있다 (c) 독서 시간이 전혀 없다고 하는 세 가지 상황에서는 (a) 221 (b) 217 (c) 198이라는 득점 차가 나왔다고 한다. 즉, 국어 교과서의 정독만이 아니라 아이들이 읽고 싶은 책을 자유롭게 손에 들고 읽는 '다독의 독서량'을 늘리는 것이 독해 능력과 가장 깊은 상관관계가 보였다는 것이다.

초등학교 고학년 때 일본에 온 아동들 중, 즉, 모어 구사능력이 제대로 갖추어진 후에 제2 언어를 집중적으로 접한 어린이들 중에는 낭독 속도는 늦어도 독해 능력이 뛰어난 경우도 있었다고 한다.

양쪽 모두 앞으로 검증이 필요하지만, 외국인 아동이 문자 습득이나 단어 처리 단계에서 막히는 경우가 많다는 점, 독해 능력은 개인차가 크므로 모어 능력과의 관계에서 볼 필요가 있다는 점, 모어 회화 능력을 유지하고 있는 학습자 쪽이 깊이 있는 독해 능력을 보이는 점 등을 알 수 있었다. 또한 독서 환경을 개선하는 것이 급선무라는 점도 밝혀졌다.

6. 언어 교육 정책과 다언어 육성

이 책의 마지막 부분으로 언어 교육 정책과 다언어 육성에 대해 생각해 본다.

ELL/JLL의 문제는 국가가 외국인 취업자를 어떻게 받아들이고 어떻게 처우하는지에 대한 외국인 수용 정책과 직결되어 있다. 저출산, 고령화, 노동 인구의 저하라는 문제는 일본뿐만 아니라 많은 나라가 안고 있는 공통된 문제이며 이러한 문제를 해외로부터의 이민이나 외국인의 수용이라는 형태로 해결하려고 하는 나라가 많다. 간사이가쿠인대학(関西学院大学) 이구치 야스시(井口泰, 2009) 교수는 외국인을 받아들이는 방식을 ① '교대(rotation) 방식' ② '보충 이민(replacement migration) 방식' ③ '순환 이민(circular migration) 방식'으로 크게 세 가지로 나눌 수 있다고 한다. '교대 방식'이란 특정 분야의 노동력 부족을 일시적으로 보충하는 것을 목적으로 하는 것으로, 원칙적으로 1회의 왕복만을 가정하고 수용 기업도 지정되어 노동 이동의 자유가 없으며 일이 끝나면 귀국하게 되는 것이다. 서독 바바리아 지역의 터키인 계절 노동자의 경우가 그 예이다. '보충 이민 방식'은 저출산, 고령화에 따른 노동 인구의 감소 또는 인구 구성의 왜곡을 외국 노동자를 불러들임으로써 보충하려는 방책이다. 일본에도 17만 명에 이르는 '외국인 연수 기능 실습생'이나 일본계 남미인 단순 노동자가 ①과 ②의 중간적인 존재로 일본에 오고, 최근에 들어오는 인도네시아 간호사가 이에 속한다. 지금까지 일본에는 이민 정책은 없었고 또 이러한 외국인들을 이민으로 받아들이고 있는 것은 아니므로 정착화 대책이 크게 뒤처져 있다. ③의 '순환 이민 방식'은 송출국과 수용국의 호혜적인 이동을 지향하는 것으로, '수용국으로의 이동이 일시적인가, 정주인가 여부를 묻지 않고, 수용국에서 얻은 자산이나 능력을 가지고 송출국 간의 왕복을 인정하는 것'이다. 이는 송출국과 수용국 양쪽이 서로의 이익을 목표로 하는 것으로, EU가 적극적으로 추진하고 있는 이념의 하나라고 한다.

어린이들의 교육이라는 입장에서 보면 위 세 가지 방식에는 큰 차이점이 있다. 일시적인 단기 체류의 '교대 방식'으로는 어린이가 현지의 공교육 기관에 들어가지 못할 경우도 있다. 독일의 터키인 노동자가 이러한 경우로, 터키가 일시적으로 설립한 터키인 학교에 다니고 있는 형편이다. 세계 각지에 설립된 일본인학교나 보충 학습 학교도 현지 사회에서 고립되어 있다는 점에서 이러한 종류라고 할 수 있다. '보충 이민'은 체류가 장기화, 정착화되는 것이 전제가 되기 때문에 지역의 공생 정책, 각종 서비스가 필요하다. 교육 기관도 장래의 훌륭한 시민 양성을 위해 다양한 지원이 필요하지만, 일본의 경우는 이민 정책이 전혀 없으므로 다문화 공생 기본법, 민족 차별 금지 조례와 같은 국가 차원의 정책 입안이 늦어지고, 지원의 방향성이나 질적인 편차가 크다(山脇, 2003). '순환 이민'은 글로벌 지역 전체의 번영을 목표로 이동을 장려하는 것으로, 그 실현을 위해서는 고도의 다언어 능력이 필요 조건이다. 국가라는 단위를 넘어 국제화가 진행되는 가운데, 일본에서도 외국인, 일본인을 불문하고 '순환 이민'이 가능한 인재를 기르는 일이 급선무일 것이다.

일본 경제 단체 연합회의 이노우에 히로시(井上洋) 씨는 아시아에서 사실상 경제 통합이 이미 상당한 단계까지 진행되었다고 보고 있다. 유럽 공동체 같은 것이 일본 주변에 형성되어 있는 것은 아니지만, '아시아권 안에서는 물건, 돈, 서비스, 정보의 이동과 함께 인적 이동도 필연적인 것이 되었다. 일본의 경우는 중국에서 온 유학생, 연수·기능 실습생이 눈에 띄게 많지만, 아시아에서 일본 기업이 진출하는 나라가 다양화되는 가운데, 각국 현지 법인으로부터 연수생, 기업 내 전근 등으로 일본에 와서 연수·취업하는 외국인도 계속 증가하고 있다. 이들은 '단순한 현장 작업 인부가 아니라 일본의 발전된 기술을 습득하는 기능자나 생산 온라인, 인사·노무, 총무, IT 시스템 등을 관리하는 미래의 기술자·전문가 지망생'이다(井上, 2009). 게다가 아시아의 여러 나라도 저출산이 진행되고 있어, 아시아권의 장기적인 인재 확보·육성 프로그램이 필요하다는 점, 또한 기업 활동의 국제화가 심화된 지금이야말로 기업은 적극적으로 외국인을 활용할 필요가 있다는 점을 강조하고 있다. 이러한 전망 아래 외국인 아동이 일본에 가지고 오는 말(언어)의 힘을 중히 여겨 강화해야 할 것이다.

(1) 이주민·외국인 아동에 대한 대책의 단계 설정(Churchill, 1986)

다음으로 런던대학 처칠(Churchill) 교수의 이주민/외국인 아동에 대한 대책의 6단계 표를 사용하여, OECD 여러 나라의 대책이 어디까지 와 있는지를 살펴보자.

단계 1 현지어 능력을 획득하기 위해 특별 보강 프로그램을 설치한다.

단계 2 현지어 습득은 가정이 처해 있는 상황과 밀접한 관계가 있으므로 가정 교사, 심리학자, 사회 복지사, 그 밖의 현지 사회에 대한 적응을 용이하게 하는 다양한 지원 프로그램을 설치한다.

단계 3 이주/외국인 아동에게 필요한 것을 학교 당국·교사가 인식하고 다수 아동에게 다문화 교육/반인종·종교·언어 차별 교육을 실시한다.

단계 4 모어를 짧은 시간 내에 상실하는 것에 대한 대책으로 모어 프로그램을 학교 안에 설치한다.

단계 5 모어 상실의 위기에 대한 대응 조치로 모어를 학습 언어로 사용하는 초등 교육을 실시한다.

단계 6 다수와 소수 집단이 사회 안에서 동등한 권리를 누리듯이 소수 언어를 공용어로 하는 특별 교육 조직을 구성하여 양 언어를 사용하는 학습 기회를 제공하는 일 등, 지원 서비스를 학교 안팎에서 실시한다.

위의 6단계에 입각하여 세계 각지의 이주민/외국인 아동의 대책을 개관한 콜슨(Corson, 1999)은 OECD 대부분의 나라가 단계 1, 2를 탈피하지 못한 상태에 있다고 한다. 그중에서도 북미, 영국 연방, 호주는 단계 1과 2, 북유럽이나 캐나다에 단계 4와 5의 예가 보이고, 단계 6은 캐나다 퀘벡주를 중심으로 하는 프랑스계 캐나다인에 대한 교육이 그 일례라고 한다. 그러면 일본 상황은 어디에 위치하고 있을까? 많은 지역이 단계 2, 일부가 단계 3 그리고 단계 4에 근접한 지역도 있다고 말할 수 있다. 야마와키(山脇, 2003)는 외국인 시책이, 국가 차원이 아닌 3,000여 개에 이르는 지방 자치 단체에 맡겨져 있다는 점에 문제가 있다고 지적하였다. 이 가운데 예외적이긴 하지만, 이 문제에 힘을 기울이고 있는 지방 자치 단체에는 '인권형', '국제형', '통합형' 등, 세 가지 형태가 있다고 한다. '인권형'의 대표적인 예는 오사카부, '국제형'은 아이치현 등에서 볼 수 있는 국제교류협회의 노력 그리고 이 두 가지 특징을 다 가지고 있는 것이 가나가와현 가와사키시와 같은 '통합형'이다. 처칠의 단계 설정과 관련해 이 세 가지 형태를 보면, '국제형'은 단계 1, '인권형'은 단계 3과 (4)까지라 할 수 있을 것이다. 4를 괄호 안에 넣은 것은 인권 교육을 목적으로 하고 있으나, 그 내용에 편차가 크고 반드시 모어 그 자체를 위한 육성으로는 보이지 않기 때문이다.

(2)오사카부의 인권 교육 모델[28]

오사카부의 인권 교육 모델의 선진적인 모어 프로그램의 한 예는 앞 절에서 언급한 S 초등학교이다. 이곳에서는 주 2시간, 2~6학년은 주 1~3시간의 비율로 교과목 수업 안에 중국계 학생 전원을 따로 분리하여 중국어 수업을 실시하고 민족 공동체 활성화를 시야에 넣은 민족 페스티벌이나 춘절 행사에도 적극적으로 참여할 것을 장려하고 있다. 그러나 재일 외국인 시책에 관한 지침에는 '국제화 시대에 어울리는 인권 의식의 고양을 도모하고 "우리 안의 국제화"를 추진하고 외국인의 다양한 문화, 습관, 가치관 등을 존중하며 그 차이를 서로 인정하고 이해함과 동시에 다양한 문화, 습관, 가치관을 가진 사람들이 각자의 정체성을 가지고 공생하는 사회 형성이 중요하다'라고 강조하고 있다. 이런 점을 보아도 모어 강화 프로그램이기는 하지만, 내용적으로 단계 3의 다문화 교육·반인종 차별 교육 쪽에 가깝다는 점을 엿볼 수 있다. 따라서 오사카부의 노력은 '인권 교육 모델'의 외국인 아동 교육이기는 하지만, 위 단계 설정에서는 3 (4)라고 할 수 있을 것이다. 앞에서 설명한 바와 같이 실제 S 초등학교의 외국인 아동 전원(중국계 69명)에게 독서 행동·독서 습관·독해 능력의 실태 조사를 실시하였다. 그 결과 듣기형 이중 언어 상태(중국어는 듣고 이해하지만, 말을 하지는 못한다)가 대부분이고, 부모와 자녀 간에 대화가 부족하고 가정의 읽기와 쓰기 환경도 빈약하며 어느 쪽의 언어도 독서 습관이 정착되어 있지 않은 경우가 87%에 이르고 있었다(中島, 2009).

(3) 이주민·외국인 아동을 위한 교육 프로그램의 성과

다음으로 국내의 JLL 교육 프로그램의 성과가 세계 다른 나라의 것과 비교해서 어느 정도의 위치에 있는지 그리고 어떤 과제를 안고 있는지에 대해 살펴보자. 스쿠트납 캉가스(Skutnabb-Kangas, 1988)는 〈표 11〉에 제시한 16 항목의 요인에 입각하여 ELL/JLL 교육 프로그램을 비교하고 있다. 16 항목은 '교육 기관 요인', '학습자의 심적 요인', 'L1 요인', 'L2 요인'의 4개 주요 요인으로 나뉜다. '교

---

28) 여기에서의 모델은 「人権施策推進基本方針(인권 시책 추진 기본 방침), 2001」과 「在日外国人施策に関する指針(재일 외국인 시책에 관한 지침), 2002」이다.

육 기관 요인'의 주요 항목은 먼저 당사자(학습자) 자신이 선택한 학교인지 아니면 어쩔 수 없는 상황이었는지에 관한 것이다. 두 번째는 교사가 자격 보유자이면서 이중 언어 구사자인지 아닌지에 관한 것이다. 스쿠트납 캉가스는 만약에 무자격 이중 언어 교사와 유자격 단일 언어 교사 중 어느 쪽인가를 선택하지 않으면 안 되는 상태에 놓인다면 당연히 후자를 선택한다고 한다. 교원이나 지도원은 이중 언어 구사자여야 하고, 특히 유치부 어린이에게는 이중 언어 교원이 필수라고 강조하고 있다. 다음으로 '학습자의 심적 요인'에서는 학습에 대해 내적인 동기 부여가 있고 자존감도 높으며 교사의 기대치가 높은 것이 중요하다고 한다. 'L1 요인'에서는 모어에 대한 지원이 있고 최대한 모어 사용을 늘리는 환경이 있을 것, 'L2 요인'에서는 학교 안팎에서 L2를 사용할 기회가 있는 것이 중요하다고 한다. 결론적으로 학교 교육이 해야 할 일은 자연적으로 방치하면 발전하지 않는 언어를 학교 교육을 통하여 계발하고 신장함으로써 이중 언어 구사자를 육성할 수 있게 해야 한다고 주장하고 있다.

<표 11> ELL/JLL 프로그램 비교(Skutnabb-Kangas, 1994)

요인	항목
교육 기관 요인	1 다른 프로그램의 선택도 가능하다
	2 수업 언어 능력의 수준에 따라 공평하게 반 편성을 한다
	3 이중 언어 구사자이며 유자격의 교사가 있다
	4 이중 언어 교재(예: 사전)가 있다
	5 문화적 내용이 적절하다
학습자의 심적 요인	6 불안 요인이 적다(교사의 지원이 있고 억압적이지 않다)
	7 내적 동기부여가 있다 (L2 사용을 강요하지 않고 목적을 이해하고 학습에 책임을 진다)
	8 자신감이 있다 (학습자가 성공할 기회가 있다고 생각하고 있고, 교사의 기대도 높다)
L1 요인	9 적절한 모어 교육이 있을 것
	10 모어를 사용하는 적절한 교과 학습이 있을 것
	11 학교 밖에서 모어를 고도로 신장할 기회가 있을 것
	12 L1의 발달에 부정적이지 않은 L2 지원이 있을 것
L2 요인	13 적절한 L2 교육
	14 L2의 입력(input)이 아동의 L2 수준에 적합하다
	15 학교 밖에서 같은 또래 어린이들과 L2를 사용할 기회가 있다
	16 L2 모어 화자가 사용하는 격식체의 고도한 언어를 접할 기회가 있다

이 16항목을 사용하여 S 초등학교의 상황을 점검해 보면, '교육 기관 요인'에서는 1에서 5까지의 전 항목이 부족(-)으로 평가된다. '학습자의 심적 요인'에서는 인권 문제로 단련된 열정적인 교원의 결속력은 높이 평가할 만하여 모두 만족(+)으로 평가된다. 'L1 요인'은 모어 보강 프로그램이 있다고는 해도 전체적으로는 부족(-) 그리고 'L2 요인'에서는 소속 학급과의 연계를 생각한 별도 수업 등 의욕적으로 실험이 이루어지고는 있으나, 이상적인 상황이라고는 할 수 없으므로 만족 부족(+/-)로 평가할

수 있겠다. 스쿠트납 캉가스는 이러한 채점 결과를 종합하여 1) 격리형 2) (모어) 유지형 3) 완전 몰입형 4) 몰입형으로 분류하고 있다. S 초등학교의 경우는 모어 유지와 신장을 위한 노력은 하고 있어도 결과적으로는 유감스럽게도 3) 서브머전형으로 이중 언어 육성의 성공 예로는 낮은 부류에 속한다. S 초등학교는 교과목 안에서의 모어 프로그램이 있는 독특한 공교육 기관이지만, '모어를 사용한 적절한 교과 학습'이 없는 모어 교육이고 스쿠트납 캉가스는 이러한 형태의 모어 교육을 '심리적으로 유익한 화장(therapeutic cosmetics)과 같은 것'이라고 혹평하고 있다. 즉, 주 1~2시간의 모어 학급만으로는 이중 언어 문해력 육성은 어렵다는 것이다.

(4) 일본의 과제—단일 언어주의에서 다언어주의로의 전환

앞으로 일본이 필요한 다언어 인재를 양성하기 위해서는 단일 언어주의에서 다언어주의로의 패러다임을 전환할 필요가 있다. 21세기의 일본이 필요한 '순환 이민'을 가능하게 하는 풍부한 다언어 인재를 배출하기 위해서는 일본인 아동은 일본어 외에 영어와 다른 하나의 외국어를, 해외의 일본인 자녀에게는 현지어 외에 일본어(계승어)와 다른 하나의 외국어를, 외국인 아동을 위해서는 외국인학교에서도 일본의 공교육에서도 동일하게 계승어(L1)+ 일본어(L2)+ 국제어(L3)의 삼중 언어 교육을 목표로 교육 디자인을 실시해야 할 것이다. 이 경우, 이 책을 통하여 반복해서 주장한 바와 같이 세 개의 언어에서도 두 개의 언어와 동일하게 제1 언어가 중요한 역할을 담당한다는 사실을 잊어서는 안 된다. 〈표 11〉의 10 '모어를 사용한 적절한 교과 학습'이라는 효율적인 전이를 겨냥한 시도도 받아들이도록 해야 할 것이다.

16항목 중, 외국인 아동 교육에서 일본이 해야 하는 최대의 도전은 3의 유자격 이중 언어 교사를 육성하는 일일 것이다. 일본은 외국인 아동을 위한 지도원에 관해서는 거의 자격을 묻지 않는 것이 현실이다. 물론 정교사가 적응 교실/국제반에 배속되어 외국인 아동을 지도하기도 한다. 그러나 대부분의 경우, 정교원이 아닌 대학원생이나 자원 봉사자의 적응 지도원(명칭은 다양하다)이 별도 수업의 지도를 담당한다. 이들 지도원은 일본어 지도에 대해 비결을 가지고 있기를 기대하지만, 이중 언어 구사자인 점은 기대하지 않는다. 한편, 이중 언어 적응 도우미는 보호자와의 연락이나 그 밖에 현장에서 반드시 필요한 존재임도 불구하고 이들이 외국인 아동에게 얼마나 큰 정신적인 지주의 역할도 하고 있는지에 대해서는 별로 인식되고 있지 않다. 실제 이중 언어 적응 도우미의 고용에 있어서는 언어 외의 요건은 거의 묻지 않고, 고졸인 경우가 많다고 한다. 따라서 질 높은 이중 언어 육성을 위해서는 일반적인 일본의 교원 양성 과정 안에서 이중 언어 교원의 육성을 적극적으로 추진해야 할 것이다. 미국의 Lee & Oxelson(2006)의 조사를 보면 캘리포니아주 4개 교실의 ELL 지도자 69명(ESL/BCLAD 자격 소지자 31명, 그 외 38명)을 대상으로 설문지 조사를 한 결과, 자격 소지자의 자세가 비소지자와 비교해 매우 다르다는 사실을 알았다고 한다. 어디가 다른가 하면 자격 소지자는 '모어가 학력에 이득', '모어가 개인적 자산', '모어를 향상하는 일은 학교의 역할'이라는 생각을 하는 데 반해, 자격이 없는 교사는 '교사의 일은 영어를 가르치는 것', '두 언어에 대해 양자택일적인 태도', '교실에서 모어를 사용하는 것을 문제 행동으로 본다.'라는 경우가 많았다고 한다. 결론적으로 교사 경험보다는 교사 양성 과정의 영향이 강했다고 말하고 있다. 교사 양성 과정을 개선함으로써 패러다임의 전환으로 이어질 가능성이 있다는 것을 시사하고 있다.

일본은 저출산, 고령화, 노동 인구 저하의 역경을 극복하기 위해서도 수용국인 일본뿐만 아니라 자신의 모국에도 공헌할 수 있는 질 높은 외국인 아동을 이중 언어 또는 다언어 인재로 육성해야 할 것이다. 이것은 일본의 언어 자원을 풍부하게 할뿐만 아니라 전 세계적으로 소멸 위기에 처한 언어 자원의 보존에 공헌하는 것이기도 하다. 단일 언어의 관점에 안주하지 않고 다언어 능력을 보유한 사회 실현을 위해서는 사회적 다언어 주의(social multilingualism)의 관점에 선 국가 차원의 언어 정책이 있어야 하는 것은 급선무임과 동시에 개개인의 복수 언어 능력(individual pluringualism)을 최대로 향상시키는 언어 교육 정책도 추진되어야 할 것이다.

参고문헌

飯高京子ほか (2003)「読み及び読みに関する諸能力に関する諸能力の発達的研究—3年間の追跡調査結果：読みと音韻意識の関係を中心として—」『音声言語・文字言語習得家庭におけるつまづきの多角的鑑別診断のための基礎的研究』平成11年度〜平成13年度科学研究費補助金研究報告書　1-16.

生田裕子 (2002)「在日ブラジル人中学生の作文能力におけるバイリンガリズムに関する実証的研究」名古屋大学大学院文学研究科博士論文.

生田裕子 (2006)「ブラジル人中学生の『書く力』の発達—第一言語と第二言語の作文の観察から—」『日本語教育』128号　70-79　日本語教育学会

井口泰 (2009)「わが国の外国人政策の現状と今後の展望—金融危機を越えて世紀の構想へ—」(2009年2月28日　外務省・愛知県・IOM共催シンポジューム特別講演)

池田央 (2006)「NAEP(全米学力調査)に学ぶ学力調査の技—測定技術の進歩が未来の学力を提起する—」BERD No.04　28-33　ベネッセ教育研究開発センター

石井恵理子 (2000)「ポルトガル語を母語とする在日外国人児童生徒の言語教育に関する父母の意識」『日系ブラジル人のバイリンガリズム』116-142　国立国語研究所

石井恵理子 (2006)「年少者日本語教育の構築に向けて—子どもの成長を支える言語教育として」『日本語教育』3-12　日本語教育学会

井上洋 (2009)「わが国の外国人政策の現状と今後の展望—金融危機を越えて世紀の構造へ—」(2009年2月28日　外務省・愛知県・IOM共催シンポジューム特別講演)

内田伸子 (1990)『子どもの文章』東京大学出版会

エリクソン, E.H. (1977) (仁科弥生訳)『幼児期と社会』みすず書房

大阪府人権教育研究協議会 (2008)「人権教育セミナー共生の教育コース」第50回大阪府人権教育夏期研究会(2008年8月　大阪国際交流センター)

大場幸夫 (2009)「［子どもの生活の場］を保障するこれからの保育とは—新・保育所保育指針が目指すもの—」BERD No.16 (特集：「幼児期の教育・保育を展望する」)　9ベネッセ教育研究センター

岡田光代 (1993)『ニューヨーク日本人教育事情』岩波書店

桶谷仁美 (1999)「アディティブ・バイリンガルのすすめ」『日本語学』82-93　明治書院

小野博 (1989)「海外帰国児童・生徒の英語と日本語語彙力の変化」『異文化間教育』3　35-51

小野博・坂本優・林部英雄・池上摩季子 (1999)「中国から来日した児童・生徒の日本語・中国語及び計算力の調査とその応用」『中国帰国者定着促進センター紀要』9　278-292

小野博・林部英雄 (1989)『日本語力検査の開発』文部省科学研究費報告書(6181003)1-116

片岡裕子・越山泰子・柴田節枝 (2005)「アメリカにおける帆就航の児童・生徒の日本語力及び英語力の習得状況」『国際教育』2　1-19　東京学芸大学国際教育センター

門田修平(編) (2003)『英語のメンタルレキシコン—語彙の獲得・処理・学習』松柏社.

カナダ日本語教育振興会 (2000)『子どもの会話力の見方と評価—バイリンガル会話テスト(OBC)の開発』カナダ日本語教育振興会

カニングハム公子 (1988)『海外子女教育事情』(新潮選書) 新潮社

カミンズ, J. (2006) (中島和子・湯川笑子訳)「学校における言語の多様性—すべての児童生徒が学校で成功するための支援—」母語・継続語・バイリンガル教育（MHB）研究会『続・ダブルリミテッド／一時的セミリンガル現象を考える—ジム・カミンス教授に訊く』講演資料 (2006年 6月 13日　名古屋外国語大学)　http://www.mhb.jp/mhb_files/Cumminshanout.doc からダウンロード可能

カミンズ, J. (2003) (中島和子訳)「声の否定—カナダの学校教育におけるろう児の言語の抑圧—」全国ろう児をもつ親の会 (編)『ぼくたちの言葉を奪わないで！—ろう児の人権宣言—』127-146　明石書店

カミンズ, J.D., マルセル (2005) (中島和子・高垣俊之訳)『カナダの継承語教育—多文化・多言語主義をめざして』明石書店

カミンズ・J.& 中島和子(1985)「トロント補習校小学生の二言語能力の構造」『バイリンガル・バイカルチュラ

ル教育の現場と課題』141-179　東京学芸大学海外子女教育センター

カミンズ, J. (2004) (中島和子訳)「声の否定—カナダの学校教育におけるろう児の言語の抑圧—」全国ろう児をもつ親の会 (編)『ぼくたちの言葉を奪わないで！—ろう児の人権宣言—』127-144　明石書店

カミンズ, J. (2008)「手話力と学力との関係に関する研究」『バイリンガルでろう児は育つ—日本手話プラス書記日本語で教育を！』79-118　生活書院

刈谷剛彦・志水宏石 (編) (2004)『学力の社会学』岩波書店

カルダー淑子 (2006)「補習校高校生の語彙獲得—社会・心理要因の探求」日本語教育国際研究大会研究発表資料 (2006年8月5日　コロンビア大学(ニューヨーク))

カルダー淑子 (2008)「海外の週末日本語学校(プリンストン日本語学校の取り組み)」2008年度母語・継承語・バイリンガル教育 (MHB) 研究会年次大会資料　28-37

川上郁雄 (2003)「年少者日本語教育における「日本語能力測定」に関する観点と方法」『早稲田大学日本語教育研究』第 2 号　1-16

河野円 (2003)「International School インター型」JACETバイリンガリズム研究会 (編)『日本のバイリンガル教育』163-180

工藤真由美 (1999)『児童生徒に対する日本語教育のための基本語彙調査』ひつじ書房

クローフォード, J. (1994) (本名信行訳)『移民社会アメリカの言語事情』The Japan Times

国立国語研究所 (1996)「児童生徒に対する日本語教育のカリキュラムに関する国際的研究—基本文献目録」国立国語研究所日本語教育センター・日本語教育指導普及部

櫻井千穂 (2007)「外国人児童の学びを促す在籍学級のあり方—母語力と日本語力の伸長を目指して—」『母語・継承語・バイリンガル教育 (MHB) 研究会』第 4 号　1-26

櫻井千穂 (2009)「マイノリティの子どもたちの物語理解と産出の発達過程」未発表論文

櫻井千穂・三島絵理 (2008)「ここがＡの居場所—在籍学級と取り出し授業の連繋モデル」(神戸市立本庄小学校のスペイン語母語支援と在籍学級の協働)　大阪府教育委員会平成19年度JSLカリキュラムワークショップ発表資料(2008年2月23日)

佐藤郡衛 (2001)『国際理解教育—多文化共生社会の学校づくり』明石書店

佐藤郡衛・斎藤宏美・高木光太郎 (2005)『外国人児童の「教科と日本語」シリーズ　小学校JSLカリキュラム「解説」』スリーエーネットワーク

柴田武 (1956)「言語形成期と言うもの」石黒修ほか (編)『子どもとことば』243-266　東京創元社

JACETバイリンガリズム研究会 (編) (2003)『日本のバイリンガル教育』三修社

朱睍淑 (2002)「韓国語・日本語の二言語間環境にいる韓国人児童の二言語能力—母語保持・発達を中心に—」お茶の水大学大学院言語文化研究科修士論文

スクトナブ＝カンガス トーヴェ (2004)「言語抹殺とろう者」全国ろう児をもつ親の会 (編)『ろう教育と言語権』153-195　明石書店

スクトナブ＝カンガス トーヴェ (2008)「バイリンガル教育とろう児の母語としての手話言語」全国ろう児を持つ親の会 (編)『バイリンガルでろう児は育つ』36-77　生活書院

図子美貴雄 (2006)「家庭学習でPISA型読解力、論理的思考力、表現力を育むために—欧米の事例から学ぶこと—」BERD No.04　34-39　ベネッセ教育研究開発センター

鈴木一代 (2005)「日系国際児の文化的アイデンティティ形成—事例の検討—」『埼玉学園大学紀要』人間学部編第5号　85-98

鈴木崇夫 (2006)「カナダの継承語教育—学習言語としての継承語運用能力獲得を目指して—」第 8 回母語・継承語・バイリンガル教育 (MHB) 研究会研究集会「母語・継承語とその教育的意義」発表資料

鈴木崇夫 (2008)「学習言語の育成を可能とする継承語教育の模索—カナダアルバータ州国際語バイリンガル教育課程プログラムを通して—」日本語教育国際研究大会予稿集1　63-66(2008年7月12日　釜山外国語大学)

関口知子 (1999)「バイカルチュラル・チルドレンのアイデンティティ形成—二元的文化化の視点から—」『国際開発研究フォーラム』名古屋大学大学院国際開発研究科　159-178

宋英子(1998)「「ともに生きる力」を育てる教育の想像(II)—在日韓国・朝鮮人の子どものエスニック・アイデンティティ形成からの考察—」『大阪市教育センター研究紀要』112　1-41

宋英子 (2006)「1970年代以降の教育実践からみた在日朝鮮人教育の成果と課題」『日本語学報』25号　1-22

宋英子 (2007)「帰国・外国人児童生徒の公立学校への受け入れに関する考察—大阪市の事例を通して—」『世界人権問題研究センター研究紀要』12　101-135

宋英子 (2008)「4世・5世を対象にした母文化教育—大阪市の民族学級の取り組み—」2008年度母語・継承語・バイリンガル教育研究会年次大会資料　38-44

高橋登 (1993)「入門期の読み能力の熟達化過程」『教育心理学研究』41　70-76

高橋登 (1996)「学童期の子どもの読み能力の規定要因について—componential approachによる分析的研究—」『心理学研究』67　186-194

高橋登 (2001)「学童期における読解能力の発達過程−1-5年生の縦断的分析」『教育心理学研究』49　1-10

竹内彰子 (1999)「二言語環境での児童の言語習得—日系ブラジル人・ペルー人の語彙習得を中心にして—」名古屋大学大学院国際開発研究科修士論文

ダグラス昌子 (2007)「アメリカにおける継承日本語教育：研究と理論的枠組み構築の試み」母語・継承語・バイリンガル教育研究会 2007年度大会招聘講義資料

趙弘子 (2006)「朝鮮語イマージョンにおける読みの指導・京都朝鮮第3初級学校1-3年」母語・継承語・バイリンガル教育研究会年次大会発表資料

趙弘子 (2008)「京都朝鮮第3初級学校」大阪府JSLカリキュラムワークショップ発表資料

築樋博子 (2006)「外国人集住都市における幼児期の言語環境と支援の種類」第7回母語・継承語・バイリンガル教育(MHB)研究会資料集　33-36

築樋博子 (2007)「豊橋市における外国人児童生徒教育の課題と取り組み」東京外国大学多言語・多文化教育センター視察資料

築樋博子 (2008)「豊橋市における外国人児童生徒教育の課題と取り組み」平成20年度第一回外国人児童政党教育担当者研修会資料

津田和男・大山全代・大山智子 (2003)「国連国際学校における継承日本語教育の取り組み」『母語・継承語・バイリンガル教育 (MHB) 研究会紀要』2　32-81

坪内好子 (2008)「実践報告—センター校での母語支援教育について—」大阪市教育委員会研究・研究支援事業発表会資料

鼈田公江(2003)「FLES-Foreign Languages in Elementary Schools」JACETバイリンガリズム研究会(編)『日本のバイリンガル教育』181-190.

友沢昭江 (2000)「バイリンガル教育の可能性—中国帰国生の高校、大学進学との関連において—」『国際文化論集』桃山学院大学　81-117

中島和子・生田裕子・桶谷仁美 (2006)「言語育成と L1/L2双方向の転移：継承語教育・海外帰国子女教育・外国人児童生徒教育から得た知見」International Conference on Japanese Language Education 招待パネル発表資料　(2006年8月6日　コロンビア大学)

中島和子 (1998a)『バイリンガル教育の方法—地球時代の日本人育成を目指して』アルク

中島和子 (1998b)「日系子女の日本語教育」『日本語教育』66　137-150

中島和子 (1998c)『言葉と教育』海外子女教育振興財団

中島和子 (2001a)『バイリンガル教育の方法—12歳までに親と教師ができること(増補改訂版)』アルク

中島和子 (2002)「バイリンガル児の言語能力評価の観点—会話能力テスト OBC開発を中心に」『多言語環境にある子どもの言語能力の評価(日本語教育ブックレット1)』26-44　国立国語研究所

中島和子 (2005a)「ポルトガル語を母語とする国内小・中学生のバイリンガル会話力の習得」『言語教育の新展開—牧野成一教授古稀記念論文集』399-424　ひつじ書房

中島和子 (2005b)「バイリンガル育成と2言語相互依存性」『第二言語としての日本語の習得研究』第8号　135-165　凡人社

中島和子 (2005c)「カナダの継承語教育その後—本書の解説にかえて」カミンズ・ダネシ(中島・高垣俊之訳) (2005)『カナダの継承語教育—多文化・多言語主義をめざして』155-180　明石書店

中島和子 (2006)「学校教育の中でバイリンガル読書力を育てる—New International School におけるDRA-J読書力テストの開発を通して—」『母語・継承語・バイリンガル教育研究会 (MHB) 紀要』第2号　1-31

中島和子 (2007)「外国語習得と母語との関係—セミリンガル現象の要因と教育的処置に関する基礎的研究」科学研究費補助権基礎研究(B)最終報告

中島和子 (2009)「大阪府の取り組みから学ぶもの—バイリンガル育成の立場から—」日本言語政策学会関西地区研究例会『外国人児童政党教育の言語教育政策を考える—大阪府の事例を中心に—』基調講演資料(2009年5月16日　関西大学)

中島和子・アイザック, シャロン・木田美智子 (1998)「会話力を中心とした日本語プログラムの多角的分析・評価—英・仏・日トライリンガル・スクーリングのカリキュラム構築を目指して」カナダ日本語教育振興会年次大会発表資料(1998年8月5日　Japan Foundation Toronto)

中島和子・鈴木美知子 (編著) (1998)『継承語としての日本語教育—カナダの経験を踏まえて』カナダ日本語教育振興会

中島和子・ヌネス, ロザナ (2001)「日本語獲得と継承語喪失のダイナミックス—日本の小・中学生ポルトガル語話者の実践を踏まえて」アメリカ日本語教師会のホームページ

中島和子・生田裕子・桶谷仁美 (2006)「言語育成と L1/L2双方向の転移：継承語教育・海外帰国子女教育・外国人児童生徒教育から得た知見」International Conference on Japanese Language Education 招待パネル発表資料　(2006年8月6日　コロンビア大学)

梨木亜紀 (2009)「シリーズ『子どもの日本語教育8』」『おおさか識字・日本語センターニュースＣＡＬＬ』第９号　(2009年4月1日)

ニエト・ソニア (2009) (太田晴雄監訳)『アメリカ多文化教育の理論と実践』明石書店

長谷部倫子 (2004)「ろう学校には手話がない？」全国ろう児をもつ親の会(編)『ぼくたちの言葉を奪わないで！—ろう児の人権宣言』172-185　明石書店

バトラー後藤裕子 (2003)『多言語社会の言語文化教育　英語を第二言語とする子どもへのアメリカ人教師たちの取り組み』　くろしお出版

早津邑子 (2004)　『異文化にクラス子どもたち—ことばと心を育む』金子書房

原みずほ (2003)「乗算的バイリンガリズムと支援教室—社会における言語間の権力関係の観点から—」『世界の日本語教育』13　93-107　国際交流基金日本語国際センター

福田誠治・末藤美津子 (2005)『世界の外国人学校』東信堂

ボストウリック、R.M. (1999)「日本におけるバイリンガル教育」山本雅代 (編)『バイリンガルの世界』181-218　大修館書店

牧野成一・鎌田修・山内博之・齊藤眞理子・荻原稚佳子・伊藤とく美・池崎美代子・中島和子 (2001)『ACTFL-OPI入門』アルク

箕浦康子 (1983)「仮住まい考」(「異文化体験」研究ノート)『海外子女教育』98号　39

箕浦康子 (1995)「異文化接触の下での理論枠組み構築の試み」『異文化間教育』9　19-36

箕浦康子 (2003)『子どもの異文化体験—人格形成過程の心理人類学的研究、増補改訂版』新思索社

宮坂リンカーン (2000)「在日日系ブラジル人の現状と精神保健の課題」『精神保健研究』第13号　73-78

(文科省) 教員研修センター (2006) 平成18年度外国人児童生徒等に対する日本語指導のための指導者の養成を目的とした研修資料

藻谷ようこ(2001)「国際化時代における文化的なアイデンティティ保護教育の意義—マイノリティのバイカルチュラリズムと教育の関係」『異文化間教育』15号　147-161

森岡健二 (1951)『国立国語研究所年報2』国立国語研究所

森迫龍一 (2007)「日本語教室でルーツ語の保持・伸長をも図ろう—ルーツ語やアイデンティティの喪失をくい止められなかった反省として」『部落解放』589号(11月号　特集「ニューカマーの子どもの教育」)　20-31

茂呂雄二 (1988)『なぜ人は書くのか』東京大学出版会

山下共徳 (2008)「外国人児童生徒教育の充実方策について」「自治体国際フォーラム」2229号(11月)　http://www.clair.or.jp/j/forum/forum/pdf_229/02_mokuji.pdfより取得

山下栄 (2005)「Heritage School継承言語教育型」JACETバイリンガリズム研究会 (編)『日本のバイリンガル教育』145-162

山口恵理・一二三朋子 (1998)「在日ベトナム人年少者の２言語能力と２言語使用状況」『東京学芸大学海外子女教

育センター紀要』第9集　41-60　東京学芸大学海外子女教育センター

山脇啓造 (2003)「地方自治体の外国人施策に関する批判的考察」明治大学社会科学研究所ディスカッション・ペーパー・シリーズ　No. J-2003-10

湯川笑子 (2003a)「L1教育からイマージョンへ―朝鮮学園の継承語保持努力の事例から」『母語・継承語・バイリンガル教育 (MHB) 研究』プレ創刊号　35-39

湯川笑子 (2003b)「京都市の朝鮮学校における朝鮮語・日本語バイリンガル教育の方法と成果」平成13年度―平成14年度科学研究費補助金［基盤研究C2］研究成果報告書 (課題便号13680363)

湯川笑子 (2008a)「日本人小学生の英語コミュニケーション能力」『母語・継承語・バイリンガル教育 (MHB) 研究紀要』第4号　68-85

湯川笑子 (2008b)「日本で成功してきたバイリンガル教育：朝鮮幼稚園の取り組み」平成19年度大阪府教育委員会JSLカリキュラムワークショップ資料 (2008年2月23日)

湯本和子 (2003b)「International Schoolイマージョン型」JACETバイリンガリズム研究会 (編)『日本のバイリンガル教育』67-88

横井久美子 (2006a)「ブラジル系外国人学校と公立小学校の補完的連繋―愛知県小牧市のケースを中心に―」第8回母語・継承語・バイリンガル教育 (MHB) 研究会発表資料

横井久美子 (2006b)「外国人学校と公立小学校の補完的関係―愛知県小牧市を中心に―」名古屋外国語大学修士論文

吉川陽子・本杉敦子 (2006)「日本生まれもしくは幼児期来日の外国人児童の日本語能力―OBC会話テストを利用して」第7回母語・継承語・バイリンガル教育 (MHB) 研究会資料集　22-32

吉島茂・大橋理枝ほか (2004)『外国語教育II―外国語の学習、教授、評価のためのヨーロッパ共通参照枠』朝日出版社

李美静 (2001)「在日中国人子女の中日二言語語彙力の調査」『アジア文化研究』8　58-69

李美静 (2006)『中日二言語のバイリンガリズム』風間書房

Abedi, J. (2007) The No Child Left Behind Act and English Language Learners: Assessment and Accountability Issues. In Garcia, O. & C. Baker (eds.) *Bilingual Education: An Introductory Reade*r. 286-301. Clevedon, UK:Multilingual Masters.

Allington, L.R. (2006) *What Really Matters for Struggling Readers: Designing Research-Based Programs.* (2nd edition) Boston, MA: Pearson Education.

Anderson, L. W., & D. R. Krathwohl (eds.) (2001) A taxonomy for learning, teaching and assessing: A revision of Bloom's Taxonomy of educational objectives. New York: Longman.

Arviso, M., & W. Holm (2001) Tséhootsooidi Olta'gi Diné Bizaad Bihoo'aah: A Navajo Immersion Program at Fort Defiance, Arizona. In L. Hinton & K. Hale(eds.), *The green book of Language Revitalization in Practice.* (pp. 203-235). San Diego, CA: Academic Press.

August, & K. Hakuta (1997) *Improving schooling for language-minority children: A research agenda.* Washington, DC: National Academy Press.

August, D., M. Calderon & M. Carlo (2002) *Transfer of Skills from Spanish to English: A Study of Young Learners. Report for Practitioners, Parents and Policy Makers.* Center for Applied Linguistics.

Baker, K. (1998) Structured English Immersion Breakthrough in Teaching Limited English-Proficient Students. http://www.pdkintl.org/kappan/kbak9811.htm (2007.09.22 取得)

Baker, C. (2000a) A Parents' and Teachers' Guide to Bilingualism. Clevedon: Multilingual Matters Ltd.

Baker, C. (2000b) The Care and Education of Young Bilinguals. An Introduction for Professionals. Clevedon: Multilingual Matters Ltd.

Baker, C. & N.H.Hornberger (2001) (eds.) An Introductory Reader to the Writings of Jim Cummins. Clevedon: Multilingual Matters.

Barron-Hauwaert, S. (2004) Language Strateegies for Bilingual Families. The One-Parent-One-Language

Approach. Clevedon:Multilingual Matters Ltd.

Beaver, M.J. (1997). Developmental Reading Assessment. Parsippany, NJ: Celebration Press.

Beaver, M.J. (2006) DRA2: Developmental Reading Assessment. Teachers Guide K-3. Celebration Press.

Bell, J.S. (2004) Teaching Multilevel Classes in ESL. Toronto: Pippin Publishing.

Bernaus, M., A. M. Masgoret, R. C. Gardner & E. Reyes (2004) Motivation and Attitudes Towards Learning Languages in Multicultural Classrooms. *The International Journal of Multilingualism.* Vol. 1, No. 2. 75-89.

Bialystok, E. (ed.) (1991) *Language processing in bilingual children.* Cambridge, UK: Cambridge University Press.

Biemiller, A. (2003) Oral comprehension Sets the Ceiling on Reading Comprehension. *American Educator.* American Federation of Teachers. www.aft.org/pubs-reports/american_educator/spring2003/index.html

Bilingual Education Act. 1968. P.L. 90-247.

Bostwick, R. M. (1999). *A study of an elementary English language immersion school in Japan.* Unpublished doctoral dissertation, Temple University, Japan

Bourhis, R. (1990) Social and Individual Factors in Language Acquisition: Some models of bilingual proficiency. In B. Harley, P. Allen, J. Cummins & M. Swain (eds.). *The Development of Second Language Proficiency.* Cambridge: Cambridge University Press. 134-145.

Bourhis, R., H. Giles & D. Rosenthal (1981). "Notes on the construction of a 'subjective vitality questionaire' for ethnolinguistic groups." *Journal of Multilingual and Multicultural Development.* 2(2), 145-155.

Bransford, J.D., A.L. Brown & R.R. Cocking (2000) *How people learn: Brain, mind, experience, and school.* Washington, DC: National Academy Press.

Brindley, G. (1998) Describing language development? Rating scales and SLA. In L. F. Backman and A.D. Cohen (eds.) *Interfaces Between Second Language Acquisition and Language Testing Research.* Cambridge, UK: Cambridge University Press. 112-140.

Brinton, D.M., O. Kagan & S. Bauckus (2008) (eds.) Heritage Language Education: A New Field Emerging. New York: Routledge.

Butler, F.A. & R. Stevens (1997) *Accommodation Strategies for English Language Learners on Large-Scale Assessments: Student Characteristics and Other Considerations.* National Center for Research on Evaluation, Standards, and Student Testing, University of California.

California State Board of Education (1997) Public School English-Language Arts Content Standards: Kindergarten Through Grade Twelve. http://www.cde.ca.gov/be/st/ss/documents/elacontentstnds.pdf (2007.12.12 取得)

Canadian Parents for French (2003) Canadian Parents of French Report: The State of French School Language Education in Canada.

Canadian Parents for French (2007) Canadian Parents of French Report: The State of French School Language Education in Canada 2007.

Canale, M., N. Frenette & M. Bélanger (1988) Evaluation of minority student writing in first and second languages. In J. Fine (ed.), *Second Language Discourse(a Textbook of current Research):* 147-165. Ablex. New York: Ablex Publishing Corp.

Capps, R., M. Fix, J. Murray, J. Ost, J. S. Passel & S. Herwantoro (2005) *The new Demography of America's Schools: Immigration and the No Child Left Behind Act.* The Urban Institute.

Carbin,C. (1993) Ontario's New ASL/LSQ LAW-PAH!, Winter 1993-4.

Cenoz, J. & F. Genesee (1998) Psycholinguistic Perspectives on Multilingualism and Multilingual Education. In J. Cenoz & F. Genesee (eds.) *Beyond Bilingualism: Multilingualism and Multilingual Education.* Clevedon, UK: Multilingual Matters. 16-32

Cenoz, J., B. Hufeisen, & U. Jessner (2001) (eds.) Cross-linguistic Influence in Third Language Acquisition: Psycholinguistic Prespectives. Clevedon: Multilingual Matters Ltd. Chall, J. S. American Education.

Center for Applied Linguistics (2002) Two-way immersion programs: Features and statistics.

Chall, J.S. & V.A. Jacob. (2003) Poor Children's Fourth-Grade Slum. American Education. http://www.aft.org/

pubs-reports/america_educator/spring2003/chall.html (2007.07.16 取得)

Chall, J.S., V.A. Jacob & L.E. Baldwin (1990) The Reading Crisis: Why Poor Children Fall Behind. Cambridge: Harvard University Press.

Chow, P. & Cummins, J. (2003) Valuing multilingual and multicultural approaches to learning. In S. R. Schecter and J. Cummins (ed.) *Multilingual education in practice: Using diversity as a resource.* Portsmouth, NH: Heineman 32-61

Christia, D. (2008) School-Based Programs for Heritage Language Learners: Two-Way Immersion. In M.D. Brinton, O. Kagan & S. Bauckus(eds). *Heritage Langauge Education : A New Field Emerging.* New York: Routledge. 257-268.

Christian, D., C.L. Montone, K.J. Lindholm & I. Carranza (1997) *Profiles in Two-Way Immersion Education.* Wahsington, DC: Center for applied Linguistics and Delta Systems.

Churchill, S. (1986) *The Education of Linguistic and Cultural minorities in OECD Countries.* Clevedon, UK: Multilingual Matters.

Citizenship and Immigration Canada (2007) http://www.cic.gc.ca/english/pdf/pu/immigration2007

Clewel, C.B. (2007) *Promise or Peril?: NCLB and the Education of ELL Students. Program for Evaluation and Equity Research.* The Urban Institute.

Cloud, N., F. Genesee & E. Hamayan (2000) *Dual Language Instruction: A Handbook for Enriched Education.* Boston, MA: Heile and Heinle.

Clément, R. (1980) Ethnicity, contact and communicative competence in second language. In H. Giles, W. P. Robinson & P. M. Smith(eds.). *Language: social psychological perspectives.* Oxford: Pergammon Press. 147-154

Coelho, E. (2004) *Adding English: A guide to teaching in multilingual classrooms.* Don Mills, Ontario: Pippin.

Coelho, E. (2008) How Long Does It Take? Lessons from EQAO Data on English Language Learners in Ontario School. *Inspire: The Journal of Literacy and Numeracy for Ontario.*

Cohen, A.D. (1994) *Assessing language ability in the classroom.* (2nd ed.). Boston: Newbury House/Heinle & Heinle.

Collier, V.(1989) How long? A synthesis of research on academic achievement in a second language. *TESOL Quarterly.* 23(3), 509-531.

Collier, V. (1992) A synthesis of studies examining long-term language-minority student data on academic achievement. *Bilingual Research Journal.* 16(1 &2), 187-212.

Collier, V.P. (1995) *Promoting Academic Success for ESL Students.* Elizabeth, NJ: New Jersey Teachers of English to Speakers of Other Languages-Bilingual Education.

Comeau L, F. Genesee & L. Lapaquette (2003) The Modeling hypothesis and child bilingual code-mixing. *International Journal of Bilingualism.* 7(2), 113-126.

Corson, D. (1999) *Language Policy in Schools: A Resource for Teachers and Administrators.* New York: Routledge.

Cossey, P. (2006) Teaching reading in an English immersion school. Katoh Gakuen Grade 1-3. 母語・継承語・バイリンガル教育 (MHB) 研究会年次大会発表資料(2006年8月26日　工学院大学新宿キャンパス)

Cumming, A. (1989) Writing expertise and second language proficiency. *Language Learning.* 39(1), 81-141.

Cummins, J. (1977) Delaying Native Language Reading Instruction in Immersion Programs: A Cautionary Note. *The Canadian Modern Language Review.* 34(1), 46-39.

Cummins, J. (1978) Educational Implications of Mother-tongue Maintenance in Minority-language Children. *The Canadian Modern Language Review,* 34(3), 395-416.

Cummins, J. (1981a) The role of primary language development in promoting educational success for language minority students. In California State Department of Education (ed.), *Schooling and language minority students: A theoretial framework.* Los Angeles: Evaluating Dissemination and Assessment Center, California State University. 3-49.

Cummins, J. (1981b) *Bilingualism and Minority Language Children.* Toronto: Ontario Institute for Studies in Education.

Cummins, J. (1984a) Wanted: A theoretical framework for relating language proficiency to academic achievement among bilingual students. In C. Rivera (ed.) *Language proficiency and academic achievement.* Multilingual Matters Ltd.

Cummins, J. (1984b) Bilingualism and Special Education: Issues in Assessment and Pedagogy Clevedon: Multilingual Matters.

Cummins, J. (1986) Empowering minority students: A framework for intervention. *Harvard Educational Review.* 56(1), 18-36.

Cummins, J. (1991a) Language Development and Academic Learning. In L. Malavi & G. Duquette (eds.) *Language, culture and cognition: A collection of studies in first and second language acquisition.* Clevedon, Philadelphia: Multilingual Matters. 161-175.

Cummins, J. (1991b) Interdependence of first- and second-language proficiency in bilingual children. E. Bialystok (ed.) *Language Processing in Bilingual Children.* Cambridge: Cambridge University Press. 70-89.

Cummins, J. (1991c) The Development of Bilingual Proficiency From Home to School: A Longitudinal Study of Portuguese-speaking children. *Journal of Education.* 173(2), 85-97.

Cummins, J. (1996) *Negotiating Identities. Education for Empowerment in a Diverse Society.* Ontario: California Association for Bilingual Education.

Cummins, J. (1999) Beyond adversarial discourse: Searching for common ground in the education of bilingual students. In C. Ovando and P. Melaren (eds.) *The Polirics of Multiculturalism and Bilingual Education: Students and Teachers Caught in the Gross Fire.* Boston: McGraw Hill. 126-147.

Cummins, J. (2000a) *Language, Power and Pedagogy – Bilingual Children in the Crossfire.* Clevedon: Multilingual Matters.

Cummins, J. (2000b) Bilingualism, Empowerment and Transformative Pedagogy. www./teacilearn.com/cummins/biliteratempowerment.html (2009.6.1. 取得)

Cummins, J. (2001a) *Negotiating Identities: Education for Empowerment in a Diverse Society* (2nd edition). Los Angeles: California Association for Bilingual Education.

Cummins, J. (2001b) Bilingual Children's mother tongue: Why is it important for educators. *Sproforum.* 7(19), 15-20.

Cummins, J. (2006) "Identity Texts: The Imaginative Construction of Self through Multiliteracies Pedagogy." In O. Garcia et al. (eds.) *Imagining Multilingual Schools: Language in Educationa and Glocalization.* Clevedon,U. K.: Multilingual Matters. 51-68.

Cummins, J. (2007) Language Interactions in the Classroom: From Coercive to Collaborative Retlations of Power. In O. Garcia & C. Baker (eds.), *Bilingual Education: An Introductory Reader.* Clevedon, UK: Multilingual Matters. 108-134

Cummins, J. (2009a) Canadian French immersion programs: What can we learn from 40 years of research? In L. Yu and E. Yoeman (eds.) *Bilingual Education in China: A Global Perspective.* Shanghai: Foreign Language Teaching and Research Press. 12-21.

Cummins, J. (2009b) Fundamental psychological and sociological principles underlying educational success for linguistic minority students. In T. Skutnabb-Kangas, R. Phillipson,A.K.Mohanty & M. Panda (eds.) *Social justice through multilingual education.* Bristol: Multilingual Matters. 19-35.

Cummins, J. & C. Davison (eds.) (2007) International Handbook of English Language Teaching. Part One and Part Two. New York: Springer.

Cummins, J. & D. Corson (eds.) (1997) Encyclopedia of Language and Education. Volume 5: Bilingual Education. Dordrecht: Kluwer Academic Publishers.

Cummins, J. & K. Nakajima (1987) Age of arrival, length of residence, and interdependence of literacy skills among Japanese immigrant students. In B. Halley, P. Allen, J. Cummins & M. Swain (eds.), *The Development of Bilingual Proficiency.* The ontario Institute for Studies in Education if the University of Toronto. Vol.3 183-202

Cummins, J. & M. Swain (1986) *Bilingualism in Education.* New York: Longman.

Cummins, J., K. Brown & D. Sayers (2007) *Literacy, Technology, and Diversity: Teaching for Success in Changing Times.* Boston: Person Education.

Cummins, J., V. Bismilla, S. Cohen, F. Giampapa, L. Leoni (2005) Timelins and Liflines: Rethinking Literacy Instruction in Multilingual Classrooms. *Orbit.* Vol. 36. No. 2005, 22-26.

Cummins, J., M. Swain, K. Nakajima, J. Handscombe, D. Green & C. Train (1984) Linguistic Interdependence among Japanese and Vietnamese Immigrant students. In C. Rivera (ed.) *Communicative Competence Approaches to Language Proficiency Assessment: Research and Application.* Clevedon, Avon: Multilingual Matters 9.

Daswani, C.J. (1999) Literacy. In B. Spolsky (ed.) *Concise Encyclopedia of Educational Linguistics.* Amsterdom:pergamon. 159-166.

Davis, L.H., J.F. Carlisle & M.M. Beeman (1999) Hispanic children's writing in English and Spanich when English is the language of instruction. In Yearbook of the National Reacing Conference. 48, 238-248.

Day, E. & S. Shapson (1996) *Studies in Immersion Education.* Clevedon: Multilingual Matters.

Derewianka, B (1997) National developments in the assessment of ESL students. In M.P. Breen, C. Barratt-Pugh, H. House, C. Hudson, T. Lumley and M. Rohal (eds.) *Profiling ESL Children: How Teachers Interpret and Use National and State Assessment Frameworks.* Canberra: Commonwealth of Australia. Vol.1, 15-65.

Douglas, M. (2005) Pedagogical Theories and Approaches to Teach Young Learners of Japanese as a Heritage Language. *Heritage Language Journal,* 3(1). http://www.heritagelanguages.org/

Dressler, C. & M.L. Kamil (2006) First- and second-language literacy. In D. August & T. Shanahan (eds.) *Developing Literacy in Second Language Learners: Report of the National Literacy Panel on Language-Minority Children and Youth.* New Jersey: Lawrence Erlbaum Associates. 197-238.

Dunn. L.M. & L.M. Dunn (1981) *Peabody Picture Vocabulary Test*(Revised). American Guidance Service.

Durgnoglu, A.Y. (1997) Bilingual Reading: Its components, Development and Other Issues. In de Groot A.M.B. & Kroll. J.F. (eds.) *Tutorials in Bilingualism- Psycholinguistic perspectives.* New Jercy: Lawarence Erlbaum Associates.

Durgnoglu, A.Y., W.E. Nagy & B.J. Hancin-Bhatt (1993) Cross-language transfer of phonological awarencess, *Journal of Educational Psychology,* 85(3), 453-465.

Durkin, D. (1978-1979) What classroom observations reveal about reading comprehension instruction. *Reading Research Quarterly,* 14, 481-533.

Early, M. (2001) Language and content in social practice: A case study. *The Canadian Modern Language Review.* 58, 156-179.

Early, M. et al. (2002) From literacy to multiliteracies: Designing learning environments for knowledge generation within the new economy. Proposal funded by the Social Sciences and Humanities Research Council of Canada.

Echevarria, J. & A. Graves (1998) *Sheltered content instruction.* Boston: Allyn & Bacon.

Echevarria, J., M.E. Vogt & D. Short (2004) *Making content comprehensible for English learners: The SIOP model.* Needham Heights, MA: Ally & Bacon.

Edelsky, C. (1982) Writing in a bilingual program: The relation of L1 and L2 texts. *TESOL Quarterly.* 16(2), 211-228.

Edwards, J. (1988) Bilingualism, Education and Identity. *Journal of Multilingual and Multicultural Development,* 9 (1 & 2), 203-210.

Erickson, F., & J. Shultz (1982). *The counselor as gatekeeper: Social interaction in interviews.* New York: Academic Press.

Feuerstein, R. (1979) *The dynamic assessment of retarded performers: The learning potential assessment device.* Baltimore: University Park Press.

Feuerverger, G. (1989) The Canadian Ethnocultural Questionnaire. Copy-righted, Ottawa.

Feuerverger, G. (1991) University students' perceptions of heritage language learning and ethnic identity maintenance. *Canadian Modern Language Review.* 47(4), 660-677.

Fishman, J. (1967) Bilingualism with and without diglossia, diglossia with and without bilingualism. *Journal of Social Issues*, 23(2), 29-38.

Fishman, J. (2001) 300-Plus Years of Heritage Language Education in the United States. In J.k. Peyton et al. (eds.) *Heritage Language in America: Preserving a National Resource.* Washington, D.C: Center for Applied Linguistics.

Fitzgerald, J. (1995) English-as-a-Second Language Learners' Cognitive Reading Process: A Review of Research in the United States. *Review of Educational Research.* 65(2), 145-190.

Fitzgerald, J. & J. Cummins (1996) Bridging dischiplines to critique a national agenda for language-minority children's schooling. *Reading Research Quarterly.* 34(3), 378-390.

Folse, K. S. (2004) *Vocabulary myths: Applying second language research to classroom teaching.* Ann Arbor: The University of Michigan Press.

Francis, N. (2000) The shared conceptual system and language processing in bilingual children: Findings from literacy assessment in Spanish and Náhuatl. *Applied Linguistics.* 21(2) 170-204.

Freeman, Y.S. & D.E. Freeman (1988) *Between Worlds: Access to Second Language Acquisition.* Portmouth, NH: Heinemann.

Gaarder, R.C. (1977) *Bilingual Schooling and the Survival of Spanish in the United States.* Cambridge: Newbury House.

Gandara, P., R. Rumberger, J. Maxwell-Jolly & R. Callahan (2003) English Learners in California Schools: Unequal resources, unequal outcomes. Equation Policy Analysis Archives. Vol.11, no. 36. Retrieved from http://epaa.asu.edu/epaa/vlln36.

Garcia, N.G. (2000) Lessons From Research: What is the Length of Time it Takes Limited English Proficient Students to Acquire English and Succeed in an All-English Classroom? Issues & Brief, *Clearinghouse for Bilingual Education,* No. 5, September 2000.

García, O., J.A. Keifgen & L. Falchi. (2008) From English Language Learners to Emergent Bilinguals. *EQUITY MATTERS: Research Review* No. 1. Teachers College, Columbia University.

Garcia, O., T. Skutnabb-Kangas, & E.M. Torres-Guzman(eds.) (2006) *Imagining Multilingual Schools: Language in Educationa and Glocalization.* Clevedon, U.K.: Multilingual Matters.

Gardner, R.C. (1985) *Social Psychology and Second Language Learning: The role of attitudes and motivation.* London: Edward Arnold Ltd.

Gardner, R.C. & W.E. Lambert (1972) *Attitudes and Motivation in Second Language Learning.* Rowley, MA: Newbury House.

Genesee, F. (1979) Acquisition of Reading Skills in Immersion Programs. *Foreign Language Annals.* 12, 71-77.

Genesee, F. (1981) A comparison of early and late second language learning. *Canadian Journal of Behavioural Sciences.* 13, 115-128.

Genesee, F. (1987) *Learning Through Two Languages.* Rowley, MA: Newbury House.

Genesee, F. (1991) Second language learning in school settings: Lessons from immersion. In A.G. Reynolds (ed.) Bilingualism, Multiculturalism, and Second Language Learning. Hillsdale, NJ: Erlbaum. 182-202.

Genesee, F. (eds.) (1994) Educating Second Language Children: The Whole Child, the Whole Curriculum, the Whole Community. Cambridge, MA: Cambridge University Press.

Genesee, F. (1994) Integrating language and content: Lessons from immersion. *The National Center for Research on Cultural Diversity and Second Language Learning, Educational Practice Report* 11, 1-15.

Genesee, F. (1998) A case study of multilingual education in Canada. In J. Cenoz & F. Genesee (eds.) *Beyond Bilingualism: Multilingualism and Multilingual Education.* Clevedon, England: Multilingual Matters. 243-259.

Genesee, F. (ed.) (1999) Program Alternatives for Linguistically Diverse Students. Center for Research on Education, Diversity & Excellence. http://www.crede.ucsc.edu/print/eprs/eprl.shtml#newc (2003.05.12 取得)

Genesee, F. (2008) Learning to Read in a Second Language. Keynote address delivered at Immersion Education: Pathways to Bilingualism & Beyond, October 16-18, 2008
http://www.carla.umn.edu/conferences/past/immersion2008/index.html

Genesee, F. & W.E. Lambert (1983) Trilingual education for majority language children. *Child Development*. 54. 105-114.

Genesee, F., K. Lindholm-Leary, W. M. Saunders, & D. Chiristian. (2006) *Educating English Language Learners. A synthesis of Research Evidence.* New York: Cambridge University Press.

Genesee, F., G.R. Tucker & W.E. Lambert (1978) The Development of Ethnic Identity and Ethnic Role Taking Abilities in Children from Different School Settings. *International Journal of Psychology.* 13(1), 35-57.

Giles, H., P. Ball, B. Gasiorek & L. Young (1989) Ethnic Identification, Language and Values: The Case of Polish Emigrés. *Journal of Multilingual and Multicultural Development.* 10(2), 107-116.

Giles, H., R.Y. Bourhis & D.M. Taylor (1977). Towards a Theory of Language in Ethnic Group Relations. In H. Giles (ed.), *Language Ethnicity and Intergroup Relations.* London: Academic Press. 307-348.

Giles, H., M. Hewstone & P. Ball (1983) Language Attitudes in Multilingual Settings: Prologue with Priorities. *Journal of Multilingual and Multicultural Development.* 4(2 & 3), 81-96.

Giles, H., L. Leets & N. Coupland (1990) Minority Language Group Status: A Theoretical Conspexus. *Journal of Multilingual and Multicultural Development,* 11(1 & 2), 37-55.

Goldenberg, C. & G.G. Pathey-Chaverg (1995) Instructional Conversations and thier classroom application. (Education Practice Report 2) Santa Cruz, CA: National Center for Research on Cultural Diversity and Second Language Learning.

Goldenberg, C. (2006) Improving Achievement for English-Learners: What the Research Tells Us. *Education Week.* Vol. 25, Issue 43, 34-36.

Gonzales, G. (2007) Bilingual Education and English as a Second Language (ESL) : Program Models. http://www.tea.state.tx.us/ (2007.10.10 取得)

Gore, J.C. & R. Gillis (2004) Manipulative Visual Language: A TOOL TO HELP CRACK THE CODE OF ENGLISH. Laurent Clerc National Deaf Education Center, Gallaudet University.

Gough, P.B. & W.E Tunmer (1986) Decoding, reading and reading disability. *Remedial and Special Education,* 7, 6-10

Graves, F.M. (2007) Teaching 50,000 Words and Erasing a 30,000 Million Word Deficit. International Reading Association Annual Conference, Toronto. May, 2007. www.graves_vocabulary.ppt

Gunderson,L. (2009) *ESL (ELL) Literacy Instruction: A Guidbook to Theory and Practice.* New York: Rutledge.

Gunning, T.G (1996) *Creating Reading Instruction for All Children.* Allyn and Bacon.

Guthrie, J.T. (2004) Teaching for Literacy Engagement. *Journal of Literacy Research,* 36(1), 1-30.

Hakuta, K., Y.G. Butler, D. Witt (1999) How long does it take English learners to attain English proficiency? University of California Linguistic Minority Research Institute Policy Report 2000-2001.

Hall, K. (1994) Process writing in French immersion. *The Canadian Modern Language Review.* 49, 255-274.

Hamers, J.F. & M.H. Blanc (1982) Towards a Social-Psychological Model of Bilingual Development. *Journal of Language and Social Psychology.* 1(1), 29-49.

Hamers, J.F. & M.H. Blanc (2000) *Bilinguality and Bilingualism.* 2nd edition. Cambridge University Press.

Harley, B. (1989) Transfer in the written compositions of French immersion students. Dechert, H. W. & M. Raupach (eds.) Transfer in Language Production. pp.3-19, Ablex.

Harley, B. (1992) Patterns of second language development in French immersion. *French Language Studies.* 2, 159-183.

Harley, B. (1993) Instructional strategies and SLA in early French immersion. *Studies in Second Language Acquisiiton.* 15, 245-260.

Harley, B. (1998) The role of form-focused tasks in promoting child L2 acquisition. In C. Doughty & J. Williams (eds.), *Focus on form in classroom second language acquisition.* Cambridge, UK: Cambridge University Press.

156-174.

Heining-Boynton, A.L. (2006) *2005-2015 Realizing Our Vision of Languages for All.* Upper Saddle River, NJ: Pearson Education.

Hepburn, C. (2006) Mahawak immersion program gaining acceptance. Endangered Languages List 2006.9.7

Hill, B.C. (2001) *Developmental Continuums; A Framework for Literacy Instruction and Assessment K-8.* Norwood, MA: Christopher- Gordon.

Hill, E. (2004) Highlights of the: 2004-05 Analysis and Perspectives & Issues. LEGISLATIVE ANALYST'S OFFICE, State of California.

Hirose, K. & M. Sasaki (1994) Explanatory variables for Japanese students' expository writing in English: An explanatory study. *Journal of Second Language Writing,* 3, 203-229.

Hoffmann, Ch. & J. Ytsma (2004) (eds.) Trilingualism in Family, School and Community, Clevedon: Multilingual Matters Ltd.

Hofstetter, H.C. (2004) Effects of a Transitional Bilingual Education Program: Findings, Issues, and Next Steps. Bilingual Research Journal. 28(3), 355-377.

Hornburger, N.H. (ed.) (2003) *Continua of Biliteracy: An Ecological Framework for Educational Policy, Research, and Practice in Multilingual Settings.* Clevedon: Multilingual Matters.

Hornberger, N. (2006) Nichols to NCLB: Local and Global Perspectives on US Language Education Policy. In García, O. et al. (eds.) *Imagining Multilingual Schools: Languages in Education and Glocalization.* Clevedon, UK: Multilingual Matters.

Hornberger, N.H. & S.C. Wang (2008) Who are our heritage language learners? Identity and biliteracy in heritage lanugage education in the United States. In D.M. Blinton, O.Kagan, & S. Bauckus (eds.) *Heritage Language Education: A New Field Emerging.* New York: Routledge. 3-38.

Howard, E.R., K.J. Lindholm-Leary, D. Rogers et al. (2007) Guiding Principles for Dual Language Education. http://www.cal.org/twi/Guiding_Principles.pdf (2009.01.15 取得)

Human Resources and Social Development Canada/Council of Ministers of Education, Canada. (2008) *Measuring up: Canadian Results of the OECD PISA Study: The Performance of Canada's Youth in Science, Reading and Mathematics. 2006 First Results for Canadians Aged 15, statisticts Canada.*

Igarashi, K. J. Wudthayagorn, R. Donato & R.G. Tucker (2002) What Does a Novice Look Like? Describing the Grammar and Discourse of Young Learners of Japanese. *The Canadian Modern Language Review.* 58(4), 526-554.

Igoa, C. (1995) The Inner World of the Immigrant Child. Reprinted in 2009. New York: Routledge.

Jiméne, R.T., Garcia, G.E., & P.D Pearson, . (1996) The reading strategies of bilingual Laina/o students who are successful English readers: Opportunities and obstacles. *Reading Research Quarterly.* 31(1), 89-112.

Jiménez, R.T., G.E. García & P.D. Pearson. (1995) Three Children, Two Languages, and Strategic Reading: Case Studies in Bilingual/Monolingual Reading. *American Educaitonal Research Journal.* 32(1), 67-97.

Johnson, D & R. Johnson (1994) *Learning Together and Alone. Cooperative, Competitive, and Individualistic Learning.* Fourth Edition. Needham Heights, M: Allyn and Bacon.

Johnstone, J. (no date) French! I love it! (Success Stories) Canadian Parents for French. http://www.cpf.ca/eng/media-success-stories.html

Kindler, A.L. (2002) Survey of the states' limited English proficient students and available educational programs and services: 2000-2001 summary report. Washington , DC: National Clearinghouse for English Language Acquisition and Language Instruction Educational Programs.

Koda, K. (1994) Second language reading research: Problems and possibilities. *Applied Psycholinguistics.* 15, 1-28.

Koda, K. (2008) Impacts of prior literacy experience on second-language learning to read. In K. Koda & A.M. Zehler (eds.) *Learning to Read Across Languages: Cross-Linguistic Relationships in First- and Second-Language Literacy Development.* New York: Routledge.

Kondo-Brown, K. (2006) *Heritage Language Development: Focus on East Asian Immigrants.* Amsterdam/Philadelphia:

John Benjamins.

Kondo-Brown, K. & J.D. Brown. (2008) *Teaching Chinese, Japanese and Korean Heritage Language Students: Curriculum Needs, Materials, and Assessment.* New York: Taylor & Francis-Lawrence Erlbaum.

Krashen, S. (2007) Is 180 Days Enough?

Krashen, S. D. (1981). Bilingual education and second language acquisition. In California State Department of Education (ed.) Schooling and language minority students: A theoretical framework. Los Angeles: Evaluation, Assessment and Dissemination Center. 51-82

Kroll, J. F. (1993) Accesing conceptual representations for eords in a second language. In R. Schreuderd & B. Weltens (eds.) *The Bilingual Lexicon.* John Benjamins. 53-81.

Kubota, R. (1998) An investigation of L1-L2 transfer in writing among Japanese university student: Implications for contrastive rhetoric. *Journal of Second Language Writing.* 7(1), 69-100.

La Chelle-Peterson, M.W. & C. Rivera (1994) Is it real for all kids? A framework for equitable assessment policies for English language learners. *Harvard Educational Review.* 64(1), 55-75.

Labrie, N. & R. Clément (1986) Ethnolinguistic Vitality, Self-Confidence and Second Language Profeicney: An Investigation. *Journal of Multilingual and Multicultural Development,* 7(4), 269-282.

Lambert, W.E. & G.R. Tucker (1972) *Bilingual education of children: the St. Lambert experiment.* Rowley, MA: Newbury House.

Lambert, W.E. (1974) Culture and language as factors in learning and education. In F.E. Aboud and R.D. Meade (eds.) *Cultural Factors in Learning and Education.* Bellingham, Washington: 5th. 91-122

Lambert, W.E. (1977). The Effects of Bilingualism on the Individual: Cognitive and Sociocultural Consequences. In P. Hornby (ed.) *Bilingualism: Psychological, Social and Educational Implications.* New York: Academic Press: 15-17.

Lambert, W.E., Hamers, J. F., & Frasure-Smith, N. (1979) *Child-Rearing Values: A Cross-National Study.* N.Y.: Praeger Publishers.

Lanauze, M. & C.E. Snow (1989) The relationship between first- and second-language writing skills: Evidence from Puerto Rican elementary school children in bilingual programs. *Linguistics and Education.* 1, 323-339.

Landry, R. (1987) Additive Bilingualism, Schooling and Special Education: A Minority Group Perspective, *Canadian Journal for Exceptional Children.* 3(4), 109-114.

Landry, R. & R. Allard (1991a) Beyond Socially Naive Bilingual Education: the Effects of Schooling and Ethnolinguistic Vitality of the Community on Additive and Subtractive Bilingualism. *Annual Conference Journal of the National Association of Bilingual Education.* 1-30.

Landry, R. & R. Allard (1991b) Can Schools Promote Additive Bilingualism in Minority Group Children? In L. Malavé and G. Duquette. *Culture and Cognition, A Collection of Studies in First and Second Language Acquisition.* Clevedon: Multilingual Matters. 198-231.

Landry, R. & R. Allard (1992) Ethnolinguistic Vitality and the Bilingual Development of Minority and Majority Group Students. In W.Fase, K. Japaert, and S. Kroon (eds.) *Maintenance and Loss of Minority Language.* Amsterdam/Philadelphia: John Benjamins. 223-251.

Landry, R. & R. Allard (1994a) Diglossia, ethnolinguistic vitality and language behavior. In R. Landry and R. Allard (ed.) *Ethnolinguistic vitality: Special issue of the International Journal of the Sociology of Language.* 15-42.

Landry, R. & R. Allard (1994b) Ethnolinguistic Vitality: a Viable Construct. *International Journal of the Sociology of Language.* 108, 5-14.

Landry, R., R. Allard & J. Henry (1996) French in South Louisiana: Towards Language Loss. *Journal of Multilingual and Multicultural Development.* 7(6), 442-468.

Landry, R., R. Allard & R. Théberge (1991) School and Family French Ambiance and the Bilingual Development of Francophone Western Canadians. *The Canadian Modern Language Review.* 47(5), 878-915.

Laufer, B. (1992) How much lexis is necessary for reading comprehension? In H. Bejoint & P. Arnaud (eds.) *Vocabulary and applied linguistics.* London: Macmillan. 126-132.

Laufer, B. (2003) Vocabulary acquisition in a second language: Do learners really acquire most vocabulary by reading? Some empirical evidence. *The Canadian Modern Language Review.* 59, 567-588.

Lave, J. & E. Wender (1991) *Situated Learning: Legitimate Peripheral Participation.* Cambridge: Cambridge University Press.

Lee, J.S.& Oxelson, E. (2006) "It's Not My Job": K-12 Teacher Attitudes Toward Students' Heritage Language Maintenance. *Bilingual Research Journal.* 30(2), 453-477.

Leets, L. & H. Giles (1992) Dimensions of Minority Language Survival-Nonsurvival: Intergroup Cognitions and Communication Climates. Paper presented at the Conference on Language Maintenance and Language Shift, Noordwijkhout, The Netherlands.

Lesaux, Noni., K. Koda, L. Siegel & T. Shanahan (2005) Development of literacy. In D. August & T. Shanahan (eds.) *Developing of Literacy in Second Language Learners: Report of the National Literacy Panel on Language-Minority Children and Youth.* Center for Applied Linguistics. 75-122,

Lindholm-Leary, K. & G. Borsato (2006) Academic Achievement. In F. Genesee, K. Lindholm-Leary, W.M. Saunder & D. Christian. (eds.) *Education English Language Learners. A Synthesis Of Research Evidence.* Cambridge: Cambridge University Press.

Lindholm-Leary, K.J. (2001) *Dual Language Education.* Clevedon, U.K.: Multilingual Matters.

Lucas, T., R. Henze & R. Danato (1990) Promoting the success of Latino language-minority students: an exploratory study of six high schools. *Harvard Educational Review.* 60, 315-340.

Lyster, R. (1994) La négociation de la forme: Stratégie analytique en classe d' immersion. *The Canadian Modern Language Review.* 50. 446-465.

Lyster, R. (1998) Immersion Pedagogy and Implications for Language Teaching. In J. Cenoz & F. Genesee (eds.) *Beyond Bilingualism: Multilingualism and Multilingual Education.* Clevedon, U.K.: Multilingual Matters. 64-95.

Lyster, R. (1999) Immersion. In B. Spolsky (ed.) *Concise Encyclopedia of Educational Linguistics.* 27-28.

Lyster, R. (2007) Learning and Teaching Languages Through Content: A counterbalanced approach. *Language & Language Teaching 18.* Amstrdam: John Benjamins.

Lyster, R. & H. Mori (2006) Interactional feedback and instructional counterbalance. *Studies in Second Language Acquisition.* 28, 269-300.

Lyster, R. & L. Ranta (1997) Corrective feedback and learner uptake: Negotiation of form in communicative classrooms. *Studies in Second Language Acquisition.* 19, 37-66.

MacFarlane, A. & M.B Wesche (1995) Immersion Outcomes: Beyond Language Proficiency. *The Canadian Modern Language Review.* 51(2), 250-174.

MacFarlane, A. (2005) An Examination of Intensive French: A Pedagogical Strategy for the Improvement of French as a Second Language Outcomes in Canada. The Canadian Association of Second Language Teachers. CASLT Research Report.

Mady, C. (2007) Allophone Students in French Second-Official-Language Programs: A Literature Review. *The Canadian Modern Language Review.* 63(5), 727-760.

McCarty, T.L., M.E. Romero & O. Zepeda (2006) Reimagining Multilingual America: Lessons from Native American Youth. In Garcia,O. et al. (eds.) *Imagining Multilingual Schools: Languages in Education and Glocalization.* Clevedon: Multilingual Matters. 91-110

McKay, P. (1995) Developing ESL proficiency descriptions for the school context: The NILLIA ESL bandscales. In G. Brindley (ed.) *Language Assessment in Action.* Sydney: National Centre for English Language Teaching and Research, Macquarrie University.

McLaughlin, B. & B. McLeod (1996) Educating All Our Students: Improving Education for Children from Culturally and Linguistically Diverse Backgrounds. Final Report of the National Center for Research on Cultural Diversity and Second Language Learning. Vol. 1, University of California Santa Cruz.

Met, M. (1998) Curriculum Decision-making in Content-based Language Teaching. In J. Cenoz & F. Genesee (eds.) *Beyond Bilingualism: Multilingualism and Multilingual Education.* Clevedon, UK: Multilingual Matters. 35-63.

Milroy, L. (1980) *Language and social networks.* Oxford: Blackwell.

Minami, M. (2002) Vocabulary development in English-Japanese bilingual children: Correspondence of achievement level in first and second languages. In Y. Shirai, H. Kobayashi, S. Miyata, K. Nakamura, T. Ogura & H. Shirai (eds.) *Studies in Language Sciences.* Kurosio Publishers. 2, 261-278.

Morrison, F. (1986) Evaluation for the Second Language Learning (French) Programs in the Schools of the Ottawa and Carleton Boards of Education. Ministry of Education, Ontario.

Muñoz-Sandoval, A.F., J. Cummins, C.G. Alvarado & M.L. Ruef (1998) *Bilingual Verbal Ability Tests; Comprehensive Manual.* Riverdide Publiching.

Nakajima, K. (2001) The Construct of L1 and L2 Oral Proficiency among Portuguese-speaking Children in Japan. 『JCHAT 言語科学学会第三回年次耐空き高等発表予稿集』 25-32.

Nakajima, K. & S. Parr (2007) Simultaneous dual literacy development in multi-age schooling in Japan: Does dissimilarity in orthography and literacy traditions work as an advantage? Paper presented at the International Symposium on Bilingualism 6 (May 30, 2007, University of Hamburg, Germany). Conference Abstracts, 269.

Nation, I.S.P. (2001) *Learning vocabulary in another language.* Cambridge, U.K.: Cambridge University Press .

Netten, J. & G. Germain (2004) Intensive French: Introduction. *The Canadian Modern Language Review.* 60(3), 263-275.

Netten, J. & W. Spain (1989) Student-teacher interaction patterns in the French immersion classroom: Implications for levels of achievement in French language proficiency. *The Canadian Modern Language Review,* 45, 485-501.

Netten, J (1991) Toward a more language oriented second language classroom. In L. Malavé & G. Duquette (eds.) *Language, culture and cognition: A Collection of Studies in First and Second Language Acquisition.* Clevedon, U.K.: Multilingual Matters.

New London Group (1996) A pedagogy of multiliteracies: Designing social futures. *Harvard Educational Review.* 66, 60-92

Nishihara, S., E. Ishii, T. Okazaki & K. Nakajima (1999) A Multiperspective Study of Minority Language Children in Japanese Schools. Symposium presented at AILA' 99, Tokyo, Japan. August 1-6.

No Child Left Behind Act of 2001. (2002) P.L. 107-110, Title III.

OECD (2006) *Where Immigrant Students Succeed: A Comparative Review of Performance and Engagement in PISA 2003.* OECD Publishing.

Odlin, T. (1989) *Language Transfer: Cross-Linguistic Influence in Language Learning.* Cambridge, MA: Cambridge University Press.

Ogbu, J. (1978) *Minority education and caste.* New York: Academic Press.

Ogle, D. (2010). *Partnering for Content Literacy: PRC2 in Action. Developing Academic Language for All Learners.* Allyn & Bacon.

Ogle, D.M. (1986) The K-W-L: a teacher model that develops active reading of expository text. *The Reading Teacher,* 45(4), 298-306.

Okazaki, T. (1999) Inter-relationships between children's L2 acquisition, L1 maintenance, and interdependence. Paper presented at the symposium on Minority Language Children in Japanese Schools, AILA, Japan. August 10, 1999.

Oketani, H. (1997) Additive Bilinguals: The Case of Post-War Second Generation Japanese Canadian Youth. *Bilingual Research Journal.* National Association for Bilingual Education. 21(4), 369-389.

Ontario Ministry of Educaiton (2008) Supporting English Language Learners in Kindergarten: A practical guide for Ontario. http://www.edu.gov.on.ca/eng/document/kindergarten/kindergartenELL.pdf

Ordóñez, C.L., M.S. Carlo, C.E. Snow & B. McLaughlin (2002) Depth and breadth of vocabulary in two languages: which vocabulary skills transfer? *Journal of Educational Psychology.* 94(4), 719-728.

Ovando, C.J. & V.P. Collier (1983) *Bilingual and ESL Classrooms: Teaching in Multicultural Contexts* (2nd edition).

Boston: McGraw Hill.

Ovando, C.J. (2003) Bilingual education in the United States: Historical development and current issues. *Bilingual Research Journal*. 27(1), 1-24.

Pajoohesh, P. (2007) A probe into lexical depth: What is the direction of transfer for L1 literacy and L2 development? *Heritage Language Journal*, 5(1), 117-146.

Peel, E. & W.E. Lambert (1962) The relation of bilingualism to intelligence. *Psychological Monographs*. 76, 1-23.

Pérez, B. & M.E. Torres-Guzmán (3rd edition, 2001, 1st edition 1991) *Learning in Two Worlds: An Integrated Spanish/English Biliteracy Approach*. New York: Longman

Phillips, J.K. (2006) Assessment Now and into the Future. In A.L. Heining-Boynton (ed.) *2005-2015 Realizing Our Vision of Languages for All*. Upper Saddle River, NJ: Pearson Education. 75-103.

Poslethwaite, T.N. & K.N. Ross (1992) *Effective Schools in Reading: Implications for Educational Planners. An Exploratory Study*. The Hague: The International Association for the Evaluation of Educational Achievement.

Prujiner, A., D. Deshaies, J.F. Hamers, M. Blanc, R. Clément & R. Landry (1984) *Variation du Comportement Langagier Lorsque deux Langues sont en Contact*. Québec: Centre International de Recherches sur le Bilinguisme.

Ramirez, J.D. (1992) Executive summary. *Bilingual Research Journal*. 16, 1-62.

Ramirez, J.D., S. Yuen & D. Ramey (1991) *Final Report: Longitudinal Study of Structured English Immersion Strategy, Early-Exit and Late-Exit Transitional Bilingual Education Programs for Language-Minority Children*. Washington, DC: US Department of Education.

Reynolds, D.W. (2005) Linguistic correlates of second language literacy development: evidence from middle-grade learner essays. Journal of Second Language Writing. Vol.14, pp.19-45.

Reyes, L. (2000) Unleashing possibilities: Bi-literacy in the primary grades. In L. Reyes & J. Halcon (eds.) *The best for our children: Critical perspectives on literacy for Latino students*. New York: Teachers College Press. 96-121.

Ringbom, H. (1992) On L1 Transfer in L2 Comprehension and L2 Production. *Language Learning*. 42(1), 85-112.

Rolstad, K., K. Mahoney & G.V. Glass (2005) The Big Picture: A Meta-Analysis of Program Effectiveness Research on English Language Learners. *Educational Policy*. 19(4), 572-594

Royer, M.J. & M.S. Carlo (1991) Transfer of comprehension skills from native to second language. *Journal of Reading*. 24(6), 450-455.

Ruiz, R. (1984) Orientations in Language Planning. *NABE Journal*. 8(2), 15-34.

Ruiz, R. (1988) Orientations in language planning. In S.L. McKay & S.C. Wong (eds.) *Language diversity: Problem or resource?* New York: Heinle & Heinle Publishers. 3-25.

Sales, G. & M.F. Graves (2007) Teaching 50,000 Words and Erasing a 30,000 Million Word Deficit. International Reading Association Annual Conference, Toronto.

Salomone, A (1992) Immersion teachers' pedagogical beliefs and practices; Results of a descriptive analysis. In E. Bernhardt (ed.), *Life in language immersion classrooms*. Clevedon, U.K.: Multilingual Matters. 9-44.

Sasaki, M. & K. Hirose (1996) Explanatory variables for EFL students' expository writing. *Language Learning*. 46(1), 137-174.

Scane, J., A.M. Guy, & L. Wenstrom (1991) *Think, Write, Share: Process Writing for Adult ESL and Basic Education Students*. Toronto: The Ontario Institute for Studies in Education.

Schecter, S. & J. Cummins (eds.). (2003) *Multilingual education in practice: Using diversity as a resource*. Portsmouth, NH: Heinemann.

Schneiderman, E. (1976) An examination of the ethnic and linguistic attitudes of bilingual children. *International Review of Applied Linguistics*. 33, 59-72.

Schumann, J. (1978) *The Pidginization Process: A Model for Second Language Acquisition*. Rowley, MA: Newbury House.

Shin, F. (2004) English Language Development Standards and Benchmarks: Policy Issues and a Call for More Focused Research. *Bilingual Research Journal*, 28(2), 253-266.

Shohamy, E. (2001) *The Power of Tests: A Critical Perspective on the Uses and consequences of Language Tests*. London: Longman.

Short, D., & J. Echevarria (1999) *The Sheltered Instruction Observation Protocol: A Tool for Teacher-Researcher Collaboration and Professional Development*. Center for Research on Education.

Short, D., J. Hudec, & J. Echvarria (2002) *Using the SIOP model: Professional development manual for sheltered instruction*. Washington, DC: Center for Research on Education, Diversity & Excellence.

Short, D., J. Hudec, & J. Echvarria (2002) Using the SIOP model: Professional development manual for sheltered instruction. Washington, DC: Center for Applied Linguistis.

Sierra, J, & I. Olaziregi (1991) *EIFE3. Influence of Factors on the Learning of Basque. Study of the Models A, B and D in Second Year Basic General Education*. Gasteiz: Central Publications service of the Basque Country.

Skuttnabb-Kangas, T. (1984) *Bilingualism or Not: The Education of Minorities*. Clevedon, UK: Multilingual Matters.

Skutnabb-Kangas, T. (1988) Multilingualism and the education of minority children. In Skutnabb-Kangas, T. & Cummins, J. (eds.) *Minority Education*. Clevedon: Multilingual Matters. 9-44.

Skutnabb-Kangas, T, R. Phillipson, A.K. Mohanty & M. Panda (2009) (eds.) Social Justice Through Multilingual Education. Clevedon: Multilingual Matters.

Snow, A., M. Met & F. Genesee (1989) A conceptual framework for the integration of language and content in second/foreign language programs. *TESOL Quarterly*. 23, 201-17. 201-17.

Stern, H.H. (1972) Introduction. In M. Swain (ed.) *Bilingual Schooling: Some Experience in Canada and the United States*. Toronto: Ontario Institute for Studies in Education.1-6

Stevens, F. (1983) Activities to promote learning and communication in the second language classroom. *TESOL Quarterly*. 17, 257-172.

Stone, J. S. (1996) Multiage Classroom. Tucson, AZ: Good Year Books.

Suarez, D. (2007) Second and Third Generation Heritage Language Speakers: HL Scholaraships Relevance to the Research Needs and Future Directions of TESOL. *Heritage Language Journal. Special Issues on TESOL and Heritage Language Education*. 5(1), 1-16.

Supalla, S. & L. Blackburn (2003) Learning how to read and bypassing sound. Lawrent Clerc National Deaf Education Center.

Swain, M. (1981) Time and Timing in bilingual education. *Language Learning*. 3(1), 1-15.

Swain, M. (1985). Communicative competence: Some roles of comprehensible input and comprehensible output in its development. In S. Gass & C. Madden (eds.) *Input in Second Language Acquisition*. Rowley, MA: Newbury House. 235-256.

Swain, M., Lapkin, S., Rowan, N. & Hart, D. (1990) The role of mother tongue literacy in third language-learning . Language, Culture and Curriculum. Vol. 3, 65–81.

Tabors, O.P. & C.E. Snow (1994) English as a second language in preschool programs. In F. Genesee (ed.) *Educating Second Language Children: The whole child, the whole curriculum, the whole community*. Cambridge, U.K.: Cambridge University Press. 103-125.

Takahashi, R. (2004) Leveling the Playing Field: Supporting Immigrant Children from Birth to Eight. *The Future of Children*. 14(2), 61-80.

Tharp, R. & R. Gallimore (1991) *Rousing Minds to Life: Teaching, Learning, and Schooling in Social Context*. Cambridge, UK: Cambridge University Press.

The Educational Testing Service for the Graduate Record Examination Board. (1992) Practicing to take the GRE, General Test- No.9. Princeton: Educational Testing Service for the Graduate Record Examination Board.

The Japan Foundation. (1991) Japanese Langauge Proficiency Test, Level 2 and 3. Tokyo: The Japan Foundation.

Thomas, W., & Collier, V. (2002) *A national study of school effectiveness for language minority students' long-term academic achievement.* Santa Cruz, CA and Washington, DC: Center for Research on Education, Diversity & Excellence. Available: http://www.crede.ucsc.edu/research/llaa/1.1_final.html

Tizzard, J., W.N. Schofield & J. Hewison (1982). Collaboration between Teachers and Parents in Assisting Children's Reading. *British Journal of Educational Psychology.* 52, 1-15.

Torres-Guzmán, M.E. (2002) Dual Language Programs: Key Features and Results. *Directions in Language and Education.* 14, 1-16. Washington, DC: National Clearinghouse for English Language Acquisition.

Torres-Guzmán, M.E., T. Kleyn, S. Morales-Rodriguez and A. Han (2005) Self-designated dual-language programs: Is there a gap between labeling and implementation? *Bilingual Research Journal.* 29(2), 453-474.

Tse, L. (1998) Ethnic Identity Formation and its Implications for Heritage Language Development. In S.D. Krashen, L. Tse, J. McQuillan (eds.) *Heritage Language Development.* CA: Language Education Associates, 15-30.

Tucker, G.R. (1991) Developing a Language-Competent American Society: the Role of Language Planning. In A.G. Reynolds (ed.) Bilingualism, *Multilingualism and Second Language Learning.* Hillsdale, NJ: Lawrence Erlbaum. 65-79.

Tucker, G.R. (1999) A Global Perspective on Bilingualism and Bilingual Education. ERIC Digest.

Turnbull, M., S. Lapkin, D. Hart & M. Swain (1998) Time on Task and Immersion Graduates' French Proficiency. In S. Lapkin (ed.) *French Second Language Education in Canada.* Toronto: University of Toronto Press. 31-35

Valdés, G. (1995) The teaching of minority languages as 'foreign' languages: pedagogical and theoretical challenges. *The Modern Language Journal.* 79, 299–328.

Valdés, G. (2000) The teaching of heritage languages: an introduction for Slavic-teaching professionals, In O.Kagan & B, Rifkin (eds) *The learning and teaching of Slavic languages and cultures,* Bloomington, IN: Slavica 375–403.

Verhallen, M. & R. Shoonen (1998) lexical knowledge in L1 and L2 of third and fifth graders. *Applied Linguistics,* 19(4), 452-470.

Verhoeven, L.T (1994) Transfer in bilingual development: The linguistic interdependence hypothesis revisited. *Language Learning.* 44(3), 381-415.

Wagner, D.A. (1998) Putting second language first: Language and literacy learning in Morocco. In L. Verhoven & A.Y. Durgunoglu (eds.) *Literacy Development in a Multilingual Context.* Mahway, NJ: Lawrence Erlbaum Associates. 169-183.

Wells, G. (1979) Describing Children's Linguistics Development at home and at School. *British Educational Research Journal.* 5(1), 75-89.

Wells, G. (1981) *Learning through Interaction: The Study of Language Development.* Cambridge, UK: Cambridge University Press.

Wells, G. (1985) Literacy, Language and Learning. In G. Wells (ed.) *Language Learning and Education.* Philadelphia, Pa: Nfer-Nelsson. 152-175.

Wiley, T.G. & G. Valdés (2000) Heritage language instruction in the United States [Special issue]. *Bilingual Research Journal,* 24(4)

Wolfe-Quintero, K., S. Inagaki & H.-Y. Kim (1998) *Second Language Development in Writing: Measures of Fluency, Accuracy and Complexity.* University of Hawaii. Second Language Teaching & Curriculum Center.

Wong Fillmore, L. (1982) The Language Learner as an Individual: Implications of Research on Individual Differences for the ESL Teacher. *On TESOL '82.* Washington, DC: TESOL. 157-173.

Wong Fillmore, L. (1987) Second language learning in children: A proposed model. In J. Provenzano (ed.) *Issues in language development.* Rowley, MA: Newbury House. 235-253.

Wong Fillmore, L. (1991a) Second-language learning in children: a model of language learning in social context. In E. Bialystock (ed.) *Language processing in bilingual children.* Cambridge University Press. 49-69.

Wong Fillmore, L. (1991b) When Learning a Second Language Means Losing the First. *Early Childhood Research*

Quarterly. 6, 323-346.

Wong Fillmore, L. (2000) Loss of Family Languages: Should Educators Be Concerned? *Theory into practice.* 39(4),203-210.

Wong Fillmore, L. & C. Valadez (1986) Teaching bilingual learners. In M.C. Wittrock (ed.) *Handbook of Research in Teaching.* New York: Macmillan. 648-85.

Yamauchi, L.A., AK, Ceppi & J, Lau-Smith (2000) Teaching in a Hawaiian Context: Educator Perspectives on the Hawaiian Language Immersion Program. *Bilingual Research Journal.* 24(4) 385-402.

후기

　이 책『이중 언어와 다언어의 교육-캐나다 · 미국 · 일본의 연구와 실천』을 출간하기까지 예상보다 훨씬 많은 시간이 필요했다. '들어 가며'에 쓴 바와 같이 이 책의 핵심을 이루는 두 언어의 전이에 관한 연구에 대해 이쿠타 유코(生田裕子), 오케타니 히토미(桶谷仁美) 두 연구자의 협력을 얻어 국제 일본어교육연구대회의 초빙 패널에서 발표한 것은 2006년이고, 이 책을 쓰기 시작한 것은 2008년이다. 되돌아 보면 한 권의 책으로 엮기보다는 3권 정도로 나누거나 단행본으로 했었더라면 더 좋았을 것이라는 후회가 든다.

　그 동안 2008년 9월에는 리먼 쇼크가 일어나 소수 언어를 모어로 하는 아동에 관한 세계 지도가 완전히 바뀌었다. 경제적으로 핍박을 받으면 먼저 피해를 입는 것은 소수 집단이다.　일본 국내에서는 직업을 잃고 이동하는 외국인 노동자가 증가하고 문을 닫은 외국인학교도 많다. 해외에서도 마찬가지로 예를 들면, 유럽 여러 나라에서는 이민 아동에 대한 특별 지원이 감소 일로에 있다고 한다. 이 책이 말하려는 요지는 이 같은 상황에서 더욱 더 시기 적절한 것이라고 생각된다. 해외에서 학령기를 보내는 일본인 아동의 교육이나 국내에서 학령기를 보내는 외국인 아동의 교육에서 이들의 모어 · 모문화를 파괴하는 것은 극히 비생산적인 일이며, 연소자의 문화적, 언어적 자원을 소중히 하여 국력을 높여야 한다는 것이다. 커민스 교수가 말했듯이 '교사와 행정에 있어 중요한 것은 학령기 아동을 포함하는 모든 시민의 권리를 존중하고 문화적, 언어적, 경제적 자원을 최대한 이끌어 낼 수 있도록 국가의 정체성 만들기에 힘쓰는 일이다. 사회의 소수 언어 집단의 모어를 유지하고 신장하는 일을 저해함으로써 국가의 중요한 언어 자원을 낭비하는 것은 국익 차원에서 보면 극히 어리석은 일이며, 또한 아동의 기본적 인권을 유린하는 것이다'(이중 언어 구사자 아동의 모어- 왜 교육상 중요한가?(「バイリンガル児の母語—なぜ教育上重要か」: 2001년 강연 자료).

　이 책은 집필 당사자, 혹은 집필자 가족의 입 · 퇴원이라는 어려움 속에서도 여러 가지 난관을 극복하고 가까스로 세상에 내놓게 되었다. 조금이라도 국내외 일본인 연소자와 소수 아동 교육에 도움이 된다면 이처럼 기쁜 일은 없을 것이다. 다난한 길을 오랜 기간 지탱해 준 집필자 각자의 가족에게 감사하며, 이 책의 기획을 주저 없이 지원해 주신 히쯔지쇼보(ひつじ書房)의 마쯔모토 이사오(松本功) 사장님, 또한 인내하며 2년 동안 편집을 담당해 주신 호소마 사토미(細間理美) 씨에게 고마움을 전하고 싶다.

대표 저자　中島和子

2010년 12월

사항색인

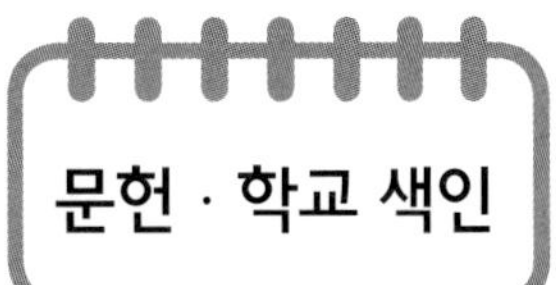

문헌 · 학교 색인

A

B

C

D

E

F

G

H

J

L

라노즈와 스노 Lanauze, M. &
Snow, C. 232-233
랜드리와 앨러드 Landry, R. &
Allard, R. 26-27, 259-263, 272-273
랑제빈초등학교 Langevin
Elementary School 76
라우퍼 Laufer, B. 310-311
린드홀름 리어리 Lindholm-Leary,
K. 128
루카스, 헨체와 다나토 Lucas, T.
Henze, R. & Danato, R. 269-270
리스터 Lyster, R. 61, 68-70, 294-295

맥로린과 맥로드 McLaughlin, B. &
McLeod, B. 110-111
멧 Met, M. 292-293
미나미 Minami, M. 249-250

네이션 Nation, I. S. P. 240
네튼과 스페인 Netten, J. & Spain,
W. 71-73
New International School(NewIS)
147-152

경제협력개발기구 OECD 90-92
오카자키 Okazaki, T. 222
오도네스 외 Ordoñez, C. L., Carlo,
M. S., Snow, C. E. & McLaughlin,
B. 245-246

파주헤시 Pajoohesh, P. 246-248

라미레즈 Ramirez, J. D. 110

슈나이더맨 Schneiderman, E. 256-
257
슈만 Schumann, J. 255
SIOP 117-118
스턴 Stern, H. H. 47
스티븐스 Stevens, F. 63
스웨인 Swain, M. 294-295
스웨인 외 Swain, M. et al. 194

타보르 Tabors, O. P. et al. 285
다카하시 Takahashi, R. 123-124
타프와 갤리모어 Tharp, R. &
Gallimore, R. 296-298
티자드 외 Tizzard, J. et al. 199
토레스 구즈만 Torres-Guzman, M.
E. 110-112
쓰 Tse, L. 257
턴불 외 Turnbull, M., Lapkin, S.,
Hart, D. & Swain, M. 62-64

발데스 Valdes, G. 126
베르할렌과 슈넨 Verhallen, M. &
Shoonen, R. 243-245
버호벤 Verhoeven, L. T. 241-243

Yamauchi, L. A. 129

이쿠타 生田裕子 236-238
이시이 石井恵理子 170, 271-272
웰즈 ウェルズ(Wells, G.) 31-32,
283, 297
에릭슨 エリクソン, E.H. 253
오카다 岡田光代 140
오케타니 桶谷仁美(Oketani, H.)
265-267

가토학원 加藤学園 137-139, 191

가도마 나미하야고등학교 門真なみ
はや高校 168-169
가도마시립스나고초등학교 門真市
立砂子小学校 165-166
커민스 · 다네시カミンズ, J. & ダネ
シ, M. 197-201
칼더 カルダー淑子 140-142
크라센 クラシェン(Krashen, S.)
119, 184
클로포드 クローフォード, J.
(Crowford, J.) 102-104
콜슨 コーソン, D. 336-337
콜리어 コーリエ(Collier, V.) 110,
123, 175
고마키시립잇시키초등학교/모모가오
카초등학교 小枚市立一色小学校／
桃が丘小学校 165-167

사쿠라이 櫻井千穂／櫻井千穂・
三島絵里 298-300
사토 佐藤群衛／佐藤群衛ら 163,
164
柴田武 31
주 朱睍淑 222
쇼젠 타쓰조 正善達三 306
스쿠트납 캉가스 スクトナブ=カン
ガス. T. 22-23, 26, 337-339
스즈키 鈴木一代 267
스즈키 鈴木宗夫 77-78
세키구치 関口知子 267-268
송 宋栄子 145, 153, 168

다카하시 高橋登 213, 307, 308
더글러스 ダグラス昌子 126, 127
터커 タッカー (Tucker, G.R.) 15
쓰기히 築樋博子 159
쓰보우치 坪内好子 167-168
쓰루타 靏田公江 136

집필자 소개

編著者

中島和子（なかじま　かずこ）

トロント大学名誉教授

著書・訳書に、『言葉と教育―海外で子どもを育てている保護者のみなさまへ』（海外子女教育振興財団 1998）、『バイリンガル教育の方法―12歳までに親と教師ができること』（増補改訂版 アルク 2001/2007［第3刷］）、『カナダの継承語教育―多文化・多言語主義をめざして』（ジム・カミンズ&マルセル・ダネシ著　中島和子・高垣俊之訳　明石書店 2005）、『言語マイノリティーを支える教育』（ジム・カミンズ著　中島和子訳著　慶應義塾大学出版会 2011.6 刊行予定）ほか。

分担執筆者

生田裕子（いくた　ゆうこ）［8章］

中部大学日本語教育センター講師

主要論文に、「ブラジル人中学生の第1言語と第2言語能力の関係―作文タスクを通して」（『世界の日本語教育』12: pp. 63-77 国際交流基金日本語国際センター 2002）、「ブラジル人中学生の『書く力』の発達―第1言語と第2言語による作文の観察から」（『日本語教育』128: pp. 70-79 日本語教育学会 2006）、Age of arrival and writing proficiency in the first language of young Brazilian learners of Japanese as a second language(Studies in Language Sciences 5: pp. 159-174 Kurosio Publishers 2006)ほか。

桶谷仁美（おけたに　ひとみ）［9章］

イースタン・ミシガン大学世界言語学科教授

著書・主要論文に、『家庭でバイリンガルを育てる―0歳からのバイリンガル教育』（編著 明石書店 2007）、Additive Bilinguals: The case of post war second generation Japanese Canadian Youth(The Bilingual Research Journal 21(1 & 2): pp. 15-35 National Association for Bilingual Education 1997）、Ethnolinguistic Identity and Bilingual Development in Japanese Heritage Language Students: A socio-psychological perspective(Pan-Japan: the International Journal of the Japanese Diaspora 1(2): pp. 36-61 2000)ほか。

저자 소개

나카지마카즈코(中島和子)

현　：University of Toronto(Canada)　명예 교수

　　　모어ㆍ계승어ㆍ이중 언어 교육연구회 회장

전　：일본나고야외국어대학교수ㆍ일본어교육센터장

저서：『言葉と教育ー海外で子どもを育てている保護者のみなさまへ

　　　（海外子女教育振興財団 1998）

　　　『バイリンガル教育の方法ー12歳までに親と教師ができること』

　　　（アルク 1998/2001）

　　　『言語マイノリティーを支える教育』

　　　（Jim Cummins著ㆍ中島和子訳著　慶応義塾大学出版会 2011）

역서：『カナダの継承語教育ー多文化ㆍ多言語主義をめざして』

　　　（Jim Cummins & Marcel Danesi著 中島和子ㆍ高垣俊之訳 明石書店 2005）

감수자 소개(가나다 순)

박정은

Unaffiliated researcher in bilingual education, and Library and Archive Technician

저서 : '다문화사회에서 생각하는 모어교육' (일지사)

　　　'캐나다에 사는 소라엄마의 언어교육 이야기'(일지사)

조항록

상명대학교 교육대학원 교수, 국제언어문화교육원장

저서 : 한국어 교육 정책론(한국문화사)

　　　한국어교육현장의 중요쟁점(한국문화사)

　　　여성결혼이민자를 위한 한국어 교육의 이해(공저-한국문화사) 외 다수

최용기

국립국어원 교육진흥부장,문학박사

저서 : 한국어 정책의 이해(한국문화사)

　　　한국어 교육 정책의 이해(한국문화사)

　　　남북한 국어 정책 변천사 연구(박이정)외 다수

번역자 소개

이미숙
명지대학교 일어일문학과 교수
저서: 한일어 대조연구(J&C)
역서: 일본어 교사에게 자주하는 100가지 질문(동양문고)

조선영
배재대학교 교양교육부 교수
저서: たのしいにほんご(공저-배재대학교학술정보처)
역서: 함께하는 다문화 교육 (공역-도서출판문)

장근수
상명대학교 일어교육과 교수
저서:일본어문법 교육(제이엔씨)
　　　유네스코와 함께 떠나는 다문화 속담 여행(공저-대교)
역서:베이직 일본어교육(공역-시사일본어)

송은미
백석예술대학교 외국어학부 조교수
역서:베이직 일본어교육(공역-시사일본어사)

황영희
한양사이버대학교 일본어학과 조교수
저서:事典日本の多言語社会(공저-岩波書店)
　　　人文科学と日本語の接点(공저-도서출판 문)

이중 언어와 다언어의 교육

초판발행_ 2012년 8월 15일

초판인쇄_ 2012년 8월 10일

편저자_ 中島和子

번역_ 이미숙 · 조선영 · 장근수 · 송은미 · 황영희

감수_ 박정은 · 조항록 · 최용기

펴낸이_ 엄태상

책임편집 _ 강희경, 오은정

펴낸곳 _ 한글파크

등록일자_ 2000년 8월 17일

등록번호_ 1-2718호

주소 _ 서울시 강남구 테헤란로 4길 28

전화 _ 02) 3671-0582 (주문) / 02) 764-1009 (내용문의)

팩스_ 02)3671-0500

홈페이지_ http://www.hangulpark.com

이메일_ info@langpl.com

ISBN_ 978-89-402-9103-0 13730

© Kazuko Nakajima 2010
マルチリンガル教育への招待—言語資源としての外国人・日本人年少者　中島和子編著　ひつじ書房
Korean Translation right Arranged with Hituzi Syobo Publishing, Tokyo